中华人民共和国地方志

福建省志

农业志（1991—2005）

福建省地方志编纂委员会 编

社会科学文献出版社

图书在版编目（CIP）数据

福建省志. 农业志：1991～2005/福建省地方志编纂委员会编.
—北京：社会科学文献出版社，2012.11
ISBN 978 - 7 - 5097 - 3675 - 3

Ⅰ.①福…　Ⅱ.①福…　Ⅲ.①福建省 - 地方志 ②农业经济 -
概况 - 福建省 - 1991～2005　Ⅳ.①K295.7

中国版本图书馆 CIP 数据核字（2012）第 184019 号

福建省志·农业志（1991—2005）

编　　者 / 福建省地方志编纂委员会

出 版 人 / 谢寿光
出 版 者 / 社会科学文献出版社
地　　址 / 北京市西城区北三环中路甲 29 号院 3 号楼华龙大厦
邮政编码 / 100029

责任部门 / 皮书出版中心（010）59367127　　责任编辑 / 高　启　任文武
电子信箱 / pishubu@ ssap. cn　　　　　　　责任校对 / 杜绪林
项目统筹 / 王　菲　陈　颖　　　　　　　　责任印制 / 岳　阳
经　　销 / 社会科学文献出版社市场营销中心（010）59367081　59367089
读者服务 / 读者服务中心（010）59367028

印　　装 / 北京盛通印刷股份有限公司
开　　本 / 787mm × 1092mm　1/16　　　彩插印张 / 1
版　　次 / 2012 年 11 月第 1 版　　　　　印　张 / 36.5
印　　次 / 2012 年 11 月第 1 次印刷　　　字　数 / 740 千字
书　　号 / ISBN 978 - 7 - 5097 - 3675 - 3
定　　价 / 296.00 元

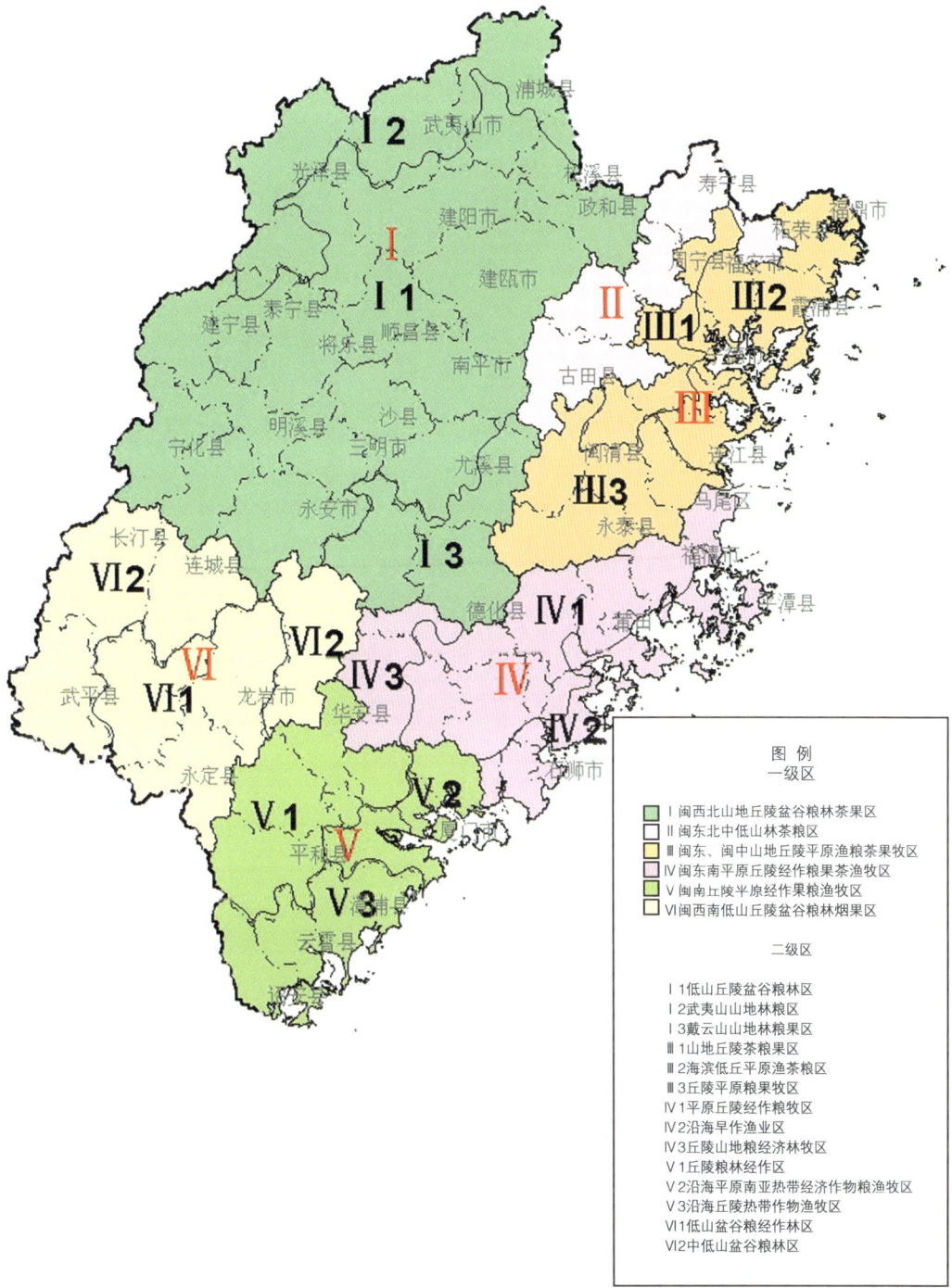

福建省综合农业区划示意图

优质水稻——珍优一号

高产优质早稻——新科2号

胡萝卜品种——坂田七寸

甘薯新品种——岩薯5号

稀珍食用菌——杏鲍菇

玉米品种——闽玉糯1号

特晚熟龙眼——立冬本

古榕——盆景树栽培

热带兰花——蝴蝶兰

观赏花卉——仙人球群

无公害茶园

蔬菜无土栽培技术

新选育茶品种——金牡丹

水稻编织布秧机插技术

甘薯脱毒技术示范推广

福豆310丰产示范推广

蜜柚套袋防控技术

茶树黄色板诱杀
害虫技术示范

现代化智能温室和
育苗大棚

温室控制食用菌
工厂化生产技术

果蔬饮料
加工生产线

全喂入联合
收割机田间作业

1991年，省农业厅土肥站主持"福建省中低产田改良增产规范化技术"项目，获农业部丰收一等奖

1997年，省农业厅农技推广总站主持"福建省水稻旱育稀植栽培技术"项目，获农业部丰收一等奖

2000年，省农科院果树所选育的"特早熟大果型'早钟6号'"项目，获省科技进步一等奖

2005年，福建农林大学主持"水稻草矮病毒基因组RNA1-6的分子生物学研究"项目，获省科技进步一等奖

2002年，省农业厅种子总站主持"南方优质早籼稻品种推广"项目，获农业部丰收一等奖

2005年，省农科院水稻研究所主持"超级稻再生稻高产特性与栽培技术研究"项目，获省科技进步一等奖

首届海峡两岸（福建漳州）花博会全景

学术研讨会

海峡两岸（福建漳州）农业合作试验区生产基地

1995年，美国
菠萝专家考察漳浦
大南坂菠萝园

1998年，以色列
驻华使馆官员考察花
卉栽培

2005年，欧盟农业专家
考察福安有机茶生产基地

2003年10月，比利时鲁文大学教授到省农科院参观指导红萍研究

2004年，荷兰瓦格宁根大学教授到省农科院农业工程研究所学术交流访问

《福建省志·农业志（1991—2005）》
编纂委员会办公室

主　任：黄华康　朱淑芳

副主任：叶　峥　潘良镇　颜元培　庄祥生

成　员：罗凤来　叶　夏　张星辉　王景辉　张文棋　郑益智
　　　　杨　辉　王振惠

《福建省志·农业志（1991—2005）》
编　辑　室

主　编：黄华康　朱淑芳

副主编：罗凤来　叶　夏　郑益智　杨　辉

成　员：王振惠　张星辉　邱昌颖　吴　菁

《福建省志·农业志（1991—2005）》
撰　稿　人　员

袁忠贤	郑益智	张星辉	周琼华	王和阳	黄国成	黄志龙
杨亚平	黄　曦	邱昌颖	程惠东	黄惠珠	陈福宝	张宜接
杨晓菁	柯　江	詹爱华	方俊钦	周　锋	张国鑫	郑惠章
郑履端	陈双龙	张　轼	郑　旋	滕振勇	罗维禄	林志强
庄淑芳	陈善杰	黄功标	张宜绪	张书标	董瑞霞	卢礼斌
叶新福	林　强	王金英	郑长林	姜照伟	杨惠杰	游年顺
郑燕梅	赵明富	蔡南通	汤　浩	陈山虎	唐兆秀	张秋英

祁建民　许家辉　张泽煌　林伯达　关雄政　薛珠斌　雷喜云　施恭忠　张理晟　林威峰　蔡东浩　陈呈　蔡元丰　王毅　张生　陈文林　李发

简维政　政榕榕　包林　郭黄敏玲　姚信恩　温庆放　张学思　程书田　李济生　李金福　林克显　张丽雨　张仁辉　王景辉　张敏志　黄梅兰　武英

罗俊　曾洪西　吴如华　吴宛　郑光耀　朱炳霞　李晓旭　黄庭然　方秀法　余成滨　陈文源　赖明钦　陈俊辉　兀旭　陈祖新　徐飙　张艳

凯运　陈承　如晓霞　张志龙　韦荣　黄龙　陈仔　郑百东　李光斌　李守育　曾卫丽　吴东荣　陈斌山　陈兆东　姜丽辉　林章清　吴卫　黄其辉　张发林

渠平　刘宜谋　黄瑞坚　蒋际华　谢知松　郑向琳　卢远　徐彬　薛贻少　何孝菁　汪孝宁　黄积梁　吴菁锋　张坤雷　赵杰梅　陈刘彦　林

斌贞　郑开忠　朱明华　廖汝秀　黄新峰　翁国榕　蔡坤清　吴德幸　顾施红　郑永秋　涂志辉　唐应南　杨柯隆　柯碧隆　王阿瑜　江福金　张

林国强　羿红　陈秀萍　金光　林克显　宁正元　吴宗斌　张曾慰　卓创光　林建军　高新榕　朱建荣　郑田瑞　陈冬梅　熊文恺　陈少庚　方辉　蔡丽娟

《福建省志·农业志（1991—2005）》
审 稿 人 员

方　清　尤　珩　吕秋心　刘祖陞　王景辉　张文棋

《福建省志·农业志（1991—2005）》
验 收 小 组

罗　健　江荣全　方　清

序

　　盛世修志，是中华民族的优良传统，也是一项需要长期延续进行的基础性学术文化事业。续修《福建省志·农业志》在全省农业界科技人员的辛勤耕耘下，六度春秋，数易其稿，它以翔实的资料，科学地、比较系统地记述了1991—2005年福建农业和农村经济的历史发展过程，客观地反映了福建人民在建设海峡西岸经济区，发展现代农业，推进社会主义新农村建设中所取得的辉煌业绩，将起到资治、教化、存史的作用。如今付梓出版，值得庆贺。

　　种植业是农业的重要组成部分。它的发展对实现粮食稳定、农业增效、农民增收具有重大和深远的意义。改革开放以来，特别是我国加入WTO后，福建立足资源优势和区位优势，大念"山海经"，按照党中央、国务院关于农业和农村工作的各项决策和部署，坚持和落实科学发展观，紧紧围绕农业增效、农民增收和农村稳定这一中心，努力增加农产品总量，积极推进农业和农村经济结构战略性调整，致力于建设现代农业，农业和农村经济取得了长足发展，农民收入显著增加，生活水平大大提高。2005年全省农林牧渔产值1396.15亿元，按可比价格计算，比1990年增长5.15倍，年均递增12.87%；其中农业产值571.01亿元，占40.9%；牧业产值276.48亿元，占19.8%。全省农民人均纯收入4450元，比1990年增长4.82倍，年均递增12.46%。主要农产品有效供给增加，粮食品质有较大幅度的提高，水果、茶叶、蔬菜、食用菌、烤烟、笋竹、花卉等持续发展，特色农产品总量逐年增多，对改善人民生活，保障供给，繁荣市场，稳定物价等都发挥了重要作用。

　　当前，福建省正面临加快农业现代化，建设社会主义新农村的重大历史任务。各级农业部门将按照统筹城乡发展的方略，工业反哺农业、城市支持农村的方针，深入贯彻落实科学发展观，以发展农业、农村经济为中心，以改革创新为动力，以项目带动为抓手，进一步巩固和加强农业基础，转变农业增长方式，优化农业产业结构，深化闽台农业合作，扩大农业对外开放，推动农业科技进步，提高农业综合生产能力和农产品竞争力，全面加快福建现代农业发展和社会主义新农村建设，为推进海峡西岸经济区科学发展、跨越发展作出新贡献。

陈绍军

2011 年 12 月 30 日

《福建省志》凡例

本志按国务院颁布的《地方志工作条例》和中国地方志指导小组制定的《地方志书质量规定》要求进行编纂。

一、以马克思列宁主义、毛泽东思想、邓小平理论和"三个代表"重要思想为指导，贯彻科学发展观，坚持辩证唯物主义和历史唯物主义的立场、观点和方法。

二、以福建省现行行政区划为记述的区域范围（未含金门、马祖）。

三、使用规范的现代语体文记述，行文除引文外，用第三人称记述。

四、1949 年 10 月 1 日以前的纪年，标示朝代、年号、年份，括注公元纪年；1949 年 10 月 1 日起，用公元纪年。

五、各个时期的政权机构、职务、党派、地名，均以当时名称或通用之简称记述。古地名均括注今地名，乡（镇）、村地名前冠以市、县（市、区）名。

六、除引文外的人名，直书姓名，不在姓名后加身份词；必须说明身份的，在其姓名前说明。

七、各种机构、会议、文件等专有名称使用全称，如多次出现需用简称的，在第一次出现时括注简称。

八、凡外国的国名、地名、人名、党派、政府机构、报刊等译名，均以新华社译名为准。新华社没有译名的，首次使用译名时括注外文全称，全书保持中文译名一致。

九、数字、量和单位、标点符号的使用，执行国家有关部门颁布的标准规定。书中同一名称、事实、数据、时间、度量衡、术语的表述，前后一致。

十、图、照、表突出存史价值，样式统一。

十一、采用国家统计部门公布的统计数据和业务主管部门的统计数据；如使用其他数据，则说明其来源。

十二、采用资料一般不注明出处；引文、辅文和需要注释的专用名词、特定事物加页末注释，注释形式全书统一。

编 辑 说 明

一、本志记述范围以种植业及其相关产业为主，林、牧、渔业、粮食流通另设分志记述。

二、本志常用机构名称用简称，如福建省农业厅、福建省农业科学院等单位，简称"省农业厅"、"省农科院"等。

三、本志一般采用中华人民共和国法定计量单位，农用土地面积采用"亩"。

四、本志专业职称名录收录副高以上职称，获奖各表收录省部级以上奖励。

目　　录

Contents

概　　述

　　1991—2005年，福建省委、省政府贯彻执行中央关于农业和农村工作的一系列重要决策部署，改进和加强对农业和农村工作的领导，出台一系列扶农、护农的政策措施，调整、优化农业和农村经济结构，发展多种经营和农村二、三产业，农业生产和农村经济发生了历史性的变化。

一、农业和农村经济持续发展

　　1991—2005年，福建省农林牧渔业和农村经济稳步发展。1995年，全省农林牧渔业产值738.63亿元，按可比价格计算，比1990年增长69.25%，其中农业产值340.48亿元，林业产值59.24亿元，牧业产值144.45亿元，渔业产值194.47亿元。全省农民人均纯收入2049元，比1990年增加1285元；人均生活消费支出1793.68元，比1990年增加1085.71元；省内有18个县（市）和1/4的农户率先步入小康。农业和农村产业结构进一步优化。2000年全省农林牧渔业产值1037.27亿元，其中农业产值420.98亿元，林业产值82.29亿元，牧业产值208.18亿元，渔业产值325.82亿元。全省农民人均纯收入3230元，全省农民人均消费支出2409.69元。2005年，全省农林牧渔产值1392.15亿元，其中农业产值571.01亿元，林业产值96.92亿元，牧业产值276.48亿元，渔业产值434.37亿元，服务业产值13.37亿元。全省农民人均纯收入4450元，人均消费支出3292.63元。

二、农业和农村经济结构不断优化

　　20世纪90年代，农业内部结构进行调整。全省建设30个商品粮生产基地，其粮食播种面积和产量分别占全省的60%和70%。全省粮食作物种植面积减少，稻谷种植面积由1994年的2238.8万亩缩减到2005年的1427.33万亩，但稻谷亩产由1991年的335公斤，增至2005年的368.92公斤。全省水果生产围绕"三条果带"（即龙眼带、荔枝带、香蕉带）和六大果类的总体布局，建立50个名优水果生产基地。其中，柑橘、龙眼、荔枝、香蕉、枇杷基地面积占全省的40%~50%，产量占全省的60%~70%。进入21世纪，农业结构调整步伐加快，全省按照发展三条特色农业产业带（即沿海蓝色产业带、闽西北绿色产业带和闽东南高优农业产业带）、四大主导产业（畜牧、林业、园艺、水产）、九个重点特色农产品（畜禽、笋竹、水产、蔬菜、水果、食用菌、茶叶、花卉、烤烟）的总体思路，推进无公害农产品、绿色食品、有机食品的认证工作和基地建设，使优势农产品进一步向优势产区集中，形成具有福建特色的农业产业链。种植业与林牧渔业等其他农业的比例由1995年的46：54转变为2005年的40：60。种植业结构中粮食作物与非粮食作物种植面积比，从1995年的75.4：24.6转变为2005年的58.1：41.9。种植业中粮食与经济作物产值比，由1995年的46.1：53.9转变为2005年的22.9：77.1。非粮食作物果、茶、菜、菌、烟等持续发展，特色农产品总量逐年增多。

在推进产业结构战略性调整过程中，全省农村产业结构进一步优化。2005年全年实现生产总值6560.07亿元，其中第一产业828.76亿元，第二产业3224.91亿元，第三产业2506.4亿元。第一产业比重由1995年的22.20%，2000年的17.01%，降到2005年的12.65%；第二产业比重稳步上升，由1995年的42.11%，2000年的43.26%，升至2005年的48.72%；第三产业发展稳定，1995年为35.69%，2000年为39.73%，2005年为38.63%。

三、农业对外开放进一步扩大

全省开辟农业引进试验区、农业高新技术园区、台商农业投资区、外商农业综合开发示范区，引进外资实施红黄壤改造一期、二期工程，引进种苗和先进加工设备等项目，累计批准农业"三资"企业3347个，利用合同外资6.17亿美元。引进果蔬、畜禽新品种6013个，累计推广185.7万亩次，繁殖禽品种34500头次。引进农产品加工设备329台（套），资金530.52万美元。建成优质水果、茶叶、食用菌、蔬菜、花卉、畜禽等9类出口创汇基地，有16类农副产品出口创汇在1000万美元以上。

福州、漳州海峡两岸农业合作实验区建设进度加快，建立实验区管理机构，出台实验区规划、政策，全方位推进闽台农业交流与合作，累计引进台湾农畜水产等优良种苗4000多个、先进适用技术800多项、农产品加工设备2000多台（套），有150多个良种得到规模化推广应用，台资或合资的农业加工产品如速冻蔬菜、蘑菇、芦笋罐头等成为福建大宗出口产品。"十五"期间，全省农产品（WTO口径+水产品）累计出口创汇75.5亿美元。

四、农业产业化经营稳步推进

全省各地农业产业化进程加快。2000年省财政拨出1000万元专项贴息资金，金融部门发放贷款 6.12 亿元，重点支持 60 多家省级龙头企业进行技术改造和扩大再生产。市、县两级也确定了各自的龙头企业共 1500 多家，进行重点扶持。形成了"国家级—省级及部门级—市级"龙头企业群。其中有 6 家企业入选国家级农业产业化龙头企业。2005 年，全省拥有各类能够带动基地、农户的农业产业化组织 6000 多家，比 2000 年增加了 1 倍多。2005 年，省财政安排扶持资金 3790 万元，重点支持省级重点和厅局级农业产业化龙头企业。省农业厅先后两批认定扶持了 50 家和 60 家省农牧业产业化龙头企业。2005 年，省财政还安排资金 433 万元，支持 33 家农产品行业协会和农村专业合作经济组织的发展，全省各类农民专业合作经济组织达到 1700 多个，其中农产品行业协会 1010 个，会员总数 23 万人。

引导和鼓励农民进入流通领域，形成多种形式的农产品运销组织。2000 年，已建立城乡商品市场 1800 多个，年交易额达 600 多亿元。2005 年，3 个农业部定点农产品产地批发市场扩建项目和 20 个农业部定点农产品批发市场建设项目实施，带动发展一批不同层次的大中型农副产品市场。各地通过设立营销窗口，举办各种展销会、洽谈会、推介会等形式，搞活农产品流通。同时，依托供销社系统，建立广泛的农产品信息服务网络，2000 年接收、发布供求信息 80 多万条，促进网上交易 20 多亿元。在推行农业产业化经营过程中，培育一批名牌产品，特色产品逐步向优势产区集中，形成一些特色农业产业链。

五、农业科技创新与推广取得新进步

全省通过实施农业"星火计划"，组织开展农业科学研究、开发、推广及区域农业科技示范，加速农业科技成果转化。开展农村职业技术教育、成人教育和农民技术培训，实施"绿色证书"工程，依靠科技进步提高农业资源利用率、劳动生产率和投入产出率。2000 年，农业科技贡献率达到 39.6%，比 1995 年提高 3 个百分点。同年，全省共有 95 个水稻品种（组合）通过省农作物品种审定委员会审定，35 项农业科技项目通过鉴定验收，其中有 13 项达到国内先进水平。2001—2005 年，全省建设了 23 个国家级农业标准化示范区，102 个省级农业标准化示范区，建立部、省级农业科技示范场 62 个，引进示范新品种 1518 个，引进示范新技术 242 项，建立各类农作物示范片 800 万亩，带动推广优良品种 1.5 亿亩，更新更换良种 3000 万亩。11 个农业部热带作物名优基地和良种苗木基地，从澳大利亚、日本、美国、巴西和中国台湾引进亚热带作物优良品种 96 个，优异种质种源 210 多份，作物安全生产、产后处理和保鲜技术 10 多项。全省建立了种植业、畜牧业、农机和农产品加工等各类农业成果核心技术中试熟化示范区 306 个，熟化、培育集成配套技术近100项，在核心技术中试熟化基础上，加强技术组装集成项目86个，增强了农产品竞争力。制定46大类技术规范式技术规程，立项支持重大农业科技跨域计划项目91项，193个科研、教学、推广、企业的500多名科技人员参加项目实施。

推进农科教结合，取得成效。从1993年起，先后有69个县（市、区）、近700个乡镇成立农科教结合组织机构，创造出"市抓工程、县抓项目、乡抓基地、村抓大户，建设现代高效农业产业链"的三明农科教结合模式，总结"围绕龙头抓结合，抓好结合促发展"的沙县农科教结合经验，推动了农科教结合工作的开展。全省组织实施农业科技项目800多项，有348项成果获奖，其中211项获得省部级科技进步奖，88项获全国农牧渔业丰收奖，49项获国家、部技术发明、科技进步奖，4个水稻品种组合通过了国家鉴定。农科教结合加速了农业科技成果转化，尤其是"集成化"项目的实施，使农业新技术普及从原来需用4~5年缩短到2~3年，关键技术推广度（如良种）提高10%以上。全省建立县级农村成人教育中心49所，成人中专40所，农村职业中学102所，农机成人培训学校68所，有980个乡镇和1.2万个村建立了文化技术学校，每年培训各类专业农民技术员30万人次。全省建立151个农科教结合示范网络，形成国家、省抓示范区，省、市抓示范县（市、区），县（市、区）抓示范乡镇的工作格局。有10所农业大中专院校和8个农业科研院所与示范区（县）开展对口联系共建活动，探索农科教结合的有效方法和途径。为创新农技推广应用方式，从2004年开始在漳浦县启动科技入户示范工程试点工作，目前逐步形成政府推动，市场牵动，科研与推广拉动，专家、技术员、示范户、农户互动的新型农业科技网络。

全省生态农业建设以保护和改善农业生产环境、农业增效、农民增收为中心，组织实施标准化农田建设、沃土、无公害食品生产、动植物保护、农业面源污染防控工程等项目，总结12种生态农业模式并在14个生态农业试点（示范）县进行。1992—2002年累计推广5449万亩，粮食总产平均增长12.23%，退化土地治理达标率提高到63.8%。

六、山海协作和扶贫开发扎实开展

贯彻落实中央西部大开发和扶贫开发的精神，坚持扶贫到村到户，进一步加大山海协作力度。2000年，省级财政对山区困难县转移支付7.5亿元，安排山区发展和山海协作资金2.8亿元，省级商业银行对山区累计发放贷款203亿元。省里还安排贴息资金2400万元，确定并扶持2000年度山海协作重点项目173项。全省从2001年起，继续实行省领导和省直部门定点挂钩扶持19个山区经济欠发达县的做法，落实帮扶项目 400 多项，帮扶资金 2 亿多元。鼓励沿海与山区开展各种形式的经贸协作与劳务合作，全省新签订山海协作项目 700 余项，总投资超过 50 亿元。2005 年省直部门落实支持欠发达地区发展资金 28 亿元，新增山海协作项目 400 多项，新增投资 50 多亿元。

到 2000 年年底，全省贫困人口降到 12 万左右，贫困人口占农村人口的比重下降到 0.36%。2000 年共完成"造福工程"搬迁 6042 户 29846 人，超过计划任务 9846 人。2005 年完成"造福工程"搬迁任务 2 万多人，超额完成任务 5000 多人。产业扶贫和小额信贷带动了贫困农户发展生产，全省共发放"小额信贷"资金 2200 万元，受益人口 9.9 万人。老区行政村和少数民族行政村"五通"任务全面完成。各级党政部门实行领导挂点、部门挂点、干部挂职、工作队进村的扶贫工作制度和城乡结对等形式多样的帮扶办法。2004 年，从省直机关单位抽调 208 名党员干部，由省委组织部门任命分别担任 208 个省级扶贫开发重点村党支部第一书记或书记。2005 年，省直单位落实捆绑资金 3797 万元，扶持 208 个省级扶贫开发工作重点村发展。同时开展闽（福建）宁（宁夏）对口扶贫协作，发动企业家到宁夏投资办厂，并发展经济，帮助宁夏劳务输出，进行干部交流和人才培训等。

七、农业机械化进程逐步加快

2000 年年末，全省农业机械固定资产 51.99 亿元，比 1995 年增加 11.90 亿元，农业机械总动力 873.28 万千瓦，增加 116.03 万千瓦。其中农用拖拉机 15.51 万台，比 1995 年减少 1.01 万台；农用载重汽车 18161 辆，基本持平；农用运输车 55252 辆，增加 20512 辆。2000 年全省机耕地面积 607.5 万亩，耕地机械化程度 33.8%，比 1995 年提高 1.8%。机械播种、机械收获面积分别是 2.84 万亩、27.72 万亩，是 1995 年的 10 倍和 5.2 倍。农机承担农村运输总量 65%，农副产品初加工基本实现机械化。全年农村用电量 72.4 亿千瓦小时，比上年增长 11.3%。

进入 21 世纪，农机装备总量持续增长，农机作业水平得到提高。2005 年底，全省农业机械总值达 64.25 亿元，农机总动力达 1000 万千瓦。2000—2005 年，新增联合收割机 761 台。2005 年完成机耕、机播（插）、机收面积分别为 632.78 万亩、1.13 万亩和 96.38 万亩，三项作业机械化水平分别为 36.98%、0.08%、6.52%，除播种机械化水平持平外，耕、收机械化水平分别比 2000 年提高 2.80 个和 5.22 个百分点；耕、种、收综合机械化水平达 14.52%，比"九五"末提高 2.88 个百分点。2005 年农机经营总收入达到 58.4 亿元，比 2000 年增加 14.05 亿元，年均增长 6.30%，超过"十五"计划的增长幅度。

八、农村经营管理进一步加强

订单农业开始起步，福州、厦门、龙岩、三明等地大企业（集团）经销商以订货会、贸洽会和电子商务等方式，直接与农民、专业户签订产销合同。全省土地延长承包期工作全面完成，开展了清理整顿农村合作基金会工作，到 2000 年 11 月份，全省基金会的筹资余额、投放余额分别下降到 20.95 亿元和 25.2 亿元，清盘关闭了 1110 个基金会。

2005 年，全省 99.3% 的村、98.9% 的农户和 98.6% 的耕地落实了延长承包期政策。全省 98.9% 的村实行村级财务公开工作，有 66.3% 的村达到规范公开，推选村集体会计委托代理的村占 51.9%。村级干部任期、离任经济责任审计和村集体征地补偿费专项审计扎实展开，村级债务快速增长的势头得到遏制。农民负担监督管理工作成效明显，农村合作基金会的清理整顿成效显著。

九、农村生产生活条件明显改善

1992—2005 年间，开展水土流失和"清山挂白"治理，全面治理水土流失面积 5680 平方公里，完成水利水土保持工程 2314 处（项），治理小流域 427 条。农田有效灌溉面积从 1995 年的 1404.78 万亩，扩大到 2005 年 1424.57 万亩。农村用电量从 1995 年的 45.68 亿千瓦时，增加到 2005 年 160.58 亿千瓦时。重点流域区域环境整治稳步推进，"五江二溪"（闽江、九龙江、晋江、闽东诸河、汀江、木兰溪、交溪）重点流域水域环境综合治理项目实施，划定了 116 个集中式饮用水源保护区。全省建设了 14 个国家级和省级生态农业试点（示范）县和"五江二溪"流域的 17 个生态农业示范村（场）。以沼气为纽带、"牧→沼→果（茶、菜、鱼）"结合，多层次循环利用的生态农业开发模式得到推广，小水电代燃料生态保护工程完成了 5 个试点村电源点建设任务。"十五"期间，农村沼气国债项目建设扎实推进，全省新增农村户用沼气池 11.23 万口，累计建成农村户用沼气池 26.73 万口，大中型沼气工程 635 处。开展了农村工业"三废"（废水、废气、废渣）、不合理农药和化肥、畜禽养殖污染的治理工作，农村教育、卫生、文化、体育等社会事业发展取得进展，农村中小学危房改造工作稳步推进。2005 年，全省农民人均居住住房面积 40.15 平方米，比 2000 年扩大 8.01 平方米，比 1995 年扩大 17.47 平方米。农村居民最低生活保障制度得到落实，年人均纯收入低于 1000 元的 74.69 万农村困难居民全部享受低保政策，新型农村合作医疗和农村困难家庭救助试点开始启动。

十、农业支撑体系日臻完善

　　全省各级政府加强对农技推广工作的领导，加快"五有"（有专门机构、有专业人员、有办公场所、有专用设备、有试验场地）农技站建设步伐。四级农牧业技术推广机构从 1990 年的 3159 个增加到 1995 年的 3658 个，至 2005 年全省拥有四级农技推广机构 3870 多个，建立村级服务组织 8000 多个，建成以县农技推广中心为龙头，乡镇农业"三站"为纽带，村级服务组织为基础的农技推广体系。省、市、县动植物防疫体系和病虫害测报网基本形成，动植物疫病和外来有害生物的防控能力进一步增强。植保测报服务体系形成以省站为中心，26 个区域站为辐射点的计算机信息传递网络，各种专业化服务组织向农业提供全方位的服务。农产品质量检验检测体系逐步完善，初步建成以省级农产品质量安全检验检测中心为龙头，以重点产区农畜产品专业实验室为骨干、县监测点为基础、企业监测点为补充的农产品检验检测网络。农业信息体系建设快速推进，全省所有的县（市、区）完成农业信息服务平台建设，以"福建省农业科技信息网"、"福建省农业信息网"为龙头网站，整合涉农部门信息资源，初步开通"福建三农服务网"。到 2005 年底 86% 的县（市、区）建成"969155 信息网站（页）"，43% 的乡镇建立农业信息服务站。9 个设区市、75 个县（市、区）按照《中华人民共和国农业法》的要求，成立农业综合执法机构，其中 39% 的执法机构达到"五有"目标，"省总队—市支队—县大队"的执法体系框架基本形成。

第一章　生产条件

2005 年全省耕地面积 1693.54 万亩，人均耕地不足半亩，是全国人均耕地最少的省份之一，森林覆盖率 62.96%。河流众多，光热资源丰富，气候温和，降水充沛且雨热同季，适宜农作物生长和动植物繁衍。动植物种质资源丰富，适宜人工培育的作物、林木、畜禽、鱼类等多种多样。

第一节　土地资源

一、土　壤

2005 年，全省土壤总面积 15975.22 万亩。

砖红壤性红壤类土壤面积 923.16 万亩，其中，砖红壤性红壤面积 850.60 万亩，赤红壤性土面积 72.56 万亩。红壤类土壤面积 11489.28 万亩，其中，红壤面积 8533.71 万亩，红壤性土面积 670.33 万亩，黄红壤面积 2285.24 万亩。黄壤类土壤面积 1337.75 万亩，其中，黄壤面积 1134.27 万亩，黄壤性土面积 203.48 万亩。石质土面积 205.17 万亩。紫色土面积 219 万亩，其中，酸性紫色土面积 218.61 万亩，中性紫色土面积 0.39 万亩。石灰土面积 6.93 万亩。新积土面积 6.22 万亩。风沙土面积 60.84 万亩。潮土面积 25.34 万亩。山地草甸土面积 8.65 万亩。滨海盐土面积 319.42 万亩，其中，滨海盐土面积 10.81 万亩，潮土面积 308.61 万亩，酸性硫酸盐盐土面积 2640 亩。水稻土面积 1373.76 万亩，其中，淹育性水稻土面积 17.65 万亩，渗育型水稻土面积 424.30 万亩，潴育型水稻土面积 509.04 万亩，潜育型水稻土面积 101.93 万亩，漂洗型水稻土面积 22.13 万亩，盐渍型水稻土面积 46.05 万亩，咸酸型水稻土面积 252.66 亩。

二、耕　地

2005 年末，全省共有耕地 1693.54 万亩，其中水田 1373.76 万亩，旱地 319.78 万亩。

（一）水　田

水田中的平原田、半洋田约占耕地总面积的 30% 左右，属高产田。而山垄田、梯田合计约占水田面积的 70%，属中、低产田。

（二）旱 地

旱地高度集中于沿海地区。全省26个滨海县（市、区）的旱地面积达274.20万亩，约占全省旱地总面积的75%。

旱地分为坡地和平地两种类型。平地地势平缓，一般开垦较早，土壤熟化程度较高，土壤流失较少，土层较深厚，保水保肥性能较好；坡地地势倾斜，开垦较迟，土壤熟化程度低，冲刷流失严重，土层浅薄，农作物产量低而不稳。

图1-1 闽南低丘坡地

旱地中，坡地256.14万亩，平地约占旱地面积20%。土壤质地多为砂质，主要种植甘薯、花生、大豆等作物。

三、园 地

1990年，园地628.1万亩。2005年，全省已建立果园、茶园、橡胶园、桑园等1059.69万亩。

（一）茶 园

至2005年全省除平潭、东山县外，其他县（市）都产茶。茶园面积232.85万亩，占园地总面积的21.97%。主要分布于闽东、闽北、闽南、闽西和闽中5个茶区。

（二）果 园

2005年，全省果园826.00万亩，占园地总面积的77.95%，其中90%分布于丘陵和山地的坡地上，其土壤类型大致是：砖红壤性红壤占25%，红壤占55%，紫色土占6%，风砂土、潮土占9%，黄壤、草甸土占5%，土壤肥力属中等以上，但尚有20%的果园土壤缺素较严重，产量较低。

果园主要有柑橘园、龙眼园、荔枝园、香蕉园、枇杷园及菠萝园等。

1. 柑橘园

是全省各类果园中面积最大的果园。1990年面积179.97万亩，2005年发展到292万亩。主要分布于闽南、闽北、闽东、闽西北。

2. 龙眼园

1990年27.60万亩，2005年122.41万亩。主要分布在漳浦、诏安、云霄、南安、同安、晋江、丰泽、洛江、泉港、惠安、仙游、涵江、荔城、城厢、福清、长乐、蕉城、福安等优势龙眼和晚熟龙眼优势产区。

图1-2　漳浦荔枝园

3. 荔枝园

福建的荔枝园面积和产量，仅次于广东省，居全国的第二位。1990年27.14万亩，2005年58.52万亩，主要分布在漳浦、诏安、云霄、龙海、平和、南安、莆田、福清、蕉城、霞浦等优质荔枝及晚熟荔枝优势产区。

4. 香蕉园

主要分布于闽南和闽东南地区，1985年面积17.51万亩，2005年达44.69万亩。

芗城、龙海、漳浦、华安、南靖、平和等县（市、区）。以种植优质的"天宝蕉"为主。在泉州以北地区，种植耐寒性较强的"美蕉"等品种。

5. 枇杷园

2005年全省枇杷园面积49.09万亩。主要分布在莆田、云霄、福清、连江、福州郊区等地。

6. 菠萝园

重点分布于闽南地区。2005年，面积5.56万亩。

（三）热带作物园

橡胶园　分布于南亚热带地区包括漳州市、泉州市、厦门郊区和同安县等16个县（市）。1995年胶园面积从1991年的12.6万亩减少为3.14万亩，2000年减少至1.01万亩。至2005年仅有0.18万亩。

2005年，香料面积400亩，剑麻等面积从1995年的1.76万亩降到2005年的1200亩。

图1-3　诏安橡胶园

（四）桑　园

1993 年，全省桑园面积 6.99 万亩。随后逐年下降，1995 年 2.56 万亩，2000 年仅有 0.04 万亩。主要分布在福州郊区、闽侯、闽清、古田、建阳、浦城、将乐、明溪、永安、长汀、上杭等县。

第二节　劳动力

一、农村劳动力

1991 年，全省乡村人口 1237.70 万人，乡村劳动力 1076.40 万人，其中福州市乡村劳动力 178.91 万人，占全省乡村劳动力人口 16.62%；厦门市乡村劳动力 36.48 万人，占 3.39%；莆田市乡村劳动力 107.44 万人，占 9.98%；三明市乡村劳动力 79.70 万人，占 7.40%；泉州市乡村劳动力 224.83 万人，占 20.89%；漳州市乡村劳动力 161.36 万人，占 14.99%；南平地区乡村劳动力 87.97 万人，占 8.17%；龙岩地区乡村劳动力 105.63 万人，占 9.81%；宁德地区乡村劳动力 94.07 万人，占 8.74%。

2005 年，全省乡村人口 2667.03 万人，乡村劳动力 1313.01 万人（劳动年龄内从业人员 1237.05 万人），其中福州市乡村劳动力 208.71 万人，占全省乡村人口 15.90%；厦门市乡村劳动力 37.35 万人，占 2.84%；莆田市乡村劳动力 125.28 万人，占 9.54%；三明市乡村劳动力 93.83 万人，占 7.15%；泉州市乡村劳动力 288.48 万人，占 21.97%；漳州市乡村劳动力 194.90 万人，占 14.84%；南平市乡村劳动力 112.47 万人，占 8.57%；龙岩市乡村劳动力 125.41 万人，占 9.55%；宁德市乡村劳动力 126.59 万人，占 9.64%。

二、劳动力素质

（一）文化素质

1991 年，平均每百个农村劳动力中，文盲半文盲 18.1 人，小学程度 43.6 人，初中程度 30.3 人，高中程度 7.2 人，中专程度 0.6 人，大专程度 0.2 人。

2005 年，全省农村劳动力中，文盲半文盲占 7%，小学程度占 32%，初中程度占 47%，高中程度（含中专）占 13%，大专程度及以上占 1%。

（二）就业结构

1991 年，全省农村劳动力中从事农、林、牧、副、渔业 828.54 万人，占 76.97%，从事工业 76.38 万人，占 7.10%；从事建筑业 54.31 万人，占 5.05%；从事交通运输、邮电通信业 22.63 万人，占 2.10%；从事商业、饮食业、物资供销和仓储业 27.30 万人，占 2.54%；从事房地产管理、公用事业、居民服务和咨询服务 2.56 万人，占 0.24%；从事卫生、体育和社会福利事业 3.94 万人，占 0.37%；从事教育、文化艺术和广播电视事业 5.72 万人，占 0.53%；从事科学研究和综合技术服务事业 0.62 万人，占 0.06%；从事金融、保险业 0.57 万人，占 0.06%；经济组织管理 2.27 万人，占 0.20%；其他 5.2 万人，占 6%。

2005 年，全省乡村劳动力中从事农林牧渔业 692.17 万人，占 52.72%，从事工业 209.18 万人，占 15.93%，从事建筑业 87.40 万人，占 6.66%，从事交通运输、仓储及邮政业 40.50 万人，占 3.08%，从事信息传输、计算机服务和软件业 3.02 万人，占 0.23%，从事批发与零售业 69.46 万人，占 5.29%，从事住宿与餐饮业 18.90 万人，占 1.44%，从事房地产业 2.82 万人，占 0.22%，从事卫生、社会保障和社会福利业 7.17 万人，占 0.55%，从事教育、文化、体育和娱乐业 9.80 万人，占 0.75%，从事科学研究、技术服务和地质勘察业 1.02 万人，占 0.08%，从事金融、保险业 2.26 万人，占 0.17%，从事乡镇组织管理 3.20 万人，占 0.24%，其他 166.11 万人（外出合同工、临时工 87 万人），占 12.65%。

（三）剩余劳动力

截至 2005 年，农村劳动力已有 600 多万人转移到非农产业和城镇，仍从事农业生产的大部分是山区、贫困地区的劳动力。剩余劳动力总体受教育程度较低，在农村人口中受过小学教育的占 38.90%，受过初中教育的占 31.50%，高中以上教育的仅占 13.30%，其中接受农业职业技术系统教育的农村劳动力不到 5%。

第三节　农业机具

一、耕作机械

全省从事农田耕作的农业机械主要有拖拉机、微型耕耘机、机耕船、田园中耕管理机等，配套作业机具主要是机引犁、机引耙、旋耕机、起垄机等。

（一）拖拉机及其配套农具

大中型拖拉机有轮式和履带式，省内以轮式拖拉机为主。轮式用于田间机耕作业，主要机型是东方红（40、28、20），铁牛（55、45），上海（50、504、45）和丰收（35、27）。履带式主要用于农田基本建设用，机型为东方红（75、60）等。主要配套上海和江西生产的机引犁、机引耙、驱动圆盘犁、旋耕机等。小型拖拉机有轮式和手扶式，省内以手扶拖拉机为主，拥有量比较大的是东风 12，其次是工农（12、11、7、5），还有一些是红卫和中山等，配备南方水田铧式犁、栅条犁、驱动圆盘犁和旋耕机。

20世纪90年代后道路条件有所改善，农用汽车、农用运输车以及拖拉机变型运输机发展起来，大中型拖拉机运输作用迅速被取代。同时又由于承包分田到户后田块变小，从事田间作业比较效益低，大中型拖拉机逐渐减少。1990年为0.59万台，1995年为0.37万台，2000年为0.19万台，2005年年末降至0.14万台。

小型拖拉机主要是手扶

图1-4 轮式拖拉机田间机耕作业

拖拉机，拥有量也在逐步减少，1990年为14.7万台，2005年降至9.78万台。20世纪90年代中期，流行手扶拖拉机改装改型为拖拉机变型运输机。手扶拖拉机运输作用进一步弱化，转而以田间作业为主，手扶拖拉机以福建拖拉机厂和南平拖拉机厂的产品为主。从21世纪开始，福建市场已经被江苏常州、无锡生产的产品所占领。拖拉机与农机具配套比基本在1∶0.4左右，手扶拖拉机主要配备旋耕机，旋耕机具有翻土和碎土的功能，效率高，成本低，能减少作业次数，因此被普遍推广使用。1990年全年机耕面积627.86万亩，占总耕地面积的34%。2005年全年机耕面积632.78万亩，占总耕地面积37.60%。

（二）机耕船

机耕船是解决深烂水田耕翻的一种机具，可用于深脚烂泥田、海涂田、冬水田、湖田。1990年有1784台。之后逐渐淘汰，1995年为1100台，2000年为500台，到2005年只剩下300台，省内工厂已不生产，主要引进湖北石首等地的产品。

（三）微型耕耘机

动力小于7.5千瓦，主要用于水旱田耕整、田园管理、设施农业等耕耘作业为主的小型耕整机械。邵武、诏安、南靖、龙岩等地农械厂均有生产，但主要为重庆等省外产地生产的机子。由于适合小地块及较深泥脚的水田作业，价位较低，维修方便，轻便耐用，功能多，在省内得到较快发展，1990年为0.13万台，1995年0.18万台，2000年为0.32万台，到2005年增至0.57万台。

二、插秧机

20世纪90年代，抛秧、直播等技术被大力推广，莆田、南平、漳州等地引进抛秧机和水稻直播机。抛秧机是机动乘坐式，是无序抛秧，而且受很多自然条件约束，怕风，怕雨，田块要大，抛秧机拥有量很少，没有推广开。直播机主要是人力的，由于直播对田的管理要求较高，也没有推广开。插秧机的主导机型是延吉生产的2YZ型乘坐式插秧机，主要在沿海以及部队军垦农场使用，全省拥有量只有20～30台。进入21世纪，开始引进韩国和日本制造的新型插秧机，延吉生产的插秧机拥有量下降。到2005年全省插秧机拥有量约40多台，主要机型是江苏生产的东洋牌手扶步进式插秧机。

新型插秧机如久保田、东洋、富来威等采用曲柄连杆插秧机构、液压仿形系统，机械的可靠性、适应性与早期的插秧机相比有了很大提高。2000年后，推广的新型机插秧技术，采用软盘或双膜育秧，中小苗带土移栽，其特点是播种密度高，床土土层薄，秧块尺寸标准，秧龄短，易集约化管理，省秧田，肥水利用率高。

三、排灌机械

（一）农用水泵

福建农用水泵有离心泵、轴流泵、混流泵、潜水电泵、深井泵，其配套动力有柴油机、汽油机、电动机，还有自带动力连成一体的潜水电泵。移动担架式的水泵机组，以汽油机、柴油机作动力，移动性好，很适合农村田块分散、水源缺乏地区使用。

离心泵扬程较高，但出水量不大，适合于山区和井灌区使用。轴流泵出水量较大，但扬程不高，适合平原地区使用。混流泵的出水量和扬程介于离心泵、轴流泵之间，适合平原和丘陵地区使用。

1991年全省农用水泵有6.23万台，1995年为6.74万台，2000年为7.14万台，2005年为12.32万台，年均增长4.99%。农用水泵普遍用柴油机作动力，占总量的2/3左右。1990年后，随着省内很多农械厂改制，从事农用水泵制造的只剩几个厂家了，一些生产动力的企业开始生产新型担架式移动水泵机组。

（二）节水灌溉机械

省内主要用在园艺方面的经济作物上菜园、果园、茶园等。喷灌机结构简单，操作简便，投资少，生产效率高，尤其适合丘陵缺水地区抗旱保苗的节水灌溉。

喷灌机有固定式和移动式。固定式是地埋固定管道线再树立管加摇臂喷头，实行集中供水。移动式是手推和拖拉机牵引在机耕道上行走，利用沟渠或自带水箱进行中远程和近距离喷灌。省内大部分使用固定式。2005年，全省节水灌溉机械发展至1.08万套，比1990年增长93%。

四、植保机械

植保机械广泛使用的是人力手动和低容量的机动喷雾、喷粉机。人力手动主要是背负式。机动有背负式、担架式和机引式，动力以小汽油机为主，或者以拖拉机作动力带动。机动背负喷雾机以东方红 WFB 系列为主。

1995 年后各种高效、远射程的机动喷雾机大量使用，喷雾及喷灌两用机也开始使用。机动喷雾机的性能越来越好，雾化程度越来越细，喷雾机、喷烟机用于大面积种植甘蔗、茶叶等作物。宽幅喷雾机适合水稻、蔬菜、烟叶等作物使用。随着机耕道建设的规范化，用拖拉机作动力并车载的机动喷雾机也开始推广，机动喷雾机 1991 年为 0.96 万台，1995 年为 0.93 万台，2000 年为 5.19 万台，2005 年发展到 8.95 万台。14 年增长 8.32 倍，年均增长 17.29%。

五、收获机械

（一）脱粒机械

全省普遍使用人力脱粒机和机动脱粒机械，脱粒部分采用滚筒弓齿式。人力脱粒机主要在田间使用，单人或双人脚踏式机型是上杭县农械厂生产的闽农 370 型脱粒机，轻巧灵便。"一担挑"打谷机适合丘陵山区小田块使用。机动式脱粒机普遍使用电动机、柴油机、汽油机作动力。电动机主要在场院上固定使用。小麦脱粒要使用较大功率的脱粒机。

20 世纪 90 年代后，用小型汽油机和柴油机作动力的移动式机动脱粒机开始使用。有的地方对小型机动脱粒机进行了一些改造，闽清县农械厂研制了脱粒后加机械碎草装置，有的改造后安装了稻草割断器。福安、邵武等地农械厂在人力脱粒机基础上加装了动力机构，有的还设置了脱粒带初选装置，大大减轻了人力劳动强度。机动脱粒机发展很快，1991 年为 2.59 万台，1995 年为 2.95 万台，2000 年为 4.65 万台，2005 年达 5.99 万台。14 年增长 1.31 倍，年均增长 6.17%。

（二）收割机械

20 世纪 90 年代后，机械制造企业不景气和产品自身质量的缺陷，龙江 120 和闽江 150 联合收割机和双圆盘割晒机陆续淘汰。推广福建省拖拉机厂以直接输送秸秆的组合式联合收割机技术制造的 4LB－0.9 型（农友 90 型）微型联合收割机，1991 年获国家发明三等奖。该机型与福建省拖拉机厂生产的农友 5 型手扶拖拉机配套，割幅 0.9 米，价格便宜，曾生产制造 5000 台。省内联合收割机以小型为主，以 4LB－0.9 微型联合收割机为主导机型。

全喂入式联合收割机有背负式和自走式，顺昌、将乐、邵武、建瓯等地比较早引进桂林牌背负式全喂入联合收割机。该机型运用上海 50 型拖拉机背负收割部分，收割季节结束，把收割部分卸下，就是一台拖拉机，利用率比较高。该机型转移地块方便，但机身重，不适应较深水田作业，作业后留下较深的轮沟，给后道作业造成影响。福建省拖拉机厂同期生产的农友 130 型全喂入稻麦联合收割机（属于自走式）投放市场。21世纪初，福建省农机研究所采用世界先进的梳脱技术，研究成功梳脱式联合收割机，在国内首创研制成功梳穗后禾秆碎断回田的收获新工艺，既解决秸秆收割、收集的难题，又能直接回田利用。福建省机器厂制造的佳田牌梳脱联合收割机采用该技术成果，但由于产品没有经过一系列严格试验、示范过程，便仓促投放市场，对用户没有进行有效培训，影响了梳脱收割技术推广。同期省外联合收割机大举进入省内市场，在开展跨区机收水稻中，洋马和久保田高性能联合收割机展示优越性能使收割机得以推广。采用禾秆连穗头全部输送到脱粒室，脱粒连粉碎的方式。结构简单，造价低，割茬较高，但收倒伏的稻麦，效果较差，脱净率低，损失率高，适合经济水平低，不需要稻草综合利用的地方。

半喂入联合收割机采用立式割台加扶禾装置，禾秆切割后由夹持链输送，穗头部分在脱粒室脱粒，禾秆部分留在室外方式，能保持茎秆完整，脱粒干净。半喂入联合收割机，割茬低，损失率低，茎秆完整，有利于完整稻草利用，对于倒伏的稻麦收割性好，造价高，结构复杂，适合在经济水平高和需要稻草综合利用的地方推广。1991年，全省拥有联合收割机0.07万台。1995年为0.02万台，2000年为0.06万台，2005年为0.13万台。

六、农业运输机械

农业运输是以拖拉机、拖拉机变型运输机、农用运输车，以及农用载重汽车和农用机动运输船组成的农村运输，主要运输农业生产资料、农产品及农村生活用品，全省在20世纪末已基本实现农村运输机械化。

（一）拖拉机

拖拉机既能从事农田作业，又能带拖斗从事短途运输，从事运输比从事农田作业效益高。从20世纪90年代开始，大中型拖拉机、手扶拖拉机逐渐退出农村运输市场，被农用运输车和拖拉机变型运输机所取代。大中型拖拉机占拖拉机的比例从1990年的3%降到2005年的0.9%；手扶拖拉机占拖拉机的比例从1990年的96.13%降到2005年的62.97%。

图1-5 轮式拖拉机变型运输机

（二）拖拉机变型运输机

拖拉机变型运输机是在
手扶拖拉机结构基础上改进的，使用固定式车架，带方向盘，安装了驾驶室，安全
性更好，操作更方便，速度更快，载重量更大，而且造价低，适合丘陵地区农村的
道路条件使用，受到农民的青睐，但机型仍然属于拖拉机的范畴。拖拉机变型运输
机起初是小作坊拼装，厂家根据市场需求，便开始正规设计，成批量生产。2000 年
全省拥有量达 3.20 万台，2005 年为 5.51 万台。拖拉机变型运输机在拖拉机中所占
的比例逐年提高，从 2000 年的 22.57% 提高到 2005 年为 35.48%。

（三）农用运输车

农用运输车以柴油机为动力，比汽车载重小，速度慢，但适合农民的购买能力
和农村运输特点，发展较快。20 世纪 90 年代，福建省是农用运输车产品生产大省，
农民使用的基本上是省内产品，如龙马、龙溪、龙江、铁武林、大华等农用运输
车。2004 年后，根据《中华人民共和国道路交通安全法》，农用运输车改称为低速
载重汽车。

农用运输车有三轮和四轮，以四轮为主。1991 年为 1.39 万辆，1995 年为 3.47
万辆，2000 年为 5.53 万辆。因拖拉机变型运输机增加较快，农用运输车数量下降，
2005 年为 4.77 万辆。

七、农产品初加工机械

传统的农副产品的初加工是粮食和油料加工，主要是碾米、砻谷、磨粉、榨油
等，这些加工在 20 世纪 90 年代已经初步实现了机械化。随着种植结构调整，农产
品的加工增值越来越受到重视，农产品初加工领域越来越广，如蔬果类的分拣、保
鲜及初加工，食用菌类的保鲜、筛选、烘干，茶叶类的揉捻、杀青、包装、保鲜，
水产品类加工烘干、保鲜、包装等门类越来越多。

三发谷物烘干机是 20 世纪 90 年代末福建率先于全国生产的初加工机械新产
品。茶叶加工机械主要有乌龙茶、岩茶、绿茶的加工机械。乌龙茶加工机械中的一
些机型引进台湾的产品，省内安溪等地也有生产。利用工业的机电技术用于冷冻保
鲜农业设施建设，多是引进外省生产的冷冻机械，沿海一带则是利用废旧轮船上拆
解下的冷冻机。

1990 年以后，农产品初加工开始从过去一家一户自给自足的简易加工，逐
步转变为专业化的加工，加工的机械化水平越来越高，加工设备的质量日益提
高。2000 年全省加工机械有 12.62 万台，总动力 107.52 万千瓦。2005 年有
14.42 万台，总动力 113.13 万千瓦，其中电动机 83.94 万千瓦，柴油机 29.19
万千瓦。

第四节 农村与城镇能源

一、常规能源

（一）薪 柴

在内地山区结合封山育林利用荒山荒地种植薪炭林，在沿海地区营造一批商品薪炭林基地。主要提供薪柴的有用材林、防护林、薪炭林、灌木林等。

1991—1995 年，全省实施"三五七"造林绿化工程，5 年造林 1425 万亩。

1996—2000 年，调整林种树种结构，沿海扩大防护林、经济林比重，山区增加竹林、阔叶林比例。

进入 21 世纪，落实《福建省加快人工用材林发展的若干规定》，调动全社会造林积极性，同时薪柴消耗量下降，薪炭林面积持续增加。

为了基本控制薪柴过量消耗，保护森林资源，全省从 1983 年起，延续到"八五"期间，先后安排国家农村改灶节柴试点县 29 个，省试点县 14 个。各试点县在 2～3 年内，改灶率、改灶合格率均达 90% 以上。精选研制的省柴灶型，3 种得到全国重点推荐，1 种评为全国优秀灶型，2 种列入《全国农村推广先进省柴灶图册》。沿海省柴灶节柴率 32.40%，山区 58.50%。1995 年，全省累计改灶 318.20 万农户，占农总户数的 64.60%，形成年节能 180 万吨标煤能力，相当于保护和营造薪炭林 30 万亩。

（二）乡村小水电

小水电能源，系指装机容量在 25000 千瓦以下，单机 6000 千瓦以下水力发电站和小水电为主的电网。1995 年全省乡村及村以下有水电站 3579 座，装机容量 67.63 万千瓦，发电量 25.98 亿千瓦时，占农村用电量的 56.80%。2000 年有 3507 座，装机容量 92.78 万千瓦。发电量 36.78 亿千瓦时，占全省农村用电量一半。2005 年有 4859 座，装机容量 222.61 万千瓦，发电量 80.22 亿千瓦时，占全省农村用电量的 49.85%。成为山区县、乡、村工农业生产和人民生活的主要电源。

表 1－1　　　　　　　　**福建省乡村小水电站发展情况**

项　别	计量单位	1995 年	2000 年	2004 年	2005 年	2005 年比 2004 年增减（%）
水电站	座	3579	3507	4629	4859	5.0
装机容量	万千瓦	67.63	92.78	186.47	222.61	19.4
发电量	亿千瓦时	25.98	36.78	60.61	80.22	32.4

二、沼 气

福建热量资源丰富，农村人畜禽粪便和部分用作燃料的作物秸秆，可制取沼气25亿立方米，折合标准煤178.5万吨。

1996—2000年，邵武市下沙、泰宁县梅口、新罗区曹溪、蕉城区九都列为省计委沼气建设示范乡。云霄、同安、诏安、蕉城、集美等县（区）列入全国农村能源综合建设试点县；闽清、莆田、安溪、华安、上杭、长汀、清流、邵武、福安、延平等县（市、区）列为省农村能源综合建设试点县。沼气及其综合利用是重点建设项目之一。2000年年末，累计建户用沼气池15.53万口；城镇生活污水净化沼气池2094处，大中型沼气工程133处，年产沼气6400万立方米，折合标准煤4.57万吨，处理粪便污水760万吨，增积有机肥料450万吨。沿海缺少燃料和内地水土流失区，涌现一批管好用好的沼气池。2001—2005年，新增农村户用沼气池10.98万户，总容积212.07万立方米，建池成功率100%，三结合（沼气池、猪圈、厕所）率98%，利用率98%。至2005年年底，全省户用沼气保有量达到26.51万户，是20世纪保有量的171%。

表1-2　　　　　　　　2005年福建省户用沼气池建设情况

地 区	年初数（万户）	本年新增数（户）	本年报废数（户）	年末累计数（万户）	占全省（%）	其中：本年利用数(万户)	总产气量（万立方米）	户均产气量（立方米）	综合利用（万户）
福州市	0.5230	212	0	0.5442	2.05	0.5136	216.23	421.00	0.3210
厦门市	1.1480	300	0	1.1780	4.44	1.1200	672.00	600.00	0.8700
莆田市	4.9840	2500	409	5.1931	19.59	4.3674	2129.11	487.50	3.3798
三明市	2.9352	6867	19	3.6200	13.66	3.2567	1767.41	542.70	2.0148
泉州市	1.3566	1042	3020	1.1588	4.37	1.1588	494.46	426.70	0.6557
漳州市	5.6019	3909	200	5.9728	22.53	5.9728	2986.40	500.00	3.2890
南平市	1.8319	2716	0	2.1035	7.94	2.1035	1209.51	575.00	1.0247
龙岩市	5.7020	3820	56	6.0784	22.93	5.6900	2492.22	438.00	7.3000
宁德市	0.5797	800	0	0.6597	2.49	0.6297	255.11	405.13	0.3500
福建省	24.6623	22166	3704	26.5085	100.00	24.8125	12222.45	492.59	19.2050

（一）农村沼气

全省沼气以农村沼气为主体。20世纪90年代，采用先进工艺技术，户用沼气池向小型高效转化。先后引进曲流布料、固菌破壳技术，选用强回流沼气池型，

图1-6 荔城区新度镇善乡村村民修建沼气池

试建分离储气浮罩沼气池、预制钢筋混凝土板装配沼气池、铁板自动排料沼气发生罐。

2003年，省农业科学院（以下简称农科院）对组装式沼气池工厂化生产与示范进行研究；2003—2004年，研究6立方米户用玻璃钢组装式沼气池应用技术；2005年，对户用玻璃钢沼气池应用技术进行中试推广。"直管布料式玻璃钢户用沼气池"于2006年获中国国家知识产权局实用新型专利证书。

2001年，全省开始实施农业部、财政部农村小型公益设施建设补助资金沼气项目。2004年，开展国家农村沼气建设国债项目"一池三改"，在5个县（市、区）建设10450口沼气池，并结合改建清洁厨房、卫生厕所和干净猪舍。项目区建池户普遍做到95%以上的沼液、沼渣得到利用，年替代60%以上的生活燃料，年增收800元以上。

农村户用沼气建设做到三个坚持：坚持贯彻国家相关的标准、规范和规程；坚持国家沼气生产工的培训、鉴定和持证上岗；坚持采用农业部公开招投标中标的沼气产品。省农村能源特有工种职业技能鉴定站在8个设区市举办培训班51期，培训3831人次，分布全省73个县（市、区），为3422人发放初级技工证书。项目区沼气建设90%以上沼气产品，由省、设区市牵头，到农业部定点统一采购，确保建一口，成一口，用好一口。

2005年，漳州市建设沼气池先后共投入资金1亿多元。农村户用沼气池5.92万口，总容积63.41万立方米。成功率98%，使用率达85%。沼气池年总产气量为2897万立方米，综合利用户数为3.28万户。新推广"猪→沼→果→渔"、"猪→沼→菜"多种生态模式共225处。

（二）城镇沼气

宁德市蕉城区城镇生活污水处理工程公司设计和承建的生活污水净化沼气池，出口水质达到GB7959-97《粪便无害化卫生标准》和GB8978-1996《污水综合排放标准》第二类污染物二级标准，1998年列为全省建委系统科技推广项目。在蕉城区建成400多处沼气工程，并在宁德各县（市）点上示范，面上推广。应用该项技术处理生猪定点屠宰场污水，同样取得净化效果。2005 年，"蕉城区优势畜牧业产业集群建设"专题对猪场粪污进行有效处理，达国家排放标准，年产沼气 11 万立方米。

福州鼓二食品基地和郊区泉头农场引进上海、杭州UASB 工艺技术，建设沼气工程，前者日处理万头猪场混合污水 320 吨，月产沼气发电

图 1-7　沼气灯

1800 千瓦时；后者联网供气 8 个单位和一个村 106 户。建瓯市采用 UBF 工艺技术试建厌氧发酵罐，福清市科明新能源开发部研发斜流隧道式厌氧污泥滤床均获得成功。龙岩市兴建养殖场沼气治污工程，为龙津河综合治理提供技术保障。

（三）大中型沼气工程

全省按照"企业自筹为主，政府补助为辅"的政策，根据"谁污染，谁治理；谁治理，谁受益"的原则，采取激励措施，加大畜禽养殖污水治理力度。2001 年，省政府决定限期治理九龙江干流及其支流、闽江水口库区沿岸 1 公里范围内畜禽养殖污水。在治理过程中，发展沼气工程。全省涌现近 20 家沼气工程企业，在规模化畜禽养殖场污染治理中发挥了主力军作用。沼气工程建设以获取能源、肥料为主向治理污染达标排放转化，重视吸收引进国内外先进工艺、设备和技术，注重合作、交流与创新，专业化施工、产业化发展，市场化经营和企业化管理。省农业厅举办首届大中型沼气工程培训班，召开大中型沼气工程研讨会。九龙江流域治理小型沼气工程模式。水口库区治理实行治理方案专家评审制度，组织专家巡回指导。2003 年，邀请国内著名专家，对 8 个设计单位提出的 15 份闽江流域（南平段）奶牛场污水综合治理技术方案进行评审，总结推荐出一个优化的工艺技术方案。全省相关科研单位、设计施工企业国内先进的工艺技术，如 UASB、UBF、USR、ABR＋AF、SBR 等，福清市科明新能源环保开发部研发的 ZATS（斜流隧道式厌氧污泥床）工艺列入福州市环保局下文推荐在本辖区 5 区 8 县（市）优先采用的工艺技术。福州北环环保技术开发有限公司，在引进消化中国台湾和国内外先进工艺和技术的基础上，开发出 TRPDC（三段式红泥塑料沼气工程）工艺技术，拥有自主知识产权的专利技术 4 项，获 13 项国家、省级荣誉证书，泉州市华丰果牧开发有限公司污水处理及沼气利用工程荣获福建省环境保护实用技术示范工程。2005 年年底，全省累计建大中型沼气工程 681 座，总容积 59.87 万立方米。

（四）沼气综合利用

1994年，漳州市诏安县能源办把开展沼气综合利用作为工作重点，从农业生产需要出发，在全县共推广沼气肥与化肥混合配方施肥技术48万亩，其中荔枝27万亩，其他果树园8万亩，水稻田5万亩，蔬菜地8万亩。推广沼液浸种技术8万亩，推广沼液叶面喷施除虫防病增产技术10万亩，建设"猪→沼→果"生态果园186座。推广了沼液养猪、养鱼，沼渣种蘑菇等技术，共创直接经济效益5000多万元。

2000年年末，全省约有9.4万建池户开展沼气综合利用，利用沼液渣浸种稻田3.4万亩，喂猪10.48万头，养鱼池5645亩，沼渣育蘑菇4.25万平方米，普遍利用沼气肥改良土壤。

沼气肥施用可直接泼浇，每亩地施用量2000公斤左右，也可与化肥配合施用，每50公斤沼气液肥中加入0.5~1公斤碳酸氢铵或氨水。用于水稻、小麦浸种和育秧，选腐熟30~50天以上的沼气液肥，稀释1~3倍，浸种时间1~2天。用于根外追肥，选50天以上的腐熟发酵液（pH值7.0~7.5），去除残渣，稀释2~4倍，每亩用量7.5公斤，在抽穗前后喷施1~2次。

闽南很多农户，运用生态学原理，根据地形科学安排沼气池、厕所、猪圈、鸡鸭舍和鱼塘、果园、菜地、花卉、蘑菇房、蚯蚓养殖场等。优化组合成多种以沼气为中心环节的庭院经济模式，主要有：①"猪→沼→稻"模式。用稻谷秸秆、谷糠养猪，猪粪下池产沼气，沼气煮饭点灯，沼肥还田种稻，添加沼液喂猪。这种模式的特点是链条短、投资少、易管理、见效快，因而适应性强，容易推广。②"猪→沼→鱼"模式。畜牧、水产养殖专业户利用沼渣和畜粪养鱼，塘泥再返田作肥料，沼气诱蛾灭虫喂鱼。③"鸡→猪→沼→菜"模式。在猪圈上建鸡舍养鸡，鸡粪落下来喂猪，猪圈下建沼气池，沼气煮猪食，沼渣饲养鳝鱼，沼肥返地种菜。它的最大特点是能够充分利用时间、空间和劳力，实现"以沼促菜，以菜促猪，以猪促沼"的良性循环。④"猪→沼→菇"模式。做法是：猪粪下池产气，沼渣培育食用菌，菌肥下田，添加沼液喂猪。⑤"猪→沼→鱼→蚌"模式。猪粪入沼气池产气，沼气灯诱蛾养鱼，添加沼液养猪，沼肥养鱼、养蚌育珠等。

（五）科学试验

1992—1995年，省农科院对小型高效组装沼气装置进行研究。1999—2002年对畜牧场污水治理及高效综合利用进行研究，并对研制的ZWD型组装式用沼气池进行产业化推广示范。2003—2005年，对可再生清洁能源——沼气中温发酵及高效综合利用进行了研究。完成了6立方米ZWD产用组装式沼气池基本池型结构的定型、池体结构力学性能测定，应用效果测试等工作。2003年9月，ZWD型有机玻璃钢组装式沼气池获国家知识产权局实用新型专利、专利号为03253320.9。2005年对户用玻璃钢沼气池应用技术进行中试推广。"直管布料式玻璃钢户用沼气池"

于 2006 年获中国国家知识产区局实用新型专利证书。福州市试点成功隧道式小型沼气工程，适用于养猪大户和专业户。惠安县农民何黎泰的《厌氧生物能流体动力全自动工作器》获福建省发明与革新成果展览会银奖、北京国际发明展览会金奖。顺昌县张传仁创建和推广 SQC 型户用高效沼气池成绩突出，获 2004 年中华农科教基金会神内基金农技推广奖。建阳市辉龙沼气节能电子灶具厂投产，填补了福建沼气灶具生产的空白。永安市洁能燃气器技术发展有限公司推出改进的沼气灶具系列和沼气保温炉系列。三明、南平市开展群众性沼气科技活动，改进出渣器，做了大量沼肥与常规用肥对比试验，实现沼肥综合利用。

2000 年起，福州北环环保技术开发有限公司开展三段式红泥塑料污水处理沼气工程，该项技术获福建省先进环保实用技术推广使用证书。福建大禾牧业有限公司、福建芦坪养猪场、大乘奶牛场、泉州华丰果牧等公司对此项研究成果进行了示范推广。

三、其他能源

（一）风　　力

福建风力总储量 1000 万千瓦以上。风速大，风向较稳定，有效风频、风能多。风能地域分布和季节性、日变化，恰与水电资源分布、半枯水期和日负荷峰谷期互补。沿海平潭县是全国风能最佳地区之一。

全省采用投资、集资方式，企业化运作，制定一系列优惠政策，坚持规模化开发，产业化发展，兴建大中型风力发电站。"九五"期间，利用西班牙政府贷款建设的平潭长江澳 0.60 万千瓦（10×100 千瓦）、东山澳仔山 0.60 万千瓦（6×100 千瓦），利用世界银行贷款建设平潭 2 万千瓦等风力场相继落成。

（二）地　　热

福建已探明地热资源量相当年 35.16 万吨标准煤。已发现高于 30℃温泉 193 处，以中低温为主，达到 80℃的天然温泉 13 处，最高温度 95.3℃，以天然温泉露点数计，居全国第五。

用于农业生产和研究。应用于对虾、牡蛎、华贵节孔扇贝、罗非鱼、热带鱼、观赏鱼、非洲鲫鱼等人工育苗和越冬及冬繁培育等研究。省农科院地热农业利用研究所建设地热可控温室，进行农作物育种、育苗、孵化育雏、食用菌培植、名贵花卉培育及鱼苗越冬、人工孵化冬繁等。漳州市拥有全国最大规模的地热综合利用工程。先后创建地热水厂、脱水厂、烘干厂、40 亩地热养殖场、160 亩地热鳗鳖基地等，形成农副产品加工、水产养殖及民用地热热水供应的综合企业。

（三）太阳能

福建省全年日照时数为 1200~2000 小时，年太阳能辐射大部分地区为 4000~

5200 兆焦耳/平方米。北部地区属中国太阳能资源四类区，南部属三类区。夏季热量丰富，冬季也能获得相当热量。

省农业厅农村环保能源总站从 1999 年起开始太阳能热水器的推广工作，从宣传发动、技术培训到试点示范，逐步开展工作。莆田、龙岩、南平等市农村环保能源站还专门设立太阳能热水器推广机构，全省有 26 个县（市、区）农村环保能源站开办太阳能热水器销售与维修公司，截至 2005 年年底，全省累计推广太阳能热水器（户用）24.50 平方米，游泳池、澡堂等大型太阳能热水利用工程 1.36 万平方米。

第五节　农业区划

1991—2005 年，完成国家级农业资源区划重大课题 8 项，省政府及主管部门交办的研究项目 17 个。

一、规划与布局编制

（一）福建省农业区域总体开发规划

根据 1990 年国务院办公厅和 1991 年省政府办公厅部署，福建农业部门着手编制《福建省农业区域开发总体规划》。

1995 年，省农业资源区划办公室承担《福建省农业区域开发总体规划》研究课题，通过农业资源调查分析，对省农业区域开发总体布局和区域划分提出建议。该规划围绕福建省农村经济的概况和特点，分析了全省农业资源开发利用的潜力，预测了规划期内社会对各种农产品的需求，提出了相应的发展目标，对农业综合开发总体布局和分区进行了安排。这份规划提出了农业区域开发的重点建设项目，包括中低产田改造，吨粮田建设等 72 项，同时对粮食经济作物、林业、畜牧业、水产和农机等行业进行区域规划。

1. 总体布局

种植业　闽西北地区稳固完善粮食生产基础，建好商品粮生产基地；闽东南地区在巩固健全现有生产基地的同时，大力开发利用沿海滩涂资源，建立新的糖蔗生产基地；闽西、闽东南的烤烟应逐步向闽北、闽东发展，重点发展春烤烟。各地应根据实际情况，适时调整种植业内部生产结构，坚持开发与挖潜、面积与单产、水田与旱地、主粮与杂粮、吨粮田建设与中低产田改造一起抓，采取"扩、改、调"策略，逐步建立起粮食作物—经济作物—饲料作物三元种植结构。

林业　闽西北地区建成以杉木、马尾松、竹类、乡土阔叶树为主的速生丰产林，并改造一定比例的水源涵养林和水土保持林；闽东北地区主要营造经济林、薪炭林和沿海防护林；闽东南地区以桉树、黑荆为主，发展经济林，滨海地带营造防护林、薪炭林。

畜牧业 闽西北地区巩固养猪大力发展草食型畜禽，建立鹅、奶牛、肉羊、肉兔和河田鸡生产基地；闽东北地区在稳定生猪生产的同时，重点发展养羊和水禽；闽东南地区大力发展瘦肉型猪、奶牛和禽蛋生产，并建成基地。

水产业 闽西北地区主要是淡水渔业，重点抓好池塘精养；闽东地区以海洋捕捞为主，积极发展灯围捕捞作业；闽东南地区重点抓好海珍品养殖，积极开发海洋捕捞；并注意发展大中型水面淡水养殖，强化水产品保鲜和加工环节。

乡镇企业 沿海地区积极吸收外资、台资以及先进技术，开拓新兴产业，发展名特优新产品；内陆山区立足当地资源发展劳动密集型产业，加速出口创汇体系建设和农副土特产系列开发。

2. 区域划分

闽西北综合开发区 包括南平市、三明市、龙岩市的全部和泉州市的德化县。加强现有耕地、园地集约化经营，挖掘中低产田园潜力，适量增种莲子、烤烟及反季节蔬菜，促进粮食和多种经营协调发展；在各流域源头降水高值区和库区四周营造水源涵养林和水土保持林的基础上，营造速生丰产用材林竹林，积极开发药材资源，发展以草代木的食用菌生产，广泛开发利用养殖资源，增加肉、鱼、蛋、奶等副食品和皮毛等工业原料生产。

闽东北综合开发区 包括宁德地区的全部和福州的连江、罗源、闽侯、闽清、永泰5个县。在巩固发展粮食、林业生产的同时，沿海主攻渔业、水产品保鲜加工和海上运输业，并围绕渔业大力发展乡镇企业；加快发展晚熟龙眼、荔枝以及草食动物和水禽为主的畜牧业，内陆地区在稳定发展茶叶、食用菌生产的基础上，注意开发水能资源，带动农村其他产业发展。

闽东南综合开发区 包括莆田、厦门、漳州、泉州（除德化县）4个市及福州市的郊区、马尾区、福清、平潭等县（市、区）。应坚持山海田种养和乡镇企业同时并举，通过攻低创高、充分发挥耕地潜力，积极开发具有地方特色的果树、茶树和绿竹、麻竹，大力发展海水养殖；提高乡镇企业素质，发展高价值、高创汇的产业与产品，积极拓展国内外市场，促进农村经济腾飞。

（二）农业产业带区域布局

根据福建省委、省政府《关于加强农业和农村工作的意见》的精神，由省农业厅牵头，省林业厅、省海洋与渔业局、省烟草专卖局共同编制《福建省三条特色农业产业带、四大主导产业和九个重点特色农产品发展区域布局规划》，从2004年起实施。

1. 沿海蓝色产业带

沿海蓝色产业带是全国主要海洋渔业经济区，在全省农业中具有十分重要的地位。包括福鼎、霞浦、福安、蕉城、罗源、连江、马尾、琅岐、长乐、福清、平潭、涵江、城厢、秀屿、荔城、仙游、惠安、泉港、洛江、丰泽、晋江、石狮、南安、思明、湖里、集美、海沧、同安、翔安、龙海、漳浦、云霄、东山、诏安34个县（市、区）。该区域总人口1473.1万人，海岸线3324公里，海域面积13.6万平方公里，其中水深200米以内的海洋渔场面积达12.5万平方公里，浅海滩涂面积0.27万平方公里。2003年海水产品总产量507.9万吨，产值264.3亿元，占全省农林牧渔总产值的23%。此产业带海洋生物资源丰富、质量好、开发条件优越，进一步发展的潜力很大。但是，海水养殖布局不合理，海水产品加工业发展相对滞后，科技创新乏力，产业整体素质不高，部分海区养殖过密、水域污染、水质下降和过度捕捞导致生态环境恶化，成为制约蓝色产业带发展的主要因素。

2. 闽东南高优农业产业带

闽东南高优农业产业带所涉及县（市、区）包括福州、莆田、泉州、厦门、漳州5个设区市所属47个县（市、区）。总人口2165万人，其中农业人口为1522.90万人，占全省的64.70%；土地面积41380平方公里，占全省的33.10%，其中耕地面积706.20万亩，占全省的44.10%。2003年该区域的GDP总额4353.60亿元，占全省的78.90%；农林牧渔业总产值697.80亿元，占全省的60.60%；其中，种植业259.80亿元，占全省的55.70%，畜牧业140.10亿元，占全省的59%，渔业276.70亿元，占全省的78.60%，林业14亿元，占全省的17.60%。

该区域气候温暖湿润，土地肥沃，资金充裕，人才密集，市场体系比较健全，非农产业发达，具有邻近港台的区位优势和侨乡人文优势，是全国农业最发达的地区之一，也是福建省主要的创汇农业基地、绿色食品基地和农业产品加工基地，具备了进一步发展高优农业的基础和条件。但是，闽东南地区的人均耕地少，后备耕地资源不足，农业结构还不适应市场需求的变化，农产品质量安全水平有待进一步提高，农业产业化程度比较低。

3. 闽西北绿色产业带

闽西北绿色产业带所涉及县（市、区）包括宁德、南平、三明、龙岩4个设区市所属38个县（市、区）。总人口1184.70万人，其中农业人口为831.80万人，占全省的35.40%；土地面积81750平方公里，占全省的66.90%，其中耕地面积963.30万亩，占全省的55.90%。2003年该区域GDP总额1167.60亿元，占全省的21.10%；农林牧渔业总产值453亿元，占全省的39.40%，其中，种植业产值207亿元，占全省的44.30%；林业产值97.30亿元，占全省的82.40%；渔业产值75.10亿元，占全省的21.40%；畜牧业产值97.30亿元，占全省的41%。

　　该区域处于中亚热带，气候条件优越，部分地区海拔高度悬殊，又形成许多各有特点的小气候，有利于农业多种经营；自然资源和劳动力资源丰富，山多林茂，水系发达，农业基础稳定，是中国南方重要林区和商品粮基地。

二、农业区划编制研究与新技术应用

　　1991—2005 年，在开展地方特色农产品区域布局规划和新时期农业资源区划编制工作中，重视农业资源与区划经济的研究。

　　1991 年秋，省政府决定在全省范围内开展绿麻竹工程建设，省农业区划办参与的调研人员主笔编制了"关于建设绿麻竹工程的规划"。"规划"论述发展绿麻竹生产的有利条件，对绿麻竹工程规划和效益进行预测；提出实施绿麻竹工程必须解决好的几个问题。同时刊印下发了《大有可为的事业——福建绿麻竹工程》一书。1992—1994 年，全省共投入资金 10929.39 万元，其中省级财政拨款 1237.59 万元，种植绿麻竹 78.43 万亩。福安、南靖、闽侯、平和、建瓯、新罗等县（市、区）乡镇村，绿麻竹生产已成为脱贫致富奔小康、出口创汇的重要项目。

　　1995 年省农业区划办编写了《福建省农业资源综合分析（1994）》。着重围绕农业自然资源分析评价、社会经济条件分析评价、农业生产情况与问题、发展农业生产的建议以及农业、农民、农村经济的热点、难点问题，进行剖析、阐述。同时还分别制作了"土地资源利用现状表"，"农村人口、劳动力情况表"，"农村社会总产值、总收入、总费用情况表"，"主要农产品情况表"，"主要农作物投入产出情况表"，"农户投入产出情况表"，"农业生产条件表"，"支农资金与农业科技情况表"，"农业生态环境情况表"等表，为政府决策提供依据。

　　根据省政府 2001 年有关会议精神，以及福建省政务信息共享平台开发和信息资源改造一期工程建设项目的建设内容要求，2002—2003 年开发完成福建省农业资源区划信息系统建设。建立了农业资源综合数据库，包括土地资源（数量、质量）、水资源、农业气候资源、农业生产情况、人口与劳力资源等 7 个类型约 50 万个数据量；农业资源矢量图库，收集农业资源区划、土壤和农业生产情况纸质或薄膜图件共 28 张，并建立相应数字化的矢量图库；农业资源区划资料库：将自 1979 年以来的农业资源调查成果资料如综合农业区划、专业区划报告、专题调查报告、区域规划研究、专题资源调查、资源动态监测报告、农业资源分析报告和专项科研研究成果等文字资料 2000 多万字录入；名优特新农产品资源数据库，在已有收集并经有关专家和技术人员筛选的 350 多种名优特新农产品的基础上，补充增加从台湾、东南亚等地新引进的 50 多种名优特新农产品信息数据，制作成图文并茂的多媒体数据，以及省、县两级的名优特新农产品查询系统和一套可独立运行的名优特新农产品资源多媒体系统。2005 年，完成了福建省政务信息共享平台与现有的农业资源综合数据库改造与更新项目。

1985 年首次应用 MT 卫星图像解释闽北地区农业自然及系列制图，21 世纪，应用"3S"技术进行省内局部地区农作物精细区划和布局的分析，取得许多重要的区划成果。如闽东北沿海焦城、福安、福鼎、霞蒲 4 县（市）晚熟龙眼、荔枝区划；漳州长泰、南靖和泉州永春芦柑、枇杷精细区划等。在永春县枇杷精细区划编制中，将影响当地早熟枇杷"早钟 6 号"的关键气候因子（极端最低气温）的空间分布，结合坡向、坡度等地理因子组成复合区划指标，并考虑地面植被及土地利用现状等因素，运用"3S"技术进行区划。把枇杷种植区划落实到行政村的具体海拔和坡向的地段。

第二章　农村经济

1990—2005 年，福建省农村土地承包、经营体制以及股份合作制等多种经营模式稳步发展，在农民专业经济合作组织的推动下，通过完善农村财务管理制度、减轻农民负担、扶贫、协作和对口帮扶政策，全省农村收入水平、生活水平明显提高，社会保障功能增强。

第一节　经济体制改革

一、农村土地承包

1996 年第一轮土地承包陆续到期。1997 年，根据中共中央办公厅、国务院办公厅《关于进一步稳定和完善农村土地承包关系的通知》，省委、省政府下发《关于贯彻〈中共中央办公厅、国务院办公厅关于进一步稳定和完善农村土地承包关系的通知〉的意见》，对土地延包工作提出了具体意见。从 1997 年 10 月开始，新一轮土地延包工作全面铺开。1999 年春节前基本完成了土地承包经营权证发放工作。接着，又部署开展新一轮土地承包合同签订工作，到 1999 年年底基本完成，并于 2000 年 7 月检查验收完毕。2000 年 8 月，全省土地承包工作转入后续扫尾阶段，省委、省政府专门召开电视电话会议，再次要求善始善终做好土地延包工作。2002 年 2 月，根据中央文件精神，省委、省政府下发《关于抓紧做好土地延包扫尾工作的紧急通知》，要求各地对土地延包政策落实情况进行一次"回头看"，做好补缺补漏，同年 7 月组织督查组进行专项督查。8 月底，《中华人民共和国农村土地承包法》（以下简称《农村土地承包法》）颁布后，以学习宣传贯彻实施《农村土地承包法》为契机，省农业厅印发《农村土地承包法》单行本 5000 册，单行张 3.5 万张，发至县乡村。各地也通过广播、电视、报纸、宣传栏等方式广泛宣传，把《农村土地承包法》的法律条文和有关精神宣传到村、到户、到人，使农村土地承包当事人能熟悉法律，正确运用法律，依法维护自身合法权益。2003 年 9 月下旬，全国人大常委会副委员长乌云其木格率执法检查组到福建省检查，对全省贯彻落实土地承包法律政策情况给予肯定。2004 年、2005 年中央 1 号文件下发后，按照中央的要求，全省继续做好土地延包后续完善工作，对照法律条文开展经常性的督促检查，针对存在问题，落实整改措施。2005 年 9 月 29 日，省十届人大常委会第十九次会议通过了《福建省实施〈中华人民共和国农村土地承包法〉若干问题的规定》，于 2005 年 11 月 1 日起施行，进一步推进农村土地承包法律政策的贯彻落实，确保承包地块、面积、承包合同、承包经营权证落实到户。至 2005 年年底全省有 14550 个村、554.40 万农户、1545 万亩耕地落实了土地延包政策，已发放土地承包经营权证 552.34 万份，签订承包合同 552.19 万份。上述指标均完成原计划的 98.50% 以上，高于全国平均 91% 的水平。

二、农村土地承包经营权流转

20 世纪 90 年代以后，部分农民自发地通过转包、转让、互换、入股、出租等方式流转土地。2001 年，中共中央下发《关于做好农户承包地使用权流转工作的通知》，2002 年 4 月，省委、省政府抽调省直有关部门组成 4 个调研组，对全省土地流转情况进行专题调研。省农业厅统一制定农村土地承包经营权流转合同示范文本。各地在坚持"依法、自愿、有偿"原则的基础上，引导和规范土地承包经营权流转，促进规模经营。全省土地经营权流转形式主要有转包、转让、互换、入股、租赁等 5 种。

三、服务体系

全省各地建立合作经济组织为分散经营的农户提供产前、产中和产后服务。服务体系主要由三方面构成：一是乡村集体经济组织内部的服务，这是整个服务体系的基础；二是县、乡、村集体以及个体办的各种服务性经济实体提供的服务，这是整个服务体系的主要形式；三是国家经济技术部门为农业提供的服务，这是整个服务体系的中心向导。

四、股份合作制

股份合作制率先在乡镇企业和渔业中兴起，并逐步向大田种植业、水果业和林业延伸，尔后又引用股份合作的形式发展中外合股企业，还通过股份合作的形式进行乡、村集体经济产权的股份制改造。

1991 年，全省股份合作企业的企业数和产值均占全省集体所有制乡镇企业的 60% 以上。在沿海地区，乡、村集体联办企业中，股份合作企业的覆盖面达 80% 以上。泉州市有股份合作企业 1.29 万家，占乡村集体企业的 90% 以上；莆田市乡镇企业的产值中，股份合作企业占一半以上；福州、厦门、漳州沿海地区的股份合作企业发展迅速，并向山区扩展。1992 年以后，福建乡镇企业在总量扩张的同时，走集团化、规模化、科技化、名牌化、外向化发展的路子。扩大外引内联，深化企业改革，优化产业结构。1995 年，全省已创办股份合作制企业 11 万家，农民集资

300 亿元，约占总投入的 40%，有限责任公司 233 家，股份有限公司 14 家。

全省各地股份合作制形式多样，主要有农民集资合股型，农民出资、集体出地共办型，干部带头联办型，中外合资合作型，跨省股份联营型，承包租赁经营型，侨属集资合办型。

第二节 建立农民专业经济合作组织

一、经济合作组织建设

福建省的农民专业合作组织起源于 20 世纪 80 年代中期，发展于 90 年代中后期。农民专业合作组织产品获得无公害、绿色和有机"三品"认证数量逐步增加，为成员代购或者合作购买农业生产资料、代销或者合作销售农产品、对成员开展技术培训等活动，联结农户、企业和市场，提高农业的组织化程度，促进农业增效、农民增收等方面发挥作用。

2003—2005 年，省农业厅共建立部级示范点 12 个，每个示范点获得中央财政资金扶持 10 万 ~20 万元，共计 140 万元；共建立省级示范点 30 个，每个示范点获得省级财政资金扶持 3 万 ~5 万元，共计 138 万元。2003 年，永春县柑橘同业公会和长泰县青果产销合作社被农业部评为全国先进农民专业合作经济组织。

2004 年全省农户因参加专业合作组织的增收额达 4616.7 万元，平均每个农户成员增收 201 元，收入增幅比没有入会的农民高出 5.4%。从农业部和省农业厅扶持的 42 个示范点看，参加专业合作组织的农民收入增幅要比一般农民高出 10% 左右。2005 年全省有开展活动的农民专业合作组织有 1176 个，专业合作经济组织拥有成员总数为 36 万人。专业合作组织带动农户数 57 万户，占全省总农户数的 8.6%。

二、合作模式与成效

从农业部和省农业厅在全省各地兴办的农民专业合作组织参与市场营销的情况看，不同产业在不同地区表现的形式不一，主要有以下几种。

（一）"企业 + 协会 + 蜂农"模式

农业部在福建省莆田市涵江区建立的养蜂协会，以区蜂产品中心为依托，按照生产、加工、销售一条龙，"企业 + 协会 + 蜂农"的产业化模式运行，通过协会的中介组织作用，调节生产者、加工者、销售者的利益关系，推动全区蜂产业的发展。全区每年可产蜂蜜 2000 吨，年创收入 3500 万元，年深加工蜂蜜 200 吨，可创产值 530 万元。协会会员每人养蜂都在 50 群以上，年均收入 2.4 万元以上。

（二）"协会+市场+农户"模式

泉州市泉港区肖厝网箱养鱼协会，以基地为依托，按照"协会+市场+农户"的操作模式，通过相关中介组织产品销售，在广东、福建等许多大市场设有固定销售网点，在泉州万家企业上网工程设有协会网页，为协会开展营销活动提供了平台。协会会员的产品远销中国的香港、台湾，以及日本与东南亚国家和地区。福鼎市秦屿镇蔬菜协会设立了风险基金制度，筹集了10万元风险基金，以每亩5000元风险金的标准，建立了20亩新品种试种基地。风险基金在实现风险共担中解决了会员引进新品种的资金短缺、生产风险等问题。协会共引进20多个蔬菜新品种和十多项新技术。同时，协会还利用农村社会服务联动网、八闽农网、宁德农网、太姥蔬菜园网站等，从网上及时捕捉市场动态，定期在网上发布各类蔬菜品种及价格信息等，引导蔬菜产业发展壮大。长汀县远山蔬菜协会根据不同作物需肥特点，开方配肥，使作物生长营养平衡，肥料使用量减少，成本降低，产量提高。

（三）"农业产销协作"模式

永春县柑橘同业公会、长泰县青果产销合作社，借鉴台湾农业产销班的运作模式，对社员果品实行共同集货运销，统一产品标准、统一包装、统一商标、统一运销、统一结算。公会、合作社社员生产的"永春芦柑"和"兴农牌"芭乐质量高，比一般芦柑和芭乐价格高20%～30%。永春县柑橘同业公会会员年产芦柑15万吨，通过同业公会出口东南亚4万～5万吨，居全国芦柑出口首位，销往国内市场约10万吨，产值2.34亿元，年收益1.42亿元。长泰县锦信青果产销合作社申请注册了"倩果"牌商标，对社员实行统一技术培训和指导，统一采购主要生产资料，统一产品收购、包装，统一产品商标、品牌，统一产品运输、销售。合作社出品的水果质量好，售价都比市面上高出20%以上。芭乐、青枣等果品销往上海、江苏、北京、中国香港等大中城市及省内厦门、福州、泉州等市场，果品供不应求。

（四）"合作社+科技+专业户"模式

建瓯市桂林镇兴办的葡萄合作社，以合作社为依托，科技为动力，连接葡萄种植户，以自愿、自立、互利及

图2-1　建瓯市桂林葡萄专业合作社葡萄示范园

"民办、民营、民受益"为原则。有 185 户农民参加葡萄合作社，占该村葡萄种植户的 70%。在依靠科技上，实行"五个统一"，统一建立标准化示范园地、统一组织生产种植、统一测报病情虫情、统一组织产品销售、统一农资供应、统一协作信贷等管理服务，不断提高葡萄的种植水平及产品质量。2004 年，合作社社员共种植葡萄 710 亩，产量 1172 吨，户均葡萄收入 1.39 万元，比 2003 年增收 1260 元，增长 10.20%。

第三节　农村合作基金会

一、成立与发展

1985—1988 年，全省农村合作基金会得到初步发展。至 1988 年年底，全省有 1256 个乡村成立农村合作基金会，筹集可融通资金 3047 万余元。农村合作基金会由村向乡（镇）发展，资金规模也逐步扩大，特别是在经济发达的沿海县（市），数量、规模和发展速度均在全省前列。

1989—1992 年，各地政府和农业主管部门开始重视对基金会的规范和管理。1992 年省农委在福清市召开了第一次全省农村合作基金会经验交流会。会后下发《关于印发〈全省农村合作基金会经验交流会纪要〉的通知》，全省农村合作基金会得到较快发展，是年年底达到 3686 个，其中：县联会有 5 个，乡（镇）会有 296 个，村会 3385 个，筹集可融通资金达 6.44 亿元。

1993—1998 年，以推行农村股份合作制的形式，对农村合作基金会进行规范化、制度化建设。1993 年，省委农工部、省农委和省农业厅联合在惠安县召开全省农村合作基金会经验交流会。1993 年 10 月，确定福清、惠安、龙海、延平等 4 个县（市、区）为农村合作基金会规范化建设试点。12 月 1 日，省农委与省农业厅联合下发《关于转发〈全省农村合作基金会规范化建设试点研讨会纪要〉的通知》，并在试点的基础上进行总结推广。为了进一步规范农村合作基金会行为，省农委、省农业厅先后单独或联合下发的文件有：1994 年，省农业厅下发《关于印发〈福建省农村合作基金会示范章程（试行）的通知〉》，转发《农业部合作基金会办公室〈关于立即纠正和制止少数农村合作基金会高息吸收资金的紧急通知〉的通知》；1995 年 5 月，省委农工部、省农委、省农业厅联合转发农业部《关于开展农村合作基金会登记工作的通知》；1997 年，福建省农业厅印发《农村合作基金会财务管理制度（试行）》、《农村合作基金会会计核算制度（试行）》；1997 年 11 月份，省农业厅经营管理处对规范农村合作基金会提出 5 点要求的"传真电报"。据统计，至 1998 年 4 月底，全省有 2562 家农村合作基金会，其中县联会 20 家，乡

（镇）会490家，村会2052家。

由于内部管理不规范，管理人员素质较差等原因，一些农村合作基金会偏离办会方向，从事或变相从事存贷款业务。据1999年4月底统计，农村合作基金会投放款总额中，逾期款为18.22亿元，呆滞款、呆账款为5.78亿元，分别占投放款总额的37.38%和11.86%。有逾期投放款的农村合作基金会达2415家，占总会数的96.58%；有呆滞投放款的农村合作基金会达2030家，占81.15%；有呆账投放款的农村合作基金会达1741家，占41.58%；出现支付困难的农村合作基金会有1063家，占42.50%。

二、清理整顿

1999年省农业厅等部门在调查研究并吸收兄弟省、市经验的基础上，组织起草《福建省贯彻国务院清理整顿农村合作基金会工作实施方案》（以下简称《实施方案》），下发各地贯彻执行。1999年11月召开全省第一次工作会议，部署清理整顿工作。会后，各级党委、政府领导按照中央确定的原则和省里《实施方案》的要求，成立工作领导小组，落实办事机构，抽调有关部门人员组成日常工作班子，清理整顿工作在全省铺开。同年4月30日省政府下发《关于加大农村合作基金会借款清收力度指导意见》。

2000年5月，召开全省第二次工作会议，省委书记陈明义等主要领导出席会议，会议明确提出全省农村合作基金会在2000年年底前实现整体清盘关闭的工作要求，在全省实行统一领导、统一部署、统一进度的"三统一"做法。同时，省政府与各设区市政府签订清理整顿工作目标责任状。会后，省政府将22个融资规模大的县（市、区）列为省关注的清理整顿工作重点，实行地级领导负责制，指定设区市领导与重点县（市、区）挂钩，直接指导、推动重点县（市、区）开展工作。省整顿办各成员单位分别与22个县（市、区）挂钩，定期检查、督促挂钩县（市、区）的清理整顿工作。同年8月省委、省政府召开了全省第三次工作会议，常务副省长张家坤在会上进行了再动员、再部署，对清理整顿工作提出了更明确的要求。8月25日、9月1日省政府分别下发了《福建省农村合作基金会清盘关闭若干问题意见》、《福建省清理整顿农村合作基金会专项借款管理办法》两个政策性文件。随后省整顿办连续下发了37个工作文件，组成3个督导组到市、县（区）督导清理整顿工作。全省参与清欠的干部有3万多人，其中县处级干部784人，科级干部5647人。为了支持和配合清理整顿工作，省委政法委下发《关于办理涉及农村合作基金会刑事案件适用政策法律问题若干意见》，省纪检、监察、组织、人事部门联合出台了党员、干部、职工在农村合作基金会借（保）款逾期未还的处理意见，人民银行福州中心支行和省信用合作协会，先后召开会议进行动员部署、并发文督促人行与农村信用社系统员工积极带头偿还农村合作基金会借（保）款，共清退225人、950万元，清欠率100%，并对79名还款行动迟缓的员工给予经济或行政处理；全省农村信用社收购置换了农村合作基金会的小额农户贷款和异地存贷款3561.60万元。省纪委下发了《关于要求垂直管理部门督促本系统干部、职工退还在农村合作基金会借（保）款的意见》，督促各垂直管理部门干部、职工积极还清借（保）款。

2001年6月20日和7月13日，省高级人民法院和省公安厅先后发出《关于继续加强农村合作基金会案件审理工作的通知》和《关于在清理整顿农村合作基金会工作中强化公安机关职能作用的通知》，就加强农村合作基金会案件审判及执行、诉讼时效、清偿机构诉讼主体地位、诉讼费用减免缓、公安机关对逃跑的欠款户和股东加强追捕等作了明确规定。为了使后续的清欠工作和按协议偿还中央的专项借款工作能落到实处，省政府明确要求县级成立的清偿机构，要由分管财政的县领导担任组长，乡镇要由乡镇长担任清偿机构负责人。负责人要接管农村合作基金会遗留的债权债务。针对清整工作实际，省委、省政府作出了将清理整顿工作重点转到清收欠款、偿还债务为主要内容的后续清偿工作上来的决定。副省长张家坤两次主持召开省政府专题会议，听取省整顿办工作汇报，分析存在的问题，研究部署后续清偿工作。2001年7月16日，省政府召开了全省清理整顿农村合作基金会第四次工作会议，副省长曹德淦对今后的清理整顿工作提出了明确的任务和要求。

2002年3月19日，全省召开金融工作会议，省长习近平在会上强调继续做好农村合作基金会合作基金会后续清偿工作。省政府分别于2003年4月8日、2004年6月24日召开了全省清理整顿农村合作基金会后续清偿工作座谈会和电视电话会议，副省长陈芸在会上部署后续清偿工作。据2005年统计，全省农村合作基金会各项借款由48.74亿元，下降到15.45亿元，清收率为68.30%。各项存款由整顿初期的50.47亿元，下降到4.81亿元，兑付率为90.47%，其中个人存款总额由40.62亿元，下降到0.33亿元，兑付率为99.19%。全省下借中央专项借款17.76亿元，已归还中央专项借款本金7.62亿元，偿还率达42.89%，支付利息1.11亿元。全省共收回党员、干部、职工借（保）款7.6亿元，占借（保）款总额8.3亿元的91.30%，有4085名党员、干部、职工因未按规定还款而受到党纪政纪处理，其中副科级以上干部567名。全省法院共受理有关农村合作基金会案件30759件，涉案金额12.05亿元，已执行案件13649件，金额4.35亿元。全省参加金融法制学习班的人数有46992人，共收回各项借（保）款6.06亿元。对农村合作基金会经营性亏损的股东追究其清偿储户存款的责任，全省责令经营性股东退出历年股红1.26亿元、垫资1.54亿元。

第四节 农民生活

一、农村小康建设

1990 年，省委召开第五次党代会，把"翻两番、奔小康"作为 20 世纪 90 年代全省农村工作的总目标。之后，根据国家统计局提出的农村小康指标体系 6 个方面 16 个指标，结合福建实际，组织省直有关部门制定了《福建省农民生活实现小康水平计划》，出台全省农村奔小康的重点工作和具体措施，并成立"省委小康办"具体负责这项工作。为了便于考核监测，同时制订了福建省农村小康 16 项评价标准。1995 年，省第六次党代会进一步确定全省农村"1997 年基本实现小康"目标，提出"抓两头、带中间，加快农村小康进程"指导方针，促进了农村小康工作的加快开展。

根据《福建省农村小康标准》监测结果，1997 年全省农村小康综合得分为 93.6 分，已跨过基本实现小康（90 分）的界线，比 1990 年的 46.7 分提高了 46.9 分，平均每年增加 6.7 分。

1997 年，全省小康指标中农民人均纯收入、人均衣着支出、钢筋砖木结构住房比重、电视机普及率、服务消费支出比重、服务消费支出比重、成人识字率、安全卫生饮用水普及率、用电户比重、行政村通公路比重、行政村通电话比重、享受社会五保人口比重和万人刑事案件发案数 12 个指标进程达到 100%；人均平均预期寿命指标进程为 92.0%；进程在 60% ~ 90% 之间的有 3 个，即基尼系数 60%，恩格尔系数 66.0%，人均蛋白质日摄入量 76.40%。全省 80 个县级单位（不包括湄州北岸、肖厝、龙文三个新区）中，农村小康 16 项指标综合得分超过 90 分的达到 71 个单位，其中综合得分达到 100 分的有台江、鼓楼、集美、杏林和思明 5 个区；综合得分在 90 分以下的有宁化、周宁、光泽、大田、政和、松溪、长汀、寿宁和柘荣 9 个县，占 11.3%。福建省农村比全国提前 3 年，基本（超过 80% 的县）实现小康目标。

2000—2005 年，全省农林牧渔总产值年均增长 4.2%，农业增加值年均增速达 3.6%，农民收入较快增长；有 19 个县（市）开展农村合作医疗试点，试点县（市）78% 的农民参加了合作医疗；农村社会事业进一步发展，人口素质稳步提升。2005 年农民文化娱乐消费支出比重达到 5.0%，比 2000 年提高了 2.4 个百分点；农民居住条件明显改善，生活信息化程度提高；全省所有的村基本推行了村务公开、民主管理；农村环境整治力度加大，资源环境状况有所改善。

表 2 - 1　　　　　　　　**1997 年福建省农村小康进程测算**

指数名称	小康值	温饱值	实际值	进程%	权数	得分
农民人均纯收入(元)	≥1300	370	1456.0	100.0	30	30.0
基尼系数	0.3~0.4	0.2	0.26	60.0	5	3.0
恩格尔系数(%)	≤50	65	55.1	66.0	6	4.0
人均日蛋白质摄入量(克)	≥75	47	68.4	76.4	9	6.9
人均衣着支出(元)	≥70	25	74.0	100.0	3	3.0
钢筋砖木结构住房比重(%)	≥80	31	84.9	100.0	7	7.0
电视机普及率(%)	≥70	9	83.4	100.0	6	6.0
服务消费支出比重(%)	≥10	2	16.6	100.0	6	6.0
人口平均预期寿命(岁)	≥70	68	69.8	92.0	4	3.7
成人识字率(%)	≥90	68	96.1	100.0	5	5.0
安全卫生饮用水普及率(%)	≥90	50	95.2	100.0	3	3.0
用电户比重(%)	≥95	85	99.1	100.0	3	3.0
行政村通公路比重(%)	≥85	50	97.4	100.0	3	3.0
行政村通电话比重(%)	≥70	50	83.0	100.0	2	2.0
享受社会五保人口比重(%)	≥90	50	96.6	100.0	4	4.0
万人刑事案件发案数(件)	≤20	20	13.3	100.0	4	4.0
合　　计					100	93.6

注：1. 农民人均纯收入和人均衣着支出按 1990 年价格计算。

　　2. 电视机普及率采用各地平均数。

二、农民收入

(一) 收入水平

2005 年，全省农民人均纯收入 4450.36 元，比 1990 年增加 3685.95 元，年平均递增 12.46%。

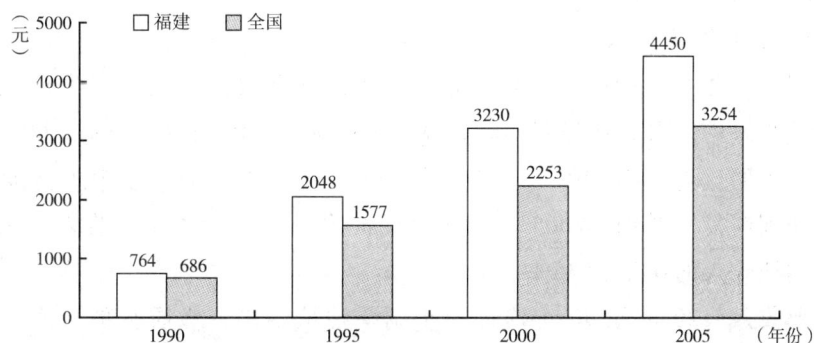

图 2 - 2　1990—2005 年全国与福建农民人均收入比较

表 2 - 2　　　　　　1990—2005 年全国与福建省农民人均纯收入情况

单位：元，%

年份	福建				全国			
	人均纯收入	年度增长	实际增长	增幅在全国排位	人均纯收入	年度增长	实际增长	比全国高
1990	764.41	9.6	11.2	16	686.31	14.1	1.8	78.10
1991	850.05	11.2	8.4	9	708.55	3.2	2.0	141.50
1992	984.11	15.8	12.8	11	783.99	10.7	5.9	200.12
1993	1210.51	23.0	6.0	12	921.62	17.6	3.2	288.89
1994	1577.74	30.3	4.5	15	1220.98	32.5	5.0	356.76
1995	2048.59	29.8	10.9	12	1577.74	29.2	5.3	470.85
1996	2492.49	21.7	14.7	16	1926.07	22.1	9.1	566.42
1997	2785.67	11.8	10.5	9	2090.13	8.5	4.6	695.54
1998	2946.37	5.8	7.0	14	2161.98	3.4	4.3	784.39
1999	3091.49	4.9	6.0	3	2210.34	2.2	3.8	881.15
2000	3230.49	4.5	3.8	8	2253.42	2.0	2.1	977.17
2001	3380.72	4.7	5.2	17	2366.41	5.0	4.2	1014.32
2002	3538.74	4.7	5.1	23	2475.63	4.6	4.8	1063.11
2003	3733.89	5.5	5.0	12	2622.24	5.9	4.3	1111.65
2004	4089.38	9.5	5.5	25	2936.40	12.0	6.8	1152.98
2005	4450.36	8.8	6.6	18	3254.93	10.8	7.5	1195.43

（二）收入结构

2005 年，农民家庭经营性收入 2365 元，比 1990 年增长 3.3 倍，年均递增 10.16%。由于农民劳务收入的快速增加，农民家庭经营性收入的比重呈逐渐下降的趋势，其他收入比重基本维持在 10% 左右。

第一产业仍是农民收入的重要来源，但所占比重有所下降。农民家庭经营的二、三产业收入增加不快。

（三）农业经营收入

"八五"、"九五"期间，受乡镇企业快速发展和农民外出打工收入增加影响，农民人均纯收入中来自农业经营的收入减幅比较大，2000 年人均 1112.09 元，占农民人均纯收入的比重为 34.40%。"十五"期间，得益于中央支农政策力度的加大，农业收入得到恢复性增加，2005 年全省农民人均家庭经营农业纯收入 1555.70 元，占农民人均纯收入的比重为 35%。

种植业收入　20 世纪 90 年代进一步调整种植结构，优质水稻、蔬菜、水果、花卉等逐步形成规模生产，产品产量一直增加。"九五"期间，由于农产品价格低迷，种植业收入出现减少，但其所占比重基本稳定在65%左右。"十五"期间，受粮价上涨和"两税"取消的影响，农业收入得到恢复性增长。15年来，种植业收入比重稳定在62%～70%。

牧业收入　2005年，农民家庭经营牧业收入占农业收入比重从1990年的32.70%降为17.60%。

林业收入　2005年，农民家庭经营林业收入达89.35元，占农业收入比重为5.70%。

渔业收入　随着国家对渔业产品的放开经营、放开价格，福建渔产品市场化程度快速提高，农民经营渔业收入所占比重也持续上升。2005年，全省农民家庭人均经营渔业收入141.55元，占农业收入比重由1990年的2.20%提高到9.10%。

表2-3　　　　　　　　　福建农民收入结构情况

单位：元，%

年份	农民人均纯收入	工资性收入	家庭经营收入	其他收入	家庭经营收入中各业所占比重		
					第一产业	第二产业	第三产业
1990	764	157	554	53	85.1	4.3	10.6
1995	2049	521	1296	232	73.2	10.1	16.7
2000	3230	1069	1844	317	60.3	13.7	26.0
2005	4450	1651	2365	434	65.8	9.7	24.5

表2-4　　　　　　　　福建省农业收入内部结构变化情况

单位：%

年份	种植业	林业	牧业	渔业
1990	62.0	3.2	32.7	2.2
1995	69.8	2.2	25.0	3.0
2000	69.3	6.2	16.9	7.6
2001	69.8	5.0	16.7	8.3
2002	68.4	5.2	16.8	9.6
2003	66.4	5.9	17.9	9.8
2004	68.0	5.3	17.8	9.0
2005	67.5	5.7	17.6	9.1

三、农民消费结构

2005年，农民人均生活消费支出达到3292.63元，比1990年增长3.7倍，年平均增长10.80%；恩格尔系数由1990年的60.6下降到46.1，平均每年下降近1个百分点。在吃、穿、住、用、行、医疗、文娱等八大类生活消费项目中，满足基本生存的食品、衣着消费支出占生活消费总支出的比例，分别由1990年的60.6%、6.5%下降到2005年的46.1%和5.7%，分别减少14.5和0.8个百分点。尤其是食品消费支出比例——"恩格尔系数"大幅度下降，进入了45%～50%的小康生活标准范围内。

表2-5　　　　　　　　　若干年份福建省农民人均生活消费支出

单位：元

项目＼年份	1995	2000	2005
食品	1093.45	1172.35	1517.63
衣着	99.17	116.99	186.70
居住	212.45	350.72	457.26
家庭设备、用品及服务	83.05	110.24	154.42
医疗保健	44.39	87.38	154.03
交通与通讯	70.61	206.08	365.60
文化教育娱乐用品与服务	148.72	254.30	356.54
其他商品和服务	41.84	111.63	100.47
总　计	1793.68	2409.69	3292.65

（一）食品消费多样化

1990年，农民人均食品支出429.20元，比2005年的1517.60元，年均递增8.8%。粮食类食物消费量逐渐下降，非粮食类食物消费量、品种不断增加。在非粮食类食物消费量中，2005年，农民人均肉禽及其制品消费量14.82公斤，比1990年的7.54公斤增加96.55%。鱼、虾、蟹、贝类水产品消费量达14.44公斤，比1990年增长2.4倍。特别是蛋奶及其制品消费量增长迅猛，2005年人均达5.99公斤，比1990年增加4.62公斤，增长幅度高达4.4倍，年均增长超过10%。

（二）衣　着

2005年全省农民人均衣着消费支出达186.70元，比1990年增加147.8元，增长3.8倍，年均递增11.0%。农民衣着支出中购买成衣的比重大，2005年人均购买服装支出达140.36元，占到75.2%，比1990年上升了27.8个百分点。

（三）居住条件

住宅装饰、室内卫生厕所等居住配套设施在农村逐渐普及。2005年，全省农村居民人均居住消费支出457.26元，比1990年的77.60元增加379.66元，增长4.9倍，年均递增12.6%。人均居住面积达40.0平方米，比1990年增加了18.3平方米，增长84.3%。同时，住房质量也有了很大的改善。新建住房价值每平方米达

379.6 元，比 1990 年提高 3.4 倍。在居住面积中，楼房和砖瓦房比重达 81.6%；钢筋混凝土与砖木结构的人均面积达到 32.7 平方米，比 1990 年的 8.9 平方米增加 23.8 平方米，增长 2.7 倍。

（四）家庭用品

越来越多的农民家庭拥有彩电、冰箱、洗衣机、摩托车、电脑，汽车也开始进入寻常百姓家。2005 年年末，

图 2－3 永安市洪田镇马洪村造福工程
安置点新建的农民住宅

全省农民每百户拥有摩托车 75.22 辆、彩电 109.67 台、移动电话 103.41 部、电冰箱 38.13 台。分别比 1990 年增长 38.2 倍、20.0 倍、103.4 倍和 25.7 倍。

表 2－6　　　　　　　平均每百户农民家庭主要耐用消费品拥有量

消 费 品	1990 年	1995 年	2000 年	2005 年
自行车（辆）	105.11	128.41	101.15	68.13
电风扇（台）	83.24	149.29	173.46	194.34
洗衣机（台）	4.01	16.92	35.55	46.21
电冰箱（台）	1.43	8.79	19.40	38.13
摩托车（辆）	1.92	17.97	49.67	75.22
黑白电视（台）	49.07	60.77	42.09	13.85
彩色电视（台）	5.22	31.48	73.02	109.67
照相机（架）	1.15	2.42	6.15	5.49
抽油烟机（台）	—	—	3.96	9.62
空调机（台）	—	—	1.65	10.99
录放像机（台）	—	—	7.36	3.96
热水器（台）	—	—	19.29	41.37
微波炉（台）	—	—	2.69	14.07
电话机（部）	—	—	41.85	94.18
移动电话（部）	—	—	20.16	103.41
寻呼机（部）	—	—	27.86	0.55
组合音响（台）	—	—	15.77	20.22
摄像机（台）	—	—	0.33	1.04
中高档乐器（件）	—	—	1.32	0.49

（五）交通通信

全省农民人均交通通信支出达 384.24 元，是 1990 年的 26.7 倍。

（六）其 他

农民的文教娱乐消费金额增加，消费范围由以前主要是学杂费等少量的项目扩展到音像制品、计算机零配件、电脑软件以及成人教育费等。2005 年，全省农民人均文教娱乐消费达到 356.54 元，比 1990 年增加 296.58 元，增长 4.9 倍。医疗保健消费费用强劲上升，已逐步成为农民生活消费的一个大项。2005 年人均达 154.03 元，比 1990 年增加 145.43 元，增长 16.9 倍。同时，农民外出旅游、休闲等健康时尚的活动也逐步增多，消费项目不断拓展。

四、农村社会保障

1994 年实施国家"八七"扶贫攻坚计划，全省开展农村扶贫济困工作，保障农村弱势群体的生活。

2001 年根据中央的部署，在基本完成"八七"扶贫攻坚计划的基础上，全省贯彻落实《中国农村扶贫开发纲要（2001—2010 年)》。2004 年，出台了《福建省人民政府关于全面建立和实施农村居民最低生活保障制度的通知》，要求以增加贫困农民、残疾人和"五保"人口收入为中心，保障基本生活为重点，积极引导全社会参与，让贫困人口直接受益，保证正常生活需要。从 2004 年开始，全省家庭人均年收入低于 1000 元的农村居民全部纳入低保范围，实行"应保尽保"，省、市、县分级负担低保救济金。当年，全省共有 75.5 万（其中 12.4 万为有生产能力未解决温饱的贫困人口）的低收入农村居民，全部享受农村最低生活保障，发放低保资金达 3.4 亿元。提前 6 年实现国家提出的到 2010 年基本解决 3000 万贫困人口温饱的目标，成为最早大面积推行农村低保制度的省份。2005 年，全省继续发放最低生活保障金 3.7 亿元。

与此同时，全省推进农村新型合作医疗和社会养老保险制度改革。截至 2005 年年底，已有 156 万农民参加农村社会养老保险，积累养老金 8 亿多元，1.23 万农民开始领取养老金。新型农村合作医疗试点从 3 个县扩大到 9 个县（市、区），省财政预算安排补助经费 2000 多万元，试点县（市、区）已有近七成的农民参加新型农村合作医疗。

第五节 农村财务管理

一、账目建设

1996 年 7 月 31 日，省农业厅、省财政厅印发《村合作经济组织固定资产分类及折旧年限表（试行）》，将固定资产分为通用设备、农业专用设备、其他专用设备、房屋及建筑物、经济林木及产役畜等五大类。固定资产折旧方法采取平均年限法。2000 年 9 月 21 日，福建省第九届人民代表大会常务委员会第二十一次会议通过《福建省村集体财务管理条例》，从此全省村集体财务管理步入法制化轨道。2001 年 1 月 11 日，为加强对村集体财务会计人员和财务审计人员的管理，省农业厅印发《福建省审计证管理规定》和《福建省农村财务任用证管理规定》、《农村财会任用证专业知识考试考务工作规定》，截至 2005 年，全省先后举行了 5 次"农村财会任用证"专业知识考试，累计参加考试人数 12502 人，共颁发"农村财会任用证"16635 本。2005 年 3 月 30 日，省农业厅转发由农业部和财政部门联合修订的《村集体经济组织会计制度》和《村集体经济组织新旧会计制度有关衔接问题的处理规定》，从 2006 年起全省村集体启用新的会计制度。2005 年 4 月 26 日，为规范和推行村集体会计委托代理制，省委组织部、省农业厅、省民政厅在总结推行村集体会计委托代理制成功经验的基础上制定下发《福建省村集体会计委托代理制度暂行规定》，在村集体资产所有权、资金使用权、财务审批权不变的原则上，实行"五统一"管理，即乡镇对村集体财务管理实行"统一制度、统一审核、统一记账、统一公开、统一建档"。

二、财产清查

1998 年 5 月 21 日，省政府办公厅转发省农业厅《关于福建省清理整顿村级财务工作的实施意见》，对全省村集体经济组织财务收支情况、各种债权债务、集体资产、现金存款和有价证券、重点基建项目进行清理整顿。1999 年 8 月 13 日，省政府办公厅印发贯彻《国务院办公厅关于彻底清理乡村两级不良债务实施意见》，对在 1998 年年底以前乡、村两级（乡镇政府、村委会和乡镇集体经济组织、村组织集体经济组织）自身的各种债务、债权和担保形成的各种债务（个含乡镇办和村办企业经营性的债务、债权）进行彻底清查。2000 年 8 月 16 日。福建省人民政府办公厅下发《关于继续做好清理乡村两级不良债务工作的通知》，要求乡、村两级不再产生新的不良债务，并削减不良债务 10%。为了制止乡村两级产牛新的不良债务，省里还出台了报刊限额征订、零接待制度等，减轻乡村两级负担。

三、财务公开

1998 年 8 月 13 日，省委组织部、省农业厅印发了《福建省村级集体经济组织财务公开民主管理暂行规定》，开展村集体财务公开民主理财制度建设。2004 年 9 月 6 日，省委办公厅、省政府办公厅为贯彻落实中央办公厅、国务院办公厅健全和完善村务公开和民主管理工作的精神，推动村务公开制度的深入开展，下发了《贯彻落实中共中央办公厅国务院办公厅关于健全完善村务公开和民主管理制度意见的通知》，全面实行村集体财务公开民主理财制度。

四、财务审计

2003 年是全省村级组织换届选举年。当年 3 月 6 日，省委组织部、省监察厅、省农业厅联合印发《关于开展村级干部任期经济责任审计检查工作的通知》，在全省范围开展村级干部任期经济责任审计检查工作，对村级干部任期经济责任作出客观的评价。2004 年 6 月 4 日，针对一些地方对村集体经济缺乏有效的管理和监督而引发群众信访事件，省农业厅、省推行办事公开制度领导小组办公室、省推行村务公开工作小组办公室、省信访局联合印发《关于开展对部分信访重点村财务审计工作的通知》，对信访反映村财问题较为突出的重点村进行审计。2005 年 3 月 28 日，为维护被征地农民的合法权益，省委组织部、省监察厅、省农业厅印发《关于开展村集体征地补偿费专项审计工作的通知》，在全省范围开展村集体征地补偿专项审计工作。全省共审计 2669 个有征地补偿收入的重点村，审计总金额达 146.8 亿元，涉及征地面积 481645.5 亩。

第六节　农民负担监督管理

1993 年 3 月，省委、省政府批准成立福建省农民负担监督管理领导小组，成员单位包括省委政策研究室、省委组织部、省委宣传部、省农办、省发展改革委、省监察厅、省人口和计划生育委员、省物价局、省财政厅、省法制局、省人事厅、省教育厅、省国土资源厅、省建设厅、省民政厅、省卫生厅、省新闻出版局、省农业厅、省农业综合开发办公室。同时，在农业厅下设福建省农民负担监督管理办公室，负责日常工作。

一、减负工作

1992 年 11 月，省政府颁布《关于切实减轻农民负担的布告》。1993 年 2 月，省政府发布第 1 号令——《福建省农民承担费用和劳务管理规定》；1993 年 8 月，省委、省政府发出《关于涉及农民负担项目审核处理意见的通知》，当年取消或暂停了上百项涉及农民负担收费项目和达标升级活动。1994 年 3 月 2 日，省第八届大常委会第八次会议通过《福建省农民负担监督管理条例》；1995 年执行《中共中央办公厅、国务院办公厅关于涉及农民负担项目审核处理意见的通知》（中办发〔1993〕10 号），对已经明令取消的项目坚决不准恢复，暂停一切涉及加重农民负担项目的审批，将各地区农民承担的提留统筹费控制在上年农民纯收入的 5% 以下。1996 年 6 月 14 日，省委办公厅、省政府办公厅印发《关于进一步抓好减轻农民负担工作的通知》，提出"约法三章"：第一，坚决把不合理的负担项目压下来，停止一切不符合规定和不切实际的集资、摊派项目；第二，暂停审批一切新的收费项目，禁止一切需要农民出钱、出物、出工的达标升级活动；第三，对已明令取消的项目，任何地方和部门都无权恢复，国务院规定的提留统筹费不超过上年农民人均纯收入 5% 的比例限额不得突破。1997 年 1 月，省委、省政府发出《关于贯彻〈中共中央、国务院关于切实做好减轻农民负担工作的决定〉的意见》，决定全省农民承担的村提留乡统筹费按 1995 年农民人均纯收入为基数计算，从 1996 年开始一定 3 年不变。据不完全统计，1993—2000 年，省、市（地）、县三级共废止涉及农民的文件 3595 份，累计为农民减轻负担 38.7 亿元，年均减负 4.8 亿元。

从 1999 年下半年到 2005 年，减负工作进入了由单项治理到综合治理、由工作推动到体制变革的时期。1999 年中央首次召开全国减轻农民负担工作电视电话会议后，省委、省政府连续 4 年 5 次召开全省减轻农民负担工作电视电话会议，明确提出减轻农民负担"四项制度"：即涉农税收价格和收费"公示制"、农村中小学义务教育收费"一费制"、乡村组织及农村中小学校公费订阅报刊费用"限额制"、涉及农民负担案（事）件"责任追究制"，进一步加大专项治理、监督检查、案件查处和责任追究的工作力度。2001—2002 年，在武平、松溪、福鼎等 3 个县（市）实施农村税费改革试点。未进行农村税费改革试点的地方，继续以 1995 年村农民人均纯收入为基数计提留统筹费，且不超过 1997 年预算额。2003 年全国开始农村税费改革试点。福建省实施"五取消、一稳定、一改革"政策（即取消乡统筹费，取消农村教育集资等专门面向农民征收的行政事业性收费和政府性基金、集资，取消除烟叶及原木收购环节外的农业特产税，取消屠宰税，取消统一规定的劳动积累工和义务工；稳定农业税；改革村提留征收使用办法）。2004 年开始在全国降低农业税税率，福建省对种植水稻的耕地免征农业税，对种粮农民实行直接补贴。2005 年，在全省范围内全面免征农业税、取消除烟叶以外的农业特产税。"两税"取消后，全省农民每年可从中受益 3.4 亿元。

二、减负成效

2003 年农村税费改革全面推开后，农民人均减负 79.9 元。2004 年继续为全省种粮农民减轻农业税负担 1.5 亿元。2005 年继续为全省农民减轻农业税及其附加 2.57 亿元、减轻除烟叶以外的农业特产税及其附加 0.83 亿元。同时，通过专项治理，全省共减轻农民负担 1 亿多元。其中通过对农村义务教育乱收费的专项治理，减轻农村学生家长教育负担 3666 万元；通过对农民建房乱收费的专项治理，减轻农民负担 3978 万元；通过对农民工进城务工不合理收费的专项治理，减轻农民负担 867.55 万元；通过对农民生产性费用和经营服务性收费的专项治理，减轻农民负担 1780 万元。农村税费改革前后对比，全省农民年人均减负 100 元以上，减负率达 90% 以上。同时，种粮直补、良种补贴和农机补贴等各项支农惠农政策也逐步出台。

2005 年，省级财政（含中央补助）安排税改转移支付资金 21.79 亿元，比 2004 年增加了 5.3 亿元。中央、省财政不断增加支农资金，对种粮农民实行农业生产资料价格综合补贴，进一步调动了农民种粮和发展生产的积极性。全省基本上实现了中央提出的"三个确保"目标，即确保改革后农民负担明显减轻、不反弹，确保乡镇机构和村级组织正常运转，确保农村义务教育经费正常需要。

2002—2005 年，随着减负工作的不断加强、农村税费改革的逐步深化，全省涉及农民负担信访逐年下降，没有发生一起因农民负担引发伤亡的恶性案件，也没有发生严重群体性事件和造成重大影响的其他案（事）件。

第七节 扶 贫

一、决策部署与成效

1994 年，省委、省政府召开全省扶贫开发工作会议，出台《福建省实施〈国家八七扶贫攻坚计划〉的意见》，提出了全省扶贫攻坚的目标任务和政策措施。1996 年，省委、省政府召开全省扶贫开发暨小康建设会议，出台《关于加快农村扶贫开发与小康建设步伐的若干政策措施》，对贫困地区在税费减免、资金投入、科教扶贫等 10 个方面实行优惠政策。1997 年，全省提前 3 年完成"基本实现小康、消除绝对贫困、完成造福工程搬迁"3 项任务，省委、省政府又作出进一步推进山区与沿海协作，促进区域经济协调发展的重大决策。1999 年，全省扶贫工作会议出台《关于贯彻落实〈中共中央、国务院关于进一步加强扶贫开发工作的决定〉的意见》，提出加强老区及少数民族行政村"五通"为重点的贫困地区基础设施建设。2001 年，贯彻落实《中国农村扶贫开发纲要（2001—2010)》精神，进一步明确了新时期扶贫开发的目标、任务，先后下发《实施农村最低生活保障制度》、《关于做好省级扶贫开发工作重点村挂钩帮扶的通知》等政策文件。

2002 年 1 月，为贯彻落实中央扶贫开发工作会议精神，省委、省政府下发《关于实施〈中国农村扶贫开发纲要（2001—2010 年）〉意见》。针对新时期贫困人口主要分布在老区、少数民族地区和部分边远山区落后村庄的特点，2002 年 5 月，省委办公厅、省政府办公厅下发《关于做好省级扶贫开发工作重点村挂钩帮扶的通知》。从 2002 年 7 月开始至 2007 年 7 月，全省确定 208 个自然条件最为恶劣的行政村作为省级扶贫工作重点村，安排省直 113 个单位予以挂钩帮扶，省直 15 个相关部门每年筹集 3797 万元资金，连续 5 年集中捆绑使用，专项用于省级扶贫开发工作重点村发展生产、改善生产生活条件。

（一）做 法

1. 实行资金捆绑管理模式

2002 年和 2003 年的捆绑资金按“统一分配，用途不变，渠道不变”的原则下达，即省级重点村的帮扶项目由省扶贫办统一安排，捆绑资金由各出资单位从本系统渠道下达。为了确保省级重点村捆绑资金每年能及时足额用在帮扶项目上，2004年，省政府召集 14 家出资单位召开专题协调会，并以省委办公厅、省政府办公厅的名义下发了《关于加强省级扶贫开发捆绑资金及项目管理有关事项的通知》，决定从 2004 年开始，省级重点村捆绑资金由省财政从各出资单位年初预算的总盘子中，按既定的出资额度统一划归扶贫专户集中管理，专项用于开展省级重点村建设；并明确了各县负责分管扶贫工作的领导为第一责任人，扶贫机构为第一责任机构，捆绑资金集中管理，统一使用。每年年初，根据省扶贫办的项目安排方案，省财政厅将捆绑资金直接下达到县级扶贫财政专户，由县分管扶贫工作领导负总责，实行一支笔审批，县扶贫部门承担具体实施任务，采取分期报账制方式，负责监督落实重点村帮扶项目。

2. 选派机关党员干部驻村任职

从 2004 年起，省直部门抽调 208 名党员干部，由省委组织部任命，分别担任 208 个省级重点村党支部第一书记，时间 3 年。驻村干部的工作与原单位脱钩，专职开展重点村的帮扶工作。2004 年 6 月，省委、省政府在福州举办省直和中央驻闽单位驻村任职党员干部培训班。各市、县也参照省里的做法，选派了 2000 多名党员干部分赴辖区内的“后进村”驻村开展帮扶工作。确保省级重点村帮扶工作“有人管事，有章理事，有钱办事”。驻村任职干部充分发挥信息灵、见识广的优势，组织实施扶贫开发规划，落实整村推进帮扶项目，改善当地生产、生活条件，带领贫困群众发展生产，增加收入，同时加强贫困村的基层组织建设。

3. 落实挂钩单位定点帮扶措施

为加强对省级重点村定点扶贫工作的指导，省直各单位建立了定点帮扶工作制度，成立了定点帮扶工作领导小组和工作机构，主要领导任组长，工作机构依托一个或几个业务处室，指定处级干部担任扶贫联络员，具体负责联系挂钩帮扶工作。省委农办定期召开挂钩单位联络员座谈会，及时掌握定点帮扶工作动态；定期刊发重点村简报，通报表扬各单位在定点帮扶工作中好的经验和做法；在省广播电台设立《来自重点村的报导》栏目，每天播出10分钟，宣传定点扶贫工作情况，鼓励社会各界人士参与扶贫济困。据2005年统计，共有省领导、省直和中央驻闽单位12457人次到驻点村指导工作，其中地厅级领导2003人次，挂钩帮扶单位还投入资金1.76亿元，扶持扶贫开发重点村的各项建设，确保驻村任职工作顺利开展。

（二）成　效

从1986年开始，在全省范围内有组织、有计划地开展大规模的扶贫开发工作，解决了17个贫困县脱帽、242万贫困人口的温饱问题。到1993年，全省贫困人口减少到77.2万人，有60%的贫困户温饱问题初步解决。福安、福鼎、建宁、罗源、诏安5个贫困县率先脱掉贫困县帽子。

1. 加强村级组织

1995—2005年，208个重点村中有204个村建成了村部和党员活动室，实现了有址议事、有址办事，2911人次的村骨干得到培训，新发展党员869人，许多村改变了多年未发展新党员的状况，许多重点村开展了"党员创大户"、"双带双创"、村党组织"三级核心网络"建设、"支部+协会"、"党员科技示范户"等活动，为发挥党员作用构建平台。

2. 改善基础设施

1990—2005年，208个重点村已新修道路2421.4公里，其中新增硬化道路1217.3公里，其他道路1204.1公里；新修引水灌溉渠道317.88公里、农田改造18304亩；新增有线电视受益人口80165人、程控电话受益人口69291人、照明用电受益人口33568人、安全卫生饮用水受益人口110021人；新增医疗设备及其他卫生设施购置费78.82万元；实施造福搬迁12568人。208个重点村中一批多年悬而未决的行路难、饮水难、用电难、通信难、看病难、看电视难等问题得到解决。

3. 发展农村经济

1990—2005年，许多村选择和实施了一批适合当地实际的生产性项目。到2005年，208个重点村新增经济作物种植面积60518亩、水产养殖面积5143亩、畜禽养殖规模87.31万头、林竹开发面积207577亩；组织农村劳动力技能培训43445人次，其中已实现转移36419人。全省208个重点村的农民人均纯收入达3151元，比驻村前的2003年增加了1512元，年平均增长38.7%，增幅远高于全省平均水平。同时，许多驻村干部还立足实际，积极探索增加村集体收入的有效路子。据2005年统计，208个重点村共兴办水电站、果林场等425个，平均村财政收入已由驻村前 2003 年平均每村 370 元，增加到平均每村 5.813 万元，许多村投资建成了一批具体有长期稳定村财政收入的项目。

4. 推动助学济困

驻村干部，以挂钩单位为主要依靠力量，多渠道、多形式发动各有关部门、社会各界献爱心，通过向驻点村捐资捐物、帮助完善驻点村小学教学设施、建立各种教育助学奖励基金，结对助学等方式，资助驻点村的贫困学生，奖励品学兼优的贫困学生和优秀教师。据 2005 年统计，208 个重点村共接受捐赠课桌椅 4396 套、电脑 627 台、报刊书籍 12 万册，接受捐资助学款 576.082 万元，联系结对帮扶贫困学生 8030 人，2.8 万多人次的农民接受了实用技术培训。此外，还组织开展多种形式的送温暖活动，看望和慰问驻点村的五保户、困难户、计生户、军烈属、老党员等特别群体，为贫困户送去生活用品、慰问金、种子种苗或生产技术。

5. 推进社会事业

2005 年，208 个重点村组织有关单位开展"三下乡"1004 人次，开展"情系三农、一村一项"活动，组织科技人员 755 人次下乡，组织科技下乡活动 182 次；举办科普大集 120 次，参加活动的农民 45000 多人次；举办科技培训 245 期，受训人数 15000 多人次；赠送科普图书 36000 册、科普挂图 1280 套、科技录像片 258 部、科普光盘 1250 套、科技资料 18000 多份。此外，很多驻点村还开展了以"五通"（通水、通电、通广播、通电视、通电话）、"五改"（改水、改路、改沟、改厕、改圈）和绿化为主要内容的村容村貌整治。

二、造福工程与连家船民上岸定居

（一）造福工程

"造福工程"是指异地扶贫搬迁项目，在充分尊重群众意愿的基础上，有计划地将生活在自然条件恶劣、零星分散在边远偏僻自然村的群众，搬迁到生产、生活比较方便的中心村、集镇和公路沿线，从根本上改善他们的生产生活环境。

到 1993 年年底，有 10 万人仍然居住在偏僻山村。鉴于这种情况，省委、省政府决定在全省推广闽东的做法，实施大规模的"造福工程"。计划从 1994 年起到 2000 年止，用 7 年时间完成 10 万贫困人口搬迁任务，把他们搬迁到生产、生活比较方便的行政主村或在公路沿线重新建村，省财政从扶贫基金中每年安排补助搬迁费 300 万元，地市配套资金 300 万元。这一计划列为省委、省政府每年为民办实事的内容之一。

1994 年 1 月下旬，省脱贫致富办公室会同省计委、省建委、财政厅、林业厅、水电厅、交通厅和土地管理局等 8 个单位。联合下发了《关于实施"造福工程"的通知》，就实施"造福工程"的指导思想、任务要求、优惠政策措施及组织领导等方面作出了规定。同时把任务分解到各地（市），要求各级各有关部门都要根据"造福工程"的规划，在资金、物资等方面给予大力支持，并帮助解决具体问题。

1995 年，省委、省政府继续把"造福工程"作为为民办实事的内容之一，省财政安排的补助资金增加到 600 万元。计划搬迁 2 万人，当年实际搬迁 785 个自然村、5089 户、25410 人，落实补助资金 1709 万元；平均每人补助 673 元，超过省定 600 元的标准。

1996 年，对实施"造福工程"的计划进行了调整，从原定年搬迁 2 万人增加到 4 万人，省财政按人均 300 元的补助标准，从财政扶贫基金中安排 1200 万元，作为"造福工程"补助资金。同时要求各地、市、县、乡也要相应补助每人 300 元。当年"造福工程"搬迁实际指标为 4.23 万人，下达补助资金 1269 万元。

按照国家"八七"扶贫攻坚的部署和要求，省委、省政府每年都把"造福工程"列入为民办实事项目之一，不断扩大搬迁规模，适时提高补助标准，制定了一系列相关的优惠政策。截至 2005 年年底，全省各级财政共安排"造福工程"专项补助资金 3.05 亿元资金，先后对 71288 户 33.3 万多人实施了"造福工程"搬迁。宁德地区"造福工程"先后收到港澳同胞与欧洲经济共同体的捐赠款达 165 万元。

（二）连家船民上岸定居

福建省自新中国成立曾经先后 4 次安排专项资金，派出工作队员，帮助连家船民上岸定居。在实施"造福工程"中也解决了一部分人上岸定居问题。到 1997 年年底，全省没有上岸定居的连家船民还有 4125 户 18466 人。主要分布在宁德、福州、漳州市的 10 个县（市），其中宁德最多，占总数的 90%。人均收入不足 1000元的绝对贫困人口有 4045 人，1001～1800 元的低收入人口有 8693 人，1801 元以上的有 5728 人，没有一户达到小康标准。省委书记陈明义就帮助他们上岸定居作了专门批示："在基本解决 13 万人的造福工程和茅草房改造之后，对连家船民上岸定居的问题，应提到议事日程上来；把'造福工程'的有关支持经费延续到本世纪末，省、地、县各方面予以支持，作出规划安排。"

1998 年年初，省脱贫办、省计委、省建委、省财政厅等 9 个单位，联合发出《关于继续实施"造福工程"的通知》，计划连家船民上岸定居任务 5000 人，按人均 500 元的补助标准由省财政从扶贫开发基金中安排补助资金 1000 万元。1998 年 8月初，省政府召开专题会议，研究解决连家船民上岸定居工作，将其纳入全省"造福工程"之中。计划用 3 年时间，彻底解决连家船民上岸定居问题，其中第一年

5000 人，第二年 8000 人，剩下的第三年全部解决。为了彻底把连家船民问题解决好，人均补助标准从原来的 500 元提高到 800 元。另外，对基础设施建设和发展生产等配套资金也都作了安排，其中省民政厅 300 万元、教委 200 万元、水产厅 200 万元、计委 150 万元、水电厅 100 万元，合计 950 万元。同时，地（市）、县两级财政分别按 400 元标准配套补助。这样，省地县三级财政和部门经费加起来，共 3904 万多元。平均每一名连家船民获得 2115 元补助，5 口之家享受的资金补助超过 1 万元。此外，还对土地税和其他税费进行减免。为保证工作落实，省政府办公厅专门发出《关于帮助连家船民上岸定居的通知》。1998 年 12 月 1 日，在福安市召开"造福工程"连家船民上岸定居现场会。要求各地务必采取倒计时办法，加大"造福工程"连家船民上岸定居工作的力度。

1999 年省委、省政府以及各有关地市县都把实施"造福工程"连家船民上岸定居工作作为根本消除绝对贫困的一项重要措施，列入为民办实事之一。省、地（市）计委、建委、教委、财政、交通、民政、水电、林业、水产、土地等相关部门密切配合，当年完成连家船民上岸定居任务 13466 人搬迁工作。这些对象分布在全省 8 个地（市）、52 个县（市、区）、290 个乡镇的 588 个村。到春节前，这些群众已经全部迁入了新居，所有连家船民都实现了上岸定居，超额完成省委为民办实事的搬迁任务。霞浦县盐田乡北斗船民新村，总共安置了 380 户 1622 位连家船民。

三、小额信贷

1996 年 11 月，在松溪县溪东乡开展"五户联保，小额信贷"试点。试点以一个小康户带动 4 个贫困户，采用"五户一组、五组一中心"的联保扶贫开发方式，使用扶贫贷款，发展种竹、种烟草、种花菇。全乡共有 50 个小组 250 户；选定栽培香菇的有 26 个小组 129 户，选定种植烤烟的有 13 个小组 66 户，选定发展毛竹的 11 个小组 55 户。每户发放小额贷款资金 1000～2000 元。年底人均收入可达 1500 元以上，比上年增收 700 多元。

1997 年 6 月，省脱贫办在松溪召开小额信贷现场会，有 24 个贫困县、困难县以及省妇联、团省委有关人员参加。当年安排 800 万元资金用于联保扶贫开发，在 3 个贫困县和扶贫难度较大的县市推广，至年底全省共成立扶贫小组 1123 个，共扶持贫困农户 5593 户，受益群众约 2.5 万人。

1998 年，省财政安排 1000 万元（其中 300 万元由省妇联组织实施），加上上年回收的 745 万元，共计 1745 万元，分批下达，在全省 31 个县区、154 个乡镇实施，成立了 1783 个联保小组，8811 户贫困户和低收入农户参加，受益群众达 3.96 万人。这些资金全部落实到贫困户和低收入农户，以小额信贷资金为载体，对农户进行产前、产中、产后服务。

为使小额信贷工作规范化，省脱贫办在调查研究的基础上，借鉴外省经验，并结合试点情况，先后制定发布了《福建省联保扶贫开发小额信贷管理试行办法》、《福建省小额信贷实施方案（试行）》。对小额信贷的对象、贫困户的组织、管理办法等作出了具体规定。同时，还印发了《小额信贷专辑》、《小额信贷知识简介》等材料，供各地参考学习。

1999年，财政安排1500万元小额信贷资金，连同前两年回收周转金1800万元，规模达到3300万元。到年底，全省已成立联保中心882个，联保组织3650个，扶持农户18535户。同年国务院扶贫办派出专家到长汀考察，对长汀小额信贷给予高度评价，称为"小额信贷—长汀模式"，并将其成效和做法在《中国贫困地区》等全国性报刊上作了全面介绍。时任中共中央政治局常委、国家副主席胡锦涛到长汀视察工作时指出："小额信贷是一种很好的扶贫方式，要大力推广，特别是群众联保贷款解决了资金风险问题，增强了老百姓的还款意识和还款责任。"

2000年，省财政安排2500万元小额信贷资金，省农业银行也安排5000万元资金用于小额信贷，全省小额信贷资金达到1.08亿元。

从2002年开始，按照省委、省政府关于实施《中国农村扶贫开发纲要》的意见精神，由金融部门每年筹措1亿元作为小额信贷资金，实行优惠利率，由财政予以贴息。为了确保这一项政策落到实处，省扶贫办与财政厅、省农行、省信用合作协会联合下发《关于认真做好扶贫小额信贷工作的通知》，各级扶贫、农行、信用社等部门深入基层，进村入户掌握实情，及时将贷款发放到贫困户手上。是年，省扶贫办筹措1000万元周转金，与中国扶贫基金会在省内两个县分别实施"农户自立能力建设工程小额信贷"项目，通过试点探索小额信贷扶贫新机制。在实施过程中，注重实现3个目标：一是真正把钱贷给穷人，解决贫困户和低收入农户生产资金短缺的问题；二是通过实施微型项目培育农户经营意识，增强农户自身素质，提升农户自立能力；三是强化管理意识，控制成本，实现操作机构收支平衡，确保项目可持续运作。至2005年年底，两个试点县累计发放小额信贷资金5579多万元，扶持2.2万户贫困农户发展生产，资金回收率在99%以上。

四、闽宁对口帮扶

1996年5月31日，国务院在北京召开扶贫协作会议，具体部署经济较发达的9个省（市）和4个计划单列市分别帮扶经济欠发达的10个省（自治区），加快扶贫攻坚进度。福建省帮扶宁夏回族自治区。

（一）组织领导

1996 年 11 月 5 日，两省区在福州召开了第一次对口扶贫协作联席会议，达成了由福建省沿海地区 5 个设区市的 8 个经济较发达的县与宁夏南部山区 8 个贫困县结成帮扶对子，对口县、市互派干部挂职交流，福建省每年无偿援助宁夏 1500 万元资金，每年帮助安排 2000～3000 名宁夏山区劳动力到福建省就业。1997 年 3 月 27 日，福建省第一批 8 名挂职干部抵达银川，两省区对口扶贫协作进入实施性阶段。1997 年 4 月 15 日，福建省省长贺国强、福建省委副书记习近平率福建党政代表团一行 35 人抵达银川，召开闽宁对口扶贫协作第二次联席会议。1998 年 6 月，宁夏回族自治区政府主席马启智率团访问福建，在福州举行第三次联席会议。2000 年 4 月，宁夏回族自治区党委书记毛如柏率团访问福建，在福州举行第四次联席会议。2001 年 8 月，福建省副省长黄小晶率团访问宁夏，在银川举行第五次联席会议。2002 年 8 月，宁夏回族自治区党委书记陈建国、政府主席马启智率团访问福建，在福州举行第六次联席会议。2003 年 10 月，福建省委副书记黄瑞霖、省人大常委会副主任谢先文率团访问宁夏，在银川举行第七次联席会议。2004 年 10 月，宁夏回族自治区政府主席马启智率团访问福建，在福州举行第八次联席会议。2005 年 8 月，福建省委书记卢展工率团访问宁夏，在银川举行第九次联席会议。各项会议重点总结上一年闽宁扶贫协作工作，安排部署下一年度工作，研究和解决扶贫协作中出现的问题，指导闽宁协作健康发展。

2002 年专门成立了福建省对口支援工作领导小组，省委、省政府分管领导担任组长和副组长，省委、省政府主要部门均为领导小组成员单位。2002 年 7 月 31 日，省委、省政府为加强对口支援工作，下发了《关于调整福建省对口支援工作领导小组成员的通知》文件，省委副书记、省纪委书记梁绮萍任组长，省委常委、常务副省长黄小晶任副组长，省委、省政府 38 个部门和全省 9 个设区市的分管领导担任成员。2005 年 10 月 18 日，调整领导组成员，省委常委、组织部长李宏，省委常委、省政府常务副省长刘德章任副组长，省委、省政府 38 个部门和全省 9 个设区市的分管领导担任成员。领导小组下设帮扶宁夏办公室，依托省委农办，重点负责对口帮扶宁夏工作。承担对口帮扶任务的市、县、区也相应成立对口帮扶机构，加强闽宁对口协作的联络和协调，处理落实各项具体事务。

（二）帮扶活动

1. 帮扶工作责任制

1997 年 3 月—2001 年 3 月，长乐市与隆德县、福清市与盐池县、开元区与泾源县、同安区与海原县、龙海市与彭阳县、石狮市与同心县、晋江市与固原县、莆田县与西吉县结成对口帮扶对子。2002 年 6 月—2004 年 6 月，鼓楼区与盐池县、台江区与隆德县、湖里区与海原县、集美区与泾源县、芗城区与彭阳县、晋江市与原州区、石狮市与同心县、涵江区与西吉县结成帮扶对子。2004 年 6 月—2006 年 6 月，鼓楼区与盐池县、台江区与隆德县、湖里区与海原县、思明区与泾原县、芗城区与彭阳县、鲤城区与原州区、惠安县与同心县、荔城区与西吉县结成帮扶对子。

2. 干部交流和人才培训

根据福建省委组织部和宁夏区委组织部分别于 1996 年 11 月、2001 年 8 月和 2002 年 8 月签订协议，福建省先后派往宁夏南部山区 8 县的挂职干部共 4 批、44 人（其中厅级干部 3 人、处级干部 32 人、科级干部 9 人）。其中第一批挂职干部 8 人，第二批挂职干部 9 人，第三批挂职干部 9 人，第四批挂职干部 18 人。在固原市及宁夏南部山区 8 县任市委常委、副市长或县委常委、副县长。为了进一步做好对口支援干部管理工作，2003 年 9 月 1 日，省委组织部和省人事厅联合下发了《福建省对口支援干部管理暂行办法》，规范对口支援干部的选派、管理、服务、使用工作。此外，根据 1996 年 11 月闽宁两省区达成的协议，福建省委组织部 10 年来在福州等地为宁夏举办 21 期培训班，培训干部 525 人次。

3. 帮教助学

从 1996 年开始，两省区教育行政部门陆续签订了 6 个教育对口帮扶协议，确定了两省区在高等教育、基础教育和职业教育等方面全方位的对口帮扶项目。至 2005 年，福建各级政府帮助宁南山区 8 县兴建、扩建学校 118 所（其中省财政投资 1020 万元，援建小学 51 所），为宁夏代培研究生 138 名，帮助培训教师 1476 人，帮助 3.27 万名辍学儿童和数百名贫困大学生重返校园。福建省百所学校与宁南山区百所学校结为帮扶对子，开展了教学教研活动，帮助受援学校进行了硬件建设。2000—2005 年，福建省先后选派 7 批共 468 人赴宁夏南部 8 县区支教，填补了许多农村学校无任课教师的空白。

4. 开展科技扶贫

福建省动员科研部门利用科学技术开展扶贫活动。福建农林大学菌草研究所林占熺教授赴宁夏考察后，派出菌草技术人员到宁夏试种蘑菇获成功，菌草技术便被列为闽宁扶贫协作的重点项目。1997—2005 年，福建农林大学菌草研究所先后派出 9

图 2-4　福建农业大学专家在宁夏传授菌草技术

批 145 名技术人员到宁夏传授菌草技术，林占熺还亲自到宁夏指导培训技术骨干。分别在宁夏彭阳、固原、海原县和闽宁村建立食用菌示范点。先后在全区发展菌草种植农户 1 万多户，一些农户种食用菌脱贫致富。

5. 卫生扶贫

2000 年，团中央发出选派青年志愿者到西部贫困地区志愿工作的号召，当年 9 月由福建省团委、省卫生厅与宁夏有关方面联合发起、共同组织的福建省青年志愿者医疗卫生扶贫接力计划在宁夏同心县人民医院实施。先后从 23 家医院选派了 63 人赴同心县"支医"。2000 年 9 月至 12 月，首批 9 名青年志愿者医务人员赴宁夏同心县开展医疗卫生扶贫接力活动。2001 年 3—6 月，第二批 9 人；2001 年 10 月—2002 年 1 月，第三批 10 人；2002 年 4—8 月，第四批 12 人；2002 年 9—12 月，第五批 11 人；2003 年 10 月—2004 年 1 月，第六批 13 人。在宁夏同心县"支医"的志愿者，还捐资改善县、乡医疗条件。1998—1999 年，投入 100 万元，支持宁夏同心县医院添置急需的医疗器械；2001 年投资 100 万元，为隆德县建一所妇幼保健院；2002 年投资 100 万元，兴建海原县妇幼保健中心。

6. 农村基础设施建设

自 1997 年开始，根据历次联席会议纪要精神，福建省财政每年拿出 1500 万～1800 万元资金，加大对宁夏贫困地区的投入力度，无偿支持宁夏贫困地区开展水利、水保和修建基本农田等基础设施建设和生态环境建设，解决宁夏南部山区 8 县农民的生产和生活困难。具体援助的项目包括：坡耕地改梯田、打机井、打水窖，修建水库等水利保护设施，扩大水浇地、沟坝地、洪漫地等基本农田建设，退耕还林还草，完善农村电网、道路、饮水工程等，发展配套的雨水集流窖灌技术等节水节灌技术，帮助移民开发进行基础设施建设等。

7. 经贸合作

福建省有信息、人才、管理、资金、市场等优势，宁夏有土地、电力、农产品、劳动力等优势。两省区本着"优势互补、互惠互利、长期合作、共同发展"原则，积极牵线搭桥，引导两地企业和民间组织开展经贸交流和协作。福建许多企业家响应省委、省政府号召，到宁夏投资发展。截至 2005 年年底，福建在宁夏的各类企业和商户达 1000 家以上，投资总额超过 50 亿元，捐资助学、扶贫帮困捐款 600 多万元，安置当地劳力和下岗职工 1 万多人。

8. 劳务合作

1996—2005 年闽宁劳务协作的基本情况：1996 年 137 人，1997 年 93 人，1998 年 1897 人，1999 年 3109 人，2000 年 268 人，2001 年 330 人，2002 年 200 人，2003 年 4587 人，2004 年 4472 人，2005 年 4665 人。这些务工人员主要是来自宁夏南部山区。宁夏有 2 万名剩余劳力在福建各地从事劳务活动，每年从福建获得劳务收入达 1 亿元。有些打工人员回到家乡利用学到的技术开店办厂，带动了本地经济的发展。

9. 发动社会力量参与协作

福建省委、省政府在对宁夏贫困地区实施援助的同时，发动全社会力量参与扶贫协作。福建省组织、宣传、工会、团委、妇联、计委、财政、经贸、人事、劳动、教育、文化、卫生、科技、计生、旅游、法院、检察、安全、工商、税务等部门已经与宁夏相应的部门建立了帮扶协作关系，共同进行项目合作。福建省的一些社团、民间组织也加入到扶贫行列，形成了捐资捐物，救灾济困。据统计，1996—2005 年，福建省社会各界共捐赠物品折款约 6816.7 万元。政府主导、全社会参与的扶贫协作形式。

（三）基本成效

截至 2005 年年底，福建省共无偿援助宁夏扶贫协作资金 1.65 亿元，另外承担对口帮扶任务的市县区共无偿投入资金 9520.6 万元，福建省社会各界共捐赠物品折款约 6816.7 万元。按照各次联席会议纪要精神，共建成高标准基本农田 20 万亩，打井窖 1.5 万眼，建移民点 2 处，搬迁移民 1400 户、7000 人；建成了一批具有一定规模的种植业、养殖业特色基地，辐射约 15 万贫困人口；菌草技术扶贫扶持菇农近 1 万户，其中有一部分通过种植蘑菇已摆脱了贫困；建设了 90 个闽宁温饱示范村，通过示范村试验示范，带动了周围其他村脱贫致富；建成了 78 座科技文化活动中心，促进和提高了贫困村农民的素质；在 25 万亩小麦地中试验示范推广旱地宝，粮食增产在 10% 左右，经济效益显著；培训农民实用技术达 7.5 万多人次，培训并组织赴闽劳务人员 2.2 万人，新建和扩建学校 118 所，援助宁夏教师 468 名，救助失学儿童和辍学学生 3.27 万人，青年志愿者 64 名，援建医院 53 所，赴宁夏党政干部挂职 44 名，干部和人才培训 1400 名。2002 年 9 月，国务院副总理温家宝批示："福建宁夏扶贫协作的做法和经验应该认真总结，并予以宣传。"

五、山海协作

（一）战略部署

20 世纪 80 年代中期，省委、省政府提出了"抓好山海两条线，念好山海经"的区域发展战略。1986 年，成立了由福州、莆田、宁德、南平、三明组成的"闽东北五市经济协作区"，90 年代初，提出"沿海、山区一盘棋"和"南北拓展、中部开发、连片开发、山海协作、共同发展"的战略。1993 年，省委、省政府作出了《关于加快山区开放开发若干问题的决定》，提出了对口挂钩扶持、促进共同繁荣的战略措施，确定了福州市与宁德地区、厦门市与龙岩市、厦门市与三明市、泉州市与南平市进行结对帮扶。1994 年，成立由厦门、漳州、泉州、龙岩、三明组成的"闽西南五市经济协作区"。1995 年，省第六次党代会把"内地山区迅速崛起，山海协作联动发展"作为全省战略布局的一个重要内容加以部署；1996 年省八届人大四次会议上通过的《福建国民经济和社会发展"九五"计划和 2010 年远景目标纲要》明确提出了以厦门经济特区为龙头，加快闽东南开放和开发，内地山区迅速崛起的山海协作发展总框架，纳入全省发展的战略布局之中。

1998 年，中共省委六届九次全会把推进山海协作、加快山区经济发展作为提高福建经济总体发展水平、建设海峡西岸繁荣带、实现跨世纪发展目标的一项重大战略措施，作出《关于进一步加快山区发展的决定》和《关于进一步加快发展海洋经济的决定》，省政府随即出台了贯彻两个《决定》的实施意见。2001 年，为了更好地贯彻落实中央西部大开发战略决策，省委、省政府又对加快山区发展、推进山海协作作出了专门的研究部署，制定出台了《关于进一步加快山区发展推进山海协作的若干意见》。年底召开的省第七次党代会，把"拓宽山海协作通道"作为 21 世纪初期福建着力构建的三条战略通道之一，进行全面动员，为周密部署，精心组织实施。2003 年 10 月省委制定出台了《关于拓宽山海协作通道加快欠发达地区发展的若干意见》。

（二）做法与成效

1986—1997 年，闽东北五地（市）在工业、农业、交通等方面实现协作项目 4076 项，总投资 50 多亿元，联合兴办企业 1430 家，商品交流 10 多亿元，融资 416 亿元；闽西南五地（市）在陆上交通设施建设协作方面联手改造国道、省道 2133.4 公里，投入资金达 64.5 亿元。同时，山区和沿海地区还以经贸为中心，以项目为纽带，以结对帮扶和政府行为为主，广泛开展山海协作。据统计，1984—1997 年，全省共形成山海协作项目 1 万多项，总投资 200 多亿元，实现产值 300 多亿元，创利税 40 亿元左右。

1. 工作机制

省委、省政府专门建立了山海协作联席会议工作制度，加强引导和服务，发挥市场配置资源的基础性作用，逐步建立健全"政府搭台，企业唱戏，市场运作"的协作工作机制。省直有关部门、9 个设区市和相关的县（市、区）都成立了由主要领导或分管领导挂帅的山海协作工作领导小组，落实了工作机构和办事机构。省委、省政府分别于 1998 年 11 月、2000 年 8 月、2002 年 6 月、2003 年 10 月、2004 年 11 月、2005 年 11 月，召开了 6 次较高层次、较大规模的全省山海协作联席会议，省委、省政府分管领导都参加会议，对全省山海协作工作进行研究部署。各级山海协作主管部门还建立了相应的工作目标责任制、督促检查机制、考核奖惩机制。如三明市在市直部门和各县（市、区）开展"抓项目、增后劲、促发展"竞赛活动，并把山海协作招商引资作为考评指标；南平市采取定项目、定引资、定实际到资的办法，建立山海协作招商引资责任制，并将其作为各县（市、区）创业竞赛的 10 项综合考评指标之一；龙岩市实行了领导挂钩责任制，建立了定期调度会制度、挂钩领导协调会制度、党政主要领导直接协调制度、人财物保障制度、激励制度等五项制度；宁德市建立了山海协作工作责任制，细化责任分工，完善责任追究和监督制度，确保了山海协作工作有序开展。

2. 优惠政策

省委、省政府从财政、金融、税收、基础设施建设、支柱产业培育、社会事业发展、科技、教育、人才、劳务合作等方面制定优惠政策，建立"加快山区发展资金"、"山海协作重点项目贷款贴息制度"等，加大对山区发展的扶持力度。省委、省政府每年不定期地召开调度会，督促省直相关部门把各项优惠政策落到实处。据统计，1999—2005 年，财政厅、计委等省直有关部门落实到山区的资金达 140 多亿元。山区各地结合本地实际，纷纷制定出台优惠政策措施，改善山海协作环境。南平市先后制定出台了《关于推进山海协作加快闽北发展的实施意见》和《关于鼓励泉州投资者到南平投资兴业的优惠政策》，鼓励沿海企业到当地投资。龙岩市制定出台了《关于山海协作的若干政策规定》和《关于加快非公有制经济发展若干规定》，在税收、收费、资金、土地、服务等方面制定了优惠政策，鼓励沿海及周边地区企业到龙岩投资兴业。

进入 21 世纪，一批贯通山海、北接长三角、南连珠三角的重大基础设施建设全面展开，农村"年万里路"、水利"六千工程"实施，山区水、电、路、通信等基础设施和市场设施建设得到加强。三明市成立了"经济发展环境投诉中心"，实行一本卡收费制度，全面清理税外收费。南平市实施《关于推进山海协作加快闽北发展的实施意见》31 条优惠政策。龙岩市出台了《关于进一步改善投资环境扩大对外开放的若干规定》、《关于对损害经济发展软环境行为实行效能告诫的暂行规定》，市县两级对核心企业实行领导挂钩服务和重点扶持。宁德市出台了《关于进一步优化投资软环境的若干意见》、《损害经济发展软环境建设行为的责任追究暂行规定》。

3. 定点挂钩帮扶制度

1999 年，在原 17 个国定（省定）贫困县的基础上，重新确定了 19 个山区经济欠发达县作为重点扶持对象，确定安排了 19 位省领导和 58 个省直部门实行定点挂钩扶持。2003 年，在原 19 个经济欠发达县的基础上，重新确定了 20 个经济欠发达县作为重点扶持对象。2004 年，确定安排了 48 位省级领导和 66 个省直部门实行定点挂钩扶持。省领导带领省直有关部门深入挂钩县开展调研，召开现场办公会，帮助解决实际问题。省直挂钩部门的领导也深入挂钩县开展调研，研究挂钩帮扶措施，制定挂钩帮扶协议、工作规划和项目实施计划，落实帮扶项目和资金。

4. 对口帮扶

1998 年，省里重新确定泉州市与南平市，福州市与宁德市，厦门市与三明市以及龙岩市、漳州市与龙岩市进行对口帮扶，选择了 11 个沿海县（市、区）与 11 个山区县进行对口帮扶。2003 年，调整确定了福州市与宁德市，泉州市与南平市，厦门市与龙岩市和三明市进行对口帮扶，调整确定沿海 14 个经济较发达的县（市、区）对 14 个经济欠发达县进行对口帮扶。2004 年，又对设区市的对口帮扶对子进行调整，确定厦门帮扶龙岩、漳州；泉州帮扶南平、三明；福州帮扶宁德、莆田，并在对口帮扶的设区市间协商的基础上，调整确定沿海 17 个经济较发达的县（市、区）对 20 个经济欠发达县进行对口帮扶。沿海与山区对口市县根据各自经济社会发展的需要，发挥山海各自优势，在物资、资源、信息、资金、技术、人才等方面地开展协作帮扶。1999 年以来，厦门市每年无偿拨给龙岩市和漳州市各 300 万元，福州市、泉州市每年分别无偿拨给宁德市、南平市和三明市 100 万元，扶持当地的山海协作项目。厦门市与漳州市及龙岩市，结合各自实际情况，在交通、港口基础设施建设、创汇农业开发、共同对外招商和发展内外贸和对台贸易、加强高新技术和旅游产业联合开发等方面重点开展协作；泉州市与南平市及三明市、福州市与宁德市采取共同兴办资源互补型企业、共同开发市场、共享招商资源、共建基础设施等多种形式开展协作。

5. 协　作

2001 年 4 月，在福州举办了"山海协作成果展示暨绿色产品展销订货会"。从 2003 年起，省农办与三明市在厦门、泉州、台州、通州联合连续 4 年举办 4 场福建省山海协作项目推介暨农业招商洽谈会，共签订外引内联项目 400 项，总投资约 51 亿元，三明市合同利用协作方资金约 43 亿元。山区各市县组织有关人员和企业家到沿海对口市县和沿海、省外其他市县进行商贸考察和商贸洽谈。各地开展以项目为纽带的山海经贸协作，结合"9·8 中国（厦门）投资贸易洽谈会"、"9·9 泉州商品交易会"、福州海交会、福建省项目成果交易会等活动，定期、不定期组织参加各种展销会、贸洽会。1999—2005 年，全省累计新增山海协作项目 4300 多个，总投资 500 多亿元，新增产值 500 多亿元，新增利税 60 多亿元，新解决劳动力就业近 47 万人。

省农办和省财政厅制定了《山海协作重点项目贷款贴息资金管理办法》和《资金管理标准文本》，加强对山海协作项目与资金的管理。2002 年、2003 年、2004 年，分别组织了一批省内专家对山海协作省级示范工程（项目）和重点骨干项目进行评审论证，全省确定山海协作省级示范工程（项目）47 家、重点骨干项目 88 家。1999—2005 年，全省下达山海协作重点项目贷款贴息资金 2 亿多元，带动了金融部门贷款 40 多亿元。经过多年的努力，全省 9 个设区市在开展对口帮扶协作和区域经济协作的同时分别参加闽浙赣皖福州经济协作区、闽西南粤东赣东南经济协作区、闽浙赣皖九方经济协作区、闽粤赣边区经济技术协作区的活动。协作主体从单纯企业之间协作，向地方政府之间、职能部门之间、科研机构之间、科企之间等多元化发展。协作内容从资源开发，向产业对接、技术攻关、资产异地重组、产品联合开发、商品贸易、市场开拓、劳务开发、基础设施建设、旅游开发、生态环境建设、社会事业发展、城市建设等宽领域拓展。协作层次从资金、资源、科技、人才、信息等生产要素协作向体制机制创新、现代经营理念引进等全方位深化。

2003 年和 2004 年，先后开展 18 个山海劳务协作示范县建设工作。省农办会同龙岩市及相关县政府，联合举办了福建（龙岩）大型山海劳务巡回招聘会。

第三章 农业技术

第一节 农田建设

一、农田工程建设与中低产田改造

1990年以后，"发展粮食生产专项基金"、"商品粮基地建设"、"农业综合开发"、"粮食自给工程"等项目先后设立，2/3左右的项目资金用于农田工程建设，其他约1/3资金用于县、乡农技服务体系建设及农业新技术推广。

1991—1995年，建阳、浦城、建瓯、邵武、武夷山、顺昌、宁化、建宁、将乐、明溪、清流、泰宁、武平、上杭、长汀、福安等地先后被列为国家商品粮基地县（市），由国家、省发展粮食生产专项资金予以扶持，国家、省、地、县、乡、村共投资1.2亿元（含"投劳折资"），年均投资2400万元用于改善农业基础设施，强化体系建设和商品粮基地建设，改造中低产田约45万亩。

1989—1995年，三明市用于中低产田改造和吨粮田建设资金2932.61万元，占总投资的53.79%，改造中低产田15.60万亩，其中冷浸田石砌工程改造9.77万亩，客土改造沙漏田4.04万亩，开荒造田新增耕地1.79万亩。基本做到当年投资，当年改造，次年受益，改土培肥效果好，1995年比1989年增产粮食3808.5万公斤。

1996—2000年，长乐、连江、罗源、宁德、福鼎、霞浦、柘荣、屏南、洛江、晋江、惠安、南安、安溪、石狮、莆田、仙游、同安、云霄、平和、华安、新罗、永定、漳平23个曾经缺粮县（市、区），先后被列入国家粮食自强工程项目县。全省完成以改土治水培肥为中心的中低产田工程改造和吨粮田建设53.4万亩，新建、整修加固渠道1101.9公里，新建扩建小型水库47座，修建排渍沟和排灌渠277.6公里，铺设U形槽134.1公里，埋设地下管道266.8公里，修建电灌站81座，装机1795千瓦，提高粮食综合生产能力270万公斤。

2001年起，全省用于标准农田建设的资金包括年初预算安排与财政部配套的粮食自给工程资金。2001—2005年共建设省级标准农田示范片110片，总投资2.14亿元，其中省财政投资1.4亿元，设区市配套905.6万元，县（市）配套2849.5万元，乡镇配套3663万元（含农民"投工投劳折资"3602.9万元）。建设标准农田 28.6 万亩、田间机耕路 609.53 公里、田间渠系 1207.87 公里、排水沟 290.81 公里。每年稳定提高粮食综合生产能力 140 万公斤。

1995—2005 年，共建设省级商品粮基地 338 片，改造中低产田 164.8 万亩，建设优质粮基地 20.73 万亩，共投资 7.28 亿元，其中中央 1.08 亿元、省级 2.8 亿元、市县 2.08 亿元、群众自筹和"投工投劳折资" 1.3 亿元。修建拦河坝 532 座、防洪堤 20.79 公里，现浇、石砌田间灌渠 3112.09 公里、U 形槽 1186.18 公里，排洪闸 80 座，疏浚渠道 768.15 公里，建设电灌站 98 座，装机 2083 千瓦，机井 150 眼，喷灌工程 100 亩，倒虹吸管 3 公里，渡槽 2.7 公里，机耕路 1885.03 公里等。

二、水土保持

（一）水土流失

1. 水土流失状况

根据第三次全国土壤侵蚀遥感调查，2000 年福建水土流失面积为 13127.31 平方公里，占全省土地总面积的 10.72%。这次调查项只有水力侵蚀，强度分级上分为微度侵蚀、轻度侵蚀、中度侵蚀、强度侵蚀、极强度侵蚀和剧烈侵蚀六类，其中，轻度侵蚀 6572.91 平方公里，中度侵蚀 3815.41 平方公里，强度侵蚀 2547.23 平方公里，极强度侵蚀 180.25 平方公里，剧烈侵蚀 11.51 平方公里。

水土流失在空间分布上呈现出从东南沿海向西北内陆山区下降的趋势。闽东南沿海的泉州、漳州、宁德、福州、莆田、厦门 6 个市，水土流失面积达 7313.15 平方公里，占全省水土流失总面积的 55.71%；而闽西北山区的南平、三明、龙岩 3 个市，水土流失面积为 5814.16 平方公里，占全省水土流失总面积的 44.29%。

2005 年，各地水土流失面积占该地区土地总面积的比值（简称土壤侵蚀率，下同）依次为：泉州（13.95%）、莆田（13.62%）、漳州（11.77%）、福州（8.25%）、宁德（7.63%）、龙岩（6.84%）、厦门（6.47%）、南平（5.85%）、三明（5.85%）。水土流失空间分布上呈现出由沿海向内陆山区侵蚀程度下降的规律，越靠近沿海，水土流失越严重。

2. 类　型

根据 1998 年全省水土流失普查统计，水土流失主要分三种类型，分别是水力侵蚀、重力侵蚀和风力侵蚀。以水力侵蚀为主，重力侵蚀和风力侵蚀面积小且分布零散。

（1）水力侵蚀：遍及全省。面蚀和部分细沟侵蚀是水力侵蚀的主要形式，侵蚀面积占水力侵蚀总面积的 82.2%；沟蚀面积占水力侵蚀总面积的 17.0%。这种沟式侵蚀多出现在山体较大，植被稀疏，连续侵蚀，坡面较广的山坡地，如长汀河田、宁化禾口等地；沟蚀加深由"V"形细沟，沿沟底发展到"U"形的切沟，使地表切割支离破碎，有的出现沟岸土体大块崩落和溯源侵蚀的现象，即发展为崩岗侵蚀，其面积占水力侵蚀面积的 0.8%，多发生于地表风化物疏松而土层较深厚的花岗岩丘陵水土流失区，如安溪县的官桥、龙门，永春县的达埔等。

（2）重力侵蚀：以重力作用为主要外营力引起的水土流失现象，多发生于山区坡度陡峭的山坡、或上部为疏松的土层，下部系透水性差的岩层地带，以及崩岗侵蚀发展的后期阶段，由于重力作用而产生的滑坡、崩塌等，其面积分布零散。

（3）风力侵蚀：以风力为主要动力的侵蚀。风力吹走土壤表层的细粒、养分和推动沙丘内移。福建省主要集中出现在沿海少雨的低丘、平原地带。在风力推动下，沙粒和表层土壤细粒以浮移流动或跳跃的形式在沿海岸线呈带状移动。全省风力侵蚀涉及 15 个县（市）的 82 个乡（镇），较大的有东山、平潭、崇武、古雷等岛屿和半岛。由于风蚀区同时又受水蚀的双重影响，故沿海一线的侵蚀程度均较内地严重。

3. 水土流失因素

（1）自然因素。福建省时段雨量为 550～1000 毫米，占全年降雨量的 50%～60%，强度大，多暴雨和大暴雨，加剧土壤侵蚀。山地丘陵地形对土壤侵蚀的影响也较大。全省坡地坡度小于 15°范围内的土壤侵蚀较严重，大于 25°土壤侵蚀面积达 989.74 平方公里。全省的土壤侵蚀面积，2000 年较 1995 年减少 1.59 个百分点。

（2）人为因素。裸土地的侵蚀率最大，达 60.59%，旱地次之，达 55.42%，草地居第三，也高达 21.97%，工交建设用地的侵蚀率为 20.17%，林地最小，仅5.69%。森林砍伐、开发茶果园及坡耕地、开山采石等人为破坏生态植被，导致土壤侵蚀加剧。迹地植被破坏方面，根据 1995 年和 2000 年 TM 卫星影像动态监测的结果以及野外实地调查统计，2000 年迹地土壤侵蚀面积达 996.35 平方公里，占全省土壤侵蚀总面积的 7.59%，其中以宁德市最严重，其次是三明市。滥垦乱种，矿、石开采无序，也是福建土壤侵蚀的原因。

表 3-1　　　　1998 年福建省不同利用类型土地的土壤侵蚀现状统计

单位：平方公里，%

地类	旱地	林地	草地	工交建设用地	裸土地	其他	·合计
总面积	7293.75	76347.29	19087.38	586.29	18.27	19132.82	122465.80
占土地总面积	5.96	62.34	15.59	0.48	0.01	15.62	100.00
侵蚀面积	4041.99	4340.46	4193.24	118.25	11.07	422.3	13127.31
侵蚀率	55.42	5.69	21.97	20.17	60.59	2.21	10.72
占侵蚀总面积	30.79	33.06	31.94	0.90	0.08	3.22	100.00

（二）水土保持治理措施

1. 政策与规划

1989年9月，省水土保持监督站成立，随后9各个地（市）和各县（市、区）也建立水土保持监督管理机构，还配备兼职的乡镇水土保持监督检查人员。1995年，确定武夷山、宁化、永春、蕉城、莆田、东山、漳平、集美8个县（市、区）为全国监督执法试点县和一批省级执法重点地、县。监督部门根据全省不同区域水土流失程度，于1998年完成全省水土流失防治区的划分。

为了帮助水土流失小流域综合治理，中央采取以工代赈办法，福建省总投资1880万元，对水土流失严重区建立水土保持综合立体防护体系。为了解决水土流失严重区群众生活燃料紧缺问题，保护森林，福建省每年拨出专款用于以煤代柴补贴，并大力发展沼气综合利用，开展农村能源环保建设。

从20世纪90年代开始，省水土保持机构先后制定了《闽江流域水土保持规划》、《福建省水土保持"八·五"规划》、《福建省水土保持"九·五"计划和2010年规划》、《福建省1991—2000年水土保持规划纲要》等，对每个阶段的水土保持工作和任务作出具体安排。

2. 植物与工程措施

福建省水土保持综合治理过程中坚持以植物措施为主，植物措施与工程措施、农业技术相结合的方法，在疏松地和轻度侵蚀区，实行以封禁补植、育草、育树为主要形式的山地治理。在经济作物开发区先修梯田、平台或等高种植，以工程保植物，以植物固工程。并在经济作物幼林期中套种豆类、菠萝、绿肥等下繁植物，促使快速覆盖地表，防止幼林地水土流失，提高侵蚀区土壤肥力。在强度水土流失崩岗山区，实行上截（挖排水沟和种植物篱笆）、下堵（筑谷坊、拦沙坝）、中绿化（崩岗沟内种竹、草、树、果）措施。

1991—1995年，全省完成治理水土流失5482平方公里。"九五"计划期间，全省完成水土流失治理面积4969.4平方公里。

3. 建设生态农业

在中强度流失区推广种植耐旱、耐瘦的杨梅、余甘、双华李等杂果，在轻度流失区种植橄榄、龙眼、荔枝、桃李、板栗、青梅等水果，并进行短、中、长搭配。如梯田上实行杨梅与桃树混交，间种菠萝、大豆，形成高、中、矮立体布局，一年收大豆，二年收菠萝、三年采桃子，四年收杨梅。逐步从单纯植树种草向种植经济林果转变。同时注重保水、保土、保肥等水土保持措施。"九五"期间，诏安县官陂、霞葛两个乡镇治理侵蚀劣地，建立万亩生态经济示范区，改善了当地生态环境。

4. 小流域规划和综合治理

20 世纪 90 年代以后，全省以小流域为治理单元，实行全面规划、综合治理的治理模式。水土流失治理重点从 8 个县（市、区）扩大到汀江、晋江、九龙江、赛江、闽江等五大流域的 14 个县（市、区）。开展小流域综合治理 294 条，建立不同类型的综合治理示范点（片）960 个，水土流失治理由单一措施的示范区（片）到以小流域为单元的转变。

5. 治理开发"四荒"资源

从 1994 年开始，全省开展治理开发农村"四荒"（荒山、荒沟、荒丘、荒滩）资源。"八五"期间先后在 8 个县 11 个乡镇 12 个村 215 户开展试点，共拍卖 8478 亩荒地，拍卖资金 432134 元。1995 年初步治理 6688.95 亩，套种西瓜、黄豆等作物。

从 1996 年起，贯彻执行国务院办公厅《关于治理开发农村"四荒"资源，进一步加强水土保持的通知》，以户包、拍卖、租赁、股份合作等多种形式开发"四荒"资源。仅"九五"期间，采取户包的就有 43182 户，承包治理 561 条小流域的 107 万亩水土流失土地，投资 2.75 亿元，投工 2855 万工。采取租赁的有 11923 户参加，租赁 270 条小流域中的 923220 亩水土流失土地，投资 4528 万元，投工 382 万工。采取股份制的有 4268 户，以股份制形式在 68 条小流域的 132570 亩水土流失土地开展开发性治理，累计治理面积 11735 亩，投资 3425 万元，投工 298 万工。参加拍卖的有 864 户，共拍卖土地使用权面积 33840 亩，收到拍卖资金 686 万元。

表 3－2　　　　　　**2005 年福建省水土流失综合治理完成情况**

单位：亩

项目名称 城市	治理面积 当年新增	坡改梯	造林	种果	种草	封山育林	其他
全省	1518630	16860	332070	59340	21285	1022700	66375
福州	149940	1680	68825	855	1450	59700	17430
厦门	7065	720	—	—	—	6345	—
三明	222690	2785	27480	29855	3045	148260	11265
莆田	49020	960	33990	—	840	13230	
南平	176685	2335	29760	13260	4985	120285	6060
宁德	207165	2605	28215	6250	2350	153405	14340
泉州	210235	2790	59475	660	1150	143685	2475
漳州	182090	2250	69760	15	6640	101925	1500
龙岩	313740	735	14565	8445	825	275865	13305

第二节　土壤调查与改良

一、调　查

2002 年农业部启动了全国耕地地力调查与质量评价工作。全省土壤调查工作先在莆田市荔城区进行试点，而后又分别在龙岩市新罗区、厦门市同安区及福州市闽侯县开展。

土壤调查工作依照全国农业技术推广服务中心编制的《耕地地力调查与质量评价技术规程》实施。调查县土肥站的技术人员都先后参加了国家级、省级技术培训，使承担单位熟练掌握实施方案和技术规程的主要内容，确保了野外采样和调查工作的进度和准确率。为确保调查质量，在采样上，样品均按标准采集，标签统一编写；风干土样统一房间，顺序排列；样品分析统一国家标准方法，用国家标样做参比物，试剂专人配制，设备专人管理。

2002—2005 年先后调查了荔城、新罗、同安及闽侯 4 个县（区），共调查耕地面积（基本农田）844452.75 亩，其中耕地地力调查采集土样 1280 个，土壤环境质量调查采集土样 540 个，采集水样 137 个；蔬菜地专题调查面积 603670.05 亩，共采集土样 746 个。以上样品中，用于耕地地力调查的每个样品分析项目 20 项（质地、水溶液酸碱度、有机质、阳离子交换量、缓效钾、速效钾、全氮、容重、全盐量及有效磷、铜、锌、铁、锰、硼、钼、硅和硫、交换性钙和镁），共分析 25600 项次；用于土壤环境质量调查的每样分析项目 11 项（水溶液酸碱度、铅、镉、汞、砷、铬、镍、铜、锌和有机污染物、六六六、滴滴涕），共分析 5940 项次；水质调查每样分析 16 项（硝酸盐氮、水溶液酸碱度、矿化度、总磷、汞、铅、砷、镉、铬、铜、锌、镍、化学需氧量、氟化物、硫化物和悬浮物），共分析 2192 项次；蔬菜地专题调查共分析 7460 项次；总计达 41192 项次。

通过调查，各县（区）都形成了 8 个调查报告，如荔城区形成《荔城区耕地地力调查与质量评价工作报告》、《荔城区耕地地力调查个与质量评价技术报告》、《荔城区土壤环境质量评价报告》、《荔城区蔬菜地地力与质量评价报告》、《荔城区耕地地力评价与改良利用报告》、《荔城区耕地质量评价与种植业布局专题报告》、《荔城区蔬菜地质量与适宜性评价报告》、《荔城区耕地地力演变与平衡施肥技术报告》8 个调查报告。各调查县（区）将收集的文字资料和图件资料输入计算机，建立了耕地资源属性数据库和耕地资源空间数据库。

在收集各种空间数据、图件、填写属性数据的基础上，建立了荔城、新罗、同安及闽侯 4 个县（区）的耕地资源管理信息系统，实现了图层调用、编辑、数据查

询、土壤环境评价等功能。福建各调查区耕地共分为六级，其中一级地 136152.30
亩，占调查耕地面积 844452.75 亩的 16.12%，二级地 73307.55 亩，占 8.68%，三
级地 160721.10 亩，占 19.03%，四级地 302994.30 亩，占 35.88%，五级地
134640.15 亩，占调查耕地总面积 15.95%，六级地 36637.35 亩，占 4.30%。调查结
果显示，荔城、新罗、同安、闽侯的耕地土壤有机质含量平均为 23.48 克/公斤，
全氮含量为 1.29 克/公斤，有效磷含量为 37.84 毫克/公斤，速效钾含量为 62.93 毫
克/公斤；与第二次土壤普查结果相比，土壤有机质含量增 0.44 克/公斤，上升
1.90%；全氮含量增 0.28 克/公斤，上升 27.70%；有效磷含量增 24.06 毫克/公
斤，上升 174.6%（明显上升）；速效钾含量减 3.79 毫克/公斤，下降 5.60%，缺
钾面积还是偏大；有效硼含量平均为 0.31 毫克/公斤，缺硼面积达 90%以上。

二、改　良

据第二次土壤普查资料统计，全省中低产耕地土壤占总耕地面积的 70%以上。
各类中低产土壤的障碍因素不同。有因土壤水分状态不良而产生旱、涝、渍、潜及
冷、烂等问题，有因土壤质地不良而产生的粘板、砂漏问题，有因土壤侵蚀导致土
层浅薄、表土沙化、肥力下降问题，有因耕作制度不合理、用地养地脱节而产生土
壤养分失调、肥力衰退问题，还有土壤污染、酸、毒等问题，这些障碍因素综合或
单独影响，不同程度地影响着作物产量和品质的提高。

全省低改工作实行办点示范，分为两个阶段。第一阶段是"八五"期间，以冷
浸田剖腹沟工程改造为主。长泰县岩溪乡圭后村、永泰县红星乡冷烂田工程改造等
成为低改会议参观现场。第二阶段是"九五"期间，省土肥系统会同省农业开发
办、省商品粮基地办，进行项目区低改工程的选点、田间测量、规划、设计、编制
"一书三图"，使项目区建成三沟配套、排灌分家、沟渠路配套的永久性工程。如泰
宁县下渠渠口段，投资 85 万元，改造面积 2650 亩，其中冷烂田工程改造 450 亩，
客土改砂 500 亩，吨粮田建设 1700 亩，平整土地 10 亩，修建排洪、排渍、灌渠
14017 米，机耕路 2647 米，改造后种烤烟 1800 亩，亩增收 500 元以上，年增粮食
16.23 万公斤；建宁县里心上黎大平段，1998—1999 年投资 116.39 万元，改造面积
5500 亩，修建沟、渠 33764 米，机耕路 5160 米，砌石方 1.13 万立方，桥、涵、闸
16 处，成为建宁县莲子高产示范区；宁化县湖村 1999 年投资 175.3 万元，改造面
积 5000 亩（其中吨粮田建设 4600 亩、客土改沙 400 亩），修建沟、渠 8665 米，防
洪堤 910 米，机耕路 3600 米，砌石方 1.14 万立方，水泥浇灌 1441 立方，当年种植烤
烟 4550 亩，增产粮食 30 万公斤，成为宁化县发展四季豆、荷兰豆等创汇农业基地。

"九五"期间，省农业厅组织实施"六大工程"即粮食工程、菜篮子工程、果
茶工程、种子工程、农垦开放开发工程和中低产田改造工程。并下发《福建省农业

厅关于组织实施粮食等六大工程规划的决定》省土肥站制定了《福建省中低产田改造工程规划（1996—2000年）》下发全省各级农业部门组织实施。

省农业厅土肥站总结各地中低产田改造经验，提出了"改造一片，成功一片，长期发挥效益一片"的目标要求，"八五"期间，总投资约2.20亿元，"九五"期间总投资约6.1亿元，改造中低产田约450万亩，"十五"期间继续改造中低产田约450万亩，稳定提高粮食综合生产能力2.25亿公斤。田间工程得到硬化，结束了田间土沟、土渠、土路的历史，采用混凝土、块石、条石等坚硬材料砌建排水沟、灌溉渠、机耕路，延长了工程使用寿命，被农民喻为"德政工程"。

第三节　耕作制度

一、产业结构与品种结构

1991年全省种植业产值占农业总产值的比重为52.6%，随后逐年下降，到2005年只占40.9%，牧业和林业产值较稳定，渔业比重逐年上升。

1991—2005年，粮食作物播种面积由3130.85万亩减少到2161.94万亩；调整部分耕地重点发展蔬菜和烤烟等经济效益较高的作物。稻谷播种面积从2238.76万亩调减到1427.33万亩，平均年减少58万亩；其中早稻面积由1090.7万亩减少至407.82万亩，减幅达62.6%。大小麦面积从242.84万亩减少到11.2万亩。甘薯面积基本稳定。马铃薯面积从73.83万亩增加到130.54万亩。非粮作物面积从404.1万亩增加到948.08万亩。2005年，大田粮食作物、经济作物和其他作物占农作物的总播种面积比例为58.09∶36.22∶5.69。

二、多熟种植与水旱轮作机制

1991—2005年，全省农作物播种面积在3700万～4200万亩之间，稻田主要推广多熟种植，逐步减少稻谷尤其是早稻面积，增加蔬菜等经济作物面积。同时实行水旱轮作，调养地力，改善土壤理化性质和微生物状态，提高作物产量和品质。多熟种植常以水稻为主与大豆、甘薯、烟草、甘蔗、蔬菜及冬种作物，组成各种年内或年间水旱作物换茬轮种。其中，冬作物、豆科作物、甘薯与水稻组成一年二熟或三熟制的年内轮种方式在全省各地均有应用。传统的麦稻年内水旱轮作，2003年只有零星应用。绿肥与水稻轮种，2004年只维持在30万亩左右。过去主要分布在闽西北、闽东地区的稻豆轮种，在闽南地区更新品种，将大豆改为毛豆、豌豆、荷莲豆等菜用豆，效益倍增，并在闽南地区发展较快。省农业厅在2000—2002年连续3年在龙海市海澄、东园、紫泥等7个乡镇的5.10万亩稻田建立豆→稻→豆等4种新农作模式，复种面积48.90万亩，复种指数320，平均每亩耕地的产值6246元，纯收益达3703元，产投比为2.46。与20世纪90年代中前期实行"稻稻麦"、"稻稻菜"混合农作制相比，复种指数提高23，产值增加133%，纯收益增加194%，产投比提高0.57（30%）。引进台湾的优质毛豆、四季豆、荷莲豆和甜豌豆等品种，加上实行水旱轮作，产品优质率明显提高，商品率达92%以上。

三、土壤耕作机制

1990年后，农田土壤耕作少、免耕方式增多，土壤轮耕与作物轮作结合。

水旱轮作的稻田，借助旱作进行深耕，种植水稻时只进行简单的耙田。如烟→稻、菜→稻轮作，种烟（菜）前进行深耕起垅（畦），烟（菜）收获后，只对田块进行浅耙后即抢插晚稻。在冬种油菜区，普遍实行板田直播，减少耕作。单季稻区冷烂田普遍实行少免耕，通过简单的耖糊把稻兜压下，即行插秧；土壤耕层较松软的双季稻区，早稻收获后，不经过任何耕翻，免耕插（抛）秧。

随着旱地工程改造和水源设施的改善，旱地高效、立体、复合种植明显增多。粮食与经济作物以"轮、套、间、混、架、挂"等立体高效生产模式得到较快发展，常规耕作与深耕、浅耕和少耕、免耕组成的"轮耕"占重要地位。

四、稻田耕作机制

（一）双季稻三熟制

1999年以前，主要有肥→稻→稻、油→稻→稻、豆（蚕豆或豌豆）→稻→稻、麦→稻→稻、马铃薯→稻→稻等几种模式。这种模式2000年以后缩减较快，特别是麦→稻→稻已基本消失。取而代之的是：

1. 双季稻为主的多熟制

稻→稻→菜、稻→稻→马铃薯、稻→稻→豆、稻→稻→牧草、稻→稻→菌等模式。主要分布在闽西北平原地区，以粮食为主，适当扩种经济作物。

2. 两旱一水三熟制

在温光与交通条件较好的低海拔城郊区，以一季早、中稻为基础加两季旱作物（一季冬作物，一季春作物；或一季冬作物，一季秋作物）组成的三熟制。常见的模式有：冬作→早稻→晚旱作（玉米、豆类、薯类等），包括冬菜→早稻→玉米＋大豆（或甘薯）、蚕豌豆（或绿肥）→早稻→甘薯（或菜豆）；烟→稻→菜等。

（二）水旱轮作菜稻多熟制

在水源和热量资源较丰富的平原区。闽西北的南平、三明、龙岩等地，主要有瓜→稻→菜、菜→稻→菜、瓜→中稻→马铃薯、马铃薯→春花生→水稻、青饲料玉米→稻、春烟→稻→菜、春玉米→晚稻→菜、中稻→菜→菜、春烟（套种西瓜）→

晚稻→菜、春花生→晚稻→马铃薯（菜）、早稻→秋花生→菜等种植模式；在闽东南的宁德、福州、莆田、泉州、漳州、厦门诸地，以荷兰豆→稻→豌豆、豆→稻→豆→豆、冬瓜→稻→花菜、马铃薯→稻、稻→毛豆→马铃薯等模式为主，以种植经济作物为主，结合一季水稻，实行水旱轮作耕作方式。

（三）一季甘薯为主的多熟制

在龙岩等甘薯主产区推广应用，主要有烟→甘薯、春玉米→甘薯→菜、豆→甘薯→菜、春烟（套种夏玉米）→秋甘薯→冬种蔬菜、春花生→甘薯→蔬菜、稻→甘薯→蔬菜、菜→甘薯→菜等模式。

（四）再生稻相关的多熟制

在三明、南平等再生稻种植区推广应用，主要有早稻→再生稻→青花菜→马铃薯、早稻→再生稻→蔬菜、早稻→再生稻→油菜、早稻（早中稻、中稻）→再生稻等模式。

五、旱地耕作机制

（一）间套作一年多熟制

主要选择灌溉条件较好的旱地进行。沿海地区实行菜→花生间大豆套晚甘薯、菜→甜玉米→甜豌豆、马铃薯→菜→菜；山区主要有烤烟→瓜→豆、马铃薯→西瓜→甜豌豆、冬瓜→荷兰豆→青花菜、烤烟→西瓜（套玉米）→蔬菜、烟→莲→鱼、菜→豆→豆→菜等。全年以种植经济作物为主。

（二）一年二熟制

通常是花生→早薯、大豆→早薯。

（三）一年一熟制

主要是在沿海地区无灌溉条件的旱地进行，通常是冬闲→甘薯（花生）轮作。

第四节　良　种

一、选育与推广

（一）粮食作物

1. 水　稻

（1）品种选育、引进

1991—2005年，共有621个水稻品种参加全省水稻品种区域试验，其中省内科研育种单位选育的品种517个，省外引进的品种104个；早稻品种271个，中晚稻品种350个；常规稻品种177个，杂交稻品种444个；1997年开始有两系杂交稻新品种参加区域试验，1997—2005年共有63个两系杂交稻新品种参加省级区域试验。

（2）品种审定

1991—2005 年，全省共审定通过水稻新品种 162 个，其中，115 个水稻品种通过省级审定，47 个水稻品种通过设区市级区域性审定，129 个水稻品种为省内各科研院校选育，33 个水稻品种为省外引进；杂交稻品种 125 个，常规稻品种 37 个。审定的 125 个杂交稻品种中，两系杂交稻品种有 7 个，分别是福两优 63、两优2163、两优 2186、金两优 36、两优培九、金两优 33、两优 1019。

2. 甘 薯

（1）品种选育、引进

1991—2005 年，共有 140 个甘薯品种参加全省甘薯品种区域试验，其中省内科研育种单位选育的品种 136 个，省外引进的品种 4 个。

（2）品种审定

1991—2005 年，全省共审定通过甘薯新品种 24 个，其中，23 个甘薯品种通过省级审定，1 个甘薯品种通过设区市级区域性审定。23 个甘薯品种为省各科研院校选育，1 个甘薯品种为省外引进。通过国家审定适宜区域涵盖福建的有 5 个，分别为广薯 95 – 145（国审薯 2002004）、普薯 23（国审薯 2002005）、广薯 128（GS05001 – 1991）、潮薯 1 号（GS05014 – 1984）；禹北白（GS05015 – 1984），通过省审定的 23 个品种中有金山 1255 和岩薯 5 号两个品种同时通过国家审定，品种审定编号分别为国审薯 2002003 和国审薯 2001001。

福建省审定的 24 个甘薯品种中，抗薯瘟病 I 型以上的品种有 12 个，分别是金山 57、台薯 66、福薯 3282、莆薯 41、金山 584、福薯 2 号、泉薯 647、龙薯 1 号、泉薯 23、金山 25、榕薯 201、龙薯 9 号和金山 291；兼抗蔓割病瘟病中抗以上的品种有 19 个，分别是福薯 26、泉薯 3101、金山 57、岩薯 5 号、金山 1255、莆薯 41、宁丰 408、金山 584、福薯 2 号、泉薯 647、龙薯 1 号、泉薯 23、莆薯 503、龙薯 3 号、惠薯 6 号、泉薯 11、榕薯 201、龙薯 9 号、金山 291。

3. 马铃薯

1991 年以后，山区自繁自育自用的是克新 3 号、克新 4 号、德友一号等老品种，虽然产量高、抗病性强，但薯形不规则，芽眼深，商品性不佳。1995 年，开始引种的"紫花851"经闽侯、同安等地实验，平均鲜薯亩产在 2000 公斤以上，高的亩产可达 3150 公斤。该品种比较早熟、抗病性强，薯块圆球形，芽眼浅，黄皮黄肉，商品性好，全省种植面积较大。但紫花 851 在有的年份，也会出现薯皮龟裂现象，造成损失不小。

（1）品种选育、引进

福建省开展马铃薯品种区域试验起步较晚，2000 年 12 月《中华人民共和国种子法》颁布实施后才正式开展全省区域试验，2001—2005 年，共有 31 个马铃薯品

图3-1 马铃薯中薯3号

种参加全省马铃薯品种区域试验，其中省内科研育种单位选育的品种4个，有鲁引1号、金山二号、晋907-23、闽薯1号；省外引进的品种27个。

（2）品种审定

1991—2005年，省审定通过马铃薯新品种6个，省内各科研院校选育的有2个，省外引进的4个。通过国家审定适宜区域涵盖福建的有2个，分别为中薯4号（国审薯2004001）、中薯5号（国审薯2004002）。

（3）品种推广

1991—1997年，全省推广种植的马铃薯品种，主要是克新3号、克新2号、德友1号和克新1号。1998年开始增加种植春薯4号。2000年又增加种植大西洋。2001年开始加大新品种的试验筛选及示范推广力度后，种植的品种进一步丰富，新品种更新更换速度明显加快。

4. 小　麦

（1）品种选育、引进

1991—2005年，全省小麦品种区域试验间断进行，仅5年有开展试验，共有27个小麦品种参加，其中省内科研育种单位选育的品种25个，有龙溪6号、龙海627、泉89鉴1、泉麦870373、莆8707、绵阳19、建73、绵阳26；省外引进的品种2个。

（2）品种审定

1991—2005年，省审定通过小麦新品种15个，省内各科研院校选育的有13个，省外引进的1个。

（3）品种推广

1991—2005年，全省小麦推广种植的面积逐年下降，品种也逐年减少，尤其是1999年后种植面积下降速度逐年加快，2001—2005年累计种植面积不到1996年一年种植面积。

5. 大　麦

（1）品种选育、引进

1991—2005年，全省大麦品种区域试验间断进行，仅1992年、1993年、1997

年、1998 年开展试验，共有 19 个大麦品种参加，均为省内科研育种单位选育的大麦品种。

（2）品种审定

1991—2005 年，省审定通过大麦新品种 7 个，均为省内各科研院校选育的品种。

（3）品种推广

1991—2005 年，全省大麦推广种植面积逐年下降，品种也逐年减少，推广品种以莆田市农科所选育的莆大麦 4 号、5 号和 8 号为主。2001 年种植面积 18.60 万亩，2005 年下降到 2.38 万亩。

6. 大　豆

（1）品种选育、引进

1991—2005 年，共有 84 个大豆品种参加全省大豆品种区域试验，其中省内科研育种单位选育的品种 77 个，省外引进的品种 5 个。

浙春 2 号　浙江省农业科学院选育，三明市农业科学研究所 1988 年引进，1994 年通过福建省农作物品种审定委员会审定。该品种为春大豆中熟品种。适于闽西北红黄壤丘陵和缓坡山地种植。

泉豆 322　泉州市农科所选育的春大豆早熟品种，1994 年通过福建省农作物品种审定委员会审定。该品种子粒粗蛋白质含量 46.34%，粗脂肪含量 20.60%。适合福建省大豆产区春播种植。

莆豆 10 号　莆田市农科所选育的春大豆中熟品种，2002 年通过福建省农作物品种审定委员会审定。该品种子粒粗蛋白质含量 38.40%，粗脂肪含量 19.20%。适合福建省大豆产区春播种植。

泉豆 6 号　泉州市农科所选育的春大豆中熟品种，2002 年通过福建省农作物品种审定委员会审定。该品种子粒粗蛋白质含量为 42.80%，脂肪含量为 17.30%。适合福建省大豆产区春播种植。

福豆 310　福建省农科院作物研究所和省种子总站合作选育的高蛋白春大豆中熟品种，2005 年分别通过福建省农作物品种审定委员会和国家农作物品种审定委员会审定。该品种株型收敛，直立，有限结荚习性，幼茎紫色，叶椭圆型，花紫色，茸毛棕色，子粒椭圆，种脐淡褐色，子叶黄色，种皮黄色且具微光泽。百粒重 22.60 克；子粒粗蛋白质含量 46.04%，粗脂肪含量为 18.49%。适宜福建省及江西省吉安、贵州省毕节、云南省昆明周边相同生态区春播种植。

福豆 234　省农科院作物研究所和省种子总站合作选育的高蛋白春大豆中熟品种，2005 年通过福建省农作物品种审定委员会审定。该品种子粒粗蛋白质含量 47.88%，粗脂肪含量 18.21%。适合福建省大豆产区春播种植。

泉豆 7 号 泉州市农科所选育的春大豆中熟品种，2005 年通过福建省农作物品种审定委员会审定。该品种子粒粗蛋白质含量 41.96%，粗脂肪含量 20.98%。适合福建省大豆产区春播种植。

2003 年开始设置菜用大豆即毛豆新品种区域试验，2003—2005 年共有 15 个菜用大豆新品种参加省级区域试验。

（2）品种审定

1991—2005 年，全省共审定通过大豆新品种 9 个，其中 7 个为普通粒用品种，均为省内选育；2 个菜用大豆品种，为台湾省引进。福豆 310 于 2005 年通过国家审定，为省内第 1 个通过国家审定的大豆品种。

（3）品种推广

1991—2000 年，主要推广莆豆 8008、古田豆等普通粒用大豆品种。2001 年后，菜用大豆即毛豆面积逐渐扩大，毛豆 75、毛豆 2808 等毛豆品种面积扩大，成为全省出口创汇毛豆的主导品种。

7. 玉 米

（1）品种选育、引进

20 世纪 90 年代初期，省农科院作物研究所相继育出了糯玉米闽玉糯 1 号、闽糯 0018，甜玉米闽甜 107、闽甜 208，黑玉米新品种闽紫糯 1 号等鲜食玉米新品种，选育的饲料用玉米新品种闽单 88，填补了福建玉米杂交种自育的空白。同时，引进了青贮玉米渝青青贮 1 号。闽东南沿海地区主要以种植糯玉米、甜玉米、黑玉米为主，主要有闽玉糯 1 号、都市丽人、世珍、闽甜 107、粤甜 3 号、闽紫糯 1 号等。

1991—2002 年，全省未开设玉米品种区域试种。从 2002 年开始设立甜、糯玉米和青贮玉米品种区试，2002—2005 年，共有 56 个玉米品种参加全省品种区域试验，其中省内科研育种单位选育的品种 16 个，省外引进的品种 40 个。

（2）品种审定

1991—2005 年，福建省共审定通过玉米新品种 7 个，其中普通玉米品种 1 个（闽单 88），甜玉米品种 2 个，糯玉米品种 4 个；7 个品种中，省内选育品种 5 个，省外引进品种 2 个。

（3）品种推广

1999 年前，全省玉米主要推广掖单 13 等普通玉米品种。2002 年后，甜糯玉米和青贮玉米面积逐渐扩大，闽玉糯 1 号等甜糯玉米和白顶 1 号等青贮玉米品种也成为主要栽培品种。

（二）油料作物

1. 花 生

1991—2001 年，全省共审定通过花生新品种 4 个，2000 年 12 月 1 日《中华人民共和国种子法》施行后，花生被列为非主要农作物，实行品种自愿认定制度，2002—2005 年，认定通过品种 2 个。

2. 油　菜

1991—2005 年全省油菜面积较大的品种有福油 2 号、福油 4 号、中双 4 号、浙双 758、浙双 72、矮架早、魁油 1 号、华杂 4 号、高油 605、本地油菜等。2005 年良种覆盖率 91.59%。单产提高到 87 公斤，总产为 1.80 万吨。生产的品种由单低甘蓝型品种到双低甘蓝型品种、杂交油菜组合的出现后，少量引进了杂交组合在生产上试种。

二、种子管理

（一）种子管理机构

省、地（市）、县（市、区）三级种子公司和种子管理站实行"一套人马、两块牌子、三位一体"的体制，政、事、企不分，种子公司（种子管理站）既搞管理，又搞推广，又搞经营。1997 年省级种子机构实行站、司分设，经省编办批准成立了全额拨款、处级事业单位的福建省种子总站，专门负责种子管理和良种推广工作，福建省种子公司为厅属企业，专门从事种子生产、经营工作。

至 2005 年底，全省 9 个设区市农业局和大部分的县（市、区）农业局成立种子管理站，部分没有注销或剥离出农业局的种子公司仍挂靠在种子管理站。

（二）良种繁育

1991 年，杂交水稻良种繁育实行省提（纯）、省繁（殖）、县制（种）体制。全省建有繁殖制种基地 28 万亩，其中包括 1 个南繁基地、4 个水稻不育系繁殖基地，10 万亩杂交水稻制种基地，年可生产各种农作物种子能力达 8000 万公斤以上，其中杂交水稻种子 1200 万公斤。2000 年以后，随着《中华人民共和国种子法》的实施，种子管理体制的改革，杂交水稻不育系的提纯、繁殖与制种由育种单位或其委托的种子企业陆续开展。

1996 年，由省计委批准立项，投资 500 万元，在海南三亚藤桥镇建设了福建省海南农作物育种基地，结束了全省多年来南繁没有固定基地的历史。省农科院、福建农林大学、三明农科所、泉州市农科所等科研育种单位在基地周围租用了 135 亩试验地（租期 20 年），并建设了田间道路、排灌渠、田埂等农田基本设施。

1997 年，省农科院利用遗传提纯法，对水稻珍汕 97A、威 20A、龙特甫 A、D297A 等几个主要不育系进行了提纯。1999 年 3 月，省种子总站在泰宁召开了全省杂交水稻高产制种研讨会，邀请省内制种基地专业技术人员及专家学者，共同商讨杂交水稻高产制种技术，制定出三系杂交水稻高产制种技术意见，在全省范围内推广泰宁、邵武等基地开展杂交水稻制种高产竞赛活动的经验。9月召开制种生产现场观摩会，总结交流高产制种经验。是年，泰宁县制种面积7300亩，平均亩产达151公斤，比上年提高20公斤。大田县制种605亩，平均亩产达244公斤。全省制种6万亩，平均单产超过150公斤，比上年增产11公斤，总产达900多万公斤。至2005年，全省共在基地加代繁殖（配制）各类小材料40多万份，鉴定了杂交稻种子及亲本6000多份，加代生产各类农作物种子20多万公斤。

（三）品种审定

1989年5月9日，福建省第二届农作物品种审定委员会经省农业委员会批准成立（1989年5月—1996年5月），设9个专业组。

福建省第二届农作物品种审定委员会重新修订了《省农作物品种报请审定规定》、《省粮油作物品种联合试验管理办法》，建立省、地两级农作物品种审定制度，全面开展经济作物品种审定。制定了审定通过品种的品种标准，由省技术监督局批准颁布。1993年省第二届农作物品种审定委员会增设优质稻品种米质鉴评专业组，负责全省水稻区试品种米质鉴定工作。

1996年5月9日，省第三届农作物品种审定委员会经省人民政府农业办公室批准成立（1996年5月—2001年6月），下设水稻、麦类、大豆、油料、蔬菜花卉、果树、茶树、工业原料、热带作物等9个专业组。

2001年6月省第四届农作物品种审定委员会经省农业厅批准成立（2001年6月—2006年2月），负责对福建省主要农作物品种的审定工作，审定委员会下设水稻、薯类、大豆与玉米、茶树4个专业组。

为加强全省非主要农作物品种管理工作，2002年4月，省农业厅发布了《福建省非主要农作物品种认定规定》，同年5月，省农业厅成立福建省第一届非主要农作物品种认定委员会，负责对蔬菜、果树、花生、糖类、麻类、花卉、食用菌、大麦、药材、绿肥等非主要农作物品种的认定工作。

（四）良种经营

1992年成立以省种子公司为核心的杂交水稻种子产销联合体，建立了建宁、尤溪、泰宁、永安、长汀、浦城6个省级杂交水稻种子生产基地，联合体的成员单位和种子产销数量逐年增加。1995年，参加联合体的种子公司达30个，种子产销数量达150万公斤，占当年需种量的10%。2000年，各级国有种子公司经营的杂交水稻种子全部实行精选加工、小包装和标牌销售，种子质量达到国家标准二级以上，改变了"八五"期间"种粮不分"的状况，其中，标牌率较高的商标有省种子公司的"农嘉"牌、泰宁县种子公司的"金湖"牌、邵武市种子公司的"守信"牌等。2005年，全省持证经营杂交水稻种子的企业从2000年的83家减少到57家，并初步形成了以中国种子集团福建农嘉种业股份有限公司、福建闽丰科技种业有限公司、福建六三种业有限公司、福建金山种子有限公司、福建东方种业有限公司、福建超大现代种业有限公司为主的杂交水稻种子龙头企业，提供了全省杂交水稻生产用种量的80%以上。持证经营蔬菜瓜果种子的企业从2000年的210家减少到79家，其中有一半在福州台江和厦门马巷两地注册经营，形成了省内两个蔬菜瓜果种子集散市场，提高了蔬菜瓜果种子经营企业的集聚度，增强了经济作物种子的供应能力。

（五）种子检验

1. 种子质量标准

1991—1996年，执行1984年国家颁布的粮食、蔬菜等种子质量标准。1996年和1999年，执行国家标准局颁布实施的粮油作物、果蔬作物种子质量标准，与这两次颁布的标准配套实施的检验方法是《农作物种子检验规程》（GB/T3543.1～GB/T3543.7，1995）。为了加强农作物种子标签管理，2001年2月执行农业部发布的《农作物种子标签管理办法》，规范标签标注内容、标签的制作、使用和管理内容。

1998年，省种子总站向福建省技术监督局申报制定杂交水稻组合地方标准。《杂交水稻特优组合种子质量标准》、《杂交水稻D297优、福优组合种子质量标准》（特优组合纯度≥92.0%，D297优组合发芽率≥65%，福优组合发芽率≥70%，其他项目同国家标准）于1998年12月30日起试行，2001年11月宣布废止这两个标准，2002年12月1日废止规定生效。

2. 检验人员培训

1996年5月，为配合《农作物种子检验规程》（GB/T3543.1～GB/T3543.7，1995）于1996年6月1日实施，全省开展了针对各地市县检验室的大规模的检验员培训工作，共有83人通过了培训考核。至12月，省农业厅公布首批种子管理部门的"持证种子检验员"86名，证章号码为"中种检证（闽）字第×××　×号"。

1997年2—4月，全省举办了3期针对种子经营单位和个人的自检种子检验员培训班，共培训了88人。1998年，举办了5期的种子检验员培训班；9月，省农业厅公布了第2批15名持证种子检验员和首批109名省级检验员名单。2001年7月，重新公布了252名具备管理职能的"福建省种子质量检验员"名单；2004年6月，公布了第2批30名"福建省种子质量检验员"名单，同时，颁发首批39名"福建省种子企业检验人员"证书。2005年6月公布了第3批8名"福建省种子质量检验员"，和第2批19名"福建省种子企业检验人员"证书。至2005年，全省共拥有管理职能的检验员290名，企业自检检验员58名。

图 3-2　省种子站检验人员在种子企业
进行种子质量抽查

3. 检验机构

"九五"期间，全省落实省、地（市）建立种子质量监督检验站、县（市、区）建立种子标准检验室的目标。1996年，省农业厅向农业部申请"福建省种子质量检测认证中心"项目。1996年9月，省农业厅向省技术监督局申请建立"福建省种子质量监督检验站"。1997年3月，福建省种子质量监督检验站经省技术监督局同意成立，成为全省第一个从事农作物种子质量监督的法定检测机构，配备了相应的技术人员及150多台套仪器设备。至2005年年底，建立健全1个省级种子质检站及9个地（市）种子质检站、62个种子标准检验室和9个种子企业合格检验室，形成种子管理部门抽检和企业自检相结合的检验网络。

4. 监督管理

省、市两级质检站接受省市技术监督部门的委托，以定期检查为主要形式，进行生产流通领域的种子质量监督抽查。自《中华人民共和国种子法》出台后，种子质量监督管理职能由技术监督部门转移到县级以上农业行政主管部门。从2001年起，省农业厅每年年初下达年度抽查计划，分上半年和下半年两次公布全省抽查结果。从2003年下半年起，全省统一每季开展一次监督抽查，第一季度以水稻、春播蔬菜、瓜类种子质量为主，第二季度以中晚稻、夏播蔬菜、瓜类种子质量为主，第三季度以秋播蔬菜、花卉、麻类种子质量为主，第四季度以杂交水稻及冬种种子质量为主。抽查以重点企业、源头企业为重点，覆盖面广，涉及作物种类品种多。年抽查样品近1000~2000个批次，代表种子量500万~800万公斤，占用种量的1/3~1/2。2001年、2002年和2004年省质检站与省工商行政管理局联合实施全省性的种子质量抽查，重点打击商品流通领域的假冒伪劣种子。2001年农业部颁布的《农作物种子标签管理办法》实施后，从2002年起，全省的种子质量抽查内容包括了检测内在的实物质量和外在标签信息质量，在注重播种质量的同时重视种子的商品性。到2005年，粮食作物种子合格率稳定在98%以上，瓜果蔬菜等经济作物种子合格率从45%提高到75%。为了尽早鉴定杂交水稻种子纯度，全省统一组织杂交水稻纯度海南种植鉴定，年检验样品500~1000份，种子数量700万~1000多万公斤。

5. 杂交水稻生产田间花期抽检与种子质量认证

（1）田间花期抽检

1997—1999 年，农业部连续三年分别在长沙、广西和江西召开全国杂交水稻种子田间花期抽检会议，印发《全国杂交水稻种子田花期田间抽检方案》，统一制定了抽检时间、组织形式、抽检对象、抽检方法、检查内容、抽检标准及结果报送方式等，通过杂交水稻生产田间花期抽检以提高种子纯度。1997—2002 年，全省主要以三明、南平、宁德、龙岩 4 个市的杂交水稻生产基地为重点开展这项活动，在各地互查的基础上对不育系繁殖进行普查，对制种田按重点品种和重点生产企业进行抽查。年抽查面积约 3000 亩，占全年制种总面积的 6.5%，抽查企业数占骨干企业总数的 80%，发现存在问题，及时提出处理意见。

（2）种子质量认证

1996 年，中国参照欧美国家种子认证模式，制定了《农业部种子质量认证试点实施方案》，在全国开展种子认证试点工作。1998 年福建省列入全国第二批开展杂交水稻种子认证试点省，省种子公司为试点企业。2001—2004 年，按照农业部重新制定试行的《农作物种子质量认证管理试行办法》、《农作物种子质量认证试行方案》以及相关的文件、规程等要求，开展认证试点工作。主要工作重点是种子田的审查、田间检验、种子收获质量检验以及田间种植鉴定 4 个环节。检查种子田前茬情况、隔离情况，对种子田面积、农户数、进行调查，绘制种子田地图，给予唯一性标志；在花期和收获期，按照田间检验规定，取样检验田间杂株情况，使田间杂株率全部符合种子田杂株率规定；物理质量控制主要是入库后按照规程要求对种子室内 3 项进行 100% 批检，根据检验结果进行申报。4 年间，共有不育系种子 210 亩、种子 3.6 万公斤，水稻杂交种 2160 亩、种子 73.5 万公斤，取得认证证书和认证标志。2005 年农业部停止试点工作。

（六）种子相关技术

1. 农作物新品种中试推广技术

1996 年全省投资 60 万元，建立了 9 个不同气候生态类型的水稻引种观察圃。1997 年又投资 200 万元在建瓯、沙县、闽侯、龙海建立 4 个永久性、高标准水稻新品种丰产示范区，1998 年投资 30 万元，在莆田、惠安、霞浦建立 3 个旱作引种观察圃，同时进一步完善 4 个示范园区的建设，把四个省级水稻新品种丰产示范区建成国家级水稻新品种丰产示范区，示范区基本做到田成方、路成网、沟渠路配套，在示范区内设立主推品种高产展示区、苗头品种试种示范区和后备品种对比试验区。至 2005 年，全省已建有水稻、旱作、蔬菜引种观察圃 15 个，水稻、甘薯、马铃薯、大豆、玉米、花生、茶树等各类农作物品种区试点 82 个，中试基地 28 个，以及包括 4 个国家级水稻新品种丰产示范区在内的省、地（市）、县（市）新品种丰产示范区（片）30多万亩，初步形成了以观察圃为窗口，区试点为依据，中试基地、示范区（片）为样板的农作物新品种试验、示范、推广体系。实施区试、生产试验、大田展示交叉同步进行的技术路线，加快品种审定速度，改变了品种审定滞后于生产的状况，发挥了良种青春期的作用。依托省、市、县新品种示范基地，全省广泛开展新品种的"百、千、万亩"示范活动，建立样板，召开新品种现场考察观摩会，以点带面，推动新品种的推广应用。

2. 种子包衣技术

福建省种子包衣技术推广起步较迟，全省种子包衣技术推广采取"从易到难，从旱作到水稻，从拌种到包衣"的渐进发展策略，先从蔬菜入手。从1997年开始，省种子总站陆续从国内外厂家引进已通过农药登记、最新的水稻种衣剂型20多个，在15个县（市）区安排了早、中、晚季多点系统筛选试验50多个。通过试验，筛选出ZSB、优富8号、科农16号、华农3号、卫福等适宜本省生态条件和耕作习惯推广的水稻种衣剂型，组织了多个相关专题试验，系统研究了种衣剂处理对发芽水稻种子物质转化的影响、对水稻秧苗的生理效应、对水稻土壤酶活性和根系活力的影响，以及水稻种子包衣后对种子发芽和出苗、苗期病虫害、秧苗素质、移（抛）栽后大田的发根力、大田的茎蘖发生动态、大田的叶面积指数和干物质积累以及产量构成因素等影响，探明水稻种子包衣的增产机理。研究水稻种子包衣配套技术，总结形成了从包衣的办法、包衣种子的储藏、浸种、育秧、施肥、水管等一整套水稻包衣种子配套增产增效技术规范。投入资金300多万元，用于种子包衣事业，全省共配备11套水稻种子精选加工、包衣、烘干、计量包装自动成套流水线，大大地提高了包衣效率。2001年全省推广水稻种子包衣技术100万亩，每亩增收节支54元，共增收节支5400万元；2002年全省推广310多万亩，共增收节支17280万元。

3. 杂交水稻高产制种技术

1999年，省种子总站针对三系杂交稻制种基本苗不足、有效穗偏少，花期不遇、结实率低等原因导致制种产量不高的问题，召集全省种子系统有关杂交稻制种专家，制定三系杂交稻高产制种技术，提出要合理确定双亲播差期，按"错期定方向，各温作参考，叶龄为依据"的原则，确保花期相遇；稀播种，育壮秧，合理行比和插足基本苗，一般母本亩插2.5万～3万丛，基本苗14万～16万株，父本亩插3000～4000丛，基本苗3万～4万株；科学肥水管理，施肥掌握"早攻、重攻、中后期稳长"的原则，实现短叶、多穗、大穗的目标；搞好花期预测，适时适量喷施"九二〇"，调节穗部湿度，提高异交结实率，适时防治病虫害，严格去杂保纯。

第五节 肥 料

一、有机肥料

（一）农家肥

随着畜禽养殖业发展，畜禽粪便增多，2005 年全省畜禽粪便资源总量超过 5000 万吨。牲畜粪尿与各种垫圈物料混合堆沤后的农家肥（厩肥）是全省农村的主要有机肥源，占农村有机肥源的 70% 左右。全省农家肥利用的主要形式是堆沤，利用生活垃圾、废物、人畜粪尿、秸秆残渣、杂草等原料，经混合后按一定方式堆制或沤制而成的肥料。

（二）绿 肥

1. 冬绿肥

1991 年冬季在顺昌县召开全省紫云英冬种现场会议。1995 年在福安市召开紫云英青贮作饲料利用现场会。1996 年在沙县召开推广紫云英一次播种、多年繁殖利用新技术现场会。该技术在单季稻田播种一次，经四次翻埋，头尾 5 年紫云英鲜草平均亩产均在 2000 公斤左右。该技术利用紫云英种子种皮硬实休眠等特性，将一定成熟度的种子翻埋入土，存种子于土壤中，待秋后休眠解除，自然萌发成苗并生长繁殖，周而复始、多年利用，是一种省工、省种、省本的新型栽培模式。

2004—2005 年，福建省农田建设与土壤肥料技术总站在全省 17 个县（市、区）建立冬闲田种植紫云英绿肥中心示范片 1.5 万亩，推广 12.5 万亩。到 2005 年，紫云英种植面积约在 100 万亩。

2. 细绿萍

20 世纪 90 年代，全省大力推广"稻萍鱼"，把起垄栽培和传统的稻田养萍、稻田养鱼有机结合在一起，形成垄面种稻、水面养萍、水中养鱼的立体结构模式。稻、萍、鱼各处稻田的不同层次，垄栽"稻萍鱼"全年亩鲜萍产量可达 8000 公斤以上，比单栽稻田养萍量增 1~2 倍，一般每亩产鲜鱼 40~50 公斤，鱼类以萍、杂草、病菌和昆虫幼体为饵料，病虫害显著减少，减少 1~2 次农药施用，减少稻田除草用工 2~3 个。"八五"期间，每年在建宁、泰宁、邵武等县推广面积均达到万亩。大田主要的经济绿肥新品种有莆田"沁原本"蚕豆、荷兰豆、台中 11 号软荚豌豆、黑麦草、籽粒苋等，用作幼龄果茶园、甘蓝地套种花生、大豆科杂一号、印度豇豆、印尼绿豆、圆叶决明、竹豆等豆科作物绿肥。从 1996 年开始，在建阳、宁德等地建立圆叶决明苗种基地。2000—2003 年在全省 35 个县（市、区）建立果园套种经济绿肥中心示范片 15 万亩，推广面积 107 万亩。

（三）作物秸秆还田

作物秸秆是全省农田最大宗的优质有机肥资源，水稻吸收的三要素约有40%~50%的氮、20%~30%的磷、80%~90%的钾保存在稻草中。作物秸秆的数量与子粒产量密切相关，水稻的子粒与秸秆之比为1∶1左右，玉米的比值为1∶1.5，大豆1∶1.6。据统计，2005年全省水稻、玉米、花生、豆类等主要农作物秸秆资源总量为860.9万吨。其中水稻秸秆714.6万吨，玉米秸秆79.3万吨，豆类秸秆37.7万吨，花生秸秆29.3万吨，秸秆直接还田的方式主要有秸秆翻压还田、秸秆覆盖还田、快速磨熟还田和机械还田等。据部分地区检查情况统计，作物秸秆直接还田的占40%左右，25%的秸秆作垫料后还田，还有过腹还田、菇土还田、焚烧还田等方式。2001—2002年，省农业厅土壤肥料技术站在龙岩市组织实施了"微生物催腐秸秆回田技术示范与推广"项目，在永定、武平、新罗、长汀、上杭5个县（区）67个乡镇760个行政村，开展"腐秆灵"催腐秸秆回田技术示范与推广，累计推广面积22.8万亩，项目区实现全面增产，平均亩产增加28.3公斤，增长7.9%，增收853.8万元。

（四）商品有机肥

20世纪90年代初，微生物发酵有机肥技术从台湾引进，省内主要有超大生物有机肥、漳州三本等品牌有机肥。随着畜牧养殖场遍布沿海农村，各个养殖场为解决环境问题，兴办有机肥加工厂。福建省农业厅土壤肥料技术总站根据其肥料登记信息，帮助制定企业标准。2001年年底，全省登记有机肥企业38家，生产有机肥品种79个，年实际生产能力25万吨。至2005年年底，全省有大小有机肥厂家69家，年实际生产量45万吨左右，5家年生产能力5万吨以上。

二、化学肥料

（一）氮、磷、钾肥料

从20世纪90年代起，氮肥、钾肥用量大幅度上升，磷肥用量增长缓慢，全省化肥在以往补充单一营养元素的基础上，推广了"以土定产，以产定氮，测土施磷钾，针对性配施中微肥"的测土配方技术。

1. 氮　肥

针对全省氮肥品种大多为碳铵以及一些铵态氮肥为主的特点，推广水稻全耕层深施、以水带氮的深施技术。在氮肥品种搭配上，应用碳铵用作基肥，尿素用作追肥的技术。

2. 磷　肥

主要磷肥品种为过磷酸钙和钙镁磷。土壤缺磷是水稻"坐苗"、"僵苗"的主要原因，根据磷肥肥效与土壤速效磷含量的关系，推广在缺磷土壤和豆科作物重施磷肥，一般土壤耗施；旱作重施、水田耗施；秧田重施，本田耗施，提高磷肥利用率和增产效益。

3. 钾 肥

1993—1994 年，推广农业部"水稻钾肥施用综合丰产技术"丰收计划项目，累计推广面积 200 多万亩，增产稻谷 0.65 亿公斤。

4. 氮、磷、钾平衡施肥

氮肥、磷肥的增产效益呈下降趋势，在稻田施用的钾肥，全省化肥施用转入氮、磷、钾平衡施肥阶段。根据福建省土壤类型和推广水稻品种，推广测土配方施肥技术，并提高该技术的到位率。各级土肥站与企业联合研制和推广了各类作物专用配方肥，每年配方施肥面积推广 1200 多万亩。

（二）中量、微量元素肥料

中量元素肥料主要是指含钙、镁、硫三个元素的肥料；微量元素肥料主要是指含铜、锰、锌、钼、硼、铁等微量元素的肥料。中量和微量元素是植物生长必需的这些营养元素，当某种中量或微量元素严重缺失时，作物会严重减产。

1. 中量元素肥料

钙肥 主要包括生石灰、熟石灰等。其中，生石灰含氧化钙（CaO）量 85% ~ 95%；熟石灰主要成分是氢氧化钙，含 CaO 量 75% 左右。钙镁磷肥含 CaO 量 25% ~ 30%，施磷肥的同时补充钙素营养。福清、平潭、秀屿、晋江、南安、漳浦沿海花生产地出现过因为缺钙引起花生空秕现象。省农科院土肥所研究针对空秕地土壤越酸，钙越缺乏的花生空秕机理，提出施用含钙的碱性肥料碳壳灰治酸补钙。平潭县农业局土肥站与省、市土壤肥料技术部门研究开发了将石膏按适当配比加入化肥制成高钙花生专用肥，进一步落实配方施肥技术，取得亩产荚果 335 公斤，平均亩增荚果 85 公斤，增产率为 34% 的效果，每年推广 2 万亩。建宁黄花梨、古田油柰土壤酸化缺钙，经推广氯化钙（$CaCl_2$）、硝酸钙（$CaNO_3$）根外喷施，提高了坐果率。

镁肥 全省耕地缺镁较严重。据三明市农业局土肥站调查，三明市约有 140 多万亩耕地低于 50 毫克/公斤的土壤缺镁临界指标，占耕地 56.7%。土壤交换性镁含量不足是引起水稻缺少镁的主导因素。土壤交换性镁含量小于 44 毫克/公斤时，水稻表现明显的缺镁症状。缺镁土壤亩施用氧化镁 0.8 ~ 1.5 公斤，能缓解土壤镁素营养不足，有效矫治水稻缺镁黄叶，稻谷产量增长 3% ~ 12%。缺镁的柑橘在 6—7 月间连续喷施 2% 硫酸镁溶液 2 ~ 3 次，能获得显著的增产效果。缺镁烤烟施用镁肥可增加单叶重，提高烟叶的内在品质，增产 2.8% ~ 8.6%，中上等烟比例提高 4.1% ~ 15.0%。镁肥的增产效应与土壤交换性镁含量呈显著负相关。

硫肥 主要有生石膏、熟石膏和磷石膏三种。全省丘陵山区山垅田的一些冷烂田、返浆田，缺钙缺硫，施用石膏后有明显增产效果。三明市、南平市的"石膏田"的试验结果表明，水稻亩施 5～10 公斤可增产 10%～15%。旱地撒施于土壤表面，再结合耕耙作基肥，每亩用量 12～15 公斤。

2. 微量元素肥料

硼肥　主要有硼砂、硼酸等。硼砂含硼量 11%，硼酸含 B 量 17%。豆科和十字花科作物对硼敏感，施硼有显著增产效果。花生、大豆、番茄、黄瓜、白菜、马铃薯等作物土壤缺硼时，亩基施硼砂 0.5～0.65 公斤，增产效果明显。根外追肥是指用 0.1%～0.2% 的硼砂或硼酸溶液，每亩喷施溶液 50 公斤左右。柑橘叶片含硼量低于 10 毫克/公斤，会表现缺硼症状，柑橘因缺硼引起的"石头果"现象常常发生。在春梢成长期、幼果期各用 0.1% 硼砂水溶液喷施一次，能有效地矫治缺硼症。

钼肥　主要有钼酸铵、钼酸钠等。钼酸铵含钼量 54%，钼酸钠含钼量 39%，豆科作物由于固氮作用，对钼有特殊的要求，因此豆科作物、豆科绿肥和豆科牧草施用钼肥效果好。十字花科如花椰菜和油菜，对钼也比较敏感，用钼肥效果明显。

锌肥　常用的是七水硫酸锌或一水硫酸锌。有效锌含量 2 毫克/公斤为缺锌临界值。缺锌土壤施用锌肥以沾秧效果最好，其次是作基肥，亩用硫酸锌 1 公斤效果最佳。

铜肥　常用的是硫酸铜。有效铜含量 1.9 毫克/公斤为缺铜临界值，缺铜耕地主要分布在山垅冷烂田，缺铜的土壤施用铜肥水稻根系粗壮，白根多，早生快发，增产效果显著。

三、施肥技术

（一）测土配方施肥

以土壤测试和肥料田间试验为基础，根据作物需肥规律、土壤供肥性能和肥料效应，在合理施用有机肥料的基础上，提出氮、磷、钾及中、微量元素等肥料的施用品种、数量、施肥时期和方法的施肥技术。该技术被农业部列为"九五"期间重点推广的十大技术之一。"九五"、"十五"期间，全省各县（市、区）把推广该技术作为科学施肥工作的中心来抓，并据此确定全省主要粮食和经济作物三要素的最佳比例，如水稻最佳比例为 1∶0.4∶0.7；甘薯高产田为 1∶0.2∶1.4、低产田为 1∶0.3∶1；花生为 1∶0.8∶1.3 等，以达到平衡施肥，提高肥料利用率和提高作物产量和品质的目的。每年全省配方施肥面积达 1200 万～1500 万亩，每亩增产粮食一成左右。亩节省肥料投入成本 5～10 元。

配方施肥技术在粮油作物大面积推广应用，并且向茶叶、果树、蔬菜等经济作物推广，钾肥在作物施肥中广泛应用。

2005 年，农业部把测土配方施肥作为科技入户工程的第一大技术在全国推广，并作为为农民办实事的重要内容。全省制订了实施方案，培训技术骨干 3780 人，开展技术培训 9.2 万人次，提出了主要农作物优化施肥配方 400 多个，发放施肥建议卡 45.2 万份，全省实施测土配方施肥 513 万亩。

（二）新型肥料试验示范

1991—2005 年，省土肥站受肥料企业委托，统一制定试验、示范方案，组织有关县（市、区）土肥站开展试验示范。据统计，涉及 50 多种肥料。包括氮肥：氯化铵、长效碳铵；钾肥：青海"盐桥"牌氯化钾、青海硫酸钾镁（施宝蜜）；复混肥、美国嘉吉 BB 肥；中微量元素肥料：农用氢氧化镁、硫酸镁、硫酸黄、硝酸钙、硫黄、锌、硼、钼、铜肥等；微生物肥料：腐秆灵、卢博士液肥、道渊微生物肥、生物钾肥、"奥普尔"液肥；纯植物生长调节剂类如"九二○"、"BR120（芸苔素内酯）"等。还有植物生长调节剂与营养元素复配而成的营养型植物生长调节剂如 90 年代初从台湾引进的碧全植物健生素、绿丰素、植物动力 2003、粒粒饱、喷施宝等；其他叶面肥类如磷酸二氢钾、商乐、信叶植物营养液、高类施多元微肥等。

第六节　植物保护

一、病虫测报与防治技术

（一）预测预报

1. 测报体系

1990 年，福建省已形成了省、地有专职测报人员、县有专业站、部分乡镇有测报点的病虫测报网络体系。1991 年，农业部、省政府等继续投资，建设农业病虫害监测预报站点和信息网络，各级编制办公室增加测报的编制，明确职能。截至 2005 年年底，已建成福建省农业有害生物监测预警分中心和 75 个县级测报站、9 个设区市植保站，其中包括列入省级重点区域站 35 个、全国重点区域站 22 个。全省有植保干部 730 人，其中专职测报人员近 200 人，兼职 232 人，具有高级农艺师以上职称的有 120 余人。农艺师 300 余人。各区域站建立工作室、实验室、资料室，设置病虫观测场、智能型虫情测报灯、病菌孢子捕捉仪，气象信息采集系统等，配备必需仪器设备，完善试验检测、数据处理和通信交通等设施，初步实现重点区域站病虫信息传输网络化，病虫监测预警能力与水平有较大提高，形成了能适应农业生产发展的病虫害监控网络体系。

图 3-3 龙岩市新罗区在稻田安装智能型虫情测报灯

2. 测报任务

1990 年前，县（市）病虫测报站的主要任务是定期系统调查和记载病虫情，测报对象主要是稻、麦、薯等粮食作物病虫。1991 年开始，县（区）病虫测报站测报对象扩大，除定期对稻、蔬、果、茶等病虫进行系统调查和记载病虫草鼠情外，还对突发病虫和外来入侵生物等进行调查诊断，结合气象，作物生长状况等与病虫有关因素进行综合分析，对病虫草鼠害发生期、发生量、危害程度和防治时间作出判断，掌握病虫发生动态，及时发布中短期病虫信息，并上报有关部门领导。乡（镇）测报点，根据县站发出预报，组织村植保站等开展"二查二定"，即查病虫发生期，定防治适期，查病虫发生量，定防治对象田和次数。

3. 测报技术

1991—2005 年，全省共装设 500 多台智能型虫情测报灯，制定了《福建省农作物病虫区域站管理办法》，按农业部全国农技中心所制定的《农作物主要病虫测报方法》、《农作物有害生物测报技术手册》及稻瘟病、稻飞虱、稻纵卷叶螟、螟虫等 15 种病虫测报调查的标准开展调查测报。开展对全省稻、蔬、果、茶等一些重大病虫测报技术等开展调查研究。2005 年，全省病虫测报在应用指标预测法、数理统计预测法等技术基础上，开发应用"福建省农业有害生物监控信息系统"，快速传输病虫监控数据；病虫测报信息传递靠《全国农业病虫测报电码（试行本）》、《模式电报》，部分病虫试行电算预报。将系统模式模型和专家系统、计算机网络技术及地理信息系统（GIS）等在病虫监测和预报研究中开发应用。并积极引进推广植保新成果、新技术。对重大迁飞性害虫和流行性病害进行发生危害预测，使主要病虫中长期预报准确率达 85% 以上。加快病虫信息传递，除用"病虫情报"形式发布外，开发了"病虫测报计算机网络系统"，实现以电子邮件转输病虫监控数据，新情报及电子预报图文影像资料及时在网上发布，并利用电视、广播、短信等现代传媒发布病虫信息。

4. 测报工作制

1991 年，全省健全完善病虫测报工作制度，适应病虫测报工作需要。

分工负责制。市、县（市、区）测报站主要负责本辖区内农作物病虫害调查监测、预报和信息汇总、上报工作，及时发布短期、中期预报，提出防治意见。定期对测报点病虫情况调查人员进行业务指导、技术培训。省级植保站负责全省病虫测报站点建设和管理，组织、指导、监督、协调测报业务，综合分析基层上报病虫监测数据，及时汇总和报告重大病虫害发生的危害情况，提出防治意见等。

虫情汇报会商制。根据测报管理方法，定期进行病虫资料交流汇报，有的月份要每周或3天汇报一次病虫情况，并定期召开相关会议，分析预测病虫发生趋势。

资料归档制。每年系统整理病虫调查资料，装订成册归档。

人员培训制。每年各级举办多期测报人员专业技术培训。

（二）防治技术

1. 农业、人工防治

1991年，贯彻"预防为主，综合防治"植保方针，从农业生态系统的整体性出发，利用生物多样性，针对不同生态区农业生产水平和特点，生物群落和病虫草鼠的种群结构差异，建立以优化作物种类、调整品种布局、轮作换茬种养结合、水肥管理、草膜覆盖等生态调控措施为核心，以压低虫口密度，降低菌源基数为目标，制定相关技术规程，在水稻、蔬菜、柑橘、茶树等重大病虫害综合治理中有效发挥农田生态系统和农作物自然天敌的控害作用，达到减灾、增产、环保效果。20世纪90年代通过调整品种布局和播插期，减轻稻瘿蚊危害；利用轮作、加强田间栽培管理等防治蔬菜类土传病害。通过选育种植抗性良种、合理施肥、科学管水等控制稻瘟病、稻飞虱都取得成功。在人工防治、物理防治措施上，推广频振式杀虫灯诱杀蔬菜、果树、茶树、稻田等害虫。应用黄色板、防虫网等控制蔬菜、茶树等害虫。

2. 生物防治

在1990年以前，生物防治工作主要是调查害虫的天敌种类、分布及其优势种，部分防治应用生物农药和天敌。1991年以后，较系统进行天敌保护利用研究，如利用稻田蜘蛛等控制稻飞虱，释放平腹小蜂防治荔枝椿象，人工繁殖、释放捕食螨控制柑橘害螨等。大面积推广应用井冈霉素、阿维菌素、苏云金芽孢杆菌蛋白（BT）-8010、白僵菌、农抗120等生物农药。其中每年应用井冈霉素防治水稻纹枯病达600万亩次。性信息素应用也逐步扩大，已大面积应用性诱剂成功诱杀橘小实蝇、甘薯小象甲、小菜蛾、斜纹夜蛾等害虫。

3. 化学防治

在1990年以前，化学防治是防治病虫害的主要手段，全省年用农药量4万~5万吨，农药品种较少，其中有机磷类占70%以上。1991年以后，化学农药生产与品种结构有很大改善。全省约有 28 家大田农药生产企业，262 个登记品种，其中化学农药有 248 个，占 94.66%；杀虫剂占 66%，杀菌剂占 20.99%，除草剂占 5.31%，年农药生产能力 6 万余吨，全省年使用农药 5 万余吨。禁止生产使用甲胺磷等一批高剧毒农药，示范推广高毒农药替代产品及使用技术。同时加快农药及器械的更新换代，大批国内外高效、低毒、低残留的农药和新型、高效、节能的施药器械如 18 型喷雾机等得到大量推广应用。并大力改进施药方法，实施科学用药，提高药效及农药利用率，减少用药量和环境污染。

4. 综合防治

1991 年以后，综合防治的理论与技术不断完善，综合防治的研究与应用不断深入，综合防治的作物对象、应用面积均有较大扩展。在"七五"到"九五"期间发展以每种作物的重要病虫害群体为对象，到"十五"期间发展到按特定生产，围绕特定作物组建多病虫的综合防治体系。逐步由传统的防治病虫为中心向保护作物安全生长与环境安全为中心转变，进一步协调自然控制和人为防治。病虫综合防治工作由侧重于粮食有害生物防控向粮经作物统筹兼防转变，由侧重于临时应急向源头防控、综合治理长效机制转变，由侧重技术措施向技术保障和政府行为相结合转变。加大示范推广农业栽培技术，改进农药生产品种结构，优先应用生物农药，示范推广 50 余种高效、低毒新农药，如扑虱灵、吡虫啉等防治稻飞虱，新杀螨剂、绿颖、猎蝇等防治柑橘螨类、橘小实蝇等害虫。推广高效、安全、无二次中毒的杀鼠迷、溴敌隆及毒饵站等防控农区害鼠。使用草甘膦、丁草胺、百草枯等防除农田草害。至 2005 年，全省每年在重大作物主产区建立病虫综合防治示范基地，组织开展水稻、柑橘、蔬菜、茶树、甘薯、荔枝、龙眼等重大病虫综合防治达 2500 万亩次以上，病虫危害总体损失率控制在 3%~5%，农药用量下降 10%~20%。

（三）检 疫

1991 年以后，全省采取各种措施和规范检疫技术，严格依法检疫，加强省间调运检疫、国外引种检疫审批和口岸植物检疫，进行引种、苗木隔离试种，并通过立项研究，应用科学技术有效监控稻水象甲、香蕉枯萎病、香蕉穿孔线虫、大豆疫病、橘小实蝇、美洲斑潜蝇、红火蚁等外来有害生物。

1. 对内植物检疫

1990 年全省有专职检疫员 185 人，兼职检疫员 559 人。为执行《中华人民共和国植物检疫条例》，1996 年福建省农业厅下达《农业植物检疫对象名单》和《应施检疫的植物、植物产品名单》，1997 年省政府发布《福建省农业植物和植物产品运输检疫工作的通知》和《福建省农作物种子标签检疫证明编号管理暂行规定》等。各地采取各种措施，严格依法检疫，开展农业植物调运、种子市场和产地植物检疫工作。2001—2003 年，全省共引进种苗 1111 批次，国内植物调运检疫量共 40 多万批次。开展有害生物疫情普查结果已列入国内植物检疫对象的有 10 种，福建省补充植物检疫对象的有 5 种，国家进境植检一类危险性病虫 2 种，二类 4 种，另有 4 种属福建省首次发现。并加大对农作物重大疫情调查研究，开展多种检疫性有害生物的快速鉴定、监测和控制的技术研究，扑灭传入省内的香蕉穿孔线虫，有效控制橘小实蝇、稻水象甲、香蕉枯萎病、大豆疫病、红火蚁等外来有害生物疫情扩散蔓延危害。至 2005 年，县级以上农业部门都成立了植检机构，配备 2 名以上专职植检人员，全省专职植检人员达 400 余名，兼职植检员达 1000 多名，整体植物检疫能力和水平有所提高。

2. 进出口植物检疫

1990 年，国家设立了福州、厦门、泉州等专门口岸植检机构，执行《中华人民共和国进出境动植物检疫法》及其配套法规。建立监管手段和新的检疫处理技术，开展植物转基因产品检测并进行推广应用。每年都检测出一批检疫性病虫草。同时对全省有关港口、外运仓库、引进繁育材料的引种场等进行全面普查与疫情监测。

二、主要病虫害及防治

（一）水稻病虫害

全省水稻病害有 40 多种，虫害有 220 多种。常见的危害重的有稻瘟病、纹枯病、细条病、白叶枯病、稻飞虱、螟虫、稻纵卷叶螟、稻瘿蚊等。年发生 2500 万~3500 万亩次，年防治 3500 万~4500 万亩次。总体上危害程度中等偏重，局部发生的虫害重于病害。早、中稻病虫害是闽西北、闽东稻区重于福州以南稻区，晚季稻是福州以南稻区病虫危害发生较重。稻瘟病除部分山区、老病区、感病品种等发病较

图 3-4 浦城县喷雾防治晚稻病虫

重外，未造成大面积流行危害。稻飞虱、稻纵卷叶螟等"两迁"害虫突出，发生危害加剧。三化螟危害中等或中等偏轻发生。二化螟回升快，闽西北、闽中、闽东等稻区二化螟第一代发生面积大，枯鞘率高。20 世纪 90 年代中后期，稻瘿蚊在闽西北稻区猖獗，并由山区向平原稻区发展，发生扩展到 42 个县（市）。外来有害生物稻水象甲 1996 年在福鼎县前岐、沙埕发生 652 亩，1999 年霞浦县也发生，至 2005

年福鼎县发生 10690 亩次，霞浦县发生 14430 亩次。

1. 稻瘟病

稻瘟病总体属中等或中等偏轻发生。全省年发生 100 万亩次左右，年防治面积 150 万 ~ 300 万亩次。个别年份，由于属于山区、半山区、老病区或是感病品种或雨日影响药剂防效等原因，造成局部发生危害重。如 1991 年 8—9 月单季稻破口抽穗期雨日多，闽东、闽中部分稻区穗颈瘟重。1992 年单季稻品种较单一、降雨多，穗颈瘟普遍发生，年发生 207.7 万亩次。1997 年因品种抗性减退，雨季推迟结束，6—8 月雨水多，闽西北、闽东早稻叶瘟发生较重，南平、宁德等市单季稻穗瘟较重，光泽、古田县中稻分别发生穗瘟 1.6 万亩次和 6.9 万亩次。2005 年稻瘟病又回升，7—10 月台风雨多，影响防效，局部单季稻和晚稻穗颈瘟严重发生，全省发生 131.84 万亩次。

2. 纹枯病

总体属偏重发生。全省年发生 500 万 ~ 650 万亩次，防治 600 万 ~ 700 万亩次。早季病害重于晚季，闽西北稻区比闽南稻区发病重。早、中、晚稻纹枯病盛发期分别为每年 5 月中旬至 6 月上旬、8 月上、中旬和 9 月中、下旬，丛发病率 30% ~ 50%，高的达 70% ~ 90%，株发病率达 20% ~ 40%，高的达 70% ~ 80%。

3. 白叶枯病、细菌性条斑病

白叶枯病发生较轻，面积缩减，年发生 10 万 ~ 20 万亩次，沿河溪边稻田或大水淹田发病重。每年 6 月中下旬、8 月中下旬和 9 月下旬分别为早、中、晚稻白叶枯病发病高峰期。细菌性条斑病发生较重，每年 8 月中下旬至 9 月上中旬为单、晚稻细条病盛发期。年发生 70 万 ~ 150 万亩次，防治 100 万 ~ 200 万亩次。1996 年、1997 年、2004 年因台风雨次数多，稻田大面积受淹，闽东南沿海和闽西部分稻区细条病害流行，发生面积分别为 100 万亩次、145 万亩次和 100 万亩次。福清市 1997 年晚稻细条病发生，8 月 27 日调查平均病叶率达 40% ~ 60%，病情重、蔓延快。

4. 稻飞虱

早、中稻多以白背飞虱为主。晚稻以褐飞虱占比例大。早季稻飞虱主要虫源是随西南气流从中南半岛或两广方向迁入，先迁入闽西的永定、上杭、新罗、长汀等县，后沿武夷山与戴云山脉之间从南向东北陆续迁入。早季闽西北稻区稻飞虱重于福州以南稻区。晚季在福州以南稻区发生重。全省年发生 500 万 ~ 600 万亩次。其中 1991 年、1992 年、1999 年、2001 年、2002 年、2003 年、2004 年为中等发生，局部偏重。1993—1998 年及 2005 年均属中等偏重发生，局部大发生。如 1993 年早季虫源迁入早、迁入峰次多，迁入量大，单季稻稻飞虱大发生，50% ~ 80% 面积达到防治指标，晚稻龙岩、三明两市大发生。全省年发生 620.35 万亩次，防治

798.14万亩次。1995年闽西北早稻飞虱偏重发生，单季稻及福州以南晚稻偏重至大发生。1998年、2005年早季稻飞虱迁入早、迁入量大，迁入峰次多，全年偏重发生，局部大发生，年发生分别为623.64万亩次、619.68万亩次，防治分别为875.29万亩次和950万亩次。

5. 螟　虫

三化螟　年发生4代，第1、第3代为害造成枯心，第2、第4代为害造成白穗。三化螟发生为害逐年减轻，基本属中等或中等偏轻发生，全省年发生150万～250万亩次。少数年份或局部稻区因一代残留量大，蚁螟高峰期与水稻破口期吻合面大，发生为害较重。如1991年第1代至第3代虫量大，第4代闽南、闽西稻区大发生，白穗率高。全省年发生649.18万亩次，防治1024万亩次。

二化螟　因耕作制度、栽培条件等变化，二化螟回升快，发生为害超过三化螟。总体属中等偏重、局部大发生，年发生300万～400万亩次，防治400万～500万亩次。第1代主害早稻，第2、第3代为害单季稻、双晚稻，闽西北、闽东及部分闽中早、中稻区受害较重，一般枯鞘率达3%～10%。高的达20%～30%。1997年福州、宁德市早稻枯鞘率达5%～10%，局部达10%～20%，高的达40%～50%。1999年福州、南平、宁德等市部分早稻二化螟大发生。2004年，第1、第2代田间虫量大，枯鞘率高，第2代在闽南稻区普遍发生，为害重。2005年全省早、中、晚稻发生为害较重，年发生447万亩次，防治651.97万亩次。

6. 稻纵卷叶螟

20世纪90年代后发生突出，成为水稻重大害虫之一。总体属中等偏重，局部大发生，全省年发生250万～300万亩次，高的达500万亩次以上。早季主要虫源随春、夏西南气流从中南半岛或两广迁入。每年6—9月雨日多、湿度大有利其发生为害。第2、第3代主害早稻，第3、第4、第5代为害中稻，第5、第6、第7代为害晚稻。1996年早季田间迁入虫量大，7月下旬后台风雨多，第2～5代均发生较重，单季稻区及闽南晚稻重发，局部大发生。全省发生406万亩次。2004年、2005年受多次台风雨影响，单季稻、晚稻偏重发生，局部重发，全省分别发生569.53万亩次和444.52万亩次。

7. 稻瘿蚊

受单双季混栽、单季稻面积扩大及气候变化等影响，20世纪90年代以后，稻瘿蚊由原先次要、间歇性害虫变成主要害虫，发生区域扩大，从山区、半山区向平原稻区发展。主害代为第3～5代，6月下旬至7月上旬第3代主害单季稻，7月下旬至8月上旬和8月下旬至9月上旬主害双季晚稻。1991年、1993年、1997年和1998年为重发生年，1994年、1995年、2001年、2003年为中年偏重发生年份。1993年龙岩、三明市大发生，单季稻及烟后稻、双晚秋田为害重。1997年第3～5

代连续为害重，全省发生160多万亩次，防治224万亩次，发生区域扩展到8个地（市），新增永泰、古田、邵武、顺昌等地，未治单晚、烟后稻、双晚秧田标葱率（为害率）高的达40%~50%，严重绝收。1998年为发生最重年份，全省42个县（市）共发生278万亩次，发生稻瘿蚊县（市）比1997年新增闽清、闽侯、建瓯、建阳、福清、德化、仙游等县（市）。三明市有12个县（市）129个乡镇1190个村发生。尤溪县单晚稻瘿蚊标葱率28.35%~68.63%，烟后稻标葱率16.28%~71%，大田县单晚标葱率高的达76.7%。

（二）小麦病虫害

小麦主要病虫害有锈病、赤霉病、白粉病、纹枯病、黑穗病、蚜虫、黏虫等。由于小麦播种面积大幅度减少，病虫发生面积也逐年下降。1991年、1992年、1993年分别发生94万亩次，128.61万亩次，78万亩次。1994—1999年每年发生25万~30万亩次；2000—2005年，每年仅发生4万~19万亩次。其中每年发生小麦锈病0.5万~3万亩次，赤霉病1.5万~20万亩次，白粉病1.5万~25万亩次，黑穗病0.5万~2万亩次，蚜虫0.5万~10万亩次，黏虫0.5万~1万亩次。

（三）甘薯、马铃薯病虫害

甘薯主要病虫害有甘薯黑斑病、蔓割病、甘薯瘟、疮痂病、根腐病、丛枝病、小象甲、大象甲、斜纹夜蛾、茎螟、卷叶螟蛾、麦蛾、猿叶甲等。全省每年发生150万~200万亩次，防治200万~300万亩次。虫害重于病害。小象甲是甘薯最主要害虫，对早薯为害重，常年偏重至大发生，全省每年发生50万~80万亩次。1998年全省发生虫害达82万亩次。福清、惠安、晋江等县（市）发生为害重。甘薯大象甲2004—2005年在福清沿海薯区大发生，发生面积6.3万亩次，株为害率达12%~17%，严重的达80%~90%。斜纹夜蛾为害加重，2003年全省大暴发，福清市发生12万亩次，严重的每平方米有幼虫35~273头，叶被害率21%~100%，防治后仍有1万亩甘薯产量损失20%以上。甘薯枯萎病全省每年发生15万~30万亩次，台风雨多的年份，病害重，株发病率达20%~40%，死亡率达5%~10%。甘薯瘟近年有减轻，年发生2万~3万亩次。

马铃薯主要病虫害有晚疫病、早疫病、青枯病、病毒病、地老虎、金针虫、蛴螬、蚜虫等，病害重于虫害。马铃薯晚疫病普遍发生，为害最重，病重区产量损失达20%~50%。1992—2005年德化县出现中等偏重发生年份有1992年、1993年、1994年、1996年、1997年、1999年、2000年、2001年，该县年发病面积3.5万~4万亩次，年损失产量2500~3000吨。马铃薯早疫病加重，株发病率10%，重的达30%以上。马铃薯青枯病秋种重于春种，低海拔重于高海拔，病株率1%~3%，重病田达5%~8%。对马铃薯采取病毒病因脱毒育苗技术及北方引种扩大，使病害减轻。

（四）油料、甘蔗、烟草病虫害

花生主要病虫害有青枯病、立枯病、根腐病、锈病、疮痂病、炭疽病、褐斑病、黑斑病、茎腐病、病毒病、蛴螬、红蜘蛛、蚜虫、斜纹夜蛾、地老虎等。1991—1997年，全省每年发生50万～60万亩次，1998—2005年每年发生100万～195万亩次，1998年后花生青枯病、疮痂病、叶斑病类等病害发生加重。花生青枯病是全省性常发病害，病重区株死亡率达30%以上。花生疮痂病2004—2005年全省较重发生，福清市2005年发生9万亩，其中有3.2万亩因病减产20%～40%，病重区株发病率达97.8%，枝发病率94.1%～97%。福清市2005年蛴螬大发生，重害田荚受害率达52.4%～97%，亩虫口量达1.5万～2.64万头。蛴螬1991—1993年偏重至大发生，斜纹夜蛾2000年、2002年、2003年重发生，每年的5—7月发生为害高峰，花生地亩虫量4800～42000只，斜纹夜蛾在同安区1991年、1992年、2000年、2002年、2004年大发生，每亩虫量1.5万～6万只，造成严重损失。

油菜主要病虫有菌核病、霜霉病、白锈病、病毒病、蚜虫、菜青虫、黄曲条跳甲等。病害重于虫害，因种植面积减少，发病面积下降。全省年发生20万～30万亩次，其中菌核病每年发生7万～8万亩次，1992年、1993年、1997年发病较重，株病率10%～20%，重的达80%。1992年、1993年、2001年、2004年闽北山区油菜霜霉病、白锈病发病严重，株发病率为20%～40%，重的达70%，病毒病年发生1万～2万亩次，株发病率2%～5%。

甘蔗主要病虫害有凤梨病、赤腐病、黑穗病、虎斑病、梢腐病、环斑病、花叶病、黄斑病、二点螟、条螟、黄螟、棉蚜、粉蚧、蔗龟、蓟马等。因甘蔗种植面积缩减，病虫害发生面积减少。仙游县在1991—2005年中，1991年、1997年、1998年偏重发生，其余年份均为中等或中等偏轻发生。病害以凤梨病、赤腐病、黑穗病等3种最常见，害虫以甘蔗螟虫、甘蔗棉蚜、蔗粉蚧等为害普遍及最严重，一般损失率达10%～15%，高的达20%～40%。

烟草病虫害有病害30余种、害虫111种。烟草病毒病、青枯病等为主要病害。烟草病毒病中以普通花叶病为主要毒源，常年株发病率达5%～9.13%。1998年烟苗移栽后气候干旱，导致病毒病在全省大面积暴发为害，局部烟田绝收。1999年后改进育苗技术，减少传毒概率，2003年后全省改用漂浮育苗技术，较好控制病毒病蔓延扩散。青枯病株发病率5%～10.6%，2005年雨量多、气温偏高，发病重，株发病率达15%以上。烟蚜为主要害虫，每年4—6月为害盛期，平均有虫株率2.14%。

（五）果树病虫害

柑橘主要病虫有疮痂病、炭疽病、黄龙病、溃疡病、线虫病、柑橘红蜘蛛、锈壁虱、壳虫类、吸果夜蛾、天牛等。20世纪90年代初期全省年仅发生300万～450万亩次；90年代中后期年发生500万～600万亩次。虫害以柑橘红蜘蛛为常年严重发生。年发生 100 万～300 万亩次；锈壁虱在 1995—1998 年发生严重，每年发生 40 万～80 万亩次；介壳虫每年发生 50 万～80 万亩次，在 20 世纪 90 年代为害严重的是黑刺粉虱、柑橘粉虱上升。橘小实蝇于 1999 年发现，2001—2004 年大发生，2005 年有 71 个县（市）发生 146 万亩次。黄龙病 2000—2005 年为害逐年加重，全省发生 20 余万亩，受害严重的果园已毁树改种。疮痂病于 20 世纪 90 年代发生较重。柑橘线虫病上升快，造成叶片退绿黄化或落叶，柑橘天牛于 1993 年、1994 年、1997 年、1999 年发生，为害较重。

荔枝、龙眼有病害 24 种、害虫 125 种。虫害重于病害，危害重的是荔枝蛀蒂虫、蝽象、角颊木虱、金龟子、荔枝霜疫霉病、龙眼丛枝病、炭疽病等。荔枝霜疫霉病于 2003 年、2005 年重发生，仙游县 2003 年果受害率 32.73%，2005 年 13.12%，高的达 51.5%。荔枝蝽象在 1991 年、1992 年、2000 年、2001 年、2002 年严重发生，2003—2005 年偏重发生。蛀蒂虫在 20 世纪 90 年代后一直较重发生，梢果被害率 1.56%～12.12%，高的达 24.58%～40.56%。龙眼角颊木虱在 1997—2000 年期间等偏重发生，2001—2005 年严重发生。金龟子 1991—1995 年偏重发生。毒蛾类于 2003 年后在闽南地区龙眼树为害较重，连片为害，有的整株树叶全部吃光，同安县每年发生 1 万余亩。

香蕉病虫害 1990—1995 年叶斑病逐年上升，每年 8—9 月叶斑病高峰期，每叶病率达 80%～90%。2002 年后黑条叶斑病、黑星病上升。1997—1999 年发现枯萎病 1 号小种，后扩展到漳州各县，芗城、南靖、长泰、华安县，发生较重，有的大片蕉园枯萎绝收。2001 年在长泰县发现枯萎病 4 号小种，2004 年扩展到平和、云霄、漳浦等 7 个县（市），漳浦赤湖镇有 1000 亩蕉园发病，绝收 500 亩。香蕉花叶心腐病于 1994 年、1995 年在芗城区天宝镇和南靖县靖城镇大发生，株发病率达 15%～20%。香蕉叶鞘腐烂病、香蕉象甲、香蕉叶螨也发生较重。香蕉束顶病于 20 世纪 90 年代中期以后发病率显著下降。

葡萄病害重于虫害。早季如雨水多，黑痘病、霜霉病、赤霉病、炭疽病、穗轴花枯病等病害就加重。福安市在 2003 年灰霉病爆发，损失 20% 以上；2005 年霜霉病大发生，平均减产 35%。炭疽病一般受害率为 5%～10%，严重的达 20%。穗轴褐枯病多发生在山区雾多湿度大的地区。褐斑病在逐年加重。虫害主要有葡萄短须螨、葡萄叶甲、绿盲蝽、铜绿金龟子等，为害较轻。

桃、李病虫常年发生，重的有流胶病、炭疽病、褐腐病、桑白蚧、蚜虫、桃蛀螟、梨小食心虫、桃小食心虫、红颈天牛等。古田县桃炭疽病一般果病率为 27%～52%，褐腐病果病率为 13%～38%，永泰县李树流胶病每年发生 3 万余亩次。1999 年和 2005 年桃小食心虫害分别发生 4 万亩次、2.6 万亩次。2002 年在永泰县橘小实蝇在李树上开始为害，2005 年发生 1700 亩，果受害率高的达 7.16%；李树白粉病

1999 年、2000 年大发生，褐腐病 1998 年、1999 年发生较重。

橄榄虫害重于病害，橄榄星室木虱为最主要害虫，20 世纪 90 年代后发生为害加重，一般减产 5% ~8%，闽清、闽侯县 2002 年、2003 年、2004 年橄榄星室木虱大发生，造成减产达 10% ~20%。

（六）茶树病虫害

茶树害虫 390 余种，病害 100 余种，虫害重于病害，常见病虫有茶假眼小绿叶蝉、茶丽纹象甲、茶黑刺粉虱、茶叶螨、茶毛虫、茶尺蠖、卷蛾类、甲虫类、茶细蛾、蚧类、茶饼病、茶白星病等。1991—2005 年，全省茶园病虫害发生特点：病害从为害成叶、老叶向为害芽叶转变，从叶病为主向叶、根、茎同时发生转变。虫害由大虫向小虫转变，由世代少向多世代转变，由食叶性害虫向食叶、吸汁同时发展。病虫害防治采取农艺措施，培育健壮的树体，以增强抵抗力，减少病虫发生。加强病虫害测报预报，推广生物农药和高效低毒低残留化学农药，注意用药浓度及安全间隔期。茶假眼小绿叶蝉为最主要害虫，常年严重为害，全省年发生约 400 万亩次，未防治一般减产 20% ~40%。黑刺粉虱 20 世纪 90 年代初在闽东福安、寿宁、屏南等地猖獗成灾，90 年代末在安溪、闽东等部分茶区再次大发生。90 年代茶毛虫严重为害，推广应用茶毛虫核型多角体病毒及采取综合防治措施后，危害得到控制。21 世纪初仅在局部茶园发生危害。茶叶螨以茶橙瘿螨为害最重，在福安、安溪、福鼎、云霄、武夷山市等 10 多个县（市、区）常年均较严重发生。茶尺蠖为闽北、闽东茶区的主要害虫，为害严重时绝收。20 世纪 90 年代初茶丽纹象甲在福安、蕉城、罗源、武夷山等地为害严重，21 世纪初上升快，部分茶园发生重。卷蛾类在闽东茶区局部茶园为害严重。20 世纪 90 年代蚧类虫害发生较为普遍，主要有椰园蚧、茶梨蚧、长白蚧、龟蜡蚧等，在安溪、闽东部分茶区与黑刺粉虱一起暴发成灾。20 世纪 90 年代初茶蛀干类害虫老茶园发生较多，尤以茶吉丁虫在闽北山区为害较重，"十五"期间在武夷山、建阳等茶区局部茶园仍较重。1994 年和 1996 年，茶饼病在安溪和罗源县发生较大面积危害，21 世纪初仅在高海拔茶区零星发生。茶白星病等在高山区局部茶园严重为害。21 世纪初茶芽枯病在全省局部茶园为害严重。茶黄蓟马、茶炭疽病局部茶区为害严重。

（七）蔬菜病虫害

1991—1999 年，全省蔬菜病虫每年发生 300 万 ~600 万亩次，2001—2005 年每年发生 800 万 ~1300 万亩次。常见、危害重的病虫害有霜霉病、枯萎病、炭疽病、灰霉病、白粉病、青枯病、疫病、病毒病、线虫病等，小菜蛾、菜青虫、斜纹夜蛾、甜菜夜蛾、跳甲、潜叶蝇、粉虱、蚜虫及地下害虫等。2001—2005 年，主害十字花科、瓜类、莴苣的霜霉病在全省偏重至重发生，病叶率重的达 38% ~61%。枯萎病在瓜类、茄果类蔬菜发病严重，株发病率达 20% ~50%，晚疫病已成番茄、甜椒、马铃薯等菜类重要病害，重病田株发病率高达 30% ～100%。蔬菜病毒病逐年上升，主要为害番茄、瓜类、豆类、甜椒、马铃薯等，重病区株发病率达 30% ～80%。大豆疫病于 1997 年在龙海市发现，1998—2000 年和 2002 年晚季曾偏重流行，后扩展到 9 个县（市）。龙海市年发生 2 万～4 万亩，产量损失 19.5 万～27.5 万公斤。1998—2000 年，白菜根肿病在闽侯县大面积发生。小菜蛾常年为害重，全省年发生 150 万～200 万亩次，且已产生很强抗药性。20 世纪 90 年代初美洲斑潜蝇入侵后，扩展快，1994—1998 年全省发生为害严重，龙海市发生面积占 45.7%，新罗区 1998—2001 年重发，发生面积占 60% 以上。烟粉虱食性杂，寄主范围广，2001 年、2002 年大发生，龙海市部分菜区暴发成灾，重的单叶虫量达 500～600只，有的无法计数，采豆时衣袖上布满白色小蛾，2001 年晚季发生 4 万亩，产量损失在 40% 以上。20 世纪 90 年代末斜纹夜蛾发生量剧增，2001—2004 年基本属重发期，局部大发生。2002 年，龙海市暴发为害，成千上万只斜纹夜蛾虫爬出菜园横穿田埂和马路，常群集暴食芋头、甘薯及其他蔬菜。黄曲条跳甲在 20 世纪 90 年代中后期后发生为害偏重至重发生。

1. 农业防治

选用无病种子及抗病优良品种，培育无病虫害壮苗；合理布局，实行轮作倒茬；注意灌水、排水，防止土壤干旱和积水；清洁田园、加强除草降低病虫源数量。菜园土肥沃，蔬菜种植茬口密，造成土壤中存有多种病原菌和虫卵，是蔬菜作物发病的重要原因。多数病原菌可在土壤中越冬，存活期较长，因此采取不同作物的轮作和水旱田轮作，深耕晒垡，使表土和深层土壤作适度混合，土壤冻垡，越冬前浇足冬水，使土壤冻结，杀死病菌等。

2. 生物防治

各地开展生物防治，保护天敌。创造有利于天敌生存的环境条件，选择对天敌杀伤力低的农药。释放天敌，如扑食螨、寄生蜂等。

3. 物理防治

无公害蔬菜生产中应用较多的首先是人工捕杀。害虫发生面积较小，采用人工捕杀方法。其次是阻隔防范，利用防虫网设置屏障阻断害虫侵袭。如苗期用 30 目，丝径 14～18 毫米防虫网覆盖（或在放风口加防虫网），实行封闭式生产。田间出现中心病株、病叶时，立即拔除或摘除，防止传染其他健康植株。其三是诱杀。蔬菜蚜虫、白粉虱对黄色表现正趋性，各地采用黄色塑料板、黄色纸板、黄色塑料条诱杀；在上述材料上涂抹 10 号机油悬挂于保护地设施中，每 20 平方米挂 40×30 厘米黄板一块，7～10 天复涂机油一次，使蚜虫、白粉虱沾在板上；蓟马对白色有正趋性，用白板涂抹机油粘杀。四是灯光诱杀。许多夜间活动的昆虫都有趋光性，采用灯光诱杀。利用灯有蓝光灯、白炽灯、双色灯等，各地普遍推广使用频振式杀虫灯，诱杀效果较好。

4. 化学防治

选用高效低毒低残留农药、生物农药使用时严格执行农药的安全使用标准，控制用药次数，注意用药浓度，用后确保安全间隔期。只选用低毒和中等毒性农药，严禁使用国家明令禁止使用的农药，如六六六，滴滴涕，毒杀芬，二溴氯丙烷，杀虫脒，二溴乙烷，除草醚，艾氏剂，狄氏剂，汞制剂，砷、铅类，敌枯双，氟乙酰胺，甘氟，毒鼠强，氟乙酸钠，毒鼠硅。禁止在蔬菜、果树、茶叶、中草药材上使用的农药（19 种）：甲胺磷，甲基对硫磷，对硫磷，久效磷，磷胺，甲拌磷，甲基异柳磷，特丁硫磷，甲基硫环磷，治螟磷，内吸磷，克百威，涕灭威，灭线磷，硫环磷，蝇毒磷，地虫硫磷，氯唑磷，苯线磷。

（八）蚕病防治

20 世纪 90 年代，全省夏秋季常见蚕病有胃肠型脓病、空头性软化病、细菌病、蝇蛆病等。晚秋以血液型脓病、僵病较多，农药中毒也时有发生。各地从切断传染源入手，抓好养蚕前清洗消毒工作。做好对桑园害虫防治，强调养一次蚕，治一次虫，避免相互传染。做好小蚕、迟眠蚕的隔离和淘汰，杜绝传染源。

1990 年以后，全省蚕区普通贯彻以消毒为中心，预防为主综合防治的措施，加之推广生石灰、漂白粉、福尔马林、毒消散、防病 1 号、消特灵、蚕菌清等消毒药剂，有效控制软化病、脓病的发生。对危害极大的微粒子病，由于推行"三级制种"，严格把蚕种质量关，加强母蛾病毒检验，使病源得到控制。

（九）农田草害

福建省农田常见杂草近 160 种分属 46 科，危害性大杂草约 120 种分属 36 科，其中一年生杂草约占 48%。农田杂草总体发生较重，全省农田发生草害面积约 2000 万亩，一般使作物减产 10%～20%。年化学除草约 1000 万亩次。稻田杂草闽南比闽西北、闽中等地轻。稻田常见杂草有稗草、千金子、陌上菜、矮慈姑、鸭舌草、丁香蓼、莲子草、碎米莎草、节节菜、园叶节节菜、水龙、异形莎草、鲤肠、日照飘拂草、眼子菜等。果茶园常见杂草有皱叶酸模、丛枝蓼、水飞蓬、旱苗蓼、裸柱菊、石胡荽、莲子草、凹头苋、龙葵、繁缕、光头稗、看麦娘、马唐、山莴苣、空心莲子草、三叶鬼针草、香附子、早熟禾、扛板归、酢浆草、胜红蓟、旱稗、狗牙根、猪殃殃、千金子、牛筋草、双穗花稗、小飞杨等。蔬菜地常见杂草有马唐、旱稗、中筋草、早熟禾、看麦娘、牛繁缕、雀舌草、莲子草、胜红蓟、马齿苋、绿苋、小藜、裸柱菊等。因气候、植被、耕作制度及化学除草等变化，各地农田杂草种类及优势杂草群落有差异，如闽东南稻田杂草群落以稗草 + 节节菜 + 矮慈姑或稗草与空心莲子草等，旱地冬春作物杂草主要群落有看麦娘 + 猪快快 + 繁缕 + 早熟禾或看麦娘 + 酸模叶蓼 + 早熟禾等；闽西北稻田杂草群落以稗草 + 鸭舌草 + 园叶节节菜等，旱地夏秋收作物地主要杂草群落以马唐、香附子与其他杂草形成多种组合。移栽田化学除草主要用丁草胺、苯噻酰草胺、苄嘧磺隆等，果茶园化学除草主要用草甘膦、百草枯等；蔬菜地化学除草主要用稳杀得、禾草克、拿捕净、高效盖草能、丁草胺等；旱育秧、直播田化学除草用苄嘧磺隆、吡嘧磺隆、二氯喹啉、扫弗特等。

（十）农田鼠害

常年中等或中等偏重发生，局部重发生。主要种类有黄毛鼠、褐家鼠、小家鼠、黄胸鼠、黑线姬鼠、板齿鼠、东方田鼠、田小鼠、社鼠、针毛鼠等。黄毛鼠为优势种，闽东南沿海丘陵、平原区及闽西北农田黄毛鼠占70%～90%；闽西北、闽东部分山区及低海拔农田略低，仅50%～60%。如福清市1990—1996年调查捕获2412只害鼠中，黄毛鼠占90.4%；云霄县1987—1997年调查黄毛鼠占84.5%。农舍害鼠为褐家鼠、黄胸鼠、小家鼠等，靠近城镇村舍附近农田，黄胸鼠、褐家山区占比例多。据1987—1999年全省9个县（市）鼠密度调查，在每年的4—5月和8—9月是发生为害高峰期。农田鼠密度一般8%～15%，高的25%～30%，低3%～5%。如云霄县监测点1987—1999年1—12月平均鼠密度达15.28%。以种苗、稻苗、稻穗、甘薯等受害重，未灭鼠产量损失5%～10%，严重的达10%～20%。全省每年发生鼠害面积800万～900万亩次，农田灭鼠面积600万～800万亩次，统一灭鼠效果达80%以上。

第四章 粮油作物

第一节 水 稻

一、水稻生产

1991—1999 年，全省平均年种植面积 2120.55 万亩。其中 1994 年水稻种植面积为 2238.8 万亩，占全省粮食种植面积的 74.54%。1999 年以后，各地进行种植区域的结构性调整，缩减稻谷的种植面积。2000 年稻谷播种面积 1833.46 万亩，是 1949 年以后减少面积最大的一年。2005 年，全省稻谷的种植面积 1427.33 万亩。1991—2005 年，稻谷种植面积缩减 667.57 万亩，其中早稻播种面积减少最多，由 1991 年 789.91 万亩减到 2005 年的 407.82 万亩。

1991 年稻谷总产量 699.17 万吨，平均稻谷亩产 333.75 公斤；1995 年稻谷总产量 724.92 万吨，平均稻谷亩产 343.66 公斤；2000 年稻谷总产量 632.75 万吨，平均稻谷亩产 345.11 公斤；2005 年稻谷总产量 526.57 万吨，平均稻谷亩产 368.92 公斤。

二、稻作区划

（一）闽南稻区

包括长乐、仙游、永春、上杭等县及其以南的 28 个县（市、区）。年平均气温 19.5℃～21.3℃，≥10℃～20℃积温达 5500℃～6500℃，双季稻安全生长期可达 225～280 天，年降水量 1000～1700 毫米，年日照时数 2000～2300 小时。平原、沿海一带夏、秋季以水稻为主，冬作为麦→稻→稻、油（菜）→稻→稻、肥→稻→稻三熟制；有条件的地方实行甘蔗或甘蔗与水稻隔年水旱轮作；秋季雨水欠缺的地方，发展稻→薯、稻→豆、稻→花生等一年两熟，以改善稻田肥力，提高单产。

（二）闽东稻区

分闽东双季稻亚区和闽东北单季稻亚区，包括福州市郊、闽侯、永泰、古田、寿宁、福鼎等 15 个县（市、区）。平均气温 15℃～20℃，福州以北几个县（市）有冬季象征，时间约 1.5 个月。≥10℃～20℃积温达 4200℃～5500℃，双季稻安全生长期可达 200～225 天，年降水量 1200～1800 毫米，年日照时数 1800～2000 小时。单季稻主要集中在周宁、寿宁、屏南、柘荣、古田 5 个县，其余各县（市）以双季稻为主。闽东双季稻亚区可实行麦→稻→稻、油（菜）→稻→稻、肥→稻→稻、蔬菜→稻→稻，或者冬休闲田作为次年早稻秧田。在春季雨水足、秋季雨水少，但水利条件尚可的地带，发展早稻→秋大豆，当年水旱轮作或实行稻、蔗隔年水旱轮作。

（三）闽西北稻区

包括浦城、光泽、建宁、武平、永安、德化、政和等 25 个县（市、区）。平均气温 15℃～19.5℃，沿江谷地夏季气温高，酷暑时段长，最高气温达 40℃～41℃，每年日平均气温≥35℃有 30～40 天；≥10℃～20℃积温达 4500℃～5500℃，双季稻安全生长期可达 180～225 天，年降水量 1400～2000 毫米，年日照时数 1700～1900 小时。以双季稻为主，建阳、建瓯、浦城、邵武、崇安、光泽、松溪、顺昌、宁化、建宁、沙县、清流、明溪、泰宁、将乐 15 个县（市、区）是商品粮基地。发展肥→稻→稻、油（菜）→稻→稻等一年三熟，并重视单季早（中）稻→秋大豆（或薯类）隔年水旱轮作。该区丘陵、山地较多，海拔 500～600 米的山垅田、山荫田，实行单季早稻或中稻，收获后再种一季秋大豆，冬季再种绿肥或油菜。

三、稻田耕作制度

（一）粮食与经济作物结构

1991—2005 年，经济作物的比重逐渐上升。1990 年粮食作物、经济作物及其他作物的比例为 75.76∶18.31∶5.93，2005 年为 58.09∶36.22∶5.69；1991 年粮食与经济作物的比例为 73.84∶26.16，1996 年为 70.05∶29.95，2001 年为 63.61∶36.39。

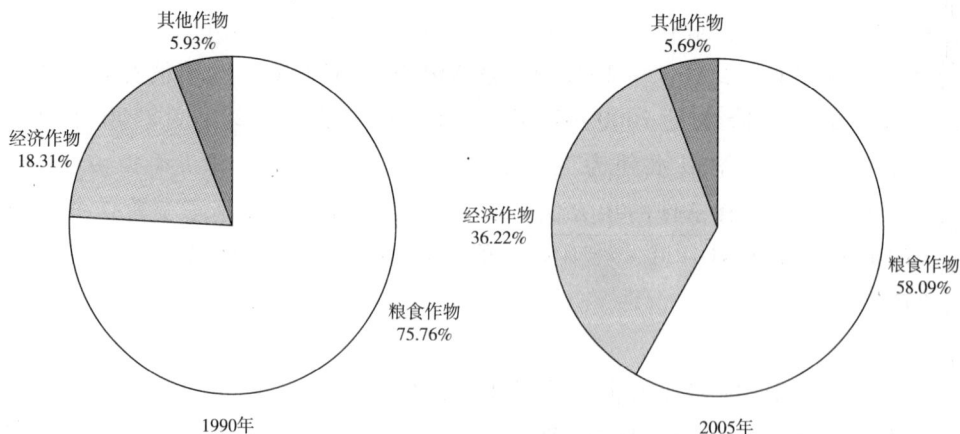

图 4-1 福建省种植业结构占有比重

（二）种植制度

20 世纪 90 年代，福建省各地利用光温资源，在种植双季稻的基础上，创造出稻→稻→菜→菜，早稻→晚稻（秋大豆）→反季节蔬菜，稻→稻→菇等套种方法，一年三熟、四熟的高产高效种植模式。2000 年后，各地在种植结构调整中又衍生出马铃薯—单季稻→马铃薯（菜）、莲和稻间作和轮作模式，早稻→晚稻→紫云英×黑麦草粮饲结合模式，稻→稻→菇（香菇、蘑菇），烟→稻→鱼，春烟和玉米间作、春烟和玉米和甘薯间作、春烟→早稻→晚秋玉米、稻→稻→菜、稻→薯→菜，稻→荸荠、小麦→大豆＋花生和甘薯、蔬菜→大豆（花生）＋玉米和甘薯、小麦（菜）→花生（大豆）→甘薯等二熟、三熟、四熟种植模式。由于水稻、甘薯在所有作物中比重最大，又形成了夏、秋季以水稻、甘薯为主体的集中产区，其中全省粮食基地县总数 1994 年达 25 个，播种面积 1302 亩，占全省粮食用地面积的 43.4%，粮食平均产量比全省平均水平高 33.5 公斤。部分地区冬季蔬菜也逐渐形成基地化生产。1991 年的复种指数为 231.4%，其后数年，复种指数呈逐年升高趋势，1999 年达到最高峰，为 242.0%。2000—2005 年，复种指数逐年降低，2005 年恢复到 215.9%。

（三）"早稻—再生稻"耕作制

1988 年开始推广再生稻，形成"早稻—再生稻"的新耕作制。1990 年，双季稻面积为 894.19 万亩，单季稻为 463.99 万亩，分别占稻田面积的 65.85% 和 34.15%。1995 年，双季稻面积为 1606.35 万亩，单季稻为 503.03 万亩，分别占稻田面积的 76.15% 和 23.85%。2000 年，双季稻面积为 1243.07 万亩，单季稻为 590.39 万亩，分别占稻田面积的 67.80% 和 32.20%。2005 年，双季稻面积为 976.94 万亩，单季稻为 450.39 万亩，分别占稻田面积的 68.45% 和 31.55%。

四、品　种

（一）品种资源

20 世纪 90 年代初，省农科院稻麦研究所用石蜡封口西林瓶对种子进行储存，90 年代中期开始建立低温（-5℃）种质库（短期库）保存体系，种子寿命可延长至 10 年左右。1992 年，该所稻种资源组人员到福建普通野生稻仅存的小生境——漳浦县湖西乡周行村采集野生稻种茎 98 份，进入广东国家野生稻资源圃，地方稻种资源和野生稻资源得到长期妥善的保存，丰富了中国稻种资源基因库。1990—2005 年，省农科院水稻所征集到水稻品种 593 份，经过整理观察和性状核对，2005 年保存有稻种资源 6010 份。其中 2216 份稻种资源进入国家长期种质库保存。

表 4-1　　　　　　　　　　　**福建省水稻品种选育情况**

品种名称（审定年份）	育成单位	审定区域
籼 128（1991）、汕优 016（1991）、闽科早 22（1992）、闽糯 706（1993）、47～104（1993）、满仓 515（1996）、福优 77（1997）、闽科早 55（1997）、世纪 137（1999）、特优 175（2000）、福优 964（2000）、福两优 63（2000）、两优 2163（2000）、两优 2186（2000）、福优晚 3（2000）	省稻麦所	福建
汕优 67（1992）、601（1993）、汕优 72（1994）、汕优 78（1994）、汕优 82（1998）、汕优明 86（1998）、特优 70（1999）、威优 82（2000）、汕优 70（2000）	三明所	
汕优制西（1993）、汕优 397（1996）、南保早（1997）、特优 388（1999）、南系 1 号（1999）、南厦 060（2000）	南平所	
宁早 517（1994）、特优 420（2000）	宁德所	
矮梅陆 1 号（1994）	莆田所	
泉糯 101（1990）、泉农 3 号（1996）	泉州所	
特优 689（1996）	福州所	
佳禾 7 号（1998）、佳禾早占（1999）	厦大生物系	
特优 63（1993）、龙特早（1998）、特优多系 1 号（1998）、漳龙 9104（1999）	漳州所	
8303（1992）	漳州农校	
汕优 63（1990）、威优 77（1994）、汕优 77（1998）	三明所	全国
119（1991）	南平所	
闽岩糯（1997）	龙岩所	

（二）品种推广

1991—1995 年，水稻推广主要品种有威优 77、威优 64、汕优 64、籼优 128、78130、79106、601、汕优 63、汕优桂 32、汕优桂 33、汕优 72、汕优 78、特优 63。

1996—2000 年，除继续推广威优 77、汕优 63、特优 63 外，还推产汕优 77、汕优 016、满仓 515、泉农 3 号、汕优 10 号、汕优多系 1 号、冈优 22、汕优 669。

2001—2005 年，推广汕优 82、新香优 80、T 优 7889、佳禾早占、佳辐占、特优 70、D 优 527、Ⅱ优明 86、两优 2186、特优 898、Ⅱ优 15、特优 175、Ⅱ优辐 819、Ⅱ优航 1 号等品种。

杂交水稻品种推广应用面积扩大。1991 年杂交稻品种推广面积占水稻推广面积的 64.17%，2000 年为 67.49%，2005 年达到 77.32%。其中两系杂交稻从

1999 年开始在生产上推广应用，面积逐渐扩大，推广主要品种是两优 2186、两优培九、两优 2163、金两优 36 等。

早稻优质率提高。1998 年以前，早稻主栽品种是威优 77、汕优 77、威优 64、78130、79106、601 等，但米质不佳。为了改善省早稻米品质，1998—2000 年，省农业厅连续 3 年召开了优质早稻新

图 4-2　水稻良种佳辐占

品种招标会议，2001 年、2003 年又召开了两届优质稻品种评选与招标会议。通过召开招标会议，全省水稻育种和推广部门选育（引进）了一大批优质早稻新品种，审定了佳禾早占、新香优 80、T 优 7889、南厦 060、泉珍 10 号、佳辐占等一批优质早稻新品种，优质早稻新品种推广应用面积也不断扩大，优质率不断提高。1998 年全省早稻优质率仅为 12%，2001 年为 59%，2005 年达到 83%。

五、栽培技术

（一）水稻旱育稀植技术和抛秧技术

该技术起源于日本北海道，所培育的秧苗具有抗逆力强，分蘖成穗率高和穗、粒、重产量结构协调等优势，增产效果显著。同时，还节约秧地、省工省本。1992 年福建省开始引进、试验、示范，1994 年开始大面积推广。1997 年，福建省水稻旱育稀植栽培技术项目获得全国农牧渔业丰收一等奖。2000 年，水稻旱育稀植技术和抛秧技术的增产率和覆盖率继续提高。全省推广面积共达 864.3 万亩，占水稻播种面积的 47.4%，比 1999 年增加 3.8%。水稻旱育秧技术共推广 591 万亩，水稻抛秧技术推广 272 万亩。

（二）少免耕栽培技术

1997 年，开始引进研究水稻少免耕栽培技术，并在古田县进行连续 3 年的中稻免耕直播定位试验，2000 年起在上杭、永定、南安、莆田、福清、顺昌、光泽、建阳等县（市）对水稻免耕直播和免耕抛秧开展试验、示范，至 2005 年，水稻少免耕栽培技术在各地示范。单季稻种植区已成为少免耕技术推广的重点区域，每年应用面积在 70 万亩左右。免耕抛秧在双季稻中以双晚稻为主，每年应用面积在 15 万亩左右，主要集中在龙岩市。免耕直播技术还处在示范阶段，2005 年示范面积 3.8

万亩，基本上是采用水直播。

（三）中低产田改造技术

经过实施国家农业综合开发，粮食自给工程，国家、省级商品粮基地和"三不挂靠"等项目，累计投入资金 10.6 亿元，改造中低产田面积 319.5 万亩，提高粮食生产能力 30 多万吨。同时各地还建立了一些科技示范园地。2000 年，全省共投入资金 2.09 亿元，治理和改造中低产田 77 万亩，改造后每亩每年可提高粮食综合生产能力 6.6 公斤；项目区初步建成田成方、渠相通、路相连、林成网、设施配套、功能齐全、旱涝保收的农田。

（四）再生稻栽培技术

20 世纪 90 年代，随着一批头季产量高和再生力强的杂交稻组合的问世、杂交中稻蓄留再生稻耕作制度的形成、栽培技术研究的不断深入，再生稻在福建省迅速发展，产量大幅度提高。

1991 年，全省再生稻种植面积 60.68 万亩，总产量 8342.40 万公斤，至 1995 年面积稳定在 50 万 ~65 万亩，产量从 1991 年的 137.49 公斤/亩，提高至 1995 年的 162.1 公斤/亩。1996—2001 年，全省再生稻种植面积继续扩大，年种植面积 80.53 万 ~96.50 万亩，单产至 2001 年已达 243.50 公斤/亩。此后，全省再生稻种植面积有所回落，2002 年为 87 万亩，2003—2005 年维持在 68 万 ~77 万亩，但单产仍继续提高，至 2005 年达 252.00 公斤/亩。

2001—2002 年，省农业厅在尤溪、福安、武夷山等 3 个县 22 个乡镇实施了全国农牧渔业丰收计划项目——"优质再生稻高产栽培技术"，累计推广应用优质再生稻高产栽培技术 63.42 万亩，头季稻平均单产 557.4 公斤/亩，再生季平均单产 260.2 公斤/亩，合计年平均单产 817.6 公斤/亩。

（五）超级稻栽培技术

福建省 1996 年起参加全国超级稻育种攻关，育成一批达标品种。农业部正式确认福建省三个超级稻品种为Ⅱ优明 86、Ⅱ优航 1 号、特优航 1 号。另有 4 个达标或近于达标的品种，即省农科院育成的特优 175、Ⅱ优航 148，三明市农科所育成的Ⅱ优 1273、Ⅱ优 1259。上述 7 个超级稻品种在全国合计推广 1395 万亩，占全国超级稻栽培面积的 23%。其中在福建省推广 260 万亩。

高产、超高产栽培的总目标是建立生物量高和库容量大的群体，主要栽培技术是选用具有超高产潜力的品种；适当早播早栽，将生育中、后期调节在强光多照、昼温适中夜温低的季节，以大幅度增加中、后期的群体生长率和干物质积累；推行稻草堆肥作基肥，不断改良培肥土壤，保持土壤有机质的动态平衡；培育多蘖壮秧、合理密植，在移栽后 20 ~25 天内发足相当于预期穗数的茎蘖数；合理搭配氮、磷、钾化肥，分期施用，有节奏促进，分蘖肥、接力肥、穗粒肥的比率，氮为 50:20:30，磷为 60:18:22，钾为 0:25:75；实施间歇性灌溉，不断向土壤导入氧气。

烟后稻的超高产栽培技术基本与再生稻头季的相同，但因处于高温季节，生育期缩短，技术上要求培育短龄嫩壮秧，早管早促早控。

六、杂交水稻

杂交水稻是福建主要推广的水稻品种。杂交水稻品种繁多。据省种子管理站统计资料显示，1991—2005 年（除 1997 年因材料遗失无法统计）杂交水稻每年种植推广的面积平均在 1280 万亩。由于农业和农村进行区域性与产业性结构调整，杂交水稻总面积逐年减少，但依然保持在 1200 万亩左右，约占水稻总播种面积的 2/3。从 2002 年开始，每年推广面积都在水稻总播种面积的 70% 以上，2005 年种植面积 1219.1 万亩，达到全省水稻总播种面积的 77.32%。

（一）三系杂交水稻选育推广

20 世纪 90 代后，全省水稻种植面积从 70—80 年代的 2200 多万亩，降至 2005 年的 1427 多万亩，但杂交水稻仍然是主推的水稻品种和粮食安全的科技支撑。在这一时期整个育种和推广策略上坚持高产和抗病基础，重点提升稻米品质，突出了新株型育种、超高产和超级稻育种，育成了一批高配合力、抗病、优质的不育系和恢复系投放于生产应用。

1. 恢复系选育

1991 年起，三明市农科所通过籼粳交育种方法，育成明恢 86、明恢 73、明恢 100、明恢 2155、明恢 1273 等恢复系。省农科院水稻所注重形态改良和爪籼交育种以及航天育种技术，育成南恢 175、福恢 964、航 1 号、航 2 号、航 148、福恢 139、福恢 623、福恢 673、福恢 923、福恢 936 等恢复系。宁德市农科所利用籼爪交杂交方式育成了亚恢 420、亚恢 627、亚恢 671 等恢复系。福建农林大学、南平市农科所利用生态远、地理远交的育种方法，育成早恢 89、R669、金恢 161、南恢 189、南恢 356、南恢 388、南恢 397 等恢复系。泉州、龙岩市农科所等育种单位育成了泉恢 131、龙恢 158、菲恢 6 号等一批恢复系。同时还引进了蜀恢 527、蜀恢 838、多系一号等恢复系。这些育成的和引进的恢复系都比初始阶段通过测交筛选或杂交选育而成的恢复系有更高技术含量，突出表现在：育种技术先进，遗传背景丰富，且株叶态好，生长量大，大穗大粒，配合力强，抗性和米质也有很大改良。利用育成恢复系配制的杂交稻品种特优 175、特优 689、Ⅱ优明 86、D 优 6 号等组合在云南特殊的生态条件下高产栽培，产量打破世界水稻单位最高纪录；福优 964 可以在稻瘟病区广泛种植推广；Ⅱ优航 1 号、特优航 1 号被列为农业部一批超级杂交稻重点推广组合。

2. 不育系育种

全省各育种单位针对生产上存在的稻瘟病抗性不足和米质偏差的问题，改变了不育系选育单纯从长江中下游早籼品种中寻找保持系资源的方案，通过测交回交转育方法，提出了 B 系改造计划，从选育保持系入手，走转育不育系的技术路线。制订了不育系要不育性稳定，不育度高，开花习性好，花时集中，柱头外露率高，配合力强，可恢性好，米质优，抗稻瘟病技术指标和标准。省农科院水稻所开展抗稻瘟病不育系育种，1991 年育成的地谷 A，表现高抗稻瘟病，成为抗稻瘟病不育系重要抗源材料，而后以地谷 A 为主体与 IRS24B 杂交育成了福伊 A。福伊 A 是全国最抗稻瘟病品种之一，抗性持久，抗谱广、显性效应强，在稻瘟病区广泛种植。以福伊 A 为抗源育成谷丰 A、全丰 A、乐丰 A、成丰 A 等 13 个不育系，形成了抗稻瘟病不育系育种技术体系，育成的不育系配制组合在稻瘟病重发区大面积推广应用，成为稻瘟病重病区的当家组合。福建农林大学育成 T 系列和金山系列不育系，三明市和南平市农科所，也育成了康丰 A、圣丰 A 等不育系，全省通过保持系创新育成不育系超过 50 个。同时，引进了Ⅱ-32A、金 23A、优Ⅰ A、中九 A、宜香 A 等不育系，配制育成高产、抗病、优质新组合并推广应用，促进了全省杂交组合的更新换代。

（二）二系法杂交水稻选育推广

省农科院稻麦研究所于 1987 年作为第一批成员单位进入国家 863 计划参与两系杂交稻研究，开始在全省大规模开展二系杂交稻研究，1988 年 4 月福建农学院遗传育种工作者发现籼稻温敏核不育种质 5460PS，随后他们运用花药培养技术，先后育成了籼稻光敏不育系 HS-1、HS-2、HS-3。于 1995 年选育了两系不育系 FJS-1、FJS-2。福建农学院和三明市农科所等单位在两系不育系等方面展开研究，取得了一些成果。省农科院水稻所二系课题组率先提出并设计应用"生态压力法"，选育育性更稳定、更安全的水稻二系不育系。以核不育种质材料与各具优良性状的众多亲本自由串粉，丰富选择基础，以不同海拔和纬度组成生态压力加压选择，降低不育起点温度，定向定时选择，具有光补性能

图 4-3　二系杂交水稻两优 2186 丰产示范片

的核不育系。于 1997 年育成光补型水稻核不育系 SE21S，成为当时推广面积最大应用安全的二系不育系，并配组培育成全省最早在生产上大面积应用的优质、高产二系杂交稻组合两优 2163、两优 2186，在福建、广西、安徽、湖北、江西、湖南、云南等省大面积推广，累计推广 1000 多万亩。1990—2005 年全省有 17 个二系不育系通过鉴定。6 个二系稻组合通过省级审定。

1. 1990—2005 年鉴定的二系不育系

FJS-1 由省农科院稻麦研究所采用生态压力法选育。经 W6111s 与广抗粳 2 号配组而成，于 1995 年通过鉴定。W6111s 不育基因来源于农垦 58s，广抗粳 2 号具有部分广亲和性。FJS-1 具有不育期长、特早熟、制种性状较好、配合力较好等特点。不育起点温度在自然条件下低于 25 度。

FJS-2 由省农科院稻麦研究所采用生态压力法选育。经 W6111S 与 BP5-1 配组而成，于 1995 年通过鉴定。具有不育起点温度低，制种性能极佳，生育期适中等特点。

Hs-1 由福建农业大学选育。1995 年通过鉴定。来源于复交组合 M901S 与 5460FPs、Ks-14 与 M901S，M901S 和 Ks-14 都是农垦 58s 不育基因来源的光温敏不育系。具有较好的异交特性和良好的丰产性状和配合力。

Hs-2 由福建农业大学选育。1995 年通过鉴定。

明光 34S 由三明市农科所选育，1996 年通过鉴定。用粳型 58S 与广亲和材料（SMR 及 8798）杂交育成的广亲和籼型光敏不育系 M901S 和籼型温敏不育系鉴 29 杂交选育而成的不育起点低的籼型光敏不育系。具有优良的异交特性，配合力好，配组后代表现优势强、结实高、米质优等特点。

明光 87S 由三明市农科所选育，1996 年通过鉴定。用不育性稳定但异交特性较差的 M901S 与高异交率的低温敏不育系鉴 29s 杂交，选育而成的籼型光敏不育系。具有较好的异交特性，和较强的早熟传递力，与大多数组合配组表现早熟，适合选育早熟组合。与含潜在感光因子的材料配组可选育感光组合。

SE21S 由省农科院稻麦研究所选育，1997 年通过鉴定。以农垦 58S 衍生系 164S 为核不育基因供体，与引进的 IRRI 系 192 份优良品种自由串粉，产生大群体 F1、F2，在生态压力下选择不育起点温度低的单株。定时选择，育成具有光补性能的核不育系。具有稳定的不育性，良好的异交特性，分蘖力较强，米质优，配合力较好等特点。

SE152S 由省农科院稻麦研究所选育，1998 年通过鉴定。以 W6111S 为母本，以籼粳交后代 BP5 为父本杂交选育而成。SE152S 为低温敏偏籼型核不育系，不育期长，一般可达 2 个整月以上，开花习性好，制种性能佳，一般配合力强。

133S 由省农科院稻麦研究所选育，1998 年通过鉴定。以武大 S 为母本，与株叶形态优良的品系菲一或（友 A/N）Fn 配组而成。133S 为偏籼型核不育系，具有弱光补性能，不育期长，熟期中等，制种性状好等特点。

Hs－3 由福建农业大学选育，1999 年通过鉴定。以 Ks－14 为母本，M901S 为父本，经低世代系统选育和高世代花药培养而成。该不育系具有明显的光敏特性。花时早，开花集中，制种和繁殖产量较高，具有较强的配合力。

明光 67S 由三明市农科所选育，1999 年通过鉴定。

三农 S－1 由三明市农科所选育，2003 年通过鉴定。以明光 67S 为不育基因供体，以特 B 与珍汕 B 或优 IB 的 F1 代为父本进行配制杂交组合，经高海拔低温生态条件下选育而成的光温互补型两系不育系。

金山 S－1 由福建农业大学选育，2004 年通过鉴定。以 8－1S 和香 125S 杂交，采用系谱育种和花药培养相结合的方法育成的。具有临界温度低、不育性稳定、不育期长、米质优、配合力好、异交结实率高等特点。

明糯 S－1 由三明市农科所选育，2005 年通过鉴定。以 SE21S 为母本，双光 S 为父本进行杂交配组而成。明糯 S－1 柱头外露率高、活力强、异交结实率高、易制种，具有良好的配合力。

明紫 02S 由三明市农科所选育，2005 年通过鉴定。以 SE21S 为母本，贵紫 S 为父本进行杂交配组而成。明紫 02S 的育性表达与转换属于光温互作类型，在短日低温条件下有利于繁殖；在长日条件下，不育起点温度低，确保制种安全。

明紫 03S，三明市农科所选育，2005 年通过鉴定。以 SE21S 为母本，贵紫 S 为父本进行杂交，在低世代用系谱法初选后再花药培养，经海南冬季短日和福建夏季长日等生态条件的育性而育成的籼型光温敏核不育系。

明光 153S 由三明市农科所选育，2005 年通过鉴定。以 SE21S 为母本，双光糯 S 为父本杂交配组而成。

2. 1990—2005 年通过省级审定的二系杂交稻组合

金两优 36（HS－3 与 946 杂交）由福建农业大学水稻遗传育种研究室选育。2000 年通过省级审定。作为中稻栽培株高 125～130 厘米，作为晚稻栽培株高 115～120 厘米，比汕优 63 高 7～8 厘米。主要经济性状与汕优 63 相当，但穗粒数较多，作为中稻比汕优 63 每穗多 27 粒，作为晚稻多 17 粒。该组合精米透明，垩白少，精米率 67.75%，长宽比 2.24，主要外观品质与汕优 63 相当；叶瘟、穗颈瘟及室内接菌抗性指数分别为 67.8%、74.4% 和 28.6%，皆优于汕优 63。

两优 2163（SE21 与明恢 63 杂交）由省农科院稻麦研究所选育。2000 年通过省级审定。感温性基本营养生长型，作为连晚种植，生育期 123.9 天，比汕优 63

早熟 1.8 天；作为中稻种植全生育期 135～138 天，比汕优 63 短 3～5 天。在米质诸指标中 6 项指标达一级优质米标准。米粒透明、外观优、米质软、口感好。该组合苗期耐寒性中等，后期抗倒伏性好。

两优 2186（SE21 与明恢 86 杂交）由省农科院稻麦研究所选育。2000 年通过省级审定。作为连晚种植，生育期 123.4 天，比汕优 63 早熟 2.3 天；作为中稻种植全生育期 132～136 天，比汕优 63 短 5～7 天。在米质诸指标中有五项指标达一级优质米标准，四项指标达部颁二级优质米标准。米粒透明、外观优、米质软、口感好。示范过程中表现高抗稻瘟病，苗期耐寒性中等，后期抗倒伏性好。

福两优 63（FJS－1 与明恢 63 杂交）由省农科院稻麦研究所选育。2000 年通过省级审定。属感温型品种，全生育期 118～123 天。外观米质较好。较抗叶瘟穗茎瘟。

两优 1019（SE21 与 97gk1019 杂交）由三明市农科所选育。2003 年通过省级审定。该组合属基本营养型。作为双晚种植全生育期 127 天左右，与汕优 63 相当。经两年全省抗稻瘟病鉴定，综合评价为中感（MS）稻瘟病。

金两优 33（Hs－3 与 JXR－33 杂交）由福建农林大学作物科学院选育。2005 年通过省级审定。该组合具有弱感光性，省区试两年平均全生育期 144.2 天，比汕优 63 迟熟 4.2 天。群体整齐，植株高，分蘖力中等，穗大粒多，粒重大，熟期转色好。两年抗稻瘟鉴定综合评价为感（S）稻瘟病。

（三）杂交水稻组合

1991—2005 年全省育成威优 77、汕优 016、D297 优 67、福优 77、汕优 82、特优 669、福优 964、特优 70、特优 175、两优 816、Ⅱ优辐 819、特优航 1 号、Ⅱ优航 1 号、谷优 527 等 110 个杂交稻品种通过审定，引进Ⅱ优 838、汕优多系一号、新香优 80、两优培九等 29 个杂交稻品种通过审定，累计推广面积达17920 万亩。

第二节　薯　类

一、甘　薯

（一）产　区

全省甘薯种植面积从 1991 年的 384.60 万亩逐步上升至 1997 年的 434.40 万亩，然后开始下滑至 2005 年的 355.13 万亩，总产量从 1991 年的 99.47 万吨上升到 1998年的 140.39 万吨，然后下滑至 2005 年的 116.97 万吨。

20世纪90年代以后，甘薯开始被普遍视为营养保健食品，价格与效益明显提高，刺激了种薯的积极性。同时，甘薯红心薯干食品、冷冻保鲜食品及甘薯淀粉加工生产发展较快，促使全省甘薯种植面积连续8年超过400万亩。

1991—2005年，甘薯生产与利用初步形成了具有区域特点的产业基地，包括闽西连城红心地瓜干及系列产品的加工基地、闽东北淀粉及其系列产品加工基地和闽东南优质食用商品薯基地。

闽西连城红心地瓜干及系列产品加工基地，至2005年，连城县甘薯在面积、加工产品产量和产值方面迅速发展，形成了周边30万~45万亩的原料生产基地，已建立起"公司+农户+品牌"的经营模式，向规模化发展。

闽东北淀粉及其系列产品加工基地，该地区包括宁德、南平各县（市）和福州的部分县（市），甘薯生产习惯做早薯栽培，生长期长，种植密度小，大薯率高和入秋后昼夜温差大，有利于提高甘薯的淀粉含量，并有一定的规模，如罗源、福鼎、寿宁等市、县生产的淀粉主要用于加工粉丝和佐料。

闽东南优质食用商品薯基地，包括厦门、漳州、泉州、莆田和福州的部分市县，该区无霜期长，尤其是漳州和厦门的部分县、市，可周年栽培甘薯，且精耕细作，复种指数高。甘薯种植的类型有早薯、套种薯和晚薯（包括越冬薯）。

（二）品　种

1. 品种资源

1991年以后，省农科院作物所、龙岩市农科所等单位继续开展甘薯种质资源的引进、保存研究和利用工作，共保存各类型资源最多达1029份，建立了以田间种植、老蔓越冬、薯块储存和组培试管苗4种方法交替使用的保存体系，进行了品种主要性状田间观察鉴定、薯瘟病和蔓割病抗性鉴定评价以及淀粉、粗蛋白等8种主要营养成分含量的测定，并且建立甘薯品种资源管理系统和资源品种彩色图谱。保存的福建甘薯种质资源有68份（其中地方品种36份，育成品种32份）分别收入国家甘薯资源库和国家种质广州甘薯圃保存。莆田市农科所对征集到省里保存的地方品种、育成品种和外引品种进行综合性状鉴定，选育出新抗源C180，具有早熟、优质、高抗蔓割病、抗薯瘟病Ⅰ型菌、抗病性稳定，遗传力强等特点。

2. 品种推广

1996年开始实施种子工程，新品种更新更换速度加快。

1991—1995年，推广新种花、湘薯75-55、金山57、潮薯1号、福薯26、福薯87、胜利百号、瑞薯1号。

1996—2000年，推广金山57、湘薯75-55、新种花、胜利百号、福薯2号、福薯 26、福薯 87、岩薯 5 号、潮薯 1 号、金山 1255、瑞薯 1 号、龙薯 7 - 3。

2001—2005 年，推广金山 57、岩薯 5 号、新种花、龙薯 1 号、湘薯 75 - 55、福薯 2 号、福薯 26、福薯 87、金山 1255、龙薯 7 - 3、龙薯 3 号、龙薯 9 号、泉薯 23、胜利百号、潮薯 1 号。

（三）栽　培

主要耕作模式有：春薯→菜、春花生→秋薯、早稻→秋薯、春大豆→秋薯、菜→夏秋薯等。栽培技术上主要推广薄膜覆盖薯块苗床育苗，培育壮苗；深耕松土，施好包心基肥、重施夹边肥、酌施裂缝肥；适时栽插，早薯为每年 5 月 10 日—6 月 20 日，晚薯为每年 7 月 10—30 日，越冬薯必须于 9 月 20 日前栽插完毕；合理密植，一般早薯为 3500 株/亩，晚薯 4500 株/亩；藤蔓管理，除施肥时必须翻外，一般不要翻蔓，但个别地上部分徒长的可采取提蔓；及时防治小象甲、蔓割病等病虫害。

1996 年省农业厅、福建农林大学和龙岩市农科所等单位对金山 57、金山 1255 和岩薯 5 号 3 个品种进行脱毒苗与非脱毒苗对照，试验研究脱毒后的甘薯产量增幅在 12.5% ～30.9%，马铃薯产量增幅 22%。2000 年，该项技术在 9 个设区市 40 多个县（市、区）示范推广。全省共建立脱毒甘薯种薯繁育基地 10 个，其中原种繁育基地 2 个，繁殖品种 6 个，可供 120 万亩大田用种（苗）；甘薯脱毒技术示范面积达 37 万亩，脱毒比未脱毒增长 20% ～40%。脱毒繁育种薯引进和选育优质专用甘薯新品种 8 个。

2003 年以后，随着第一个叶菜专用型品种福薯 7 - 6 的成功选育，相应的配套栽培技术研究也取得进展。叶菜型品种主要以地上部鲜嫩茎叶为收获产量，种植与管理有别于其他的甘薯。栽培上首先是强调起畦规格和种植密度，畦宽连沟在 1.3 米左右，畦高 0.20 ～0.30 米，每亩种植 1.5 万 ～2.3 万苗，足够的基本苗是获得高产的重要前提；其次是加强水肥管理，多浇水以保证薯蔓的鲜嫩度，肥料强调以有机肥为主，速效肥应少量多次做追肥使用；其三是鲜嫩茎叶的采摘及修剪，叶菜用甘薯茎尖 15 厘米以内鲜嫩茎叶为可食部分，采收时

图 4 - 4　叶菜型甘薯福薯 7 - 6

根据薯蔓嫩度决定采收长度，太长则嫩度不够，太短则降低产量，采收后及时进行修剪，每个分枝保留 2~3 个节及 1~2 片完整叶为宜；最后是净叶包装上市。叶菜用甘薯可一次种植多次采收，春冬季结合大棚种植，可实现周年种植。夏季气温较高情况下约 7 天可采收一批，春秋两季 10 天左右采收一批。一般种植后可采收 10次以上，亩产鲜嫩茎叶可达 2500~3000 公斤。

二、马铃薯

1991 年全省马铃薯种植面积 73.83 万亩，总产 11.44 万吨，平均鲜薯亩产 774.8 公斤。此后马铃薯面积持续扩大，单产和总产也随之提高，2005 年全省马铃薯种植面积 130.55 万亩，总产 29.50 万吨，平均鲜薯亩产 1129.8 公斤。

（一）产区与品种

1. 产 区

传统的马铃薯冬种区是闽侯、同安等地，传统春种区是周宁、寿宁、福安、德化、松溪和政和等县（市）。2005 年底种植面积 5 万亩以上的有龙海、长乐、福安、南安、德化、霞浦、福鼎等县（市），种植面积在 1 万~4 万亩的有闽侯、柘荣、政和、永春、安溪、浦城等 20 个县（市）。形成南起诏安，北至福鼎的沿海马铃薯冬种带；闽东北鹫峰山和闽中戴云山区的盆地溪谷各自形成了马铃薯春种片。

2. 品 种

马铃薯推广面积较大的品种有克新 3 号、春薯 4 号、紫花 851、大西洋、泉引一号等，其中克新 3 号种植面积占 35% 以上。全省种植面积从 1990 年的 52.65 万亩增加到 2005 年的 130.55 万亩，亩产也由 127 公斤提高到 226 公斤，2005 年马铃薯良种覆盖率 94.64%，春收马铃薯种植面积与总产量均居春粮第一位。

（二）栽 培

1. 栽培制度

冬马铃薯→早稻→晚稻三熟制。主要分布在沿海平原稻作区的龙海、同安、南安、长乐、霞浦等县（市）。

冬马铃薯→毛豆→晚稻三熟制。主要分布在沿海平原龙海、霞浦、诏安等县（市）。

春马铃薯→中稻二熟制。主要分布在 500 米以上山区的柘荣、寿宁、周宁、政和和德化等县（市）。

冬马铃薯→春花生→秋萝卜三熟制。主要分布在沿海长乐、平潭、莆田、同安和漳浦等县（市）。

春马铃薯→夏、秋蔬菜等三熟制。主要分布在 500 米以上山区的松溪、政和、周宁和寿宁等县市。

2. 栽培技术

（1）肥料、稻草包芯栽培技术

马铃薯属高产作物，通过改善栽培条件，增产效果明显，以闽侯县青口镇和龙海市海澄镇为代表的对马铃薯高产栽培技术的总结推广，使全省马铃薯产量普遍提高，闽侯县青口镇青圃村20世纪90年代全村种植马铃薯面积最多时达5000亩。省农科院作物所采用二次正交旋转回归设计方法，对春、秋种马铃薯高产栽培的氮、磷、钾肥不同用量进行了试验研究，经计算机模拟寻优，获得了施肥的高产数学模型和最佳农艺措施组合方案。亩产量高于1750公斤的优良农艺组合方案22套，其95%的置信区域是每亩施尿素31.13~42.32公斤，过氧化钙13.30~30.40公斤，硫酸钾57.08~64.42公斤；农艺措施的中心值是每亩施尿素38.22公斤，过氧化钙21.70公斤，硫酸钾60.75公斤；氮磷钾的比例为1:0.57:1.59。

稻草包芯栽培在生产中应用推广较快，主要做法是，按畦宽带沟1.10~1.20米，高0.35~0.40米的规格起垄。采用双行三角形种植，行距0.30米左右，穴距0.20~0.25米，每亩4500穴以上。播种后将稻草顺着垄方向均匀盖在肥料和种穴上面，亩用稻草150公斤左右。往覆盖好稻草的畦面上培土0.08~0.10米，整好垄面。该项技术优点是能使土壤变蓬松并保持土壤湿度、使薯块在蓬松的土壤环境中薯皮光滑、增加产量和商品薯率。

（2）脱毒种薯

20世纪90年代后期，省农业厅、省农科院、福建农林大学等部门推广脱毒种薯。建立马铃薯脱毒繁育基地5个，繁殖品种4个，新品种12个。试验及示范结果证明，脱毒种薯可比未脱毒增产15%~50%，且薯块光滑、大中薯率高、少裂薯等情况。2000年全省推广马铃薯脱毒种薯18.64万亩，平均亩产鲜薯1645.3公斤，比未脱毒增产22%；2005年全省推广马铃薯脱毒技术31.86万亩，比未脱毒增产22.3%。

三、木　薯

（一）产区与品种

1. 产　区

主要分布在富屯溪和闽江中下游以南诸多县（市）的农用旱地和少量溪河旁平地，以三明、龙岩、漳州和泉州等市种植最多。20世纪90年代后，栽培面积1万亩以上的有大田、明溪两县，3000~10000亩的有永春、仙游、永定、诏安、长汀、上杭、德化和华安等县（市）。其他县（市）只局部小面积种植。2005年全省木薯种植面积 28 万亩，鲜薯亩产 2800～3200 公斤。

2. 品　种

各地沿用原有品种如红尾种、白心种、海南红心种、印尼种细叶种、马来红、华南 124、华南 4031、华南 201 等品种。2000 年以后，大田县从海南热作院引进华南 205、两院 3 号、两院 4 号、两院 7 号、两院 12 号、B83、A262、A265、G12911、B103 等品种，省农科院作物所引进桂经引 983、桂经引 1 号、桂经引 2 号、SC911、ZM8229、ZM8013、BRA900、ZM8316、华南 5 号、华南 6 号、华南 7 号、华南 8 号、华南 9 号、华南 10 号，其中华南 9 号和 ZM8229 为食用品种。

（二）栽　培

1. 栽培制度

1991 年以后，木薯栽培制度还是以轮作、连作为主，少数为间套种，低海拔山地有木薯→甘薯，木薯→花生，木薯→其他旱作物以及连作木薯。木薯主要以清种为主。大田、明溪等县推广木薯与水稻进行水旱轮作。

2. 栽培技术

木薯多为春植，收获期多在每年 11 月至翌年 2 月。选择新鲜，色泽鲜明，充分成熟，粗壮密节，髓部充实并富含水分，芽点完整，不损皮芽，无病害的种茎进行种植。种植方式有平放、斜插和直插。密度视土壤肥力而定，一般亩植 800～1000 株为宜，最密不宜超过 1600 株。木薯对氮和钾的要求最高，其次是磷、钙和镁。施肥原则是施足基肥，合理追肥，氮、磷、钾的比例以 5∶1∶5 为好。

四、其　他

（一）薯蓣（山药）

1991—2005 年，全省薯蓣种植面积每年大约 20 万亩，呈现逐年递增的趋势，但薯蓣品种和分布区域大致没有什么变化，随着施肥水平的提高和机械化耕作的推广，薯蓣在产量和外观品质有较大改观，增施有机肥和合理使用磷、钾肥使薯蓣的产量明显提高，一般产量在 1750～2250 公斤/亩。采用挖掘机开沟，使土壤疏松，生产出的薯蓣个大，商品性有较大提高。省农科院作物所、永安市农业局等单位合作，从地方品种中筛选出安砂小叶薯和安砂大叶薯并进行了品种鉴定，另外永安、将乐、明溪、清流、长汀和建阳等县（市）都已建立薯蓣生产基地，主要供应福州、厦门、上海市场以及出口东南亚。

（二）魔　芋

魔芋属半阴性植物，要求温热、湿润和半荫蔽的生态环境，从热带雨林到温、凉地带山区均能种植，生长期为 160～200 天。1991—2005 年，全省每年种植面积大约在 6 万亩左右，主要分布在周宁、寿宁、柘荣、福鼎、建瓯、建阳、浦城、闽清、建宁、泰宁、连城、武平等县（市）。其中周宁县魔芋产业发展较快，加工成品数量较多，成为当地的特色产业。其他地区大多数为农户零星种植，自产自销。

（三）蕉　芋

蕉芋，又名蕉藕、姜芋，茎秆粗壮高大，叶片宽阔，适应性强，抗病虫能力强，产量高，一般每亩产量达 1.3～2 吨，高的可达 3.3～5 吨。1991—2005 年，全省蕉芋种植呈零星分布，多数为农户少量种植于田间地头或房前屋后。其中较有名的是武夷山蕉芋，在 3 月下旬至 4 月播种。用球茎繁殖。每亩种植密度 1000～1200 株。选排水良好的沙壤土或壤土，多施有机质基肥。每年 11 月至翌年 1 月采收。单产量每亩 2.5～3 吨。

第三节　麦　类

1991 年全省大小麦种植面积 242.84 万亩，亩产 171 公斤。1993 年开始，农村种植结构调整，面积大幅度下降，到 2005 年，只剩下 11.25 万亩，平均亩产上升到 213.3 公斤。

一、品　种

20 世纪 90 年代以后，在生产上应用的小麦品种主要有矮和尚、福繁 904、龙溪 6 号、泉麦 3 号、绵阳 26 等，这些品种综合丰产性好和抗病性均比 80 年代前培育的品种有了不同程度的提高，一般亩产达 250～300 公斤，高的可达 400 多公斤。大麦品种主要有莆大麦 4 号、莆大麦 5 号、莆大麦 8 号、闽诱 3 号、闽麦 06 等品种。

二、栽　培

全省旱地，大、小麦多为花生、甘薯或秋大豆的后作；水田，大、小麦一般为晚稻后作。大小麦播种期一般是节气"小雪"种小麦，"大雪"种大麦。由于气候的变迁，莆田沿海地区的农民有时播种大麦到了"冬至"，也能获得 300 公斤左右的好收成。

大麦生育特性与小麦相似，栽培技术也相近。只是大麦的分蘖能力较小麦强，小麦的基本苗为 18 万～20 万/亩、大麦为 13 万～15 万/亩。大麦的生育期较小麦短，播种期较迟 10 天左右。大麦的抗逆性比小麦强，如抗盐碱性较小麦强，可种于沿海围垦地上；又由于大麦是闭颖受粉，抗寒性比较小麦强；大麦的耐瘠薄能力比小麦好。

第四节　豆　类

一、大　豆

（一）产　区

1991 年后大豆播种面积逐年增加，到 1997 年全省种植面积达 166.63 万亩，以后逐年下降，到 2005 年全省大豆播种面积下降到 128.64 万亩。1999 年全省大豆总产达最高达 21.03 万吨。

1. 春秋大豆

福建省 1990 年春大豆 82.36 万亩，秋大豆 99.37 万亩；2001 年春大豆 68.54 万亩，秋大豆 78.81 万亩；2005 年春大豆 60 万亩，秋大豆 68.52 万亩。

产区分布，1990 年、2001 年和 2005 年春、秋大豆总面积以三明市最多，分别为 44.89 万亩，33.78 万亩和 30.98 万亩，约占全省大豆种植面积的 24.70%、22.93% 和 24.11%；其次为南平市，春、秋大豆总面积分别为 42.87 万亩、29.59 万亩和 28.68 万亩，约占全省大豆种植面积的 23.59%、20.08% 和 22.32%；再次为福州市、漳州市和莆田市，2005 年春、秋大豆总面积分别为 13.24 万亩、13.05 万亩和 11.01 万亩，约占全省大豆面积的 10.30%、10.15% 和 8.57%。三明市春、秋大豆面积相当，漳州市、泉州市和莆田市以春大豆为主，南平市和宁德市以秋大豆为主。

2. 菜用大豆

2005 年全省菜用大豆种植面积 86.01 万亩，其中以漳州市种植面积最大，为 25.71 万亩。

表 4 - 2　　　　　　　　**2005 年福建省菜用大豆分布情况**

单位：万亩

全省	福州	厦门	莆田	三明	泉州	漳州	南平	龙岩	宁德
86.01	8.70	4.39	2.24	8.64	5.60	25.71	11.85	8.71	10.17

资料来源：福建社会与经济统计年鉴。

全省菜用大豆主要分布区是：

（1）闽东南春秋两作区。在北纬 26° 以下，包括福州、莆田、泉州、漳州及厦门等地，热量资源丰富，年有效积温为 5300℃ ~ 7000℃，年降雨量 1100 ~ 1200 毫米，无霜期达 280 ~ 300 天以上，为菜用大豆春、秋两作区，是福建省菜用大豆主要生产、加工和繁种基地。

（2）闽西北春播单作区。该区处于中亚热带至温带，包括南平、三明、龙岩和宁德等地，年均温 14 ~ 19℃，≥10℃ 活动积温为 4500℃ ~ 5800℃，年降雨量 1600 ~ 2000 毫米，为春播菜用大豆单作区，后作种植晚杂优。

（3）山地菜用大豆套种区。福建省海拔 400 米以下丘陵及山地茶果园套种一季春播菜用大豆，覆盖培肥和水土保持兼用，改善茶果园的微生态环境。

（二）品　种

1. 粒用大豆

种植面积较大的品种有浙春 2 号、莆豆 10 号、泉豆 6 号、泉豆 7 号、泉豆 322、福豆 234、福豆 310 等，2005 年良种覆盖率 98.71%。

2. 菜用大豆

2000 年从台湾引进的菜用大豆毛豆 75 和毛豆 2808 在闽东南沿海等地种植，表现品质好，产量高，效益佳，种植面积扩大较快，已占全省大豆种植面积的 25% 以上。在闽北地区种植的春毛豆还有早生辽鲜一号、台湾 292、目精、大粒王 2 号、大粒王 6 号、大粒王 8 号等优良品种。

（三）栽培技术

1. 粒用大豆

选择中等肥力以上、排灌方便的田地种植，与非豆科作物轮作。闽西北地区在 3 月中旬，闽东南地区在 2 月下旬至 3 月上旬播种，春季要特别防涝排渍，遇旱要及时灌水；秋播，闽西北地区在 7 月中下旬，闽东南地区在 7 月下旬至 8 月上旬播种。采用"窄畦窄行穴播"（即畦宽带沟 0.90 米，双行穴播）种植方式，每穴定苗 2 ~ 3 株，春季闽西北地区亩植 1.8 万株，闽东南地区亩植 1.6 万株。秋季适当相应增加种植密度。春季施肥采取"早促、控中、保尾"，亩施 30 公斤钙镁磷（作底肥条施），闽西北红黄壤地加施适量石灰。在三叶期亩施 5 公斤尿素和 6 公斤氯化钾，并结合轻耕；在初花至鼓粒前期亩施 3 ~ 5 公斤尿素，结合中耕培土。秋季重施基肥，及早追肥，预防病、虫、鼠害。大豆在黄熟末期进行收获。在秋季进行繁种，收获后种子含水量控制在 12% 以下，在低温干燥状态下贮藏。

2. 菜用大豆

选择排灌条件方便、土层深厚、通透性好、有机质含量高、pH 值 6.5 左右的壤土或砂壤土种植，整成畦宽 0.80 ~ 0.85 米（带沟），畦高 0.25 ~ 0.30 米。闽东南 2 月下旬至 3 月中旬播种，闽西北 3 月下旬至 4 月中旬；秋播在 7 月中下旬。采取窄畦双行种植，行距 0.25～0.35 米，株距 0.23～0.25 米，每亩株数 15000 株左右。每亩施用 750 公斤农家肥加 30 公斤钙镁磷作基肥。施肥上"攻头、保尾、控中"，适当增施磷钾肥。在发芽分化期至开花结荚期，浅水勤灌，保持土壤见湿不见干。防治病虫草害在采收鲜荚前 15 天停止喷药。在全田荚果鼓粒达 80%、荚壳外观呈翠绿时为最佳采收青鲜荚。

二、蚕 豆

1990 年全省蚕豌豆面积为 8.9 万亩，1991 年为 9.44 万亩，1993 年面积为 9.22 万亩、1994 年为 9.97 万亩、1995 年为 9.92 万亩、1996 年为 10.28 万亩、1997 年为 10.76 万亩、1998 年为 11.17 万亩、1999 年为 10.89 万亩、2000 年为 12.84 万亩。2001—2005 年全省每年蚕豆播种面积约在 8 万～10 万亩。蚕豆种植用途从原来的绿肥或粮食转向以采摘青嫩子粒作为蔬菜。

蚕豆的主要产区在闽东南沿海，以宁德、福州、莆田和泉州四地（市）的种植面积最大。分布在霞浦、福鼎、福清、连江、莆田、惠安、长乐、罗源、晋江等县（市），约占全省的 80%，蕉城、平潭、南安、仙游、永泰等地也有一定的面积。2003 年后，菜用蚕豆种植逐步向南平的建阳、建瓯、邵武、武夷山和龙岩、三明的部分县（市）拓展。

蚕豆以阔白、沁后本、土豆仔、霞浦大花、浙江绿等传统地方品种种植面积较大，菜用型品种如福建省农科院引育的早生 615、浙江的白花大粒、日本的陵西一寸等比重逐年增加。阔白主要在福清种植，沁后本、土豆子主要在莆田种植。霞浦、福鼎由于邻近蚕豆生产大省浙江，种植的品种菜用型白花大粒、陵西一寸、早生 615 为主。

福建省属秋播蚕豆区，蚕豆播种季节为 10—11 月份，常与水稻、甘薯等作物轮作。在水田里常作为水稻后作，在农地多为甘薯、花生或玉米的后作。传统小粒品种以单粒点播为主，每亩播种 1.5 万株左右。菜用型品种籽粒大、分枝能力强，每亩保持 1800～2000 株左右。施肥以氮、磷为主，配合施用钾肥和硼、钼等微肥。主要病虫害有锈病、赤斑病、立枯病和蚜虫、蚕豆象。

三、绿 豆

全省绿豆生产面积很小，多为零星种植或间作套种，种植面积 1999 年为 3.2 万亩，总产量 3668 吨，每亩平均产量 115 公斤。2000 年播种面积 4.68 万亩，总产量 5791 吨，每亩平均产量 123.8 公斤。2005 年总产量超过 1 万吨。

全省绿豆地方品种 97 份。绿豆抗旱、而瘠薄，对土壤要求不严，旱薄地、坡岗地都能种植，不能与其他豆科作物连作。栽培措施上应早间苗、早定苗，苗期追施少量速效氮肥；勤中耕除草，培土护根防倒；后期要补施磷钾肥，促使籽粒饱满。一般在 2 片真叶期间苗，3 片真叶期定苗，亩保苗 8000 株左右。注意防治要腐病、病毒病、黄叶病和蚜虫、红蜘蛛、豆椿象、豆荚螟等病虫害。

四、豌　豆

福建栽培的豌豆多为菜用豌豆，分为软荚豌豆和硬荚豌豆，分别以嫩豆荚或青豆粒供食。食用豆荚的软荚豌豆通常又称为荷兰豆，省内荷兰豆栽培品种以中国台湾的台中 11、法国大荚豌豆及广东饶平二花为代表；台中 11 号株高 1.20 ~ 1.60 米，亩产嫩荚 300 ~ 400 公斤，高产的可达 600 公斤，是福建省速冻豌豆出口的主栽品种。甜脆豌豆以豆荚供食用，品种以美国的奇珍 76、台中 13 为代表。硬荚豌豆以中豌豆系列为主，株高 0.40 ~ 0.50 米，矮生，不需搭架栽培，种植较少。

豌豆适宜全省冬春季节栽培，一般作为水稻后作。主要分布在龙海市、长泰县、莆田县、仙游县、建瓯市、闽侯县等地，1991—2005 年蚕豌豆种植面积每年约在 10 万亩左右。据龙海市调查，全市 1992 年冬种豌豆面积约 7 万亩。

第五节　杂　粮

一、玉　米

1991 年以后，传统的饲用玉米种植面积逐年减少，鲜食玉米及青贮玉米的种植面积逐年上升。自 2002 年起，省种子总站组织了福建省鲜食玉米区试以及青贮玉米区试，以加速培育、筛选适应本省自然生态条件的玉米新品种，规范玉米种子市场。省农科院协同省农业厅在全省范围组织各种种植类型的生产丰产示范片，开展基层农技员、种植农户技术现场观摩及技术培训。2004 年，全省的玉米种植面积已增至 56.62 万亩，单产也由 1991 年的 104.42 公斤增至 2004 年的 220.0 公斤。2005 年玉米种植面积 58.69 万亩，产量 13.18 万吨，单产 224.6 公斤。

（一）品　种

20 世纪 90 年代初期，全省主栽品种为掖单 13、烟单 14、中单 2 号及鲁玉 1 号等，其中掖单 13 种植面积在年均 5 万亩以上。主要集中的南平、三明两市，以种植青贮玉米和糯玉米为主，主推品种有白顶 1 号、农大 108 及闽玉糯 1 号、苏玉糯

1 号、沪玉糯 1 号等。

（二）种植方式

1990 年以后，玉米种植方式主要是清种，主要种植类型有轻型节本增效栽培、无公害栽培、高山反季节栽培、闽南冬季反季节栽培。

（三）栽培技术

选择排灌方便、土层深厚、疏松，土质肥沃并与其他类型玉米有效隔离的田块种植。春玉米在 3 月中旬，地温在 12℃以上即可播种；夏玉米在 5 月播种；秋玉米在 7 月中旬至 8 月上旬播种；闽南冬玉米在 12 月中旬至下旬播种，每亩密度 3800 株左右。磷肥一般和有机肥放在一起做基肥一次施用，苗肥（3~4 叶期）用钾肥施用，氮肥用于苗肥、壮秆肥和穗肥施用，并增施有机肥。玉米苗期怕涝，后期怕旱，及时防治玉米病虫害，适时采收。

二、高 粱

1991 年种植面积为 4.82 万亩，2004 年为 4.39 万亩，单产 145~155 公斤，年总产量 1.18 万~1.19 万吨。

（一）品 种

福建省高粱种植品种多为农家种，如金黍、矮蕃黍等，零星种植一些杂交种，如晋杂 5 号、忻杂 3 号等。20 世纪 90 年代中后期，省农科院耕作轮作研究所分别从湖南省农科院作物所和四川省农科院作物所引进湖黍早及川高 3 号进行试种，在惠安、仙游一带推广面积 1000 多亩。

（二）种植方式

主要在闽南地区种植，多安排间作套种种植，主要种植方式有甘薯间高粱、花生套高粱（高粱植于沟底）、花生间高粱（高粱植于畦中）。种植水平最高的是惠安、南安、仙游等县（市）。惠安县黄塘半岭村常年种植高粱 200 亩以上，采用花生间套种高粱，亩植 1500 株左右，平均亩产高粱 78 公斤，花生 235 公斤。

三、粟 类

20 世纪 90 年代后，粟类作物无成亩规模种植，只零星种植于旱坡地或海滩垦地。2004 年全省种植面积为 1000 亩左右。

第六节 油料作物

福建省油料作物有花生、油菜、芝麻。2005 年油料作物产量 27.80 万吨，其中花生产量 25.88 万吨，占油料作物产量的 93.10% 左右，油菜产量 1.80 万吨，占 6.47%、芝麻产量 0.12 万吨，占 0.43%。林业方面还有油茶和山苍子，油茶产量 7.25 万吨，山苍子产量 0.95 万吨。

一、花　　生

福建省以春花生为主，春花生面积约占 85%，秋花生面积约 15%，秋花生主要为了繁种和供应部分加工需要。1991—2005 年全省花生播种面积在 134.58 万～164.83 万亩。1991—2000 年，花生播种面积逐年提高，2001—2005 年花生生产面积在 159 万～165 万亩间徘徊。其中 2004 年面积最大，达 164.83 万亩。1991—2005 年花生亩产 101～158 公斤（干果），其中 1991—1999 年单产逐年提高，2000—2005 年间在 149～158 公斤徘徊；而以 2005 年单产最高，为 158 公斤。1991—2005 年花生总产量（干果）13.64 万～25.88 万吨，以 1991 年最低，2004 年最高。

（一）产　　区

各地均有种植。产区主要分布在闽东南沿海地区。全省春花生适宜面积 1948.5 万亩，其中最适宜、适宜和次适宜面积分别为 433.5 万亩、1395.45 万亩和 119.55 万亩。全省秋花生适宜面积为 1091.4 万亩，其中最适宜、适宜和次适宜面积分别为 189 万亩、834.9 万亩和 112.5 万亩。漳州、厦门、泉州、莆田、福州等沿海地区为花生主产区。该区域花生种植面积和产量均占全省的 80% 以上，可种植春、秋二季花生。福州以北地区种植春花生。1991 年南部的漳州、厦门、泉州三地花生面积为 88.62 万亩，占全省花生面积的 65.85%，2005 年缩小至 70.19 万亩，占 43.31%；1991 年中部的莆田、福州两地花生面积为 30.86 万亩，占 22.93%，2005 年扩大到 48.16 万亩，占 29.72%；1991 年龙岩、三明、南平、宁德等四地花生种植面积 15.11 万亩，占全省花生面积的 11.22%；2005 年 43.71 万亩，占 26.97%。其中三明、龙岩、南平三地的发展快于宁德。2005 年春、秋二季播种面积 10 万亩以上的县有福清、惠安；5 万～10 万亩的县有晋江、漳浦、平潭，其余面积在 5 万亩以下。其中以福清市种植面积最大，为 14.90 万亩。

（二）品　　种

1. 品种资源

1990 年年底，全省共保存省内外（含国外）花生种质资源 658 份，其中福建省地方花生种质资源 84 份（1992 年省农科院耕作轮作研究所因花生科研工作中断，保存的 346 份品种资源全部丧失活力而遗失，1996 年重新征集）。从

1991 年起，省内花生科研单位先后从省内外引进高产、优质、抗病资源 849 份（次）。至 2005 年年底，共保存资源 1789 份（5 个单位保存），其中省内 140 份。向国家农展馆、中油所等单位提供 175 份（次）品种资源。"八五"期间，泉州市农业科学研究所参加编写的《中国花生品种资源目录》续编一（农业出版社出版，1993）和自编《福建花生品种志》（油印本），收录至 1994 年保存的福建花生品种 98 份并且建立了福建省花生品种资源数据库。1996 年，省农科院耕作轮作研究所引进的 115 份花生品种资源；福建农林大学鉴定筛选 280 份资源及后代材料，从中选出较抗青枯病材料 8 份、中抗青枯病材料 16 份，高油酸亚油酸比种质材料 25 份、高人体必需氨基酸种质材料 15 份。2002 年，龙岩市农业科学研究所与省农科院耕作轮作研究所合作引进台湾加工型花生品种 4 个，筛选出台南选 9 号和台南 13 作为龙岩咸酥花生专有品种在龙岩等地种植。

2. 品种选育、引进

1991—2005 年，共有 88 个花生品种参加全省品种区域试验，其中省内科研育种单位选育的品种 82 个，省外引进的品种 6 个。

福建省生产上使用的主要是珍珠豆型花生品种，个别地方因为特殊生产目的，还有少量的普通型花生。

1991—2000 年主要通过引进省外优良花生新品种，结合本省有关单位育成的品种加以利用。1991 年全省生产上利用的品种有 27 个，其中 5 万亩以上面积的品种有 9 个，本省品种 1 个，以粤油 116 和粤油 169 种植面积最大。1995 年生产上利用的品种有 25 个，其中 5 万亩以上面积的品种有 9 个，本省品种 2 个，以粤油 551—116 和汕油 71 种植面积最大。2000 年生产上利用的品种有 25 个，其中 5 万亩以上面积的品种有 6 个，本省品种 1 个，以泉花 10 号和汕油 71 种植面积最大。2001 年后转入自育与引进相结合。2005 年生产上利用的品种有 39 个，其中 5 万亩以上面积的品种有 6 个，本省品种 4 个，以泉花 646 号和泉花 10 号种植面积最大。泉花 10 号为泉州市农业科学研究所选育，1995 年通过福建省品种审定，1996 年起成为本省主栽品种，1998 年列为本省花生区试对照种，2003 年被农业部列为农业技术重点推广成果之一；1995—2005 年在福建省累计推广 465.63 万亩，其中 2000 年种植面积 57.91 万亩，占全省当年花生播种面积的 39.87%。泉花 646 为泉州市农业科学研究所选育，2000 年通过福建省品种审定，2001 年被农业部列为"十五"重点推广品种之一；2000—2005 年在福建省累计推广 112.75 万亩，其中 2005 年推广 42.96 万亩，占当年福建省花生面积的 26.51%。

表 4-3　　　　　　　　　　　　不同阶段福建省花生品种利用情况

年度	品种统计数（个）	5 万亩以上品种数（个）		5 万亩以上品种名称和面积（万亩）
		总数	本省	
1991 年	27	9	1	粤油 116（27.84）、粤油 169（12.66）、汕油 27（12.56）粤油 197（11.06）、黄油 17*（9.34）、粤油 551（8.75）红花 126（8.32）、油油 71（8.32）、白沙 1016（6.24）
1995 年	25	9	2	粤油 551—116（16.03）、汕油 71（18.88）、粤油 169（14.58）泉花 10 号*（13.25）、粤油 551（10.55）、汕油 27（7.92）粤油 187（8.05）、白沙 1 号（5.95）、惠花 2 号*（5.50）
2000 年	25	6	1	泉花 10 号*（57.91）、汕油 71（19.09）、粤油 116（8.04）白沙 1012（6.84）、粤油 187（6.07）、粤油 169（6.61）
2005 年	39	6	4	泉花 646*（42.96）、泉花 10 号*（31.98）、汕油 71（18.83）抗黄 1 号*（15.30）、泉花 327*（10.47）、白沙 1016（5.22）

＊为省内育成的花生品种。

（三）栽培制度

1. 旱地花生栽培制度

在闽中南沿海地区旱地是该区域花生田土壤的主要类型。栽培制度主要是二年五熟制，隔一年种一季花生；轮作方式有花生→晚甘薯→蔬菜（或小麦、大麦、豌豆）春大豆→晚甘薯。其次是三年八熟制，隔 2 年种植一季花生；轮作方式有花生→晚甘薯→蔬菜（或小麦、大麦、马铃薯、豌豆）→春大豆→晚甘薯→蔬菜（或小麦、大麦、马铃薯、豌豆）→春大豆→晚甘薯。由于甘蔗面积减少四年轮作制在福建省南部花生区已不多见，轮作方式有种植三年宿根蔗→花生→晚甘薯。

2. 水旱轮作栽培制度

在福建省大部分花生产区有灌溉条件的水旱轮作地和水田是该区域花生田土壤类型。主要轮作方式有花生→晚稻→蔬菜（或小麦、大麦、马铃薯、豌豆）→早稻→晚稻；或早稻→秋花生→蔬菜（或小麦、大麦、马铃薯、豌豆）→早稻→晚稻。

3. 花生间作套种

（1）花生套种甘薯。在沿海花生区常见花生套种甘薯，一般是在花生出苗后一个月左右在花生畦的中间插一排甘薯，在雨季结束前定植甘薯。

（2）花生和玉米、高粱等间作。在东南沿海旱地花生产区，农民有在畦边，沟边间作玉米、高粱、绿豆等高秆作物的习惯。间作多以沟种为主，密度视间作品种高度和生长量而定，一般不超过 2000 株。

（3）果园、幼林地及甘薯等间套花生。新植幼龄果园和林地多间套种花生。间套密度随着果木的生长而逐渐降低。在甘薯种植中，也有农户在垄沟种植花生。

（四）栽培技术

1992—1994 年省农业厅组织花生改低创高综合配套栽培技术攻关，在福清、莆田、惠安、晋江、南安、同安、漳浦、诏安、龙岩等花生生产县（市）实施。通过田间水利灌溉渠道的配套，掺沙改土和沙性土壤客土改造等措施改造中低产田，改造出亩产 400 公斤的高产田和 300 公斤的高产片。2004 年春季省农业厅组织了漳浦、同安、南安、荔城等县（市、区）进行花生新品种抗黄 1 号大面积的连片生产示范，漳浦县花生单产 420.5 公斤。

1. 防止春播烂种缺苗

福建农林大学与省种子站合作利用春花生种子采用种子活力剂处理，提高种子活力，利用地膜覆盖等方法解决春花生烂种问题。

2. 合理密植

根据产量结构，亩产 250～300 公斤花生，基本苗要掌握在 1.8 万～2.2 万株，土壤肥力好、肥水充足的地区控制在 1.8 万～2.0 万株，地力差、肥水不足地区可适当增加到 2.0 万～2.2 万株。通过精选饱满的种子进行播种，以利全苗和健苗。

3. 客土改良，科学施肥

沿海地区土壤黏化，沙化严重，重施土杂肥（沟塘泥、蘑菇渣、沼气渣等）。农业推广部门针对各主栽花生品种生育和需肥特点，指导农民科学施肥。一般以 100% 的磷肥，20% 的氮肥作基肥，80% 的氮肥和 100% 的钾肥做追肥使用。氮、磷、钾配比为 1∶0.5∶1.25。1992 年省农科院土肥所开展花生中、微量元素营养与效应研究，推广花期补钙等措施，解决了缺钙造成空壳秕果的生产难题。花生高产出、低投入、花生高产优质施肥模式、花生平衡施肥等技术研究和推广，促进了花生生产的发展。花生栽培推行旱地花生、甘薯套种，水稻与花生轮作，幼龄果园、茶园间作花生技术。

4. 推广种子包衣、种子活力调控技术，有效解决长期存在的烂种缺苗问题，出苗率达 95% 以上，产量增 10% 左右

推广地膜覆盖栽培技术，增温保湿，保肥促长，抗旱，提早播种和收获 15～20 天，增产 20%～30%，有利于安排后作。

二、油　菜

1991 年以后，油菜种植面积逐年萎缩。虽然单产逐年提高，但是总产徘徊不前。1991 年全省油菜播种面积 35.385 万亩，单产 53 公斤，总产 1.89 万吨。2005 年油菜播种面积 20.64 万亩，单产提高到 87 公斤，总产为 1.80 万吨。

（一）产　区

福建省为中国冬油菜区，主要种植半冬性中熟品种，产地主要集中在浦城、长汀、福鼎等地，福州、厦门、泉州、漳州等市有零星种植；按气候和耕作制度可分为三个油菜产区。

1. 闽北、闽东北油菜产区

主要在南平和宁德的各县（市），以半冬性中熟油菜品种为主。以稻→油为主或甘薯→油菜的耕作制；原有的稻→稻→油耕作制度因双改单后而消失。以浦城、福鼎和霞浦种植面积比较大。

2. 闽西油菜产区

主要在三明、龙岩的各县（市），以半冬性中熟油菜品种为主。耕作模式以稻→油为主，稻→稻→油耕作制度因双改单面积扩大而减少，旱地以甘薯→油菜耕作制。以长汀、宁化种植面积比较大。

3. 闽东南沿海油菜零星种植区

该区含福州以南沿海地区，油菜生产严重萎缩，只零星种植。以种植春性油菜为主，多以稻→稻→油耕作制度为主，以莆田种植面积相对集中。

（二）品　种

1. 品种资源

1993 年以后，全省油菜科研工作基本停顿，省农科院耕作轮作所 1997 年也停止育种研究转入品种资源保存工作。省农科院耕作轮作所保存油菜品种资源 528 份（含国外资源 124 份），其中甘蓝型品种 428 份、白菜型品种 74 份、芥菜型品种 26 份。宁德地区农科所以该所选育的 A211 为母本，从加拿大引进 Altex 为父本，杂交育成油菜新品种宁油 1 号。

2. 品种选育

1991—2005 年，福建省油菜品种经历了由单低（低芥酸）到双低（低芥酸、低硫甙）的发展过程。20 世纪 90 年代以后，以自育的油菜品种在生产上居主导地位，福油 1 号、福油 2 号、福油 4 号是油菜产区主栽品种。

1993 年，福建省农作物品种审定委员会审定通过了福油 4 号和宁油 1 号两个油菜新品种。1993 年以后，宁德、福州等农科所油菜育种工作因科研经费困难而下马，省农科院耕作轮作所 1997 年以后也停止育种研究。1998 年，福鼎市引进中熟杂交油菜蜀杂 4 号、浦城县引进中油 821、高油 605、明优 02 等油菜新品种进行试种。2002 年，省农业厅引进了一些油菜品种在浦城、光泽、清流、长汀、福鼎等地筛选出高油 605、高油 625、中油 2 号、中油 821、华杂 4 号等品种。

福油 1 号是省农科院耕作所以莆田市农科所甘蓝型油菜早熟品系 7903 作母本，瑞典低芥酸甘蓝型春油菜 Gulliver 作父本杂交，1987 年经福建省农作物品种审定委员会审定通过的低芥酸早熟甘蓝型油菜品种。原种芥酸含量稳定在零附近，油酸与亚油酸含量分别为 56.9% 与 22.9%，比普通油菜品种分别提高 3 倍和 1 倍。菜子含油量和出油率与普通油菜品种相近。为本省油菜主要栽培品种。

福油 2 号是省农科院耕作所以胜利油菜为母本，瑞典低芥酸甘蓝型春油菜"古利弗"作父本。1987 年经福建省农作物品种审定委员会审定通过的低芥酸早熟甘蓝型油菜品种。属中熟品种，生育期在闽东、闽北单季稻区为 187～200 天，在闽东南沿海地区为 147～160 天。主要适于单季稻区种植。原种的芥酸含量均稳定在 0.5% 以下，油酸含量为 61.2%，亚油酸含量为 19.6%，平均含油率为 42.1%。

图 4-5　福油 4 号生产园

福油 4 号是省农科院耕作所以普通甘蓝型油菜品种"27006"为母体，德国"双低"甘蓝型春油菜姚格勒（Erglu）为父本杂交选育成的"双低"油菜新品种。1993 年通过省农作物品种审定委员会审定。该品种属甘蓝型春性品种，全生育期 146 天。该品种抗性强，适应性广，为全省油菜主要栽培品种。

（三）耕作制度

1. 稻→油两熟制

福建省油菜以半冬性品种为主。油菜产区主要分布在山区和半山区，稻→油耕作制度成为油菜生产主要的栽培制度。随着农业产业结构调整，水稻双改单，单晚田种植面积扩大，稻→油耕作制度面积扩大。由于这一栽培制度提供给油菜生长的时间较长，温、光资源比较充分，适宜种植生育期较长的甘蓝型油菜中熟品种。大部分山区都采用这一耕作制度。

表 4 - 4　　　　　　　　　　　　　不同阶段福建省油菜品种利用情况

年度	品种统计数（个）	2 万亩以上品种数（个）	1 万亩以上品种名称和面积（万亩）
1991 年	7	6	福油 4 号*（3.92）、魁油 1 号（3.83）、福油 2 号*（3.52）福油 1 号*（2.52）、矮架早（2.26）、云油 7 号（2.18）同安选*（1.60）
1995 年	8	5	福油 2 号*（4.50）、中双 4 号（4.00）、胜利油菜（2.44）本地油菜（2.77）、魁油 1 号（2.40）、福油 1 号*（1.27）云油 7 号（1.15）、矮架早（1.10）
2000 年	7	3	福油 4 号*（6.43）、福油 2 号*（4.31）、中双 4 号（2.10）矮架早（1.50）、榕油 4 号*（1.45）、魁油 1 号（1.15）、榕油 3 号*（1.00）
2005 年	6	5	福油 4 号*（3.80）、浙双 758（3.25）、高油 605（2.66）福油 1 号*（2.13）、福油 2 号*（2.07）、浙双 72（1.10）

＊为省内育成的油菜品种。

2. 稻→豆→油三熟制

这一方式主要是中稻→秋大豆→油菜三熟制。是河谷盆地、半洋田种植油菜主要的耕作制度。南平、三明、龙岩少部分地区采用，随着大豆生产的滑坡，面积越来越小。

3. 旱地晚甘薯→油菜二熟制

主要分布在闽东地区沿海低丘陵旱地，在甘薯收获后播种油菜，也有的提前到甘薯收获前点播油菜于畦旁以提早播种。该栽培制度由于立地条件差，油菜生长迟缓，产量低。冬季雨水充足的年份油菜可获得增产。

4. 稻→稻→油三熟制

这一栽培制度主要分布在沿海的个别平原地区和南部低海拔山区，冬季温光等条件较好，在双晚稻收获后采取假畦真沟、板田播种等形式进行。随着这一地区冬季蔬菜等经济作物面积的发展，这一制度面积相当有限。

此外，幼龄果园套种以及为了改善土壤结构、培肥地力而采取的油菜绿肥压青。

（四）栽培技术

20 世纪 90 年代初，省农科院耕作轮作研究所总结出福建省栽培的油菜丰产技术加以推广。栽培上注意轮作，板田直播，开好主沟、边沟、厢沟三沟；合理密植、增施硼肥、早施提苗肥，重施苔肥，促进冬壮春发；及时清沟排水、防治菌核病、霜霉病。1992 年，省农业厅组织的低芥酸油菜福油 1 号种植密度试验；1998

年，霞浦县对低芥酸油菜推广早播早栽，早管早施肥，促进苗齐苗壮增加抗寒力。光泽县亩施硼砂 0.8 公斤，提高了油菜开花数和结荚率，减少坐苗。福鼎市推广以硼砂作基肥为主，喷施为辅，亩基肥混施 1～1.5 公斤硼砂，植株矮壮，提早发棵，降低分支部位，增加分支和角果数，防止高脚，增强抗倒伏能力。

三、芝 麻

1990 年全省芝麻面积 1.22 万亩，亩产 42 公斤，总产 512.4 吨，略高于 1949 年生产水平。2002—2005 年，面积均在 1.8 万亩左右，亩产 62～74 公斤。2005 年面积1.88 万亩，亩产 65.96 公斤，总产 1240 吨。各县（市）均有种植，分布零散。

第五章　工业原料作物

茶叶、甘蔗、烟草、黄红麻、蚕桑、席草、中草药，以及橡胶、剑麻、咖啡、玫瑰茄等是福建省重要工业原料作物。这些品种有一套成功的栽培经验，加工工艺精湛，出产不少珍稀名贵产品，在国内外市场颇有声誉。

第一节　茶　叶

全省茶叶生产具有"三多三高"的特点，即良种多、茶类多、名茶多、声誉高、换汇率高、市场占有率高。20世纪90年代，福建茶园总面积、茶叶总产量已居全国产茶省前列。1991年末茶园总面积179.15万亩，总产量6.52万吨，平均单产44.7公斤/亩，毛茶总产值4.57亿元。2005年，茶园面积达232.83万亩，茶叶总产量18.47万吨，平均单产92.9公斤/亩，毛茶总产值35.98亿元。

1991—2001年，全省茶叶生产以稳定茶园面积，提高产量，提高品质和提高经济效益为中心，改造低产茶园，品种结构调整，淘汰劣质品种，推广优新良种，改善茶园面貌，培育健壮树势，增强生产后劲。2001年与1991年相比，茶园总面积仅增长9.38%，而总产量增加了205.05%，单产提高170%，毛茶产值增长350.11%。2002—2005年是全省茶叶生产快速发展期，4年新增面积36.88万亩，是前10年新增面积16.81万亩的2.19倍，茶叶产量增加5.09万吨，增幅为38%，毛茶产值净增19.9783亿元，增幅为1.25倍。

一、茶区与茶类

（一）茶　区

1. 闽东茶区

包括宁德市的9个县（市、区）、福州市的7个县（平潭县除外）及晋安区，2005年茶园总面积占全省的37.29%，茶叶产量占全省的37.3%。该区主产绿茶，1991年绿茶产量占全省绿茶总量的86.59%；2005年绿茶产量5.56万吨，占全省绿茶产量的62.6%。该茶区也是红茶、白茶的主产区，"坦洋工夫"红茶、"白琳工夫"红茶分别产自福安和福鼎。福鼎被国家林业局命名为"白茶之乡"，是白毫银针的原产地。除了传统的茶类外，也有再加工茶茉莉花茶和工艺茶。

1991—2005年，全区茶园面积由66.77万亩，增加到86.86万亩，产量由2.07

万吨，增加到 6.27 万吨。全省茶园面积超 10 万亩的县（市、区）共 5 个，其中 3 个县（市）在闽东茶区，福安市 16.87 万亩，福鼎市 15.48 万亩，寿宁县 11.55 万亩，分别列全省的第二、第三、第四位；产量超过 1 万吨的县（市、区）全省仅 3 个、闽东占 2 个，其中福安 13363 吨，福鼎 11087 吨，分别列全省第二、第三位。

2. 闽北茶区

包括南平市辖区的 10 个县（市、区）。2005 年全区茶园面积占全省 20.27%，茶叶产量占全省的 18.66%。武夷岩茶、闽北水仙、"政和工夫"红茶，都产自闽北茶区，闽北还盛产绿茶，以及白茶。政和的白牡丹、建阳的寿眉、贡眉白茶，品质优良。

1991—2005 年，全区茶园面积由 41.69 万亩发展到 47.22 万亩，产量由 2.10 万吨，增加到 3.45 万吨。面积和产量增长最快的是武夷山市和邵武市，武夷山茶园面积从 2.74 万亩增加到 9.49 万亩，产量从 1134 吨增加到 6822 吨；邵武市茶园面积从 2.74 万亩增加到 4.65 万亩，产量从 1211 吨增加到 4683 吨。2005 年，全区绿茶产量 1.86 万吨，占全区总产量的 54%。2005 年，乌龙茶产量 1.41 万吨，占全区总产量的 40.89%。

3. 闽南茶区

包括厦门、漳州、泉州、莆田 4 个市的 20 个县（市）、区（除东山、石狮外）。2005 年茶园总面积占全省的 29.1%，茶叶产量占全省的 34.25%，居全省首位。其中乌龙茶产量 6.24 万吨，占全省的 72.6%。其他茶类不足 1000 吨，市场上流行的颗粒形乌龙茶，主要产自闽南茶区。有铁观音、黄金桂、佛手、白芽奇兰、八仙茶、闽南水仙、本山等。

1991—2005 年，茶园面积由 44.93 万亩增加到 67.75 万亩，茶叶产量由 1.47 万吨增加到 6.33 万吨。全省第一产茶大县安溪（同时也是全国第一产茶大县）2005 年茶园面积 24.23 万亩，产量 24.60 万吨，每亩平均单产超过 100 公斤，其乌龙茶产量占全省的 28.69%。华安县 1991 年茶园面积 9942 亩，茶叶产量 226 吨；2005 年茶园面积 9.48 万亩，茶叶产量 7480 吨。

4. 闽西茶区

包括龙岩、三明的 18 个县（市、区）。2005 年茶园总面积占全省的 13.3%，产量占全省 13.1%。该区属多茶类区，以绿茶、乌龙茶为主，红茶、白茶也有少量生产，有漳平水仙茶饼、武平炒绿、大田高山乌龙茶、针螺等产品。

1991 年茶园面积 25.76 万亩、茶叶产量 8801 吨。2005 年，茶园面积达 31 万亩，产量 2.42 万吨；其中绿茶产量从 3998 吨增至 14468 吨，乌龙茶产量从 4124 吨增至 8539 吨。龙岩新罗区境内于 1999 年建立"云顶观光茶园"，占地 3000 多亩，是全省首家集茶叶生产加工、生态旅游、休闲度假为一体的茶业综合经营单位。

（二）茶　类

1. 绿　茶

全省主要生产烘青绿茶，其次为炒青绿茶（含半烘炒）。

2005 年全省产量 8.89 万吨，占茶叶总量的 48.11%。其中 60% 左右为烘青绿茶，40% 左右为炒青绿茶和半烘炒绿茶，还有少量蒸青绿茶。蒸青绿茶主要出口日本，产量不稳定。晒青绿茶是古老的生产方法，仅部分山区农民还保留这种传统。

绿茶产区分布较广，全省有 48 个县（市、区）生产绿茶，主产区是闽东茶区，其次为闽北茶区、闽西茶区。较著名的产品有福安明前烘青绿茶、宁德天山绿茶、福鼎白毛猴、三明针螺、福安六杯香、武平炒绿、松溪蒸青绿茶、罗源七境堂炒绿等。

2. 乌龙茶

2005 年全省乌龙茶产量 8.57 万吨，占茶叶总量的 46.49%。其中卷曲颗粒形乌龙茶（又称南式乌龙茶）约 7 万吨，占乌龙茶总量的 81.5%；条形乌龙茶（又称闽北乌龙茶）约 1.4 万吨，占 16.5% 左右；台式乌龙茶产量约占 2%。卷曲形南式乌龙茶以安溪为代表，主要产品有铁观音、佛手、白芽奇兰、黄金桂、毛蟹、本山，以及新品种茗科 1 号（俗称金观音）、丹桂、金萱等；条形乌龙茶主要产区为武夷山、建瓯、建阳、沙县、政和、邵武等等地，主要产品有大红袍、肉桂、闽北水仙、矮脚乌龙等；台式乌龙茶主要分布闽南茶区及闽西部分县（市），主要产品有冻顶乌龙、文山包种，因产量不多，尚未形成相对稳定的消费市场；漳平水仙茶饼是全世界唯一的乌龙紧压茶，其产品品质风格与以上三类均有较大区别，自成一体，因其产量少，市场上较为少见。

全省生产乌龙茶的县（市、区）有 48 个，只产乌龙茶的县（市、区）有 15 个。乌龙茶产量最多的是闽南茶区，产量 6.23 万吨，占全省 72.6%；其次是闽北茶区，产量 1.41 万吨，占全省 16.4%；闽西茶区产量 0.84 万吨，占全省 9.73%；闽东茶区仅 0.09 万吨，占 1.1%。

3. 红　茶

全省有著名的坦洋工夫、政和工夫、白琳工夫，俗称三大闽红工夫红茶。坦洋工夫产地是福安社口坦洋村及其周边茶区；政和工夫产地包括政和、松溪、建阳等；白琳工夫产地是福鼎市白琳镇，已扩大到福鼎全市。小种红茶原产武夷山桐木关，原产地生产的产品称正山小种，其他周边地区的产品统称烟小种。分级红茶又称红碎茶，仅松溪、政和还有极少量产品。

全省生产红茶的茶区共 24 个县（市、区），2005 年红茶产量 1652 吨，占全省茶叶总量的 0.89%。年产量超过 100 吨的县（市）有 5 个，分别是武夷山 390 吨、福鼎 257 吨、福安 133 吨、沙县 147 吨、建阳 114 吨。

4. 白 茶

主要产品有白毫银针、白牡丹、寿眉、贡眉，以及新工艺白茶。白毫银针主产于福鼎，白牡丹主产于政和、福鼎，寿眉、贡眉主产建阳，新工艺白茶以福鼎为主。白茶生产区域较小，产量不多证。

5. 花 茶

产量最多的是茉莉花茶。1991年全省茉莉花产量为1.61万吨，可加工茉莉花茶3.2万吨。1986—1995年是全省茉莉花茶生产的第2个高峰期，从1996年开始，大量茶坯运往广西窨制花茶。2005年，全省茉莉花产量1.25万吨，仅能提供1.8万吨茶坯的窨制需要。

6. 砖 茶

砖茶属于黑茶类，是边销茶。1997年前后，光泽县与新疆地方病研究所合作，研制"加碘砖茶"，小作坊半机械生产。后因工厂火灾造成严重损失，从此无力恢复生产。

二、品种与繁殖

（一）品种资源

1. 茶树品种资源征集

20世纪90年代，武夷山市茶科所对遍布武夷山三十六峰的武夷名枞、单枞进行普查和收集保存，并在九曲茶园旧址建立武夷名枞种质资源圃，先后保存乌龙茶种质资源216份。安溪县茶科所收集保存了64份闽南乌龙茶品种资源，建立乌龙茶品种观察园，对每份种质材料进行群体与单株栽培及采制比较试验。2004年省农科院茶叶研究所，建立福建省乌龙茶种质资源圃，保存闽、粤、台乌龙茶种质资源与新品种及杂交种质1000份，该资源成为全国乌龙茶种质资源收集保存与鉴定利用中心。2005年，省农科院茶叶研究所成为继中国农科院茶叶研究所后获"农业部福安茶树资源重点野外科学观测试验站"命名的唯一省级茶叶研究所。

2. 野生茶树

据福建农林大学詹梓金教授多年调查研究，在宁德蕉城、福鼎、尤溪、漳平、安溪、平和等地都发现野生茶树，多为小乔木型，味苦（平和县的野生茶树味不苦）。

3. 实生群体

主要有福安菜茶、安溪菜茶。

4. 单 丛

武夷山单丛资源丰富，现收集保存的有200多种，最著名的是四大名丛，即大红袍、水金龟、铁罗汉、金锁匙。

5. 奇异种

指形态奇异独特，与众不同的茶树。如白鸡冠、奇曲、佛手等。

（二）品种选育与审定

至 2005 年，福建省已通过省级及全国审定的品种有40 个，其中全国审定的有铁观音、黄旦、本山、毛蟹、福建水仙、大叶乌龙、梅占、福鼎大白茶、福鼎大毫茶、福安大白茶、政和大白茶、

图 5-1 武夷山大红袍母树

福云 6 号、福云 7 号、福云 10 号、八仙茶、黄奇、茗科 1 号（俗称金观音）、茗科 2 号（俗称黄观音）、悦茗香 19 个；经省级审定的品种有佛手、肉桂、福云 20 号、福云 595、白芽奇兰、早蓬春、朝阳、九龙大白茶、丹桂、凤圆春、杏仁、元宵茶、春兰、紫龙袍、早春毫、瑞香、金牡丹、春波绿、黄玫瑰、紫玫瑰、紫牡丹 21 个。

至 2005 年年末，全省无性系良种茶园达 92%，远高于全国 20% 的平均水平。茶园栽培的地方品种有武夷大红袍、白鸡冠、水金龟、铁罗汉（这些品种未经审定，但在当地已有传统栽培）四大名丛。从省外引进的品种表现较好的有广东的白叶水仙、凤凰单丛，浙江的乌牛早、龙井 43，台湾的软枝乌龙、台茶 12 号（又名金萱），台茶 13 号（又名翠玉），四季春等。福鼎大白茶与福鼎大毫是福建省老品种，现存面积都在 10 万~15 万亩之间。福鼎大白茶在全国共推广 150 万亩，福鼎大毫在全国栽培面积也在 100 万亩以上。福鼎大白茶和福建水仙还被指定为全国茶树品种选育的"对照种"。

（三）繁 殖

20 世纪 90 年代后，主要采用短穗扦插无性繁殖。采用深栽丛植，挖 0.30~0.40 米深的长条形穴，采取单行或双行条栽法，每株距 0.30~0.35 米，行距 1.50 米左右。全省育苗基地主要集中在福安、安溪、福鼎等县（市），每年繁育茶树良种 3 亿株以上，除供应全省品种结构调整之需外，还外调浙江、江西、湖北、广西、四川等省。

泉州市茶叶品种资源丰富，2005 年有茶树品种 64 个，其中国家级良种有铁观音、本山、毛蟹、大叶乌龙、梅占等 6 个；省级良种有佛手、杏仁、凤圆春 3 个，茶叶良种覆盖率高达 93%，100% 为无性系品种。闽东地区改变新茶园用茶子和实

生苗种植，推广无性系播种育苗技术，推广无性良种。2005 年宁德市拥有国家级良种 11 个，省级良种 9 个，分别占全省的 58% 和 52.9%。

三、栽培与管理

（一）茶园管理

茶园管理包括新植茶园、生产茶园和树冠管理 3 个部分。20 世纪 90 年代，福建省各茶区加强茶园管理和丰产栽培技术推广。1992 年实施"福建省 72 万亩茶园丰产优质栽培技术与推广"丰收计划，1990—1992 年，平和县茶叶站抓 12 个丰产片和 10 个低改点，带动全县 1.1 万亩茶园丰产优质栽培技术推广和低产园地改造，总产增 77.75 吨。

1. 茶园建立

1991—2005 年，全省新增茶园面积 53.7 万亩，平均每年新建茶园 3.58 万亩。在这期间，对新开发茶园实行高标准建园，以治水改土为中心，实行山、水、园、路的综合治理。采用近山缓坡，等高梯层、缓路横沟、深耕普垦、表土回沟、施足基肥、良种壮苗、合理密植、精心培育、快速建园、高产稳产等科学建园措施，防止水土冲刷，达到创建高产园打下基础。

福建茶园建设大部分以梯层、顺坡和平地种植为主，茶园建设模式有以下几种。

（1）等高梯层茶园。此类茶园面积较大，大部分属缓斜山坡，或谷中底层缓冲地，分切或大或小 3 个阶段，按等高沿边砌筑石岸或土梯埂。据 2002 年调查，全省有 1/6 茶园约 38 万亩建在坡度超过 25°的山地上；以地区划分，宁德面积最大，泉州次之。安溪县 60% 以上的茶园坡地超过 25°，建园标准较高，采取等高梯层建造，有前埂后沟，防止雨水冲刷造成水土流失。闽东茶区许多地方采取密植免耕方法，避免茶园地表裸露，降低水土流失机会。

（2）顺坡茶园。此类茶园利用土层稍深、斜度较小的山坡地垦辟出等高式茶园。

（3）平地洲茶园。沿溪边平地、沙洲地种植茶；或利用山头平坡地，或山谷中的盆地，开辟洲茶园。

（4）石座式茶园。此类茶园以武夷山风景区境内为多，系茶树盆栽式，通常利

图 5-2　武夷山平地洲茶园

用岩凹或石隙处，依地势砌岩座，培土种植茶，在武夷山随处可见，植株多是名丛。此种栽培方式工程浩大，所费甚巨，20世纪90年代以后，不再推广。

2. 田间管理

闽东茶区在栽培管理上，通过低产茶园改造，彻底淘汰了历史遗留的"篱笆茶"；改变新茶园用茶籽和实生苗种植方法，推广无性系插播育苗技术，推广无性良种；适度密植，合理修剪，适时采摘，园间覆盖，深翻改土，配方施肥等技术得到普遍推广应用。福安作为省名优茶丰产栽培技术与推广项目的协作区，1992年和1995年分别获全国农牧渔业丰收二等、三等奖。茶叶平均单产进入国内先进行列。

闽北武夷茶区的耕作法，除单株选种、半垦法、深栽法之外，在管理上较突出的是"深耕吊土法"结合"客土法"，每年8—9月挖山深翻时，将近根部有效养分吸收将尽的土壤调向行中，将根部日光曝晒，起到除灭病虫和土壤熟化作用，将园外新土填入斜沟中，然后进行"平山"。成年茶的管理则侧重于稳产、高产、优质为目的，有耕锄、施肥、间作、灌溉和锄草，另有间苗、补株、修剪、打顶以及病虫等自然灾害的防治。

3. 间作套种

从20世纪80年代开始，安溪茶区在低纬度、低海拔地区的茶园中，合理地进行间作遮阴果树，促进茶树的生长发育，提高茶叶的产量和质量。茶园中遮阴树的种植在靠梯田最外一行的茶行中，株距8～9米，每亩间作8～10株柿树或砂梨；平坡茶园每亩间作8～10株。由于柿树、砂梨地上部分树干挺直高大，树冠披张，叶层薄，地下部根系分布深，并且与茶树之间能相互创造有利生态条件，这种树作为茶园的遮阴树最为适宜。通常5～6年生的柿树、砂梨就有经济收益，而7～8年生的柿树单株产量高的可达100多公斤，每亩间作8～10株柿树，平均亩产也有300公斤左右，而7～8年生的砂梨，单株产量高的可达150多公斤，每亩间作8～10株砂梨树，平均亩产有500公斤左右。

4. 低产茶园改造

20世纪70年代末至80年代初，安溪县茶叶科技人员率先在大坪乡萍州村开展了以改造树冠、平面采摘为主要内容的低产茶园综合改造技术的试验，取得经验后通过技术培训、现场参观学习等形式迅速地向全县其他产茶乡镇辐射。通过低产茶园改造，单产迅速提高。1978年，全县茶园面积86280亩，茶叶总产1697吨，平均单产19.7公斤/亩；1988年茶园面积136012亩，茶叶总产59150吨，平均单产43.5公斤/亩；1998年，茶园面积225094亩，茶叶总产130291吨，平均单产57.9公斤/亩。

2003—2004年，连续2年在安溪、华安、福安、周宁、邵武、武夷山、大田、松溪等县（市）开展高标准茶园建设示范。8个示范县（市），建设高标准化茶园

7760 亩，投入资金 714 万元，新修整理茶园道路 4.10 万米，新建蓄水池 163 个、蓄水 4086 立方米，新增喷灌及滴灌设备管道 2.86 万米，种植绿化树及防护林 2.71 万株，推广茶园套种绿肥 2450 亩，施用有机肥 6500 吨，茶园产量平均提高 18.5%，辐射带动全省茶区高标准建设茶园 80 万亩。

（二）栽培技术

1. 明前茶生产技术

福建茶区新开发生产的明前茶可归为三类：一是发掘历史名茶，如大田县的大仙峰毫茶，罗源县的七境堂绿茶，浦城县的马迹茶等；二是研制创新，如省茶科所生产的福建雪芽、白兰春、坦洋金针，福州田墘茶场的雪峰第一春，霞浦县的元宵绿、日海毛尖，清流新垦农场的莲花银丝等；三是仿制省内外名茶，主要仿制龙井、碧螺春、雨花茶。1992 年全省明前茶产量 3529 吨，产值 1.20 亿元。1993 年明前茶产量 3635 吨，产值 1.24 亿元。

福建省适制明前茶的主要品种有福云 6 号、早逢春、福鼎大白茶、福鼎大毫、福安大白茶、福云 7 号、黄金桂、黄观音、金观音、元宵绿、春波绿、福云 595、迎春、福云 10 号。此外，有发展前途的品种材料有九龙大白茶、春分茶、歌乐茶等。

成龄茶园管理重点抓好中耕除草、合理施肥、铺草灌溉、树冠修剪和病虫害防治，达到延长茶树的旺盛生长阶段，保证茶树具有一定的高产、稳产年限。

"毛峰"高档烤青绿茶采一芽一叶、一芽二叶，用食指和拇指尖将嫩叶轻轻摘下，每隔 2~3 天复采 1 次。嫩茶树生长旺盛的，留实叶全采，做到采高留低，茶叶留侧、茶面留里。

明前茶叶加工形式多样，产品风格多姿多彩，以绿茶为重点，还开发有白茶等特种茶。明前茶在品质上具有白毫显露、嫩香突出的特点。20 世纪 90 年代福建省市场上畅销的品种为条形、针形、扁形、圆珠形、卷曲形、弯曲形和自然形等外形各异烘青或半烘炒产品。

2. 无公害栽培

1997 年 5 月省农业厅出台了"福建省无公害茶园建设项目试验示范方案"，在 6 个地（市）建立 10 个点，实施面积 5050 亩，方案内容包括茶园环境，空气、土壤、水质、施肥、用药、病虫测报预报、防治原则和方法，以及茶园保护体系等严格的具体要求。1997—2005 年，每年都举办 1~2 次全省性的茶叶无公害栽培技术培训班，各市、县及主产区的乡镇也都举办各种形式的技术培训班。从 2005 年开始，全省茶叶生产县（市）分期分批轮流培训。2005 年完成对武夷山、安溪、福鼎 3 个县（市）所有乡镇骨干茶农的培训工作，受训人数 6000 多人次。

福建农林大学开展无公害茶叶产业化生产综合技术研究与示范推广，在对茶园生态环境质量进行监测和评价的基础上，根据茶树主要病虫害及其天敌在常规茶园和无农药茶园的发生规律，应用生态调控原理，创造不利于病虫害发生的环境来控制病虫害发生；在病虫害暴发时，应用生物农药或科学合理地使用低残留、低毒、高效化学农药控制病虫害，从而使茶叶中没有农药残留（有机茶或 AA 级绿色食品茶）或基本没有农药残留（低于 MRL 标准）；在施肥方面，充分利用茶园自身物质的循环和施用有机肥（有机茶）或配施部分化肥（低残留茶及 A 级绿色食品茶）；在加工包装和贮运方面，实行全程卫生质量控制，防止茶叶的 2 次污染，保证茶叶品质的稳定。应用该成果技术，可以生产符合出口标准的有机茶、绿色食品茶、无公害茶。1998—2000 年，该成果在闽东、闽北、闽南等主要茶区几十个茶场（厂）基地推广实施，推广面积达 3000 亩，每年生产无公害茶叶 300 吨，出口欧洲、美国和日本等地。

3. 有机茶示范

2002 年 7 月 25 日起，农业部发布的有机茶的行业标准，要求有机茶原料的产地必须符合 NY5199 - 2002《有机茶产地环境条件》，生产按照 NY/T5197 - 2002《有机茶生产技术规程》操作，加工符合 NY/T5198 - 2002《有机茶加工技术规程》，产品达到 NY/T5196 - 2002《有机茶》的要求。2005 年执行 GB/T19630 - 2005《有机产品》国家标准。

省农业厅、省农科院茶叶研究所在茶区全面开展茶叶食品安全生产技术的培训、示范和推广工作。从 2002 年开始，先后举办 100 多期培训班，发放各类书籍 1 万多册，指导 40 多家茶叶企业获得有机茶认证，面积 1.95 万亩，产量约 2000 吨。2005 年全省有 20 余个品牌近 7000 亩茶园通过有机茶认证。闽东茶区汇集丰富的种质资源，探索高优茶树栽培和名优茶开发。全区建立无公害水平的茶园 30 万亩，绿色食品茶叶基地 2 万亩，通过有机认证的有机茶基地达 3286 多亩，有 8 个产品获得有机茶认证，是福建省最早实现有机茶生产的地区。

4. 农药残留降解技术

1996 年省政府在宁德市召开省茶叶农残整治会议之后，各涉茶有关部门齐抓共管，严格控制茶叶农药残留问题。

1998 年福建茶叶农药残留超标问题被曝光。1999 年福建加大治理力度，层层落实责任制，形成一个"齐抓共管降农残"的局面。2002 年省政府又将治理茶叶农药残留、重金属污染列入建设"食品放心工程"五年计划。农业部规定禁止在茶树上使用三氯杀螨醇（中国三氯杀螨醇产品中含有 3% ~ 10% 的滴滴涕）、氰茂菊酯、甲胺磷等农药，2000 年对福建茶叶进行的质量安全卫生跟踪调查，检测的农药种类有六六六、滴滴涕、三氯杀螨醇、氰戊菊酯、联苯菊酯、甲氰菊酯和溴氰菊醋，检测结果只对六六六和滴滴涕判定合格率为 98%，若按欧盟标准综合判定上述

7种农药，合格率仅61.2%。

1993—1996年，福建农林大学、省农业科学院茶叶研究所开展的茶叶农药残留量降解技术研究与示范推广，针对茶区害虫发生规律，提出害虫天敌保护和科学防治害虫技术体系，对杜绝有机氯农药造成茶叶的新污染有明显的效果。通过这一防治体系的应用，从茶园土壤中分离筛选出来的F66复合微生物菌剂，对土壤中六六六、滴滴涕的降解具有效果和后效。茶树栽培管理中，以茶树生长必需的营养元素为载体，配合一定比例的催化剂配制的TJ1和TJ2降解剂，有降解茶叶农药残留量和促进茶叶增产的双重作用。用泥炭土与碳酸氢铵混合沤制肥，按茶树不同生长发育状况进行不同程度的修剪，对降低鲜叶中的六六六、滴滴涕残留量也有一定的作用。

四、采摘与制茶

（一）采　摘

1. 手工采茶

2005年全省手工采茶约占80%。手工采摘根据所加工茶类和等级的不同而有较大差别。一般分为常规采摘、小开面采、中开面采、大开面采和采单片。采茶时间，红、绿、白茶上午露水消失后至傍晚均可采摘。乌龙茶下午采青比上午采青好。

为了培养树冠，手工采摘过程中，在第1次定型修剪前，当新梢长高0.25米左右时，摘去顶芽及嫩梢，以促进主干分枝；当第3次定型修剪后，树冠基本成型，但采摘面尚未达到"壮宽茂密"的程度，为培养理想的采摘面，必须采取"抑强扶弱"的措施，采摘方法掌握采高不采低，采中不采侧，采密不采疏的原则。

20世纪90年代，闽北茶区对幼龄茶园推广"五采五养"的科学采摘法，即采大养小、采高养低、采顶养侧、采密养疏、采面养里，有利于树冠培养，为茶园持续丰产打好基础。安溪县茶区推广"定高平面采摘法"，有利于提高茶叶品质，培养丰产树冠，对铁观音采摘要求鲜叶比较成熟，待新梢形成驻芽，采摘小开面到中开面的新梢2~4叶，以3叶最好。春茶以中开面采摘；夏、暑、秋茶以小开面采摘。采摘下来的鲜叶，应细心储运，防止机械损伤，堆压闷郁，保持新鲜完整。安溪县虎邱镇萍州大队在采养方法上，实行了"丛面采摘"，该采则采，该留则留，不同类型茶园分别对待。亩产25公斤以下的茶园，封园停采一季；亩产25~50公斤的茶园，"以养为主，以采为辅"；亩产50公斤以上的茶园，"以采为主，以养为辅"。这样做可提高产量10%~20%。

2. 机械采茶

全省机械采摘（含采茶剪、采茶机两种），约占20%。机械采摘的茶青要进行去杂、分级后加工。茶区农民基本上能按手工采茶在生产上（如培养树冠）、加工上（不同茶类所需鲜叶老嫩程度的不同）的要求合理采摘，并做好采后杀青的去杂、分级、放量处理。

福建省参加了农业部组织的（6省茶区）机械化采茶协作组，从机械采摘茶园的建立、机械原理与性能、保养与维修、机采技术等方面进行攻关研究，同时进行宣传、培训、推广。1991年全

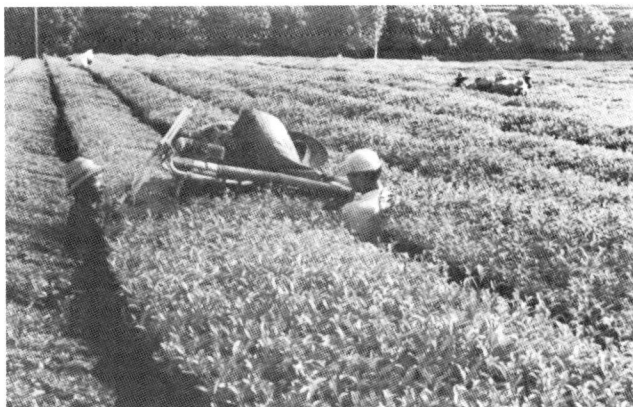

图 5 - 3　安溪县"铁观音"茶园机械采茶

省建立机械采摘示范点25个，1992年示范点达70个，1993年扩大到83个。共推广采茶机490台，机械采摘面积13.85万亩。

建瓯市于1989年春茶期间，引进购置2台川崎双人采茶机，在东游镇赤山茶场布点机械采摘区试获得成功。通过抓点示范，组织茶农观摩现场演示，机械采摘的效益和技能得到广大茶农普遍接受认同，机械采摘陆续在周边乡镇延伸推广，形成区域规模示范推广态势。截至2005年年末，全市拥有单人、双人采茶机1800余台，机械采摘的示范推广面积和速度走在全省前列。

建瓯茶区推广应用的采茶机主要有漯河采茶机和川崎采茶机，据水源乡辰山茶场调查，该茶场1年以采制干毛茶100吨计，选用漯河机型仅耗油一项1年就可节约成本增加效益3260元，全市年产干毛茶7500吨，此项1年就能节约成本增加效益24.45万元。

平和县1994年，仅有采茶机6台，2002年采茶机数量还不足100台，全县机械采摘面积不足2000亩，2005年达到400多台，机械采摘面积超过2万亩。白芽奇兰茶成年茶园蓬面整齐、芽梢匀整、芽叶较直立、节间长等品种特征非常适合机械采摘；经过机械采摘技术推广，茶农基本掌握了机械采摘技术和机械采摘茶园管理技术，机械采摘茶鲜叶质量有了显著提高。

表 5 - 1　　　　　建瓯市水源乡辰山茶场不同机型燃料成本分析

机型	台日采量（公斤）	台日耗油（元）	100公斤干茶耗油（元）	人均日工资（元）	人均日采茶青（公斤）	100公斤干茶人工成本（元）	100公斤干茶成本（元）	对比增减（%）
漯河	4000	60	3.26	70	800	19.36	22.62	—
川崎	4000	120	6.52	70	800	19.36	25.88	+14.41

（二）初精制加工

1. 初制加工

（1）绿 茶

绿茶属不发酵茶，它的关键技术是用高温杀死鲜叶中的多酚氧化酶，通常称"杀青"。通过杀青抑制酶促氧化，使茶汤（及茶叶、叶底）保持"绿色"的特点，绿茶加工工序较简单，即鲜叶→杀青→揉捻→烘干。但绿茶品类较多，不同的品类在加工工艺上略有不同。

进入20世纪90年代，绿茶初制从杀青→揉捻→干燥的技术有很大改进和提高。杀青是形成绿茶品质的关键性技术措施。杀青技术掌握"高温杀青，先高后低；先闷后扬，多扬少闷，扬闷结合；嫩叶老杀，老而不焦，老叶嫩杀，嫩而不生，杀匀杀透"的原则。杀青程度掌握"叶质柔软，梗折不断，手捏成团，松手不散，叶色变深，青气消失，茶香显露"。杀青后叶子的减重率为40%左右。

采用连续滚筒杀青机作业时要保持炉温稳定，不可忽高忽低。杀青叶在筒内历时2.5~3.5分钟。在杀青过程中随时检查杀青叶质量，增减投叶量来控制杀青程度。间歇式杀青机要掌握"一灶火"的杀青方法，即出叶前投入燃料并停止鼓风；进茶时立即送风升温，保证灶温先高后低。一般杀青历时5~6分钟，110型杀青机投叶量不超过20公斤。

揉捻技术要求，嫩叶温揉，老叶热揉，装叶适量，加压适宜，分次揉捻，充分解块。各地常用绿茶揉捻机有25型、35型、40型、55型揉茶机。揉捻机加压方式和揉时长短，需依原料老嫩而异。嫩叶应轻压短揉，老叶应重压长揉。揉捻加压原则要先轻后重，逐步加压，轻重交替，最后不压。在开始阶段不加压轻揉，使叶子初步卷成条索后方可加压，压力轻重依叶子老嫩而定。1级、2级叶以无压揉捻为主，中间适当加轻压；3级以下要逐步加压呈重压：即开始轻压，中间加压，再加重压，最后松压。以免产生扁条、松条等不合格的揉捻叶。

烘青绿茶的干燥采用焙笼或烘干机进行。分初烘→摊凉→足火。

初烘。烘干机风温保持在110℃~130℃，最高不超过140℃；焙笼烘焙时焙顶温度在90℃~100℃，摊叶厚度2厘米左右，每5~6分钟翻拌一次。均烘焙至七八成干后下机。

摊凉。初烘后的茶叶，摊在竹垫上散发水分与热气，促进初烘叶表里水分均匀分布，避免茶条外干内湿。摊凉还有利于条形在足火中进一步紧缩。

足火。将烘干机风温保持在90℃~110℃，焙笼焙顶温度保持在70℃~80℃，摊叶厚度小于2厘米，焙至足干。

炒青绿茶干燥一般分为二青、三青和辉锅三道工序。现在炒二青大多数都改为烘二青，以烘代炒，即可提高干燥效率，又容易保证品质。炒二青含水量掌握38%左右。炒二青用锅式炒干机或瓶式炒青机作业，锅温在100℃～110℃，炒至八成干后下机。辉锅用瓶炒机，投叶量要多，滚筒内叶子要装满；温度不能太高，炒至茶呈银灰色时下机。

（2）红　茶

红茶属全发酵茶，关键是发酵程度要掌握恰到好处。主要工艺程序为鲜叶萎凋→揉捻→发酵→烘干。

工夫红茶烘干可用柴片、木炭、电、煤、液化气等作为燃料；而小种红茶烘干只能用松枝，使茶叶带有松香味（似桂圆味）。分级红茶（红碎茶）加工时要有专门的揉切机，边揉边切，最后形成小颗粒状。

省农科院茶叶研究所与福安市国营坦洋茶场共同协作创制"坦洋金针"红茶新产品，参加1991年和1992年两届"中国闽东福安茶文化交流会"的产品展销。"坦洋金针"外形紧直纤巧似针，色泽乌润油亮，毫色金黄，香气清鲜高雅，滋味醇厚，汤色红艳明亮。加奶冲饮滋味更加鲜美。该产品鲜叶选用适制"坦洋工夫"红茶品种的一芽一、二叶嫩梢为原料，经萎凋→揉捻→发酵→初烘→精揉→足干→筛分等工艺制作而成。

（3）白　茶

白茶属微发酵茶。加工工序为鲜叶萎凋→拼筛→烘干。加工中掌握萎凋适度。不炒不揉，轻拿轻放，保持茶条自然形状。

省农科院茶叶研究所创制的福建雪芽是一种白茶新产品。白雪芽外形介于"白毫银针"和高级"白牡丹"之间，芽多芽壮，白毫密披，色银白带绿，叶缘垂卷，芽叶连枝伸展，新颖美观。香气清高鲜爽，毫香显，滋味鲜醇爽口，汤色淡绿或黄绿、明亮，叶底匀嫩明亮。

（4）乌龙茶

乌龙茶属半发酵茶，加工技术要求较高，工序较为复杂。其主要程序为晒青→凉青→做青→炒青→揉捻→烘干，闽北乌龙、闽南乌龙与台式乌龙在做青、炒青、揉捻环节上做法有所差别。

闽北乌龙发酵程度一般在30%～35%，做青比较重一些，摇青正常5次左右。炒青（即杀青）后趁热揉捻造型。然后烘干，分初烘和复烘（又称初火和足火）至足干。

闽南乌龙发酵程度掌握在20%以内。炒青一般在次日中午前后进行，传统做法也是趁热揉捻，易于造型，造型分揉捻和包揉两个阶段进行，烘干方法分初烘、复烘、足干。铁观音的初制，除了必须遵循乌龙茶初制技术的规范和要求外，还必须根据铁观音叶片组织脆韧，叶肉肥厚，不易发酵的种性特点而灵活操作。晒青程度要适度，摇青要重些，时间长些，以促进发酵变化；摇青操作宜轻，避免损伤；必须认真观察叶相变化，及时调整工艺；还必须注意观察香气的变化情况，以馥郁的花香形成作为做青适度标准；烘焙时火候要求偏轻些，以突出其自然品种香型。提高铁观音采制品质，鲜叶是基础，晒青做诱导，做青是关键，炒青定品质，包揉塑外形，烘培发香味。

台式乌龙茶发酵程度较轻，约8%，加工方法与闽南乌龙茶相同，较闽南乌龙茶的加工工艺在传统的加工方法上有比较大的改进。一是品质上追求轻香、绿水，发酵程度更轻；二是摇青由5次改为3次；三是摊青厚度由3~5厘米，改为薄摊，以叶片互不遮叠为度；四是炒青时间由正常的次日中午前下锅改为次日中午、下午、傍晚，乃至第三天上午；五是传统工艺趁热揉捻，改为杀青叶冷却后再揉；六是由先揉捻，后包揉改为直接包揉。有些厂家还采用杀青叶"闷包甩红边"的办法去除发酵产生的红边。以上做法俗称"轻做青、薄摊凉"，所做的毛茶经手工拣制，直接上市，省去了精制的过程。这种面市的茶叶称"毛净"，其含水率较高，可达9%左右，所以不耐贮藏，为了保持品质，常用冰箱冷藏。

2. 精制加工

把毛茶通过拣剔、去杂、拼配、分级、烘焙、包装等工序制成商品茶。

福建毛茶的品质因产地、山头、土壤、品种、季节、春别和初制技术的不同而有很大的差异，所以必须经过精制，分别形状、大小、长短、轻重、粗细、拣除梗、朴、黄片及杂物。把品质不同的各筛号茶进行拼配调和，取长补短，加工精制成各等级规格的茶，适合市场和消费者要求。精制过程包括复火、筛分、风选、拣剔、匀堆、装箱等工序。过去多是用手工操作，简单机具。现在多实行机械化作业，能生产各种茶类。从机械化走向自动化、电气化、流水线作业。匀堆、装箱是把各种半制成品按一定比例拼和后装箱。

精制对水分、灰分、粉末等含量有一定的规定和要求，大品质方面，除外形须符合精茶标准样（成交样或加工样）外，内质也不能有烟、焦、酸、馊、霉烂等现象。

桐木关正山小种红茶，初制比工夫红茶复杂，而精制却简单，有的初制时就达到成品茶要求。武夷岩茶也比闽北乌龙茶初制精细，在经过簸拣（毛拣）和炖火时，就具备了成品茶的要求，所以精制简单得多；绿茶作为窨制花茶的素坯，加工精制要求严格，工艺复杂，等级亦多，精制前先审评各批各号毛茶，进行归堆，劣变茶另堆，然后将外形内质相同的拼和，便于投料精制技术的掌握，如含水量过多，则须进行复火，然后用滚筒园筛机初步分开大小；再用抖筛机分粗细；平面园筛机分长短，按筛孔号码大小叫做筛号茶，如通过6号筛的就叫6号茶，其余类推。粗大的筛面茶叫"头子"，须用切茶机切碎，并用风选机分开轻重，拣梗机拣去梗子，拣不尽的用人工辅助。反复进行，直到长短分清，粗细区别，轻片、梗子、末和杂质除尽。再把不同长短粗细的筛号茶分别补火，减少水分，提高香气。最后根据各种筛号茶的品质，对照加工标准样进行合理拼配，便成为各种花色各个等级精茶。一般烘青茶胚适宜窨制花香，总之，除武夷岩茶和大部分乌龙茶采用单级付制、单级回收外，其他茶类则采

图 5-4 福鼎银龙茶叶有限公司自动化窨花设备

用单级付制，多级回收，或拼和付制多级回收的精制方法。

再加工的茉莉花茶窨制，一般按所用香花的种类，用茉莉花香的叫茉莉花茶，用玉兰花窨制的叫玉兰花茶等。玉兰花现多用于中级茉莉花茶的"打底"，使香更浓郁，还用作为低档茶和"三角片"窨制的香花原料。

午后采摘的茉莉鲜花窨制花茶最好，要含苞待放，以筛拣、摊凉，"养花"处理，开放率、开放度达90%时，一层花、一层茶作园堆放（块窨），或作长条堆（条窨），也有用茶箱窨高级花茶。高度不超过0.50米为宜，鲜花中的香气随水分蒸发。被茶胚所吸收。经历几个小时温度升高，由于鲜花呼吸作用放热所致，须进行"通花"散热，然后再窨，至花香迨尽为止。进行"起花"，摊凉后行复火，焙去过多水分，完成一窨。一般高级茶要窨2~3次，低级茶窨一次，最后 次用少量质量好鲜花窨，叫"提花"，以提高化茶香气的鲜灵度。1990年，闽北地区有国营茶厂16所，农垦系统精制茶厂12所，国营农（茶）场24个。茶厂有乡镇集体制茶厂77所，村办及个体茶厂9994所，农家副业制茶作坊500多家。

闽东茶区在20世纪80年代以后，注重机械性能的改进和技术改造，机械性能不断提高，改变"老虎灶—柴片—木炭"一统天下的局面，取而代之以煤炭、水电、液化气、柴油等节能、卫生的燃料。远红外烘干机、恒温恒湿连续加工等高科技在茶叶加工中得到不断应用。全区有加工机械1000多台套，有的达到国内先进水平。进入90年代，名优茶生产发展很快，全区7家国营精制厂开发的名茶在国内外享有盛誉。1985—2005年间，共获省、部优产品200多个，其中国优产品1个。涌现出福鼎品品香茶叶有限公司、福鼎天湖茶叶有限

公司、寿宁武曲茶厂等省级地方龙头企业和绿雪芽、品品香及"鞠岭"牌茶叶
知名商标。

3. 新产品开发

1991—2005 年，共研发出茶叶新产品 40 多个，分别获得国际名茶金奖、银奖、
农业部优质农产品国家发明专利、中华名茶奖、优质茶奖、中茶杯名优茶特等、一
等奖以及省、地、市级名、优茶奖。

表 5 - 2　　　　　　　　　**1991—2005 年福建省名优新产品表**

年份	品　名	获奖等级	主要完成单位	主要研制人员
1991	白雪芽（福建雪芽）	杭州国际茶文化节文化名茶奖	福建省农业科学院茶叶研究所	郭吉春
	茉莉雪芽	杭州国际茶文化节优质茶奖	福建省农业科学院茶叶研究所	郭吉春
	方山玉叶	福建省名茶奖	福建省农业科学院茶叶研究所	谢宁波、陈朝锦
	白兰春	福建省名茶奖	福建省农业科学院茶叶研究所	谢宁波、陈朝锦
	雪峰琼花	福建省名茶奖	福建省农业科学院茶叶研究所	谢宁波、陈朝锦
1991 1992	福云曲毫	福建省优质茶奖	福建省农业科学院茶叶研究所	刘用敏、王镇民、张方舟、林铭琳、陆修闽
1992	坦洋金针	福建省优质茶奖	福建省农业科学院茶叶研究所	郑乃辉、陈斯伟
1992 1993	青芝白莲	宁德地区名茶奖 福建省优质茶奖	福建省农业科学院茶叶研究所	谢宁波、陈朝锦
1995	坦洋金猴	福建省名茶奖、第二届中国农业博览会银奖	福建省农业科学院茶叶研究所	张方舟、陈斯伟
	松　针	福建省名茶奖、第二届中国农业博览会银奖	福建省农业科学院茶叶研究所	刘用敏、吴木英、郭少平
	福云曲毫	第二届中国农业博览会金奖	福建省农业科学院茶叶研究所	刘用敏、吴木英、郭少平
	剑　芽	第二届中国农业博览会金奖	福建省农业科学院茶叶研究所	刘用敏、吴木英、郭少平
	新选 304	品质达省名茶水平	福建省农业科学院茶叶研究所	陈荣冰、杨燕清

续表 5－2

年份	品　名	获奖等级	主要完成单位	主要研制人员
1996	金观音	福建省优质茶奖	福建省农业科学院茶叶研究所	郭吉春、叶乃兴
	春　兰	福建省优质茶奖	福建省农业科学院茶叶研究所	陈荣冰、杨燕清
	银芽尖	福建省优质茶奖	福建省农业科学院茶叶研究所	张方舟、陈斯伟、吴木英、黄枝明
	金绿香	福建省优质茶奖	福建省农业科学院茶叶研究所	陈霖、吴木英
1996 1997	黄观音乌龙茶	福建省名茶奖、第二届"中茶杯"特等奖	福建省农业科学院茶叶研究所	郭吉春、叶乃兴 郭吉春、杨如兴
1996 1997	丹桂乌龙茶	福建省名茶奖第二届"中茶杯"一等奖、福建省优质茶奖	福建省农业科学院茶叶研究所	陈荣冰、杨燕清、黄福平、陈广群、陈霖等
1997	瑞　香	福建省名茶奖	福建省农业科学院茶叶研究所	陈荣冰、杨燕清等
1999	丹　桂	中国国际名茶金奖	福建省农业科学院茶叶研究所	—
	九龙袍	中国国际名茶银奖	福建省农业科学院茶叶研究所	—
	玉绒香片	中国国际名茶银奖	福建省农业科学院茶叶研究所	制茶研究室
	茉莉花茶	中国国际名茶银奖	福建省农业科学院茶叶研究所	制茶研究室
	金牡丹乌龙茶	"中茶杯"全国名优茶一等奖	福建省农业科学院茶叶研究所	郭吉春、杨如兴、陈志辉
	春　兰	"中茶杯"二等奖	福建省农业科学院茶叶研究所	—
	九龙袍	"中茶杯"二等奖	福建省农业科学院茶叶研究所	—
	福云曲毫	"中茶杯"优质奖	福建省农业科学院茶叶研究所	—
	茉莉曲毫	省茶叶学会等联合举办的茉莉花茶鉴评会特种茶类名茶奖	福建省农业科学院茶叶研究所	制茶研究室

续表 5－2

年份	品名	获奖等级	主要完成单位	主要研制人员
	茉莉扁针	省茶叶学会等联合举办的茉莉花茶鉴评会特种茶类名茶奖	福建省农业科学院茶叶研究所	制茶研究室
	茉莉针螺	省茶叶学会等联合举办的茉莉花茶鉴评会特种茶类名茶奖	福建省农业科学院茶叶研究所	制茶研究室
2000	优4（玉翠）	省优质茶奖	福建省农业科学院茶叶研究所	陈荣冰等
2001	瑞香乌龙茶	第三届国际茶业博览交易会国际名茶评比银奖	福建省农业科学院茶叶研究所	陈荣冰等
2002	丹桂、玉龙、优4（玉翠）	省优质茶奖	福建省农业科学院茶叶研究所	陈荣冰等
2003	瑞香乌龙茶	第五届"中茶杯"名优茶一等奖	福建省农业科学院茶叶研究所	陈荣冰等
	悦茗香乌龙茶	第五届"中茶杯"名优茶一等奖	福建省农业科学院茶叶研究所	杨如兴、郭吉春
2004	金观音乌龙茶	中国太姥杯茶叶品质大奖赛金奖	福建省农业科学院茶叶研究所	杨如兴、郭吉春
	紫牡丹乌龙茶	中国太姥杯茶叶品质大奖赛金奖	福建省农业科学院茶叶研究所	杨如兴、郭吉春
2005	金观音乌龙茶	福建省名优茶评比优质茶奖	福建省农业科学院茶叶研究所	杨如兴、陈键
	丹桂、瑞香乌龙茶	第六届"中茶杯"全国名优茶评比优质茶，丹桂并获省优质茶奖	福建省农业科学院茶叶研究所	陈荣冰等
	紫玫瑰乌龙茶	第六届"中茶杯"全国名优茶特等奖	福建省农业科学院茶叶研究所	杨如兴、陈键
	紫牡丹乌龙茶	第六届"中茶杯"全国名优茶特等奖	福建省农业科学院茶叶研究所	杨如兴、陈键

自"九五"时期开始，安溪县在茶叶深度加工、系列产品开发等方面先后开发生产出速溶茶、铁观音易拉罐茶水、观音健胃茶、乌龙强力减肥茶等，加速茶叶深度加工、系列开发的步伐。福建农林大学园艺学院、漳浦农业园艺科技发展有限公司、漳浦天福食品开发有限公司开发出绿茶牛轧、绿茶茶果冻、乌龙茶果冻、茶香

梅、茶香橄榄、茶香姜、茶金橘、茶青豆、玫瑰茶杏仁、绿茶瓜子、绿茶蜜酥、八宝菊花茶、绿茶奶茶等 13 种系列茶叶食品，并确定了较为成熟的加工工艺。20 世纪 90 年代，闽东茶区先后引进一批茶饮料、茶叶保健茶和茶叶有机物的提取生产线，开发出茶饮品、保健茶产品。

第二节　甘　蔗

一、面积与分布

（一）面　积

1991—2005 年，福建甘蔗种植面积逐年减少，甘蔗种植面积最大的年份为 1991 年，面积为 80.1 万亩，比历史最高 1985 年下降了 27.12%；甘蔗总产量为 385.4 万吨，比 1985 年下降了 28.18%；亩产 4811 公斤，与 1985 年的亩产 4881 公斤基本持平。甘蔗种植面积最小的年份为 2000 年，萎缩到 21.6 万亩，总产量仅为 82.71 万吨，比 1991 年减少了 302.69 万吨，下降了 78.54%；甘蔗单产 3829 公斤，比 1991 年减少了 982 公斤，下降了 20.42%。甘蔗种植面积稳中有升的是长泰县和华安县，2001 年长泰县和华安县分别为 3.1 万亩和 1.8 万亩，到 2005 年长泰县和华安县分别为 4.5 万亩和 2.6 万亩。

全省有 50% 以上的果蔗是黑皮果蔗"拔地拉"，30% 是一些地方品种，如同安果蔗、大田雪蔗、永安果蔗、马鞍果蔗等；20% 左右为果蔗、糖蔗兼用及省外引进的品种，如闽选 703、闽糖 86－05、黄皮蔗、白玉蔗等，这些由福建农业科学院甘蔗研究所收集并提供蔗种。在漳州产区长泰县、华安县、漳浦县、芗城区推广品种有同安果蔗、黄皮蔗及果蔗、糖蔗兼用加工型闽选 703、闽糖 86－05 等。在闽北产区大田县、永安县，推广大田雪蔗、永安果蔗；仙游、闽侯、福清、长乐等地推广拔地拉脱毒种苗。

1991 年全省果蔗种植面积大约在 6 万亩左右，总产量为 17 万吨。1998 年发展到 10 万亩，总产量达 26 万吨。进入 21 世纪后，果蔗种植面积逐年扩大，2001 年全省果蔗种植面积为 9.94 万亩，总产量为 27.88 万吨，亩产 2805 公斤；到 2002 年全达到 11.53 万亩，总产量为 36.69 万吨，亩产 3182 公斤。

（二）分　布

蔗糖甘蔗基地主要集中在漳州地区的华安、长泰、南靖、漳浦、芗城和仙游等地。果蔗分布范围较广，多者数十亩甚至几百亩成片栽培，少的在房前屋后种植。一般是春种冬收，不留宿根。各地栽培的果蔗，主要是就地供应市场需要，数量大的，外销到上海、浙江和江西等地。

表5-3   **2001—2005年漳州地区甘蔗种植情况**

单位：万亩，万吨

地区	2001年		2002年		2003年		2004年		2005年		历史最高峰时期		
	面积	总产量	面积	总产量	面积	总产量	面积	总产量	面积	总产量	年份	面积	总产量
芗城	2.19	10.35	2.16	9.88	2.04	9.27	1.48	6.99	1.28	6.03	1985	3.80	17.10
长泰	3.10	19.04	3.30	20.09	3.89	24.84	3.68	22.70	4.50	22.50	1985	7.00	32.50
华安	1.78	9.17	2.08	13.62	2.27	9.94	1.62	7.78	2.60	10.61	1985	4.85	20.37
漳浦	1.73	7.87	2.13	9.63	2.15	9.75	1.47	6.47	1.39	5.62	1985	7.00	33.70
云霄	0.47	2.05	0.46	2.01	0.40	1.75	0.41	1.79	0.42	1.80	1984	4.55	20.25
龙海	0.25	1.28	0.28	1.60	0.36	1.50	0.35	1.67	0.19	0.88	1985	10.60	53.00
诏安	0.15	0.74	0.20	0.85	0.20	0.95	0.21	9.10	0.23	1.12	1985	6.27	29.60
南靖	0.36	1.56	0.28	1.23	0.20	1.11	0.16	1.02	0.20	1.30	1995	4.62	24.01
平和	0.03	0.11	0.03	0.12	0.05	0.18	0.03	0.13	0.03	0.12	1985	7.10	23.50

二、品　种

（一）品种资源征集研究

针对中国甘蔗种质遗传基础狭窄问题，福建农林大学甘蔗综合研究所从印度和美国两大国际甘蔗种源中心和澳洲、巴西、法国等20多个甘蔗生产国引进、鉴别具有遗传多样性的5个种及其后裔的特异种源，丰富了中国甘蔗基因库。

1991—2005年，省农科院甘蔗研究所通过引种和对省内甘蔗野生种的搜集，1994年建立了包括甘蔗野生资源圃、地方果蔗资源圃和栽培品种资源圃3部分的甘蔗种质资源圃500份，是当时全国品种数最多的果蔗资源圃。其中栽培品种资源圃有古巴63份，印度10份，美国15份，毛里求斯14份，菲律宾13份，澳大利亚10份，其他国家和地区41份，中国台湾20份，海南21份，其他蔗区112份，计319份。野生资源圃有割手密94份，斑茅29份，蔗茅3份，河八王属1份，芒3份，象草2份，中国种竹蔗7份，大茎野生种1份，印度种1份，计141份。地方果蔗资源圃有热带种与地方果蔗40份。

在对保育的甘蔗种质资源有关特征特性、染色体、同工酶进行系统研究的基础上，利用建成的当时国内最现代化的甘蔗开花诱导光周期室和杂交玻璃温室，成功研究出一整套适合亚热带地区的甘蔗开花诱导技术。1991—1995年，通过光周期诱导开花，辅之蓝光与远红外光照射，省农科院甘蔗研究所自行培育杂交组合390个，杂交花穗492个，培育实生苗数近20万株。其中远缘杂交组合30多个，实生苗近万株，获得了栽培品种河八王属的属间杂交后代和栽培品种、热带种的一批种间杂交后代，筛选了一批优异中间材料。

（二）品种选育

"八五"期间，福建农业大学甘蔗综合研究所和省农科院甘蔗研究所参加国家"八五"甘蔗育种攻关，选育新台糖10号、福农83-61、闽糖86-05等一批甘蔗良种通过省级品种审定。其中新台糖10号于1994年通过国家品种审定，成为国内第一个通过国家审定的甘蔗品种。

"九五"以来，福建农林大学甘蔗综合研究所取得"九五"国家甘蔗育种攻关、"十五"国家863甘蔗新品种选育课题的主持权，组织全国主要甘蔗育种单位进行国家甘蔗品种区域试验。1997—2005年，全国7个甘蔗育种单位共推荐了65个甘蔗品种进行6次国家甘蔗品种区试。通过国家甘蔗品种区试和生产示范，福农83-36获后补助一等奖；福农81-745、闽糖88-103获后补助二等奖。福农91-4621（国审糖2002007）、福农91-3623（国审糖2002008）、新台糖16号（国审糖2002009）、新台糖22号（国审糖2002010）于2002年通过国家品种审定，其中福农91-4621、新台糖16号、新台糖22号3个品种获国家补助。

2005年，福建农林大学甘蔗综合研究所和省农科院选育的福农94-0403（国鉴蔗2005009）、福农95-1702（国鉴蔗2005010）、闽糖86-2121（国鉴蔗2005013）、闽糖92-649（国鉴蔗2005014）等4个甘蔗新品种通过国家甘蔗品种认定。福农91-4710（闽认糖2003001）、福农94-0403（闽认糖2003002）、福农95-1702（闽认糖2003003）、闽糖86-2121、闽糖92-649通过了福建省非主要农作物品种认定委员会认定。

闽糖92-649是中早熟品种。1998—2001年进行生产试验，平均亩产蔗量7.26吨，每个榨季平均蔗糖分15.34%，分别比闽糖70-611增产22.73%和提高1.2个百分点，增糖35.2%。闽糖86-2121为中晚熟品种，1997—2002年进行生产试验，平均亩产蔗量7.78吨，每个榨季平均蔗糖分14.58%，分别比闽糖70-611增产22.91%和提高0.23个百分点，增糖24.45%。

福农94-0403是早熟品种。11月中旬成熟，比闽糖70-611早熟15~20天左右。在福建蔗区多点试验平均亩蔗茎产量8633.3公斤，比闽糖70-611增产23.5%；平均亩含糖量为1323.3公斤，比闽糖70-611增产26.83%。亩生物量12333.3公斤，比闽糖70-611增产23.5%；平均总可发酵糖含量3112.7公斤/亩，比闽糖70-611增产24.16%，总可发酵糖含量最高达3558.7公斤/亩。以上品种被作为新一代当家品种在全省范围内进行试种示范。

福农95-1702是早熟品种。工艺成熟期比闽糖70-611早熟25天左右，福建蔗区多点试验平均亩蔗茎产量8514公斤，比闽糖70-611增产21.08%，平均亩含糖量1345.3公斤，比闽糖70-611增产33.42%。丰产性、稳产性好，蔗糖分含量高，抗黑穗病和花叶病，抗旱能力强。

表 5 – 4　　　　　　**1991—2005 年福建省审（认）定通过的甘蔗品种**

品种名称	审（认）定编号	品种来源	选育单位
闽农 83 – 61	闽审糖 1991001	闽选 703/崖 73 – 512	福建农学院甘蔗综合研究所
福引 83 – 13	闽审糖 1991002	ROC5/F152	福建省侨办、制糖公司和福建农学院甘蔗综合研究所
闽糖 76 – 2	闽审糖 1992001	CO419/CP49 – 50	省农科院甘蔗研究所
闽糖 86 – 330	闽审糖 1995001	闽选 703/PT43 – 52	省农科院甘蔗研究所
闽糖 86 – 50	闽审糖 1995002	闽选 703/崖城 73 – 512	省农科院甘蔗研究所
福农 91 – 4710	闽认糖 2003001	CP72 – 1210/科 5	福建农林大学甘蔗综合研究所、农业部甘蔗生理生态和遗传改良重点开放实验室
福农 94 – 0403	闽认糖 2003002	CP72 – 1210/闽糖 69 – 263	福建农林大学甘蔗综合研究所、农业部甘蔗生理生态和遗传改良重点开放实验室
福农 95 – 1702	闽认糖 2003003	CP72 – 1210/粤农 73 – 204	福建农林大学甘蔗综合研究所、农业部甘蔗生理生态和遗传改良重点开放实验室
闽糖 86 – 2121	闽认糖 2004001	Q61/CP49 – 50	省农科院甘蔗研究所
闽糖 92 – 649	闽认糖 2004002	新台糖 1 号/闽选 703	省农科院甘蔗研究所

　　"十五"期间，全省种植面积较大的品种是闽糖 86 – 05、新台糖 16 号、闽糖 76 – 2、新台糖 10 号和闽糖 70 – 611，在全省形成以闽糖 86 – 05、新台糖 16 号为龙头，配以闽糖 76 – 2、新台糖 10 号（福引 83 – 13）、新台糖 25 号（福引 24 号）等甘蔗新良种的甘蔗品种布局，打破了闽糖 70 – 611 为单一当家品种的格局，完成了全省甘蔗良种化第 3 个阶段变革。

表 5 – 5　　　　　　**2001—2005 年福建省主要品种种植情况**

单位：%

品种名称	占全省种植甘蔗面积比例				
	2001 年	2002 年	2003 年	2004 年	2005 年
新台糖 16 号	4.86	14.13	20.75	36.89	41.28
新台糖 25 号	—	—	—	0.91	2.75
新台糖 10 号	4.24	1.00	0.71	—	—
闽糖 86 – 05	32.06	32.27	28.59	24.56	17.20
闽糖 76 – 2	7.06	6.21	8.23	4.76	6.87
闽糖 70 – 611	14.21	16.67	4.32	3.69	0.45

　　资料来源：全国甘蔗糖业信息中心统计资料。

（三）品种推广

20世纪90年代以后，全省种甘蔗水田与旱地的比例从7∶3变为3∶7，亩产保持在5吨左右。1999—2005年，水田种甘蔗的比例又逐步上升，繁育、示范、推广新台糖16号，占全省种植甘蔗面积的30%，亩产量6.92吨。

在全国甘蔗品种原种基地项目的支持下，经过示范，筛选出以闽糖86－05、新台糖16号为主，闽糖70－611、闽糖76－2、闽糖88－103、闽糖92－505、福农81－745、福农94－0403、福农95－1702、新台糖（ROC）10号、新台糖22号、新台糖25号等相互补充、搭配的推广应用品种。

省农业厅工业原料站（后合并为热作技术队）进行了《新台糖16号引种试验和繁育推广项目》，1997年提出

图5－5　省农科院选育甘蔗品种闽糖76－2

并制定技术实施方案，得到立项。引进的新台糖16号甘蔗新品种，经过区试和大面积生产示范，表现出早熟、高糖、高产、农艺性状优良、抗倒、抗病等特性。为了加速成果转化，尽快扩大面积，采用常规夏繁技术结合茎尖组培快繁技术，使繁殖系数比常规提高15~27倍，大大加快推广步伐；并且率先进行甘蔗良种繁育与推广机制的创新，到2002年该品种推广面积已占全省植蔗面积的30%。1997—2002年，新台糖16号累计推广面积9.04万亩，平均蔗茎产量6922公斤，亩增产蔗茎产量755公斤，总增蔗茎产量68252吨；平均蔗糖分提高0.35%（绝对值），亩增产糖量0.12吨，总增产糖量11150.67吨，新增产值4520.18万元，新增利税326.14万元，产生社会效益达4846.32万元。

省农业厅工业原料站承担的项目有国家"九五"第二批糖料（甘蔗）良种繁育基地，实施时间为1999—2000年；"十五"期间第一批国家甘蔗良种繁育基地建设项目，实施时间为2001—2002年；国家"十五"期间第二批福建省甘蔗良种繁育及产业化示范项目，实施时间为2003—2004年。通过基地的项目建设，良种及配套技术的推广，亩增产量0.5~1.0吨，收购价每吨提高15~20元，使蔗农每亩增收150~200元。

"十五"期间全省果蔗种植面积10万亩左右，主要栽培品种有福州马鞍果蔗、同安泉蔗、大田雪蔗、永安果蔗、华安果蔗、福安果蔗、崇安果蔗、浦城果蔗、松

溪果蔗、连江果蔗、古田果蔗和黑皮果蔗。在福州市郊和闽南一带，栽培果蔗主要品种有福州白眉蔗（还称白蔗，原产福州市郊马鞍村和马坑村）、同安黄皮果蔗和闽南从国外引进"拔地拉"黑皮果蔗。在白眉果蔗中，又分白眉蔗、将乐蔗、藤蔗和猴王蔗等品种，其中以白眉蔗种植面积最大，质量最优。闽北主要栽培的果蔗品种为黑皮果蔗、大田雪蔗、永安果蔗。

三、栽培技术

甘蔗与果蔗的栽培技术，有所改革创新，在选用良种的前提下，抓好整地作畦，合理密植，地膜覆盖、田间管理和病虫害防治等环节。

1995年，省农业厅工业原料作物站开展"福建省旱地甘蔗速生快长高产稳产综合配套技术"，经10年试验、示范、推广，使60万亩的技术示范旱地甘蔗平均单产从不足4吨提高到4.8吨。甘蔗种植面积由原来的水田蔗占70%，旱地蔗占30%，改变为旱地蔗占70%，水田蔗占30%，糖料甘蔗平均亩产保持在5吨，旱地蔗平均单产超过全国的水田蔗平均水平。该技术要求地膜冬春播，选用早熟品种，松深耕（不翻乱耕作层），测土配方施肥，综合防治病虫害，科学田管等综合配套技术，保证了早播安全早生快发，增大蔗田土层涵水量，提高防、抗旱能力，提早30～45天在丰雨的初夏进入拔节，实现高产稳产。

第三节　烟　草

一、面积与产量

图5-6　三明市尤溪清香型烟叶示范基地

1991—1993年，福建烟叶种植呈上升发展趋势。1991年全省种植烤烟614295亩，1992年全省种植烤烟739005亩。1993年全省种植面积达到1135999亩，收购烟叶89200吨。

1994年，烟叶生产出现了下滑。全省种植面积559995亩，收购烟叶31038吨。漳州市的平和、云霄、华安，福州地区的永泰，宁德地区，停止种烟，种植区域已逐步向的龙岩、三明、南平三个地区发展。1995年，全省烤烟种植503985亩，收购烟叶33599吨。其中龙岩烟区234000亩，三明烟区238005亩，南平烟区15705亩，漳州的南靖、漳浦和福州的罗源等烟区16275亩。1996年，全省种植烤烟565005亩，收购烟叶63128吨。1997年，烟叶超计划生产，全省烟叶种植面积837795亩，收购烟叶111832吨，比1996年净增48704吨，其中三明64075吨，龙岩32806吨，南平13350吨，漳州1350吨，福州50吨。是年生产总量失控，烟叶库存积压创历史最高纪录。1998年，全省种植面积又回落到556605亩，收购烟叶46741吨。

1999年，福建省烟草公司按照计划资源优化配置的原则对烟区进行规划布局，烟叶生产保持适度规模稳步发展。全省合同种植面积586800亩，收购烟叶61722吨。

2000年，种植烤烟678195亩，收购烟叶66467吨。2001年种植烤烟719295亩，收购烟叶75823吨。2002年种植烤烟808995亩，收购烟叶93503吨。2003年种植烤烟776100亩，收购烟叶83274吨。2004年全省种植烤烟846405亩，收购烟叶108769吨。龙岩老烟区突出闽西烤烟清香型风格特色，建立龙岩清香型优质烟叶示范区；三明烟区发挥"翠碧一号"特色优良品种，利用山区单季稻田种植烤烟，种植面积迅速扩大，成为全省最大的烟叶产地；南平烟区通过与美国"莫菲"公司和"环球"公司的技术合作，成为国际型优质烟叶基地。龙岩、三明、南平三个产区都列入全国31个重点产烟区。到2005年，全省有28个县（市）种植烤烟，其中达到5000吨以上规模的县（市）有宁化、将乐、泰宁、建宁、长汀、上杭、武平、邵武，占全省产量的54.8%；2500~5000吨的县（市）有明溪、清流、永安、大田、尤溪、永定、连城、松溪、浦城、武夷山、光泽，占全省产量28%。三明烤烟产量跃到全省首位。

表5-6　　　　1990—2005年福建省烟草种植面积与收购烟叶量情况

单位：亩，吨

年份	种植面积	收购烟叶量	年份	种植面积	收购烟叶量
1990	500400	35680	1998	556605	46741
1991	614295	50520	1999	586800	61722
1992	739005	64275	2000	678195	66467
1993	1135999	89200	2001	719295	75823
1994	559995	31038	2002	808995	93503
1995	503595	33599	2003	776100	83274
1996	565005	63128	2004	846405	108769
1997	837795	111832	2005	924300	101985

二、品种与布局

1991 年 2 月省烟草公司在上杭县召开外引品种推广现场会，组织参观了上杭县大面积推广外引品种育苗、移栽和田管的现场。福建省烟草公司对外引品种实行肥料补贴等优惠扶持政策，外引品种配套栽培技术的研究也取得成功并得以推广。是年外引品种的种植面积迅速扩大，各产烟区都把推广外引品种、主攻质量当做烟叶生产的中心来抓，全省落实烤烟种植面积 614295 亩，其中外引品种面积 199995 亩。

1992 年以后，各产区在品种安排上逐步做到因地制宜，相对集中，不插花种植，一般一个乡镇只种植 1 个品种，由烟草公司统一供种。至 1996 年，全省均以翠碧 1 号、G80、K326 为主栽品种，尤其是 K326 品种具有易烘烤，上等烟比例较高，叶片较厚、产量较稳定、色泽鲜明等优点，种植面积逐年扩大；而 G80 品种因叶片偏薄，产量、产值较低等原因，种植面积逐年减少。这些品种由于连续多年种植，抗性减弱，烟叶产品质量下降，省烟草公司寻找新的烤烟替代良种，开始引进一批抗性好、品质优良的品种进行区域试验，试验的品种主要有云杂 2 号、红花大金元、B9315-10、N32-5、丰字号、金烟 6 号、岩烟 97 等。龙岩烟科所选育的岩烟 97 产质兼优，抗病性较好，适应性较广。1996 年全省扩大岩烟 97 的种植。各产区对品种布局各有侧重，龙岩市以巩固 G80、翠碧 1 号种植面积，适当压缩 K326，重点推广岩烟 97 为主；三明市以翠碧 1 号为主，适当搭配 G80 和 K326；南平市以推广 G80、K326 为主，示范推广岩烟 97 和丰字一号。

1997 年，全省大面积扩种"岩烟 97"，减少了 G80 种植面积，以翠碧 1 号、K326、岩烟 97 三大品种为主，少量种植柯克 176。

1998 年，品种布局以翠碧 1 号、K326 为主，控制岩烟 97 的种植面积，对花叶病严重的烟区，适当搭配柯克 176，保留 G80，产烟 2500 吨以上的县示范种植新品种 K346。

1999 年，推广 K346，全省烤烟品种布局以 K326、翠碧 1 号、K346 为主栽品种，适当扩大示范云烟 85、RG11、RG17、CF965 品种，大力压缩柯克 176。

2000 年，对种植的品种进行轮换种植，主栽品种 1~2 年轮换 1 次，保持抗病性。全省推广种植翠碧 1 号、K326、云烟 85、K346，同时示范种植了云烟 87、CF965、RG11、RG17 等新品种。同时，对品种布局进行统一部署，防止品种布局的"多、乱、杂"，做到以销定品种。2001 年，全省品种布局仍以翠碧 1 号、K326、云烟 85、K346 为主，搭配少量 RG11 和其他品种。是年省烟科所和龙岩烟科所选育的烤烟新品系 9804、F1-35、F1-38 分别在长汀县、宁化县进行示范种植。

2002 年以后，全省烤烟品种以 K326、翠碧 1 号为主栽品种，搭配了云烟 85 和云烟 87 两个品种。2005 年示范种植新品系 F1-35、F1-38。

三、种植与调制技术

(一) 育　苗

从 20 世纪 50 年代起，福建烤烟育苗历经苗床育苗、假植育苗、营养袋育苗、漂浮育苗、湿润育苗 5 个阶段。1998 年以后，在营养袋、假植育苗的基础上，试验、示范、推广漂浮育苗技术。建造塑料育苗棚，采用营养盘，以基质和营养液培育烟苗。2000 年以后全省烟区全面推广该育苗技术。此后又对漂浮育苗技术进行改进，提出湿润育苗技术。2005 年全省烟区均采用漂浮和湿润育苗两种形式。

(二) 轮作与套种

福建烤烟种植主要以冬烤烟和春烤烟两种种植制。

1. 冬　烟

1990 年以后，福建仍有冬烟种植，分布在漳州的漳浦，实行"冬烟→早稻→晚稻"轮作。至 2002 年，漳浦停止了冬烤烟种植。

2. 春　烟

1990 年后，福建烤烟种植以春烤烟为主，分布在龙岩、三明、南平、南靖、罗源等地。大部分在稻田种植烤烟，也有小部分在山坡地种植烤烟。水稻田种植烤烟后，耕地实行了水旱轮作，改变了土壤理化性状，培养了地力，减少病虫害的发生，达到用地与养地相结合，能够取得烟稻双丰收。山区利用单季稻田种植烤烟，解决了粮烟争地的矛盾。全省烟区大部分实行"烟→稻"复种连作为主的耕作制度，主要方式是"烤烟→晚稻"连年复种连作。这种复种连作方式一年中虽有不同类型作物更替栽种，但随着种烟年限的增加，仍然无法避免土壤肥力下降、病害逐年加重的趋势。到 20 世纪 90 年代中期，提倡隔年轮作，主要方式有"烤烟→晚稻→中稻→烤烟"、"烤烟→晚稻→早稻→晚稻→烤烟"、"烤烟→晚稻→绿肥→中稻→烤烟"、"烤烟→晚稻→莲子"；在种烟年限较长、病害重的田块，实行两年一烟制、三年一烟制或五年三烟制的轮作方式。

20 世纪 80 年代，有的烟区有春烤烟套种大豆、花生、甘薯、马铃薯等作物。由于套种这些作物影响烤烟质量，90 年代后种植烤烟不提倡套种其他作物。2004 年后，全省建立基本烟田保护制度，禁止在基本烟田种植马铃薯、番茄、辣椒、茄子等茄科作物或南瓜、西瓜等葫芦科作物及蔬菜等十字花科作物，保护较好的烟叶生产环境。

(三) 栽培季节

20 世纪 90 年代以后，福建烟区烤烟移栽期是依据当地气候条件、种植制度以及品种特性、播种期等因素来综合考虑，主要考虑气候条件，做到充分利用有利的气候条件，适时移栽。烟农在生产实践中常常是同品种、同烤房的移栽时间控制在 2 ~ 3 天内，这样有利田间管理和烟叶烘烤。

表5-7   **福建烤烟主产区移栽期情况**

地区	品种	移栽期	备　注
龙岩	迟熟品种	1月下旬	龙岩南部有适度提早移栽,北部适当推迟
	早熟品种	2月中下旬、3月上旬	
三明	迟熟品种	1月下旬、2月上旬	高海拔地区有适当推迟移栽
	早熟品种	2月下旬、3月上中旬	
南平	迟熟品种	2月上中旬	
	早熟品种	3月上中旬	

（四）调　制

1. 烘烤工艺

图5-7　20世纪90年代推广"三段式"
烘烤工艺烘烤烟叶

福建烟区烟叶采收烘烤季节适逢雨季，鲜烟含水量较大，烘烤难度增加，容易烤坏烟，烟叶烘烤技术工作尤为重要。从20世纪80年代起，各级烟草公司成立后都把烤房和烘烤技术的改进作为提高烟叶产质量的重要措施。在实践中总结了三段式、五段式和多段式烘烤工艺模式。90年代后全面推广"三段式"烘烤工艺。分为变黄期、定色期、干筋期三个阶段，至此，烟叶烘烤技术一直延续应用三段式烘烤工艺。

2. 烤　房

20世纪80年代福建烟区建造的烤房多为家庭式小烤房，五层结构，火管排列以平走式为主，部分为跨越式，也有改为下扎式。从90年代起，随着烤烟生产技术水平的提高，烟农在烘烤实践中不断探索烤房改造，研究改进加热系统、排湿系统，烤房改造先后经历了火管排列平走式、下扎式，热风洞，一次性加煤烤房，MY双炉烤房，热风循环烤房等过程。2002年开始组织试验推广密集式烤房。密集式烤房建造的形式有气流上升式和气流下降式两种，每座烤房可烘烤大田烟叶15~20亩，适应当时的生产规模，烘烤操作简便，装烟、出烟方便，升温、排湿容易调节，烤出烟叶优于普通烤房；在耗煤方面比普通烤房减少 10% ~ 20%，节省烘烤成本。2005 年全省加快密集式烤房推广建设，烟草公司还对建造密集式烤房给予一定的资金补助，当年全省推广密集式烤房 1902 座。

附　　　　　　　　晒　烟

1983 年后，晒烟由二类产品降为三类产品，福建省仅三明的沙县、漳州的平和等地晒烟纳入国家收购计划，其余少量种植的晒烟均为自由种植、自由销售，价格不定。20世纪 90 年代以来，福建省晒烟种植面积大幅减少，平和、沙县两个县晒烟种植面积也逐步萎缩。1993 年福建省沙县、平和、福鼎的晒烟，虽然只是少量种植和收购，仍列入全国名晾晒烟名录，为全国之少有。1994 年，全省晒烟种植面积大幅下降，只有 5976亩，收购量为 307.1 吨，主要分布在平和和沙县，福鼎已基本没有种植。1995 年全省种植晒烟 92955 亩，收购量为 578.5 吨。1996 年全省种植晒烟 76155 亩，收购量为 518 吨。1997 年全省种植晒烟 80115 亩，收购量为 600.5 吨。1998 年，种植晒烟比较效益低，产品销售困难，全省种植面积大幅度下降，只有 5850 亩，收购量为 403 吨。1999 年全省种植晒烟 56505 亩，收购量 467.5 吨。2000 年全省种植晒烟 56505 亩，收购量为 442.5吨。此后，全省晒烟种植逐步萎缩，只剩个别地区零星种植，也不再管理和收购。

第四节　麻　类

一、黄麻与红麻

(一) 品种资源

1991—1995 年，福建农林大学作物遗传育种研究所与省农科院蔗麻研究所承担国家麻类资源搜集、鉴定与保存利用研究课题，搜集保存国内外黄麻、红麻、苎麻种质资源 800 多份，涵盖黄麻 11 个种、红麻 13 个种，并完成繁种入库（国家中长期基因资源库）工作。对 200 余份地方品种的农艺性状进行了系统鉴定。

1996 年完成 100 份黄麻种质资源 12 个产量与品质性

图 5 - 8　黄麻 681

状的系统鉴定和主成分分析，评价出高产优质品种有粤圆5号、黄麻681、黄麻716、黄麻407、黄麻179、黄麻7110、梅峰2号、梅峰4号等。

2003年对近百份红麻种质资源进行重要性状的鉴定和主要成分分析，评价出优质高产品种有福红2号、福红3号、福红4号、福红5号、福红6号、福红02－1号、福红02－9号、福红02－11号、福红02－12号（无刺）、福红02－29号、福红02－31号、福红02－51号、福红951号、福红952号、福红991号、福红9913号、闽红964、泰红763、金光无刺、非洲裂叶、Bg52－1、C2032、H316、H318和ZM412等。对红麻种质资源材料的耐旱性鉴定，评价出NA414、GA42、85－244、EV－41、C2032、83引6、金光无刺等强耐旱性品种资源。此外还鉴定出一批红麻种质资源的抗炭疽病、抗根线虫病以及特异优良种质。

（二）种植与分布

1. 种 植

20世纪90年代，黄麻和红麻种植面积在1.5万~3万亩左右，由于推广新品种，黄麻一般每亩产原麻450公斤左右，种子每亩产量在75公斤；红麻每亩产原麻500公斤，种子每亩产量在100公斤左右，高产繁种每亩达150公斤，年产种子150万~300万公斤，全部调往安徽、河南、湖北等主产麻区种植。

2. 分 布

图5－9 诏安县良种场黄麻良种繁育基地

1991年以后，福建红麻和黄麻栽培以繁种为主，多数以麻农个体户分散种植，育种科研及种子公司的红麻和黄麻良种繁殖基地主要分布在闽南的漳浦、龙海、诏安和莆田4县（市），占全省栽培面积的80%左右，其次是芗城、长泰、平和等县（区）。红麻较耐旱，繁种主要是利用山地、旱地、盐碱地种植；黄麻则需用水稻田繁种，因与粮食争地而慢慢淡出，但仍有部分栽培，并转向以菜用黄麻生产为主。1990年以来，福建农林大学和省农科院在闽中的莆田和闽南的漳浦、诏安、龙海、长泰建立良种繁育基地，育成了福红系列和闽红系列高产优质多抗红麻新品种。黄麻繁种在莆田、诏安两县进行。福建黄红麻良种繁育以质量优、纯度好，受到全国麻区的好评。"十五"期间，红麻繁种供全国推广，涵盖全国的1/3

以上栽培面积。由于黄麻纤维可与棉花混纺成服装面料，江苏紫荆花纺织科技股份有限集团公司委托福建农林大学在诏安县和莆田市建立了黄麻 179、梅峰 4 号、中黄麻 1 号等黄麻良种繁育基地，供江苏紫荆花纺织集团公司在全国建立万亩黄麻原料基地推广种植。

图 5 - 10　福建农林大学遗传研究所
选育红麻品种福红 992

（三）品种推广

1991 年以后，福建省农科院先后育成了福红系列和闽红系列红麻新品种，系列品种育种成果居全国领先水平，成为全国主要推广品种。主要推广的优良品种有福建农林大学育成的红麻新品种福红 1 号、福红 2 号、福红 3 号、福红 951、福红 952、福红 991 和油纤兼用新型品种金光 1 号等，以及省农科院育成的红麻新品种闽红 31、闽红 298、闽红 369 等。其中福红 2 号、福红 3 号、福红 951、福红 952，分别于 2001—2003 年列为国家科技部和省科技厅农业科技成果转化重点推广品种。

表 5 - 8　　**1991—2005 年通过福建省及国家级区试、鉴定和推广的红麻新品种**

品种名称	育成单位	产量比"粤 743（CK）"品种 ± %	品种区试鉴定及审定级别
福红 1 号	福建农林大学	+ 7.00	福建、安徽省红麻新品种鉴定
福红 2 号	福建农林大学	+ 21.30	福建、浙江、安徽省与国家级红麻新品种鉴定
福红 3 号	福建农林大学	+ 16.12	福建省与国家级红麻新品种鉴定
福红 951	福建农林大学	+ 13.15	福建、安徽省与国家级红麻新品种鉴定
福红 952	福建农林大学	+ 15.67	福建、安徽省与国家级红麻新品种鉴定
福红 991	福建农林大学	+ 11.59	福建省与国家级红麻新品种鉴定
金光 1 号	福建农林大学	+ 9.60	福建省与国家级红麻新品种鉴定
闽红 31	福建省农科院	+ 15.42	福建省红麻新品种鉴定
闽红 298	福建省农科院	+ 12.74	福建省红麻新品种鉴定
闽红 369	福建省农科院	+ 10.63	福建省红麻新品种鉴定

　　注：产量比照"粤 743"品种 ± % 系根据福建省农科院信息所查新报告。

（四）栽培技术

1. 耕作制度

1990 年以后，全省红麻、黄麻以繁种栽培为主，在闽南诏安一般黄麻繁种多以育苗移栽为主，一般在 5 月播种，待早稻收获后于 7 月中旬移栽到水稻田，10 月底到 11 月初种子收获后还可种植一季蔬菜。在闽中莆田则多于 5 月直播栽培，11 月中旬收获种子，再种其他冬种作物或蔬菜。红麻在闽南地区则多在 7 月中旬利用山地、旱地或早稻收获后夏播繁种，于当年 11 月底收获。漳浦、龙海等地还有与春收作物花生、甘薯、春大豆等间套种繁种，达到麻皮和繁种兼收目的。在莆田、福州地区则多以 5 月直播繁种，当年 12 月初收获种子。

2. 栽培技术

福建春季雨水多，麻田整地要深沟高畦有利排水保苗。选用的高产优质品种必须满足 135～150 天工艺成熟期的要求。在闽中南春播一般在谷雨前后播种，生产上多采用条播，一般播种方式以宽窄行条播为主，即畦宽 90～100 厘米，每畦挖 2 条播幅散播，每亩播种量红麻为 1.5 公斤，黄麻为 1 公斤，种子播种后要覆盖一层薄土，并适当灌水，以利全苗。

黄麻、红麻高产栽培施足基肥，重施旺长肥，酌施壮层肥。做到"看天、看地、看麻"，氮、磷、钾合理搭配，科学施肥。春季苗期雨水多，以排渍为主，以保持土壤干湿适度，促进根系发育。旺长期生长量大，应及时灌水，避免旺长期失水凋萎。

3. 轮作与套种

20 世纪 90 年代育成的黄麻、红麻植株高大，根系发达，需肥量大，对地力消耗大。连年重茬，会引起土壤养分失调、地力下降和根线虫病严重发生，容易造成减产。实行轮作可起到用地与养地结合，对减轻麻田根结线虫病、炭疽病、立枯病病源也有重要的作用。实行稻麻轮作是一种最好的科学轮作方式。

黄麻、红麻与其他作物间套种栽培模式，是提高南方复种指数和高效利用光能的一种有效方式。黄麻、红麻与水稻、地瓜、四季豆、花生等间套种，以黄麻、红麻育苗移栽的方法，套种在其他作物中，建立一年三熟或多熟的高产栽培模式。

4. 盐碱地红麻栽培技术

盐碱地上种植红麻，促苗发育是重要环节。在莆田、漳浦等海滩地围垦区，群众在改造盐碱地的实践中，总结出一套保苗丰收的经验。

（1）防碱排盐

新垦盐碱地修台田和建立相应的排水工程是盐碱地排除内涝、防止土壤盐渍化的重要措施。台田的做法各地不一。台田宽 20～30 米，长度 150～200 米，沟深

1.6~2.0 米，沟宽 4~5 米，沟底宽 1.5~2.0 米，台田沟口与排水沟相接。修筑台田和条田后，采用引水灌溉，灌排配套，改良盐碱地的效果更好。

（2）改良土壤

增施有机肥料是改良盐碱地，提高出苗率的有力措施。福建农林大学在莆田秀屿区 303 等新垦盐碱地利用冬季播种田菁等耐盐绿肥，增加土壤肥力和有机质。第 2 年繁种红麻成苗率在 80%，每亩干皮可达 165 公斤，种子产量可达 60 公斤以上。

（四）繁种技术

1. 黄麻良种繁育

（1）留种方法与技术

原株留种　福建农林大学坚持采用年年原株留种繁育原种供生产扩繁，这种留种方法优点是在春季播种，使品种的特征、特性能得到充分表现，便于去杂去劣。原株留种要注意去杂、去劣、加强田间管理，以利保持种性，适当增施磷钾肥，也可提高种子产量和质量。

夏播留种　根据黄麻生长发育要求高温、短日的特性，在福建南部每年 7 月 13 日以前播种，9 月 28 日前后开花，11 月 25 日左右种子就可成熟。根据莆田和诏安实验，一般每亩种子产量为 70 公斤左右，麻皮产量在 250 公斤左右。夏播留种的主要技术是播种要及时。闽南诏安的实验一般在每年 7 月 20 日或适当提早播种，然后在早稻收获后，移植到水稻田，可以增加种子和麻皮产量，施足基肥。早施追肥（一般出苗后 15 天左右施用），以满足夏播麻出苗后迅速生长的需要。夏播麻生长正值高温干旱季节，容易遭红蜘蛛、叶蝉等危害，要注意及时防治。夏播留种，可多种一季早稻，冬季还可种大麦、蚕豆或蔬菜，提高了土地利用率，不仅能收获种子，还能收到一定数量的麻皮，增加经济效益，并且能避过台风危害，比插梢留种优越。

（2）种子收获与储藏

黄麻种子发育分为乳熟、黄熟、完熟、枯熟四个时期，完熟期为种子采收的最佳时期，这个时期的主要特征是蒴果黄色或淡褐色，果皮干皱，种子充实，发芽率高。黄麻为无限花序，蒴果成熟相差有一个月，根据福建农林大学研究，当中上部蒴果种子变成棕色（圆果种）或墨绿色（长果种）时收获。黄麻从开花到种子成熟需 45~60 天，因品种和气候条件而异。闽中南麻农在收获黄麻果枝后，后熟,7~14 天再脱粒，以提高种子饱满度和发芽率。

黄麻种子储藏的寿命长短主要取决于种子本身的饱满度、含水量及储藏环境的温度、湿度等。一般黄麻种子库存的安全含水量为 13% 以下，含水量降低到 5% 以下也不影响种子的生活力。晒干的种子保存采用塑料袋包装储藏 25 个月发芽率仍保持在 86.4%~97.4%，低温冷库保存 4 年种子发芽率仍可保持 80%~90%，而采用干燥器底部储放氯化钙保存原种，种子保存 25 年后发芽率仍可达 70% ~ 80%。

（3）良种退化防治

20 世纪 90 年代以后，福建农林大学及省农科院的黄麻红麻育种单位，积极推进种业体系建设，使全省黄红麻育种繁殖逐步规范化。防止良种退化具体做法一是建立和完善良繁体系。在经营体制上，原种一般都由福建农林大学和省农科院育种单位繁育提供，莆田市种子公司和闽南漳浦县种子公司、诏安县种子公司、龙海县种子公司及农业部协作，以良种场或专业户为基础，建立繁种基地，加强技术指导和良种繁育的规范化生产管理。二是建立原种繁殖基地。闽中莆田市种子公司和闽南诏安县良种场都建有黄麻原种生产基地，繁殖优良品种；以特约乡（镇）、村或专业户为基础的种子生产基地，负责生产用种子。三是完善去杂提纯种子生产制度。一般生产用种子可采用片选、去杂等方法，保持种子纯度，保证种子质量。

2. 红麻良种繁育

（1）三年三圃制原种生产

第一年选择优良株系，根据品种特征特性和整齐度，选留表型整齐一致丰产性综合性状优良的株系分别脱粒保存；第二年株区圃鉴定，第一年收获的当选株系按株系区播种，进行小区比较，选出表现整齐一致的优良株系混合脱粒，作为原原种；第三年一级原种繁殖，第三年收获的原种，扩大繁殖，收获的种子为一级原种，然后提供给良种繁殖基地县种子站和农业技术部门扩繁为二级原种，供下一年生产上进一步繁殖。

（2）生产种繁殖

种子生产体系的建立是 2000 年在国家科技部和福建省农业科技成果转化资金项目的资助下，由福建农林大学大力推进福红系列新品种红麻良种繁殖，建立育种、繁殖推广一体化，产供销一条龙种子生产体系，因地制宜，统一品种布局，逐步实现"一地一种"，不仅有利品种的保纯，而且对北方红麻主产区保证供应。此种繁种主要采取间套种红麻留种。在闽南采用间作套种，不但提高复种指数，而且提高红麻种子产量。福建漳浦、龙海、诏安、莆田等县（市）多利用丘陵山地以红麻与花生、大豆等矮秆作物间套种，由于通风透光及水生态条件好，红麻种子比连片种植增产 2 ~ 3 倍。

（3）夏播红麻留种

夏播红麻留种不但可以提高复种指数，而且可以提高红麻留种质量。根据福建农林大学在诏安繁种基地的实验，闽南夏播红麻留种在每年 7 月中旬播种，种子产量最高可达 150 公斤。闽中地区在每年 6 月中旬播种，即在大豆、花生收成后夏播留种。红麻夏播比春播留种种子产量可提高 30% 左右。夏播红麻留种在营养生长后期（现蕾前）适当增施一次钾肥有利于提高种子产量。

二、苎　麻

1990 年种植面积 1.26 万亩，1991 年以后种植面积降低，但总体变动不大。主要以大田、宁化、长汀、上杭等地面积稍大，闽西北及闽东山区各县仅有农户零星种植。

（一）品　种

1991 年已列入国家苎麻种质资源圃保存和编目的福建地方苎麻种质资源有 29 份。福安黄苎麻、福安苎麻、大田苎麻，漳州毛红心种、惠安红心麻等，产量和品质均较差，一般每亩产量在 66 公斤左右，支数在 100 支左右。全省系统选育的高产品种有福鼎苎麻 3 号、三明苎麻 1 号、三明苎麻 2 号、大田苎麻 1 号、大田苎麻 2 号，一般每亩产量在 135 公斤左右，纤维支数在 100～125 支。纤维支数在 135 支的优质品种有惠安红心麻。历年引进和利用外省的地方优良品种有广西的黑皮蔸、湖南的芦竹青、湖南沅江的黄壳早，一般每亩产量在 100～133 公斤，支数在 100～125 支。1990 年以后，从江西引进的有赣苎 1 号、2 号、3 号、4 号；从湖南引进的有湘杂苎 1 号；从湖北引进的有华苎 3 号、华苎 4 号等，一般每亩产量在 133～145 公斤，支数在 133～145 支之间。

全省苎麻野生种资源种类十分丰富，闽北、闽东、闽西丘陵、山地、溪谷、道旁有零星分布。20 世纪 90 年代开始，中国麻类研究所多次派员与福建农林大学和省农科院科技人员，分赴南平及武夷山自然保护区、三明及永安桃源洞自然保护区、宁德及福鼎太姥山自然保护区、福州森林公园及鼓山、漳州及南靖亚热带雨林自然保护区以及闽中等地搜集野生苎麻种质资源，并收入国家长沙苎麻种质资源库保存。全省苎麻属有 32 种，划分为 5 个大组，其中野生苎麻种类在福建自然分布就占有 3 个组 6 个种。第 1 组是苎麻组种中的苎麻（原变种）*B. nirea（L）*，贴毛苎麻（变种）*B. niven Var. niponiva（Koidz）*；第 2 组是序叶苎麻组中的 *B. clidemioides Var. diffasa（Wedd）*；第 3 组是大叶苎麻组中的海岛苎麻（原变种）*B. formosana Hayata W. T. Wang*，悬铃叶苎麻 *B. tricuspis（Hance）Makino*，细野麻 *B. gracilis C. H. Wright* 等。

（二）良种繁殖技术

苎麻良种繁育主要推广江西、湖南、湖北等主产区的繁殖技术成果，苎麻良种繁殖分无性繁殖和有性繁殖两种。无性繁殖为传统主导的科学扩繁技术，有性繁殖是在加速发展生产上采取的非主导应急快速繁殖技术。

1. 无性繁殖技术

分蔸繁殖技术有分蔸繁殖和分株繁殖。分蔸繁殖采用细切种根繁殖比一般分蔸繁殖方法扩繁系数提高 5～15 倍。分株分植用快刀插入麻茎，切取跑马根上发出来的麻苗连根带土移栽，或是在麻株成熟时，挖取矮麻来移栽。插条繁殖在麻蔸上剪取成熟的麻株切成数段插入新麻田，生根发芽后成为新生植株。

2. 有性良种扩繁技术

苎麻种子极小，繁殖育苗技术性强，要求土质疏松、肥沃，以沙壤土为宜，苗圃精细整土，每亩播种量50克左右，播种后喷壶洒水，用草木灰或火烧土盖种，用稻草覆盖，保持土湿和湿度。种子出苗后，立即拔草，加强田间水肥管理，进行2~3次间苗，真叶长到10~12片移苗。

（三）栽培技术

在闽西北及闽东，麻农一般选择背风向阳的丘陵、山地建麻园。平原水田则选择排水良好，没有遮阴的地块。麻地要深翻耕，有利根系生长和增强抗旱能力。栽植前，要施足基肥，一般分蔸繁殖的可在春季2~3月或秋末冬初栽植。苎麻园的栽培密度一般每亩1.5万兜，有效茎达2万株。破秆蓄蔸是新麻栽培的一项技术，当年种植的苎麻，当苗高1.0~1.5米时要适时齐地砍割，可促进地下茎的生长发育，使第二麻群体更整齐强壮，有利提高当年麻和次年麻的产量。当下部叶脱落，头麻黑秆2/3时，梢部手拉不断，即已达工艺成熟期，应及时收获。过迟收获，则腋芽发育为分枝，纤维黏骨，影响产量和品质。人工砍剥便于机械剥皮除壳，提高效率。

第五节　蚕桑　席草

一、蚕　桑

福建省的蚕桑业进入20世纪90年代有较大的发展，蚕区从闽中、闽北的几个县扩大到闽西、闽东的20多个县（市），桑园面积从洲地（闽江下游形成的沙洲地，下同）向山地转移，栽桑苗木开始自繁自育自用，集中成片建立了一批蚕桑生产基地。1991年，全省桑园面积扩大到2.5万亩，比1976年增加了近8倍；蚕茧量也由1976年的25吨增加到230吨。1993年，全省发种量2.5万张，产茧830吨，为福建蚕业发展有史以来的最好水平。1995年后，由于蚕茧价格下降，蚕丝业逐渐滑坡，到2000年，只有少数县仍保留一些零星桑园，发种量不到1000张，产茧3吨。2001年后，只有零星种植饲养。

（一）分　布

全省各地均有种桑养蚕。20世纪90年代，全省掀起"蚕桑热"，蚕区从原先主要在闽东南向闽西北转移，先在龙岩开展示范，继而向南平和三明两市拓展，逐步形成闽中以闽侯，闽西以上杭，闽北以邵武、将乐，闽西北以建宁为中心的4个茧丝绸生产基地。全省按地域划分，形成闽东南沿海丘陵蚕区、闽北沿江山地蚕区和闽西丘陵山地3个蚕区。

1. 闽东南沿海低丘蚕区

包括宁德、福州、厦门等三个地市。闽江、晋江、九龙江两岸有大片沙洲，各类山地与平原接壤的地方，又多有山前冲积平原或山谷冲积扇，种桑生长快，容易管理，病虫害少，可实现速生、优质、高产。福州郊区、闽侯、闽清、永泰、古田等县（市）是福建省老蚕区。20世纪90年代闽侯、闽清成为全省主产区。1991年闽侯县实现万亩桑园。1993年闽东南蚕区桑园面积2.1万亩，产茧量245吨，桑园面积和产茧量分别占全省30%和35%。随后桑园面积逐年减少，蚕茧量不断下降。2000年后停止发展。

2. 闽北沿江山地蚕区

包括南平和三明地区，共22个县（市），纬度偏西北，属综合农业内陆粮、林、牧、茶、果区。其中邵武、南平、顺昌、宁化等县（市），是老蚕区。建阳、浦城、武夷山、光泽、将乐、明溪、建宁、大田、尤溪等县是新蚕区。"八五"期间，新桑园面积发展到1.2万亩，年产生丝120吨。1993年，闽北蚕区桑园面积发展到2.8万亩，产茧量372吨，分别占全省40%和45%。

3. 闽西丘陵山地蚕区

主要是龙岩地区的7个县（市、区）。长汀、永定、上杭、连城等县（市），是蚕桑生产老区。20世纪9栀0年代，闽西各县新种桑园达1.4万多亩，产茧180吨。在上杭等地建立蚕茧收烘站、缫丝厂和蚕种场，形成种养加工、农工贸一体化生产，成为福建省蚕桑生产又一主要产区，1993年，全区桑园面积2.09万亩，产茧量213吨，分别占全省30%和20%。

（二）品　种

1. 蚕品种

20世纪90年代开始，全省繁育春用蚕品种以菁松×皓月（正反交）和春蕾×镇珠（正反交）为主。从浙江、江苏引进菁松×皓月（正反交）和春蕾×镇珠（正反交）两对新品种，在全省各地多点饲养取得成效。夏用蚕品种以推广新九×7532（正反交）和芙蓉×湘辉（正反交）为主。从湖南省蚕桑研究所引进夏秋用蚕品种芙蓉×湘辉（正反交），此外还有东34×苏12、浙2×东34、苏3×苏4、杭7×杭8、福12×东

图5-11　福州市鸿尾农场饲养的芙蓉×湘辉品种

34、榕3×浙2（正反交）、九芙×七湘等蚕品种，在全省各蚕区推广，促进茧丝质量提高。

2. 桑品种

20世纪80年代，闽西北的邵武、浦城、建宁、建阳、将乐、明溪、宁化以及上杭、长汀等地，从广东引进沙2×伦109杂交桑，调整了部分农地和水田，集中成片建立新桑园。90年代以后，栽桑品种从实生苗和单一湖桑品种转向广东杂交桑为主，内陆山区县搭配20%～30%中、晚生湖桑，改春伐为夏伐或春、夏轮伐，大大提高桑叶产量和质量，为扩大春蚕饲养，增养中、晚秋蚕，提高茧质打下了基础。全省各地发展蚕桑推广品种大致可分为两类：

（1）早、中生桑良种

20世纪90年代，在福建省推广的早、中生桑品种主要是沙2×伦109杂交桑，该品种发芽早，生长快，产量高，叶质好，且耐剪伐，抗逆性强，易繁殖，成苗快。闽西北山区推广杂交桑，树型养成后，提倡夏伐，减轻早春晚霜危害，提早饲养春蚕，并注意搭配中晚桑品种，有利扩大秋蚕饲养量，实现全年增产。1991年，广东杂交桑种植面积占全省桑园总面积的70%。

（2）晚生湖桑良种。20世纪90年代福建省推广中、晚生桑品种主要是荷叶白、团头荷叶白、湖桑197、湖桑39和湖桑199等。1991年，荷叶白、湖桑197等中、晚生桑面积占全省桑园总面积的30%。这些中、晚生桑在闽西北推广，全年产叶量高，叶质优，抗萎缩病强，抗细菌较强，抗旱耐瘠，适应性强。

（三）栽桑技术

1. 洲地桑园

"九五"期间，洲地桑园面积占全省桑园总面积的85%左右。全省沿闽江及其支流两岸的一些县（市），利用沙洲地栽桑获得高产，大面积亩桑产茧超50公斤，小面积高产达200公斤。闽江下游的闽侯、闽清和福州郊区，闽江上游及其支流沿岸邵武、建阳、将乐和浦城、武夷山等县（市），利用沙洲冲积地建立了一批新桑园，当年栽桑当年试养，翌年快速成林投产，第3年获较高经济效益。

低洼易受洪水威胁的洲地，采用石筑防护堤，或栽种挡洪林带，在洪水季节插竹篱等办法，促进洲地稳定和加速淤积泥土，保洲改洲。选用甲、乙级苗，适时早栽，争取在年内至迟翌年一月中旬前栽完，提高苗木成活率。低洼沙质较重的洲地，先栽草、荆桑，在两三年内用芽接改种。洲地栽桑苗木少剪根，深挖穴或开种植沟，沙质重的要客土，并施足基肥，把苗木青换黄交接处埋入土中0.3～0.6厘米进行浅栽。地势较高、土层深厚、集中连片的洲地采用宽行密株种植，便于耕作管理，丰产性好。低洼地栽晚生桑类型桑园，留中干偏高树型，干拳离地面1.33～1.66米。地势高栽早、中生桑类型桑园，以中干偏低养成，干拳离地面0.85～1

米。早生桑占 25%，中生桑占 20%，晚生桑占 55%。洲地桑园追肥料攻春秋两季。以速生性氮肥为主，适当搭配磷钾肥。春、夏梅雨洪水季节，桑园行间要及时开浅沟做畦排涝，防止积水。秋季遇干旱，有条件地方要打井引水示范喷灌，或采取松土、铺草覆盖以及套种绿肥等方法，增加抗旱能力。洲地桑园病虫害，做到治早、治少，推广高效低毒药剂，减少残留量，确保蚕作的安全。

2. 山地桑园

选择在 500 米以下，坡度在 25 度以下的山地栽桑。根据坡度大小，修筑梯田栽桑，缓坡地采取等高撩壕栽植。新开山地栽桑，搞好"三保"（保水、保土、保肥），做到内有沟、外有埂，有利水土保持。栽植时做到"四大"（开大台、挖大穴、下大肥、种大苗）。土层薄的山地增加植穴的深度，进行客土栽桑，提高成活率，栽后还要增施土杂肥或搬运客土，增厚土层。酸性较重的山地，适当施用石灰，调节土壤酸度；黏性过重，渗入紫沙土，改善土质。

3. 盐碱地栽桑

土壤含盐在 0.2% 以下的可栽桑，抓好排盐和防止返盐，重点抓好开沟排盐，每隔 200 米开挖 4 米宽、1 米以上的干渠，每隔 50 ~ 60 米开挖沟 1.2 ~ 1.5 米的支渠，桑园行间设畦沟，降低地下水位，降低土壤盐分，防止返盐，翻土脱盐。经过平整土壤，深翻土壤，促进脱盐，种植绿肥，减少土壤水分蒸发，抑制下层盐分上升。盐碱地栽桑冬晴春雨地区，春栽为宜，冬雨春晴地区以冬栽为主。

4. 十边地栽桑

闽清县的北溪、梅雄两个村利用河边地栽桑 120 亩，每亩产茧量 75 公斤。沿江河近水位低地栽桑，选择抗逆力强、发芽早、根系发达的荆、草桑。地势稍高，采用广东桑伦教 40 号和沙 2 × 伦 109 杂交桑品种。高地面缓坡土层厚，栽植湖桑品种。利用沟渠、堤坝、道路和房前屋后四边地栽桑，一般株行距 1.6 ~ 62.66 米，高干或中低干养成。

（四）养蚕技术

福建属亚热带海洋性季风气候，暖热湿润，水资源丰富，一年至少可养 6 ~ 7次蚕。养蚕前做好蚕室、蚕具和蚕用物资准备与清洁消毒工作，搞活蚕种催青与收蚁，合理采摘桑叶、贮桑和给桑，养好小蚕，防治蚕病，改善饲养环境条件，掌握适时上蔟、采茧等一系列技术，能更好保证蚕茧丰产丰收。

1. 蚕桑布局

20 世纪 80—90 年代，全省推广广东早生桑品种，饲养季节提早．春季可养 2批蚕，全年可养 5 ~ 6 批。桑树推行夏伐，中、晚秋桑叶质量提高，增加养蚕批次。闽北的建阳等县利用山区气候昼夜温差大，秋叶质量好的有利条件，推广春种秋养，茧质和经济效益分别提高 1~2 个等级和三四成。1991 年闽侯县甘蔗镇华龙村，在确定养蚕数量之前，对桑园进行产叶量的预测、调查，掌握好以叶定种，春蚕的斤茧用叶为 7.0~7.5 公斤，每张种用叶 650~750 公斤（芽叶），夏秋蚕斤茧用叶 6.5~7.0 公斤，每张种用叶 400~500 公斤。

2. 小蚕饲养

20 世纪 90 年代，小蚕共育在闽侯等地集中蚕区普遍推行。1991—1993 年，闽侯县甘蔗镇推广小蚕专业化共育，组织有经验蚕农专门饲养小蚕，大蚕再分户饲养。闽西蚕区上杭等地结合推行小蚕专业共育，大蚕分户养，解决农民分户养小蚕缺乏设备、缺技术的困难。

3. 大蚕饲养

20 世纪 90 年代，继续推广 60 年代末期开始的"蚕台育"、"地面育"和"条桑育"，每天给桑由 7~8 次减少到 3~4 次。全面推行省力化养蚕技术后，改"草笼蔟"和"稻草折蔟"为竹制花蔟、纸板制"方格蔟"以及塑料蔟，配合使用"登蔟剂"，促使熟蚕自动上蔟，工效提高 2~3 倍，茧质也大大提高，受到茧站、丝厂欢迎。1992 年，闽侯县甘蔗镇华龙村蚕桑场，推广"地面条桑育"，竹制花蔟，省工、省叶，全年饲养 5 批蚕，批批稳产高产，茧质提高。

4. 夏秋蚕饲养

1991—1995 年，全省养蚕当家品种是新九×7532 和芙蓉×湘辉。闽北、邵武、建阳等地山区中秋以后气温较低，叶质好，各地饲养春用品种，茧质提高，收入增加。福州市鸿尾农场和闽侯县蚕桑场，设立小蚕专用桑园，选择硬化迟的桑品种，加强肥水管理，注意氮、磷、钾的配合，多施有机肥。养一次蚕，施一次肥，提倡桑园套种绿肥，对山地桑园采用松土覆盖，溪滩地桑园则加强培土，适时采叶，防止老化，注意"用""养"结合，每次采叶新梢要留 7~8 叶。

二、席 草

全省席草种植面积从 1995 年的 20860 亩、2000 年的 19480 亩，减至 2005 年的 13279 亩；产量从 1995 年的 13028 吨、2000 年的 13416 吨，减少至 2005 年的 10351 吨。由于加强席草田间管理，推广席草种植技术，单位面积产量逐年提高，由 1995 年的平均亩产 625 公斤，2000 年的 689 公斤，提高到 2005 年的 779 公斤。漳州市长泰县 2005 年种植席草 500 亩，总产 1250 吨，平均单产达 2500 公斤，比全省平均单产高 2.2 倍。

（一）分 布

20 世纪 90 年代，席草产区由的漳州、泉州市的重点产区，逐步向福州郊县和三明、宁德转移。永泰席草种植业 1971 年从浙江的宁波引进草种，俗称本草，在同安岚口村张子串生产队利用冬闲田种植 15 亩，随后推广到白云、大洋、红星、盘谷等乡镇高山单季稻地区。1978 年以前年均种植 400～500 亩，1980 年种植达 2973 亩，1987 年全县种植面积 734 亩，产量 473.6 吨。1989 年开始试种日本蔺草，到 2002 年引种成功并有效地改良当地草种，种植技术从粗放耕作到两段轮育苗。面积也从高山单季稻区发展到半高山、沿溪的富泉、梧桐、赤锡等乡镇，面积产量持续上升。1995 年，全省席草种植 1700 亩，产量 1095 吨，平均亩产 644 公斤；2000 年，种植发展到 3226 亩、产量 2556 吨、平均亩产 792 公斤；2005 年，种植面积扩大到 5280 亩，产量 5030 吨，平均亩产达 953 公斤。

（二）栽培加工技术

1. 留　种

在本田收割前选择生长健壮、分蘖整齐的株从留种。

2. 育　苗

将留种的种植株本收割后开沟排水、施肥，促进新生分蘖，到秧高 0.35 米时分小丛移栽到大田，移栽于 10 月中旬到 11 月上旬进行，主要技术与水稻相似。

3. 大田管理

肥水管理、化学除草、割尖拉网防倒，加强病虫防治等环节。

4. 收　割

到地上茎伸长停滞、植株色泽褪淡、表面有光泽时抢晴天进行收割。

5. 加工、销售

席草充分干燥后收藏。编织前，不太干燥的席草及时搬到室外堆放，上盖席类，只晒根部，通过热扩散达到全部干燥。编织席类时，先用精选机选出长、中、短后，再加工成面席和花席。织花席大部分用做地毯，有版制印花席和染草编织席两种。75 公斤以下的短草用来编织席垫、角型席、帘子、草绳、篮筐、帽子、手提包以及其他日用品。1976 年永泰洋中村村民伊开辉从闽侯青口引进手工压扣工艺，办起同安镇第一家手工草席作坊。此后席草加工业在永泰逐渐发展起来。1983 年当地农民在家中手工编"麻线席"，1985 年开始生产"宁波席"。进入 20 世纪 90 年代，同安席草编织技术革新，设备上从手工操作到机器编织，工艺上从草漂染到蒸气热压定型，产品从单一花色到花色繁多。1990 年村民鲍荣修、倪行晶等人从湖北引进了麻线机，席草加工实现机器化，1994 年伊发钗引进"提花机"并组建永泰县安利席业有限公司，采取"公司加大户"、"公司加企业"做法，由公司出面组织加工企业生产对路产品，实行定量定价，合格包销，产品占领全国各大中城市，还远销东南亚、日本等地，草席年产值达 2000 万元以上。

第六节　中草药

一、品种资源

据 1985—1988 年全省中药资源普查统计，福建省中草药品种共有 2468 种，其中植物药 2024 种，动物药 425 种，矿物药 19 种。国家下达的重点调查品种 363 种，全省就有 308 种。全省有地道药材 21 种，大宗药材 91 种，珍稀名贵 27 种，南药 36 种，海洋药物 64 种，菌类药物 33 种。全省经营的中药材有 800 多种。栽培药用植物已由不足 10 种，发展到 150 多种。先后引种试种、野生转家种家养成功的药用动植物有 120 余种，如北沙参、生地、川芎、附子、半夏、天花粉、穿心莲、天麻、白术、玄参、丹参、桔梗、厚朴、杜仲、辛夷花、太子参、金钱白花蛇、蕲蛇、金边地鳖虫、珍珠等。南药巴戟天、春砂仁、南玉桂、胡椒、白木香、檀香、安息香、白豆蔻、益智、八角、藿香、蛤蚧、石决明等。

二、品种、分布

全省中药材生产始于 20 世纪 50 年代后期，60 年代开始有计划、有组织发展。70 年代、80 年代是中药材生产收购工作黄金时期。其间，进行了跨行业的协作攻关，实行科研、生产统一部署安排，先后从外地引种、将野生转成家种养达 100 多个品种，并获得成功，这些品种除自给有余外，还大量调供省外和支援出口创汇。通过组织协作攻关，先后解决了厚朴种子脱蜡育苗、茯苓菌引代替肉引种茯苓、巴戟天快速人工育苗、线虫病的防治、麦冬品种筛选及高产栽培技术、春砂仁品种鉴定及人工授粉、鲍鱼人工育苗、海马人工养殖、西洋参引种栽培，以及南药儿茶、白木香、槟榔、安息香、南玉桂等一大批技术难题，促进了全省中药材生产收购的发展。1990 年，产量达万担以上的药材品种有 12 种，分别是：生地（漳浦）、郁金（同安）、麦冬（仙游、泉州）、山药（建阳、安溪）、厚朴（浦城）、白术（建阳、武夷山）、泽泻（龙海、同安）、茯苓（尤溪）、北沙参（晋江、东山）、一见喜（同安）、川芎（莆田、泉州）、太子参（柘荣、福安）。木本药材种植达万亩的有厚朴（浦城 3 万亩、沙县 1 万亩、明溪 2 万亩）、乌梅（永泰 1 万亩、上杭 2 万亩）等。2001 年、2002 年、2003 年全省中药材种植面积分别为 18.7 万亩、20.5 万亩、23.7 万亩，主要地道中药材种植品种有太子参、建莲子、厚朴、南方红豆杉、薏苡、南玉桂、白术、雷公藤、巴戟天、春砂仁、青黛、旱半夏、建泽泻、山药、玫瑰茄等。

自 20 世纪 90 年代开始，柘荣县农业技术推广中心进行太子参地方品种资源普查与收集（10 个品种），通过 1993—1995 年种质资源对比与评价，1995 年筛选出太子参新品种柘参 1 号、柘参 2 号；太子参新品种，通过 1995—1997 年品种综合评价（抗病性、品质），1998—2001 年进行筛选品种的示范与推广，2000—2002 年进行了筛选品种的配套栽培技术研究、病虫害防治技术、种参标准制定等工作，柘参 1 号、柘参 2 号于 2004 年通过福建省品种审（认）定委员会的认定，属国内首次中药材新品种的正式认定。

图 5 - 12　雷公藤

2003 年，泽泻、太子参两种中药材"良好的农业规范"（GAP）化栽培建设得到国家科技部的项目资助，2004 年 12 月和 2005 年 7 月泽泻和太子参基地分别通过了国家食品监督管理局的

图 5 - 13　柘荣县农技推广中心在山地
种植"柘参 1 号"新品种

GAP 现场认证，实现了福建省中药材 GAP 认证的零的突破。

2000 年以后，省农业厅等相关部门在原有中药材品种种植结构基础上，发展市场前景好、经济效益高的名优地道药材的良种繁育基地和无公害基地建设，加快野生转家种试验、规范化栽培步伐，逐步形成优势区域药材生产和规范化栽培技术体系。以市场需求为导向，以经济利益为纽带，以发展生产、满足供应为目标的基本思路。根据市场需要和地道药材的天然分布，建立"点、片、面"相结合的示范推广模式，形成试验、示范、辐射推广相结合的中药材无公害规范化生产示范推广体系，通过建设福建省中药材无公害规范化示范基地，培育福建省中药材生产的产业

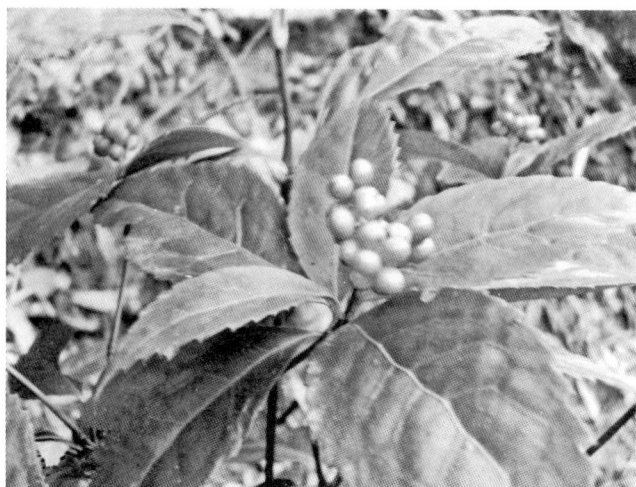

图 5 - 14 九节茶

化基地，形成地产特色药材基地和产业集聚，实现药材资源的可持续利用。

2005 年省农业厅提出，要突出优势区域品种，鼓励规模化种植和产业化经营，并做好合理布局。柘荣县以发展太子参、白术、元胡、三尖杉、浙贝为主；福安市以发展太子参、旱半夏、枳壳为主；蕉城区以发展旱半夏、佛手、山药为主；福鼎市以发展黄栀子为主；寿宁县以发展茯苓为主；明溪县以发展南方红豆杉、厚朴、石蒜为主；泰宁县以发展雷公藤、九节茶、厚朴为主；建宁县以发展建莲子为主；大田县以发展葛根、茯苓为主；宁化县以发展葛根等为主；尤溪县以发展茯苓、厚朴为主；建瓯和建阳市以发展泽泻、白术、鱼腥草、瓜蒌为主；浦城县以发展厚朴为主；邵武市和松溪县以发展茯苓为主；长泰县以发展春砂仁、玫瑰茄为主；南靖县以发展巴戟天为主；华安县以发展南玉桂、金线莲为主；漳浦县以发展一见喜、玫瑰茄为主；云霄县以发展山药为主；龙海市以发展泽泻为主；连城县以发展百合为主；武平县以发展射干、凉粉草为主；永定县以发展巴戟天、九节茶为主；福清市以发展川芎、凉粉草、薄荷为主；闽侯县以发展玄参、玉竹为主；莆田产区以发展麦冬、青黛为主；仙游县以发展薏苡、青黛为主等。

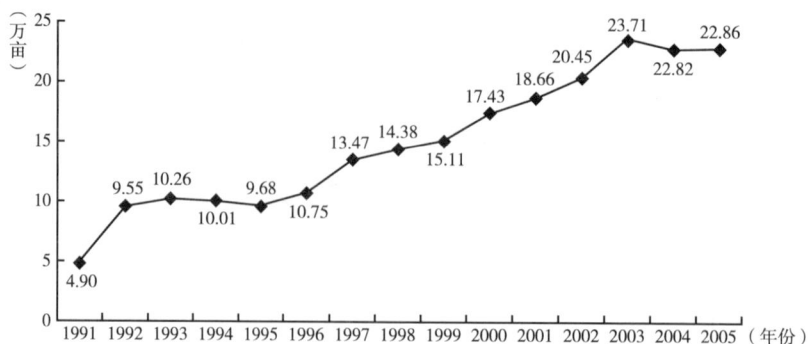

图 5 - 15 1991—2005 年福建省中草药种植面积示意

三、栽培制度、技术

（一）栽培制度

1. 间 作

（1）选择适宜的植物种类和品种搭配

品种搭配时，在株型方面可选择高秆与矮秆、深根与浅根植物搭配。在适应性方面，利用植物喜阳与喜阴或耐阴搭配。同时还应注意根系分泌物要互相无害等。根据间作植物种类不同，可分为以下几种。

第一，林药间作，即果药、林药暗混作，以林为主充分利用林下空间，发展药材生产。在果、林种植之初或果、林郁闭度不大的情况下，选择推广种植耐旱或中生矮秆植物如射干、丹参，后期可种植喜阴或耐阴植物如半夏、金钱草等。

第二，农作物与药用植物间作，如山麦冬与玉米等。

第三，药药间作，即两种药用植物进行间作。

（2）建立合理的密度和田间结构

进行间套作时，要有主次之分，处理好植物间的矛盾，保证间作植物平衡生长，在田间管理时，区分植物的不同要求。

2. 轮 作

在中药材生产过程中，连作往往引起土壤肥力不平衡、病虫害严重等问题而减产，因此尽量避免连作。

药用植物轮作应注意的问题。正确选择前茬是轮作的中心问题，因为种植对前茬植物都有一定的要求。只有选择得当才能有利于植物生长发育，优质高产。

叶类、全草类药用植物，如板蓝根等要求土壤肥沃，需氮肥较多，推广选择以豆科或蔬菜作为前作。

用小粒种进行繁殖的植物，如桔梗、白术等，播种覆土浅，易受杂草危害，推广采用以豆科或收获期较早的中耕作物作为前茬。

（二）栽培技术

1. 调节田间植株密度

合理密植要求在单位面积中有一个适宜的苗数，主要包括间苗、补苗等。间苗的原则是宜早不宜晚，去劣留优，分次进行，最后一次间苗中定苗。在缺苗的地方要及时补苗。

2. 中耕除草

中耕可以达到疏松土壤、保持土壤水分、消灭杂草的目的。中耕的深度依药用植物的种类、土壤状况、气候条件等而异。如深根类药用植物宜深耕，而对浅根植物宜浅耕，甚至不中耕，如太子参等。

3. 灌溉与排水

灌溉与排水是调节植物对水分要求的重要措施。应根据土壤墒情、生育适时灌溉。通常播种后要求土壤湿润，苗期节制用水，促进根系下扎，以利培育壮苗；封行后需水量增大；花期对水分要求较严，过多常引起落花，过少则影响授粉受精作用；果期可适当湿些。同时，还应根据植物特性及收获目的确定是否灌溉。田间积水应及时排除，对怕积水的药用植物尤为重要。

4. 追 肥

追肥是保证药用植物在整个生育期间不断获得养分的方法。追肥的时间、种类和数量应根据植物的种类、生育情况、气候条件、土壤因素等来确定。一般情况下，根及根茎类和豆科类药用植物宜多施磷肥、钾肥；叶类和全草类药用植物多施氮肥以促进生长；花、果期宜多施磷肥、钾肥以促进成熟和子实饱满。施肥方法可采用沟施、穴施及叶面追肥等。

5. 植株调整

（1）打顶与摘蕾

打顶可控制地上部分的生长，促进地下部分的生长，或控制主茎生长，促进分枝。如菊花采用打顶的措施来促进多分枝，增加单株开花数。对于根及地下茎类药用植物，开花结果会消耗大量的养分，常把摘蕾作为一项增产措施，如白术、浙贝母等。

打顶与摘蕾都要注意保护植株，不能损伤茎叶或牵动根部，也不宜在雨天或有露水时进行，以免引起伤口感染等病害腐烂。

（2）整形与修剪

对木本植物来说，整形是通过修剪来控制幼树的生长，合理配置和培养骨干枝，以便形成良好的树体结构，而修剪是在土、肥、水管理的基础上，根据各地自然条件、树种的生长习性和生产要求，对树体内养分分配及枝条的生长势进行合理调整的一种管理工作，可借鉴果树整形修剪技术。

第六章　园艺作物

20 世纪 90 年代，从世界各地引进许多果树良种，丰富了果类。蔬菜种类多，品质优异，年可收四五茬，多至七八茬，成为"南菜北调"和出口创汇的蔬菜生产基地。食用菌连续 15 年产量、产值、创汇位居全国首位。野生花卉资源 128 科 371 属 565 种，同时拥有 3500 个种和变种的栽培花木种质资源，花卉产业已形成规模发展。

第一节　果　树

至 2005 年，主栽果树品种有柑橘、龙眼、荔枝、香蕉、枇杷、橄榄、柿、杨梅、桃、李、奈、梨、青梅等，辅栽品种有芒果、杨桃、番木瓜、火龙果、毛叶枣、余柑、葡萄、草莓、板栗、锥栗、中华猕猴桃等。

一、品种资源

1980 年，中国农牧渔业部和中国农业科学院下达在福州开展"全国枇杷品种资源圃的建立与系统研究"的任务，由省农科院果树所承担。"九五"期间，对已鉴定的种质进行编目，共有 250 份种质（龙眼 78 份、枇杷 172 份）编入全国种质资源目录。到 1995 年，该圃已收集和保存龙眼品种（系）234 份，枇杷品种（系）及近缘种 228 份。承担的项目有枇杷良种太城 4 号、国家果树种质圃的建立、中国枇杷种质资源研究与利用、国外果树引种试种研究与利用。

2000 年年后，依靠国家投入如国家基础条件平台建设、农作物种质资源保护项目、国债项目资源圃建设和省农科院 A 类重点学科——亚热带特色果树（龙眼枇杷）育种学的设立、福建省龙眼、枇杷育种工程技术研究中心的成立及省部级其他项目（课题），龙眼、枇杷资源、育种研究获得大量的经费支持，龙眼、枇杷资源、育种研究稳步发展。截至 2003 年，保存枇杷资源为 254 份。这些种质资源基本信息汇编成册，入编《国家种质资源圃保存资源名录》。有 202 份枇杷种质在备份圃中保存，240 多份龙眼种质备份保存在大棚中。此外，通过营养袋育苗、小苗嫁接、夏季定植方式完成了 488 份枇杷种质繁殖更新任务。

从龙眼种质中筛选出特晚熟、大果、优质、高可食率的杂交龙眼种质 1 份（冬宝 9 号），高功效龙眼种质 2 份（桂花味、先锋黄肉），焦核龙眼种质 3 份（沁后焦核、上迳焦核和北墘焦核），白核龙眼1份（白核龙眼），无核龙眼1份（无核龙眼），从引进种质鉴定出具有特殊香气、挂树期长的优异种质2份（施冲蒲、依多）。从枇杷种质中鉴定出春华秋实枇杷野生近缘种1份（大瑶山枇杷），优质大果和可食期长的杂交枇杷种质2份（89-4、78-1），大果、优质的种质1份（城津8号），蜜甜回甘的优质、大果白肉枇杷种质3份（新白3号、新白1号、新白8号），高糖高酸白肉枇杷种质1份（山白一号），春夏开花的枇杷种质1份（台湾枇杷）。

加大资源特别是珍稀、濒危的地方品种和野生资源收集力度，抢救性收集了一批珍稀、濒危资源，如大花枇杷、台湾枇杷、小叶枇杷、麻栗坡枇杷、南亚枇杷、倒卵叶枇杷、南亚枇杷狭叶变种等枇杷野生近缘种植物，已保存龙眼种质2个种277份、枇杷种质12个种（变种）525份，其中野生、半野生资源有175份。开展资源研究标准化研究工作，编写了《国家作物种质资源圃管理办法及管理细则——国家果树种质福州枇杷圃管理细则》、《龙眼种质资源描述规范和数据标准》、《枇杷种质资源描述规范和数据标准》，制定了NY/T1305-2007（农作物种质资源鉴定技术规程 龙眼）和NY/T 1304-2007（农作物种质资源鉴定技术规程 枇杷），着手研究制定"龙眼优异种质资源评价规范"和"枇杷优异种质资源评价规范"，使资源收集、保存、鉴定评价、描述、利用等各项工作标准化、规范化，实现资源信息交流、共享。

二、面积与产量

1990年全省水果种植面积447.45万亩，产量75万吨。1997年后受中国南方主要果品的结构性过剩与滞销，以及1999年冻害的影响，果树栽培面积总体上止增回跌。

进入21世纪，果品产量稳步增长，主要果类产量居全国前列。2000年，全省水果种植面积838.55万亩，比1995年扩大近40万亩，产量达356.44万吨，比1995年增加117.11万吨。2003年，全省水果面积831.64万亩，总产量441.68万吨；产值为87.16亿元，占全省农林牧渔业总产值的7.57%，占种植业产值的18.67%。其面积和产量均居全国第6位，人均水果占有量126.20公斤，居全国第2位，高出全国平均56公斤的水平。在主栽果类中，柑橘（含柚类）栽培面积242.24万亩、产量193.2万吨，人均占有量55.7公斤，鲜果年出口量8.83万吨。柑橘总产、人均占有量、鲜果出口量均居全国首位，柑橘产业带被列为全国柑橘优势产业带之一。晚熟龙眼、晚熟荔枝、枇杷、橄榄，以及早熟桃、早熟梨等生产在全国也占有重要的地位。一些新兴果类品种如毛叶枣、火龙果等和一些地方特色小果类如番石榴、杨梅、余甘等，在福建省也有所发展，并占据了一定的市场份额。2005年，福建果树种植面积826万亩，虽然比2000年略有减少，但总产量却达479.36万吨，比2000年增长34.49%。

表 6-1　　　　　　　1991—2005 年福建省主要水果种植面积和产量

单位：万亩，万吨

年份 项目	面积	采摘面积	总产量
1991	532	—	110.53
1992	623.68	259	117.18
1993	688.77	302	153.75
1994	757.16	352	198.13
1995	798.56	396	239.33
1996	834.82	441	283.81
1997	864.42	488	334.34
1998	852.90	502	343.04
1999	850.62	541	394.10
2000	838.55	545	356.44
2001	837.28	551	401.19
2002	830.72	573	424.93
2003	831.64	596	441.68
2004	821.15	621	468.90
2005	826.00	650	479.36

三、分布与区域布局

（一）分　布

全省果类分布，大体上以博平岭、戴云山、鹫峰山山脉为界，形成了闽东南沿海冬暖区、闽西北中亚热带常绿与落叶果类混合区。

1. 闽东南沿海冬暖区

该区以栽培芦柑、柚类、龙眼、荔枝、枇杷、橄榄、香蕉等亚热带常绿果树为主。全区除平潭县外，均有香蕉分布，2005 年香蕉面积和产量最多的县依次为南靖、平和、漳浦及芗城区。柑橘是该区栽培面积最大的亚热带果树，主产于南靖、永春、仙游、福州市郊、闽侯、长泰、龙海、平和和南安等县（市、区），长泰芦柑的品质在全国评比中多次获奖。琯溪蜜柚产于平和县，华安县盛产坪山柚，仙游度尾产文旦柚。荔枝、龙眼有较大面积的成片栽培。莆田的陈紫荔枝及兴化桂圆驰名中外。菠萝主产地有漳浦、诏安及龙海等县（市）。此外，莆田、福清、云霄的枇杷，安溪的油柿，惠安、南安的余甘等均是该区具有特色的果树。

2. 闽西北中亚热带

该区以种植宽皮橘、甜橙、桃、李、柰、梅、梨等常绿与落叶果类为主。柑橘主要分布在建瓯、三明市郊、南平市郊、沙县、永安、顺昌等地。宁化、光泽、永安、建宁、尤溪的梨，浦城、古田、建阳、沙县的柰，永定、永泰、古田的柿，古田、连城的桃，上杭、永泰、武平的梅，福鼎、建阳、建瓯的杨梅，建瓯的锥栗、板栗以及福鼎的四季柚和闽清、闽侯的橄榄等均有较大面积栽培。一些南亚热带水果如荔枝、龙眼、橄榄等，在沿海及闽江下游的局部地区如霞浦、宁德、罗源、连江、闽清等地有少量分布，并具有晚熟的优势。

（二）果类优势区域布局

图 6-1　美国华盛顿脐橙在集美推广种植

闽南和闽东沿海丘陵亚热带常绿果树栽培区为福建省的柑橘（芦柑、柚类）、龙眼、荔枝、枇杷主产区，包括漳州、泉州、莆田、福州、宁德等 5 地（市）的沿海 80% 县（区），产量占全省产量比重为柑橘 40%，龙眼、荔枝 95%，枇杷 85%。该区域年日照时数 1800～2200 小时，≥10℃ 年有效积温 5800℃～7500℃，并以极端最低气温为界，分为芦柑、柚类、枇杷生态适宜区（极端最低气温 ≥ -5℃），晚熟柑橘、龙眼、荔枝生态适宜区（极端最低气温 ≥ -3℃），具有建立优质芦柑、柚类，晚熟柑橘、龙眼、荔枝，枇杷等优势果类的生产与出口基地的优越自然生态条件、良种资源和产业基础。

闽西和闽北低海拔河谷盆地柑橘栽培区为温州蜜柑、甜橙的主产区，包括九龙江北溪上游的龙岩盆地，汀江上游、闽江中上游河谷的龙岩、三明、南平，以及福州部分柑橘主产县区，柑橘产量占全省 30%，具有发展优质早熟宽皮橘与甜橙（脐橙）的优越自然生态条件及土地资源。该区域地处闽西北内陆海拔低于 300 米的河谷盆地区域，年日照时数 ≥1800 小时，≥10℃ 年有效积温 ≥6000℃，气温日较差 >10℃，极端最低气温 ≥ -7℃。产品在国内、外市场具明显的季节与质量优势。

闽北和闽西中低海拔落叶果树栽培区，位于中国落叶果树栽培南缘，为福建落叶果树主产区，包括闽西北及福州、宁德部分梨、桃落叶果树主产县（区），早熟梨、桃面积占全省的 80%。该区域地处内陆海拔 300～700 米丘陵山地，≥10℃ 年有效积温 5500℃ ～6000℃，最冷月平均气温≥8℃，春季平均气温≥17℃，夏秋季气温日较差≥10℃。发展南方早熟梨、桃的自然生态条件优越，土地资源丰富。

四、栽　培

1991—2005 年共审（认）定了 18 类 90 个品种。在发展果树生产中推广名优品种和新育成的优良品种。柑橘类：岩溪晚芦（1994）、琯溪蜜柚（1994）、溪南少核芦柑（1995）、龙柚（2000）、建阳橘柚（2003）、稻叶（2004）、闽引胡柚（2004）、宫本（2005）、红肉脐橙（2005）、红肉蜜柚（2005）、脐橙 52（2005）；龙眼、荔枝：八一早（1993）、水南 1 号（1998）、松风本（1999）、立冬本（2000）、友谊 106（2003）、龙优（2004）、冬宝 9 号（2005）、凤梨穗（2006）、东刘 1 号荔枝（1994）；枇杷：长红 3 号（1993）、早钟 6 号（1998）、香钟 11（2004）。香蕉：漳蕉 8 号（2003）、贡蕉（2005）、红皮蕉（2005）；番木瓜：穗中红 48（1999）、漳红（2005）；早熟砂梨、翠冠梨（2004）、台农 2 号蜜雪梨（2004）；桃、李、柰：古田油柰（1995）、西选一号桃（2001）、迟花芙蓉李（2003）、黑琥珀李（2003）、翠屏晚柰（2005）、曙光桃（2006）。新引进植物学新属、种的果类品种有量天尺属火龙果、枣属毛叶枣，以及草本悬钩子属树莓、茄属安第斯茄（甜茄）与菊科属的菊薯等。

1999 年 12 月 17—23 日，出现大范围的强烈降温，闽中南部地区有 18 个县（市）极端最低气温突破或达到有记录以来的最低值（德化 -6.6℃、永春 -3.3℃、厦门 1.5℃、南靖 -2.9℃、平和 -2.9℃、云霄 0.0℃、诏安 -1.3℃、古田 -6.9℃、福鼎 -5.2℃、松溪 -7.5℃、邵武 -8.5℃、宁化 -9.0℃、明溪 -8.8℃、三明 -5.8℃、尤溪 -7.8℃、大田 -6.7℃、长汀 -8.0℃、永定 -5.1℃、福清 1℃），多种亚热带常绿果树遭受严重冻害，全省果树受冻面积 310 万亩，占果树栽培面积的 36.5%，其中幼树冻死及绝收达 60 万亩，福清城郊外栽培的毛叶枣有 50% 嫁接口以上冻死。果品产量损失约 130 万吨，其受冻面积及产量损失分别为 1991 年大冻害的 2.4 倍。

2005 年，全省主栽的有 16 个果类、255 个品种，形成了以柑橘（柚）、龙眼、荔枝、香蕉、枇杷、橄榄 6 大常绿果树为主，桃、李、梨、柿、柰、梅六大落叶果树为辅的品种结构。全省共引进果树 32 属 53 种（品系）300 多个新品种。

（一）亚热带常绿果树

1. 柑　橘

产地遍及 68 个县（市、区）。栽培的有枳、金橘、柚、橘、甜橙等种类。90年代，各地选育和引进一批柑橘类新品种。主栽品种有：芦柑、脐橙、雪柑、温州蜜柑、琯溪蜜柚。辅栽品种有：度尾文旦柚、四季柚、福橘、金弹、金枣、岩溪晚

图 6-2 雪柑

芦（芦柑）、杂柑等。

2003 年开始，柑橘主产区普遍报告黄龙病危害呈爆发趋势，仅泉州市在 3 年时间内柑橘发病率由不足 1% 上升至 5%，一些果园发病率高达 20%～30%；漳州市受黄龙病危害，年死亡柑橘面积达 5%，由柑橘主产县转为柑橘返销县，全省因黄龙病年损毁柑橘面积 10.05 万亩。据 2004 年省农业厅果树站组织的普查，全省柑橘平均疑似发病率 16.59%，同时经 PCR 检测证实，红鼻果为宽皮橘的典型黄龙病症。全省所有柑橘主产乡镇，主栽品种均检出病原，病原分布由南部云霄陈岱镇至北部浦城临江镇，永泰盘谷乡。在浦城忠信镇与德化水口镇查出柑橘木虱成虫。

2. 龙　眼

1993 年之前全省的龙眼面积与产量一直居全国的首位。2005 年栽培面积 128.52 万亩，产量 21.65 万吨，现居全国第三位。

主栽龙眼品种有福眼、水涨、乌龙岭等。进入 20 世纪 90 年代，农业科研与生产部门相继选育推广了一批特早熟、特晚熟、特优质龙眼新品种，如水南 1 号、松风本、立冬本、青壳宝圆等。

此外，尚有珍贵的稀优品种，有的已在生产上应用，有的作为种质资源，被保护和继续研究利用。

3. 荔　枝

1990 年，全省荔枝种植面积达到 27.14 万亩，产量 1.53 万吨；1995 年达到 44.84 万亩，产量 7.91 万吨；2000 年 60.31 万亩，产量 7.95 万吨。21 世纪初栽培面积有小幅下降，但产量却迅速增加，2002 年为 14.76 万吨；2003 年为 59.96 万亩，产量 12.87 万吨；2004 年为 57 万亩、产量 17.38 万吨；2005 年为 58.51 万亩、产量 16.02 万吨。全省荔枝分布在东南沿海，北起福鼎、福安、霞浦，南至诏安，西达龙岩、漳平，计 35 个县（市）。主产地以漳州市最为集中，分别占全省种植面积和产量的 83% 和 84%。主产县（市）有龙海、漳浦、诏安、云霄、南靖、平和、长泰，其次是南安、莆田、仙游、安溪、厦门等。荔枝主要是以鲜果销往全省及上海、北京一带，少量远销到中国香港、日本，部分供制糖水罐头、荔枝汁和荔枝干等。

1999 年 1 月至 2004 年 8 月,漳州市芗城区山边试验果场开展早晚熟荔枝良种引种工作,初步筛选出 6 个后备推广应用的优良荔枝品种,其中早熟品种 2 个,以广西三月红、水东乌叶为主(于每年 5 月下旬至 6 月上旬初成熟);中熟品种 1 个,以妃子笑为主(于每年 6 月下旬至 7 月上旬成熟);晚熟品种 3 个,以双肩玉荷包、蜜丁香、糯米糍为主(于每年 7 月中下旬成熟)。主要栽培品种有:兰竹、乌叶、陈紫、元红、桂味、妃子笑等。

稀优品种和单株有莆田树龄达 1310 多年的古荔宋家香,极早熟品种古荔绿纱,品质优良的诏安青壳乌叶、小金钟,南靖与龙海的绿荷包,长泰的董盾荔枝,漳浦的马公壕,泉州与晋江的及第荔枝等。诏安新桥乡,泉州、南安、晋江沿紫帽山周围,惠安丘店,闽侯南屿镇桐楠、山兜等地的山枝类品种,其特点是晚熟,多大核,较稳产,适于山地栽培。

4. 香　蕉

2005 年,全省香蕉栽培 44.69 万亩,产量 85.54 万吨。香蕉生产分布于南亚热带地区,主产区有漳州的漳浦、南靖、平和、云霄、华安等县市,闽西北低海拔地区香蕉也有部分发展,通过一些栽培技术改进也取得不错效益。

香蕉品种主要有天宝高蕉、天宝矮蕉、台湾蕉、粉蕉、柴蕉等。从国外引进的品种有墨西哥蕉(4 个品系)、威廉斯蕉等十多个品种,以台湾蕉和天宝蕉栽培最广,其中台湾蕉种植面积占总面积的 80% 以上。主栽品种有:天宝高蕉、天宝矮蕉、白蕾、广东 1 号、巴西蕉、哥斯达黎加、红皮香蕉、粉蕉、贡蕉、漳蕉 8 号等。

5. 枇　杷

1991 年枇杷种植面积达 15.48 万亩,产量 1.60 万吨。主栽品种有解放钟、长红 3 号等。1993 年,省农科院果树所育成的特早熟大果型杂交枇杷新品种早钟 6 号,为国内首个优质大果型早熟枇杷品种。1995 年以后,通过矮化、密植、早结、丰产的综合栽培技术体系的完善与推广,产、供、销一体化经营模式的运作,提高了枇杷商品品质和种植效益。产量除个别年份因冬季低温冻

图 6-3　长红 3 号枇杷

害影响外，基本呈稳步上升趋势，2004 年产量最高达 137999 吨。2005 年种植面积创历史新高，达 46.04 万亩。主产区有莆田、仙游、福清、云霄、连江、永春、福安等县（市），此外，龙岩、三明、南平等地也有小区域规模生产。在新植枇杷面积中，"早钟 6 号"的覆盖面达 90% 以上。

1999 年，省农科院果树所又育成优质大果型中晚熟杂交枇杷新品种香钟 11 号，并继续选配组合，持续开展枇杷杂交育种研究，获得大量的杂种实生树。在实生选种方面，也取得一定进展，育成贵妃、莆选一号、东湖早、新白 8 号等新品种（系），在生产上小范围推广或中试示范，部分新品种（系）的综合经济性状优于现有中晚熟主栽品种。主要品种（系）有解放钟、早钟 6 号、长红 3 号、香钟 11 号、东湖早等红肉品种和白梨等白肉品种。

6. 橄 榄

从 20 世纪 90 年代起，种植面积不断扩大。2000 年，全省橄榄种植面积达 19.54 万亩，此后由于冻害等原因面积逐年减少，至 2005 年为 16.54 万亩，但产量仍稳步上升，2005 年产量达 3.37 万吨，比 1995 年增长 3.1 倍。进入 21 世纪，福州市橄榄种植，每年仍以 15%～20% 的速度递增，2005 年面积达 10 万亩，鲜果产量 2 万吨左右，加工后产值近 4 亿元。全省橄榄主要分布于福州以南的沿海各县（市），以闽江下游两岸，莆田，漳州、泉州为主栽区，种植面积万亩以上的有闽侯、闽清、莆田、漳浦等县（市）。诏安、长泰、华安、南安、南靖、龙海、福安、上杭等县（市）也有种植。大部分橄榄因果实外观差、质地粗硬、口味苦涩只能作为加工产品，鲜果售价低。优良的鲜食橄榄一直供不应求。"十五"期间，从全省栽培的大量橄榄实生树中初选了若干优良品系进行研究，培育出果实形状、大小、成熟期等与当地主栽品种相近，但肉质嫩脆，较化渣，风味香甜，回味好，无其他橄榄品种所特有的苦涩味，故统称为"甜榄"。"甜榄"鲜食品质显著优于"檀香"等主栽鲜食品种，果农通过高接换种等手段逐步推广种植"甜榄"等优良品系。

橄榄绝大多数品种都是从实生类群中选出的农家种，后代性状变异大，中间性状多，品种资源丰富。橄榄品种依据发源地分为闽江流域品种系统和莆仙品种系统等。闽江流域品种系统有长营、惠圆、檀香 3 个类型 15 个品种、品系（大粒黄、黄皮长营、黄肉长营、青皮长营、长营、长梭、长穗、羊矢、惠圆、自来圆、黄大、小自来圆，檀香、檀头、安仁溪檀香）。莆仙品种系有 14 个品种、品系（霞溪本、糯米橄榄、刘族本、公本、黄接本、黄柑味、白太、厝后本、橄榄干、六分本、一月本、尖尾钻、黑肉鸡、秋兰花）。橄榄在不同生长环境中，经长期自然和人工的选择和驯化栽培，形成了很多新的地方品系，如甜榄、福安四季榄等。

7. 杨 梅

全省山区多有野生杨梅分布，以龙海、南安、晋江、建阳、建瓯、福鼎、福安、霞浦、寿宁、莆田、仙游、安溪、永春等县（市）为多，宁德、闽侯也有发展。2005年，全省种植面积为22.72万亩，产量6.32万吨。

红杨梅栽培最普遍，抗逆性强，丰产稳产，肉质较硬，鲜食品质较差，适宜加工。主要品种有长乐、连江的八贤道杨梅，仙游的罗仔杨梅，南安、晋江的长蒂杨梅、短蒂杨梅，龙海的安海杨梅等。紫杨梅果较大，色深紫，质软味甜，品种较佳，但要求较好的栽培条件，著名品种有建阳、建瓯、南安、莆田、龙海的大乌杨梅（大花杨梅），建阳、建瓯、古田、南平、泰宁的二色杨梅，福鼎的大粒紫等。白杨梅果白色或黄白色，味清甜，树势较弱，产量低，多零星分布，主要品种有各地的白蜜，龙海的胭脂白，水白杨梅等。从浙江引进的丁岙梅、火炭梅、东魁等品种，均属紫杨梅。通过福建省品种审（认）定3个品种分别为安海变（1993年）、洞口乌（1993年）、长蒂乌梅（1994年）。

20世纪末，全省杨梅栽培面积和年产量均成倍增长。主要分布于龙海、漳浦、诏安、永春、南安、莆田、福鼎、建阳、建瓯、长汀和永定等县（市），其中龙海市浮宫镇因杨梅种植面积广、产量高、品质好，被誉为"福建杨梅第一镇"。主要栽培品种除了早期原有的一些优良品种（如安海变、八贤道杨梅、大粒紫、二色杨梅）外，还从省外引进了一些优良新品种，如荸荠种、东魁、东方明珠等。

（二）落叶果树

1. 梨

1991—2005年福建省梨的生产持续保持较快发展，面积、产量不断扩大与增加，2005年全省种植面积34.43万亩，总产量14.77万吨，分别比1990年增加25.69万亩、13.44万吨。区域分布进一步东进南移，至2005年除晋江市、石狮市外，其他各县（市）区均有梨的种植，相对集中于地处闽西、闽北内陆山区的三明、南平、龙岩等地，2005年这三地的面积、产量分别占全省的84.98%、91.56%。

20世纪90年代，继续通过新植、改植、高接等措施，提高黄花、新世纪等良种覆盖率。1997年后优质早熟梨取得较快发展，至2005年翠冠、清香、台农2号蜜雪梨等于7月20日前成熟上市的品种规模比例达30%以上。通过应用平衡施肥、高接授粉、疏花疏果、果实套袋、绿色无公害栽培等新技术、集成组装与示范推广新成果，单位面积产量与果实质量明显提高。在2002年全国优质早熟梨评选会上，德化县选送的西子绿样品获得第一名，新世纪样品获第29名，这是福建省参加此项活动以来首次获奖；在2004年全国优质早熟梨评选会上，德化县选送的2个西

图 6-4　建宁翠冠梨

子绿样品分获第 3 名、第 4 名，新世纪样品获第 38 名，清流县选送的台农 2 号蜜雪梨样品获第 15 名。

20 世纪 90 年代中前期，生产上采取新植、改植等措施，扩大黄花、新世纪、杭青等优良品种的种植面积。利用高接换种等手段，淘汰黄蜜、今春秋、明月、桐芦白、铁头、八云、祇圆、六月雪梨、杭红、赤穗、菊水、晚三吉等低产或劣质品种，提高良种覆盖率。黄花梨的面积、产量均占全省的 80% 以上。1991—1996 年，建宁县农业局从浙江农业大学引进少量梨杂交新品种（系），因结果性能、抗病性等原因未得到推广。1997 年国家农业部在江西庐山召开首届全国优质早熟梨评选暨生产技术交流会，省农业厅、省果树站、建宁县农业局、明溪县农业局、光泽县农业局等多位专家代表参加，会后立项启动"优质早熟梨品种引进与配套栽培技术研究与推广"项目，以建宁农业局为主，明溪、光泽、宁化等农业部门共同参与，开展了新一轮全省性更大范围与数量的梨新品种引进工作，先后从杭州果树研究所、浙江省农科院、浙江农业大学、湖北省农科院、郑州果树研究所、四川省龙泉驿果树研究所、山东省农科院等引进翠冠、王冠、清香、丰香、西子绿、长寿、金水 2 号、鄂梨 1 号、鄂梨 2 号、华梨 2 号、金一世纪、丰水、新水、幸水、黄冠、中梨 2 号、红酥脆、满天红、美人酥、味美思、火把梨、脆绿、黄香、龙泉酥、华酥、台农 2 号蜜雪梨、赤花梨等品种进行区域试验与示范种植，并多次召开优质早熟梨评选活动，从中筛选推出翠冠、清香、台农 2 号蜜雪梨等适宜温暖多湿环境、品质优异、中短低温型早熟梨新品种，其中翠冠、台农 2 号蜜雪梨于 2004 年通过省非主要农作物品种认定委员会认定。

2. 李

全省 67 个县（市）中有 65 个县（市）栽培，永泰素有"李果之乡"美称。1995—2005 年，全省栽培面积变化不大，但产量增长了 1 倍。2005 年全省种植面积为 50.38 万亩、产量为 24.32 万吨，居全省果树的第四位，居全省落叶果树之首。主产地有永泰（112945 亩、产量 41430 吨）、福安（44998 亩、产量 29799 吨）、漳浦（40523 亩、产量 38919 吨）、古田（16896 亩、产量 11170 吨）、尤溪（22845 亩、产量 9973 吨）、德化（34909 亩、产量 24431 吨）、诏安（20455 亩、产量 10279 吨）、华安（17332 亩、产量 7683 吨）、长泰（10885 亩、产量 11328 吨）、闽清（19027 亩、产量 5042 吨）、武平（12909 亩、产量 5632 吨）、南安（11738 亩、产量 2159 吨）、宁化（10854 亩、产量 3831 吨）、永安（3461 亩、产量 1489 吨）。主要栽培品种有芙蓉李、迟花芙蓉李、黑琥珀李、胭脂李、三华李、黑宝石李等。

自 20 世纪 90 年代起，陆续从国内外引进一批优良的栽培品种，如黑琥珀、黑宝石、安哥诺、安皇后、蜜思李、皇后黑李、拉罗达、玫瑰皇后、皇家宝石、苹果李等，这些品种果大质优，果色艳丽，已形成规模种植。但由于栽培区域处于温带果树南界，许多品种因冬季冷量不足而影响开花结果，而许多需冷量足够的品种又常因开花早，花期易遭受倒春寒冻害，因此许多品种的适宜种植区域较窄。

图 6-5　胭脂李

3. 柰

从 20 世纪 90 年代起，几个主要产地的柰栽培面积和产量都迅速增加，2005 年全省油柰栽培面积 38.16 万亩，产量 15.52 万吨，各主产县（市）有古田县（63082 亩，产量 59392 吨）、浦城县（41947 亩，产量 9313 吨）、长汀（23786 亩，产量 11125 吨）、连城（19211 亩，产量 9313 吨）、尤溪（19940 亩，产量 11217）吨。

福建是柰的原产地，按果皮和果肉的颜色分为青皮黄肉和红皮红肉 2 种类型。

油柰分布于古田、浦城、建阳、屏南、尤溪等地，果硕大。福建农林大学园艺学院选育出了大果晚熟良种"翠屏晚柰"，成熟期比普通油柰晚 15~20 天。

青柰主产在福安等地，80 年代中期以后开始较多栽培。

花柰主产沙县。

4. 桃

2005 年桃栽培面积 386018 亩，相当于 1990 年的 4.2 倍，其中 1991—1995 年为有史以来面积发展最快时期，1995 年比 1990 年增加 300446.34 亩。1996—1999 年，受品种熟期过于集中造成的结构性过剩影响，连续缩减。2000 年后栽培面积有调整性、恢复性增长，桃产量保持持续平衡增长。2005 年桃年产量为 19.96 万吨，相当于 1990 年的 6.99 倍。全省除平潭县外，其他各县（市、区）均有桃的栽培。

1991—1996 年，以延用上一年代大量推广软溶质鲜食型早、中熟水蜜桃为主，主栽水蜜桃品种以"玉露"、"白凤"、"雨花露"、"砂子早生"等为主。黄桃品种主要有"丰黄"、"连黄"等，成熟期相对集中于 6 月上中旬至 7 月上旬，因结构性过剩出现桃市场价位持续走低。黄桃曾为满足加工需要得到较大面积发展，其中建宁县曾达 4000 多亩，后因加工企业衰败、鲜食风味偏酸不适大众口味而大量被毁。蟠桃零星分散不成规模，极少上市销售。1997 年以后，农业推广部门多次举办早熟桃品种鉴评活动与现场观摩会，扩大适宜推广新品种宣传，促进品种内部结构调整优化，使全省桃基本形成三明、龙岩等市以西选 1 号、白玉、雨花露等早熟、特早熟桃品种为主，宁德等市以古田大桃、大久保、穆阳水蜜桃等早熟、中熟品种为主，并呈现水蜜桃、油桃、黄桃、蟠桃并举品种多样化局面。新推广主栽品种除西选 1 号、曙光、白玉、古田大桃、大久保外，还有 1997 年省农科院地热研究所从台湾引进，主产的台农甜蜜于福州、莆田等地。

1991—2005 年，在引种种类上，前期主要以水蜜桃品种为主，中后期油桃及蟠桃品种明显增多。品种熟期以早熟、极早熟为主。先后引进国内外桃品种近百个，水蜜桃品种主要有春蕾、霞晖 1 号、雪雨露、朝霞、早霞露、安农水蜜、大久保、台农甜蜜等；油桃品种主要有早红珠、五月火、超五月火、曙光、千年红、东方红、中油 5 号、白玉等；蟠桃品种主要有早油蟠、油蟠 3 号、早露蟠等；同时，永安、古田等县（市）从当地栽培品种筛选出西选 1 号、古田大桃等品种，其中西选 1 号、台农甜蜜、曙光等 3 个品种通过省非主要农作物品种认定委员会认定或专业组鉴定提交认定。

5. 梅

全省有 44 个县（市）栽培青梅，1995—2005 年，栽培面积从 17.94 万亩增加至 25.48 万亩，产量从 1.10 万吨增至 9.05 万吨。主产地为诏安（122643 亩、55873 吨）、永泰（53212 亩、16954 吨）、上杭（29802 亩、5582 吨）。

诏安县 2001 年获得了"中国青梅之乡"、"中国外向型农业试验基地"称号，诏安红星青梅获得"福建省名牌农产品"称号。青梅是诏安农业的当家果树，其产品销售国内外市场，其中 80% 出口日本、欧美等国家。

图 6-6　黄梅

永泰县也是全省青梅种植的主要基地，永泰青梅在日本、东南亚以及中国台湾等国家和地区占有较大的市场，以果大、肉厚、核小、酸度高、内含物丰富、宜加工而驰名中外，特别是龙眼梅以其酸度大、含酸量高达5.8%，出口日本供不应求。

全省果梅品种资源有青梅（又称绿梅）、红梅（又称花梅）、白梅（又称白粉梅）三类，主要栽培品种有白梅、龙眼梅、青竹梅、腊梅、黄梅、胭脂梅、桃梅等。此外，尚有五斗梅、圆仔梅、鸡蛋梅、炭梅、鸡嘴梅、六月梅等品种，另有石梅，羊屎梅，果小，作砧木用。

6. 柿

1990年，全省种植面积12.44万亩，产量为9117吨，2005年面积40.64万亩，产量16.04万吨。主要产地在永定、沙县、安溪、诏安、南靖等县（市）。柿适应性强，寿命长，产量高，鲜食、加工均宜，经济价值高。主要品种是永定红柿，栽培面积8万亩，除部分鲜果供鲜食外，主要用于加工成柿饼。尤溪枣柿加工成柿丸，色味俱佳。

全省柿的栽培种主要是涩柿类，主要品种有永定红柿、枣柿、油柿、元宵柿、橙色柿、扁柿、涂柿，此外，安溪有水柜柿、牛心柿、橙苏柿、正月柿、水柿、四瓣柿、玻璃柿，古田山虎棠、桃园柿、八月黄柿、鸭蛋柿，

图6-7　油柿

浦城黄柿、钟柿、牛心柿、无核大方柿，宁化牛心柿，长汀梨柿，霞浦冬秘柿，等等。

（三）其他品种

1. 番石榴（芭乐）

生产处于庭院小规模种植，没有形成经济栽培。早熟品种有六月番石榴、吕宋种；晚熟种有白香番石榴、十月番石榴、四季番石榴等。20世纪90年代初引种的

图6-8 大果番石榴

泰国大果番石榴、菲律宾番石榴等，能多次开花结果，但不耐寒。

21世纪初引种的台湾珍珠芭乐、新世纪芭乐、水晶芭乐等品种，有着生长快、结果早、丰产、优质等特点。珍珠芭乐现为福建省的主栽品种，在漳州市的云霄、龙海、漳浦及福州等地大面积栽培。

此外还有珍珠、水晶、红拔等番石榴品种。

2. 菠 萝

1995年种植面积7.6万亩，产量3万吨左右。1997年种植面积6.91万亩，采摘面积5.14万亩，产量4.97万吨。

菠萝可划分为4个品种群，即皇后类、卡因类、西班牙类和波多黎各类，福建的栽培品种不多，但前三个类群均有。1990年选育了菲选一号品种，从台湾引进一些优良品种，如台农4号菠萝表现良好。

3. 杨 桃

杨桃有酸杨桃和甜杨桃两个品系。全省栽培的均为甜杨桃。云霄下河有原产甜杨桃品种，但经济性状略差，栽培品种均从中国台湾或马来西亚引进，由于大多引种都是民间性质的，所以品种名称比较混乱，同名异物或同物异名现象较为普遍。主要栽培品种有台农一号、台湾软枝、马来西亚香蜜。

其他少量引种甜杨桃有水晶蜜杨桃、马来西亚4号杨桃、蜜丝甜杨桃，青厚敛种等也有。

4. 芒 果

福建省芒果传统的主产区集中在安溪、莆田、福州等地，自1999年春季大冻害后，全省芒果生产走入低谷，种植面积由原来的4.5万亩下降到1.2万亩，总面积下降了73.3%。1999年以后，芒果的主产区也由传统地区向栽培最适宜区闽南发展，主要集中在漳州、泉州、莆田、福州等地。

主栽品种有金煌、紫花、桂香、吕宋等，20世纪90年代从台湾引进了台农1号和台农2号两个早熟品种。福建省芒果成熟期在8—10月，属于中国芒果产区晚熟区域，发展晚熟芒果更有利于发挥区位优势。

5. 番木瓜

福州市郊及以南各县有规模栽种，庭院式村落有零星种植，在闽南尤为普遍。2005 年全省种植面积 30 多万亩。

福建番木瓜栽培的品种较多，但大多是从境外或省外引进的，主要品种是台农 2 号和马来西亚番木瓜。

6. 火龙果

火龙果原产巴西、墨西哥等中美洲热带沙漠地区，属典型的热带植物。先传入中国台湾，再由台湾改良，于 1998 年从台湾引进。福州地区有种植，莆田、漳州地区种植面积较大。

火龙果按果皮果肉颜色可分为红皮红肉、红皮白肉、黄皮白肉三类，各地栽培的主要品种有红皮红肉、红皮白肉，主栽品种有尊龙、祥龙、白玉龙等。

7. 余甘子

余甘子在福建有 10 个种及 1 个变种，但可作鲜果食用的仅余甘子一种。在中国主要分布于福建和云南。余甘子在福建省仍处于野生与半野生状态，1979 年以前全省仅 3 个县有人工栽培，1993 年后全省已有 22 个县（市）栽

图 6-9 火龙果

培，以惠安、莆田、南安为主产区，晋江、泉州、安溪、云霄、龙海、长泰等县（市）也多有种植。据 2003 年省农科院果树研究所调查，种质资源广泛分布于诏安、漳浦、厦门、龙海、龙岩、漳平、晋江、惠安、莆田、福清等海拔 50~300 米的红壤丘陵、山地。多数为集中连片生长，着生密度高。资源虽然丰富，但缺乏全面的整理和发掘，如惠安的兰丰、粉甘、六月白、秋白、枣甘、玻璃甘、扁甘、甜甘、赤皮白、野生 3 号、野生 119 号，莆田的人仔面、算盘子、至号、白本、长穗、柳穗以及安溪的粉油甘等地方种类。

8. 毛叶枣

毛叶枣作为一种新兴珍稀品种，因其具有当年种植当年结果的特性而受果农和消费者欢迎，20 世纪 90 年代后期，平和县首次引进试种成功以后，经六七年示范推广，适宜在福建省南部气候温暖地区推广种植。至 2004 年，全县种植面积达 1 万亩，总产量 1.8 万吨。2001 年，东山县引入种植，至 2005 年全县种植面积由

图 6-10 毛叶枣

1000 亩发展到 1.59 万亩，产量 14637 吨，全省种植的毛叶枣品种主要是从台湾引入的台湾青枣品种群，包括台湾的几个主栽品种碧云、特龙、黄冠、红云、肉龙、高朗 1 号和福枣等。省林业科技推广总站 2000 年 4 月从台湾屏东地区引入毛叶枣，当年生嫁接苗 2 个品种，分别是高朗 1 号、黄冠各 100 株，定植于漳州市九龙岭经济林良种繁育中心并试种成功。

9. 黄皮果

在福建市场上销售也大多为本地实生品种，果小，味酸，品质差，主要有章奎种、鸡心种、尖尾种、圆梨、白蜜等地方特色品种。

福建属黄皮生产的北缘地区，果品上市期与广东、广西等黄皮主栽区相比，具有晚熟优势。生产的黄皮果实除在本地销售外，还销往江西、浙江、上海等地，市场容量大，在保鲜、储运、加工跟上后，具有广阔的市场空间。20 世纪 90 年代，从广东、广西等地引进了多个黄皮优良品种，如大鸡心黄皮、无核黄皮等，在省内栽培过程中，初步表现出良好的经济性状。黄皮病虫害少，栽培容易，产量高。

10. 栗

在福建作为经济栽培的有板栗、锥栗及日本栗 3 个品种，尤以大果锥栗品种粒大圆亮、仁大金黄、糯而香甜，有"闽北瑰宝"之称。板栗、锥栗在福建栽培历史悠久，20 世纪 80 年代以前种植较零星分散，规模较小，大多为一些地方品种，种性良莠不齐。1990 年，全省栗产量仅 2600 吨。20 世纪 90 年代，随着一批板栗优良品种引进、示范

图 6-11 毛板红板栗

与推广，尤其是大果锥栗品种收集、筛选与开发利用，全省栗生产有了较快发展。2005 年全省栗栽培面积约 100 万亩，年产量 49134 吨，其中锥栗 60 万亩，年产量 35000 吨。全省除厦门外，其他地（市）均有种植，产量高低依次为南平、三明、龙岩、福州、宁德、莆田、泉州、漳州，其中南平市 2005 年产量 32499 吨，占全省总量的 2/3。产量千吨以上产区县（市、区）有建瓯、建阳、长汀、武夷山、大田、松溪、永泰、邵武、闽清、浦城，其中建瓯市规模最大，2005 年锥栗面积 40 万亩，产量 14298 吨，产值 2.1 亿元，2000 年被国家授予"中国名特优经济林锥栗之乡"。

20 世纪 80 年代中后期至 90 年代中前期，长汀、永定、浦城、大田等县相继从浙江、江苏等地引进毛板红、魁栗、九家种、八月香（处暑红）等南方优良板栗品种进行规模发展种植。建瓯市等地开展当地锥栗资源调查收集与大果锥栗品种优选，选出不同熟期、不同品质、不同用途品种达 34 个，主要有黄榛、油榛、白露仔、麦塞仔、圆蒂仔、北榛、薄壳仔、乌壳长芒、八月香（处暑红）；同时，省农科院果树研究所从日本引进部分日本栗品种。全省栗的栽培以锥栗规模最大，形成以建瓯市为中心，包括建阳、邵武、政和、顺昌、松溪、屏南、泰宁等锥栗栽培集中区；其次是板栗，主产于龙岩、三明、福州三地（市）的长汀、永定、大田、尤溪、沙县、永安、永泰、闽清以及南平市的浦城县（市、区）；日本栗仅福州郊区及沙县、延平等地有少量种植。主栽栗品种有毛板红、魁栗、八月香（处暑红）、黄榛、油榛等。

11. 葡　萄

1990 年，福建省葡萄种植面积 12600 亩、产量 2668 吨。2005 年全省实有葡萄面积 7.49 万亩，产量 5.90 万吨。主要产地原来集中在福州市郊、福清、宁德等县（市），"十五"期间，主要产地是福安（30825 亩、27407 吨）、建瓯（8726 亩、6500 吨）、建阳（8540 亩、4737 吨）、连江（3155 亩、1569 吨）、古田（2294 亩、1429

图 6-12　巨峰葡萄

吨），其他县（市），如龙岩、漳州、泉州等也有栽培。20 世纪 80 年代引进的欧美杂交种、美洲种、欧洲种和山东种近 200 个品种，经过试种筛选认定欧美杂交种是福建最适宜栽培品种，主要有巨峰、红地球、白香蕉，此外，还有黑奥林、无核白鸡心、红富士、康拜尔早生、藤稔、高妻、京秀、吉香等。

12. 猕猴桃

图 6-13 中华猕猴桃

福建猕猴桃在 20 世纪 70 年代以前长期处于野生状态，人工栽培始于 20 世纪 80 年代初的建宁县，之后宁化、明溪、古田、埔城等县（市、区）相继有栽培。1990 年全省种植面积 4500 亩，年产量 120 吨，主栽品种为建科 1 号、建科 2 号和武植 3 号等。20 世纪 90 年代中前期，种植面积与产量趋于减少。20 世纪 90 年代中后期之后，随着魁蜜、庐山香等大果型中华猕猴桃以及金魁、米良 1 号、徐冠等美味猕猴桃引种成功与示范推广，种植面积与产量有所增加，但总体规模不大。2005 年全省种植面积 7851 亩，年产量 3406 吨。分布区域较窄，在全省 9 个地（市）中 7 个地（市）种植，三明、南平两地种植规模相对较大。2005 年，种植面积在百亩以上规模县（市、区）仅有建宁、浦城、明溪、光泽、邵武、顺昌 6 个县（市）。其中以建宁县规模最大，种植面积、产量分别为 4569 亩、2694 吨；埔城县其次，种植、产量分别为 2172 亩、344 吨。主销区为广东、福建、上海等东南沿海大中城市。

20 世纪 90 年代初期，建宁县从野生优株中筛选出的建科 1 号、建科 2 号及中国科学院武汉植物研究所从江西武宁县野生优株中筛选出的武植 3 号等中华猕猴桃品种为主栽。20 世纪 90 年代中后期，建宁县农业部门等单位相继从江西、湖北、安徽、河南等省科研、教学、生产单位引进早鲜、金丰、魁蜜、庐山香、通山 5 号等中华猕猴桃品种以及金魁、米良 1 号、徐冠、徐香、97-1、秦美等美味猕猴桃品种，其中以魁蜜、庐山香、金魁、米良 1 号、徐香等推广种植规模较大。20 世纪中期之后逐渐成为主栽品种的有魁蜜、庐山香、建科 1 号、金魁、米良 1 号、徐香等。

13. 无花果

无花果寿命长、投产快，当年栽培，当年结果，三年生幼龄树株产可达 25 公斤。中国除东北、西藏和青海外，福建省南部均有无花果分布，但大多只作为观赏或庭院栽培，较少进行大面积集约化栽培。主要栽培品种有本地紫果、A132、玛斯义·陶芬、布兰瑞克、B110 等。

14. 番荔枝

厦门、漳州等地引进番荔枝各品种，其中引种表现较好的并得以推广的主要栽培品种有普通番荔枝、秘鲁番荔枝、圆滑番荔枝、刺番荔枝和杂交番荔枝。

15. 莲　雾

全省种植的主要品种为台湾选育的黑珍珠莲雾，黑珍珠莲雾形状类似小型柿子椒，模样雅观，表皮呈深红色，带有蜡质光泽，果肉含海绵质、利水可口，质脆味甜，且有淡淡之苹果香，品质极优，非一般水果可以比拟。此外，还有粉红色种、深红色种、白色种、青绿色种、淡红色种等高品性栽培品种。

图 6-14　黑珍珠莲雾

16. 人参果

20 世纪 80 年代后期引入中国，福建省亚热带植物研究所和厦门植物园均有引种种植，为新兴的特种果蔬。人参果喜温、喜光、喜肥，适宜在中性及微酸性土壤中生长；适宜温度 15℃ ~ 28℃，可不断开花结果，适应温度范围 8℃ ~ 35℃，35℃ 以上生理功能紊乱，8℃ 以下生长停止，0℃ 以下受冻死亡；叶长卵形，在茎上单叶轮生；自花授粉，聚伞花序，花呈白色，淡紫色至紫色；

图 6-15　人参果

幼果白色，圆形，有塑料光泽，成熟时为淡黄色至黄色浆果并带有紫色条斑，外形为圆锥形，中间有一凹陷，外观似陀螺，晶莹剔透，有玉质感，直径 8~12 厘米，单果重为 150~250 克，最大可达 750 克。

17. 樱 桃

20 世纪 80 年代前，樱桃一直处于庭院栽培状态，且仅限于原产中国的软肉型小樱桃种类。20 世纪 80 年代引进欧洲甜樱桃和欧洲酸樱桃，甜樱桃的商业栽培逐步在福建的部分地区种植。品种以中国的红灯、龙冠，欧洲和美洲选育的品种拉宾斯、先锋、早大果、艳阳、美早、萨米脱等为主。

四、栽培技术

（一）育苗技术

果树传统育苗技术因不同树种、不同地区而异。柑橘在漳州地区需用高压苗，福州地区常用实生苗，连江马鼻蜜橘用柚砧定植两三年后嫁接。荔枝在漳州、莆田地区用高压苗或实生苗，福州地区则用实生苗。龙眼在泉州、晋江地区常用高压苗，莆田地区用实生苗或高接换种，福州地区常用实生苗。橄榄在福州、闽清、莆田等地用实生苗或高接换种。枇杷用嫁接苗或实生苗。香蕉用分株苗。桃、梨用嫁接苗。奈用分株苗。李用嫁接苗或扦插苗。板栗、锥栗、杨梅均用实生苗。

图 6-16　龙眼高接换种

培育柑橘无检疫性病虫害苗木。20 世纪 80 年代，依据传媒昆虫柑橘木虱有效飞行半径 3 公里的特性，依据《柑橘苗木产地检疫规程（GB 5040-85）》，采取地理隔离方式，率先在全国建立 4 个柑橘无病毒母本采穗圃。由于苗圃未能按要求保证与生产园的空间距离，在不到 10 年时间相继发病丧失功能，难以保障柑橘无病苗木繁育安全。2005 年省农业厅对柑橘无病毒苗木繁育采用 40 目防虫网室实行物理隔离，在永春、新罗、顺昌、长泰 4 个县（区）建立省、部级柑橘无病毒苗圃。

1991—2005 年，主要推广营养袋育苗，尤以柑橘、枇杷、橄榄等应用较为普遍。此外，香蕉试管苗已逐渐替代传统的吸芽繁殖，防止香蕉束顶病。

（二）果园建设与低产园改造

20世纪90年代，福建省各类果树向丘陵山地开发成为主流，利用山地种果的面积约占总种植面积的90%以上，同时利用沿海风沙地、海滩涂地开辟果园，形成沿山、沿海、沿江建设果园的新格局，并向区域化、基地化发展。1993年，全省有26个县（市、区）果树种植面积超10万亩，27个县（市、区）水果产量超万吨，涌现了200个种果超1万亩的基地乡镇，和1000多个超1000亩的基地村。全省新开发山地由单一的平面开发转向多层次立体开发，新开果园做到山顶造林，山坡种果，山脚种竹、养禽、养鱼，园中兴办猪场，形成林、果、畜、禽、鱼综合开发全面发展的局面。全省各地根据各自条件，除发展原有的柑橘、荔枝、龙眼、枇杷、香蕉、菠萝六大名果外，还在不同地区发展其他水果如橄榄、杨梅、佘甘、桃、李、柰、梨、梅、柿、栗、银杏等，建成具有区域特色的水果生产基地，如平和的琯溪蜜柚，永安的脐橙，浦城的青柰，古田的油柰，建宁的黄花梨和新纪梨，连城、永安的水蜜桃，永泰、福安的芙蓉李，上杭、诏安的青梅，永定的柿，建阳、建瓯的锥栗与板栗等。

1. 高标准果园建设

2003—2005年，省农业厅在全省10个县（市）推广以特早熟柑橘（新罗区）、晚熟龙眼（蕉城区）、荔枝（蕉城区、霞浦县），早熟枇杷（云霄县）、早熟梨（德化县、建宁县、清流县）、早熟桃（连城县）等果类品种的标准化栽培技术，通过标准化栽培技术推广，带动果树高标准建园。

2. 柑橘产业带建设

根据农业部2003年《优势农产品区域布局规划》部署，省农业厅于2004年在永春、平和等8个县（市、区）开展福建柑橘优势区建设，内容包括产前无检疫病害苗木繁育，产中优质高效栽培，产后的采后商品化处理。

3. 低产园改造

1994年，全省果树栽培总面积达757.15万亩，总产量198.13万吨，平均单产562.8公斤/亩，低产园面积占总面积的30%以上。造成果树低产的原因，一是品种布局不合理，没有达到适宜生态区种植的要求；二是品种不当，种植低产劣质的品种；三是管理不善，长期失管或粗放管理；四是建园不规范，水土流失严重；五是病虫害防治不力，衰弱树势。

"九五"期间，全省实施山地果茶园从重点开发逐步转向重点改造提高的战略部署，按照省政府提出在"九五"期间全省改造300万亩果茶园（其中果园220万亩）的要求，1995年在8个县（市、区）进行试点，1996—2001年在全省32个县（市、区）开展果园改造。围绕"三改"，即园改，修建水平梯田与前埂后沟，水土保持；土改，增施有机肥改良土壤，推广配方施肥；树改，实施高接换种，淘汰非适宜生态区的果类品种与淘汰劣质品种，推广矫形修剪，改善光照提升品质。通过改造，果园生产力提升，生态环境改善，山地果茶园总体生产水平提高。

（三）良种新技术

1. 琯溪蜜柚良种推广

琯溪蜜柚是中国第二大柚类栽培良种。1988—1990 年开始对平和县传统柚类良种琯溪蜜柚进行提纯复壮与示范，1991 年开展琯溪蜜柚良种与配套栽培技术推广，推广面积 60 万亩，占福建柑橘栽培比例 24%。

2. 晚熟龙眼推广

1999—2002 年，省农业厅果树站在闽东南沿海龙眼产区实施推广松风本、立冬本、友谊 106、龙优、冬宝 9 号等良种，晚熟龙眼栽培面积迅速增长至 12 万亩，晚熟龙眼在每年 8—9 月后上市，价格倍增，果农增收。

3. 优质早熟梨良种引进及配套栽培技术推广

1999—2004 年，省农业厅果树站在闽西北实施推广早熟砂梨，比例由不足 1% 提升至 33%。

（四）新植蕉栽培模式

1989 年，平和县坂仔镇蕉农凭借当地的自然优势和丰富的种蕉经验，摸索出一种新的种植"反季蕉"栽培方法，称为"新植蕉"模式。该模式摒弃了传统的"宿根蕉"栽培制度，采用"一年一植一熟"制，将香蕉采收期调控在 12 月至翌年 4 月，不仅有效均衡市场供给，且经济效益显著。1995 年省农业厅果树站对该模式进行总结，并在漳州蕉区进行大面积推广，占栽培面积 40%。新植蕉技术优点是采用一年一熟制栽培，蕉株生育期相对一致，便利蕉园统一规范化管理，且蕉株营养生长处于温热条件最好的夏秋季，保证营养积累，为丰产奠定良好基础。负果期避开了 7—9 月台风季，使遭受风灾损失减至最低，且挂果期气温较低，果肉质地较为紧密，品质较好。有效降低了病虫害损失及防治费用，其束顶病发病率由 10% ~ 30% 降至 0.5% 以下。

（五）柑橘完熟采收技术

2002 年开始，闽西北地区借鉴日、韩等柑橘高品质栽培经验，试行推广早熟温州蜜柑完熟采收技术，有效提升品质，效益倍增。该技术主要通过控制肥水与选择性留果延迟采收，果实的可溶性固形物提升 2% 以上，风味与化渣俱佳。

（六）矮化与矫形修剪技术

1995 年开始推广果树矮化与矫形修剪技术，改造郁闭果园，改善光照，降低病虫为害，矮化开心树形，提升品质，降低果园管理与果实套袋田间作业成本。柑橘类与砂梨大面积推广此技术。

（七）果树营养诊断技术

自 1997 年起，省农业厅果树站相继在全省柑橘、龙眼、荔枝与砂梨栽培区的 45 个主产县（市）的 209 个重点乡（镇）开展实施"果树营养诊断、配方施肥技术"示范推广，对其中柑橘类 5 个主栽品种的 1240 片柑橘园实施营养诊断，面积达 20 万余亩。为规范果园叶片、土壤样品采集，制定《亚热带果树营养诊断样品采集技术规范 DB35/T 742 - 2007》。果树营养诊断内容包括：叶片氮（N），磷（P），钾（K），钙（Ca），镁（Mg），铜（Cu），锌（Zn），铁（Fe），锰（Mn），硼（B），钼（Mo）。土壤的 pH 值、有机质、全氮、水解氮、速效

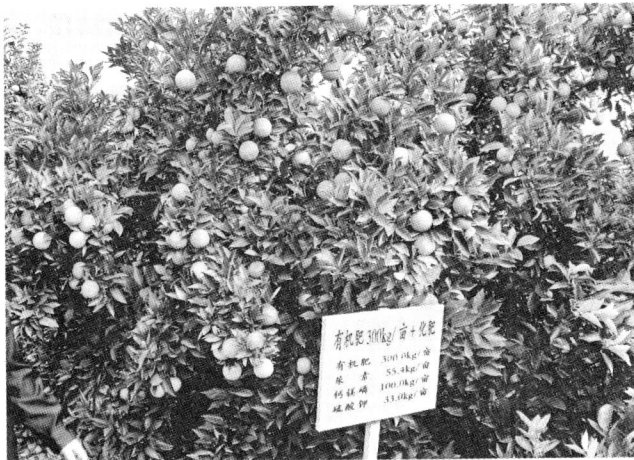

图 6 - 17　尤溪县农场果场推广营养诊断
配方施肥，图为雪柑示范园

磷、速效钾、代换钙、代换镁、有效铜、有效锌、有效铁、有效锰、水溶硼；结合《福建沿海经济带柑橘种植区区域生态地球化学调查评价》项目，对柑橘园的 8 项重金属（砷、氟、汞、铅、镉、铬、钴、镍）污染状况进行调查。

综合分析，福建省果园营养施肥的失衡现象较为普遍，果园土壤主要营养的全适宜率显著低于叶片营养。根据营养诊断结果，除对具体果园施肥配方进行"补缺、降丰"调整外，改进综合施肥技术，增施有机肥与钙、镁、硼肥。配方施肥，根据果园土壤营养普遍状况，对于投产果园推广纯氮施用量 30 ~ 40 公斤/亩（穴施），基础施肥配方为氮：五氧化二磷：氧化钾：氧化钙：氧化镁 = 1.00 : 0.40 : 0.80 : 1.00 : 0.35，实际操作中根据具体果园营养诊断结果再酌情调整。生产上严格控制城市垃圾、叶面肥施用，在改善灌溉条件同时注意灌溉水源是否达标。

（八）生长调节剂推广与产期调节应用

20 世纪 90 年代后期，闽西北砂梨产区广泛应用了以镓系列为配方的"增果灵"、"丰果灵"等羊毛脂剂型的果实膨大剂，主要用于幼果柄涂抹，可促进果实成熟期提前 7 ~ 12 天。由细胞分裂素与生长素配合的香蕉"增果灵"溶剂，主要用于香蕉果穗断蕾后喷施，可促进果指伸长、增粗并提高产量 10% ~ 30%。在产期调

节方面，2000 年从台湾引进的"氯酸钾"为主要配方的龙眼催花技术，在漳州以北地区因热量不足促花难以成功，在漳州以南区域也因座果率不高而未能普及推广。

（九）果树冻害与冻后修剪技术

省农业厅果树站于 2000 年 1 月通过模拟冻害及可溶性荧光物质示踪对龙眼、荔枝枝梢冻后的水分输导能力进行研究，结果表明低于 -3℃ 临界低温冻害对枝梢的水分输导有明显的阻断作用。当年夏季果树站再次派员赴产区进行调查，提出亚热带果树冻后修剪应在春季树体萌芽后，并分两步进行，第一次在春梢大量萌发后，及时进行一次以回缩为主粗放修剪；第二次在春梢成熟后，再进行一次以疏删为主精细修剪。

（十）黄龙病防治技术

黄龙病爆发原因一是病原蓄积与扩散，二是气候诱发因素。

为控制黄龙病危害，省农业厅 2005 年在全省范围部署柑橘黄龙病防控工作，举办多种形式的防控培训班，印制黄龙病防控宣传图与 VCD，通过宣传与培训，提高橘农的防范意识。实施铲除病树（红鼻果）与木虱防控，并根据台湾田间黄龙病感染主要发生于 3—5 月春梢期，4 月为感染高峰期研究结果，将春季列为柑橘木虱重点防治季节。加强良种无病苗木繁育设施建设，推广柑橘无病苗。

（十一）龙眼、荔枝焙干技术

为改进提高龙眼、荔枝焙干效率，1998 年南安市研制出连续焙干轨道窑，实现连续鲜果进料与焙干成品出窑，焙干效率较传统火焙与台湾引进箱式焙干时间缩短 9 个小时，每台设备日鲜果加工量可达 10 吨，节能作用明显。该项技术在泉州龙眼产区的加工大户中得到普遍推广。

第二节　蔬　菜

一、面积与产量

2002 年，全省蔬菜种植面积为 894.3 万亩，比 1995 年增加了 292.2 万亩，年平均增加 41.7 万亩；总产量达到了 1233.8 万吨，居全国第 12 位，比 1995 年增长了 67.3%；人均蔬菜占有量 356 公斤，比 1995 年增加了 124 公斤，居全国第 11 位。全省蔬菜产值 123.26 亿元，占农林牧渔业产值的 11%，是全省最大宗的农副产品之一，农民人均从中获得的纯收入约 220 元。9 个设区市中，蔬菜种植面积超过 100 万亩的有福州、漳州、南平和三明，龙岩、宁德和泉州的种植规模也在 90 万亩左右。种植面积在 10 万亩以上的县（市、区）有 46 个，15 万亩以上的有 24 个，20 万亩以上的有 8 个，蔬菜产业成为全省诸多县（市）农业的主导产业，"一村一品"、"一乡一品"等规模化、集约化的生产模式初具规模，形成城镇近远郊内销型常年蔬菜基地、农区利用冬闲田种植蔬菜的冬季蔬菜基地、山区利用高海拔冷凉气候条件种植夏季反季节蔬菜基地以及东南沿海地区蔬菜出口基地和闽北山区南菜北调基地的多样化区域格局。

　　2005 年，全省蔬菜种植面积首次突破 1000 万亩，达到 1003.80 万亩（含果用瓜类蔬菜 55.72 万亩，位居全国第 12 位），相比 1990 年增加了 606.94 万亩，增长 152.94%，年平均增长率达 6.38%，为全省第二大农作物，仅次于粮食。蔬菜总产量达到了 1426.38 万吨（含果用瓜类蔬菜 79.72 万吨），居全国第 13 位，是 1990 年的 3 倍多，年均增长率超过了 8%；人均蔬菜占有量 403.50 公斤，比 1990 年增加了 255.88 公斤，年增长率近 7%。全省蔬菜产值 167.724 亿元（含果用瓜类蔬菜 6.99 亿元），分别占到农林牧渔业总产值和农业总产值的 12.01% 和 29.37%，占园艺作物（果、蔬、花、茶、菌等）产值的 42.55%。在农林牧渔业产品中仅次于海水产品养殖和猪饲养的产值，并超过粮食作物位居种植业之首，农民人均从中获得收入约为 697 元。2005 年全省蔬菜出口量为 42.27 万吨，出口创汇额 3.97 亿美元，比 1999 年增长近 10 倍，约占全省种植业产品出口额的 60% 左右，占全国蔬菜总出口额的 13.77%，出口量和创汇额分别位列全国第三和第二。出口市场由以日本市场为主，逐步向欧盟、美国、东南亚、俄罗斯等地拓展。出口基地也由传统的闽南金三角地区逐步向其他地区扩展，特别是莆田市、福州市已成为出口蔬菜新兴生产基地。

表 6－2　　　　　　　　　**福建省蔬菜作物面积、产量与产值**

年份	面积（亩）		产量（吨）		产值（万元）	
	蔬菜	果用瓜	蔬菜	果用瓜	蔬菜	果用瓜
1990	3725700	242900	4232000	221300 *	183472 **	—
1991	4041007	299790	4601600	312082 *	204905 **	
1995	6021444	394151	7351247	508712	693434 **	—
2000	8071761	443787	10999585	611511	1109510 **	
2001	8439073	488961	11609691	669514	1119295	50382
2002	8942970	531240	12337674	740500	1232607	61050
2003	9207054	567323	12892287	803100	1303376	72694
2004	9336943	567977	13178343	840091	1389712	67216
2005	9480751	557228	13466611	797236	1607314	69926

　　注：1. 数据均根据《福建经济与社会统计年鉴（农村篇）》（原《福建农村经济年鉴》）整理。

　　　　2. 标注 * 的果用瓜产量数据为不完全数据，当年仅统计其中的西瓜产量。

　　　　3. 标注 ** 为蔬菜与果用瓜合计数。

　　　　4. 蔬菜产值均以当年价格计算。

二、品种与布局

（一）引 种

从 20 世纪 90 年代开始，大量引进日本、韩国、泰国以及中国台湾等国家和地区蔬菜新品种进行试种、观察、示范、推广。如特大新红宝、双虎巨宝、益农新红宝、红珍宝、宝冠西瓜，金辉、银辉甜瓜，金斧头空心菜，健春、阳春、春大将、夏阳、明月、小林交配大白菜，华王、华冠、华京小白菜，藤田甘蓝、华美、喜美、雪美、安南早生花椰菜，供给者菜豆，大棚大根、白玉春白萝卜，黑田五寸人参、坂田七寸胡萝卜，"292"、"75"白毛豆、台中 11 号、台中 13 号、奇珍 76 豌豆，农友 704、屏东长茄，清风、春绿、全能、法连草菠菜，月华苦瓜，美国 P.S 西洋芹菜，飞蝶西葫芦，金皮西葫芦，五彩甜椒，等等。从国内引进的蔬菜品种有秦皇 903 番茄，夏光甘蓝，宁椒 7 号辣椒，蓝山白苦瓜，津春、津杂黄瓜等。引进并通过省认定的品种有因卡、板田七寸胡萝卜，青兰湖、台湾 2 号菜豆，园丰 4 号甜椒，七叶鸡爪椒，早生 615 蚕豆，兴福甘蓝等。

（二）品种选育

20 世纪 90 年代，蔬菜生产由过去的粗放经营向集约化经营转变，并不断引进新品种，新技术，生产四季化，淡季不明显，产品朝着优质化，多样化发展。全省民间栽培的蔬菜有 24 科 88 种或变种 650 余个品种。许多具有地方特色的蔬菜新品种得到开发利用，并形成规模化生产，如福鼎槟榔芋、长汀红萝卜、泉州招集胡萝卜、长乐大头菜、漳港杂交大头菜、福鼎盘菜、屏南长蔓菁、南平瓣状豆薯，古田锥状豆薯，龙海白地瓜、马铃薯紫花 851、大西洋、中薯 4 号、永定六月红、建瓯三门村花椰菜、十里街的辣椒、宁化牛角椒、建宁里心茭白、尤溪八字桥佛手瓜、沙县夏茂红芽芋、清流淮山、永安飞桥莴苣、东山漳浦芦笋、祥谦黄瓜、琅岐花菜、鸿尾芋瓢等。花椰菜、槟榔芋、荷兰豆、毛豆、四季豆、芦笋、胡萝卜、萝卜、甜瓜、苦瓜、佛手瓜、

图 6-18 厦门出口型胡萝卜品种

甘蓝等是省内的传统优势蔬菜栽培品种。

从境外或省外引进的大量名优品种，全省可供栽培的品种多达 1000 个以上。各地根据市场的需求，广泛引进国内外优良蔬菜品种，如从日本引入的牛蒡、辣根、山葵、美国防风、婆罗门参等。优良品种使低档菜、大路菜的栽培比例不断调减，适销对路优质蔬菜的生产规模不断扩大，比例提高，全省蔬菜的良种覆盖率达 85% 以上。国内外比较热销的菜用大豆、甜豌豆、软荚豌豆、四季豆、芦笋、香葱、日本大葱、黄皮洋葱、樱桃番茄、彩色甜椒、金皮西葫芦、紫甘蓝、高档礼品西瓜等都已进入商品化生产阶段。

（三）布　局

1. 优势区域布局

在全省大中城市近、远郊建立相对稳定的蔬菜生产基地，保障大中城镇居民蔬菜周年均衡供应，按照稳定种植面积，提高单产，提倡规模经营，标准化生产，提高品质。重点扶持蔬菜产后加工，大力推广反季节蔬菜和无公害蔬菜生产实用技术。

（1）南亚热带冬季蔬菜生产与出口加工区。该区包括福州盆地及其以南福清、长乐、平潭、莆田、泉州（德化除外）、厦门、漳州等地（市）所属的 35 个县（市、区），由低丘平原、内陆谷地和博平岭东坡丘陵 3 部分组成。该区域是冬季生产出口蔬菜的优势区域，也是出口蔬菜生产的主产区，全省 90% 以上的蔬菜出口加工企业集中在这个区域，有许多单季产值超 1 万元蔬菜生产模式，如胡萝卜、茄子等产区。

（2）中亚热带出省蔬菜生产区。包括福州郊区、闽侯、闽清、永泰、连江、罗源、宁德蕉城、福安、霞浦、福鼎和三明市（建宁、泰宁除外）、南平市和龙岩市共计 43 个县（市、区），由北部沿海平原、内陆谷地、丘陵和戴云山丘陵四部分组成。该区域是出省蔬菜生产区和出口加工蔬菜原料供应区。以龙岩市为中心，进行夏季及早秋蔬菜生产，建立 100 万亩具有地区优势的北菜南运蔬菜生产基地。闽东北是早春南菜北调生产区，利用自然资源，重点发展早春保护地蔬菜栽培，山区采用简易竹架大棚、小拱棚、地膜覆盖栽培，利用气候优势，建立 100 万亩南菜北调蔬菜生产基地。

（3）中亚热带山地高山反季节蔬菜生产区。包括德化、建宁、泰宁、屏南、周宁、寿宁、柘荣 7 个县（市）和鹫峰山、戴云山、武夷山、玳瑁山 4 个山区，多为 600 米以上的山地。利用夏秋高山区冷凉型气候，进行反季节蔬菜生产。推广应用高山夏秋反季节蔬菜生产技术，缓解南方城市每年的 8—10 月的夏秋淡季蔬菜市场供应紧张。

2. 茬口和基地布局

蔬菜茬口分为"季节茬口"和"土地利用茬口"。根据不同蔬菜对最适温度的不同要求，结合当地气候条件，将种类繁多的蔬菜按栽培季节归类安排生产茬口。一年当中露地栽培的茬次，如越冬茬、春茬、夏茬、伏茬、秋茬、冬茬等。

（1）越冬茬。即过冬菜，是一类耐寒或半耐寒的蔬菜，如菜心、春白菜、甘蓝、芹菜、莴苣、洋葱、大蒜、蚕豆、豌豆等。一般在秋季露地直播或育苗，冬前定植，以幼苗或半成株状态露地过冬，翌年春季或早夏供应市场，是缓解春淡季的主要茬口。

（2）春茬。即早春菜，是耐寒性较强，生长期短的绿叶菜（如小白菜、芹菜），以及春马铃薯和冬季育苗、早春定植的春白菜、春甘蓝、春花椰菜等。

（3）夏茬。即春夏菜，春季种，霜后露地播种或定植的喜温蔬菜，主要为果菜类，如黄瓜、瓠瓜、冬瓜、南瓜、苦瓜、丝瓜、菜豆、豇豆、番茄、茄子、辣椒等，及一些喜温的绿叶菜如蕹菜等。一般在6—7月份供应上市。

（4）伏茬。专门用来添补秋淡季的一类耐热蔬菜。一般在5—7月份播种或定植，7—9月份上市。如分期分批播种的小白菜、蕹菜、菜心、豇豆、夏黄瓜等，以及在高海拔山区栽培的番茄、西洋芹菜、夏白菜、夏甘蓝、夏花椰菜、夏萝卜等。

（5）秋冬茬。即秋菜或秋冬菜，主要是喜凉菜，如白菜类、根菜类及部分喜温性果菜类、豆类与绿叶菜，是全年各茬中种植面积最大的季节茬口，一般在立秋前后播种或定植，10—12月份供应上市。

土地茬口与复种指数有密切关系，福建蔬菜栽培在单位土地面积上栽培茬次多，土地利用率高，复种指数大。全省各地菜农在长期生产实践中摸索出许多科学的茬口安排，对蔬菜年均衡供应具有重要作用。

三、栽培与管理

（一）蔬菜生产

1. 优质化生产

"短平快"的蔬菜生产是许多地方农业结构调整的首选项目。2003年福州市有20万亩水稻田前季转种蔬菜，蔬菜采收一季后再种中晚稻。闽南利用"天然温室"的优势，发展冬种蔬菜，创造了"菜→稻→菜"模式。闽东、闽西北山区，则利用夏季冷凉气候发展夏季反季节蔬菜生产。蔬菜生产由"粗放经营向集约化经营，粗菜向细菜、净菜"转变。新品种不断引进，生产四季化，淡季不明显。全省涌现出许多各具地方特色的、上规模的蔬菜生产品种。如福鼎槟榔芋、永定六月红、建瓯三门村花菜、十里街的辣椒、宁化牛角椒、建宁里心茭白、尤溪八字桥佛手瓜、沙县夏茂红芽芋、清流淮山、永安飞桥莴苣、东山漳浦芦笋、祥谦黄瓜、琅岐花菜、鸿尾芋瓠等。

2. 保护地设施栽培

20 世纪 90 年代后，相继引进和发展了地膜覆盖栽培技术、大中小塑料温棚栽培技术、遮阳网和防虫网覆盖栽培技术、无土栽培技术。2001 年，全省蔬菜大棚已达 4.3 万个，种植面积 3.2 万亩。同时，地膜覆盖保护地栽培和简易大棚也得到普遍应用，仅福州市的闽清、福清、闽侯、连江、永泰等县（市）应用地膜覆盖保护地栽培和大棚种植西甜瓜面积就在 3 万亩以上，占全市西甜瓜总面积 35% 左右。2002 年冬季以后，仅福州市地膜覆盖保护地栽培和大棚推广种植瓠瓜、丝瓜、黄瓜、茄子、西红柿面积就在 10 万亩左右，亩增效益 2000～3000 元。2005 年，全省蔬菜大棚已达 57618 个，种植面积 46956 亩。

针对闽东南沿海地区秋冬旱现象，发展节水微喷灌设施栽培技术。经过各地农业技术推广部门的摸索和试验，筛选出高架式、旋转式、PVC 管道式、地面软水带等喷灌技术。这些蔬菜生产技术和栽培设施的推广和应用，提高了蔬菜生产水平和抗灾能力，实现了周年均衡供应。

3. 无公害、绿色食品生产

2000 年，以京福高速公路、205 国道、102 和 212 省道、鹰厦铁路沿线的中高海拔山区反季节生产为重点，建立"无公害蔬菜"生产基地 60 万亩，三年一个轮作周期。是年，全省建立无公害蔬菜生产基地 200 万亩。第一季度共抽查蔬菜 1587 批次，农残超标 62 批次，占 3.9%。2001 年，无公害生产基地再扩大 80 万亩。

各地根据主导产品，相继制定无公害蔬菜生产地方标准。制定并发布无公害栽培技术规范的蔬菜种类有毛豆、槟榔芋、小白菜、蕹菜、黄瓜、萝卜、菠菜、山麻洋 8 个。"九五"期间，制定胡萝卜、茄子、大蒜、甘蓝等 10 个无公害蔬菜栽培技术规范（地方标准）。2001 年漳浦县分别在赤湖镇、佛潭镇、深土镇、杜浔镇、沙西镇建立了 5 个县级无公害蔬菜生产示范基地，总面积 4.5 万亩，年产无公害蔬菜 9 万吨。全省发展了一批"公司 + 基地 + 农户"的无公害蔬菜生产基地。漳浦联侨食品公司、德立信蔬菜公司、漳浦夏农果蔬公司、龙海格林冷冻食品公司等，以"公司 + 农户"的形式，发动当地农户采取统一品种、统一技术、统一管理、统一收购的方式，扩大无公害蔬菜基地规模，总面积 1.5 万亩，年产大葱、萝卜、四季豆、毛豆、青刀豆等无公害蔬菜 4 万吨。树立佛潭镇"白石芦笋"、深土镇"丹山洋葱"两个地方品牌，以及漳浦联侨食品公司的"四季豆"，漳州德立信公司的"日本大葱"、"青首大根"，龙海格林冷冻食品公司的"毛豆"等 5 个企业品牌，获得国家绿色食品发展中心的无公害食品认证。是年，全省有 38 个蔬菜产品获得"绿色食品"标志，占全国总数的 12.5%，年产量达 6.2 万吨，占全省蔬菜产量的 0.5%。闽西北地区被列为全国绿色食品优势区域，其蔬菜等园艺产品也被列为优势产品。

2005 年，全省建立 2300 亩无公害蔬菜标准化基地，其中延平区 400 亩，建瓯市 800 亩，政和县 300 亩，浦城县 800 亩。示范种植无公害菜豆 300 亩，茄子、番茄、辣椒 1400 亩，高山反季节无公害花椰菜 300 亩和板栗南瓜 300 亩。在基地示范区，示范推广无公害蔬菜栽培技术，举办无公害蔬菜生产技术培训 20 多场，发放无公害蔬菜生产技术材料 1600 份。应用防虫网、灭虫灯、生物农药等病虫害无污染防治技术，降低蔬菜农残，提高蔬菜卫生品质。

4. 反季节蔬菜栽培

至 2005 年，全省反季节蔬菜面积 25 万亩，总产量 19 万吨，总产值达到 6.85 亿元。不仅满足省内蔬菜秋淡市场的供应，还覆盖了广州、汕头、珠海、深圳、南昌、温州、上海、杭州以及澳门等地区销售市场。

省农业厅从 1995 年开始，组织宁德地区农业局经作站、福州市蔬菜科学研究所、屏南县农业局在屏南县甘棠乡（海拔高度 800 米）进行夏秋反季节花椰菜栽培，开展联合科技攻关，选用了福州本地花椰菜早熟品种，结合引进台湾早熟抗热品种进行对比试验，利用中高海拔地区垂直高度气候差异条件进行花椰菜夏秋反季节栽培的配套技术研究，经过几年来的不断试验、示范和总结，已经形成一套完善的中高海拔地区花椰菜夏秋反季节栽培技术，至 2004 年，全省花椰菜夏秋反季节栽培面积达 4 万多亩，总产量超过 3 万吨，总产值达到 1 亿元左右。

2005 年，南平市建立蔬菜基地面积 60 万亩，其中高山反季节蔬菜面积有 4.5 万亩，主要分布在延平茫荡、塔前、南山，建瓯迪口、玉山，浦城枫溪，政和镇前、杨源等地，开发花椰菜、甘蓝、萝卜、大白菜、番茄等反季节产品十余个，产量约 5 万吨。三明市常年种植蔬菜面积 40 万亩。"十五"期间，在三元、大田、沙县、永安、尤溪等地的高海拔乡、村建立反季节蔬菜生产基地 6 万亩，年产量超过 6 万吨。

全省蔬菜种植大户主要分布在晋江、惠安一带。为解决夏秋季节蔬菜生产供应量不足，安溪县、永春县、德化县等山区以发展反季节蔬菜、无公害蔬菜为重点，建立稳固的秋淡蔬菜基地和绿色蔬菜基地，满足城市市场需求。

反季节花椰菜优质丰产栽培技术的适栽品种有庆农 60 天、庆农 65 天、庆农 70 天、庆农 80 天、庆农 85 天，喜美 60 天、喜美 65 天，安南 3 号、超级雪宝、夏雪等。播种期要根据品种的特征特性以及不同地区、不同海拔高度、不同收获期合理安排时间。种植密度原则是生育期短、生长期气温高的种植密度大，反之则种植密度小。应用配方营养钵（穴盘、营养杯袋或营养块）育苗技术，强调"营养土"科学配方，培育壮苗带土移栽。春季播种用塑料薄膜小拱棚保温育苗技术，夏秋季播种育苗用遮阳网小拱棚遮阴避雨。严格掌握苗龄育苗，不用劣小苗、老龄苗。重施基肥，早施追肥，注意后期补肥，特别是生育期短的极早熟品种要早追肥不蹲苗，全季施肥 4~6 次，掌握前淡中浓后速效的施肥方法。推广测土配方施肥技术，注意有机复合（混）肥与速效化肥合理配合施用，推广应用蔬菜专用肥、奥普尔液肥等；注意硼、镁、钙、钼等微量元素的补给，防止由缺素症引发的夏秋反季节花椰菜多种生理病害。科学调控、促进花球生长。通过肥、水等调控作用，合理调节夏秋季节的植株营养叶生长与花球生长的关系，确保夏秋反季节花椰菜丰产、优质。推广改良法遮花技术。根据品种、栽培季节掌握遮花时机，改折叶为扭叶或他物遮蔽花球。改善、保护有效叶片的光合作用效果促进高产。做好菜区病虫害预测预报，推广高效、低毒、低残留农药以及生物农药。

第三节　食用菌

1991 年以后，福建省食用菌栽培形成了沿海以草腐菌类为主，山区以木生菌类为主的区域布局。1997 年 1 月，省政府成立福建省食用菌生产指导小组，下设办公室，挂靠在省农业厅；2001 年 10 月，省政府成立了"福建省食用菌工作办公室"，并核定为正处级单位，强化全省食用菌管理工作。

"十五"期间，全省食用菌产量、产值、出口创汇、人均占有量居全国榜首。2005 年食用菌总产量 167.4 万吨，总产值 61.0 亿元，分别比 2000 年增长 21.3%、90.6%。食用菌产值占全省农业总产值的 10.9%，在种植业中排名第四，仅次于粮食、蔬菜和水果，年产值超亿元的县（市）达 18 个。食用菌成为福建省主要出口农产品之一，产品出口日本、韩国、东南亚、欧美等 90 多个国家和地区。2001—2005 年共出口创汇 11.1 亿美元，其中 2005 年出口创汇 2.94 亿美元，是 2000 年的1.63 倍，占全省农产品出口创汇总额的 15.0%，占全国食用菌出口创汇总额的30.5%。至 2005 年年底，全省从事食用菌生产及相关行业的人员逾 200 万人，占农村劳动力的 15% 以上，农业人口人均食用菌生产收入近 270 元。

一、品种资源

1991—2005 年，全省已经收集 713 株微生物资源（不含大型真菌），其中已确定属的丝状真菌菌株 77 株，细菌菌株 83 株，酵母菌株 3 株。全省大型真菌共有608 个种，分为 2 个亚门、4 个纲、17 个目、66 个科。至 2005 年，收集保存 2916株食用菌种质资源，其中保存栽培菌株 2118 株，保存单孢菌株 344 株，保存单核菌株 13 株，保存野生菌株 279 株，保存杂交菌株或转基因菌株 64 株。

可以人工栽培的食用菌近 50 种，常规栽培种类近 20 种，如香菇、双孢蘑菇、草菇、金针菇、毛木耳、银耳、黑木耳、猴头菇、竹荪、平菇、姬松茸、茯苓、灵芝、猴头菌等。自 20 世纪 90 年代以后，推广珍稀食用菌种类有 20 多种，如杏鲍菇、阿魏蘑、白阿魏蘑、盖囊菇、鲍鱼菇、红平菇、虎奶菇、杨树菇（茶薪菇）、真姬菇、蜜环菌、大球盖菇、巴西蘑菇（姬松茸）、长根菇、鸡腿蘑、高大环柄菇、大杯蕈（大杯香菇、猪肚菇）、灰树花、牛舌菌、白灵菇、棕色蘑菇、黄伞（黄柳菇）、巨大口蘑、玉木耳、香魏蘑（麒麟菇）等。

二、产区分布

南平、三明、龙岩 3 市为香菇、银耳、木耳、茯苓的主要产区。自从代料栽培工艺推广以后，宁德市古田县、屏南县和寿宁县的银耳、香菇栽培规模得到迅速发展，其产量一直处于全省同类品种的领先地位。黑木耳、毛木耳在山区县（市）以木屑代料生产为主，沿海地区以蔗渣等代料生产为主。金针菇生产起步虽晚，但发展较快，产区主要分布在沿海地区。此外，竹荪、猴头菌、大头盖菇等菌类有一定规模的生产，主要集中在山区。

全省逐渐形成了区域化的格局，即闽西北木生类食用菌生产区和闽东南沿海粪草类食用菌生产区。全省香菇生产规模最大的是宁德市，南平市次之，三明市第三；银耳生产规模最大的是宁德市，福州市其次；毛木耳生产以漳州市为主；蘑菇生产主要集中在漳州、莆田和宁德 3 市。

（一）闽东南沿海粪草类优势食用菌生产区

该区域为福建省粪草生食用菌双孢蘑菇、巴西蘑菇以及木生菌白背毛木耳等优势种类的主产区，包括漳州、厦门、泉州、莆田、福州及宁德等市的部分县（区），主要有同安、芗城、龙文、龙海、漳浦、平和、长泰、南靖、华安、永春、德化、安溪、莆田、仙游、闽侯、闽清、连江、罗源、焦城、福安、福鼎、柘荣等县（市、区）。2005 年，该区域双孢蘑菇、巴西蘑菇、鸡腿蘑、金福菇的产量分别占全省同类品种产量的 92%、72%、74%、98%，"水仙花"牌蘑菇罐头是国际上享有盛名的名牌产品，拥有 5 个食用菌绿色食品标志。除了干品、罐头、盐渍品以外，低温干燥、速冻、保鲜等高新技术产品的比例不断上升。

（二）闽西北木生食用菌种类生产区

该区包括南平、三明、龙岩 3 市的县（区）和宁德市的寿宁县、屏南县、古田县、周宁县等地。从 20 世纪 80 年代开始，该区一直是木生食用菌、药用菌传统产区。该区是全省林业资源最丰富、最集中的地方，阔叶林蓄积量约占全省的 85% 左右，具有原料资源优势。自然小气候多样化，具有多品种周年轮作栽培的独特地理、气候条件；技术创新发展快，转型迅速，产前、产中、产后服务体系健全，呈专业化、集约化发展态势。2005 年，该区食用菌产值约占全省的 60%，香菇、银耳产量分别占全省同类品种的 75%、96%，珍稀食用菌种类多，发展速度快。食用菌特色产品多，如寿宁花菇、长汀地栽香菇、屏南夏香菇、浦城和松溪的灵芝、建瓯的黄背毛木耳、竹荪等产品闻名省内外；该区的优势种类包括木生菌类的常规种类，有香菇、毛木耳、银耳以及珍稀食用菌。

三、种植品种

全省真菌种类由 1991 年的 430 多种增加至 2005 年的 608 种。

（一）双孢蘑菇

1990 年，福建省成立了蘑菇生产领导小组。是年，省人大立法颁布了全国第一部食用菌地方法规《福建省蘑菇菌种管理规定》，福建省标准局发布实施《双孢蘑菇及蘑菇罐头标准综合体》（FDBT/QB 33.1 - 33.9 - 90），规范了双孢蘑菇与蘑菇罐头的生产，各蘑菇罐头厂也抓住蘑菇原料、收购加工等重要环节进行整改，罐头质量有一定提高，加上盐水菇、冷冻菇、鲜销菇等品种的开发，外销逐渐有了起色，从而使福建省蘑菇产业摆脱困境，双孢蘑菇生产也得到发展，1993 年双孢蘑菇鲜品产量达 13.5 万吨。1995 年双孢蘑菇鲜品产量达 26.5 万吨，占全国双孢蘑菇产量的 75%，世界的 12.5%；单产每平方米达到 9 公斤左右，最高达 18 公斤，2005 年双孢蘑菇鲜品产量达 33 万吨，产值 17 亿元。

（二）香　菇

20 世纪 90 年代，随着香菇保鲜技术和栽培模式的创新，香菇产业向质量型转变，产量、产值成倍提高。1996 年全省干香菇产量为 62050 吨，年产千吨以上的县有 21 个，2000 吨以上有 9 个县、3000 吨以上有 5 个县，香菇成为山区农村脱贫致富的项目。福建省成为中国香菇主产区和出口创汇基地之一，香菇出口额位居全国之首。全省香菇生产主要分布在宁德、龙岩、三明和南平市，其中以古田县、屏南县、寿宁县、政和县、长汀县和建阳市等县（市）为香菇生产主要产区。2005 年全省生产香菇的县（市）有 34 个，香菇鲜品产量达 41 万吨。

图 6 - 19　地栽香菇

（三）银　耳

20 世纪 90 年代以前，全省科研人员和以古田县戴维浩、陈华贵、姚淑先等为代表的耳农致力于银耳研究与创新，首创银耳袋式栽培工艺，利用棉籽壳栽培银耳等，这些科研成果的推广应用，促进银耳的规模生产。1996年，古田县技术监督局等单位编制出《银耳》，成为省地方标准，2001年，制定出《古田银耳标准综合体》省地方标准，规范了菌株、代料棉子壳、栽培辅料、菌种制作规程、栽培技术规范、加工工艺规程、古田银耳等技术，促进银耳规范化、标准化生产。1999年，古田县耳农陈金赠分离成功纯白银耳新品种"9901"，在古田县大桥、吉巷等乡镇大面积推广，种植量占古田县银耳栽培量的1/3；2001年，"古田银耳"商标获国家批准登记注册；2003年，古田县国有综合农场申报的"吉乐牌古田银耳"被国家绿色食品中心认定为绿色食品；2004年，古田银耳被国家质量总局批准为原产地域保护产品。宁德市是银耳主要生产区，古田县是主要生产县，有"银耳故乡"之称。2005年，全省银耳鲜品产量16.15万吨，宁德市银耳鲜品产量14.75万吨，古田县银耳鲜品产量14.3万吨。

（四）毛木耳

20世纪80年代以后，以木屑、甘蔗渣为主要原料，采用袋式栽培木耳，在泉州、漳州、厦门等地形成了代用料栽培毛木耳的基地。1989—1990年，漳州市首先引进台湾省白背毛木耳的品种和集约化栽培模式，年栽培量高达1.5亿袋，该栽培模式在闽南各地大规模推广应用，并逐步实现集约化栽培。漳州成为全国最大的白背毛木耳生产和出口基地。2003年，福建省乡镇企业产品质量监督检验所、福建省南靖嘉田木耳开发公司等单位起草国家行业标准"毛木耳"，2004年3月，该标准由农业部发布实施。2005年全省毛木耳鲜品产量22.19万吨，产值4.87亿元。

（五）金针菇

闽南是金针菇栽培重要产区，1991年栽培量达6000万袋左右，创当年历史最高纪录，但所栽培品种大多数为黄色品种，且为季节性生产，产品除鲜销外，主要制成罐头。1991年，台资金针菇企业将技术密集型的瓶式栽培引入国内，晋江市许多家庭、南靖县林光华菇农开始尝试金针菇工厂化栽培。1994年，永泰县何丛林、詹位黎等菇农开始大规模袋式金针菇工厂化尝试性栽培，促进了金针菇工厂化生产的发展。金针菇栽培主要分布在福州、漳州、泉州、龙岩等市。2005年，全省工厂化金针菇生产厂家达30家以上，全省金针菇鲜品产量达4.06万吨。

（六）草　菇

20世纪90年代以前，福建科技工作者对草菇菌种选育、栽培模式、栽培技术以及生理生化等方面做了系统的研究，促进了福建草菇生产的发展。20世纪90年代以后，福建省农业区划研究所、福建农业大学分别进行草菇的工厂化栽培研究，推动了草菇周年工厂化生产的发展。1996年仅闽东南沿海一带草菇鲜品产量就已近万吨，约占全省草菇产量的85%。全省草菇主要分布在龙海、永春、屏南、闽清等县（市）。2001年宁德地区的屏南、古田等县推广反季节栽培草菇和熟料袋栽技术，栽培数量猛增。2005年，宁德草菇生产规模达272万袋，产值440万元。闽南地区主要以床架式栽培为主，采用巴氏消毒，平均生物学效率为12%～15%。闽东、闽北地区以室外堆式栽培为主，平均生物学效率5%～10%。2005年，全省草菇鲜品产量达3.14万吨，产值1.54亿元。

（七）巴西蘑菇

1992年，省农科院从日本引进巴西蘑菇菌种，进行栽培研究。1994年，在宁德、建阳、罗源、泰宁、松溪等地进行小规模示范推广，并取得一定栽培效益。1998年，巴西蘑菇的生产已形成一定规模，主要产区在仙游、莆田，但由于当时对其栽培特性不甚了解，栽培管理水平较低，单产仅为每平方米3千克，产品质量良莠不齐，符合出口菇的比例低。福建省食用菌工作办公室总结了福建巴西蘑菇主产区栽培与加工经验，并应用国内外已有的巴西蘑菇栽培理论及科研成果，于2001—2002年组织仙游、荔城、古田、尤溪、永安、清流6个巴西蘑菇主产县（市、区）实施高效优质综合配套技术推广项目，该成果获全国农牧渔业丰收二等奖。2005年，全省巴西蘑菇鲜品产量3.68万吨，产值2.11亿元。

（八）竹 荪

1989年，古田竹荪生料栽培试验获得成功，接种后60天即可采菇，每平方米当年收竹荪干品250～350克，单产提高10倍，周期缩短2/3。进入90年代，此项新技术迅速推广全省各地。建阳市推广以竹屑和谷壳为栽培原料，以大田畦栽方式的栽培技术；1995年以后，生产规模逐渐扩大，2002年全市竹荪栽培面积达1.6万亩，

图6-20 竹荪

产量达800吨，产值4000余万元，居全国之首。竹荪有棘托竹荪和红托竹荪两大品系，由于棘托竹荪栽培比较容易，产量高，见效快，普遍推广。2005年，全省竹荪鲜品产量3.51万吨，产值2.58亿元。

（九）鸡腿蘑

福建省三明真菌研究所等单位科研人员对中国北方盛产的鸡腿蘑进行调查、采

集、分离和栽培试验。

鸡腿蘑的生产主要分布在漳州、宁德、龙岩等市，漳州市南靖县、芗城区为季节性自然栽培产区，龙岩市武平县为工厂化周年栽培产区。2005年全省鸡腿蘑鲜品产量达1.74万吨，产值达6744万元。

（十）杏鲍菇

1993年，三明市真菌研究所对引进的杏鲍菇菌株进行了生物学特性、菌株选育和栽培技术研究，此后在全省各地逐步得到推广。1998年夏，南平市食用菌研究所对引进的日本杏鲍菇进行了菌株筛选、生物学特性、培养料配方和栽培技术研究，并进行了10.5万袋示范生产，经济效益显著。2000年龙岩全区栽培1000多万袋，产量3000吨。2002年古田反季节栽培杏鲍菇获得成功。在此期间，科技人员开展杏鲍菇工厂化周年生产尝试，取得成功。虽然杏鲍菇开发历史短，工厂化生产工艺尚未十分稳定，但其口感好、耐储藏、货架期长，是发展前景较好的菌类。三明、南平、宁德3市为杏鲍菇自然季节栽培的主要产区，漳州、龙岩2市为杏鲍菇工厂化周年栽培的主要产区。2005年，宁德全市杏鲍菇生产规模达2870万袋，产值3283万元，全省杏鲍菇鲜品产量2万吨，产值1亿元。

（十一）茶树菇

福建茶树菇生产始于20世纪90年代中期。1995年，建宁县客坊乡中畲村菇农从江西省广昌市引进茶树菇菌种进行试种成功。1996年，古田县大桥镇农技站也从江西省广昌市引进茶树菇菌种试种成功。由于当时人们对茶树菇生物学特性了解较浅，产量较低，平均单袋鲜品产量仅为150克左右，再加上生产规模较小，价格比较昂贵，每斤茶树菇干品高达300元。古田县湖滨乡旺村洋村菇农参照银耳接菌方法改进原来的生产工艺，单袋鲜品产量提高到300克以上，同时也缩短了生产周期，此技术很快在古田县及周边地区迅速推广。古田县凤都镇坑里村村民首创在田间建泡膜棚栽培茶树菇，就地接菌、发菌、上架管理、采收，生产流程操作方便，解决了生产场地不足的问题，使茶树菇生产规模不断扩大。全省茶树菇主要产区分布在宁德、三明、龙岩、福州等市，在宁德市古田县形成栽培茶树菇专业村。2001年，古田县凤都镇坑里村全村栽培茶树菇1500万袋，主要采用室内栽培袋层架栽培法和室外脱袋埋土栽培法。2005年，全省茶树菇鲜品产量10.87万吨，产值3.58亿元。

（十二）秀珍菇

20世纪90年代中期，从台湾引进秀珍菇在罗源县进行试种成功，并进行封闭式生产管理，产品主要以速冻保鲜形式出口日本及中国台湾等地。1998年，罗源县菇农也开始尝试秀珍菇栽培，取得成功。1999年，罗源县开始大面积推广，产品以速冻保鲜形式销往广东、上海等大城市，深受消费者的青睐，一级产品最高收购价达 11.2 元/公斤，平均价 6 元。罗源县通过抓龙头、建基地、树榜样，引导发动菇农联合投资、集中建场、规模生产，使秀珍菇形成独具特色的拳头产品。2005 年，罗源县秀珍菇生产 100 万袋以上的企业就有 6 家，50 万袋以上有 30 家，该县有 380 多座秀珍菇生产的冷库。2005 年，罗源县秀珍菇生产规模达 8000 万袋，鲜品产量 2.12 万吨，产值 1.08 亿元。罗源县是全省乃至全国秀珍菇主要产区，辐射带动福州市闽清县、宁德市蕉城区、古田县、龙岩市新罗区、漳州市南靖县等地。2005 年全省秀珍菇鲜品产量 5.61 万吨，产值 3.67 亿元。

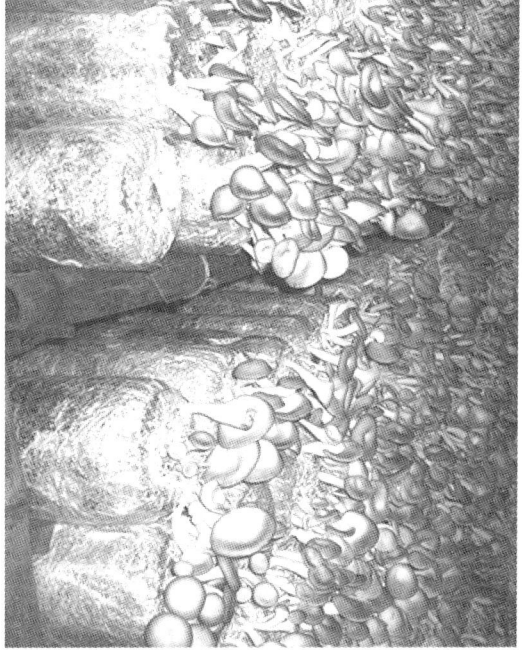

图 6 – 21　秀珍菇

（十三）灵　芝

20 世纪 90 年代以来，灵芝人工栽培得到推广。全省灵芝栽培与加工初具规模，产品主要销往日本、东南亚各国，产销趋于平衡。灵芝段木栽培主产地在南平地区的浦城、松溪、延平、建阳、顺昌等县（市）和三明市的尤溪、泰宁、沙县及龙岩市的新罗区。灵芝栽培以短段木熟料培为主，少量进行代料栽培。

四、栽培技术

全省食用菌栽培模式多为个体分散栽培形式，20 世纪 90 年代以来出现一些集约化栽培形式。主要栽培模式有双孢蘑菇以粪草发酵为原料，采用菇房层架式栽培和二次发酵工艺进行栽培；香菇栽培采用木屑筒式栽培；花菇栽培主要采用寿宁县为代表的阴棚层架式筒栽（不脱袋）方式，还有长汀县室外脱袋覆土阴棚畦栽等方式。此外，还有草菇不同季节堆式栽培和层架式室内栽培；金针菇主要是袋式栽培；银耳、毛木耳、黑木耳以代料栽培为主。采用工厂化设施栽培的种类有金针菇、杏鲍菇、鸡腿蘑和真姬菇等。

20 世纪 90 年代初，全省蘑菇菌种研究推广站先后推出高产优质杂交菌株 As2796、培养料二次发酵技术和规范化、集约化栽培模式，提高产量与品质，激发起菇农种菇的积极性，同时推广利用冬闲田建造规范化菇房，进行集约化栽培。

香菇保鲜技术在罗源县获得成功，香菇反季节栽培技术在屏南县发展起来，以生产优质香菇为目的的不脱筒层架式立体培育花菇栽培模式首先在寿宁县迅速发展并取得显著的经济效益。采用新的花菇栽培技术，使花菇生产率提高，是香菇产业从数量型向质量型转变的一次质的飞跃。菌筒脱筒转色后埋土培育夏季花厚菇的生产模式在长汀县、上杭县等地推广应用。

1995年，古田县菇农创造了竹荪套种模式，利用谷壳为原料栽培竹荪等技术。建阳市推广以竹屑和谷壳为原料进行大田畦栽的技术。

2000年，福建农林大学在福州设计成功规范化金针菇厂房和配套袋式金针菇栽培技术。

2001年，福建省蚕桑研究所开展草菇杂交菌株选育与高产栽培技术研究。

2004年，屏南县食用菌办公室开展熟料袋栽草菇高产技术研究。

鸡腿蘑可以在室内栽培，也可以在室外栽培；可以生料栽培，也可以熟料栽培；可以床式栽培，也可以袋式栽培。20世纪90年代以来，福建着力于推广季节性自然栽培。2003年，武平县进行工厂化周年设施栽培研究和实施，取得成功，使鸡腿蘑生产实现了周年栽培。

第四节　花　卉

一、生产与布局

（一）生　产

"八五"期间，引进国内外花卉新品种，尤其是鲜切花、室内观叶植物、棕榈科植物以及园林花木、时令草花等，丰富了福建花卉资源。到1993年，全省花卉种质资源达3000多个种和变种（不包括品种）。花卉产品结构从单一向多样化发展，鲜切花有所突破，盆栽种类越来越多，榕树盆景成为新的优势产品，花卉生产由小而全向专业化、规模化方向迈进，产品销往国内26个省、市、自治区和海外十多个国家（地区）。1995年，漳州市建立闽南花卉中心，从龙海九湖镇到漳浦长桥镇沿324国

图6-22　漳州市闽南花卉中心花园

道开发一条长50公里、总面积5000亩的"闽南花卉中心"百里花市长廊。

截至1995年年底，全省花卉种植面积7.2万亩，花卉销售额3.4亿元，亩平均销售额4722元，比1990年，分别增长了20%、240%、183%。观赏花卉产值与工业用花的产值比，由23%上升到74.8%，改变了长期以来以工业用花为主的格局。全省花卉生产单位有国营花卉企业100家，三资花卉企业30家，集体场圃1100个，个体专业户21000家，从业人员55600人。营销单位有花卉市场6个，营销企业160个，花店500家，从业人数2300人。

1997年，全省召开"花卉产业化研讨会"，提出"推进福建花卉产业化的建议"。为发展花卉企业，采取"公办"或"民办公助"的方式，建立了九湖水仙、连城建兰、南靖兰花、永福杜鹃、漳州榕景、漳浦观赏棕榈、福州仙人掌与多肉植物、罗源鲜切花、南平百合、泉州观叶植物以及南安园林苗木、建新园林苗木12个拥有专业化、规模化花卉商品生产基地。至2000年，全省花卉企业从1995年的130家增加到644家，增长3.95倍，其中大中型花卉企业92家。全省花卉市场从1995年的6个增至36个，增长5倍多，建成"福建花卉第一市"——漳州闽南花卉批发市场。花店也从1995年的500家增至815家，增长63%，花卉买难、卖难情况有所缓解。

2001年，省花卉管理办公室在晋江市召开了全省花卉产业结构调整座谈会。至2002年底，全省调减了水仙花、杜鹃花、茉莉花的种植面积，拓展了盆栽植物、园林苗木、食用与药用花卉的生产，盆栽植物占31.46%，园林苗木及草坪占29.09%，工业、食用、药用花卉占20.92%，切花切叶占11.62%，水仙花占5.85%，种子（种球、种苗）用花卉占1.07%。2005年，全省花卉种植面积23.33万亩，销售总额25.30亿元，分别比2000年增长1.33倍、1.66倍。亩平均销售额2002年10076元；2003年10104元；2004年10305元；2005年达10846元，比2000年增长14.30%。

2004年、2005年，全省花卉的出口额分别为1748万美元、1752万美元。2005年全国花卉出口1.6亿美元，福建省花卉出口1753万美元，占10.96%，在全国花卉出口的五大省（市）中排名第三位。

（二）布 局

1998年，福建省花卉资源进行区划立项，2001年部署实施，至2004年优势区域布局雏形出现。全省形成以福州、泉州、厦门为主产地的鲜切花优势生产区域；以漳州、龙岩、福州为主产地的盆栽植物优势生产区域；以漳州、泉州、福州为主产地的观赏苗木于草坪优势生产区域；以漳州、福州为主产地的水仙花优势生产区域和以南平、福州、宁德为主产地的茉莉花优势生产区域。同时，形成了水仙花、兰花、杜鹃花、榕树盆景与人参榕、仙人掌与多肉植物、棕榈科植物等福建具有优势的特殊产品。

表 6 - 3   亚热带地区花卉优势特色产品区域分布

地域名		省级优势特色产品	
		产品名称	分布县（市）
南亚花卉生产区	漳州	中国水仙 榕树盆景 仙人掌与多肉植物 棕榈科植物	龙海市、南靖县 漳浦县、龙海市 龙海市 漳浦县
	泉州	榕树盆景 棕榈科植物	泉州市 南安县
中亚花卉生产区	福州	中国水仙 仙人掌与多肉植物	平潭县 仓山区
	龙岩	比利时杜鹃 建兰	漳平市 连城县、上杭县
高海拔地域 花卉生产区	以龙岩、南平为重点，根据人才、技术、资金等条件，选择具备条件的县（市、区），重点生产高山花卉和繁育种球；注重野生特色花卉资源和食用、药用花卉等开发		

（三）花事活动

1993 年，省财政厅、省花卉盆景公司与香港富盛公司在福州合资创办中外合资闽盛花卉园艺有限公司，占地 40 亩，总投资近 400 万元。培育有人参榕盆景近 5 万盆，居全国之最，产品销往荷兰、法国、德国等国家。

1994 年，省花卉协会邀请和接待了台湾地区花卉协会董事长王阿董先生，就闽台花协间建立姐妹关系、台资到福建办花卉企业、组织海峡两岸花卉商贸活动等达成共识。

1995 年，省政府农村工作办公室组团赴马来西亚考察花卉科研、生产与市场，写出"马来西亚花卉考察情况汇报"。

1997 年 8 月 28 日，省第八届人大常务委员会第三十四次会议通过，确定榕树为"省树"，水仙花为"省花"。经各级人大确定为市树的有福州榕树、泉州刺桐、福安樟树；确定为市花的有福州茉莉花、泉州刺桐花、厦门三角花、漳州水仙花、三明杜鹃花、漳平茶花、福安茶花、武夷山兰花、政和茉莉花。

2000 年 6 月，国家林业局、中国花卉协会评审公布的首批"中国花木之乡"的命名中，福州市仓山区建新镇、漳平市和漳浦县均命名为"中国花木之乡"，龙海市九湖镇命名为"中国水仙花之乡"，漳平市永福镇命名为"中国杜鹃花之乡"，漳浦县沙西镇命名为"中国榕树盆景之乡"。福建省闽南花卉市场、福州千秋花卉市场被国家林业局、中国花卉协会命名为"全国重点花卉市场"。

1991—2005 年，省级花卉学术研讨会或论坛共举办了 12 次。包括 1998 年的"花卉产业化研讨会"、2001 年的"福建花卉实施'品种、技术、设施'工程研讨会"、2003 年的"福建省花卉业发展战略研讨会"以及 2004 年举办的"海峡两岸花卉论坛"等。

2002—2005 年，福建省南亚热带花卉研究所举办了 4 期花卉技术国际培训班。培训班的学员来自亚洲、非洲、南美洲、大洋洲、欧洲的 46 个国家，共 104 人，培训在福州、实习在漳州、考察在厦门，培训为期 40 天或 45 天。

二、种类与分布

1990 年以前福建已登录的栽培花木资源有 182 科 952 属 2911 种和变种，其中草本花卉 689 种，木本花卉 1366 种，藤本花卉 71 种，球根花卉 135 种，仙人掌与多肉植物 634 种，水生花卉 16 种。已经发现的野生花卉有 128 科 371 属 565 种。其中蕨类植物 37 种，裸子植物 23 种，被子植物 505 种。主要分布在武夷山、戴云山、博平岭等山脉；据调查，仅武夷山自然保护区内就发现有 61 个科 182 个种和变种，其中草本花卉 34 种，木本花卉 141 种，藤本花卉 7 种。在已发现的野生花卉资源中，许多种类已经被驯化开发利用，但更多的资源仍有待于开发，有些种质资源可供作培育新品种的亲本材料。

福建山茶花园艺栽培不下百余种。十八学士、五宝、白观音等名贵品种均产自福建。建瓯万木林自然保护区发现两株中国特有的稀珍山茶—长瓣短柱茶，其芳香为茶科植物所罕见，被列为国家二级保护植物。

福建兰花属于地生兰类。春季开花的有春兰和台兰，夏季开花的有蕙兰，秋季开花的有建兰、漳兰和鱼鳅兰，冬季开花的有墨兰和寒兰。

福建水仙属多花水仙，主要栽培品种有单瓣与复瓣两种。单瓣品种"酒盏"，俗称"金盏银台"，古称"单叶水仙"；复瓣品种"百叶"，俗称"玉玲珑"，古称"千叶水仙"。2000 年后，漳州选育杯状副冠三裂的"金三角"新品种。通过雕刻，水仙花球可以培育出"花篮献寿"、"玉壶生津"、"金鸡报晓"、"孔雀开屏"等姿态万千的艺术造型和组合盆景。

福建的仙人掌类有 600 多种，龙舌兰科有 70 种，棕榈科植物约有 80 种。

由于地理、气候、经济和传统栽培技术等原因，福建花木资源的分布主要集中于 5 个地区。一是福州地区，主要在福州郊区及闽侯、福清、连江、平潭等县（市），以生产园林苗木、草花、仙人掌类、室内观叶植物为主。二是厦门地区，主要分布在市区各公园和城郊苗圃，以生产热带、亚热带花卉为主，如棕榈科植物。三是漳州地区，主要分布在郊区及龙海、南靖、漳浦等县（市），以生产水仙、树桩盆景及各类热带花卉为主。四是泉州地区，主要在泉州市区和南安、晋江、惠安等县（市），以生产园林苗木、草花、榕树盆景为主。五是龙岩地区，主要在漳平、连城两个县（市），生产兰花、山茶花、瑞香等。此外，在福州、南平、宁德、三明等设区市的一些县（市）生产工业用花——茉莉花。

（一）草本花卉

常见的花卉如羽衣甘蓝、三色堇、鸡冠花、千日红、凤仙花、新几内亚凤仙、金盏菊、翠菊、大波斯菊、万寿菊、百日草、五色椒、石竹、天竺葵、金莲花、紫茉莉、秋海棠、长春花、菊花、金鱼草、美女樱、彩叶草、一串红、玉簪、万年青、虎尾兰等，计有一二年生和多年生（宿根）花卉613种，各地均普遍栽培。

20世纪90年代以来，草本花卉引进主要以种子形式。绝大部分引自台湾，应用于公园、街道、单位的绿化美化。主要种类有唇形科的一串红，菊科的大理花、万寿菊、孔雀草、黄波斯菊，石竹科的须苞石竹，苋科的千日红，白花菜科的醉蝶花，十字花科的紫罗兰等。"十五"期间，在龙海和南靖还引种了一定面积的瓶子草、捕蝇草、猪笼草等新奇有趣的食虫植物。福州和厦门地区的花卉生产者会在每年春节期间向市民提供天南星科红鹤芋的许多新的色彩缤纷的变种。

（二）球根花卉

常见的球根花卉有水仙、大丽花、美人蕉、百子莲、百合、花叶芋、马蹄莲、朱顶红、小苍兰、葱兰、唐菖蒲、晚香玉、萱草、石蒜等，各县（市）均有栽培。水仙花大面积生产于漳州和平潭。南平有较大面积种植杂交种百合。不常见的球根花卉如球根海棠、大岩桐、仙客来、穗花良姜、嘉兰、重瓣萱草、斑叶锦枣儿、黑鬼芋、网球花、丁香水仙、喇叭水仙、花菖蒲等计139种，福州和厦门均有栽培。2000年以来，福州、厦门、漳州还引种了风信子，明星水仙、红口水仙和彩色马蹄莲等球根花卉。

（三）水生花卉

福建省有荷花、睡莲16种，全省各县（市）都有栽培。王莲、小王莲、红花洋睡莲等，厦门有栽培。随着科技的发展和人们对观赏植物需求的提高，更多美丽的水生植物被驯化，逐渐进入了观赏植物的行列。如凤眼莲、水烛、慈姑、水葱、旱伞草、水芹等。水生花卉的用途也不再局限于园林景观的构建，有很多宾馆、酒店、写字楼内也建起了小型的水景，有的花卉爱好者在家中也种上几株。20世纪90年代后期，福州市建新乡开始少量种植明星睡莲并引种杂种睡莲。

图6-23 龟背竹

（四）藤本花卉

福建常见的藤本花卉有紫藤、爬山虎、常春藤、凌霄、金银花、龟背竹等72种，许多县（市）有栽培。不常见的如马兜铃有大叶马兜铃、美丽马兜铃等4种，西番莲有蝙蝠西番莲、鸡蛋果、龙珠果等11种，白粉藤有翡翠阁、六方藤、花叶粉藤等7种，洋常春藤有加拿里常春藤、银迫常春藤等4种，球兰有倒卵叶球兰、三脉球兰等3种，老鸦嘴有翼叶老鸦嘴、大花老鸦嘴等4种。这些藤本花卉主要在厦门栽培，福州只有少数栽培。20世纪90年代，漳州、厦门、福州引种了口红花、金鱼花、皱叶球兰等藤本花卉。

（五）兰科花卉

福建建兰、蕙兰、春兰、墨兰、寒兰等118种。各县（市）均有栽培，而以漳平永福镇、福州、厦门、漳州、泉州等为多。2000年后，漳州、泉州、福清的一些花卉公司开始用玻璃温室和塑料大棚大规模生产蝴蝶兰、大花蕙兰和石斛兰作为年宵花，满足春节市场需求。

（六）竹类植物

福建省竹种质资源极为丰富，自然分布的竹种就约有17个属141种。全省已经鉴定的竹类（包括这些年引进的）约有19属近200种（包括变种、变型），主要有思劳竹属、条竹属、单竹属、刺竹属、牡竹属、绿竹属、慈竹属、大节竹属、唐竹属、刚竹属、倭竹属、寒竹属、酸竹属、少穗竹属、大明

图6-24　蕙兰

竹属、茶秆竹属、箬竹属7种（3种福建特有）、井冈寒竹属等。1990年以后，厦门植物园对竹类植物的引种栽培力度加大，引种的新竹类据统计达到20属100余种，通过繁育，部分满足了城市绿化的需要。据2005年调查统计，厦门植物园建园以来引种的竹类植物共有28属165种，生长状况为"好"的有70种，占42.4%；生长状况"中"的有66种，占40.0%；生长状况"差"的有29种，占17.6%。生长状况为"中"以上的达136种，占82.4%。

（七）灌木花卉

常见的灌木花卉如南天竺、三角梅、山茶花、朱槿、木芙蓉、一品红、八仙花、月季、蜡梅、黄杨、四季橘、杜鹃、素馨、茉莉、黄蝉、夹竹桃、山栀子、英

丹、夜来香、爆仗花、虾衣花、龙吐珠、散尾葵、棕竹等 489 种，许多县（市）都有栽培。20 世纪 90 年后期，省农业科学院引种原产日本、韩国的芸香科花椒属常绿小灌木胡椒木，很适宜在福建生长。2000 年以后，福州花卉园艺公司引种的蔷薇科石楠属的红叶石楠也在园林绿化中得到广泛应用。

（八）乔木花卉

1990 年以后，绿化树种多以苗木和种子形式引进，多数引自东南亚地区，如菲律宾、新加坡、泰国、缅甸、日本以及中国的台湾、香港，少数种类引自美国、大洋洲等地区。主要种类以棕榈科植物最多，有加拿利海枣、银海枣、台湾海枣，还有布迪椰子、皇后葵、霸王棕、猩红椰子、金蒂葵、红棕榈、澳洲蒲葵、三角椰子、国皇椰子、狐尾椰子等 671 种，此外还有藤黄科的菲岛福木、马鞭草科的柚木、楝科的麻楝、桃金娘科的柠檬桉、蔷薇科的台东火棘和紫羊蹄甲。20 世纪 90 年代后期，漳州从广东引进酒瓶椰子用于庭院绿化和室内绿化。2003 年福建农科院引种了小叶榄仁，生长良好，是优良的园林树种。

（九）仙人掌与多肉植物

福建常见的仙人掌、仙人球、绯牡丹、花麒麟、昙花、令箭荷花、长寿花等 635 种，各县（市）都有栽培。厦门为主产地，635 种都有栽培，福州、漳州、泉州等地次之。厦门植物园的品种圃仙人掌品种最为丰富。漳州仙人掌与多肉植物在全省乃至全国种植面积最大。金琥、虎尾兰等产品大量销往中国香港、中国台湾等地。

（十）蕨类植物

福建的蕨类植物有 75 种。20 世纪 90 年代以来，鲜切花的发展带动了蕨类的生产，肾蕨、凤尾蕨作为插花的陪衬材料得以专业栽培。

三、栽培与应用

（一）热带花卉栽培技术

1. 引种与选育种

1990 年 8 月漳州农校从龙海九潮花木公司引进一万粒的唐菖蒲种球，对其栽培条件进行研究。引进在国内繁殖的品种有白友谊、种忠诚、青骨红、青古红、夏威夷、平谷和从荷兰进口的有 3500 粒。1991 年省热带作物科学研究所鲜切花基地引进新显、白友谊、白繁荣、马加烈、奥斯卡 5 个品种，试种后性状表现良好，切花质量较高（除奥斯卡外）；1994 年又引进亨廷松、欧罗文森、胜利、宝石红、欢呼、夏威夷、苏格兰、杰西卡、普力西拉、金色原野、忠诚等 12 个品种。省农科院瓜菜花卉室先后从沈阳及荷兰引进 10 个品种；这些品种在 1991 年和 1992 年春季，在福州郊区古岭的高海拔山区留种。1996 年，厦门华侨亚热带植物引种园的庄聪鹏、沈海燕开始从事唐菖蒲和百合切花的批量引种及生产工作，初步摸索这两种切花在栽培及均衡供花方面的技术措施。省农科院果树研究所从荷兰引进 6 种流行切花品种，其中东方百合 3 种分别是索邦、西伯利亚、元帅；麝香百合 3 种分别是雪皇后、素雅、白狐。在省内山区，东方百合商品性状表现最好的在海拔 800 米左右，而麝香百合在 400~800 米栽培表现最佳。

省农科院瓜菜花卉室于 1991 年引进透百合康皇 1 号、康皇 2 号、米兰、完美 4 个品种，经过试种观察，病虫害少，抗逆性较强，切花产量高，观赏性好，经济效益高。从荷兰引进郁金香 10 个品种，在福州古岭（海拔 600 米）进行留种试验，获得成功。这类郁金香耐寒性强，繁殖率高，生育期长（9 月至翌年 6 月），种球质量好，病虫害少，烂球很少。同年从荷兰引进荷兰鸢尾，在福州地区露地栽培，表现出适应性强、抗病虫害、切花质量佳、易留种等优点，在福州地区种植可在无任何保护设施的自然条件下正常生长发育，种球经多年栽植无明显退化，且种球繁殖率高。

福州市罗源林业局先后从广东、上海、台湾等地区引进菊花切花新品种 48 个，在罗源花卉种苗基地进行试验，并利用品种在不同季节对温度、光照、湿度等因子逆差反应和花器细胞培育中能产生变异的机理，采用变温、驯化处理和花器组培（利用花朵的花瓣、花蕊、花粉等组织部分进行培育）等手段培育出 5 个新品种。经过筛选，有夏星、粉姬、希红、小金轮、彗星、红小町、白舟、春香 8 个品种适宜在罗源种植。其中夏星、红小町、白舟、春香 4 个品种适宜春季种植，粉姬、希红、小金轮、彗星 4 个品种适宜秋季种植。

1997 年，省林业科学研究院引进香水白鹤芋研究组培技术，以茎尖为外植体，通过 4 种基本培养基和 12 种激素浓度组合的对比试验，筛选出最佳诱导增殖培养基为 MS（一种基本培养基）+6－BA2.0 毫克/升+萘乙酸 0.1 毫克/升，生根培养基为 1/2MS+吲哚丁酸 0.5 毫克/升+活性炭 0.5 克/升，移栽基质选择糠灰和椰壳糠（3∶1）混合。

漳州金銮园艺场在 1999 年 4 月和 2002 年 4 月分别引进姜荷花清迈粉（台湾品种）及荷兰红（荷兰品种）两个品种进行试种，对其生长习性与栽培技术进行较为深入的研究。适宜切花的仅为清迈粉，其色偏淡，红色的荷兰红则花梗太短，不宜切花。

2004 年，省农科院花卉研究中心从漳州引进姜荷花种球，经适应性试种，姜荷花具有适应性强、切花质量佳、种球产量高等特点。在福州地区露地栽培，生长发育状况良好，种球繁殖率高，切花品质较佳，具有发展潜力。不同切花采切方式对姜荷花新种球生产有显著影响。切花采收时花枝带 1 片叶的，其新种球品质、产量均较佳，带 2 片叶的次之，整株剪切的最差。

福建农林大学园艺学院对在校园小蜡绿篱中发现的一个小蜡花叶变异枝进行培

育，得到了一个小蜡的花叶栽培变种，定名为"新顺"。新顺叶片由金黄色的表层包被着绿色心层或包围着表层裸露的绿色心层组成，叶片具有花叶性状，因而比小蜡更具观赏性，凡适合小蜡栽培的地方都适合新顺的栽培。园林应用上可以作为模纹花坛、花叶小蜡绿篱或花叶小蜡球、盆栽或制作盆景。

2. 栽培技术

双色茉莉传统上采用压条和扦插繁殖，但生根率仅 8.9%，繁殖系数低且耗费时间长，苗木质量欠佳。20 世纪 90 年代，付凯等人离体培养双色茉莉嫩叶获得成功。福建农林大学园艺学院的离体培养双色茉莉茎段，对保持优良种苗后代的遗传稳定性以及解决双色茉莉繁殖难等问题，起到推动作用。

省农科院花卉研究室以亚洲百合顶芽为外植体，建立快速有效的试管小鳞茎繁殖体系，并利用省内山区自然气候条件，通过试管小鳞茎培育开花球的技术，具有结鳞茎时间短、鳞茎个体大（直径达 0.80~0.96 厘米）、可直接作为商品球生产的种源等优点，为百合试管结鳞茎提供新的途径。

福州市农业科学研究所在大规模组培快繁丽格海棠的基础上，于 2003 年总结出一套可行的工厂化育苗体系，利用普通蔗糖代替纯蔗糖、自来水代替蒸馏水育苗，降低了生产成本。

1994—1998 年，福建农林大学园艺学院连续 4 年对引种福州的金花茶调查研究，结果表明金花茶是强阴生植物，福州为金花茶栽培适宜区。金花茶及其自然变种长柱金花茶在福州生长的花期和果实成熟期基本相同，花期为每年的 2 月中旬至 3 月中旬，果期为 11—12 月份，抽梢期略有不同。同其他山茶花品种一样，金花茶可直接用于园林绿化和盆栽观赏。

2000 年，省亚热带植物研究所进行君子兰幼苗不同部位作外植体的诱导效应和愈伤组织分化成苗的试验，认为君子兰愈伤组织诱导培养基也可作为分化培养基，在芽分化生长的同时愈伤组织不断扩大，扩大的愈伤组织继续分化出芽，两个步骤可同时进行且芽分化与生长效果，提高组培效率且简化操作程序。同时，以非洲菊嫩叶作外植体，可明显缩短愈伤组织诱导期，且材料来源也较花托广，该方法尤其适合于种子繁殖（盆栽）的品种。

3. 技术培训

1991—2005 年，为加强人才培训，省有关部门定期举办各种类型的花卉培训班。如 1994 年 10 月 20 日—11 月 7 日，省农业厅经作处等三单位联合举办福建省花卉技艺培训班，并编辑、印发培训教材。

1996 年 9 月 20—29 日，由省花卉协会主办、省花卉公司承办福建花省鲜切花与现代植物的技艺培训班。

2003 年 3 月 18—20 日，省花卉协会协同连城县林业局举办行业管理与花卉栽培培训班。

2005 年 8 月 3—5 日，省林业厅花卉管理办公室与省花卉协会联合举办花卉管理暨调查统计培训班，提高业内人员的业务素质与技术水平。

（二）应　用

1. 环境园林

城市绿化美化和环境保护的重要性已形成共识，园林绿地体系已成为城市综合体系中不可缺少的组成部分。建设园林化城市是福州、厦门、泉州、漳州、三明等主要城市的目标，为此各级政府投入大量的人力、财力。每逢"元旦"、"春节"、"五一"、"国庆"等节日，大街道交叉处都以盆花布置成花坛或花丛、花群、花境等，以增加节日气氛。城镇园林建设以乡土树种为主，同时注重时尚多样性。引进新优观赏苗木有上百品种，不少经试种已投入生产应用，如棕榈植物飓风椰子、富贵椰子、斐济桐，彩叶植物如日本红枫（出猩猩）、"旭鹤"、黄脉刺桐、银叶板根，芳香植物如香冠柏、依兰，观花植物如日本樱花、鸡冠刺桐，还有伞杨、掌叶苹婆、面包树、腊肠树、铁刀木、美人树、黑板树、红木、台湾栾树，等等。

2. 室内装饰

福建室内花卉装饰最早始于 20 世纪 80 年代末期，当时仅限于几家四星级宾馆的室内花卉装饰。90 年代，随着人们生活水平的提高，室内花卉装饰作为一种时尚，越来越多的应用与于宾馆、饭店、写字楼，同时进入寻常百姓家。所应用的花卉品种也越来越多，新增许多耐阴的观叶植物，如棕榈科的夏威夷椰子、酒瓶椰子、三角椰子、国王椰子，绿人蕉科的白花鹤望兰，天南星科的绿巨人，凤梨科果子蔓属的一些新品种，等等；还有部分盆景、兰花等植物。在福州、厦门、漳州、泉州有许多专门从事室内花卉装饰的专业公司，采用花木租赁的方式，为宾馆、饭店、写字楼和居民家庭提供高品质的室内花卉。

3. 盆景制作

20 世纪 80 年代后期，微型盆景、挂壁盆景、木玩盆景等也有大量生产。90 年代，盆景制作以漳浦、龙海为主产地。漳浦县沙西镇被国家林业局、中国花协命名为"中国榕树盆景之乡"。2005 年，全省培育榕树盆景的面积 28993 亩，销售额为 42339 万元，出口创汇 327.8 万美元。大量块根榕以"中国根"品牌源源不断销往韩国、东南亚、美国、欧盟等地。

4. 礼仪用花卉

1990 年以后，用于各种庆典仪式、喜庆节日、迎来送往、探亲访友等社交礼仪活动中的鲜切花和盆花需求量越来越大，进一步促进了盆花和鲜切花的生产发展。罗源县的切花菊销往全国各地及中国香港并出口日本。漳平的杜鹃花盆花、厦门的热带切花切叶、清流的鲜切花都形成专业化规模化生产。

5. 工业与食用药用花卉

福建历来有用茉莉花窨制花茶、提炼茉莉香精传统，茉莉花还是药用和食用植物。此外，乡土花卉玉兰花、玫瑰花、代代花、柚花、珠兰花、桂花等香花都曾经是重要的工业用花。厦门亚热带植物研究所引种食品工业重要的香料植物香荚兰获得成功。1990年以后，漳州地区引种药用芦荟。食用仙人掌也较为常见。

四、传统花卉

（一）中国水仙花

中国水仙花是福建传统特色产品，已有500多年栽培历史。主要有2个品种，一是金盏，俗称金盏银台；二是百叶，俗称玉玲珑。其主产区在被命名为"中国水仙花之乡"的龙海市九湖镇和南靖、平潭等地。2002年全省种植水仙花面积9720亩，销售3486万粒，销售额7932万元，每亩年均销售额为7735元，创历史最高水平。当年出口额为65万美元。福建水仙花的上市量在国内市场的份额始终保持在90%左右。

（二）建　兰

福建的兰花花期在7—10月，也有些可从夏天到秋天开花2~3次，故又称四季兰，主产于福建、广东等地，以福建产品种最多、品质最优，因而得名。

图6-25　漳州建兰

建兰主产地在龙岩，中国兰花协会建兰样品园就建在龙岩的上杭，经全国兰界专家鉴定的建兰标准园艺品种有128个；产地还有漳州的南靖、平和和泉州等地。2002年，全省培育面积约3450亩，年销售840万盆，销售额8400万元左右。常见品种每亩年均销售额约2.4万元，名贵品种高达6万元以上。建兰的出口多为异地外销，最高年份创汇280万美元。

（三）杜鹃花

福建杜鹃花类有长在高山上美丽的云锦杜鹃，有花色艳丽偶有微香的弯蒴杜鹃，有枝上带有红白花色的鹿角杜鹃，有仅产于福建的花团锦簇的茶绒杜鹃，以及映山红、羊踯躅、马银花、南平杜鹃、丁香杜鹃等十余种。

福建省西洋杜鹃的主产地在漳平市永福

镇，为全国三大杜鹃生产基地之一，被国家林业局、中国花卉协会命名为"中国杜鹃花之乡"。2002年，全省西洋杜鹃培育面积约7500亩，年销售1800万盆，销售额12750万元，每亩年均销售额达1.70万元。在国内年宵花市场占有率高达70%以上。

（四）仙人掌与多肉植物

仙人掌与多肉植物的商品生产，在全国，福建种植面积最大，在福建又以漳州为最，九湖镇邹塘村是漳州有名的仙人掌与多肉植物专业村，几乎每家生产户都种植，年产值占全村总产值的70%左右。福州、厦门等地还有专门从事此类植物产销经营的企业。2002年，全省种植面积约4500亩，年销售2430万粒（株），销售额4617万元，每亩年均销售额为1.03万元，金琥、虎尾兰等产品已进入国际市场。

（五）棕榈科植物

福建棕榈科植物种植历史悠久，分布广泛。全省各山脉的低山、高丘地带都有种植，但多为零星分散栽培。20世纪80年代，全省开始大批量引进散尾葵、鱼尾葵、假槟榔、大王椰子等热带棕榈植物，到20世纪90年代初，又继续引进耐寒的加拿利海枣、华盛顿棕、国王椰子、布迪椰子、毛冻椰子、霸王棕、斐济桐等等，由于它们适应面更广，需要量日益增大，逐渐成为主流品种。主产地在漳州、厦门和泉州南安一带，已成为全国最大的耐寒棕榈生产基地之一。2002年，全省种植棕榈科植物达1.15万亩，年销量287.50万株，销售额达1.5亿元。产品除满足省内需要外，畅销长江以南各省、市、自治区，还远销华北市场。

（六）苏 铁

福建是苏铁的原产地之一，早在明朝以前就已广泛种植，野生资源十分丰富，分布甚广，南起诏安、北至福鼎的沿海海拔在300米以下的丘陵山地以及沙县、南平等地贫瘠多石的山地，都曾有天然的苏铁灌丛。全省苏铁集中产区在连江、福清、沙县、漳浦等县（市），有不少花卉企业经营苏铁苗圃，进行大批量生产。福州国家森林公园和厦门植物园等地均建有苏铁品种园，收集、引进、保存国内外几十个苏铁品种。最出名的有福州鼓山涌泉寺内的3株古老苏铁，均有上千年历史。

（七）山茶花

福建是山茶花的原产地之一，南宋时期就开始种植，栽培历史悠久，全国现有山茶花500多个品种中，福建占了1/3。全省栽培山茶花十分普遍，分布甚广，以闽西南为主要产区，尤以德化县和漳平市的永福镇最为著名。20世纪80年代，德化县有"十八学士"母树500多株，其中西天寺两株为清乾隆年间所植。永福的山茶花也闻名全国，以"福建芙蓉"（又名"富贵春"）最为珍贵。该镇陈玉舜家的一株"富贵春"，高达10米，已有二三百年历史。福建省农科院地热所也在所内建成山

图 6-26　十八学士

茶花品种园，收集、保存 120 多个品种，并培育出 3 个新品种。

（八）茉莉花

福建栽培的茉莉花主要有两个品种：一是单瓣的，二是复瓣的。20 世纪 60 年代后单瓣花渐被淘汰。1990 年，全省种植茉莉花 4.5 万亩，产花 875000 公斤，销售额达 7000 万元。全省的花卉业曾长期以茉莉花为主体。1993 年后，全省花卉业逐渐改变为以观赏花卉为主。2005 年，茉莉花种植面积 3.57 万亩，销售额 5000 多万元。

五、热带兰

（一）新品种引进

1998 年，龙岩市农业科学研究开展了"蝴蝶兰品种引进选育及产业化关键技术研究与示范"项目研究，在蝴蝶兰品种引种筛选、组培快繁、杂交育种、花粉辐射诱变育种及产业化高效栽培等方面的研究取得成果。1999 年，福建省热带作物科学研究所与台资企业合作创办了热带兰花种源圃，引进保存了一批稀有珍贵兰花如蝴蝶兰、文心兰、大花蕙兰、卡特兰、石斛兰等。2002 年，三明市农业科学研究所从全国各地引进文心兰切花及盆花品种若干，在文心兰杂交育种、胚胎挽救、多倍体育种等技术的研究取得进展。2004 年，漳州森晖兰花产业有限公司开展了"新加坡优良文心兰品种的引进及适应性栽培研究"项目研究，从新加坡公司引进兰花新品种 12 个，其中 5 个小型文心兰品种已开花，适宜在漳州地区栽培。同时对收集到的品种，开展增殖培养和生根壮苗培养基配方的优选以及批量工厂化育苗工艺技术研究，总结出一套兰花组培快繁技术，年增殖倍数达 1000 倍以上、瓶苗生根率 100%。

（二）新品种选育

龙岩市农业科学研究所用放射性核素 60Co 的 γ 射线辐射源对蝴蝶兰花粉进行辐射诱变，辐射的适宜剂量范围为 60～80Gy，并选育出 1 个优良变异株系；漳州镇宇公司为海峡两岸漳州农业合作实验区的重点企业和漳州国家农业科技园区科技创新型企业，"九五"期间，公司研发了上百个蝴蝶兰新品种，如巨宝、蜘蛛美人、东风红、五彩缤纷等；2001 年，福建农林大学开展了"蝴蝶兰生物技术育种及产业化研究"项目工作，以蝴蝶兰为研究对象开展生物技术育种，从引进的蝴蝶兰23 个品种中，筛选出 7 个优良的株系作为亲本，采用根癌农杆菌介导法将 ACS 反义基因导入蝴蝶兰，抑制乙烯的生物合成，以期培育出延长花期的新品种，已获得转基因植株；省亚热带植物研究所应用 RAPD 技术对 5 种不同形态的蝴蝶兰辐射诱变苗和对照苗进行分析，结果诱变苗是由基因突变引起，并确定诱变苗与对照的变异程度，以及诱变苗之间的基因差异。

第七章 热带与南亚热带作物

第一节 热带作物

一、橡 胶

（一）分 布

福建省种植胶区位于北纬 23°37′—25°之间是中国橡胶树商业性栽培最北的地区，包括漳州市的诏安、云霄、漳浦、平和、东山、龙海、长泰、南靖、芗城 9 个县（市、区），泉州市的南安、安溪、永春、晋江 4 个县（市）和厦门市的同安。1990 年，在南亚热区范围内，共有 3 个县（区）的 37 个农林场，47 个乡（镇）种胶。全省橡胶面积 12.46 万亩，其中农垦 5.7 万亩，民营 6 万多亩，橡胶保持株数 298 万株，其中农垦 120 万株，产干胶 1150 吨。漳州市是橡胶主产区，种植面积和产量分别约占全省的 90% 和 80% 左右，厦门和泉州两市合计分别约占 10% 和 20%。

图 7-1 诏安县金星农场 RRIM600 橡胶园

据 1991 年统计，全省共有橡胶加工厂（点）42 个，其中烟胶厂 41 个（农垦有 6 个大厂、民营有 5 个大厂），胶乳厂 2 个（农垦、民营各一个），年加工量 1500 吨以上。从 1964 年试割至 2000 年，累计产干胶 15922 吨，其中农垦 11420 吨，民营 2428 吨。年最高产胶片达 1500 吨，累计销售产值共 11708 亿元。其中种植橡胶较早的建设农场，1964—2002 年，累计生产干胶 5112.4 吨，共创产值 3477.82 万元，投产以来共赢利 709.88 万元，上缴税金 190.64 万元，收回折旧 315.43 万元。20 世纪 90 年代，由于橡胶价格下降，福建省种植橡胶进入历年来最低潮时期。许多胶园逐步被其他作物替代。1993 年，全省胶园面积仅存 6.61 万亩，产干胶 796 吨，比 1990 年分别下降了 46.95% 和 30.78%。

20 世纪 90 年代中期以后，大部分胶园被挖掉改种水果，不少加工设备也被毁掉，面积和产量逐年减少。产橡胶县由原来分布于漳州、厦门、泉州三市的 13 个县（市）减少到仅有漳州南部的一些县（市），2005 年橡胶面积仅有 1780 亩，产量 40 吨，分别为 1990 年的 1.43% 和 3.48%。

表 7-1　　　　　　　　　　　　福建省橡胶生产情况

单位：亩，吨

地区＼年份	年末实有面积				收获面积				产量			
	1990	1995	2000	2005	1990	1995	2000	2005	1990	1995	2000	2005
全省	124600	31400	10084	1780	102645	30350	7400	1780	1150	370	59	40
厦门	3600	1954	30	—	3000	1900	30	—	35	49	1	—
泉州	2000	1500	380	380	1600	1440	380	380	15	26	4	2
漳州	11900	27946	9674	1400	98045	27010	6990	1400	1100	296	54	38

（二）品　种

20 世纪 90 年代初期，福建橡胶品种（系）中，RR1M600、PB86、PR107 共 24.3 万株，占 8.2%；GT_1 品种 87.4 万株，占 29.3%；1AN873 品种 2.2 万株，占 0.74%；国内无性系 1428 万株，占 48%；未经选择的实生树 41.1 万株，占 13.3%。80 年代在漳州地区示范推广由省热带作物研究所培育出来的闽林 71-22 无性系 100 多亩，是一个抗寒、速生、高产的新无性系。表现良好。RRIM600 在经过选择的优良小环境种植，亩产 106~128.5 公斤，PB86 亩产 82.19~99.55 公斤，PR107 亩产 74.4~91.1 公斤，GT_1 开割第 4 年亩产 85.4 公斤。80 年代中期又引进抗寒性比 GT_1 强的 IAN873 高产品系。2005 年，诏安又从海南引进抗寒抗风高产品种热研 7-33-97（亲本：RRIM600×PR107）2.5 万株，在建设农场牛场尾作业区种植，生长良好。

（三）栽　培

1. 间　作

1990 年平和县安厚农场，种植橡胶 8800 亩，开割 8.44 万株，约 2800 亩，共产干胶 76.9 吨，平均亩产干胶约 27 公斤，亩产值 200 元。为提高胶园经济效益，漳州市农垦局等单位在推广胶园立体农业中，总结了胶→茶、胶→菠萝、胶→咖啡、胶→胡椒、胶→玫瑰茄、胶→绿肥等模式的立体种植经验和效果。漳浦县农业局经济作物站和石鼓、大南坂农场开展立体种植，亩产值增加 96~500 元，最高达 1226 元，经济效益提高了 1~3 倍。漳州全市累计推广立体种植面积 1.45 万亩，占胶园总面积12.7%，亩效益提高1~3倍，提高土地利用率45.0%，增加劳动就业率2~3倍。

表7-2 　　　　　　　　　　　　1992年胶园间作茶叶产值情况

调查地点	面积（亩）	橡胶品系	平均亩产干胶（公斤）	亩产值（元）	茶叶套种面积（亩）	茶叶品种	亩产干毛茶（公斤）	亩产值（元）	两项合计亩产值（元）
平和安厚农场龙门区	44	天任31-45	12.7	95	44	八仙	102.2	1226	1321
云霄县世坂村	32	GT₁	33.0	198	32	本山	110.0	390.0	588
常山农场	24	天任	27.0	162	24	乌龙	100.0	360	522

2. 栽培技术

贯彻农业部颁发的《橡胶树栽培技术规程》，抓关键技术。一是严格选地，选择北面靠大山，南面较开阔，冷空气难进易出的向阳坡地，种前山顶山脊营造防护林带，修好三保梯田，挖大穴下足基肥，选用环境对口的抗寒高产品种；二是采用宽行密株，每亩种植40株；在大行之间种植茶叶、菠萝、咖啡、胡椒、玫瑰茄、绿肥等，做到以短养长，提高胶园经济、生态、社会效益；三是加强前3年抚育管理，每年护穴压青，并结合营养诊断做到合理施肥。

3. 割 胶

1997—1999年，福建省发展南亚热带作物办公室实施国家"948"项目——橡胶割制改革项目，主持福建省割胶技术示范推广，经过三年实施，项目区胶园在减少38.4%~51.6%割次的情况下，净增产率为8.6%~28.6%，投入产出比达1:5.72，平均每亩增产节支80元以上，提高了劳动生产率，降低生产成本，增加植胶单位效益。在此期间，诏安建设农场开展的"橡胶树高产高效采胶新技术"引进项目，具有增产、省皮、省工等优点。

二、紫 胶

20世纪90年代中期产量逐年减少，1995年为832吨，2005年仅有2吨。

三、黑荆树

20世纪90年代中期，因发展巨尾桉，面积逐年减少。据2005年统计，全省种植面积共5万亩，其中漳州地区4.8万亩。

四、剑麻（H·11648 麻）

1995 年全省种植剑麻 4.9 万亩，产量 3716 吨；2000 年 1.78 万亩、产量 2143 吨；2005 年 0.3 万亩，产量 921 吨。

为推行剑麻一体化经营，漳州市成立农垦剑麻公司，从事剑麻产品收购，同时在麻区兴办大型绳缆加工厂 11 个，其中农垦 8 个。以加工白棕绳、纱条为主。从 1950—2000 年，累计共生产纤维 10.03 万吨（包括 H·11648 麻以外的番麻、马盖麻、剑麻所产的纤维），年最大加工量在 2000 吨左右；加工白棕绳、纱条共 4.1 万吨，其中农垦系统共产纤维 2.78 万吨，加工成白棕

图 7-2　漳浦县万安农场 H·11648 麻丰产园

绳和纱条 1.89 万吨。国家给农垦系统种麻共投资 656.50 万元，农垦系统累积生产纤维共创产值 6807.48 万元，共获利润 1475 万元，向国家上缴税收 168.36 万元，收回折旧和上缴管理费共 578.34 万元，投资回收率 338.4%，国家万元投资额产纤维 42.20 吨；农垦系统在剑麻加工业方面，国家共投资 410 万元，累计共加工的白棕绳、纱条共创产值 6745.90 万元，共获利润 699.20 万元，向国家上缴税收 321.20 万元，收回折旧和上缴管理费共 485.30 万元，投资回收率 367.20%，国家万元投资额产白棕绳、纱条 46 吨，为国家创汇 29.40 万美元。

五、香料作物

1990 年，全省种植香料作物面积 3165 亩，产量 19.5 吨（折香料油，下同）。1995 年，种植香料作物面积 900 亩，产量 3.8 吨。2000 年，种植香料作物面积 1972 亩，产量 8 吨。2005 年，种植香料作物 405 亩，产量 2 吨。

（一）香 茅

1997 年，种植香茅面积只有 1500 亩，产量 4 吨，面积产量均比以前有所减少。2000 年种植香茅面积 110 亩，产量 2 吨。2004 年种植香茅面积有所增加，香茅产量 648.56 吨。2005 年香茅产量 668.26 吨，其中龙岩 145.74 吨，宁德 120.70 吨，三明 120.59 吨，南平 93.97 吨，漳州 48.81 吨。

（二）板兰香

板兰香属于露兜科露兜属植物，是一种亚洲热带地区的食用调味植物。20 世纪 60 年代，由省亚热带植物研究所引进，适合在南部酸性赤红壤种植。板兰香的香味成分主要为水潜性物质，用 75% 的食用酒精浸提效果好，浸提溃可作为新型的香原料。

板兰香主要以分株繁殖栽培技术为主，种子繁殖的方式较少。采用以靠近基部的茎段约 15～20 厘米的插条进行扦插。扦插段在荫蔽条件下存放 1～2 天，待切口风干后扦插。扦插时纯净的沙培生根效果要大于沙壤、红壤和混合基质，且切口不易感染，以适当的遮阴和喷雾保湿。在厦门试验栽培板兰香定植成活后，地上部均保持较快的生长速度，尤以每年 4—8 月生长较快，11 月至翌年 3 月生长相对减缓。板兰香对土壤的适应能力较强，有机质含量高的土壤对新叶的生长较为有利。

（三）刨花楠

刨花楠是中国南方低山丘陵区的一个优良阔叶树种，是优良的天然香料，具有药用价值，全省只在局部地区零星种植。每年 5 月中、下旬开始播种育苗。前一年年底之前完成林地清理、整地和挖穴工作。刨花楠前期生长较慢，应加强抚育管理。4 月底至 5 月上旬，果皮由青转为蓝黑色采收。

（四）细梗香草

细梗香草属报春花科，多年生宿根性草本植物，植株干后，具有浓郁香气且持久，定香力很强。在全省零星种植。可选土壤疏松肥沃，湿润、日照不强的林地，先翻耕整地，然后撒施厩肥或堆肥 500 公斤/亩，与土拌匀。细根香草的繁殖常采用无性繁殖，在春秋两季进行。细梗香草种下后，保持土壤湿润。危害细梗香草的病虫害主要有斑枯病，细菌性软腐病和卷叶虫、蚜虫。细梗香草在株高 40～60 厘米分夏、秋两季采收。

（五）香根草

香根草又名岩兰草，是禾本科岩兰草属多年生草本植物。具有极强的生态适应性及抗逆能力，在气温为 −10℃～50℃，年降雨量 300～6000 毫米，贫瘠、紧实、强酸（pH＝4）、强碱（pH＝11）、甚至具有重金属毒害的土壤上都能生长。极少感染或传播病虫害，一旦定植成功，就能长期存活。其根和叶含芳香油，被用于提取芳香油。全省零星种植。其栽培可从苗圃中挖出，移至事先挖好的条形沟田块中，按丛距 10～15 厘米栽种一丛，每丛 5 株，使根系自然向下伸展，然后压实，再淋足定根水。对于个别缺株，应及时补栽或将邻近已成活的植株茎秆弯曲压下埋入缺口，再填上表土。不久后，该茎节会自然生根成为新的植株。

（六）石香薷

石香薷别名细叶香薷、土荆芥，是唇形科石荠苧属一年生草本植物。全草挥发油含量为 0.6% ~ 1.8%。初花期采收含油量最高。挥发油的主要成分为百里香酚、香荆芥酚、金合欢烯、萜丙烯醇、芳樟醇等。动物实验已证实香荆芥酚、百里香酚，是抑制细菌流感病毒的主要成分，具有广谱抗菌作用。石香薷作为药用在中国具有悠久的历史，在《名医别录》、《植物名实图考》、《本草品汇精要》中均有记载。主治中暑发热、感冒恶寒、急性肠胃炎、跌打肿痛、牙龈肿痛、下肢水肿、颜面浮肿、皮肤湿疹、搔痒、多发性疖肿、毒蛇咬伤等症。石香薷植物资源丰富，人工用种子繁殖也很容易。在全省零星种植。

六、南　药

（一）长泰砂仁

2005 年，长泰砂仁种植面积 2025 亩，产量 160 吨。

（二）巴戟天

1990 年年底，永定县湖山乡巴戟天人工种植面积约 4000 亩，其中纯林种植 3165亩，金柑和芦蜜柑林下套种 150 亩，油柰林下套种种 375 亩，柿树下套种 300 亩。

（三）猫须草

20 世纪 90 年代，漳州垦区一些国营农场仍有种植，但规模不大，未能形成商品生产。

（四）肉　桂

福建省肉桂生产主要集中在闽东南。至 2005 年先后向国家提供良种 1万公斤，成为中国名贵药材林——肉桂良种培育生产基地。产区与福建农林大学林学院紧密结合，以科技为先导，对肉桂加工利用、生物学特性和栽培引种技术进行研究，取得成果。

（五）罗汉果

福建省于 20 世纪 70 年代从广西引进罗汉果果种试种，90 年代在闽南地区零星种植。罗汉果主要栽培品种根据果形、果毛分为长果形与圆果形两大类。主栽品种有青皮果、长滩果、冬瓜果、拉江果、茶山果、红毛果等。宜选海拔700 米以下，背风向阳、昼夜温差大、排水良好、土层深厚疏松肥沃的山地、

图 7 - 3　南靖县和溪乡巴戟天基地

旱地或旱田种植。

（六）金线莲

福建省热带作物科学研究所等单位于20世纪90年代开展金线莲组培及人工栽培技术研究，组织培养技术已获成功。人工栽培技术，尤其是移栽成活率偏低。宜选择有林有水的山沟，以保证阴凉，有水灌溉，冬季避风保暖，减少散热，保持湿度。金线莲的人工栽培主要采用大棚栽培。

七、其他热带作物

（一）咖　啡

2000年全省咖啡面积仅有80亩，收获面积40亩，产量4吨，主要产区为漳州市的云霄县。

图7-4　云霄县和平农场种植的S288咖啡品种

（二）玫瑰茄

1990年，全省种植面积共8.3万亩，年产干花萼3300吨，产品出口欧美等国家。此后，玫瑰茄种植面积逐年减少。从1991年的7.5万亩，降至1995年的3万多亩。产区集中在漳州市，漳浦大南坂农场、长桥农场建立玫瑰茄生产基地。漳州市农垦剑麻公司负责收购，外销至德国、美国等国家。2000年后，漳州垦区只有个别农场零星种植。

（三）胡　椒

1991年，栽培面积只有211亩，在云霄常山华侨农场种植。

（四）西番莲

20世纪80年代末，福建从台湾引进紫果西番莲、黄果西番莲、杂交种西番莲"台农一号"，从国外引进西番莲品种近30个，并向华南各省（区）推广。1990年，福建省种植西番莲面积达12000亩，生产上的主栽品种为杂交种"台农一号"，种植面积达4500亩，由于生产上叶疫病、茎基腐病严重以及加工方面的保鲜技术不过关，到1996年，保存7600亩，随后基本停种，只有零星种植。

1988年，漳州市农垦局在国务院和省南亚热带作物办公室扶持下，创办漳州市西番莲饮料厂，有职工39人，其中干部9人，厂区占地面积30亩，投资总额945

万元。厂房、仓库、锅炉房等土建面积 3720 平方米。原设计能力年加工西番莲果 4000 吨，生产西番莲系列果汁饮料。1989 年试产，至 1992 年，累计手工生产西番莲果汁糖浆 102.8 吨；三片罐西番莲果汁饮料 45 吨，销售收入 53.15 万元。1992 年该厂生产的"园亚"牌天然百香果汁饮料，获全国首届农业博览会产品优良奖。1993 年停产。1989 年，福建省热带作物科学研究所引种西番莲试种成功后，承担"西番莲果汁加工技术"及"西番莲果汁加工保鲜与包装技术"研究。为了应用这项技术，省热作所成立热带果品加工试验厂，于 1990 年投产，开发出西番莲、番石榴等果汁，投放市场，颇受欢迎。1996 年以后停产。

第二节　南亚热带作物

福建南亚热带地区地处热带向中亚热带过渡的地带，东南部是热带作物生长条件的下限边缘地带，南亚热带作物种植区域范围有 51 个县（市、区），占全省 85 个县（市、区）的 60%，所辖乡镇 511 个，占全省 974 个乡镇（不包括街道办事处）的 52.46%。南亚热带作物种植区划如下。

一、南亚热带地区

（一）闽南沿海的胶、麻、咖啡、果、茶、蔗、药区

该区位于福建闽东南沿海丘陵平原南部，东面临海，南接广东潮汕地区，包括诏安、云霄、东山（部分地区）3 个县 30 个乡镇。全区土地面积 387.8 万亩。

该区位于福建南亚热带最南端，热量资源居全区首位，冬暖夏凉，具有海洋性的气候特点，年平均温度 20.8℃～21.3℃，日平均气温≥10℃的年积温 7632℃～7860℃，最冷月平均气温 13.0℃左右，极端最低气温 -2℃，霜日 0～3 日，年降雨量 1605～1714 毫米，年雨日 110～138 天，年日照时数 2188～2452 小时。农作物一年三熟，适于种植热带作物。

区内适宜种植的热带作物有橡胶树、剑麻、咖啡、胡椒等。本区还盛产菠萝、香蕉、荔枝、龙眼、八仙茶、芦笋、枇杷、青梅和柚子等。还有从台湾地区等地引进的莲雾、杨桃、番石榴、番荔枝、青枣以及芒果等热带水果。

（二）闽东南沿海的麻、果、菜、菌、花、药、蔗区

该区位于福建省东南沿海，包括芗城、龙文、龙海、漳浦和厦门市郊的 4 个区、同安、鲤城、洛江、丰泽、晋江、泉港、南安、石狮、惠安、安溪（南部）、莆田、荔城、城厢、涵江、秀屿、仙游（南部）、福清、长乐、平潭 26 个县（市、区），263 个乡镇，土地面积 2514.04 万亩。按地域又划分闽东南沿海平原麻、果、花、菜、蔗区和闽东南沿海低丘台地果、茶、花、蔗区。

图7-5 九龙江沿岸香蕉带

该区属南亚热带气候，热量资源较丰富，年平均温度19.5℃～21.1℃，≥10℃年积温6533℃～7594.4℃，最冷月平均气温10.5℃～12.8℃。极端最低气温 -3.5℃～0.1℃，年日照时数1958.7～2276.2小时，年太阳总辐射量111.46～126.35千卡/厘米，年降雨量1037～1553毫米，年雨日127～144天，每年4—9月份降雨量占全年的77%～83%。年平均风速1.6～3.3米/秒。

该区位于沿海的漳州、泉州等平原区，地势平坦开阔，土壤为赤红壤，有机含量在1.0%以下，含氮量0.02%～0.07%，呈强酸性反应，是剑麻、水果的集中产区。闽南的芦柑、乌叶荔枝、兴化桂圆、天宝香蕉、长泰文旦柚、华安坪山柚、龙海和平潭水仙花、莆田"解放钟"枇杷、安溪铁观音等在国内外久负盛名。

（三）闽东南内陆丘陵的果、茶、菌、药、花、蔗区

该区包括平和、南靖、华安3个县的全部和永春、安溪、仙游的部分乡镇共6个县（市），69个乡镇。土地总面积1364.8万亩。

该区以山地丘陵为主，耕地较少。土壤属于赤红壤，肥力较高。年平均温度20.2℃～21.2℃，日平均气温≥10℃年积温6750℃～7600℃，最冷月平均气温12.0℃～12.7℃。极端最低气温 -3.8℃～0.9℃，年平均降雨量1500～1700毫米，每年4—9月降雨量占全年的77%～79%，年雨日140～157天，年日照时数1970～2210小时，年平均风速1.1～2.4米/秒。

该区土壤较肥沃，热量虽比以上两个区稍差，但雨量充沛，是全省茶叶、柑橘、柚子的主要产地。安溪铁观音，永春芦柑，平和琯溪蜜柚是国内外市场畅销品。

二、南亚热带向中亚热带过渡区

（一）闽东、闽中滨海低丘平原的果、茶、花、菜、菌、药区

1. 闽东滨海低丘平原区

该区有连江、罗源、永泰、闽清、宁德、蕉城、福安、霞浦、福鼎等10个县（市）76个乡镇，土地总面积达324.6万亩。

闽东滨海低丘平原区位于福建省东北部沿海的内海湾，鹫峰山脉东南麓，地处低纬度中亚热带，平均气温在13.6℃～19.3℃，月平均气温25℃～29℃，极端最高气温约38.5℃，1月份最冷，月平均气温6℃～10℃，极端最低温为 -3.4℃（1962

年 1 月）。无霜期 230～290 天，年降雨量 1300～2200 毫米之间，区际和季节分配不均。热量分布从低海拔向高海拔递减，大致每升高 100 米气温下降 0.57℃。沿海低海拔地区利于三熟制生产和南亚热带作物越冬。可利用小气候环境发展晚熟龙眼、荔枝和枇杷等亚热带水果等作物。

2. 闽中丘陵平原区

该区地处闽江下游，东部临海，南与连江、罗源接壤，包括仓山、马尾、晋安和闽侯等 4 个县（区）的 24 个镇（乡），土地总面积达 250.6 万亩。位于南亚热带与中亚热带交汇处，热量资源较丰富，年平均气温 19.6℃，≥10℃ 年平均积温6505℃，最热为 7 月，平均气温为 28.8℃，最冷为 1 月份，平均气温 10.5℃。无霜期 324 天。年均降雨量在 1150～1750 毫米之间，每年 7—9 月份为台风雷阵雨季，适于龙眼、荔枝等作物的生长。

（二）闽西南低山盆地的果、茶、菌、药、花区

该区地处福建西南部，九龙江上游，东与南靖、永春、安溪、华安等县毗邻，南与广东大埔、梅县接壤。包括永定、新罗、漳平和上杭、武平 5 个县（区）的49 个乡镇。区域内土地面积约 237 万亩。

该区年平均气温 15.8℃～20℃，最热为 7 月，月均气温为 22.9℃～22.7℃，极端最高气温 38.1℃。最冷的 1 月份平均气温 7.3℃～11.2℃，极端最低温度−4.8℃。无霜期 291 天。年均降雨量在 1500～1950 毫米，7—9 月为台风雷阵雨季，年际之间降雨量也很不平衡，多雨年份达 2000～2500 毫米，少雨年份仅 1100～1200 毫米。该区地处中亚热带南缘，属低纬度中亚热带季风气候区，区内主要种植部分亚热带水果、花卉和南药，"十五"期间种植面积有所扩大。

第三节　生产管理

1985—2005 年，全省各种热带、亚热带作物面积从 224.5 万亩发展到 1230 万亩，产量从 536 万吨发展到 1260 万吨，产值从 41.5 亿元增加到 160 亿元，南亚热带地区农民收入也从 1990 年的 881 元（高于全省农民人均收入 764 元的 15.3%），提高到 2005 年的 5345 元（高于全省农民人均收入 4450 元的 20.1%）。其中香蕉、柚子、芦柑主产区人均水果单项收入超过 1500 元。平和琯溪蜜柚收入占当地农民收入的 1/3 以上，产值超 100 万元近 20 户，50 万元上百户，10 万元以上更多。莆田常太镇开发以"解放钟"枇杷为主的果园 8 万多亩，年创产值 1.2 亿元，人均水果收入在千元以上。该镇创立"常太枇杷"品牌，1996 年、2001 年两次被农业部授予"南亚热带作物名优基地"，被誉为"中国枇杷第一乡"。长泰、南靖、平和、龙海、华安、南安、安溪、闽侯、永春等县（市）出产芦柑、柚子、香蕉、水仙

花、龙眼、铁观音、橄榄等产品，被国务院发展研究中心、中国农学会誉为"中国特产之乡"。一些产品在国计民生中占有重要位置，成为南亚热带地区发展农村经济的支柱产业。

一、机　构

1986 年，福建省成立发展南亚热带作物办公室，挂靠在省农业厅经济作物处。2000 年并入省农业厅农垦局，当年 8 月省委重新审批"福建省南亚热带作物开发利用管理办公室"机构设置，明确其"负责制定全省南亚热带作物发展规划，指导资源的开发利用"的工作职能，以及承担全省南亚热带作物发展规划、品种引进、基地建设、实用技术示范推广和重点项目实施的工作任务。2005 年 1 月，"福建农垦与南亚热带作物经济技术中心"成立，在南亚热带作物地区内设区市的农业局设立南亚热带作物开发利用管理站，形成上下对应的工作机构，负责南亚热带作物生产管理及品种、技术示范推广工作，组织协调农业（农垦）推广、教学、科研单位，以及龙头企业、专业协会积极参与热带作物资源开发，推动热带作物产业的发展。

二、交　流

1990 年 12 月底，国务院发展南亚热带作物指导小组办公室，在厦门召开南方 7 个省、自治区"1991 年全国南亚热带作物项目论证会"，对福建南亚热带地区开发龙眼、荔枝、芦柑、乌龙茶以及果品保鲜加工等项目进行论证。会议期间，代表们考察了厦门、漳州两地南亚热带作物生产现场。1995 年 5 月，省农业厅经济作物处在南靖县召开全省南亚热带作物生产现场会议，全省南亚热带地区的 35 个县（市、区）农业部门的有关领导参加了会议。

1996 年 10 月，农业部在北京举办由南方 7 个省、自治区参加的"热带南亚热带作物开发 10 年回顾与展望"纪念活动。

2001 年 11 月，参加农业部发展南亚热带作物办公室举办的"热带南亚热带作物开发 15 年"庆祝活动，编辑出版纪念刊物。

2002 年 3 月，农业部南亚办再次在厦门召开全国南亚热带作物工作会议，南方 8 个省、自治区代表参加。在会上汇报南亚热区资源开发情况与成就。会议期间，各省、自治区代表参观漳州漳浦、芗城、南靖、平和以及省热作所南亚热带作物名优产品生产基地和开发现场。

三、作物布局

1989 年，福建开始实施"果茶工程"和"菜篮子工程"，推动了南亚热带地区优势产业带建设，形成了"三带二区"水果布局。加大亚热带水果柑橘类中晚熟芦柑、柚类和特早熟温州蜜柑中的种植面积。加大龙眼、荔枝晚熟品种推广力度。重视香蕉良种推广、普及组培苗、增施有机肥、禁止用激素、实施果实套袋和无创伤采收、分级包装、实行冷藏保鲜等技术。积极选育推广优质早熟和晚熟白肉大果型品种枇杷。扩大橄榄、余甘、油奈、毛叶枣、杨桃、番木瓜等特色水果种植面积。

橡胶、咖啡等热带作物，以"盘陀岭"以南的诏安、云霄县为主开发种植。形成以安溪铁观音、平和白芽奇兰、诏安八仙茶为主的闽南乌龙茶区。基本形成城镇周边常年蔬菜生产区、利用冬闲田种植冬种蔬菜生产区及出口蔬菜生产区。以福州、漳州两大传统花乡为依托，逐步形成热带特色花卉生产区，在漳州龙文区到漳浦长桥镇建设50公里现代花卉走廊等特色产业带。出现一批种果超20万亩、30万亩、50万亩，产量超10万吨、30万吨、50万吨，产值超1亿元、10亿元的水果大县，涌现出许多种果超百亩、千亩的专业大户，改变了以往自由开发、分散小规模经营状态，适应了南亚热带地区农业实现"两个转变"的需要。

2001年，通过加强南亚热带作物名优基地和良种苗木繁育基地建设工作，热带作物地区先后分3批，有16个基地通过农业部发展南亚热带作物办公室认定，被农业部授予"全国南亚热带作物名优基地"和"全国南亚热带作物良种苗木繁育基地"称号。

2003—2004年省发展南亚热带作物办公室承担了福建省政府目标责任状——"南亚热带水果名优基地"建设工作。围绕基地建设工作方案，4个热带水果生产基地重点推广芦柑、枇杷、琯溪蜜柚和香蕉标准化技术6.0万亩。2个水果良种苗木繁育基地重点开展晚熟龙眼（立冬本、松风本）、荔枝（蜜丁香）、台湾甜洋桃、香蕉、美国红桃等引进选育，推广良种苗木180万株。

2005年，农业部南亚办把福建省龙眼、荔枝、香蕉、木薯产业列入全国热带作物优势区域布局规划。全省各有30多个南亚热带作物品种的50多个产品，被农业部评为优质产品，其中获金奖产品有十多个。平和琯溪蜜柚、度尾蜜柚、永春芦柑、云霄枇杷、漳州天宝香蕉等主产区还申请原产地认证和产品商标。许多名优果茶产品，相继打入欧洲、东南亚及港澳市场，乌龙茶和食用菌年创汇4亿美元。进入21世纪，热区在发展生态农业过程中，发展绿色农业和有机食品产业取得成效。2001年在热区建立了80多万亩茶、果、菜等绿色农产品原料生产基地，年产值达20亿元，出口创汇1100万美元，已有211个产品获绿色食品标志使用权，其总产量占全国总量的9%，初步形成融产地环境、检测监控、原料种植、生产加工、储藏运输、科研推广、服务保障和市场开发为一体的绿色食品产业体系。

四、发展外向型农业

1991—2005 年，漳州市在设立海峡两岸农业合作实验区过程中，以商引商，先后引进农业项目 175 个，总投资 3.66 亿元，合同利用台资 3.59 亿元，引进农业良种 1180 多种，种、养、加工、保鲜技术 20 余项，生产和加工设备 400 多台套。漳浦长桥农场引进外资企业 25 家，利用外资 2730 万元，其中投资农业 23 家，引进台湾高优水果 36 种，名贵花卉 114 种，建立示范基地 6000 亩，设施农业 2000 亩，科技园区 1000 亩，产品批量上市。南亚热带地区先后从台湾引进水果、茶叶、蔬菜、花卉等优良品种 2000 多个，占全省良种引进品种的 40% 以上；引进台资相关企业 630 家，利用台资 4.5 亿美元，占全省农业利用外资的 25%；引进先进实用技术 100 多项和设备 3000 多台套，提升了全省南亚热带作物生产质量和效率。

第八章　教育与科技

第一节　教　育

一、高等教育

（一）福建农林大学（福建农学院）

1. 专业沿革

1991 年，福建农学院组织人员深入农村对产业结构调整状况、乡镇资源环境、科技、社会发展现状和未来规划、人才需求等进行调查研究，以此作为专业调整和教学改革的依据，探讨福建省农业高等教育的发展战略。

1992 年，农学院有 9 个系、部，共有种植、养殖、经贸、工程等各类普通本专科专业 20 个，10 个学科具有硕士学位授予权，5 个学科具有博士学位授予权。各类在校生有 3300 余人，其中研究生 118 人，普通本、专科生 2586 人，成人教高专科生 500 多人。有作物遗传育种研究所、甘蔗综合研究所、作物病虫生物防治研究所、水稻研究室、蜜蜂研究室等 10 个研究所和 10 个研究室。

1993 年 3 月，增设植物医学与医药学、观赏园艺、土地资源与房地产、兽医卫生检验、蜂产品加工、涉外经济贸易等 7 个专科专业。6 月，增设动物营养与饲料加工本科专业。学院还获准进行"双学士学位"和"双专科"试点工作。12 月，农学院又有茶学、农业机械化工程、农产品贮藏与加工工程 3 个学科专业获得硕士学位授予权。至此，学院设有 9 系 3 部 1 院，设置了 26 个本专科专业和 16 个成人教育专业。有 5 个博士学科授权点，13 个硕士学科授权点，5 个省重点学科。2 个省级重点实验室，有甘蔗综合研究所、植物病毒研究所、作物病虫生物防治研究所等 22 个研究机构，还附设有农业部甘蔗和机制糖质量监督检验测试中心。学科覆盖种植、养殖、兽医、工程、金融、管理等方面，按学科大类分，理、工、农、文兼有。学校建立起一批骨干学科，如植物病理学、作物遗传育种、作物栽培学与耕作学、果树学、动物生产学、蔬菜学、农业经济管理等，蜂学是全国农业高校唯一培养蜂学研究生和本科生的专业。

1994 年 1 月 17 日，福建农学院更名为福建农业大学。在原成教处的基础上成立成人教育学院。4 月，重新成立研究生处。6 月，在原农业经济系和社会科学部的基础上，合并建立经济贸易学院。畜牧兽医系更名为动物科学系，农业工程系更名为机电工程系，食品工程系更名为食品科学系，土壤农化系更名为土地及环境学系。新增观赏园艺本科和食品营养与检验、经济法与经纪实务、乡镇企业管理3个专科专业。

1995年1月，增设土地管理、食品科学与工程2个本科专业和实用英语、动物药学及药政管理2个专科专业。7月，作物栽培与遗传育种学科、植物病理与昆虫学科、果树学科、动物生产学科入选省"211工程"重点建设学科，生物技术研究中心列入省"211工程"重点建设实验中心。9月，设立农学学科博士后科研流动站，所含二级学科有作物栽培学与耕作学、作物遗传育种、果树学、植物病理学和昆虫学。

1996年4月，植物学专业再获硕士学位授予权。6月，在农学系、甘蔗所、遗传所的基础上组建作物科学学院，在动物科学系和蜂学系基础上组建动物科学学院。7月，作物栽培学与耕作学、作物遗传育种、昆虫学、植物病理学、果树学、农业经济管理6个专业获得举办研究生课程进修班授权。

1997年1月，设立台港澳学生预科班。4月，建立国家理科科学研究和教学人才培养生物学基地，从当年起招收生物技术专业（本科）学生，该专业成为"国家理科基础科学研究和教学人才培养基地"的核心专业。同时，增设农业环境保护本科专业。6月，植物生理生化实验室被省教委列为省属普通高校重点建设基础课教学实验室。

1998年2月，生物化学与分子生物学、农药学成为硕士点。6月，作物学、植物保护两个学科成为一级学科博士学位授权点，同时设立二级学科农药学博士点。

1999年3月，原农学学科博士后科研流动站被确认和审定为作物学博士后科研流动站，并增设植物保护、园艺学两个博士后科研流动站。9月，植物病理学和作物遗传育种两个学科被评选为农业部重点学科。作物遗传育种与栽培、植物病理与昆虫学、果树学、动物生产学、生物技术实验中心等5个首批省"211工程"重点学科评估合格，农产品加工和贮藏工程学科经评审也被列为省"211工程"重点学科。

2000年9月，全校本科专业达到38个，涵盖六大学科门类，分别为农学类专业11个、工学类14个、管理类7个、理学类4个、经济学和文学类各1个。9月28日，福建农业大学、福建林学院合并组建福建农林大学原两校建制即行撤销，原人员编制成建制转入福建农林大学。10月20日，福建农林大学召开成立大会。11月，森林培育、林业经济管理2个学科获得了博士学位授予权。微生物学、食品科学、植物营养学、林木遗传育种、园林植物与观赏园艺、土地资源管理等6个学科获得了硕士学位授予权，农业推广（种植领域）专业获硕士学位授予权。

2001年4月，组建18个学院，新增生态学等5个本科专业。植物病理学被确认为国家级高等学校重点学科。

2002年4月，植物病理与昆虫学、作物育种与栽培学、果树学，在福建省"九五"重点学科验收评估中被评为优秀；与夏威夷（福建）会议中心有限公司签订合作建立股份制东方学院的协议，联合创建"福建农林大学东方学院"。在作物学、植物保护2个一级学科下自主设立5个博士点，分别是作物生化与分子生物学、种子科学与工程、持续发展与推广学、植物建议、生物防治。自主设立4个硕士点，种子科学与工程、持续发展与推广学、植物检疫、生物防治。

2003年9月，新增农产品加工与贮藏工程、生物化学与分子生物学、生态学、农业经济管理、茶学、森林经理学6个博士点和遗传学、细胞生物学、制浆造纸工程、林产化学加工工程、粮食、油脂及植物蛋白工程、农产品加工与贮藏工程、特种经济动物饲养、基础兽医学、企业管理10个硕士点。

2004年1月，在作物学、植物保护两个一级学科下获准自主设置农业生物技术、草业科学与技术、植保经济学、生态安全4个博士、硕士点；作物学、植物保护、果树学、林学、农林经济管理5个学科获准硕士学位招生。与福建正祥置业发展有限公司合作在南平校区建立福建农林大学软件高职人才培养基地。组织申报了劳动与社会保障等12个本科专业，其中向省教育厅报送的劳动与社会保障、生物安全、工业工程、设施农业科学与工程、食品质量与安全、物流管理6个本科专业，共设本科专业56个。增加生物技术和环境工程2个专科升本科专业。

2005年9月，与福建省圣农实业有限公司和福建省神蜂科技开发有限公司合作申办独立学院——金山学院，建立"福建省软科学研究基地（福建农林大学）"。与福建农科院、广西农科院、永安林业股份有限公司、超大现代农业集团等签订了联合培养博士后协议。截至2005年年底，共有作物科学、园艺、食品科技、植物保护、林学、资源与环境、材料工程、经济与管理、动物科学、园林、蜂疗、生命科学等19个学院，1个软件人才培养基地，62个本科专业，36个专科专业，有3个博士后科研流动站，23个博士点，51个硕士点，各类在校生30000多人，研究生规模近2000人，其中博士生239人，全日制硕士生1350人，与两校合并时相比，博士生增长210%，硕士牛增长450%，涵盖理、工、农、经、管、文、法、教等8大学科门类。有90个研究机构，23个国家和部省级重点实验室（工程中心、研究基地）。成果通过鉴定201项，自然科学成果获得省部级以上奖励92项。审定水稻、甘薯、甘蔗、花生、红麻等作物新品种25个。申请专利51项，出版专著118部，发表各类论文2500多篇。

海外学院园艺和农业资源与环境两个专业系为福建农林大学与加拿大新斯科舍农学院合作举办的课程教学实验班，学生托福考试成绩合格、学完两年基础课程后，可申请赴加拿大新斯科舍农学院继续学习。

2. 培育人才

1991—2000 年，福建农学院和福建林学院共招收本专科学生 33291 人；2001—2005 年福建农林大学共招收本专科学生 78596 人。15 年间，累计招收本专科学生 111887 人。另外，还招收研究生 4712 人，其中博士生 647 人，硕士生 4065 人。

本科学制 4 年，专科学制为 3 年。15 年来，学校培养毕业生共 74502 人。另有接受学历教育研究生 2280 人，其中，博士毕业生 275 人，硕士毕业生 2005 人。

（二）福建农业职业技术学院

2003 年 2 月，经省政府批准，福建省农业学校和福州市农业学校合并组建福建农业职业技术学院。院部设在原福州市农业学校校址（福州市南郊相思岭），原福建省农业学校校址（福州市仓山区上三路 190 号）为首山校区。

学院设有生物技术系、动物科学系、园艺园林系、经济管理系、信息技术系 5 个系，先后设有农林牧渔类、环保气象与安全类等 24 个专业。

学院 2003 年在校生为 1289 人，2004 年在校生数 1491 人，2005 年在校生数为 2377 人。学院教职工数 2003 年为 170 人，2004 年为 230 人，2005 年为 222 人。

表 8 - 1 　　　　　　　　　　福建农业职业技术学院教职员工一览表

年份 \ 教职工	总数	结构				职称			学历		
		专任教师	行政人员	教辅人员	工勤人员	正高级	副高级	中级	博士	硕士	本科
2003	170	101	20	21	28	0	12	47	0	0	81
2004	230	146	24	27	33	1	30	57	0	15	112
2005	222	156	23	23	20	1	40	54	0	13	131

二、中等教育

（一）学　校

20 世纪 90 年代，随着省内部分地区行署地改市以农垦企业改制，全省 8 所农校分别定名福州、漳州、泉州、宁德、南平、龙岩、三明市农校以及福建省农校。全省中等农业学校师资，1991 年省教职员工 421 人，其中具有高级职称 37 人，中级职称 112 人，初级职称 147 人，职员 125 人；2005 年有教职员工 889 人，其中具有高级职称 140 人，中级职称 367 人，初级职称 242 人，职员 140 人。

全省中等农业学校专业仍沿用分科、班设置，以中专教学为主体，以传统农学、园艺、植保为主导专业设置。

1. 福州市农校

1983 年 12 月，莆田地区农校随着地市（福州）撤并，成立福州市农校。从

1993 年起创办涉外财务会计、农村经济贸易、乡镇企业管理、计算机信息与管理、经济动物生产、电子商务、商务英语、计算机及应用等专业。

2. 福建省农业学校（原农垦学校）

1991 年开设专业有经营管理和财务会计，1994 年后增设农业经济管理、农业财务会计、农业外贸、会计与统计、花卉、市场营销、园艺、多种经营、动植物检疫检验等专业。

3. 泉州市农校

1996 年 6 月，学校迁至丰泽区大坪山麓。2003 年 7 月，撤销泉州市农业工程学校，并入泉州市农业学校。学校设有商务外语、商务日语、环境保护与监测、园艺与园林、市场营销等 15 个中等专业。学校教师在全国、省级职教学会、专业研究会等机构中担任职务的有 20 多人次，发表学术论文近百篇，主编或参编国家、省级职教各类教材 20 多部。参与完成的"CL－89 程控高度系统设备"等科研项目。

4. 宁德市农业学校

1991 年，经农业部办学水平评估，被评为"A 等二级"学校。1992 年，在国家教委组织的办学水平评估中被评为优秀级学校，并于 1993 年被省政府确定为省（部）级重点中等专业学校。2000 年 6 月，被国家教育部确定为第一批国家级重点中等专业学校。2002 年 4 月，被中央教育科学研究所认定为国家教育部重点课题实验示范学校，同年 12 月，被省教育厅等三个单位评为全省"职业教育先进单位"。2005 年 5 月 31 日，宁德市农校和福安师范学校合并，组建宁德职业技术学院，分南、北两个校区，院部设在福安市城北原农校校区。宁德市农业学校普通中等专业设有现代农艺、茶业与茶文化、食用菌工程、市场营销、现代园艺、园林、企业管理、水产养殖、茶叶检验与经营等专业，福建农林大学闽东函授站、中国农业大学远程教学站、教育部教育管理信息中心远程培训点、国家职业技能鉴定所、闽东农村实用技术培训中心。农校参与闽东食用菌病虫害种类调查及蘑菇孢霉病防研究、猴头菇袋栽高产技术研究、菌药协调治理茶丽纹象甲的研究、食用菌培植新法、猴头菇茶开发研究。开展宁德市菜篮子工程配套技术研究——新优蔬菜品种引进试验、茶树病虫害科学治理及其多媒体数据库的研制。

5. 三明市农校

创办于 1965 年，先后与厦门大学、福州大学、福建师范大学、集美大学等高校联合办学，是福建农林大学大专函授站，也是四川大学网络教育学院远程教育大专、本科班教学中心。20 世纪 90 年代，被评为国家级重点中等专业学校。1991 年，在原有创办农学专业的基础上，陆续增设园林花卉、农艺（烟草）、药剂、现代物流管理等专业。1994 年，创办的村镇建设、环境生态、果蔬贮藏加工、城镇建设 4 个专业，2001 年以后陆续停办。

6. 漳州市农校

1991 年被国家教委评为"科教兴农先进学校"，1992 年被农业部评为全国农业中等专业"A 等二级学校"，1994 年与日本长崎县立谏早农业高等学校缔结为友好学校。设有 20 多个教学班，分别是园艺、园林、食品加工、畜牧兽医、文秘、动物检疫防疫、生物技术应用、水产养殖、茶艺、绿色食品开发、食品生物工艺、电子商务、物流管理、综合课程实验班等专业，学制为 3～4 年。与漳州职业技术学院联办 3 个高职班，设有园艺、畜牧兽医和食品加工专业。

7. 龙岩市农校

1991 年被农业部评为"A 等三级学校"。1993 年和 1999 年两次被福建省人民政府确定为"省部级重点中专"学校。1999 年，被农业部授予"全国农业职业教育培训示范基地"。2004 年 3 月，被教育部批准为"国家级重点中职学校"。校本部以中专以上层次的学历教育为主，设有农艺（含农学、烟草、园艺、观赏园艺）、畜牧兽医、电子商务等 13 个专业。

8. 南平市农校

2003 年 11 月，学校被确认为国家级重点中等职业学校。2005 年 5 月，与国家级重点中专建阳农业工程学校合署办学，两块牌子，一套班子。实行人员、经费统一管理，校舍、设备统一使用，教学、后勤统一安排。学校开设畜牧兽医、园艺、烟草栽培等 6 个省级重点建设专业，食品工艺等 5 个市级重点建设专业，以及农艺、农副产品加工、农业经济管理、农业机械等 21 个专业。

（二）教　学

1. 学　制

福建省中等农业学校各分科、班专业设置学制多为三年。宁德市农校 1995 年增设四年制计算机及其应用专业，2003 年，举办过一年制免费援藏（墨脱县）果林班（7 人）。2005 年，高职班有农学、茶学、植物工厂化栽培 3 个专业，学制为五年。龙岩市农校根据办学条件和闽西经济发展对高级农业技术人才的需求，2003 年与龙岩师范专科学校联办"3 + 2"五年制高职班。南平市农校设置各专业学制都是三年，1991—1998 年，牧医专业每年只招收 1 个班 50 人左右，学制为四年。

2. 教学与实训

20 世纪 80 年代末，中等农业学校实验开课率达 90% 以上，基础课和专业课的比例为 4∶6，理论教学与实验实习的比例为 7∶3，理论教学和实践教学的比例达 1∶1。

宁德市农校从 20 世纪 90 年代起，利用双休日开设多种选修课，实行毕业生

"双证制"。学校利用实验室、电教化室、农场、茶场、菌种站等场所作为教学实训基地，形成了教学实习、试验和示范、生产推广三结合的体系。推进农场作物栽培和水稻育种示范活动，每年向周边农民提供部分水稻良种和鱼苗，并开展技术咨询和下乡指导食用菌生产，帮助菇农解决生产技术难题。建立了福安坂中、社口、城阳等乡镇的校外稳定实习基地和"科教兴农"基点，

图8-1 龙岩农校学生在田间实习

师生经常到校外稳定实习基础实习、指导生产。在教学上逐步完善"5+2+1"（初中毕业生升大专、进行2年教学、1年实习）的教学模式，实行教师教学工作量化综合考评措施。部分专业从二年级开始，结合勤工俭学，进行育种制种、栽培、管理、销售全过程的实践；改革劳动课考核和成绩评定办法，把好各年级技能考核升级关和毕业关，使毕业生参加省农业厅组织的技能统考成绩名列全省中等农校前列。从1990年起，连续办畲族预科班10年，办老区预科班9年。从1992年起，派专业教师到村就地办班培训。1997年以后，教学模式实行"三单"（资料单、技能单、作业单）教学，使学生的技能水平大幅提高；建立了11个校外实习基地，学生到校外基地参加顶岗实习半年至一年，使技能水平、实践能力、社会经验大为提高。

泉州市农校实行《泉州农业学校"学分制"教学实施细则》，重新修订《教师工作量考核实施办法》、《泉州农校教学事故认定与处理办法》，完善教学督查组的职能，实行校内模拟实习与校外实地见习相结合，突出培养学生的基础理论知识和基本技能训练，严格执行学籍管理规定，逐步推行"学分制"，采取分层次教学。

漳州市农校有实习农场（实训基地）350亩，包括良种果树基地（妃子笑荔枝基地、东魁杨梅基地）、优质蔬菜基地、花卉新品种基地和园林花木标本园。有加工厂（实训基地）8亩，包括果蔬加工，畜产品加、焙烤实训基室，视频检验等实训室。学校通过让相关专业的教师和学生参与农场的生产经营，使学生在学习专业理论时及时进行实习实践，在实践中提高专业技术水平，把教学、生产紧密结合。"十五"期间为相关院校提供农艺和食品加工实训服务累计达到5000多人次。

图 8-2　漳州农村学生在良种果树基地实训

南平市农校坚持"以服务为宗旨、以就业为导向"，探索"动手能力"、"顶岗实习"、"项目教学"、"工学交替"、"半工半读"的教育教学改革，开展多层次多形式办学和农村实用技术咨询与培训，先后在校内建设有竹果品种园、果树品种园、茶叶、果树、水稻、烟草、花卉园艺基地、校内种猪场、小动物饲养区、饲料加工厂、兽医门诊部

等校内实训基地。率先推行"订单培养"、"2+1"（2 年教学、1 年实习）办学和"一书多证"制，先后与厦门机场、东南汽车、华科光电、泉美园艺、安踏集团、光泽圣农集团、大北农集团等企业联合办学，建立稳定的就业通道，推荐学生就业，学校毕业生就业率在 97.8% 以上。设有全国计算机等级考试考点、国家职业技能鉴定站、国家星火科技项目闽北农村科技信息服务体系远程咨询工作站、自考点、函授站等。

3. 基础设施与设备

1991 年，全省 8 所农校（含福建省农业学校）占地面积 106.64 万平方米，2005 年扩大到 179.47 万平方米；校舍建筑面积由 1991 年的 24.98 万平方米，发展到 2005 年的 70.83 万平方米；图书存量由 1991 年的 90.3 万册增加到 2005 年的 233 万册；仪器设备总值由 1991 年的 561.3 万元增加到 2005 年的 4237.89 万元。

（三）合作办学

泉州市农校与福建省通海汽车集团、石狮鹏程技工学校（负责实习基地）联合办学，开办了汽车检测与维修、服装设计与工艺、广告装潢与电脑设计、平版彩色印刷与计算机应用 4 个专业。南平市农业学校先后与圣农实业、长富集团、绿洲兔业、南平猪业协会等合作办学，签订校企合作办学协议，为企业订单培养毕业生；学校专业教师定期为企业员工进行专业培训，企业一线技术人员参与学校专业教学改革方案和培养方案的拟订，定期开展专业讲座。圣农实业和大北农集团还在该校设立圣农奖学金和大北农奖学金，奖励牧医专业中品学兼优的学生。宁德市农校举办实用技术培训，1991—2005 年，在校内开展短期实用技术培训、一年制农民技术员函授和到闽东各县（市）的乡（镇）、村开展农村实用技术培训，培训各类农村实用技术人员 23937 人，为所到乡村解决生产技术难题。

三、成人教育

（一）函授教育

福建农学院和福建林学院从 1983 年恢复成人教育到 1992 年，先后举办了函授、干部专修科、高等教育自学考试等大专学历教育和专业证书班、各类培训班、进修班等非学历教育。

1990 年 5 月，福建农学院试行部分单独招考有 5 年以上基层农业技术工龄的学员。1985—1992 年，农学院函授教育共招生 1130 人，毕业 680 人。福建林学院有林学、林业经济（含林业财会）、园林、森林采运工程、木材加工 5 个函授教育专业，在校学员 252 人。

1992 年，福建农学院函授部在原有 7 个函授专科专业基础上增设了 3 个专科专业，1993 年增设了文科类乡镇企业管理专业专科班，举办农学、果树、茶学、农村金融 4 个专业本科函授班；1994 年又增设了土地管理和农村金融 2 个专业专科班。1994 年 2 月福建农业大学成人教育学院先后在邵武、宁德设立函授站，在三明、南平、马尾设立函授点。从 1995 年下半年起，学校还与农业厅联合，在 6 个农校设立函授辅导站。从 2000 年 10 月起，福建农林大学在新疆、江苏和省内各地设立了函授教学点。2001 年，与中国人民大学、四川大学、浙江大学、东北农业大学合作开办网络教育学院。

1993 年，福建农学院培训部设福建省农业技术培训推广中心，开始举办两年制成人脱产大专班，与省土地管理局联合举办土地管理专业。1994 年 5 月，经省人事局批准确定为福建省首批专业技术人员继续教育基地。

1994 年，福建省农业广播学校邵武分校联合农业大学邵武市分校与福建农业大学联合举办大专函授班，并经省教委成教处批准授予福建省农业大学成教院函授站，招生对象主要来自该地区各县（市、区）农业系统在职持有中专毕业文凭的各站从业人员，同时也面向外地区辐射招生部分生源。当年招收农学、畜牧兽医两个专业 110 人，学制三年。经过 3 年，共毕业 92 人（农学 42 人，牧医 50 人）。是年开始举办夜大学，开展全日制本科生兼读夜大学专科第二学历试点，并于 1995 年经国家教委批准举办夜大学专科教育。1995 年，增设畜牧兽医、乡镇企业管理等专业。是年，省自学考试委员会指定福建农业大学作为全国自学考试农业推广专业的省考分校。1996 年学校获准担任农业推广、农业经济管理、土地管理三个专业的自学考试主考学校，并举办自学考试助学班。

1992 年 12 月，福建林学院成立培训中心。1994 年 9 月，在原函授部的基础上，成立成人教育学院（与教务处合署办公）；是年，被确定为首批省级继续教育基地；1996 年 6 月，学院独立办公。1993 年首次进行函授大专教育单独招生考试，招收有林业生产实践经验的林业专业函授生 56 人。1994 年继续试行单独招生试点，共招收林业和林业经济（含财会）两个专业函授生 100 人；同年开始举办成人脱产班，招收财会专业学员 22 名；举办计算机应用专业成人脱产班。自 1996 年起，举办成人高等教育预科班，招收参加当年成人高考并报考林学、水土保持、园林等函授专业的考生 44 名入学，经文化补习，次年由省教委检查合格后正式转入相应的专业学习。

2001 年，福建农林大学在原省农、林两院基础上，组建了成人教育学院和远程教育学院，两个学院一套人马，两块牌子，主要举办包括函授、夜大、成人脱产、自学考试等高等学历教育，同时也承担各类培训等非学历教育，设有专科、本科、专科起点本科 3 个层次。

进入 21 世纪，成人教育重点从专科转移到专科、本科并举。学校加强与新升格的高职学院合作联办高职升本科教育；及时开办适应社会需求的大专、本科自考专业，增加了独立本科段教育，积极申报新兴、边缘专业。通过专业结构调整、联合办学、加强宣传等措施，使成人教育得到快速发展。截至 2006 年上半年，全校成人教育学生规模达到 8400 多人，其中函授生 5500 多人，脱产学生 1200 多人，自考学生 1700 多人。

"十五"期间，部分县（市）农业广播学校分校除了与福建省农林大学、福州大学联合办学外，还与中国农业大学、四川大学等高等院校合作联办大专以上函授教育（包括网络教育）。2003—2005 年，福清、闽清、福安、柘荣、三明、大田、光泽等县（市）分校参与高等院校联合办学，大专函授（含本科）教育招生人数约 800 多人。专业主要有农学、畜牧兽医、农业经济管理、农业推广与创新等。

1991—2005 年，福建省农林大学成人教育各类毕业学员共 15605 人，其中函授6951 人，成人脱产班 2654 人，自学卡是 4951 人，专业证书班 896 人，夜大学 137人，干部专修班 16 人。

在 2005 年第十批学位点申报中，成人教育学院获得了硕士学位授予权，学科建设取得历史性突破。学校先后聘请日本、中国台湾、北京、上海、武汉及省内的专家学者为兼职教授，大力加强学科建设。与省国土资源厅、省药品监督管理局、东南汽车公司、省建筑人才中心等单位进行联合办学，还在全省 7 个设区市建立函授站及办学点。与苏州维德集团、新疆农业职业技术学院等单位合作，在江苏、新疆设立了函授办学点。同时，学校停办了不适应社会需求专业，开办新兴专业，进一步优化了专业结构。截至 2006 年上半年，全校共设立了 27 个本科专业，23 个专科专业。采取全日制脱产教育、高等教育自学考试和网络教育（远程教育）等形式。

（二）干部培训

1992年11月3日，中共福建省农业厅党校在省农业干部学校（以下简称农干校）挂牌成立。1993年5月24日，省农业厅同意省农干校列为继续教育基地，承担农业部门专业技术人员继续教育的培训工作。1994年5月18日，省人事局发文确认福建省农干校为首批50个"省级继续教育基地"之一。1991—2005年，农干校举办各类培训班244期，培训了15614人次。举办成人中专6个班，毕业学生205名。此外，1999年新培训楼建成后，师范大学等外系也陆续到农干校办班，培训班数和人数不断增加，共联办了55期，培训了3774人次。同时还接待承办各种会议。2002年学校办班和承办各种会议人数近5000人次，创历史最高水平。

2000年，福建省农业广播学校（以下简称农广校）对全省在校及已毕业的农广校学历生33331人进行岗位情况调查，结果显示其培养的村组干部11665人，县处级、乡镇科级干部160人；农业科技人员5552人，其中乡镇农技推广人员328人；乡镇聘用干部、回乡知识青年（含科技示范户、专业户）及农民21506人。

1983—1991年，福建农学院受省委组织部、省农业银行、省农业厅的委托，举办干部专修科农村金融和农业经济管理两个专业，学制两年。农村金融专业连续招生7届，先后毕业323名学员。农业经济管理专业招生3届，毕业46名学员。从1983—1992年，福建农学院受有关部门的委托，先后举办了实用英语、作物病虫、生物防治、淡水养殖、微机应用、试验统计、遗传育种、乡镇财会、企业管理、农村金融、畜牧兽医、甘蔗、果茶、食用菌、食品保鲜加工以及会计证、会计师、乡镇长、种子公司经理、贫困乡镇领导干部、重点村骨干、特困村党支书等100余种180多期的继续教育和岗位培训班、进修班，学员累计达12100多人。1990年10月至1992年2月先后为三明地区农技干部开办17期进修班，有学员1053人。1991年10月，省农业生产资料公司委托举办"庄稼医生"业务培训学员118人。

2001年开始，学校连续4年与省农业厅联合举办了全省技术工人职业培训。2005年，学校又与福州市委农办合作建立"福州市农村人才培训基地"，并举办第一期村级农技员培训班；与福建省委组织部、省农函大合作，开展乡村干部大专班，并在漳州、南平、福清等地开办乡村干部培训班。

（三）中等职业教育

1. 领导机构

1989年9月，福建省农业广播电视学校（简称福建省农广校）成立，由省农业厅主管。历届分管农业副省长担任农广校领导小组组长兼校长，成员由省直各有关单位人员组成。校领导小组下设办公室，挂靠省农业厅，由福建省农广校常务副校长兼任办公室主任。1991—2005年，省校领导小组调整过4次，先后由分管农业副省长苏昌培、童万亨、刘德章担任组长兼校长，同时还特邀省人大常委会副主任温秀山为第二届领导小组的名誉校长、第三、第四、第五届领导小组的顾问。省人大常委会副主任张明俊为第三届领导小组名誉校长。省农业厅先后担任领导小组副组长和分管农广校工作的厅级领导有尤珩、郑则梅、姜安荣、肖诗达、吴建华、叶恩发、檀云坤。

2. 评估验收

全省农广校系统先后有53所地县分校分4批获得举办中专学历教育的资格，正式参加每年成人中专招生。1993年3月，经评估验收批复备案（第一批）有省林业分校（挂靠省林业干校）、三

图8-3 办学评估验收会议

明、宁化、明溪、尤溪、莆田、原莆田（荔城区）、仙游、原宁德（蕉城区）、福安、南平、顺昌、浦城、光泽14所地（市）、县（市）分校。1993年8月，评估验收备案（第二批）的有闽侯、闽清、永泰、长乐、沙县、清流、龙海、东山、南靖、平和、邵武、建瓯、建阳、福鼎、柘荣、永定、武平、漳平、连城、漳州、龙岩21所地（市）、县（市）分校。1998年4月，评估验收备案（第三批）的有福州、福清、同安、大田、永安、将乐、泰宁、建宁、安溪、漳浦、武夷山、松溪、霞浦、古田、新罗、长汀、上杭17所市、县（市、区）分校。2000年3月（第四批）惠安县分校评估验收备案。

3. 办学规模

1991—2005年，各级农广校先后开设种植类、养殖类、经济管理类、农业工程4大门类23个专业。全省农广校系统累计招生录取中专学历生34173人，实际注册学历生31129，毕业生18464人，毕业率为59%；结业生12665人。到2005年，全省有省级校1所、设区市级分校7所、县（市、区）级分校47所，约400多个教学班（含乡镇），在校学历生规模常年保持在6000～7000人（不含非学历生）。对农民开展200多万人次实用技术培训。拥有专兼职办学人员1000多人，其中专职人员500多人。教学设备有专业摄像机12台、录像机73台、电视机21台、收录机16台、VCD机115台、教学录像带1518盘、录音带1172盘、卫星接收地面站7座、多媒体教室22个、计算机477台、计算机课件42个、文字教材96多种3.5万多册、图书6.3万多册、科技直通车3辆。全省农广校系统年办学经费352多万元，办学资产总价值约400多万元。

1990—1992 年，农广校实行单独招生，每年招生规模稳定在 2500 人以上。农广校招生逐步面向村组干部、基层党支部和回乡知识青年，同时，各级农广校参与中等职业教育，承担初二后分流任务。省校从 1993 年至 1996 年先后与部分条件具备的职业中学联合试办农广校中专学历脱产班（两年半学制）及联办成人中专班（学制三年），4 届累计注册学员 2834 人，毕业生 2092 人，占全省同期毕业生总数（5336 人）的 39%。

4. 体系建设

1998—2004 年，按照中央校有关全国农广校体系建设规划，省农业厅分 4 批分别授予莆田、邵武、福安、漳浦、大田（第一批）；莆田、漳平、同安（第二批）；福清、永定、上杭、尤溪（第三批）；长乐、永安、武平（第四批）共 15 所设区市、县（市、区）级分校为省级"育才兴农示范校"。与此同时，经省校初评后向中央校推荐参评全国百强"育才兴农示范校"。

1998—2003 年，经中央校评审组的综合评审，先后分六批授予原莆田、邵武、同安、福安、三明、福清、上杭、大田、蕉城、福州、漳浦 11 所设区市、县（市、区）级农广校分校全国百强"育才兴农示范校"称号。

2000 年 2 月，省农广校加挂福建省农民科技教育培训中心（简称中心），主要负责具体组织实施农民教育、绿色证书工程、农科教结合、跨世纪青年农民培训工程、农村基层干部培训和农业实用技术培训等工作。与此同时，部分分校也先后相继加挂"中心"牌子。截至 2005 年，有福州、南平、龙岩、三明 4 所市级分校；闽侯、罗源、长乐、永泰、同安、漳浦、新罗、上杭、尤溪、永安、将乐、沙县；邵武、建瓯、顺昌、浦城、武夷山、蕉城、福安，荔城 20 所县级分校成立中心。

5. 村干培训

1995—2005 年，根据福建省村级组织建设纲要要求，经省委组织部与省农业厅商定，在"九五"至"十五"期间，委托省农广校承担部分村干部及后备干部的培训任务。全省农广校系统招生录取学历生 27042 人，注册学员 25356 人，毕业数为 16774 人，其中村级主要干部（含后备干部）参加农广校中专学历教育学习的比例约占 1/3，个别县级市比例还略高些。福清分校与市委组织部联合招生，11 年共招生录取学员 1018 人，其中村级两委（含后备干部）468 人；毕业生数 838 人，其中村级主要干部学员 368 人，女性村级主要干部 81 人。

6. 大专自考

1996 年 10 月全省有 56 个县（市）农广校分校或农业局开展大专自考农业推广专业助学工作，至 2005 年年底，全省参加农业推广考核总人数有 1720 人，全部课程考试合格并已取得大专自考农业推广专业毕业证书的有 1313 人。

15 年来，农广校累计培养毕业生 18464 人，对农民开展 200 多万人次实用技术培训。

四、农民技术员培训

从 20 世纪 80 年代初开始，全省各县陆续建立农机培训班（校），到 1990 年有 68 所。每年为农村培训农机人员 3 万人以上。主要培训对象是拖拉机驾驶员、农机修理工、农机具操作手、农村机电技术人员、农机管理人员等。

福州市在建设科技示范乡镇过程中，共举办了各类技术培训班 1060 期，受训人员达 64145 人次，乡镇企业职工的技术培训率达 90% 以上，有 3600 位农民获"绿色证书"。

2004 年，在尤溪、南靖、福鼎、宁化、浦城、城厢、罗源、周宁、将乐 9 个县（市、区），开展青年农民科技培训中，开设了优质稻、食用菌、茶叶、果树、蔬菜、畜禽、烤烟、竹笋、淡水养殖等九大类专业培训班，共培训骨干农民 9 万多人，辐射带动 90 多万农民学科学、用技术。共编印各种技术手册、"口袋书"等培训教材九大类 100 多万册。参与培训工作的农技干部 1200 多人，进村入户开展技术咨询、技术服务 40 多万人次。

2003 年，安溪县强化技术培训工作，县、乡举办培训班，各个村、部落自行组织培训班。全县共组织技术培训 37 期，受训人数达 3650 人，分发培训资料 1.2 万份。安溪县农茶局在主产乡镇建立 10 个测报点、30 个观察哨，聘请 10 个测报员，定期对测报员进行培训。印发茶叶《病虫情报》5 期 500 多份，对全县 125 名测报员分 3 期进行集中培训，学习识别各种病虫和测报方法，提高测报的准确率。

2005 年，南平市开展科技为"三农"服务活动中，组织科技下乡服务团 65 支，组织科技人员下乡 380 人次，涉及 10 个县、80 个乡、780 个村，举办科普大集（市）70 次，参加活动的农民达 3.5 万人次。是年，宁德市以科技下乡、科技培训、科技宣传周为载体，举办各类科技报告会和科普、专场讲座近百场，有 1000 多人次参加。中科院 8 名院士专家深入蕉城、古田、福安、霞浦等地开展考察活动，针对宁德特色产业发展，食用菌栽培、茶叶生产与加工，以及海洋养殖等技术进步工作提出指导意见。

为提高农民科技文化素质，促进农业技术进步，推进现代农业建设，福建省组织实施了"绿色证书工程"、"跨世纪青年农民科技培训工程"和"新型农民科技培训工程"等农民科技培训工程。

1. 绿色证书工程

绿色证书（即农民技术资格证书）是农民从事某项农业技术工作所必备的知识、技能及其他条件的资格证明。绿色证书制度通过立法、行政等手段对农民从业的技术资格要求、培训、考核、发证等作出规定，并制定相关配套政策，作为农民从业和培训的规程，确保从业人员的业务素质。绿色证书培训是介于农民实用技术培训和农业学历教育之间，对具有初中、高中文化程度农民进行的岗位培训。取得绿色证书的农民，必须达到岗位规定的标准，包括思想政治和职业道德、岗位专业知识、生产技能、工作经历、文化程度等方面的要求。同时，要比较系统地学习和掌握某岗位所需要的业务知识和生产经营技能，每个岗位专业知识要学习 3~5 门课程，300~500 学时。种植业、养殖业等生产周期较长或技术性较强的岗位，至少要有两年以上从事该岗位工作的经历，能掌握该岗位生产技能并达到一定的熟练程度。

从 1992 年试点开始至 2005 年，全省接受绿色证书工程培训的农民达 41.3 万多人，获得绿色证书的农民达 18.56 万多人。全省各地农广校参与绿色证书教育的培训工作。凡持有农广校一年制初等农业教育相关专业结业证书者，经受训学员所在地绿证办公室的实践考核合格者，均可获得绿色证书（由农业部统一制作，省厅统一下发）。全省农广校系统培训绿色证书教育学员约 20.09 万人，其中女性 5.29 万人；获证 10.35 万人，其中女性 3.13 万人。邵武市 50% 的村干部参加过绿色证书培训，村农技员都参加了绿色证书培训。1992 年光泽县参加培训的学员 1586 人，其中有 300 人担任村干部，其余均成为科技示范户及村组专业户骨干，成为村农民技术骨干和科技致富带头人。

1995 年，宁化池塘养殖平均单产在 300 公斤，而绿色证书学员养殖的平均单产在 400 公斤以上。宁化翠江镇双石村绿色证书学员邱位游，利用所学的混养密养技术，平均亩产达 514.5 公斤，2 亩池塘产值 11054 元，纯收入达 7954 元。福安学员邵养堂，利用荒废围塘 1000 亩，种植优良品种棉花，平均每亩收入 2400 元，带动了全村种植棉花 2400 亩。

福州市在建设科技示范乡镇过程中，共举办了各类技术培训班 1060 期，受训人员达 64145 人次，有 3600 位农民获绿色证书。

2. 跨世纪青年农民科技培训工程

从 2000 年起，全省开始组织实施跨世纪青年农民科技培训工程，2000 年在福清、同安、邵武、大田、漳平、福安 6 个县（市）；2001 年在武夷山、建瓯、顺昌、永安、沙县、明溪、将乐、连城、仙游 9 个县（市）；2002 年在长乐、漳浦、晋江 3 个县（市）；2003 年在泰宁、寿宁 2 个县（市）开展这一工作。2004 年

图 8-4　大田农广校建立青年农民科技培训实习基地

全省组织实施新型农民科技培训工程，2004 年在尤溪、福鼎 2 个县（市）；2005 年在城厢、浦城、罗源、南靖、将乐、周宁 6 个县（市）建立示范点。在"九五"末期至"十五"期间的 6 年中，全省先后共有 28 个县（市、区）分批分期组织实施开展青年农民科技培训项目工程，覆盖全省总县（市）数的 33%，累计培训青年骨干农民 19.12 万人，其中女性 5.40 万人；受训学员获证 9.42 万人，其中女性 3.38 万人。受训农民有 85% 掌握了一门以上的实用技术，40% 成为科技示范户，5% 成为当地种植、养殖、加工和农产品营销大户，有近 20% 成为村组干部。

五、技能鉴定

2000 年 2 月，经国家劳动和社会保障部批准，福建省农业广播电视学校建立农业行业特有工种职业技能鉴定站，鉴定范围为农艺工，动物检疫检验员等 9 个工种。当年 4 月，省校建立农业 –235 特有工种职业技能鉴定站（简称省校鉴定站），考评员队伍全省有 75 人，由各设区市、县（市、区）农广校分校办学干部和专、兼职辅导教师担任，具有中级以上专业技术职称，并经农业部人事司人力资源开发中心专门办班培训，通过考试，分别取得各相关工种的国家级考评员资格证书，聘期为 3 年一任。换证时还需重新培训学习有关国家实行职业资格证书制度的方针、政策及农业部门技能鉴定考核工作流程等专门知识。参与农业行业职业技能鉴定工作，须先取得相关工种的考评员资格证书，才能有资格担任考评员。

2001 年 7 月，省校制定了关于开展农业行业特有工种职业技能鉴定操作技能考核工作的实施方案。

2003 年，省农业厅印发《福建省农业广播电视学校 2003 年农业行业职业技能鉴定工作实施方案》，省校鉴定站从 2001 年试点到 2003 年扩大布点范围，先后在福清、漳浦、大田、福安、荔城、惠安 6 个县（市、区）农广校分校设立鉴定点，相继开展了农业职业技能鉴定工作，获得职业资格证书的有 232 人，这些人大部分属于农业部门须持证上岗岗位的从业人员。

第二节　科　技

一、科研项目

（一）粮食作物研究

1. 水　稻

（1）稻种资源调查研究

早在 20 世纪 30 年代，福建已开展稻种资源的调查和鉴定，至 2005 年，经过鉴定、整理，保存有各类稻种资源 6010 份。其中 1990—2005 年，新征集并包括新育成的水稻品种和台湾水稻品种等计 593 份。90 年代初，省农科院稻麦研究所王金英等人在进行稻种资源的调查、整理、保存的基础上，进一步开展抗逆性鉴定筛选、品质指标测定分析、水稻酯酶同工酶的测定、精米和米糠中矿物质营养成分等研究工作。"八五"期间，在参加国家重点科技攻关项目的"稻种资源繁种、编目和农艺性状鉴定"子专题，对农艺性状和各种抗性鉴定的基础上，选择综合性状和抗性好的资源材料 305 份，提供省内外育种单位作亲本利用，为育种单位培育水稻良种奠定了物质基础。同时先后提供全国各地稻种资源累计达 6500 多份次，支持基础研究及教学工作。利用《作物品种资源管理分析系统》软件，建立福建稻种资源数据库。利用 foxpro6.0 应用软件建立福建现有保存的稻种资源数据库，输入 64 个项目 5000 多份。参加"8 种粮食作物种质资源抗病虫特性鉴定与评价"研究、"中国稻种资源繁种、鉴定评价与利用"、"中国农作物种质资源收集保存评价与利用"，主持"福建省稻种资源保存、鉴定、研究与利用"；编写《中国优异稻种资源》（中国农业出版社），主编的《引进台湾省品种资源》列入"农业部'948'引进技术丛书"，参与编写《中国稻种资源》、《中国稻种资源目录》共计 8 册。

（2）育种研究

1982 年由省农科院稻麦研究所牵头组织有关单位，开展以抗稻瘟病为中心的水稻育种攻关。"八五"、"九五"期间先后选育出 48 个品种（组合）投放生产。省内累计推广 7992 万亩，获得国家级、农业部级、省级科技进步成果奖共 32 项。在这批品种（组合）中，三明市农科所谢华安、郑家团等育成的汕优 63，于 1990 年通过全国审定，全国累计推广达到 10.65 亿亩；威优 77 组合连续 6 年推广面积均在百万亩左右。省稻麦研究所育成国内较为抗稻瘟的不育系—福伊 A，利用福伊 A 配制的福优 77 等 19 个福优系列组合通过审定，累计推广面积 1500 多万亩；满仓 515 品种在省内外推广 600 万亩以上。泉州市农科所育成的泉农 3 号，年推广面积超百万亩的记录。福建农林大学也育成了汕优 669、特优 669、冈优 669、威优 89、T 优 7889、T 优 5537、T 优 5570、T 优 551、T 优 8086 等组合通过审定；郑金贵教授培育出谷秆两用稻"东南 201"新品种。

"八五""九五"期间选育高产、优质、抗病新品种和开发名特优稻种被列入重要研究项目，育种科技人员提出"早攻优质、晚攻高产"的育种目标。实践中，厦门大学王侯聪利用花粉辐射等人工诱变手段，选育出"佳禾早占"、"佳禾 7 号"、"佳辐占"和"双佳 1 号"等优质早稻品种。

①二系法杂交育种

全省大规模开展二系法杂交水稻遗传育种研究始于 1987 年，在国家高科技研究发展计划（"863"计划）生物技术领域和福建省科技厅立项支助下，重点研究解决水稻光温敏核不育基因在复杂多变的光温生态条件下能否稳定表达不育特性和育性转换问题。从 1987 年 7 月起，省农科院稻麦所杨聚宝多次承担国家"863 计划"二系法杂交水稻相关课题研究任务，并牵头组织省地市农科所、福建农林大学等单位协作攻关，1995—2005 年全省共育成 17 个二系不育组合并通过鉴定，其中 6 个二系稻组合通过福建省审定。省农科院稻麦所育成光补型水稻核不育系 SE21S，是当时在大面积推广较为稳定、安全的二系杂交品种。与之配组培育成的两优 2186、两优 2163 于 2000 年通过审定，在福建、广西、安徽、湖北、江西、湖南、云南等省大面积推广，累计推广 1000 多万亩。

②超级稻育种

1996 年省农科院稻麦研究所承担了中国超级稻项目华南稻区的研究任务，在超级稻育种和超高产生理特性研究方面，取得进展。

2001 年，省农科院稻麦研究所与南平市农科所合作选育的新组合特优 175 和三明市农科所选育的超级稻Ⅱ优明 86，在云南省永胜县涛源乡进行产量潜力试验，验收产量分别达到 1185.5 公斤/亩、1196.5 公斤/亩，先后打破了水稻单产世界纪录。

2003 年，省农科院稻麦研究所利用航天技术育成Ⅱ优航 1 号，在云南省永胜县涛源乡种植，经专家验收，产量干谷达到 1162.01 公斤/亩，创中国航天育种水稻产量的最高纪录。2004 年在尤溪县西城镇连片示范 100 亩，头季稻平均产量 928.3 公斤/亩，再生季产量 521.4 公斤/亩，两季产量高达 1449.7 公斤/亩。

2005 年国家农业部首批推荐的 28 个超级稻品种中，福建省有 3 个，分别是Ⅱ优明 86、Ⅱ优航 1 号、特优航 1 号。省内还育成了特优 175、Ⅱ优 28、Ⅱ优 4886 等超级稻组合。

③转基因水稻育种

进入 20 世纪 90 年代，福建省建立了水稻转基因育种工程研究中心，构筑了全省在转基因水稻育种方面的技术平台、材料平台、设施平台、信息平台以及产业孵化器。全省抗虫转基因水稻共获得 2 份生产性试验、3 份环境释放、6 份中间试验的生物安全审批。在水稻淀粉品质改良基因工程方面也取得进展，将可溶性淀粉合成酶（SSS）基因以及淀粉分枝酶（Q 酶，SBE）基因成功导入杂交水稻强恢复系明恢 86 中。

全省建立了多种分离修饰基因的实验方法，分离修饰大量抗虫基因、淀粉品质改良基因、抗除草剂基因以及表达调控序列。可以进行大规模转化、转育，筛选出优良的抗虫转基因水稻纯合株系，创制抗虫转基因超级杂交水稻亲本，筛选出高抗虫的转基因杂交稻组合。

④水稻分子育种

2005 年，在农业部福州（国家）水稻改良分中心、省财政厅和省发改委资助下，水稻分子育种重点实验室建立。在国家"863"、福建省重大科技项目粮食重大专项、福建省自然科学基金等项目推动下，开展水稻新种质的挖掘、优良基因的定位、分子标记辅助聚合育种和高光效转基因育种等研究。

以光补型的二系优质不育系 SE21S、三系保持系龙特甫 B 和强恢复系明恢 86为主体亲本，利用来源于全球分子育种计划材料以及其他来源的旱稻，如台湾粳稻、热带粳稻、籼粳杂交中间型材料等进行大规模的回交导入有利基因片段，构建了具有不同优良性质的 SE21S、龙特甫 B 和明恢 86 近等基因系群体，培育出比轮回亲本抗性更强、米质更优，配合力更高，优势更强的 SE21S、龙特普 A 和明恢 86近等基因系（品系）并进入测配、试制试种阶段，同时开始优良多基因的分子辅助聚合育种，培育以 SE21S、龙特普 A 和明恢 86 近等基因系为主体的优质、多抗超级杂交稻系列组合。

利用粳稻、Basmati（巴斯马蒂香米）和福建的优质早籼等优质稻米资源，以大面积应用的龙特普 A（B）、II－32B 和二系稻 FJ－1S 为轮回亲本，创造保持系和不育系优质新资源，培育优质的二系和三系不育系。

利用国内外抗稻瘟病、抗白叶枯病、抗稻飞虱、抗稻瘿蚊和抗螟虫的优良抗源，构建抗稻瘟病、白叶枯病、稻飞虱、稻瘿蚊和螟虫的不育系 SE21s、龙特普 A、II－32A、闽 1A 和恢复系明恢 86、9311、R777 近等基因系，进行多基因分子标记辅助聚合，选育抗多种病虫害的恢复系和不育系，培育基本不打药的绿色超级杂交稻。

开展稻瘟病抗性基因、水稻光温敏感核不育基因、水稻优质基因、抗螟虫基因及其有关高产基因的定位。开展大规模高光效转基因研究，将来源于 C4 植物甘蔗的两个高光效基因 PEPC 和 rbcS 转导入恢复系优航 1 号和 N175 中，并获得光合效率有明显提高的转基因植株。

⑤再生稻研究

1988—1995 年，省农科院稻麦研究所完成再生稻气候生态适应性及宜种区划，不同节位再生分蘖萌发成穗规律，干物质及氮、磷钾养分积累运转动态研究。

1999—2005 年，省农科院稻麦研究所在尤溪县通过筛选再生稻良种，建立超高产库源结构模式，提出氮素积累运转规律和库叶源关系，提出再生稻超高产栽培技术体系。百亩示范片平均亩产，头季超过 800 公斤，再生季超过 500 公斤，年亩产超 1300 公斤，创世界高产新纪录。

⑥粮食作物育种重大专项技术研究

2004 年、2005 年由福建省科技厅发起福建省科技重大专项——粮食作物育种技术研究任务，在水稻方面的研究分为优质、高产、多抗二系杂交稻新组合选育，优质、高产、多抗二系杂交稻新组合选育，转基因水稻育种技术和新品种培育，优·

质、高产、多抗常规水稻新品种选育，航天育种技术与新品种选育5个方面。育成21个新组合通过省级以上审（认）定，两年累计推广面积999多万亩，创建了大量优良亲本，配制出许多优质、高产、多抗的杂交水稻新组合。

（3）耕作与栽培技术研究

20世纪90年代，省农科院稻麦研究所试用编织布育秧与机械化移栽配套技术。1988—1991年推广100万亩。

1999年，省农科院稻麦研究所采用规格化裁制的编织布培育旱秧，与机插相配套，并改进机插水稻的栽培管理技术通过福建省科委成果鉴定。

2000—2004年，省农科院稻麦研究所研究农机农艺结合，应用于规模经营的双季稻标准化技术体系；研发无载体培育机插秧苗技术及配套设备，其中纵切秧刀获得国家专利；改进国产独轮行走式插秧机，调整了主要操纵系统的位置，减少机手，便于操作。改整体式秧船为分道式秧船，解决机插时拥土压苗问题，分道式船体已获得国家专利。改进水田耕地、平地装置，实现耕整地全部机械化。2005年通过福建省科技成果鉴定。

（4）施肥灌溉技术研究

20世纪80年代末，省农业厅、农科院、福建农学院开始主持中产低产田改良增产规范化技术研究，省农科院稻麦研究所主持垄畦栽培排渍调根研究。

1993—2003年，在龙海市双季稻田推广土肥水综合调根技术。

2000—2003年，在尤溪县再生稻田推广畦栽沟灌调根技术和应用伤流量诊断再生力，累计推广281万亩，增产稻谷1.3259亿公斤。

2. 甘 薯

（1）育种研究

从20世纪90年代初开始，省农科院作物所、福建农林大学作物学院、龙岩市农科所等单位继续承担国家育种攻关、"863"计划、省重大专项和重点项目等课题，先后选育出各种类型的甘薯品种24个并在生产上推广应用。其中表现高产、优质、抗病和早熟以及推广面积较大的有金山57、岩薯5号，福薯2号、龙薯1号。1995年，福建农林大学作物学院选育的金山57成为全省主栽品种、福建省和南方薯区甘薯区试对照品种。2003年，省农科院作物所选育的福薯7～6成为国家第一个通过省级审定的品种，2005年又通过了国家鉴定叶菜专用型甘薯新品种，被确定为国家叶菜型甘薯区试对照品种。

（2）主要病虫害防治技术

1990年以来，福建农林大学、省农科院等单位先后承担国家、省级科研项目，分别对甘薯瘟病、蔓割病和小象虫进行研究，总结出有效的防治措施。省农科院植保所开展了"甘薯青枯菌致病型与品种抗性分类和布局的研究"。

3. 豆类与杂粮

（1）豆　类

①大　豆

1991 年后，省农科院耕作所、福建农学院牵头，组织开展全省大豆尤其是春大豆高产栽培技术联合攻关，分别在惠安、莆田、仙游、大田、长汀和同安等地开展春大豆主栽品种莆豆 8008 的高产栽培技术研究，将单项栽培措施进行组装成配套技术，采取密度、施氮量和施磷量 3 个因素的二次回归通用旋转组合设计的方法，利用计算机进行模拟，建立了莆豆"8008"亩产 150 公斤以上高产栽培数学模型。

1995—1996 年，三明市农科所罗英等，采用二次回归正交旋转设计方法，选用密度、氮肥、磷肥、钾肥四因素，对浙春 2 号进行高产栽培试验，建立了浙春 2 号亩产 150 公斤以上的综合农艺措施数学模型。

1995 年以后，省农科院耕作所徐树传等选出旱地豆科绿肥新品种科杂 1 号，可作为幼龄果园的覆盖作物栽培，对培肥地力、防止水土流失和减少土壤蒸腾等有效果，该品种 1998 年经福建省农作物品种审定委员会审定通过。

2001 年以后，省农科院选育的福豆 310、福豆 234，泉州市农科所选育的泉豆 6 号、泉豆 7 号，莆田市农科所选育的莆豆 10 号，陆续通过福建省品种审定；福豆 310 通过国家品种审定；成为福建省首个国审大豆品种。福豆 234、福豆 310 籽粒粗蛋白含量在 45% 以上，均为高蛋白品种。2004 年春季，省农科院耕作所、泉州市农科所对新育成的大豆新品种进行高产综合农艺措施的研究，建立了高产栽培数学模型。

2004 年以前，对福建栽培大豆种质资源研究主要局限于形态学研究及基于表型分析的数理遗传研究，而对当时福建大豆生产上各类型栽培品种之间基于分子水平的遗传多样性缺乏研究。2004 年春季，林国强等应用 RAPD 技术，针对福建大豆生产上近年来种植的栽培大豆品种类型进行了遗传多样性、亲缘关系探讨，并建立了 UPGMA 系统树，为大豆特别是菜用大豆育种工作提供了理论依据。

1991—1993 年，省农科院耕作所对菜用大豆种质特性，就种子处理、适播期选择和合理灌溉等方面进行专题研究，总结出秋季高温干旱条件下繁种保苗的技术措施。1995 年，省农科院耕作所开展了菜用大豆栽培技术研究，从气象因子、施肥量、种植密度、种植方式及产量结构等方面着重对菜用大豆主栽品种毛豆 292 进行栽培生理和栽培措施研究。

②蚕　豆

从 20 世纪 90 年代开始，省农科院耕作所着手开展蚕豆种质资源征集、鉴定、利用和选育种研究。国家、省级相关部门下达给该所的蚕豆项目有"蚕豆种质资源征集及应用基础研究"（省自然科学基金项目，1997 年）"菜用蚕豆良种引进和开发利用"（国家农业部948项目，1999年）、"大粒蚕豆良种引进选育及种子产业化研究"（省科技厅重点项目），"豆类蔬菜（毛豆、蚕豆）新品种中试"（国家科技部农业科技成果转化项目，2004年）、"饲草型蚕豆品种筛选与应用"（省科技厅重点项目）以及省跨越计划、省农科教、省财政专项、省种子总站专项、省种植业管理局专项等10余项。同时提出了将百粒重量大于180克作为特大粒蚕豆的籽粒标准建议。1996年以来，该所以菜用、饲草专用等特色蚕豆品种选育为重点，以大粒、优质、秸秆营养为选择目标，同时侧重于与良种配套的品质栽培标准化技术及鲜秸秆青贮利用技术的研究。2003年从日本引进品种中经鉴定、筛选、提纯育成菜用型品种"早生615"，通过省非主要农作物品种认定委员会认定。

（2）玉　米

1991年以后，省农科院耕作轮作所和龙岩农科所率先开展饲用玉米新品种选育及其高产栽培技术研究，1997年省科院耕作所选育出的饲用玉米新品种闽单88通过省级审定。

20世纪90年代后期开始，省农科院耕作轮作所、龙岩农科所及三明农科所开展特种玉米新品种选育、规范化繁育及优质高效栽培技术研究，并由省农科院作物所于2002—2005年相继育成审定了闽玉糯1号、闽糯0018、闽甜107、闽甜208、闽紫糯1号等品种。

省农科院作物所在农业部的支持下，建立福建省鲜食玉米原种扩繁基地，原种年生产量达9000公斤/亩，可以提供30万亩以上的种植需求。

（二）油料作物研究

1. 花　生

1991—2005年，福建省花生科研单位由原来省农科院耕作轮作研究所、晋江农科所和惠安农科所三家发展为省农科院耕作轮作研究所、福建农林大学作物科学学院、泉州农科所、龙岩农科所、莆田农科所5家。全省共得到审定和认定的有11个花生新品种，其中5个新育成品种（泉花10号、惠花2号、泉花646、泉花327、抗黄1号）成为福建省主栽品种。有2个花生新品种和2个花生技术性研究获省科技进步奖。

（1）新品种区域试验

1991—1999年，省农业厅组织全省春花生新品种的引进和区域试验工作，省农作物品种审定委员会对花生新品种进行新品种审定工作。2000年国家新的种子法颁布后，省农业厅将花生列为非主要农作物管理，成立福建省非主要农作物品种认定委员会，同年暂停全省春花生新品种区域试验。2000—2001年，花生新品种的区域性试验工作，由育种单位自主组织进行。2002年，重新启动福建省春花生新品种的区域试验工作，2003年正式恢复。2003—2005年，在全省花生产区布置了7个区域试验点，有 4 家育种单位从事花生育种工作。2004 年省品种审定委员会在省农科院植物保护研究所建立农作物新品种抗病性鉴定中心，开展花生青枯病抗性鉴定研究工作。

1995 年，泉州农科所以广 A 为母本、粤油 92 为父本杂交育成的泉花 10 号，通过福建省品种审定；1995—2005 年在全省累计推广 465.63 万亩。2000 年，泉州农科所以泉花 114 – 8X、粤油 92 选育而成的泉花 646，通过福建省级品种审定（2000—2005 年，在全省累计推广 112.75 万亩，其中 2005 年推广 42.96 万亩，占当年全省花生面积的 26.51%）。省农科院耕作轮作研究所与省种子总站合作，以粤油 169 为母本，国际半干旱研究所抗黄曲霉材料 ICGV94449A 作父本杂交育成的丰产、耐旱、适应性广、抗黄曲霉花生新品种，抗黄 1 号（福花 1 号），2003 年通过省非主要农作物品种认定委员会认定。

1998—1999 年，福建农业大学用自育的白皮 1 号为母本、汕油 71 为父本通过杂交选育出金花 102，于 2000 年通过了全省农作物品种审定委员会审定。连续 2 年参加福建省区试，平均每亩产量 222.5 公斤，比粤油 116 增产 12.1%。

（2）栽培技术研究

①防止春播烂种缺苗

2000 年 1 月，福建农业大学与省种子站合作利用春花生种子开展"花生种子发育和发芽的细胞生理规律与活力调控技术的研究与应用"项目获省科技进步二等奖。2001 年省农业厅引进地膜覆盖等技术，春花生采用覆膜栽培，提高出苗率，对克服早春花生烂种起到一定作用。

②栽培基础研究

1992—1994 年，省农业厅组织开展花生生育特性研究，对福清、莆田、南安、同安、漳浦 5 个县 8 个点的粤油 551 等品种的生育期与积温、茎叶生长特点、开结习性、种植密度与结荚圈、高产的产量结构等生育特性进行观察。省农科院耕作轮作研究所针对抗黄 1 号的生育特性研究结果表明，抗黄 1 号经济系数高，不仅库大、源大。而且库源比率高，库源的协调性好，生育前期的营养代谢旺盛，饱果期时氮代谢旺盛，同化能力强。抗黄 1 号需要株形直立，紧凑，选择适当的播种期可以适合密植；由于抗黄 1 号的单株结荚数少，可增加群体，发挥群体优势，关键是掌握好株（穴）距。

"八五"期间，福建省花生土壤普遍缺钙，连年重叠施氮肥，加剧多种元素的拮抗。省农业区划研究所对此开展研究，提出钙营养障碍是花生产生空壳果、黑胚芽、水泡果的原因，并制定出福建省花生钙素营养丰缺指标和缺钙诊断标准。福建农业大学油料研究所主持完成了"南方沙质旱地花生败育的细胞与分子生物学机理的研究"，揭示了缺钙引起花生胚败育的分子机理。

"九五"期间，省农业厅通过地膜覆盖试验发现，覆膜（专用膜）栽培花生表现出单株分枝多、鲜蔓重、饱果数多且荚果大的优势，与未覆膜之间的产量差异极为显著。除草膜与光解膜产量差异不明显，但与普通地膜和不盖膜的差异均极为显著。覆膜早播的与其他处理的产量差异也均极为显著，其主茎高、侧枝长、总分枝数、单株结果数等均比迟播的具有明显优势。泉州市农科所针对福建春花生覆膜栽培的产量、产量构成因素、开花习性、光合特性、库源关系及部分性状的研究发现：春花生采用覆膜栽培能提高出苗率和单株生产力，增产极其显著；覆膜花生花量增多，开花提早，花期变短，开花结荚集中，花多集中于前期，有效花率、成果率、饱果率高，果大仁大；前期叶面积指数（LAI）大，积累干物质多，分配系数大，库源比大，是春花生覆膜栽培增产的主要成因。

1998年，省农科院土壤肥料研究所对花生的施肥效应和养分限制因子分析表明，平衡施肥能显著促进花生的生长发育、有效分枝、饱果数和百果重。113个养分吸附试验表明，对赤红壤发育的耕作土壤，线性吸附模型的拟合精度高于非线性吸附模型。氮磷钾比例以1∶0.8∶1.2时，产投比最高；花生平衡施肥比群众常规施肥平均增产14.9%，每亩净增收65元。

福建农林大学在国家自然科学基金资助下，开展分子生物学研究，通过胚发育、重要次生代谢基因、品质、抗黄曲霉病、DNA多态性等多方面的研究，克隆了钙调控蛋白基因，获得了白黎芦醇、多元酚基因，在国际基因库（Gene Bank）上登记具有自主知识产权的基因8个。

（3）主要病害防治

1997—1998年，省农科院耕作轮作研究所对全省花生种植面积5万亩以上的8个主产县24个乡镇收获前花生黄曲霉子粒感染情况做了调查，24个乡镇平均子粒感染率为5.7%，其中惠安、晋江两个县感染率分别在8.5%、8.6%，为重病区。在主产区采集了11个花生品种经培养检查均有不同程度的感染，子粒黄曲霉感染率为1.0%~12.2%。又调查了主产区3种主要耕作制度花生子粒黄曲霉感染率，分离鉴定出254个菌株均属黄曲霉。为此开展了黄曲霉菌株致病性研究。全省花生黄曲霉菌株产毒率为25%~100%，平均产毒菌株率为62.6%，各县（市）差异较大。

省农科院耕作轮作研究所开展花生黄曲霉污染现状与预防对策研究，分析福建省花生黄曲霉菌分布与花生果、花生油受黄曲霉及其毒素污染的现状，2005年，提出选用抗病品种，避免干旱胁迫和生物、机械因素造成损伤，增施钙肥，及时收获，迅速干燥，安全储藏等预防黄曲霉污染的方案。

省农科院主持的《农作物青枯病生防菌ANTI-8098A的研究与应用》，通过筛选获得了具有自主知识产权的植物青枯病生防菌株ANTI-8098A，经德国菌种保存中心鉴定为蜡状芽孢杆菌。在完成菌株的生物学特性研究的基础上，自行设计并完成了生防菌剂中试规模的网络监控生物反应系统，建立了菌剂生物测定的标准化方法，成功研制出生防菌的存活基质、菌剂生产工艺和保质技术，解决了菌剂田间定殖的难题。ANTI－8098A 青枯病生防菌剂在全省不同地区推广面积达 5.6 万亩次，对花生等作物青枯病田间防效高达 75% ～85%。该研究首次发现了 ANTI－8098A 对青枯菌的致弱现象，即将青枯雷尔氏菌强致病力菌株转化为无致病力菌株，从而抑制病害。对致弱机理进行了探索性研究，建立了 PCR 电泳、紫外分光、液相色谱、异源吸附蛋白、TTC 培养基测定、寄主植物回接等致弱作用的检测方法，为植物青枯病生物防治机理研究提供了新思路。

2002 年，福建农林大学植物保护系对花生青枯病菌致病型及生物型进行测定。从采自全省 10 个县（市）花生青枯病株标样中，分离出花生青枯病原菌菌株 72 个．．对其中有代表性的 15 个菌株进行致病型测定，29 个菌株进行生理生化测定。供试菌株在鉴别寄主上的致病反应表明，全省的花生青枯病菌属于致病型 VI 和 VII，其中以致病型 VII 为主。对乳糖、麦芽糖、纤维二糖、甘露醇、山梨醇和甜醇的利用能力以及对硝酸盐的还原作用表明，除晋江菌株的硝酸盐还原作用不产生气泡，定为生物型 III－4，同安菌株由于不利用三糖而利用三醇定为生物型 IV 外，供测的其他菌株都属于生物型 III。

2. 油　菜

1991—2005 年，福建省油菜生产的品种由单低甘蓝型品种发展到双低甘蓝型品种。杂交油菜组合出现后，少量引进了杂交组合在生产上试种。

1991 年，选育出福油 1 号。1992 年，省农业厅组织的低芥酸油菜福油 1 号种植密度试验，密度对油菜产量及成熟期的影响，浦城、长汀、福州、平和 4 个试点都以每亩植 2.1 万株的产量最高；浦城、长汀、福州 3 个试点的 2.1 万株比 1.4 万株、0.7 万株增产达极显著水平；平和点 2.1 万株比 0.7 万株增产达极显著水平，但与 1.4 万株比增产不显著，这是因为平和冬季温暖，有利于油菜个体性状的发育，掩盖了密植增产效应。试验还表明，每亩植 2.1 万株的生育期分别比 0.7 万株、1.4 万株的提早 4 天、7 天成熟，并且花期集中。1993 年福建省农作物品种审定委员会审定通过了两个油菜新品种。

1998 年，霞浦县开展低芥酸油菜科学增施肥料研究。冬前油菜单株叶片数在 8～12 片范围内，每增加一片绿叶，可增加亩产 15 公斤。亩产 50～60 公斤油菜子，需要亩施优质土杂肥 1000～1500 公斤，优质人粪尿 1000～1500 公斤，复合肥 15～18 公斤，碳氮 20～25 公斤，尿素 6～8 公斤，过钙 15～20 公斤，氯化钾 13 公斤，硼砂 0.5 公斤；折纯氮 8.3 公斤，有机肥和化肥各占 50%，氮磷钾的比例为 1:0.5:1.2；基肥、苗肥、薹肥比例为 5:3:2；硼砂 0.5 公斤，其中一半作基肥，一半在初花期—盛花期分 2～3 次兑水喷施。光泽县亩施硼砂 0.8 公斤，大大提高了油菜开花数和结荚率，减少坐苗。福鼎市以硼砂基肥为主，喷施为辅，一般基肥混施1~1.5公斤，在油菜抽薹期至初花期结合叶面肥喷施1~2次，每次硼砂0.2公斤。在三叶期，薹蕾期分别亩用多效唑50克兑水50公斤喷施可以促进植株矮壮，提早发棵，降低分支部位，增加分支和角果数，防止高脚，增强抗倒伏能力。

（三）工业原料作物研究

1.茶叶

（1）品种区域试验

1991年以后，福安市选育福安大白茶、诏安县选育的八仙茶、省茶科所选育黄观音、悦茗香、茗科一号（亦名金观音）、黄奇6个乌龙茶新品种，2000年通过国家级良种审定。

图8-5　乌龙茶品种茗科1号（金观音）

2005年丹桂、春兰、金牡丹、黄玫瑰、紫玫瑰、紫牡丹、九龙袍、瑞香、玉翠9个乌龙茶新品种（系）和早春毫、早玫瑰、茗科3号、茗科4号等绿茶新品种（系）参加第3轮全国茶树品种区试；春桃香、紫观音、金玫瑰、早玫瑰、茗科3~7号、优3~4、优108等20多个新品种（系）参加省级区试。

省农科院茶科所主持的"高香型优质乌龙茶新品种丹桂的选育与推广"项目，至2000年，已在省内外茶区推广种植1万多亩，年亩均增创产值2000元以上。该项目研究成果达国内外同类研究领先水平。自1987年以来在省内20多个县（市）及省外推广乌龙茶新品种黄观音、黄奇万亩以上，年亩均增效益2000元以上，创经济效益1亿多元。茶树新品种茗科一号、悦茗香的选育并应用，在省内外推广万亩以上，年亩均增效益3000元以上，创经济效益1亿多元。此外，引进的台湾金萱、软枝乌龙、翠玉、白文，广东凤凰黄枝香单枞、玉兰香单枞、八仙单枞、白毛2号、鸿雁1号、鸿雁7号、鸿雁9号、鸿雁12号，广西桂香18号、桂香22号、尧山秀绿，浙江乌牛早、六杯香、武义早、浙农117、浙农139、茂绿，湖南81-8-30等在全省各地茶区多有种植。

（2）栽培技术

20世纪90年代，省农科院茶叶研究所开展建立良性生态茶园和幼龄茶园土壤荫蔽对茶树生长效果影响的研究，发现用不同的生物覆盖、地膜覆盖、间作遮阴树等荫蔽措施，对幼龄茶树的生长都有一定的效果，能促进茶树高幅的增长。生物覆盖料的荫蔽效果以稻草作用最佳，地膜覆盖以全园覆盖度100%的方法为最佳。建立良性生态茶园——"立体式"茶园提倡头戴帽、脚穿鞋、腰束带。茶园梯壁发展匍匐性绿肥——爬地兰。合理施肥，多施有机肥，氮、磷、钾配施，培养树冠，发挥茶树自身改善茶园生态条件的能动作用；同时合理使用农药，减少污染，保护土壤环境，以期发挥良性茶园的生态效应。

乌龙茶速生丰产栽培技术，首先抓茶园基础建设，同时注意提高茶树成活率，加强茶园综合管理，采取合理剪、采、养，土壤覆盖，合理施肥，防治病虫害，促使茶园形成良性生态环境，达到优质、速生、高产目的。

2001—2004年，进行夏暑乌龙茶遮阴生态生理效应及其对品质的影响研究。试验采用黄棪、本山、铁观音3个品种，遮阴后树冠层的白昼平均温度、日极端最高温度、温度日较差和相对湿度日较差下降；白昼平均相对湿度和日极端最低相对湿度增加，夏暑梢叶绿素总量及其a、b含量提高，叶绿素a、b比值下降，叶片及其表皮层、角质层、栅栏组织和海绵组织的厚度变薄，叶面积增大，栅海比值变小，夏暑乌龙茶鲜叶的茶多酚、儿茶素和EGC的含量下降，氨基酸含量提高。其中茶氨酸、苏氨酸和天门冬氨基酸总量增加。夏茶的香气种类和香精油总量增加，香气组分明显得以优化。适度遮阴，可以提高夏暑茶的产量一成以上，品质一个等级以上。2003—2004年，华安县乌龙茶发展有限公司与省农科院茶叶研究所合作开展了"华安县五季茶栽培及加工技术标准化研究"，提出茶园搭棚覆盖可延长茶树年生长期，提前开采、茶园喷灌、病虫防控、分段制作加工等系列配套的乌龙茶生产加工方法与措施。

（3）土壤肥料

20世纪80年代初，省农科院茶叶研究所开始进行施肥与乌龙茶产量、品质关系的研究项目。"十五"期间，全面探讨了肥料三要素氮、磷、钾和有机肥（菜子饼）单施及其配施对茶树植物学、生物学、茶叶产量与品质以及土壤肥力的影响规律；揭示了获取黄棪、铁观音乌龙茶生产最佳经济效益的氮磷钾肥比例及其施用量，得出了影响乌龙茶生长、产量与品质的肥料主效因子，明确了茶园施肥对土壤肥力的贡献度大于土壤基础肥力，阐明了钾肥的施用是乌龙茶施肥的一个重要特征。该项研究通过省级鉴定，居国内同领域的领先水平。利用茶废弃物栽培食用菌试验获得成功，为建立"茶—绿—菌"模式的茶园管理新体系提供了可能性。在茶园自生固氮菌利用、菌肥的施用等方面也进行了研究。

（4）主要病虫害防治

从20世纪70年代开始，省农科院茶叶研究所应用青虫菌、杀螟杆菌、白僵菌等在茶园防治茶蚕、茶毛虫、扁刺蛾、尺蠖等取得防治成效。茶毛虫核型多角体病毒福建一号毒株研究与应用（与中科院武汉病毒所合作），获中国科学院科技进步二等奖。

1985—1991 年省农科院开展茶毛虫 NPV（核型多角体病毒）杀虫剂的研制与应用，通过多种配方筛选，研制出 NPV 杀虫剂。在寿宁等 5 个县（市）1 万多亩茶园应用，无论在晴天阳光直射还是在雨淋环境下，防治茶毛虫效果达 81.9% ~ 91.4%，比同浓度病毒悬液提高 11.2%；研制出低温季节室内调温催孵增殖此病毒技术，比自然界提早 30 天以上制备该剂供用。

1986—1993 年，省农科院开展菌药协调治理茶丽纹象甲研究，首次从茶丽纹象甲成虫死虫中发现并分离纯化出球孢白僵菌 871 菌株，确立了该菌株生产工艺流程，使 871 菌粉进入工厂化批量生产，提供茶园防治茶丽纹象甲。研究筛选出复合杀虫剂二号，比单一农药防效高，成本低，杀虫面广，且可延缓害虫的抗药性。对不同虫态的茶丽纹象甲采用菌药协调治理，在茶区示范推广 2.4 万亩，防效可达 80% 以上。

1997—2000 年，福建农林大学主持开展的"茶树病虫害科学治理及其多媒体数据库研制"，首次应用先进的多媒体技术，研究开发出一套茶树病虫害多媒体数据库，为茶叶科技工作者、茶农和茶学专业师生提供一套查询简便、计算快捷的多媒体茶树病虫识别、预测预报和防治决策的专家系统。

2000 年以后，省农科院茶叶研究所与福建农林大学等单位开展了"无公害茶叶产业化生产综合技术研究"、"生物农药在福建茶叶基地的示范应用研究"、"茶叶质量安全控制关键技术研究与示范"、"食品（茶叶、蔬菜）安全检测与监控关键技术研究与示范"、"福安市茶叶生物农药产业技术研究开发"等方面研究，在生物农药研发与保证无公害茶叶生产上有相应的突破性进展。省农科院茶叶研究所编著的《茶树病虫害无公害防治技术》一书，2003 年由中国农业出版社出版。

（5）制茶工艺与设备

20 世纪 90 年代初，省农科院茶叶研究所开展了茉莉花茶窨制新工艺与设备的研究，特种茉莉花茶窨制技术研究，对茶坯不同含水量、不同窨次、连窨等工艺技术进行了系统探讨，在国内首先提出了一套完整的增湿连窨新工艺，在用花量比传统工艺减少 20% ~ 30% 的条件下，品质仍达到或超过传统水平，节能、节花、省时、省工；设计并制造了"6C2X－75"型自走式增湿窨花机，这种机器具有增湿、拌花和通花等多种功能，结构设计合理、新颖、紧凑，运行平稳可靠，噪声小，增湿性能良好，茶坯喷湿均匀；采用光电装置，自动控制加湿系统，满足了工艺的要求，每台时产量达 3600 ~ 4200 公斤。

同期，开展了白茶、菌类保健茶、茶花利用等方面研究。以茶叶、茶花为主要基质，配合其他食药同源的材料，组合成培养基，接入功能性真菌，经过人工调控培养，加工培养基而形成的生物菌体茶——菌类茶（简称菌茶）。利用丰富的品种资源，研制开发出许多名优新产品，其中福云曲毫、剑芽于 1995 年获第二届中国农业博览会金奖，松针、"坦洋金猴"获银奖；黄观音、丹桂、茉莉曲毫、茉莉扁针、茉莉针螺等十几个品种获福建省名茶产品称号；丹桂乌龙茶获国际名茶金奖，九龙袍获银奖；丹桂、金牡丹、瑞香、悦茗香等产品获历届"中茶杯"一等奖，紫玫瑰、紫牡丹乌龙茶获得"中茶杯"特等奖等 30 多个优特新产品奖。《福建乌龙茶》一书在 1996 年获第三届全国优秀科普作品三等奖；《茶叶制造》于 2004 年由中国农业出版社出版，参与编著的《名优茶加工机械》于 2005 年 3 月由金盾出版社出版。

2. 甘　蔗

（1）育种研究

1996—2005 年，福建农林大学甘蔗综合研究所通过主持"九五"国家甘蔗育种攻关专题、"十五"国家 863 糖料新品种选育课题、国家 948 行业重大项目等国家重大项目，广泛利用美国的 CP 系列、澳大利亚的 Q 系列、印度的 Co 系列和中国台湾新台糖系列为高产高糖轮回亲本，同中国野生蔗崖城割手密后代抗逆供体亲本在海南崖城集中杂交制种，创制庞大的高度变异的 F1 群体，育成了福农 91 - 3623、福农 91 - 4621、福农 91 - 4710、福农 94 - 0403、福农 95 - 1702 等多个具有自主知识产权的创新品种，通过国家或地方审（鉴）定。这些品种具有高度遗传多样性，表现高产、高糖、抗逆的特性，在局部蔗区缓解了新台糖品种单一化问题，其中福农 94 - 0403、福农 95 - 1702 为特高糖良种，平均蔗茎单产 6.33 吨 ~ 6.67 吨/亩，平均甘蔗蔗糖分 15.2% ~ 15.5%，最高甘蔗蔗糖分达 16.4% ~ 18.7%；福农 91 - 4621、福农 91 - 4710 为特高产、蔗糖分中等的良种，平均单产 7.67 吨 ~ 18.09 吨/亩，平均蔗糖分 13.9% ~ 14.7%，最高甘蔗蔗糖分 15.5% ~ 16.9%。引进筛选的福引 83 - 13（新台糖 10 号）、福引 24 号（新台糖 25 号）、新台糖 16 号、新台糖 22 号也通过国家鉴定，并在全国大面积应用。据全国甘蔗糖业信息中心统计，2003—2004 年，全国新台糖系列品种种植面积占统计面积的 85%，其中新台糖 16 号、新台糖 22 号种植面积占统计面积的 68%。省农科院甘蔗研究所选育的闽糖 76 - 2、闽糖 86 - 05 在省内蔗区得到大面积应用，选育的闽糖 86 - 2121、闽糖 88 - 103、闽糖 92 - 649 通过国家甘蔗审（鉴）定。省农业厅工业原料作物站充分发挥国家良种基地作用，引进新台糖 16 号，并以非常规的繁育技术对该品种及闽糖 86 - 05 进行大量种植繁育推广，其繁种的系数为常规的 15 - 27 倍，在 3 年的时间内使这 2 品种成为全省旱地与水田的主栽品种，面积占 80% 以上。

在应用基础理论研究方面，陈如凯教授等撰写出《现代甘蔗育种的理论与实践》，张木清教授等撰写出《糖料作物遗传改良与高效育种》，卢川北研究员编著出《甘蔗新品种与栽培技术》，汤浩研究员等撰写出《果蔗栽培技术》，张华副研究员等撰写出《双高甘蔗生产技术》等学术专著。研究成果还有福建农林大学主持的"甘蔗种质的引进、鉴定和新品种选育"、"甘蔗引进品种的评价和推广利用"、"甘蔗属五个种与栽培品种的组织细胞学及其演化规律的研究"、"甘蔗新品种选育与高效育种技术研究"，省农科院甘蔗研究所参加的"丰产、优质、抗逆性强甘蔗新品种选育"、"甘蔗早熟高糖丰产新品种选育"、"甘蔗亲本创新和育种新技术研究"等项目。

同时，开展了果蔗、饲用牧草蔗、能源蔗新品种（系）的选育以及甘蔗转基因技术的研究。"闽牧42饲用杂交甘蔗"于1999年12月通过全国牧草品种审定委员会审定。

（2）甘蔗成套生产技术集成示范和应用

设在福建农林大学的农业部甘蔗生理生态与遗传改良重点开放实验室从300多份引进或自主创新无性系中，筛选出新台糖、粤糖、桂糖、福农等系列良种，依靠农业技术推广人员深入企业的原料基地，开展良种的生态适应性鉴定、腋芽脱毒快繁健康种苗、旱地深松浅播、测土配方施肥、病虫害控制和机收大行距种植等高效低耗成套生产技术的集成示范，制定了《甘蔗生产技术规程》、《甘蔗种苗》2个农业行业标准和《"双高"甘蔗优势产业带技术操作规范》，作为优势农产品"双高甘蔗"区域布局规划的技术保障。"十五"期间，累计示范推广7162.5万亩，2005年应用面积达1650万亩，占全国的90%，实现了新中国成立以来甘蔗第三次品种更新。据全国糖业信息中心资料，由于大面积推广高产高糖良种，中国甘蔗单产、蔗糖分、吨糖耗蔗量等6项指标连续3年创历史新高，2003—2004年生产期全国平均甘蔗蔗糖分和等折白砂糖产率分别达14.30%和12.35%，为历史最好水平。

（3）甘蔗转基因改造

福建农林大学甘蔗综合研究所是全国第一个开展转基因甘蔗安全性评价的单位，也是中国第一个获准进行转基因甘蔗环境释放的单位。从20世纪90年代起，在国家"948"、"863"计划及自然科学基金和省重大项目的资助下，先后建立起甘蔗基因枪转导和农杆菌介导的转基因技术体系，对甘蔗、水稻、花生和甘薯等进行转基因研究。将已克隆的抗病、抗虫和抗旱相关基因转入甘蔗和水稻等作物中，获得了一批新种质。

（4）甘蔗功能基因克隆

从2001年开始，在国家和省级课题的资助下，福建农林大学甘蔗综合研究所构建了国内第一个甘蔗近缘植物抗旱cDNA文库，开展了抗旱、抗花叶病和黑穗病cDNA芯片表达谱分析；在此基础上克隆了BADH、CaM、SAMDC、CMO、OAT、ACO、GST、FKBP12、EREB和DREB等抗旱关键基因，rbcS和PEPC等光合基因，

NBS 和 MYB 等抗病相关基因以及多个应答逆境胁迫的诱导型表达启动子如 rd29A，申请国家发明专利 3 个。又构建了 2 个高质量的甘蔗全长 cDNA 文库，为中国首次。开展对甘蔗糖分代谢相关基因及其调控序列的分离，克隆了甘蔗 SPS、IV、SS、UGPA 等蔗糖代谢关键基因，甘蔗 SS 基因的启动子序列，蔗糖转运相关的 ATP/ADP 转化酶，并进行基因功能的初步鉴定。针对甘蔗花叶病和黄叶病发生日益严重的趋势，系统分析了甘蔗花叶病和黄叶综合征病毒的全长基因组序列，克隆了全部病毒蛋白基因，并广泛收集中国蔗区的病原分离物，对病毒株系的分化情况进行了系统的分子鉴定，明确了优势株系，用于指导甘蔗抗病育种和品种布局。用分子指纹技术对甘蔗黑穗病菌进行了分子进化研究。

3. 麻　类

（1）育种研究

1991—2005 年，福建农林大学（原农学院）黄麻、红麻遗传育种研究室将黄麻、红麻新品种选育转向以红麻新品种选育为重点，率先创建了"红麻高效聚合育种技术体系"，提高了红麻育种的效率与水平，育成了系列超高产优质多抗新品种。福建农科院甘蔗研究所育成的闽红 82－34、闽红 31、闽红 298 等，获省部级科学技术奖 3 项。

2000 年，江苏省紫荆花科技纺织集团有限公司开始在莆田、漳州、诏安等地建立专门的黄麻良种繁殖基地，繁育福建育成的梅峰 4 号、黄麻 179、中黄麻 1 号等良种，供该公司原料基地种植。

（2）繁种栽培技术

1995 年，福建农林大学和省农科院将福建红麻栽培技术研究的重点转移到高产留种栽培技术研究上，配合福红和闽红系列良种的推广，开展了利用山地、旱地、盐碱地发展红麻良种繁育研究，推广了夏播红麻留种、稻收后黄麻留种高产配套栽培技术，以及花生、大豆、甘薯套种红麻留种等技术。诏安西谭乡农技站与麻农总结出"选用良种，合理密植，科学用肥，适时收获"的丰产栽培配套技术，创造出每亩红麻繁种可达 100 公斤、黄麻繁种每亩可达 75 公斤的高产经验，为福建黄麻红麻良种繁育增产增收提供了科学依据和生产模式。福建农林大学祁建民教授系统总结了福建育成的黄红麻优良品种的特性及高产栽培配套技术，编写出《黄麻、红麻品种与高效配套技术》一书，被国家科技部列为国家星火计划科技三下乡培训教材，发行 1 万册。

（3）应用基础理论研究

黄麻起源与多样性中心研究。自 1991 年起，福建农林大学祁建民教授根据先人的研究基础和现代生物学关于种的概念，应用大陆漂移学说、植物地理学理论及作物进化理论，结合历史学及现代黄麻地理分布的调查证据，提出了黄麻起源与演化的新学说新观点。第一，非洲东南部地区为黄麻属野生种的世界起源和分化中心；第二，印度—缅甸—中国毗连地区为野生长果种的第二分化中心，也是长果栽培种的演变中心；第三，中国南部地区是黄麻栽培种的多样性中心。1993年，该研究成果在中国高校新学说新观点学术讨论会大会上发表，1995年刊登在《作物学报》，并被编入多部教科书。

黄麻、红麻种质资源遗传多样性分子标记研究。自2000年起，福建农林大学应用现代分子标记技术，对200余份国内外黄麻、红麻野生种和栽培种的遗传多样性及其亲缘关系进行了RAPD、ISSR、SRAP多种分子标记系统聚类分析，在《遗传学报》、《中国农业科学》、《作物学报》等国家一级学报上发表学术论文，并应邀参加了两次国际学术讨论会交流，在黄麻、红麻种质资源DNA指纹图谱（品种分子身份证）及遗传图谱的构建研究上也取得了一定成效，"红麻优异种质分子标记与油纤兼用品种选育"成果通过鉴定。

黄麻、红麻数量性状遗传关系与数量分类研究。1991年，福建农林大学报道了黄麻、红麻12个数量性状相关遗传参数，分析和比较了广义遗传力、狭义遗传力、现实遗传力和典范相关与相关遗传力，估算了多个农艺相关性状对单株干皮产量的遗传相关信息与遗传相关贡献及相关遗传变异贡献率。并报道了100份黄麻种质资源主成分聚类分析和数量分类研究成果，评估出一批综合性状优良的品种材料。

黄麻、红麻杂种优势遗传效应与动态发育遗传研究。从2000年起，采用双列杂交和加性—显性遗传模型，研究了红麻骨干亲本杂种优势配合力与产量、品质性状的遗传效应，以及株高与茎粗等关键性状的杂种优势的动态发育。2005年在《作物学报》上报道了系列研究成果，揭示了红麻产量与品质的性状的加性—显性效应，群体平均优势和超亲优势，以及株高与茎粗不同发育时期的杂种优势动态发育遗传规律；报道了强优势杂种优势组合优势达35.6%～69.2%，强优势组合F2杂种优势比F1仅降低50%；分析了红麻优势组合F2利用的可能性与增产潜力；发现了红麻株高与茎粗在营养生长与生殖生长存在2个生长高峰期的发育规律，为高产栽培和科学施肥提供了科学依据。

4. 烟草

1984年以后，福建省烟草公司，坚持"科技兴烟"战略，建立了福建省烟草农业科学研究所和龙岩、三明、南平3个分所，在品种选育、土壤改良、栽培技术、平衡施肥、病虫害防治、烘烤等方面的科研工作均取得成效。烤烟包衣种子、漂浮育苗、地膜覆盖栽培、烟草专用肥应用、烟草化学抑芽、新型节能烤房及三段式烘烤工艺、密集式烤房、清香型烟叶开发生产等一大批实用技术的推广应用，促进了烟叶生产整体水平和烟叶质量的提高。

（1）育种研究

1991年起，采用常规方法和育种新技术，培育选育优质抗病新品种。1992—1993年，福建农林大学遗传育种所开展"烤烟育种"课题研究，并和三明、龙岩烟科所共同开展了"烤烟杂种一代优势利用"课题研究。此外，龙岩烟科所、三明烟科所采用系统选育、杂交育种、外源DNA导入、远缘杂交，杂种优势利用

图8-6 闽西烟区推广单行种植技术

等育种途径，先后选育了岩烟97、金烟6号等品系和岩杂2号、岩杂3号等杂交一代组合。先后对岩烟97，进行大面积的示范种植，1995年通过了福建省烟草品种审评委员会的评审。

1996年，开始推广包衣种子育苗。包衣种子是用含杀菌剂，水溶性氮、磷、钾肥料，微量元素及生物激素等溶剂，包裹于种子外围，将种子重量放大几十倍，形成包衣丸粒烟草种子，具有省工、省种、方便等特点，有利于统一供种、机械化播种和工厂化集中育苗。经过1~2年推广，全省烟区全部使用包衣种子育苗。1998—1999年，省烟草农业科学研究所（简称：省烟科所）采用杂交育种和杂种优势利用相结合的途径，培育出了3个烟叶外观质量和内在品质较好，青枯病抗性较好的新品系（组合），并经大田试种。2000年以后，省烟科所及龙岩、三明、南平分所开展了多项烤烟育种研究。2001年，省烟科所选育的烤烟杂交一代组合9823被选送参加全国烤烟良种区域试验。龙岩分所选育的F1-35和F1-38杂种一代，三明烟草分公司选育的蓝玉1号新品系，分别已报送福建省烤烟品种审评委员会和全国烤烟品种审评委员会审定。

（2）栽培技术

20世纪90年代后期，烟农在生产实践中总结稻草回田的办法改良土壤，实践证明稻草回田能增加土壤养分，改善土壤理化性状。为提高烤烟生产水平，各产区采用行政干预或资金补助等措施大力推广单行种植。三明和龙岩烟草区对地膜覆盖栽培进行了研究和示范，通过生产实践，证明地膜覆盖栽培具有防寒、增温、保墒、省工、省肥、增产增质等效果，解决了前期低温、肥料流失等问题，克服裸栽烟前期生长缓慢的难题，有利于烤烟早生快发。

20世纪90年代以后，福建烟区大量引进种植外引品种，各产区探讨了外引品

种的最佳施肥量和施肥方法。龙岩烟科所、永定烤烟试验站和各试点县均进行了施肥技术的研究。1996年后，实行平衡施肥技术，推广使用烟草专用肥。烟区普遍采用定叶打顶的方法，全面推广现蕾后打顶留叶，一般烟株留叶20片左右，形成"腰鼓形"烟株。

1995年，全省推广化学药剂抑芽，并在化学抑芽方面进行了较深入的研究，进行多种化学抑芽剂试验、示范。2000年，龙岩烟区开展上部叶带茎烘烤试验，2001年进一步研究并取得成功。2003年，全省烟区逐步推广上部叶带茎烘烤技术。

（3）烤房改造

20世纪90年代以后，在烘烤方面，围绕高效节能加强对旧烤房改造研究工作，主要进行供热和排湿系统改造，改炉房、炉尾、炉底热风洞为风槽式热风洞；改平走式、跨越式火管为下扎式火管，并提高烟窗高度；改天花板排湿为屋脊长天窗排湿；改四层档梁为五层档梁；改屋面板为天花板粉刷、墙体密封。龙岩烟草分公司进行了"一次性加煤节能烤房改造与烘烤技术研究"，三明烟草分公司将炉膛改为MY双炉烤房，节约了能源，提高了烘烤质量。进入21世纪，进行烤房智能化研究，随着烤烟集约化规模生产的发展，省烟草公司加快了密集式烤房与烘烤技术研究与开发，并在生产中广泛推广应用。

（4）病虫害防治

从20世纪90年代起，对福建烟区的主要害虫小地老虎、野蛞蝓、烟蚜、烟青虫和稻绿蝽等，发生规律和防治方法进行研究。自21世纪起，产区各级烟草公司贯彻预防为主，综合防治的方针，均采取选用抗病品种、合理轮作、施用净肥、控制病原和发病条件等一系列措施。

5. 蚕 桑

从1991年起，省蚕桑研究所开展了家蚕育种新途径、新品种选育、家蚕新品种的引进筛选及地区适应性试验、桑树病虫害普查及其防治方法、蚕病防治技术、越年种超期冷藏及饲养试验和蚕桑综合利用等项目的研究工作。

（1）家蚕育种

1986年，省蚕桑所与福建师范大学生物系合作，利用激光技术对多个蚕品种的蚕卵进行不同剂量的照射，选育出"福"字号与"榕"字号多个有特殊性状的新蚕品种。以"福10"为育种材料，选育出夏秋性状品种"孔10"，"孔10"和引进品种"元3B"杂交，其一代杂交种于1992年通过省科委专家评审。

1998年与厦门大学生命科学学院陈元霖教授等人合作研究，采用RAPD方法检测了家蚕、蓖麻蚕、柞蚕和天蚕的DNA扩增图谱，确定其分子标记；完善了以家蚕精子为载体的转移外源DNA的实验体系；并通过RAPD方法检测和性状观察，选育出变异个体2个。

（2）病虫害防治研究

1996—1998 年，开展"福建省桑树害虫种类调查及桑螟等主要害种的发生与防治研究"，查明了害虫种类 269 种，明确危害桑树主要害虫有 12 种，其中以桑螟发生最为严重，提出一套全省桑园简便可行的综合防治技术措施。开展"多效蚕药与蚕种配套技术的研究"，将国内常用蚕药消毒剂 845、蚕用氯霉素和灭蚕蝇 3 种蚕药，以张种正常剂量为单位，组成能有效防治生产中常见蚕病的多效组合蚕药，并与蚕种及防病技术操作规程配套发放到农村。

（3）综合利用研究

从 20 世纪 80 年中期起，蚕桑所开展对蚕桑副产物综合利用的研究。主要项目有山区桑粮菌综合开发经济生态良性循环，桑枝屑栽培平菇技术研究，利用桑枝屑代木、蚕沙代粮栽培香菇配方研究，蚕桑副产物的综合利用与珍稀食用菌栽培技术的研究，果桑的引进栽培及开发利用等。

20 世纪 90 年代，闽侯县农业局在廷坪、大湖、白沙三个示范点，用蚕粪或蚕粪液进行水稻根外追肥，每亩增产稻谷 17.7%，穗茎稻瘟病下降 3%。桑枝条可作药材、又可栽培香菇。种一亩桑，每年养蚕可得蚕沙 1000 公斤，用之栽培食用菌，每亩可得鲜菇 100 公斤，增收近千元。福州蚕种场、闽侯蚕桑场以及上杭、邵武等蚕种生产单位，购进丝棉加工机，将春、秋二季制种下脚茧、削口茧，制作"袋式"丝棉。

1992 年，闽侯县甘蔗镇在城关承包一口鱼塘，利用甘蔗镇缫丝厂的副产品蚕蛹养鲶鱼，当年就获得极佳经济效益。

1994 年，明溪县丝绸公司利用桑枝粉栽培金针菇获得成功。

1995 年，建宁县经济作物局利用桑枝条栽培毛木耳也获得成功。

2003 年省蚕桑研究所劳动服务公司开始经营销售丝棉，丝棉制作从小机（幅 1 米）加工改为大机（幅 1.5 米）并从浙江购进丝棉被行缝机，提高了制作工艺和产量，每年可销售丝棉 300 公斤左右。闽侯蚕桑示范场每年加工丝棉被 200 床。

（四）园艺作物研究

1. 果　树

（1）育种研究

柑橘　进入 21 世纪，省农科院果树研究所陆续开展闽台特色柑橘新品种选育种研究，引进卡拉卡拉红肉脐橙、春见、玫瑰橙、华红脐橙、耐湿脐橙、早金、佛格罗、克里曼丁、台湾椪柑、台湾蕉柑、茂谷柑、星红宝石葡萄柚、白柚、乌柑刺、西施柚、晚仑夏、明尼橘柚、八房柑、梦脐橙、艳阳柑、红文旦、麻豆文旦、糖柑、大翼橙、香橼、飞龙枳等优质柑橘新品种，从中筛选出卡拉卡拉红肉脐橙

（2006年通过福建省非主要农作物品种审定委员会）等6个品质性状优异的单株，对其生物学特性及适应性进行了评价。

荔枝　2000年以后，省农科院果树研究所开展对福建地方荔枝品种的收集，已保存荔枝种质30份，选育出元宝、绿荷包、八月荔枝等，并进行了荔枝花粉母细胞减数分裂、荔枝胚胎发育过程、荔枝内源生产调节物对胚胎发育的影响以及荔枝雌雄器官发育的相互消长等研究，都取得了阶段性成果。

龙眼　福建省在龙眼花芽分化若干生理过程与大小年的关系、龙眼器官的解剖、龙眼胚胎发育对结果的影响等研究，都取得一定的进展。

1980—2002年，省农科院果树研究所开展龙眼选种研究，选出了立冬本、青壳宝圆、闽焦64-1、闽焦64-2、闽焦64-3、闽焦76-1、闽焦76-2、白核龙眼等优良品种或具有焦核性状株系。2003年从台湾引进十月龙眼。

2000年，莆田县华亭镇后枫村选出晚熟龙眼立冬本通过福建省农作物品种审定委员会审定。从1993年开始，省农科院果树研究所率先开展龙眼杂交育种研究，选育出世界首个杂交龙眼优良优良品种和一批有希望的杂种优株。冬宝9号就是其中之一。2006年通过福建省非主要农作物品种认定委员会认定。完成龙眼良种筛选、示范基地建设与配套技术研究项目。

枇杷　省农科院果树研究所承担国家和省内的枇杷新品种选育的重大或重点项目（课题）研究任务，在枇杷常规育种研究方面居国内外领先水平。2001年，亚热带特色果树（龙眼、枇杷）育种学被列为省农科院A类重点学科，2004年由省科技厅和省农业厅联合发文成立了"福建省果树（龙眼、枇杷）育种工程技术研究中心"，为枇杷品种的持续创新提供了研究平台。

在辐射诱变育种方面，通过化学诱变，获得四倍体枇杷新品种闽3号；利用四倍体枇杷与普通二倍体枇杷进行杂交，获得一批混倍体的杂种单株；采用辐射诱变枇杷枝条，育出少核、高可溶性固形物、细肉质、丰产和短枝等类型枇杷枝变品种。

早熟桃　2003年，福建省农业科学院果树研究所在承担福建省科技计划项目"短低温早熟桃品种选育及产业化配套技术研究与示范"期间，组织开展早熟油桃夏梢控制、地膜覆盖、人工授粉，台湾脆桃不同结果枝类型的结果性能、留果量与果实产量品质的关系等试验研究，总结出在多雨高湿南方早熟桃产区，加强以摘心为主的夏剪，进行地膜覆盖及人工授粉、疏叶转枝、果实套袋，可缓解果实发育与枝梢生长养分竞争矛盾；持续稳定土壤水肥供应状态，增强树冠内部光照强度，能有效提高坐果率，减轻二次生理落果与采前落果，控制大量裂果现象发生，改善果实外观与品质的经验。台湾脆桃在长度果枝类型上，以长果枝结果性能好，负载能力强，产量分布上占有绝对优势；在粗度果枝类型选择上，修剪时长果枝以保留

0.4～0.7厘米较细、中等粗度类型为主，中、短果枝以保留中等以上粗度类型为主；在伸向果枝类型应用上，对生长健壮、发育充实的水平及斜上枝应多加保留结果。台湾脆桃不同留果量与产量、单果重、可溶性固形物含量、果形指数关系密切，随着留果量的增加，单株、单枝产量显著提高，但果个变小，可溶性固形物含量降低；随着留果量的减少，果个增大，可溶性固形物含量提高，但单株、单枝产量显著降低。兼顾产量、品质，成年树目标单株产量、单果重分别以15公斤左右、80～100克为宜；单株留果量控制在150～200个之间，单枝适宜留果量短果枝为1个、中果枝1～2个、长果枝2～3个。

锥栗　2003年，省农业科学院果树研究所与建瓯市林业技术推广中心、建瓯市八月香果场合作开展"优质早熟大果型锥栗新品种'八月香'选育及其关键配套栽培技术研究"，制定了优质早熟大果型锥栗新品种"八月香"丰产优质栽培技措施，其主要内容是选择土层较厚，肥力中上，光照充足的平地或东南坡向的缓坡地开垦建园。定植规格的间距在4～5米，行距为5～6米。按4～8比1的比例配置"黄榛"等作为授粉树。深翻扩穴改良土壤，重施秋季基肥，早施芽前肥，增施壮果肥，注重微量元素施用。按照自然开心形要求，合理选配主枝、副主枝和培养结果枝组，培养结构牢固紧凑，级次明显，枝组分布合理的丰产稳产树冠。在花期挂插授粉品种花枝，采取点授、滚授等方法进行人工辅助授粉创造充分授粉受精条件。推广环缢、摘心等成花保果修剪方法，应用化学调控植物生长保果措施，增加雌花数量，提高结果率。休眠期结合冬季修剪，剪除病虫枝果，刮除粗老翘皮，挖除病死株，集中深埋或烧毁；生长季以防治栗炭疽病、栗象鼻虫、桃蛀螟为重点，根据发生为害规律适时喷药控制。

翠冠梨　2004年，省农业科学院果树研究所承担了福建省科技果茶重大专项子课题"绿色果品翠冠梨生产标准化技术研究"，以全面总结生产管理经验和借鉴国内外先进技术为基础，组装集成绿色果品翠冠梨生产环境质量分析、化学肥料、农药污染控制措施、提质增效技术及产后分级包装处理等试验研究成果，编写制定出《绿色果品——翠冠梨生产标准化技术体系》，为绿色翠冠梨生产提供了标准化技术规范。

（3）栽培技术

龙眼　1991—1995年，开展了"密植对幼龄龙眼树生长和结果的影响"、"特晚熟龙眼立冬本栽植密度试验"、"不同砧木对龙眼生长的影响试验研究"，为龙眼密植亩植株数、生长结果、增产效果提出了较为客观系统依据，同时为龙眼矮化密植砧木筛选提出了较为系统的试验依据。

1991—1998年，开展了不同化学药剂控冬梢的研究，为培育优良的结果母枝提供了技术基础，在龙眼丰产栽培中推广应用。

1999—2003 年，针对福建省选育出的青壳宝圆、立冬本、冬宝 9 号龙眼新品种，开展了结果母枝培养、科学肥水管理、疏花疏果、套袋、病虫害防治相关配套栽培技术研究，为新品种的推广提供了技术基础。

2001—2005 年，开展了晚熟龙眼挂树保鲜技术相关研究，为利用不同品种挂树期调节市场鲜果供应提供了较为系统客观的试验依据，并指导龙眼适时采收。

1989—2005 年，开展了"龙眼采后储藏保鲜试验"、"龙眼果酒果醋生物酿造技术与应用"、"龙眼采后储藏防褐变技术"、"龙眼硫处理保鲜技术"等保鲜加工方面的研究，为龙眼采后储藏保鲜加工提供了较为系统对龙眼采后储藏、保鲜技术进行了研究总结，部分技术成果在生产上推广应用。

枇杷 1994 年，开始对"枇杷夏季定植新技术"的研究，使枇杷具有成活率可达 80%～95% 以上，易于长根、恢复生长快和长势旺等特点，该技术在莆田、永春等地大面积推广。

1999 年，采用"三三"制高标准建园技术，包括果园实行"三通"（路通、电通、水通），栽植做到"三大"（大苗、大肥、大穴），推行果园"三保"（保土、保肥、保水），苗木统一定干等。

1990—1992 年开展了果实不同套袋时期对果锈发生的影响试验，提出早钟 6 号枇杷适宜套袋时期。1995 年提出早钟 6 号枇杷套袋技术，包括套袋材质选用、纸袋规格、纸袋加工等。1996 年从生理角度分析了套袋改善果实外观品质的机理。

图 8 - 7　仙游书峰镇推广枇杷果实套袋技术

自 1994 年始，开展枇杷龙眼矮化集约栽培研究，进行枇杷草地果园、矮化密植栽植密度、矮化砧、矮化中间砧筛选试验。自 1996 年始，枇杷矮化密植技术在闽清县梅台村早钟 6 号基地进行中试示范，总结出枇杷矮化速生高效产业化配套技术体系，改变了传统的稀植栽培模式。

1997 年开展了枇杷拉枝、喷施植物生长调节剂促成花试验，并根据地域气候差异、品种熟期特性等提出枇杷产期调节技术。

1997—2001 年，开展幼龄果园套种科杂 1 号的生态效应研究，在果园套种绿肥、生草栽培等方面开展了一系列研究。

2000—2003 年，与院植保所合作承担了枇杷主要病虫害灾变因子及综合调控技术研究，调查枇杷主要病虫害种类，提出防治措施。

2001 年，根据对结果母枝性状与果实形质关系的研究，提出优良母枝的标准（枝梢长度、粗度、叶数）。

2001 年，开展了不同穗留果量与果实大小的关系研究，提出疏花穗时期、强度、疏果量。

2003—2005 年，开展枇杷绿色食品标准研究及示范基地建设项目，制定枇杷绿色食品 A 级和 AA 级标准体系，在产区大面积推广应用。

同时，完成了"早熟枇杷产业化配套技术研究与推广"项目。

（4）病虫害防治

柑橘黄龙病 省农科院是国内最早建立柑橘无病苗木培育体系的单位，开展柑橘黄龙病的血清学研究，筛选出 2 个柑橘黄龙病单克隆抗体；开展了柑橘黄龙病田间传播媒介柑橘木虱生物学特性及综合防治技术的研究。建立了柑橘黄龙病病原的定量分析方法，并利用聚合酶链式反映（PCR 方法）提供柑橘黄龙病检测服务。

柑橘碎叶病 柑橘碎叶病是一种病毒病，对柑橘生产的发展是一个潜在威胁。为了培育无病菌供生产上应用，省农科院果树所于 1989 年开始着手采用茎尖嫁接，热处理和预热处理结合茎尖嫁接方法进行脱"毒"研究，结果表明，采用热处理与茎尖嫁接方法能够获得较理想的脱"毒"效果。1994—1997 年吴如健等承担了省自然科学基金资助项目柑橘碎叶病毒提纯及单克隆抗体诊断技术研究，试验获得的柑橘碎叶病毒提纯物，为制备柑橘碎叶病毒的抗血清和单克隆抗体，建立田间快速诊断技术提供了物质基础。

龙眼鬼帚病 龙眼鬼帚病是福建龙眼产区的主要病害，自 1985 年起，省农科院果树所开展了龙眼鬼帚病的病原传播规律及防治研究等方面的研究，探明了龙眼鬼帚病的病原为线状病毒粒体，以及传播媒介及综合防治措施。

番木瓜环斑花叶病 1991—1997 年，省农科院果树所承担省自然科学基金资助项目柑橘衰退病毒血清学研究、国家科委"八五"攻关项目子专题（葡萄、香蕉、柑橘、苹果、梨病毒鉴定技术和工艺创新）研究、农业部"八五"攻关项目子专题及省自然科学基金项目菊花、香石竹病毒病及其脱除技术研究。

柑橘红蜘蛛 高与柽等于 1973 年起就一直进行红蜘蛛的生态、药剂筛选和综合防治等系列研究。

（5）储藏保鲜加工

20 世纪 90 年代，率先采用小盒包装，延长了鲜果储运期，降低了运输过程中的损耗，在常温下储藏期达到 10 天。1996 年开展果盒装低温储藏试验，储藏期达到 14～28 天。2002 年开展采用聚乙烯薄膜袋袋装果实结合低温简易气调（MAP）

储藏技术研究，储藏期达到 30 ~ 35 天。开展枇杷保鲜加工技术研究。

2. 蔬 菜

（1）育种研究

在新品种的选育方面，先后选育并通过认定的品种有玫茄 1 号、金山长茄、闽茄 2 号、飞桥莴苣 1 号、中熟 4 号大白菜、中熟 5 号大白菜、花椰菜福花 1 号、西园苦瓜、六月红芋头、南杂 1 号西瓜、莲香 1 号莲藕、福花 1 号花菜、建选 17 号莲子、叶菜用地瓜福著 7 - 6、菜用玉米闽甜 107、闽研 1 号苦瓜、翠玉苦瓜、如玉 5 号苦瓜、丰砧西瓜砧木。2004 年省科技厅实施"反季节栽培蔬菜新品种引进与高效栽培技术研究推广"课题，引进韩国及中国台湾的黑妹和江芳等茄子品种 4 个，圣农、圣宝等番茄品种 6 个（其中水果型品种 2 个），锦夏、兴华、力宝等夏甘蓝品种 12 个，台农 308、绿夏、夏洁等夏白菜品种 9 个，在寿宁、柘荣、霞浦 3 县建立优质特异型蔬菜品种生产示范基地 1000 多亩，进一步开展适应性筛选鉴定。

（2）栽培技术

从 20 世纪 90 年代开始，全省各地推广地膜覆盖栽培，小拱棚、大棚栽培及病虫害综合防治技术。编辑出版了《南方蔬菜大棚栽培》、《蔬菜名特优品种》、《南方茄果类蔬菜反季节栽培》、《叶菜类蔬菜病虫诊图谱》、《瓜类蔬菜病虫诊图谱》、《茄果类蔬菜病虫诊图谱》、《豆类蔬菜病虫诊图谱》等科技书籍。福州市蔬菜科学研究所完成了"福州亚热带地区草莓高产技术研究"，1998 年完成"芽菜工厂化生产技术研究"；省农科院植保所主持完成"福建省绿色食品关键生产技术研究与示范基地建设"。

3. 食用菌

全省从事食用菌研发、推广的单位与机构有省农科院、福建农林大学、省轻工业研究所、三明真菌研究所等 20 多个。

（1）育 种

食用菌育种技术与成果水平均居全国前列。育成的双孢蘑菇杂交新菌株 As2796 系列，香菇 Cr 系列，银耳 Tr 系列和驯化或引进选育的珍稀食药用菌品种赤芝、姬松茸、杏鲍菇、灰树花等菌株在全省、全国广泛应用。1992—2003 年食用菌菌株选育共获成果奖 9 项，省农科院耕作轮作研究所开展了茶薪菇优良菌株筛选及栽培技术研究。

（2）栽培技术

1991—2005 年，中国第一部省级食用菌法规"福建省蘑菇菌种管理规定"由省第七届人大常委会第十三次会议通过施行。中国第一部省级食用菌标准综合体，福建省"蘑菇菌种及蘑菇罐头标准综合体"（FDBT/QB 33.1 ~ FDBT/QB 33.9 - 90）由省标准局批准施行。双孢蘑菇规范化集约化栽培、寿宁花香菇、屏南夏香菇和长汀地栽香菇生产、古田银耳和漳州毛木耳规模生产、珍稀食药用菌与工厂化设施栽培等模式研究成功并得到广泛应用推广。

珍稀药用菌——绣球菌栽培研究取得进展，在国内率先获得人工栽培子实体。蘑菇疣孢霉病防治，香菇烂筒病、木霉病、线虫防治研究获得进展。吴经纶等主编的《中国香菇生产》、孔祥君和王泽生主编的《中国蘑菇生产》、郭美英主编的《中国金针菇生产》、黄年来主编的《中国银耳生产》、林树钱主编的《中国药用菌生产与产品开发》由中国农业出版社出版。《中国大型真菌原色图鉴》、《福建食用菌》也由中国农业出版社出版。三明真菌研究所开展"福建省大型真菌分类研究"。

（3）加工技术

省农科院土肥所开展"药用菌工程发酵茶研制及药理研究"，开发出姬松茸发酵茶、虎奶菇发酵茶、灵芝发酵茶、虫草发酵茶、猴头发酵茶和茯苓发酵茶等，作为一种不添加任何化学添加剂，保持其产品"纯天然"性质的新型饮品。

省农科院植保所对灵芝、姬松茸等加工提取的初级产品的营养成分和有效成分进行系统的测试分析比较，根据其功效开发出具有商品价值的保健品、制药的中间原料产品，质量达到日本、韩国的标准，在国内最先将产品推向日本、美国市场。以灵芝等药用菌中间原料产品为原料研制出"饮剂、口服液、片剂、胶囊、袋泡茶"等五大类药用菌深工产品。研制生产的新资源食品和保健食品通过了安全毒理学试验和保健功效评价，完成生产工艺流程和企业标准制定工作，获得国家卫生部及省卫生厅等"卫食健字"或"卫食新字"批号。在产品研制中采用食品加工及制药工程领域成熟的"（热水）提取、真空浓缩和喷雾干燥"技术的同时，采用"超微粉碎、全自动炼丸制丸"等先进技术，并对"超微粉碎、超临界萃取、超声波循环提取"等三超技术进行提取试验。

4. 花　卉

（1）穴盘苗培育技术

引进栽培花木新优品种。采用组培快繁、穴盘育苗等先进手段，推动引进优良种源的开发，提高优质种苗自给率。20 世纪 90 年代后，利用穴盘培育蔬菜、花卉等苗木日益受到重视，重点花卉企业穴盘花苗培育的技术越来越被花卉产区企业和广大花农所掌握。

（2）花卉保鲜技术

从品种选择、栽培措施、保鲜处理上采取相应措施，延长鲜花的保鲜期。在切花保鲜中，选择茎干粗的品种。茎干粗的品种，糖分储藏量少，维持呼吸作用的时间较长，保鲜期长。肥料氮肥过量会降低切花瓶插的寿命，在花蕾现色之前少施或停施氮肥，能防止因枝叶柔嫩而降低保鲜时间和瓶插寿命；花从生产基地运到花卉批发市场，把待销花储藏在2℃~8℃的冷库中，使切花生命活动受阻，呼吸缓慢，能量消耗少，乙烯产生受到抑制，延缓其衰老过程。还可避免切花变色、变形及微生物的滋生。根据花卉种类、品种不同，虽然同花但目的（短期储存鲜销及加工的长期储存）要求不同、冷储设备条件等状况，分别采取气调储藏保鲜、减压储藏保鲜、辐射保鲜、化学保鲜等，以延缓切花衰老进程，延长花期。

（3）选育种与保护地栽培

1999年以后，先后开展了花卉新品种选育、规范栽培技术、组培快繁、设施本土化以及花卉资源调查与区划等研究，并取得一批科研新成果。如水仙花选育"8189"、"全三角"新品种，组培快繁成功近百种，鲜切花、观叶植物的规范栽培技术取得新进展。1998—2003年，全省花卉科研立项59项，其中省（部）级44项，设区市级15项；基础科研的有8项，含建生物基因库、野生花卉资源调查和基因工程等；应用研究的有51项，多为引种筛选、良种繁育、配套技术、组织培养及示范推广等。在第五届中国花卉博览会上，有13项科研成果获科技奖。2000—2005年，各级政府共投入花卉科研经费743.70万元，年均投入123.95万元。

图8-8　石斛兰

20世纪80年代，花卉设施栽培基本还是空白。到2000年底，全省保护地栽培面积达3914235万平方米，其中加温温室93119万平方米，大小中棚3821119万平方米。主要用于鲜切花（456673万平方米）和盆栽植物（3362163万平方米）的栽培。

（4）洋兰栽培新技术研究

1995—2005年，省农业科学院生物技术中心对蝴蝶兰花梗节间段进行培养繁殖研究，结果表明其诱导频率明显高于其他外植体（茎尖、根尖、花梗节）。1998年龙岩市农业科学研究所引进红色系列蝴蝶兰品种进行组培快繁及组培苗室外栽培技术研究，经多年试验，总结并推广了水帘温室培育蝴蝶兰组培苗、高山基地促成栽培的蝴蝶兰生产技术，推动了闽西蝴蝶兰生产向工厂化方向发展。福建师范大学生物工程学院、福州市农业科学研究所为解决蝴蝶兰无性繁殖困难的问题，对蝴蝶兰杂交种子进行无菌播种研究，得出改良 KC 培养基是适合蝴蝶兰种子发芽、生育的最佳培养基；龙岩市农科所在文心兰组培快繁过程中，利用新芽的生长点为外植体对文心兰壮苗和生根有明显效果。福建农业科学院果树研究所以卡特兰试管苗茎段为外植体，以减轻外植体褐变。龙岩市农科所花卉研究室在石斛兰组培快繁过程中，利用 6 - 苄氨基腺嘌呤（6 - BA）和 a - 萘乙酸（NAA）合理组配的诱导，促进类原球茎的增殖和苗的分化。莆田学院资源环境系开展蝴蝶石斛兰工厂化育苗技术研究，明显提高芽苗的质量。

福建省农科院果树所探索不同栽培基质、温度区间、光照条件及施肥种类等栽培管理措施对蝴蝶兰生长的影响。根据蝴蝶兰对温度的敏感，提出最佳培养组合方式。福建省龙岩市农业科学研究所对蓝西、蜜糖、百万金币、红猫、巴黎文心和蜘蛛文心共 6 个品种的文心兰通过采用光照、温度、施肥配比和植物生长调节剂等多种处理，进行了 3 年的花期调控试验探索，发现最适于花芽萌发的光照强度为 19000 米烛光，温度条件为（日温—夜温）28℃ ~ 17℃，氮磷钾的配比为 10∶30∶20。有利于蝴蝶兰高山催花时花芽分化与萌发的条件是，在海拔 1000 ~ 1200 米，上山时间于 4 月 26 日（调控至国庆节开花）和 9 月 2 日（调控至春节开花），光照强度 25000 米烛光，氮磷钾的配比为 10∶30∶20，苗龄 15 个月以上。

（五）高新技术研究

1. 原子能应用

1960 年成立的省农科院稻麦研究所核技术农业应用研究室，以钴 60 辐射诱变技术为核心技术，1983 年建成本省第一座万居里级农用钴源辐照室，1996 年建成50 万居里级的辐照装置，现装源强度为 30 万居里。2003 年以研究室为依托组建的福建省康普顿辐照技术有限公司，是福建省辐射育种、食品辐射保鲜和药品、医疗器械辐射灭菌等方面科技的重要依托单位。

全省科研院所、学校等单位的水稻花粉、果蝇的杀雄、水稻种子、甘薯块茎及幼苗、甘蔗芽、花生种子、槟榔芋、茶树菇、苗木、花卉、食用菌的辐射诱变处理主要在省农科院稻麦研究所农用钴源辐照室进行，1991—2005 年，已诱变处理样品近千份。厦门大学生命科学学院完成优质早籼稻新品种"佳禾早占"的选育和推广、优质早稻新品种佳辐占的选育与应用，省农科院土肥研究所完成"低镉姬松茸新品种辐射选育与综合栽培技术研究"。

1991—2005 年，福建省开展水稻辐照诱变育种研究工作的主要有省农科院稻麦研究所、厦门大学生命科学学院、福建农林大学作物遗传育种研究所和南平市农科所等单位。

省农科院稻麦研究所用中 9B 成熟的花粉辐照后，与福伊 B 杂交育成的保持系，转育成捷丰 A，2004 年通过福建省技术成果鉴定。

厦门大学生命科学院自 1986 年就开展了 γ 射线对水稻成熟花粉的辐照生物学效应的研究，通过水稻成熟花粉辐照诱变技术结合常规杂交，于 1999 年育成福建省第一个符合部颁优质食用稻米标准的迟熟早籼新品种佳禾早占。之后，利用水稻成熟花粉辐照诱变技术育成，并通过福建省审定的品种有南平市农科所与厦门大学生命科学于 2000 年合作育成的优质早籼南厦 060，2002 年厦门大学生命科学院育成的优质早籼佳辐占，2003 年南平市农科所育的成杂交水稻 II 优辐 819。

2001 年 8 月，福建农林大学作物遗传种研究所用核辐射直接诱变待改良品系，发现了水稻长穗颈隐性基因 eui1、eui2，并培育了系列长穗颈不育系，并在此基础上配置了杂交稻新组合。通过辐射诱变技术，福建农林大学育成杂交水稻 e 福丰优 11、e 优 27、神农糯 1 号、农优 90。

利用辐照诱变育成通过鉴定的不育系有：籼型长穗颈不育系福 eA6、IR68902eA1、龙特浦 eA2、福 eA7、II–32eA1、协青早 eA1、协青早 eA2、冈 46eA1、金 23eA1、培矮 64eS1；籼型巨胚不育系龙特甫 geA，糯稻不育系 D62wxA、冈 46A 糯、嘉农 wx1A、嘉农 wx5A、嘉农 wx6A、嘉农 wxS1 等。

2002 年"水稻不包穗雄性不育系的选育方法"通过鉴定并获国家专利，2004 年 9 月通过福建省科技厅组织的技术鉴定。

2. 农业生物技术研究与应用

（1）植物组织培养

福建省研究推广应用比较成功有香蕉组织苗、花卉新品种和一些果树新品种等组培苗。

①观叶植物组织培养

20 世纪 90 年代，观叶植物组织培养开始盛行，省农科院农牧业与红萍生物技术研究中心等研究单位和一些有条件的花卉盆景公司都进行观叶植物绿巨人、观音莲、球根海棠、万年青、红宝石、黄宝石、绿宝石培养基和繁殖培数的组培试验。

1997 年福州市农科所开始大量生产观赏凤梨组培苗，2002 年开始大量生产红掌组培苗，并销往广东等地。

2004 年，福建阳光国际集团科技发展有限公司生产的尖尾芋组培苗产品出口到美国等地。

②果树组织培养

1987 年，省农科院农牧业与红萍生物技术研究中心开始运用生物技术进行龙眼选育研究。该研究后来并入省"八五"龙眼攻关课题专项内容之一，研究延续到 1993 年初。该研究运用以前研究成果，比较系统地研究了 4 个福建比较有名的焦核龙眼株系的胚培养，以及 4 个国内有名龙眼品种的花药培养，取得几十个焦核胚及单倍体单株系，并将它们嫁接在 15 年生龙眼大树上。龙眼快繁与焦（小）核育种研究，建立并完善了龙眼试管微芽嫁接技术，解决了单倍体试管植株和不少焦核试管植株细弱，土培难以成活的难题，确立的同工酶分析手段可以早期快速鉴别单倍体植株的真伪和焦核株系的类别，确定的白核龙眼是研究焦核育种和东壁、红核子是研究单倍体育种的好材料，提高龙眼花药培养成功率的几项有效因子，大大提高了成苗率。

1990 年，进行"亚热带木本果树（枇杷）组培快繁育苗工厂化研究"，1991 年 1 月 7 日通过专家鉴定和农业部验收，是木本果树组培快繁技术转化成生产力的一个突破，居国际先进水平。

1992—1995 年，开展经济作物组培快繁技术及工厂化育苗研究，先后组培成功"半磅"无花果，香蕉漳选 1 号、漳选 2 号，同时引进越南和巴西一些优良品种开始工厂化生产，成功生产 100 多万香蕉组培苗投放全省市场。

2000 年，开展贝贝南瓜和橘皮南瓜的组培快繁及其试管苗嫁接在中国南瓜上在生产中应用的研究，并在大田中推广应用。

2001 年，省农科院生物技术中心对草莓的花药培养脱毒技术及其增产效果进行研究，利用花药培养技术获得多个草莓品种的脱毒苗，并在生产上推广应用。

2003 年，省农科院生物技术中心研制出香蕉病毒检测试制盒，用来检测组培苗是否带毒，用检测无病毒的种苗进行扩繁，可以有效防止香蕉病害的发生。同时建立了香蕉组培苗的生产标准。

2004 年，对广东白花芥蓝与浙江芥蓝通过单株选以及通过组培快繁形成无性系，进行品种提纯复壮的研究，并已在生产上推广应用。

③中草药组织培养

1998 年，省农科院生物技术中心和地热农业利用研究所、福建林学院及省药材公司研究所等单位都对金线莲的组培进行研究，成功诱导出愈伤组织，并培养出植株。省药材公司研究所还诱导出原球茎，提高了增殖倍数。金线莲的组培工艺趋于成熟，并可进行工厂化生产。

2003 年，省农科院生物技术中心对泽泻、鱼腥草、青黛等中草药的组培工艺进行研究。

2003—2005 年，宁德市农科所进行太子参，石斛等中药材料研究。

④鲜切花种苗组织培养

1992 年，省农科院生物技术中心引进花卉新品种火合花、香石竹等进行组培快繁技术研究，获得成功。省农科院农牧业与红萍生物技术研究中心开始香石竹茎尖脱毒培养，并将脱毒苗应用于生产。

1995 年，福建省林学院对香石竹组培苗玻璃化控制的研究，提高了工厂化生产的效率。

2002年，省农科院生物技术中心利用非洲菊的花托做外植体，工厂化生产非洲菊组培苗，年产非洲菊组培苗100万～200万株，主要提供给省内农户种植。

2003年，省农科院生物技术中心用东方百合鳞片消毒后诱导小鳞茎，并使小鳞茎在试管内膨大，围径达到3～4厘米，此项目2006年与省发改委实现对接。

⑤洋兰组织培养

1995年，省农科院、福州市农科所等单位开始蝴蝶兰的组培研究，最初是用蒴果进行瓶内无菌播种，这种方法简单易行，短期内可获得大量试管苗，但这些实生苗有性后代变异率高，难以形成品质统一的规模栽培。后来发展为用花梗、叶片等器官诱导原球体，顺利组培繁育出蝴蝶兰分生苗，并且批量上市。1996年开始为台商大量生产文心兰和大花惠兰组培苗。

2005年，省农科院已组培成功香茅草、薄荷等香草植物。

（2）胚体移植

1990—1993年，省农科院农牧业与红萍生物技术研究中心进行红萍原生质体培养研究。该研究利用无菌无藻萍成功地游离出了有再生力的红萍原生质体，原生质体经培养生成具有完整细胞壁的胚性细胞，胚性细胞继续培养，观察记录到了第1次及第2次分裂，产生四分体细胞。

1992年，省农科院果树所进行龙眼原生质体培养，成功地以东壁龙眼的未成熟胚诱导出胚性愈伤组织，并用之游离出具有活跃与活力的原生质体，经过培养形成胚状体然后发育成植株。这为木本果树的原生质体培养以及龙眼的转基因育种和体细胞杂交育种奠定了基础。

1996年，福建农林大学对柑橘、龙眼、荔枝、四季橘、橄榄、枇杷等果树的胚培养进行了研究。初步建立了柑橘体细胞胚直接高频发生的实验系统，并分化出再生植株；建立了橄榄成熟胚离体无菌培养的有效方法，获得了橄榄无菌胚苗；建立了龙眼、荔枝胚性愈伤组织长期保持体系；筛选出可高频率诱导枇杷幼胚愈伤组织的培养基，并可保持长期的枇杷愈伤组织胚性、很强的体胚发生能力和很高的成苗率。

（3）遗传工程和DNA操作

1989—1993年，省农科院农牧业与红萍生物技术研究中心进行"红萍抗虫基因工程研究"。该研究与北京大学陈章良教授合作，分离、克隆、组装出BT抗虫基因及转座子。

1996年，省农科院遗传重点试验室开始进行转抗虫基因水稻研究，1999年获得国家863项目、国家转基因专项以及福建省科技重大专项资助。1999年，研制出的转cpti抗虫基因水稻获得农业部在福建省的环境释放许可，此后转Bt、gna、

Bt/cpti 等抗虫基因水稻陆续获得中间试验、环境释放和生产性试验许可，有 58 份申请（包括续申请）获得安全性评价审批批准；转 sck 基因抗虫水稻和转 bt/sck 双价基因抗虫水稻完成了生产性试验，无标记转 sck 基因抗虫水稻及无选择标记转 bt/sck 双价基因抗虫水稻也进入生产性试验，转 bt 基因抗虫水稻开始环境释放，转 gna 基因抗虫水稻开始中间试验。2000 年开始转基因水稻的育种研究，2005 年培育出 II 优科丰 6 号、两优科丰 6 号等抗虫杂交稻组合被农业部指定参加国家水稻区域试验。

在转基因技术方面，建立了以水稻花后 10 ~ 15 天的幼胚为起始材料诱导胚性愈伤组织，多代连续转化，快速筛选的高效稳定的水稻农杆菌介导的转化技术，初步建立了适合于大规模转基因水稻育种的高效、快捷的转基因水稻分子检测、表达分析、目标性状鉴定及株系纯合技术体系，开创转基因水稻育种新技术，建立了基于双 T‒DNA 载体策略的无选择标记基因的水稻培育体系。

2001 年，抗虫转基因水稻安全性评价研究获得国家 863 项目资助，正式启动。研究工作包括抗虫转基因水稻的基因流研究和抗虫转基因水稻对稻田生态系统的影响评价。同时开展稻米淀粉品质改良研究。

2001 年，省农科院生物技术中心利用电转化法，通过 DNA 操作构建了具有防治线虫作用和含几丁质酶基因的工程菌株。

2002 年，利用分子技术对稻田固氮菌资源进行了研究，包括利用多聚酶链式反应—变性梯度凝胶电泳分析技术（PCR‒DGGE）研究了福建稻田固氮细菌的生物多样性。通过 PCR‒RFLP 技术分析了水稻根系及根内固氮微生物多样性。从稻田蓝细菌中筛选到编码蓝藻抗病毒蛋白‒N 的蓝藻分离物。

2003 年，开展中国第一个籼稻 T‒DNA 插入突变体库的构建工作，已有 3 万个突变体，获得株、叶形态、生育期、花器官、雌雄配子不育等表型变异的突变体 5000 多个。2003 年开展"启动子捕获"研究工作，克隆分离了 2 个特异性表达启动子。同年开始进行水稻库源流分子调控研究。

2004 年开展抗除草剂基因工程水稻研究。

2005 年，省农科院生物技术中心建立福建地道药材基因资源库。通过植物材料 DNA 提取，利用 18S‒26S rRNA 基因及其 ITS 序列的 PCR 扩增，及其片段的克隆测序，分别建立了福建地道药材泽泻、橄榄、莲子、太子参和青梅的基因资源库。

利用多元 PCR 技术检测了闽江流域水体中大肠杆菌的毒素基因。建立福建特色微生物基因资源数据库。

（4）生物农药研制与应用

从 1996 年起，省农科院生物技术研究所生物农药研究中心（原农业环保技术研究室）主要研究领域为生物农药的研制与开发，研究重点集中在生物农药工程菌——芽孢杆菌研究和应用上，包括芽孢杆菌系统分类、生物杀虫剂、生物杀菌剂、饲用益生素、降污微生物、农药残留的检测、生物毒素耦合技术、生物反应器、发酵工程、生物农药工艺学等。农药研究中心共承担研究项目76项，资助金额为1132万元。其中承担中德合作项目（德国科委DFG）项目3项，资助金额50万元；承担国家科技项目3项，资助金额125万元（国家863项目2项106万元，国家自然科学基金1项19万元）；承担国家引智项目28项，资助金额123万元；承担省科技项目共19项，资助金额269万元；承担省推广项目共10项，资助金额320万元；承担省财政项目共5项，资助金额240万元；承担院管项目共8项，资助金额共5万元。这些研究项目都获得一定进展和成果，其中生物农药BtA研究与应用项目获省科技进步二等奖。

从1996年开始，围绕这些项目共发表科技论文178篇，其中国外期刊论文（SCI）9篇，国内期刊论文169篇，英文著作3本，中文著作3本。通过鉴定的成果2个，获准国内知识产权（专利）8个，获准专有产品证书（农药）1个。

图8-9 转基因水稻与非转基因水稻混合种植

注：深色部分为转基因水稻，浅色部分为已枯死的非转基因水稻。

（5）植物生物技术

①生物技术研究

1999年，福建农林大学利用生物技术克隆了甘薯β-胡萝卜素合成途径关键酶基因4个、黄芪异黄酮合成酶基因（专利申请号：2004100367356）、人参皂甙合成关键酶基因SQS基因和βAS基因、水稻角鲨烯合成酶（谷甾醇合成的关键酶）基因SQS基因及水稻谷氨酸脱羧酶（γ-氨基丁酸合成的关键酶）基因。在品质基因遗传转化方面，高赖氨酸含量的杂交水稻恢复系，经国家农业转基因生物安全委员会审查批复，在福建省进行中试。无标记转玉米高光效基因的水稻植株，经国家农业转基因生物安全委员会审查批复，在福建省进行中试。抗衰老基因遗传转化水稻，经国家农业转基因生物安全委员会审查批复，在福建省进行中试。培育出的新型水稻——谷秆两用稻"东南201"，通过福建省品种审定并大面积推广，利用该稻草作为动物饲料和食用菌培养料效果很好，培育出水稻优异种质"红毛稻子"；培育出甘薯良种"DH22"；培育出茶叶新品种"1005"。研制出高表没食子儿茶素没食子酸酯（EGCG）绿茶产品，其

EGCG 含量达 11.07%，比市场上随机取样的韩国绿茶（2.43%）、中国绿茶（5.67%）、日本绿茶（7.88%）分别高出 364.6%、95.2% 和 40.4%。筛选出食用部位中镉含量仅为平均含量的 36.8%，仅为含量最高品种的 16.4% 的小白菜良种"Dr – SHQ"。

②植物功能基因研究

20 世纪 90 年代，福建农业学院分离克隆了 APX 基因全长 cDNA 片断（其反义基因可抑制维生素 C 的分解）、向日葵花色控制关键酶基因的 cDNA 片断和太子参皂甙合成关键酶基因的 cDNA 片断，大豆和甘薯抗线虫基因、光敏核不育相关基因、冷诱导基因、抗甘蔗花叶病基因、rbcL 基因 qtpB 基因等。

③基因调控和表达研究

1996—2000 年，福建农业学院首次报道了单子叶植物水稻和高粱的 psbA 基因 3'UTR 在转移和翻译两个水平上的表达调控效应，对它们进行了系统的比较研究，填补了国内外研究中的这项空白。首次鉴定出水稻、高粱 psbA mRNA 3'UTR 特异性结合蛋白，并证明该蛋白也存在于 E. coli 中，由此推测可能为叶绿体的内共生起源假说提供一定依据。首次提出并应用混合采样法，构建了光敏不育水稻 Hs – 1 育性转换期可育与不育幼穗代表群，利用 cDNA – RAPD 和 DD – PCR 分析技术，对其进行差异显示分析，获得有价值并具有创新性的重要研究成果；同时构建了一对可育与不育的 cDNA 文库。分离了 15 个来自水稻不育系和常规稻的反转录酶区序列并进行全序列测定，进一步揭示出反转录座子的高度杂合性；对观赏向日葵花色控制基因的调控进行初步研究。在发表的学术论文中有 4 篇被科学引文索引（SCI）或工程索引（EI）收录。

④育种研究植物转基因

2000—2003 年，省农科院开展的转基因水稻育种研究项目获得成功。获得大量转基因水稻材料，形成了转基因水稻产业化育种技术体系，应用已建立的规模化转基因水稻育种体系，开展了大规模的抗虫转基因水稻材料的育种利用，成功培育出多个纯合、稳定遗传的高抗虫转基因株系等。经国家专家组的现场验收，该项目整体研究达到世界先进水平。

2001—2005 年，福建农林大学将植保素关键酶基因 PEAS 转入龙眼和香蕉以提高其抗病性，将广谱抗病的 CHI3 基因转入龙眼中、早花基因 LEAFY 转入到荔枝、几丁质酶基因转入甘薯。在国内首次将抗线虫病基因 Hs1pro – 1 转移到大豆、油菜、甘蔗、甘薯等作物中，并成功获得一批转基因植株。开展了应用基因工程技术培育抗线虫作物的研究，从甜菜上克隆抗线虫病基因，筛选抗线虫病基因的特异片段，建立一个快速准确的农作物抗线虫病检测体系。应用基因工程技术将抗线虫病基因转到高优甘蔗及大豆中，建立一个快速准确的甘蔗、大豆转基因程序。建立作物抗线虫病基因的检测体系，开发出检测试剂盒。

⑤作物育种研究

福建农业学院从 1980 年开始，进行了细胞工程应用于水稻遗传育种的研究。历经 20 年，建立和完善了细胞工程育种程序和技术体系，并应用于水稻育种研究。一是育成籼型光敏不育系 HS-1、HS-2、Hs-3 和三系不育系花 A；二是育成优质稻亚花 1 号、花优 63 获福建省优质米金杯奖；三是育成二系稻"金两优 36"，比对照增产 11%；四是水稻体细胞突变体筛选，获得抗稻瘟病、抗枯萎病和高赖氨酸突变体新种质；五是构建水稻加倍单倍体群体和分子标记图，定位若干农艺性状座位（QTLs）。

20 世纪 90 年代末期，福建农学院建立了长穗颈不育系选育和高杆隐性杂交稻育种技术体系，发现一个新水稻基因 eui，提出并实践了直接诱变保持系（B）、光敏不育系（S）及恢复系（R），选育长穗颈不育系（eA、eS）和高杆隐性恢复系（eR），组配高杆隐性杂交稻的育种技术体系。该技术实质性地推动杂交优势利用新领域的研究与发展，并能产生很好的经济效益。2001 年诱变获得长穗颈基因 eui1 突变体金23eB（1），突变体与原不育系金 23A 杂交并连续回交育成长穗颈不育系金 23eA（1）。

2003 年，福建农业大学创建一套适合于中国能源甘蔗育种的技术和评价体系，运用该体系育成两个能（源）糖兼用的甘蔗新品种和 6 份特异能源育种材料，在国内首创转甘蔗花叶病毒外壳蛋白（ScMV-CP）基因和转雪花莲外源凝集素（CNA）基因的抗病、抗虫转基因甘蔗无性系。

⑥其他植物生物技术

2004 年，福建农林大学开展的转基因农产品检测的基因芯片研制项目获得成功，建立了终止子及多种基因的 PCR 和 MPCR 检测技术和试剂盒，利用 MPCR 技术实现了靶标序列快速荧光标记。制备了转基因检测基因芯片，成功从转基因大豆、甘蔗和水稻中检测出启动子、终止子和目的基因，初步实现了转基因产品的高通量检测。

同年，福建省农业大学首次报道多胺对荔枝胚胎发育具有重要生理作用的消息，揭示出植物激素调对控荔枝胚胎发育的重要作用，发现了在荔枝败育胚珠中有高含量及生物活性很强的天然抑止物资——对羟基苯甲酸（p-HBA），建立了荔枝胚胎蛋白质双向电泳的技术平台，并利用该技术分离到荔枝胚胎的 6 个特异蛋白。

2005 年，福建农林大学建立水稻分子标记辅助选择技术体系。提出 QTL 定位分析的新方法（联合定位法、QTL 动态定位的策略和方法、基于最小二乘的多性状复合区间定位法），发展了基因型选择与表型选择相结合的数量性状标记辅助选择新方法。建立起稻瘟病、白叶枯病和细条病抗性的分子标记辅助选择体系，获得一批抗性得到改良的优良亲本近等基因系，可直接应用于生产。

（6）微生物生物技术

1992 年，福建农学院首次提纯水稻簇矮病毒（RBSV），明确 RBSV 的粒体形态和核酸型，核酸为双链 RNA，该病毒为呼肠孤病毒组的一个新成员。2005 年明确了水稻草短病毒（RGSV）沙县分离株的病毒特性及核蛋白组成，率先完成中国 RGSV 的全基因组测序，并对序列进行了深入分析；对 RGSV 编码的特异蛋白 NS6 基因、核衣壳蛋白 CP 基因及功能未知的 NS3 基因进行了原核表达，提出了基于 NS6 的酶联免疫吸附法测定 RGSV 的方法。建立了水稻原生质体研究病毒侵染的技术体系，构建了 RGSV 的 NS6 基因的植物表达载体，获得了表达 NS6 的转基因水稻。

2000 年，福建农业大学利用 PCR–RFLP 对目的 Bt 杀虫基因进行研究，首次发现天然 Bt 中存在杂合基因，率先研究了 Bt 几丁质酶合成条件，通过质粒消除等完成遗传改良菌 TS16 的构建，将超滤浓缩技术用于发酵液的后处理，产品性能明显改善。工程菌 TS16 效价比出发菌株提高 20%，在茶树、蔬菜上应用 150 万亩次。2004 年，在国内外率先对 Bt 几丁质酶进行分离纯化、酶学性质以及效应物对酶活性的影响等研究，对 Bt 几丁质酶的蛋白质序列进行了空间结构分析。率先利用生物包接技术，加上分散剂、乳化剂等把难溶于水的植物内源物质及生物农药混配制成生物药肥，既可杀虫有可以提高植物光合作用及抗病抗逆能力。

2003—2005 年，福建农林大学对睾酮丛毛单胞菌降解甾类物质的关键酶基因进行了表达调控研究，构建了具有高降解酶活力的工程菌，并对改造后工程菌的稳定性，降解活性，最佳降解条件及环境适应能力进行广泛的研究。同时利用该工程菌降解畜禽类排泄物中甾类物质，获得很好的降低效果。

福建农林大学用中国 7 个统一鉴别品种鉴定了 1995—2000 年期间从福建省 18 个县（市）采集分离的 204 个稻瘟病菌有效单孢菌株，共鉴定到 6 群 25 个生理小种。进行了稻瘟病菌生长发育关键调控基因、附着胞形成调控基因的克隆、无毒性基因的定位以及稻瘟病菌群体分子遗传规律研究。

（7）其他

2004 年，福建农林大学采用超声波强化提取技术和先进膜分离技术，从鲜木瓜中提取木瓜蛋白酶并制成粉剂。

3. 电子技术应用

1990 年，省农科院生物技术研究所引进了荷兰温室全自动喷灌系统；2002 年，引进美国 Agilent 公司的高效气相色谱仪 GC6890 和高校液相色谱仪 HP1100，2005 年，购进 MIDI 公司的 SHERLOCK 脂肪酸微生物菌种鉴定系统，并自行研发了"温室"全自动喷灌系统，全自动发酵系统、生测全自动监视系统等一系列农业科研辅助系统，加快了农业科研的研究进程。

1991—1993 年，省农科院植保研究所主持国家自然科学基金项目"稻飞虱预警系统的研究"。1991—1996 年，主持省科委"八五"重点攻关项目"水稻两虫两病新技术预警系统和防治对策研究"，建立了中国第一个水稻病虫测报网络和类似气象预报的病虫电视播报系统，经专家鉴定整体研究处于国际先进水平。承担省科委项目（1993—1995 年）"应用电脑对稻飞虱测报及综防技术的研究"。

1998 年，省农科院生物技术中心利用现有研究设备，组建了生物农药行业菌种基因资源库，用于生物农药前景的微生物菌种资源收集、整理、安全保藏、共享和利用，以计算机信息管理系统，对菌种的收集、保藏、筛选和产业化应用前期研究进行全程管理，成为华东地区最大的生物农药微生物资源收集、保存、鉴定、利用中心，为全省生物农药产业提供菌种资源。

2000 年，通过"调查—实验—评价—规划"的研究方法，取得漳州市、闽东南地区以至全省的大量相关数据，借助计算机技术，利用回归、模糊数学、聚类分析、相关分析、综合分析等方法对各种数据进行全面和系统的分析计算，得出农业资源优化区域的特色农业宏观布局成果。2003 年将"福建农村科技信息化技术及示范研究"列为农业产业化重大关键技术及其应用研究科技项目。同年，应用全球定位系统（GPS）技术评价闽东南农业自然资源，分析特色农业的主导产业，构建面向东南特色农业具体模式，建立规范特色农业空间布局、外来农业投资空间模拟，基于地理信息系统（GIS）平台，首次建立了与闽东南及漳州市相关的国民经济特色农业生产基础数据库，使全省应用组件式 GIS 技术介入农业信息化领域。电子计算机应用主要开展电子技术和计算机技术在农业试验统计、作物良种选育、作物生产、植物病虫测报、农药及除草剂的使用、生物工程和生物模拟、农业生态区域的划分、蔬菜及花卉温室生产、农业经营管理的优化设计与农业经济预测和畜牧业中的应用研究。

2002 年，将计算机软件和网络技术与生物基因资源的 DNA 技术相结合，建立了福建特色作用于微生物基因资源数据库。是年，省农科院生物技术研究所与中国农业大学等单位共同研究农业病虫害网络化远程诊断平台技术研究及应用。利用信息技术开发出农业病虫害远程诊断平台，实现对农业病虫害的远程诊断。研究内容包括农作物病虫害基础数据库的构建、虫害远程辅助识别与诊断专家系统平台的构建、害虫远程自动识别与诊断平台、病虫害专家在线远程交互诊断系统平台的构建。建立起主要蔬菜、农作物的病虫害多媒体数据库及标准图像库，开发出农业病虫害远程诊断平台，并进行软件登记。

2003 年，植保植检站与省气象影视中心合作，在病虫害发生和防治关键时刻，通过福建电视台不定期发布病虫害发生预报及防治信息。2005 年 4 月，省植保植检站再度和省气象影视中心合作，签订了《关于联合开办"农作物病虫害电视预报"的合作协议》的意向书，通过福建电视台第 1 套，第 5～7 套天气预报栏目，每周发布一期病虫害发生趋势预报，一周共播出 8 次。福建气象科学研究所应用 GIS 进行闽东南果树避冻农业气候区划，为闽东南进一步发展果园产业提供依据。

（六）对台农业研究

1. 研究机构

1978 年，省农科院情报研究所成立，组建了专门从事农业科技情报调研工作的情报研究室。此时全国人大常委会发表《告台湾同胞书》，两岸关系开始缓和。国家农牧渔业部和省政府要求该所发挥福建与中国台湾毗邻，有地缘近、人缘亲且气候相近的优势，率先在大陆开展台湾农业研究。1979 年，情报所贺树凯、杨辉、陈孝英等到省台办、前线广播电台等单位搜集大量资料，研究整理写出"台湾农业生产发展状况"、"闽台两省农业基本情况比较"等 3 份材料，受到部、省有关领导的肯定。为此，农业情报研究室承担起台湾农业研究任务，成为全国最早、最系统开展对台农业研究的专业机构。

1990 年，省农科院情报所台湾农业研究室配合院与厦门市农科所合作筹建"厦门闽台农业科技园区"。同年协助农业厅筹建"闽台经济文化交往促进会农业分会"。

2000 年 11 月，"福建省台湾农业研究中心"（设在省农科院，与原来的台湾农业研究室两块牌子，一套班子）成立，聘请来自台湾大学、台湾中兴大学和大陆的 10 名专家、学者为客座研究员，进一步扩大对台农业研究力量。

2. 研究成果

自 1979 年开始对台农业研究工作以来，省农科院先后主持或参与了部、省、厅、院等部门下达的课题 37 项，规划设计 8 项，并多次获省、部和其他奖项。

（1）课题研究及成果

省农科院情报所先后开展 20 余项农业战略性、预测性软课题研究，主持承担 15 项国家和部、省级重点台湾农业相关问题研究，获省、部级科技成果奖 7 项，多项研究成果被省委、省政府领导采纳作为决策参考依据，并为相关部门和单位了解台湾农业、借鉴台湾农业方面发挥了重要作用。主持院重点课题《台湾农业研究》、《台湾农业情况》，参与的国家计委项目《国内外沿港口城市和开发地区农业发展方向的研究——台

图 8 - 10　省农科院课题组成员讨论制定对台农业研究计划

湾基隆市城市农业发展的研究》，省科技厅《21世纪深化闽台农业合作研究》；参与国务院农研中心项目《世界农产品价格机制和对策的研究——日本、台湾、泰国等三项农产品价格与机制问题研究》、农业部农业推广总站项目《国内外农业技术推广体系及其改革经验的研究——台湾农业推广事业与组织体系研究》、省科技厅《台湾系列数据库项目——台湾农业文献数据库》等课题研究活动。

2002年，《台湾农业探索》获第三届全国优秀农业期刊荣誉称号。

2003年，福建省台湾农业研究中心获省政府"福建省海峡两岸农业合作先进单位"荣誉称号。

2005年，《台湾农业探索》被中国科技期刊编辑学会授予"银牛奖"。

《关于当前闽台合作的建议》获得2005—2006年度省"两会"政协优秀提案奖及九三学社福建省委2005—2006年度调研突出贡献奖。

福建农林大学情报室参与国家计委项目《国内外沿海港口城市和开发地区农业发展方向的研究——台湾高雄市农业发展的政策与问题》于1987年获农业部科技进步三等奖。

（2）出版刊物与著作

1979年，开始出版内部资料《台湾农业情况》，1985年经省委宣传部和省科委批准，改为全国首家公开出版发行的对台农业报道的专业性季刊，1995年更名为《台湾农业探索》。截至2005年年底，累计编辑出版83期、发行约10万份。

省农科院情报所从事台湾农业研究的人员，在广泛搜集资料的基础上，经过分析研究，写出了大量的论文，先后在《农业经济问题》、《农业现代化研究》、《中国农业信息》、《台湾研究集刊》等27种刊物上共发表论文500余篇；正式出版《台湾农业》、《台湾农业发展概论》等专著3部，有10篇论文被收入其他论文集性质的专著，内部性专著出版2部。福建农林大学自1982年至2005年先后在《福建科技报》、《福州晚报》、《科技文摘报》、《天风海涛》等30种多报刊上共发表400多篇文章和信息。

（3）决策咨询服务

20世纪80年代，大陆有些省份拟从台湾引进福寿螺繁殖生产。根据已经掌握的福寿螺在台湾给农业生产造成严重危害的情况，省农科院发布了"不能盲目引进福寿螺"的信息，被农业部水产司采纳并在信息刊物上发表，引起各地的警惕，从而避免了盲目引进福寿螺可能带来的损失。当时省内有些科研单位引进台农4号剥粒凤梨几经试验均告失败，后来由于省农科院提供了准确的技术资料，才得以试种成功，并大量繁殖推广。1995年，省农科院有针对性地搜集筛选，整理出一份可供大陆引进台湾农业良种名录，并经过有关资深专家审定印发各地，以避免各地在引种工作上的盲目性。

20 世纪 90 年代，省农科院情报所撰写《闽台两省膳食结构的比较与农业决策》的文章，阐述发展大农业、大粮食的必然趋势，受到副省长童万亨的肯定，并转发有关部门参考。2005 年，省农科院为闽台农业合作决策提供咨询的做法，分别受到副省长刘德章和叶双瑜的表扬和书面肯定。

二、科研成果管理

福建省农业科技成果鉴定执行 1988 年农业部发布的《农业科学技术成果鉴定办法（试行)》。1996 年，国家科委发布了《科学技术成果鉴定办法》和《科技成果鉴定规程（试行)》，国家农业部制定出《农业科学技术成果鉴定暂行办法》规定出成果范围：国家和省、部级科技成果（包括推广计划）内的应用技术成果，包括应用性理论成果，以及少数科技计划外的重大应用技术成果，可以申请鉴定。对于可以直接指导应用技术研究和开发的理论成果，可以视同应用技术成果申请鉴定。

1991—2005 年，全省围绕农业面临的食物安全保障、农业结构调整、资源高效利用、农产品优质化、生态环境保护、农业生物减灾、农民增收等重大任务，加速实施"引进计划"、"跨越计划"、"丰收计划"，加强科技成果的管理与推广，组织广大科技人员参与国际农业技术交流和科技下乡活动，加速农业科技成果转化，提高农业综合生产能力。

（一）农业科技成果鉴定

1. 成果鉴定管理程序

农业科技与丰收计划项目的成果鉴定，由项目第一完成单位提出申请，填写农业科技成果鉴定申请表，并提交全套附件材料。福建省农业厅是福建省农业主管业务部门，对申请鉴定单位提交的农业科技成果鉴定申请表及全套附件材料，进行审查。审查鉴定后，再由任务下达单位对合同（或任务书）的经济、技术指标完成情况进行审查。完成以上程序后，将所有材料报送组织鉴定单位审查批准（省科技厅为省科技计划项目成果的组织鉴定单位），省科技厅批准后，再由省科技厅组织鉴定，或由省科技厅委托福建省农业厅组织鉴定。

申请农业丰收计划项目成果鉴定的全套材料送省农业厅审查、批准。省农业厅科教处对合同的经济、技术指标完成情况及全套附件材料进行审查，合格后由省农业厅组织该科技成果的鉴定。

2. 成果鉴定组织管理

（1）组织形式

农业科技和丰收计划项目成果鉴定，一般以会议鉴定为主。组织鉴定单位从科技成果鉴定、科技奖评审专家库中挑选 7～15 人组成鉴定委员会（一般为 7 人），并任命鉴定委员会主任委员一名，副主任委员 1～2 名。省农科院的成果，以省农业厅和福建农林大学的专家为主；福建农林大学的成果，以省农科院和省农业厅的专家为主；省农业厅的成果，以福建农林大学和福建省农科院的专家为主。

（2）建立专家库

参与组织鉴定单位或主持鉴定单位聘请的成员应具备以下条件：一是具有高级职称（特殊情况下可聘请具有中级技术职称的中青年科技骨干，但不多于1/4）；二是对被鉴定的科技成果所属专业有较丰富的理论知识和实践经验，熟悉国内外该领域的技术发展状况；三是具有良好的科学道德和职业道德。

2002年，省农业厅经过农业科研、教学、推广、行政管理等有关部门的推荐建立了专业较为齐全的农业科技成果鉴定、评审专家库，并上报农业部备案。专家库的成员主要由省农业厅、省农科院、福建农林大学3个部门副高级职称以上的专家组成。

3. 科技成果奖励

根据《中华人民共和国科学技术进步奖奖励条例》和《关于省（部委）级科学技术进步奖的若干规定（试行）》以及农业部于1995年印发的《农业部科学技术进步奖奖励办法》，制定出《福建省农业"丰收计划"实施管理办法（试行）》，1996年印发了《农业部科学技术进步奖奖励办法》实施细则，2001年印发了《全国农牧渔业丰收奖奖励办法》，作为申报、推荐福建省的全国农牧渔业丰收奖和农业部科技进步奖的依据。

1991—2005年，省农业厅先后组织农业科技成果鉴定会88场，参与农业科技成果鉴定与评审工作的同行专家达6800人。全省共有88项成果获全国农牧渔业丰收奖。其中一等奖6项，二等奖40项，三等奖42项。

福建省科学技术进步奖分科学技术重大贡献奖、科学技术进步奖、技术发明奖、科学技术基础研究奖4个类别。凡是作出突出贡献的个人、组织均可申报科技进步奖项。福建省科学技术进步奖和技术发明奖、科学技术基础研究奖一样，每年评审一次，每年授奖项目不超过200项，分设一等奖、二等奖、三等奖3个等级。资金数额按获奖等级分别为：一等奖5万元，二等奖3万元，三等奖1万元。

1991—2005年经省农业厅推荐的获省科技进步奖共211项，其中一等奖7项，二等奖44项，三等奖160项。获得国家、部技术发明奖、科技进步奖49项，其中一等奖4项，二等奖16项，三等奖29项。

（二）成果中试熟化

2000年，省农业厅、财政厅组织实施《农业科技跨越计划》，这是介于科研计划与推广计划两者之间的农业新技术、新成果、新品种的中试计划。福建省是全国最早设立省级农业科技跨越计划省份之一。

2000—2002年，福建省农业科技跨越计划每年投入300万元，2003年减为250万元，2004年减为200万元，2005年减为185万元。6年间共立项113项，实施102项。

2000年1月24日，下发省农业厅、财政厅共同组织制定的《福建省农业科技跨越计划实施管理办法（暂行）》。2001年9月11日，省农业、财政联合下发《福建省农业科技跨越计划项目验收暂行规定》，由农业厅、财政厅有关人员联合组成省农业科技跨越计划管理办公室，挂靠在省农业厅科教处，负责制定、发布《项目指南》，并负责跨越计划的组织协调和总体部署。办公室下设跨越计划专家委员会。

农业科技跨越计划实施项目合同管理，实行首席专家和承担单位共同负责制。项目资金实行专户管理，专款专用。省农业厅、财政厅每年对资金使用情况进行联合检查或抽查。

2000年，省农科院果树所承担的"优质枇杷新品种早钟6号中试示范"项目立项，在福州、宁德、惠安、云霄等地各建立60亩示范片，经2000年和2001年中试熟化，总结出一套"早钟6号"矮化，优质高产栽培技术。在蕉城中试示范片首次连片种植60亩，三年树龄平均单株结果9公斤以上，品质佳。2005年全省累计推广32.4万亩，平均亩产312公斤，年产值达8.09亿元。

2001年，省农科院稻麦研究所、南平市农科所、福建省种子公司承担的"优质早稻新品种的中试示范"项目立项，2001—2002年在全省各地中试示范，推广地域不断拓展，种植面积不断扩大。

2001年，省农科院果树研究所承担的"特晚熟龙眼新品种'立冬本'产业化示范"项目立项，在福州、宁德建立示范片2个，计200亩。示范基地经专家现场测产验收，新植示范片中3年树龄平均株产1.5~2.5公斤、4年树龄平均株产4.0~5.0公斤、5年树龄平均株产7.5~10.0公斤；高接后3年亩产量278.2公斤/亩。在中国最晚熟的龙眼经济栽培区，种植国内最晚熟的龙眼新品种"立冬本"，使该区域龙眼成熟期推迟至10月下旬到12月中旬，较以往延迟40~70天。

2001年，由省农科院植保所承担的"绿色食品蔬菜主要病虫害防治技术中试"项目立项。2001 2003年，在项目实施地漳州龙海与漳浦建立3000亩中心示范区，主要种植菜用大豆、青刀豆和甜豌豆，以种植两季菜用大豆和一季甜豌豆计算，半均亩产2000公斤、亩产值6400元人民币；以加工后的成品率50%计算，产值约折合美元450万元；主要产品格林牌速冻毛豆、速冻荷兰豆和速冻青刀豆，通过农业部食品质量监督检验测试中心（湛江）14项检验项目的实测结果均合格。经中国绿色食品发展中心审核，产品符合绿色食品A级标准，被认定为绿色食品A级产品，许可使用绿色食品标志，并颁发证书。

福建农林大学园艺学院、省农业厅、平和县农业局承担的"琯溪蜜柚汁胞粒化症矫正技术研究与示范推广"项目（2002年立项），在平和县锦溪集团琯溪蜜柚果园示范应用，效果显著，果园丰产，果实优质，粒化率低。实施4年内，在平和县累计示范推广100万多亩，农民增收2亿元。还开展琯溪蜜柚果实汁胞粒化过程中的活性氧代谢研究，基本查明汁胞粒化与活性氧代谢的关系。研究和示范推广果实冷藏技术，在锦溪集团等企业示范推广应用琯溪蜜柚冷藏储运技术，产品累计出口欧盟超过10万吨。通过采后果实酸化机理研究发现冷藏能较好地克服琯溪蜜柚果实采后酸化的问题。

2002年，三明市农科所主持，福建六三种业有限责任公司共同承担的"优质超高产杂交水稻新组合特优73、Ⅱ优明86及其配套综合技术的示范与推广"项目立项，项目于2004年完成。

2003年，省农科院作物研究所承担了"甘薯新品种福薯2号中试示范"项目立项，2003—2004年在全省甘薯主产区重点示范推广，共育出福薯2号薯苗1470万株，辐射育苗1000亩，种植高产示范片125亩，莆田、惠安、霞浦3个示范点经过跨越办组织验收，平均亩鲜薯产量2721.1公斤，比平均鲜薯亩产2031公斤，亩增690.1公斤，增产33.9%。2003—2005年全省推广福薯2号面积81万亩，每亩增收114.9元，共获社会经济效益9306.6万元。

省农科院茶叶科学研究所承担的"茶叶生物农药产业技术研究开发与应用示范"项目立项，针对福安、周宁、武夷山等茶区的茶树主要害虫种群结构，提出以生物防治为主的综合治理措施，即在示范区推广自主研制的生物农药白僵菌871、茶毛虫核型多角体病毒和韦伯虫座孢菌的基础上，对植物源农药苦参素、除虫菌素的不同剂型茶园适用性及其科学使用技术进行研究，提出了应用白僵菌871防治茶丽纹象甲，韦伯虫座孢菌防治黑刺粉虱、椰圆蚧、茶毛虫核型多角体病毒防治茶毛虫，以及苦参素（苦参碱）、除虫菌素、Bt等混用或轮用防治或兼治茶尺蠖、假眼小绿叶蝉、茶叶螨类与茶树主要害虫的综合治理技术，平均防效在80%以上。2003—2005年共建立4个中心示范片1500亩，示范区茶叶农残检测均合格，亩创经济效益300元以上，辐射示范推广全省10余个县（市）茶区10余万亩，创社会经济效益2000万元以上。该技术的中试熟化，为全省茶叶控残和无公害茶叶生产提供了技术支撑。

2004年，省农科院作物研究所承担的《黑玉米新品种闽紫糯1号中试及产业化》项目立项，在该项目实施中，总结了闽紫糯1号示范推广、配套高产栽培技术、制种技术及产品加工技术，增强了辐射功能。示范推广与产后加工利用并重，示范与辐射并举。是年，开始连续在福州长乐、福清、永泰、琅岐、宁德福安、蕉城、南平将乐、建瓯、泉州惠安等地示范种植。截至2005年年底，累计建立各类丰产片1400亩，测产产量为亩产850~1085公斤，推广种植10500亩，生产"翠庭"牌糯玉米软罐头 2 万件，总产值 60 万元，创利润 7.6 万元。

龙岩市农科所等单位共同组织实施的"甘薯新品种龙薯 1 号繁育与示范"项目立项。经过两年的实施，取得了成效，建立了龙薯 1 号脱毒种薯（苗）繁育体系。试验示范取得了良好的效果，2004 年龙薯 1 号商品薯销售 33345 吨，加工连城红心地瓜干、薯脯等系列产品产量 13500 吨，产品销往各大、中城市。

2005 年，省农科院水稻所承担的"航天育种超级杂交水稻 II 优航 1 号示范推广"项目立项，分别在福建、湖北、广西等 7 个省（自治区）建立一批 II 优航 1 号示范片。其中 4 个百亩示范片亩产超过 700 公斤，万亩片亩产达 674.9 公斤。2005 年和 2006 两年累计生产 II 优航 1 号种子 510 万公斤，种子质量达到目标二级以上，示范片面积 465 万亩，直接经济效益超 4 万元，社会效益超过 2 亿元。项目实施期间，核心技术 II 优航 1 号在福建省审定的基础上，于 2005 年又通过了国家品种审定，并获得农业部植物新品种保护。

2005 年，省农科院茶科所等单位承担的"春兰等茶树新品种的产业化开发与应用示范"项目立项。春兰是茶科所育成并通过省级审定的杂交品种，为铁观音后代，开采期早，品质优，制优率与产量较高；瑞香为黄旦后代，品质优，制优率高，开采期较早。在茶区区试与示范种植，综合经济性状优良，明显超过母本。该项目实施中，茶科所在福安甘棠和华安仙都等地建立了春兰和瑞香的乌龙茶新品种母本园 30 多亩，苗木繁育基地 50 多亩，累计繁育出圃苗木近 1200 万株，在寿宁龙虎山茶场建立春兰等茶树新品种示范基地 100 余亩，在省内外 10 多个产茶县（市）推广种植 4000 多亩，促进了当地茶树品种结构的调整优化，丰富了茶叶产品花色品种。在寿宁龙虎山茶场、福安坦洋茶场等茶区推广生物农药，建立无公害茶叶基地 1 万多亩次，推广 5 万亩次以上。累计增创社会经济效益达 600 万元以上。

三、技术推广

（一）建设科技园区、示范工程

"九五"期间，福州市共组织了 27 个乡镇（街道）参加第三批科技示范乡镇（街道）创建活动，其中有 24 个单位于 2000 年 7 月被省政府授予"福建省第三批科技示范乡镇（街道）先进单位"称号。2000 年，先后建立了 88 个示范村、77 个示范厂（场）、9727 个示范户，形成了乡、村、户（企业）三级科技示范网络；有 18 个科技示范乡镇工农业生产总值达 151.8 亿元，比 1995 年增长 163.31%，其中 5 亿元以上的乡镇有 12 个；第三产业总产值达 40.62 亿元，比 1995 年增长 276.46%。2000 年，漳州市已有 37 个乡镇通过省科委组织的专家验收，被省政府授予科技示范乡镇，在全市已形成粮食、水果、水产、花卉、畜禽、食用菌和蔬菜等产业化基地。

1997年7月，晋江市被省科委确定为福建省农村技术市场试点单位。晋江市成立了领导小组，制订实施方案，组织科技专家顾问团，建立健全农村技术市场工作体系，完善社会化全程技术服务网络，每年举办成果交易会，促进先进实用技术推广应用；2000年4月，由省科技厅组织考核验收，被授予福建省农村技术市场示范市。

"十五"期间，三明市建设沙溪沿岸星火技术产业带，制定五大工程建设实施方案，其中"优质稻产业化示范"和"茶树菇等珍稀食用菌产业化技术开发"2个项目，被列入省科技厅重点星火计划。2000年，栽培珍稀食用菌671万袋，销售收入达498.5万元；建立优质稻三系制种1500亩、二系制种1300亩，建成6个优质稻示范基地1万亩和2个优质稻加工龙头企业；建立丰产竹林培育基地10万亩，建成1万立方米人造竹板厂和150万床竹凉席加工区，全面启动优质水果和优良畜禽产业化示范工程。同年，永春县被授予福建省农村技术市场示范县。

1998—2000年，福清、福安、建阳、新罗4市（区）先后列入全国100个水稻生产机械化示范县。重点建设11个示范乡镇，建立服务队564个，以工厂化育秧和收获机械化为重点，开展水稻系列化作业及机具维修等综合服务。共建立6个工厂化育秧中心，引进5条工厂化育秧播种流水线和配套设备，育秧棚占地面积17790平方米，在示范乡镇完成示范面积4.45万亩，使全省工厂化育秧实现零的突破。同时，大力推广工厂化育秧、机械化栽植、机械深施肥、机械烘干等先进适用的水稻生产机械化技术，完成推广面积117万亩，使4个实施市（区）的水稻生产机械化水平明显提高，平均机耕水平73.9%，机械深施化肥水平72.4%，机播水平7.2%，机收水平5.2%，烘干稻谷1514吨，大大高于全省同期水平。

（二）引种示范与推广

1987—1993年，福建省先后从泰国、美国、日本和中国台湾等地引进龙眼、剥粒菠萝、枇杷、番木瓜、甜杨桃、西番莲和大果番石榴等34.5万株，种子5公斤。繁育推广龙眼、西番莲、晚熟芦柑、太城4号枇杷和剥粒菠萝、天宝香蕉等良种苗木1000多万株，建立引种消化基地350亩，选出优良单株80多个。并围绕龙眼、西番莲、晚熟芦柑及坪山柚、琯溪蜜柚、文旦柚、芒果、剑麻等项目的开发和改造，先后建立热带园艺作物优质龙眼基地2万亩，改造6000亩；引种示范推广"台农4号"剥粒菠萝、泰国龙眼和大果番石榴、西番莲（百香果）、玫瑰茄、药用作物金线莲、砂仁、巴戟天、西洋参等。2000年以后，各地又从中国台湾和泰国等地引进番木瓜、人心果、软枝甜洋桃、莲雾、芒果等优良品种。

20 世纪 90 年代，抗寒高产无性系橡胶、H·11648 杂交剑麻，良种分别达到 65% 和 85%。在果类布局方面，重点开发特早、特晚、特优良种，水果良种化提高到 70%，果品优质率达 70% 以上；早熟、名优特茶叶，良种达到 85%，各类优质茶占 45% 以上；细菜、特种菜和加工菜中的名优品种蔬菜，良种达到 70% 以上，菜类优质率 60%；食用菌、花卉、南药等开发传统品种，各种作物良种达到 80%，优质率 60% 以上。"十五"期间，生产和科研部门又选育和引进一大批优良水果、茶叶、花卉新品种，在各地试种和推广，表现良好。

（三）农机技术示范推广

1. 耕作机械化技术

手扶拖拉机主要牵引铧式犁和栅条犁以及旋耕机，20 世纪 90 年代中期，农机部门推广的驱动圆盘犁由福建农林大学农机系研制成功。水田用手扶拖拉机旋耕作业，是主流耕作方法，到 2000 年之后，铧式犁和栅条基本不用了。

同期，农机部门推广稻草还田机械化技术，由手扶拖拉机驱动旋耕压草机，作业时既旋耕碎土又把稻草压在泥下，起到增加土壤有机质的效果。旋耕压草机由闽清农械厂引进省外技术组织生产。邵武、松溪、连城等地农机企业研制成功与手扶拖拉机配套的旋耕起垄机，一台起垄机工效是人工的 20 倍，大大减轻了农民作垄的工作量，降低了成本。机械起垄技术在南平、三明、龙岩等地区得到广泛推广，到 2005 年年底起垄机达上万台。用于小田块耕作的微耕机也逐步推广，各种精巧可 360 度旋转操作手柄的微耕机特别适合用于大棚种植蔬菜，2005 年微耕机达 0.57 万台。由漳州南冠机械有限公司引进台湾技术生产的田园中耕管理机于 2005 年落户南靖，该机特别适合旱地种植农作物的中耕、除草、起垄、培土。

2. 种植机械化技术

20 世纪 90 年代中期，推广机械抛秧，在沿海和山区种粮大县使用中国农大和江苏等省生产的自走式水稻抛秧机，适合大田作业，效率高，伤秧少，带土下田，返青快，劳动强度轻。

推广机械直播技术采用机械点播，使用广西生产的手拉步行点播机。水稻种子经过浸种破胸露白后，放在直播机的种槽中，在人工拖动点播机的过程时，谷种有规律的通过排种口直接播种在水田里，劳动强度轻，排列整齐，效率高。

90 年代中期，福清引进台湾工厂化育秧技术和二条台湾 139 机械播种流水线。20 世纪 90 年代末到 21 世纪初在龙岩新罗、福安、尤溪、建瓯 4 地建立了 4 条机械化播种流水线，分别是韩国 SH-5M 育秧播种流水线和华南农大精密播种流水线。工厂化育秧采用可控温塑料薄膜大棚育秧，配套采用机械化播种流水线等设备。机械播种流水线主要作业工序是装盘、上土、洒水、播种、覆土。完成后，集中送到催芽室，进行高温催芽，催芽后盘子放在塑料大棚内育秧，育好的秧苗使用插秧机插秧。其优点是育秧规格化，生产规模大、效率高。

2005 年，开始推广水稻机械化育插秧技术，分别在莆田、泉州、漳州、南平等地开展了不同区域、不同种植习惯下的早稻机插秧试验，当年推广水稻机插 1500 亩，实现育秧、栽插、田间管理等农艺配套技术的标准化。

3. 水稻收获机械化技术

20 世纪 90 年代初，全省开始推广使用由福建省机械科学研究院研制、福建拖拉机厂生产的农友 - 90 型微型联合收割机。全省联合收割机的机收面积由 1990 年的 2.71 万亩增加到 1999 年的 21.33 万亩。2000 年，半喂入式联合收割机受到农民的青睐。至 2005 年全省联合收割机的机收面积达到 96.37 万亩。梳穗式联合收割机是继全喂入式和半喂入式联合收割机之后又一种新型谷物联合收割机，21 世纪初福建省机械科学研究院在国内首创研究成功，并小批量生产。

4. 果蔬预冷保鲜技术

果蔬机械式预冷保鲜技术应用始于 20 世纪 80 年代末至 90 年代初。2003 年，省农机鉴定推广站引进微型冷库预冷保鲜技术，在福安等地开展微型冷库预冷保鲜试验、示范和推广，然后在全省农村广泛推广和应用。

推广微型冷库果蔬保鲜技术，可大大降低果蔬采后损失，提高社会、经济效益，果蔬预冷保鲜技术在茶叶、食用菌生产上也得到广泛的推广应用。

5. 农产品加工（莲子烘干）技术

2001 年省农机鉴定推广站与福州三发发干燥设备有限公司合作，进行莲子烘干机械化试验、示范和推广，主要采用禾丰牌 FGH - 1 型柜式干燥机。经过两年多的试验探索，总结出莲子机械干燥工艺规范，并在莲子的主要产区建宁进行示范推广。机械干燥莲子效果好，效率高，一台干燥机一次可烘烤莲子 340 公斤，相当于一般人工烘烤 22 个人的工作量。同时减轻了工作强度，还可节省原木 498 立方米。

6. 热作实用技术示范推广

1996—1998 年，农业部丰收计划项目"解放钟"枇杷丰产高效栽培技术示范推广实施，完成推广应用面积 7.95 万亩。示范片平均亩产 552.0 ~ 742.5 公斤，高接换种示范片平均亩产达 111.0 公斤，3 年平均每亩增加产值 1440 元，投入产出比为 1：2.95。

1997—1999 年，实施国家 948 项目中"割胶新技术示范推广"项目，项目区胶园在减少 38.4 ~ 51.6 割次的情况下，净增产率为 8.2% ~ 28.6%，投入产出比达1：5.72。

2001—2002 年，参与实施农业部"热带水果行动计划"，组织做好良种苗木繁育基地和名优基地建设、水果种质资源收集保护利用、实用配套技术推广、科技培训和水果产业化经营工作。

2002—2003 年，省热带作物研究所开展金线莲栽培技术研究，确定了金线莲化学成分的归属类别，建立一套显微、理化鉴别方法，制定出金线莲地方药材质量标准，填补中国药典的空白。同时，该所还开展香蕉种质资源收集、保存工作，收集香蕉种质资 120 份。

2003—2005 年，参与农业部南亚热带作物办公室组

图 8 - 11 "解放钟"枇杷

织的全国香蕉产业升级"948"项目攻关，研制香蕉采收索道和香蕉采运手推车，实行采后全过程无落地操作，建立"公司＋农户＋基地＋标准"的产业化经营模式，示范基地平均单产 2.6 吨/亩以上，优质品率 80% 以上，平均单价每公斤提高 0.2 元。组织实施"天宝香蕉标准化生产及采后处理技术示范推广"丰收计划项目，示范推广面积 15 万亩。

2004—2005 年，组织实施《永春芦柑产业化技术推广》的跨越计划项目，使芦柑一级果率提高 25% ~ 30%，生产成本降低 25%。联合福建省气象研究所，运用气象研究成果，选择芦柑、枇杷、香蕉、晚熟龙眼、荔枝进行重点区域精细区划，完成《福建热区重点区域特色果树高新技术精细区划》报告，制作区划挂图，开发演示软件，把果树适宜区细化到具体乡镇、村，与传统作物布局比较，科学明确了种植适宜区域。

2005 年，组织"早钟 6 号枇杷丰产优质高效技术示范与推广"丰收计划项目实施工作，累计推广面积 12.73 万亩，平均单产提高 28.4%，果品优质率 80% 以上，亩新增纯收益 584 元，投入产出比 1∶1.94。

（四）科技咨询服务

1. 深入基层服务

1990—1995 年，省南亚热带作物办公室先后开展科技咨询活动近 20 次，参加科技服务人员 200 多人次，举办科普讲座 14 次，听课人员 800 余人次。举办技术培训班 13 期，培训人员近千人次。1995 年，举办"南亚热作发展战略、热作布局调整优化"科技讲座，参加人数 165 人。

1997—2000 年，先后举办橡胶树白粉病防治应用、橡胶土壤与植株营养诊断、

热带南亚热带果树稳产丰产栽培技术、热带花卉栽培技术、果树新病虫害防治技术、剑麻增产技术、龙眼丰产栽培技术等培训，提高农业科技人员业务水平和农民的素质。同时组织科技人员深入产区开展技术咨询技术服务，解决西番莲产销及茎基腐病防治难题。

2003—2005 年，举办香蕉实用技术培训，对果实套袋、平衡施肥、采后处理和产品质量安全管理技术进行系统培训，提高香蕉产品竞争力。

2005 年，组织 6 次科技人员下乡活动，参加科技人员 47 人次，开展科技活动20 次，参加科技人员 100 多人次，提供无偿科技咨询 5 项；举办南亚热作生产管理培训班 2 期，培训人员 80 多人次。漳州市农业部门重视农业科技咨询和培训，2005 年开展咨询服务 21110 次，举办科技讲座 20 期，发放科技资料 3 万多份。全省在开展科技进农家活动中，制作了 1 万多张农业实用光碟和 2000 多份茶叶栽培、养猪等技术资料 28 种，赠送给各县（市、区）农户。

2. 农业服务热线

2001 年，省农业厅统一组建"969155"农业服务热线。2002 年被福建省委、省人民政府列为年度为民办实事项目。当年，9 个设区市、71 个县（市、区）开通，部分县（市、区）还在乡镇建立信息服务站。全省各级政府为"969155"热线建设累计投入超过 450 万元，解决了农业信息服务向农村农民延伸的问题，初步形成直接面对农村农民、内联外延、信息及时的服务网络体系。通过全省统一的"969155"农业信息服务热线，提供农村农民在生产经营过程中需要的政策法规、技术和市场等信息咨询服务。

2002 年，全省各级"969155"农业信息咨询服务机构受理热线电话、上门求助、电子邮件、信函等各种咨询 21 万多人次，现场指导 11000 多人次，组织中高级农业技术人员下乡服务 3000 多人次，直接减轻农民负担和减少经济损失 2.5 亿多元，新增经济效益 3.6 亿元，拉动农民人均增收 19.47 元。

2003 年，所有农业县（市、区）都开通了"969155"农业服务热线，共建立 689 个热线服务站，有专兼职信息员 1200 多人，已形成省、市、

图 8-12 969155 农业服务热线组织专家科技下乡和咨询服务

县、乡四级联动的农业服务网络。部分县、市还开发了智能语音应答系统、农业专家网上咨询系统等软件。是年，福建"969155"农业服务热线共为农民群众提供农业技术咨询、信息服务、涉农法律咨询、涉农投诉受理等各类服务 16.01 万人次，直接赴现场解答和处理 3.55 万次；组织高中级技术人员下乡 11.1 万人次，举办各类技术培训班 4677 场，累计接受培训人数达 21.81 万人次，直接减轻负担和减少经济损失 1.51 亿元，新增经济效益 1.5 亿元。

2004 年，"969155"农业热线服务站从 689 个增加到 710 个，建"969155"信息网站（页）的县（市、区）有 66 个，建立乡镇农业信息服务站 439 个，各级农业部门专职负责"969155"热线服务的工作人员有 400 多人，网络技术人员 110 多人，兼职信息员 2500 多人，基本上做到每个县"969155"服务中心都有 2 名以上专职负责人员和 1 名以上网络技术人员。

2005 年，全省"969155"农业服务热线为农户提供各类服务 25.32 万人次，直接赴现场开展咨询、处理 7.62 万人次，举办培训班 5521 场，为农民直接减轻负担和减少经济损失 1.55 亿元，新增经济效益 1.33 亿元。

3. 援藏服务

2001—2005 年，省农业厅果树站结合福建农业援藏工作，先后 4 次组织专业人员进入西藏的林芝、昌都地区的米林、察隅、墨脱、察雅、左贡、芒康等十多个水果主产县，对当地农业生态、果业生产与果树种质资源，以及重点城镇拉萨、日喀则、八一镇、昌都的果品市场进行实地考察，对西藏自然资源优势，未来果业生产的市场定位与发展设想进行研究分析，撰写发表《西藏林芝地区果树资源开发利用规划设想》、《西藏果树可持续发展战略研究》等论文，以及编著《西藏果树种质资源志》，参与中国工程院束怀瑞院士主持的《中国果树可持续发展战略研究》（西藏部分）研究与撰写，先后向察隅、墨脱提供了枇杷、龙眼、荔枝、香蕉等果类品种。

（五）科技下乡活动

福建省农业科技下乡活动坚持"实际、实用、实效"原则，采用多种途径组织实施，做到活动经常化。1991—2005 年，省农业厅除了参加省委宣传部统一组织的"文化、科技、卫生三下乡活动"外，每年都组织一两次科技下乡活动，有时还实行农业部门的部、省、市、县四级联动，农技推广、科研、教学等部门横向联合组织的科技下乡活动。此类活动规模大，服务范围广。

从 20 世纪 80 年代中期起，全省大专院校开展以"文化、科技、卫生三下乡"为主要内容的假期学生社会实践活动，福建农业学院组织师生参与此项活动。在南平、龙岩等地的农村，由该校教师组成数支专家服务团，长期挂职、驻扎在山乡，成为老百姓心目中的"乡亲教师"。朱朝枝教授自 1984 年到校任教起，就选择到闽

图 8 - 13　省农业厅开展种子科技下乡活动

西北偏远山区下乡驻点开展科教兴农活动，他一边带领农民进行中低产田改造，一边研究和推广高山反季节蔬菜技术，为当地农村带来可观的经济效益。

20 世纪 90 年代初期，省农科院由院领导带领科技人员分赴南平、龙岩、莆田等地（市）开展科技下乡、科技承包活动。1991 年，该院在南平地区投资 1093 万元建立起一个省、地、县试验基地，建立 3 个层次的科技承包服务体系，共实施粮食工程、综合开发项目、试验示范项目等 49 个工程项目。在承包实施过程中，该院采用系统工程的管理办法，开展科技兴农集团承包以粮为主的区域性综合开发利用研究，引进示范一批适用于当地的新技术、新成果，在南平地区连遭水旱灾害的情况下，为该地区增产粮食 6.73 万吨，使之成为当年全省唯一受国家表彰的产粮区。该院新开发并派出科技人员下乡大力推广的甘蔗新品种闽糖 611 - 70，到 1993 年已累计推广 500 多万亩，是覆盖福建和云南的主要品种。

1997 年，全国开展"农业科技推广年"，全省实施"科教兴农年"，当年省农科院发挥自身技术成果和人才综合优势，在建阳、安溪、闽清、霞浦等县（市）实施科技下乡的"十百千万"计划（即：组织编写果树、茶叶、甘蔗、食用菌、花卉、蔬菜、水产等十本农业实用技术丛书、组织百名科技骨干下乡，建立百个示范推广基点、提供千条科技信息、发放万份科技资料）。省农科院通过"抓项目、建基点、搞示范"落实此项计划，以推广良种和实用技术为重点，安排示范推广项目 28 个，建立科技示范点 514 个，送 385 名科技骨干下乡指导，示范推广的粮食和经济作物面积 253.4 万亩，还示范推广畜禽、果树、毛木耳等种养技术，共创社会经济效益 2.455 亿元。省农科院还将常年科技下乡与下派挂职干部、科技扶贫有机结合起来，组装配套先进实用技术成果，推进当地农业生产发展与农村经济繁荣。该院帮助闽北建阳市开展以"十大品种、五项技术、三个模式、一个体系"为主要实施内容的示范推广项目，果树高接换种、小康生态村建设、白羽半番鸭已成为当地农民脱贫致富奔小康的主要项目，仅 1997 年就为当地创社会经济效益 3000 万元。该院在安溪采用研究与引进、示范与推广、培训与扶持等科技下乡方式，帮助当地发展农业生产，共实施水稻、茶叶果树等 9 个项目，覆盖 15 个乡镇，一年中取得社会经济效益 500 多万元。

全省科技下乡工作，还针对当地的主导产业和"一村一品"建设，组织科技服务小分队进村入户，深入农家，开展专家现场技术指导、技术咨询、专题讲座、技术培训、实用技术及成果展示、赠送图书、光盘等多种形式的送科技下乡活动。开展科技下乡活动时特别注重扶持革命老区和民族乡村，帮助他们发展生产。

2002 年，福建农业大学与建阳市马坑村结成对口帮扶对子。师生们下到田间地头，对当地农民进行技术培训和指导，帮助当地建起了杨梅、毛竹、葡萄、脐橙基地，使一批先进适用技术进村入户。2005 年该村农民户均纯收入达到 1 万多元。

2003 年年初，省农业厅根据《全国农业科技年活动方案》和农业部的统一部署，精心组织开展了福建省农业科技年活动，在全省各地统一组织声势浩大的农业科技下乡活动，调整、充实"福建农业信息网"，设立"福建省农业科技年"专栏，与福建电视台、福建人民广播电台、《福建日报》等媒体联合开展多项科普宣传和农技咨询，组织现场报道及农业科技年活动专题报道，组织全省农民科技知识竞赛等。是年，省农业厅被农业部授予"全国农业科技年活动先进单位"，20 名科技人员被授予"全国农业科技年活动先进工作者"荣誉称号。省农业厅表彰了三明市农业局等 22 个"2003 福建省农业科技年活动先进单位"和 57 位"2003 福建省农业科技年活动先进工作者"。

"十五"期间，农业部开始实施农业科技入户工程，在漳浦、安溪两具建立试点，做法是整合农业科研、教育、推广机构等方面的力量，形成政府扶持、市场引导、专家负责、技术指导员包户，促进先进适用农技成果下乡推广、直接进村入户，快速转化的长效机制，形成"村看村，户看户，农民都看示范户"的学科技、用科技的新局面，形成"技术人员直接到田，良种良法直接到户，技术要领直接到人"的推广方式。2004 年，省农业厅在漳浦县设立全国农业科技下乡活动福建分会场，由省农业厅、福建农林大学、省农科院和漳州市政府联合举办"2004 年大型农业科技下乡活动暨农业科技入户示范工程试点县启动仪式"，各设区市同时举办多种形式的科技下乡活动。

2005 年，省农业厅在漳浦县选择 10 个乡镇、100 个自然村，共 1002 户农户作为科技示范户，示范种植早稻面积 2673 亩，晚稻 2150 亩。在实施农业科技入户项目过程中，确保良种良法直接到田、科技要领直接到人。具体做法是县专家组接受部、省专家组培训，技术指导员接受县专家组及各乡镇具体分工挂钩专家的培训，示范户接受技术指导员分村集中培训，将入户个别指导和县专家组不定期的巡回培训结合起来；实行科技入户指导网络与种子农资供应网络结合，农业系统内部各职能站有机结合，良种补贴入户、科技人员直接到户，《科技示范户手册》及科技资料入户。通过这种培训加强了科技示范户的科技接受能力、自我发展能力和辐射带动能力。在专家和技术指导员的指导下，科技示范户选用了高产优质的水稻主导品种（入户率达95%），采用旱育秧、抛秧等先进技术（入户率达98%），抓好适期播种，培育壮秧、合理密植、科学烤田、测土配方施肥、病虫草鼠害综合防治等关键技术环节，起到了示范带动作用。是年，经省、市、县专家测产验收，科技示范户早稻平均亩产510公斤，比普通农户每亩增加62公斤，增幅为13.8%；增收74.8元，增幅为11.4%。示范户晚稻单产537公斤，比普通农户每亩增收90.8公斤，增幅为20.3%；增收127.5元，增幅为18.1%。据统计，全县科技示范户当年水稻平均单产523.5公斤，比全县平均单产亩增89.8公斤，增幅为20.5%；通过农业科技入户项目的实施，全县科技示范户粮食增产335吨，增收50.3万元。

为加强对农民技术员的培训，省农业厅结合实施绿色证书工程、农业科技入户工程和新型农民科技培训工程培训新型农民，为新农村建设提供智力和人才支持。省农业厅根据柑橘黄龙病在省内部分果区造成严重危害的情况，普及柑橘黄龙病防控知识，提高果农科学防控意识。组织专家编印了"柑橘黄龙病危害与防治方法"挂图发放到全省柑橘主产区的行政村，并制作了"科学防治柑橘黄龙病"VCD片。柑橘产区通过举办培训班等形式，广为宣传柑橘黄龙病的防治知识，增强了果农的防控意识，落实了各项防控措施。为提高茶农的综合素质，针对茶树病虫害猖獗危害的实际，省农业厅制作并免费下发"茶树病虫害防治挂图"、"茶树病虫害无公害防治技术"VCD片和"茶树病虫害防治技术培训教材"，通过多种途径加强对茶农的技术培训，提高他们的科学种茶水平，从源头上降低茶叶的农药残留，提高茶叶的质量安全水平。强化农牧业村级农民技术员的培训，增强示范服务能力，依托乡村的农民技术员队伍，发挥科技示范带动作用。2005年上半年全省共组建了100多支科技下乡服务队，受训农民29.6万人次。

福建林学院郑郁善教授长期在漳平农村，向农民传授和推广毛竹丰产技术，一年就使当地的竹产业产值翻了近两番。菌草技术的发明人、福建农林大学林占熺教授，通过扶贫工程实施科技下乡，使菌草技术在全国31个省（市、自治区）321个县（市）"生根开花"，被农民视为"财神爷"。福建农林大学坚持将科技资源配置向农村实用技术倾斜，学校80%以上的科研计划与此相关。专家教授深入农村，从生产实践中"立题"，获取科技需求，而后运用科研成果"破题"，通过科技下乡，使之转化为生产力，推动了全省农村产业结构的调整，促进了农业增产和农民增收。至2005年，福建农林大学共有近百名专家教授在农村担任"科技特派员"和"驻村干部"。

自1993年起，贯彻国务院《关于积极实行农科教结合推动农村经济发展的通知》精神，全省9个设区市、69个县（市、区），近700个乡镇成立了农科教结合组织机构，通过实验、探索，创造了"市抓工程、县抓项目、乡抓基地、村抓大户，建设现代高效农业产业链"的三明市农、科、教结合模式，总结出"围绕龙头抓结合，抓好结合促发展"的沙县农科教结合经验。农、科、教结合促进了农村教育和农业技术培训工作。全省陆续建立了县级农村成人教育中心49所，成人中专40所，农村职业中学102所，农机成人培训学校68所，有980个乡镇和1.2万人村建立了文化技术学校，每年培训各类专业农民技术员30万人次。在开展农、科、教结合示范网络过程中，全省先后建立151个农科教结合示范网络，形成国家、省抓示范区，省、市抓示范县，设区市、县抓示范乡镇的工作格局。同时，有10所农业大、中专院校和8个农业科研院所与示范区（县）开展对口联系共建活动，探索农科教结合的有效方法和途径。

四、学术交流与农业期刊

（一）境外交往

1. 来　访

1991—2005年，共有120多个国家、国际组织和港、台地区1200多人次到福建考察访问、学习交流、培训。

（1）考察交流

1991年4月，古巴蔬菜考察组一行2人，到福建省了解蔬菜科研、生产和供给等情况。5月，伊朗农业部副部长阿赫旺·曼什博士率领伊朗农业代表团一行6人到福建访问，考察农业，学习农业发展经验，探讨双方在农业教育领域内的合作，参观了福建农学院。6月，美国俄勒冈州国际草种公司总裁安德武德和罗迪根据中美两国技术合作要求，到清流县灵地示范农场进行实地验收，考察高山草地，洽谈进一步合作问题。7月，根据世界银行贷款第二期农业科研项目"评估报告"的要求，美国农业部推广局国际项目专家迈克·迈克格尔对顺昌县农业技术推广中心的机构设置、项目计划及管理方法进行咨询。布隆迪旅游整治部部长顾问卡布瓦一行3人对福建进行为期4天的访问，考察乡镇企业和农田水利等。美国夏威夷州食品加工公司农业经理詹姆斯、人事经理蒂莫西到福建进行为期4天的访问。应福建省农业厅邀请，美国MCF远东有限公司亚太地区经理陈楚存、香港事利达洋行经理王斯登女士同期到访，参观福建亚热带水果生产情况，探讨美国农业技术项目与福建省的合作，讨论漳浦果汁厂建设和果汁销售问题。10月，荷兰农渔部工贸司常务副司长博尔率领的荷兰农渔部农业代表团一行11人，应农业部的邀请，来华参加中荷联合农业工作组第六次会议后，到福州、厦门进行工作访问。

1992年1月，日本东京都城北农业协同组访华团一行11人（包括练马、石神井、板桥、大泉四个基层农业协同组合），由日本农业交流协会副会长、东京都农业协同组合中央会会长加藤源藏率领，到福州、厦门进行为期3天的访问，考察南方冬季蔬菜和花卉生产，参观福州市农贸市场和蔬菜研究所。2月，以日本长崎县综合农林试验场场长田崎冈为团长的日本长崎农林科技考察团访问福建省农科院，签订1992—1996年第二轮科技交流备忘录。3月，美国中夏贸易公司执行董事兰伯特等一行4人，应农业部中国农牧渔业国际合作公司的邀请到福建考察访问。访问期间，考察福州菜篮子工程、超级市场等，并进行了座谈。6月，巴西籍华人、农业专家林明田博士，应农业部中国农牧渔业国际合作公司的邀请，到厦门附近的农村以及漳州、东山进行为期3天的考察访问。7月9—18日，世界银行粮农组织红壤二期开发项目最终准备团及世界银行一期项目竣工团一行11人，在团长韦德霍格带领下，到漳州、龙岩、南平地区进行红壤二期项目最终准备和一期的竣工考察。8月，应福建省农业厅的邀请，以冲绳县经济农业协同组合联合会会长理事、冲绳县宜野湾市农业协同组合组合长理事玉那霸清仁为团长、冲绳县农林水生产部部长山城正荣为顾问的日本冲绳县中国农业考察团一行6人，对福建进行为期6天的访问，先后参观福州市台江农贸市场、福州蔬菜研究所、省农科院、福州郊区的农地、农户及福厦沿路的农田、农作物等。11月，应农业部的邀请，美国美华公司一行5人到福建进行为期8天的参观考察、农业技术交流和业务洽谈，考察食用菌生产状况、养鸡场以及农业生产设施，洽谈有关合作项目。11月，应农业部的邀请，美国麦克唐纳公司驻中国香港地区代表克雷格·麦罗兹在农业部胡延安同志陪同下，到福建洽谈合资生产生菜等事宜。12月，日本冲绳县农业部门的果树栽培专家一行6人到漳州进行实地考察，探讨共同兴办种植芒果、荔枝的合资农场。

1993年3月，受澳大利亚初级产品与能源部指派，由联邦科工组织园艺处麦考琪博士和新南威尔士州热带水果研究站拜藤博士组成的"荔枝结果、成熟和育种考察组"到莆田、漳州、龙海、漳浦及省农科院进行为期7天的考察，主要任务是调查有子和无子荔枝品种种子发育、营养需求和生长调节三者之间的关系，两类荔枝品种在耐储存方面的比较，成熟期预测，龙眼与荔枝杂交品种的鉴定和毛螨虫抗性选育。同月，荷兰王国驻华使馆农业参赞范斯达和屠大焰到福建洽谈农业商务，探讨在扩大花卉生产、引进花卉新品种、果品加工和储运、蘑菇加工机械设备以及土豆油炸生产线、水产品加工等开展合作的可能性。5月，日本冲绳县中国农业考察团一行5人到福建进行为期4天的考察，并进行农业交流。考察团由厦门到福州途中参观了莆田糖厂，在福州参观台江农贸市场，与省农业厅进行洽谈、交流。6月，美国驻华使馆农业专家戴安娜·希尼访问福州，了解福建蘑菇生产和加工情况。7月，根据1988年中美两国农业部签署的生物防治合作协议，美国农业部所属夏威夷州农业部的昆虫学家托马斯博士到福建省农科院就茶色丽金龟、叶蝉、棕黄蓟马、果实蝇等园艺植物的害虫及天敌进行调研考察。8月，荷兰驻华使馆农业参赞龙门、荷兰驻中国香港地区农业专员范安恒到福建访问，并同省计委、省经贸委、省农业厅等部门座谈，探讨扩大双方合作的可能性，并访问了漳州、泉州。同月，应全国人大财经委员会的邀请，欧洲议会发展与合作委员会主席萨比夫妇及助手托马一行3人访问福州，了解福建省的改革开放及农村基层组织情况。12月，省农科院与国际水稻研究所联合在福州召开"国际土壤肥力和持久农业协作网计划会议"，来自亚洲、欧洲、拉丁美洲等19个国家的39位外国专家和国内学者参加会议。

1994年1月，日本静冈县中国食用菌生产考察团一行7人到福建福州、古田等地考察食用菌（香菇）生产技术，进行技术交流。10月，应农业部邀请，以哥伦比亚农牧基金会主席弗朗西斯科·希厅内斯为团长的哥伦比亚农业代表团一行14人到福建访问，考察乡镇企业发展现状和农业发展政策，探讨进一步加强中哥两国在农业领域的合作与交流。11月，瑞典驻华公使石白磊率领瑞典商务代表团一行14人，访问福州、厦门，期间，访问团的利乐包装公司代表与省农业厅领导进行座谈。12月，应省政府外事办的邀请，美国俄勒冈州参议员英梅益女士到福建访问，出席福建省为其举行的授予"福建省荣誉公民"仪式，与省特区办、林业、农业等部门座谈，省科委和特区办、省农业厅、林业厅分别介绍了福建草种示范、林业发展规划和合资企业的法律、法规。

1995年3月，加拿大驻中国香港商务处贸易官员Zitayau到福州、厦门进行为期7天的访问，探讨加拿大与福建省在基础设施、农业环保领域合作的可能性。访问期间，与省农业厅领导进行座谈。7月，以色列荔枝专家斯梅尔·加兹特和莫什·欧伦在福建进行为期6天的考察，与省农科院、福建农林大学、省农业厅、福州市农业局有关荔枝专家座谈，参观了农科院的龙眼种植园，并赴泉州、漳州考察，参观漳州千里"荔枝海"，与漳州农业局的专家进行座谈。9月，为增进日本冲绳和福建的双边农业技术合作、交流，日本冲绳县农林水产部农业技术调查团到福建考察，并对1994年召开的"福建—冲绳第一次经济研讨会"上达成的合作项目进行实质性交流。11月，美国驻广州总领事馆农业贸易处农业贸易领事葛瑞福访问福建，拜访了省农业厅、省外经贸委、省有关进出口公司和漳州市有关单位，了解福建省农业发展和相关的外经贸政策、柑橘生产、加工及贸易情况。访问期间，到漳州参观柑橘果园、橙园及加工厂，分别与省农业厅、省经贸厅及省有关柑橘进出口公司进行座谈。11月，由中国农科院柑橘所、华南农业大学和福建省农科院主办的国际柑橘病毒学会第十三届学术讨论会在福州召开，来自美国、法国等19个国家60人以及国内9省、市的35位代表参加会议，开展学术交流。12月，美国驻华使馆农业处专员蕾莎·郝维思一行3人访问福州，了解福建省1995年农业生产、粮食购销、林业资源及加工和有关1996年规划的情况。访问期间，分别与省农业厅、林业厅、粮食厅、饲料工业办公室、省粮油食品进出口总公司和林业总公司进行座谈，并参观了台江农贸市场。同月，由福建省农业厅外经办和省农科院办公室联合筹办的第三届"福建—冲绳经济研究研讨会"在福州召开，就引进双方优良果树品种和栽培技术项目，引进冲绳资金、技术、品种、农业合作项目，农业技术人才交流项目和收集热带、亚热带地区农业遗传资源等的合作问题进行研讨。研讨会商定，双方开展蔬菜、果树、甘蔗等良种及栽培技术交流；每年互派农业调查组 3 次，时间一个月；福建省每年派赴日本研修生 3 名，时间 6 个月；隔年互派短期考察团 1 个，每团 5 人以内，双方对此签订了备忘录。

1996 年 6 月，西班牙伊莎集团总裁访问福州，洽谈农业合作事宜，并签订合作意向书。9 月，美国驻华使馆农业处专员特蕾莎·豪斯一行 3 人访问福州，了解林业生产、加工和销售以及粮食和油菜子的生产情况。与省农业厅领导座谈。10 月，以日本冲绳县农村水产部部长铭滕雄伟为团长的冲绳县农业技术调查团一行 6 人到福州、厦门、漳州、武夷山进行为期 5 天的访问，向福建省赠送花卉、水果、甘蔗等优良品种，就农业技术交流项目以及作物遗传资源等方面，与省农业厅、省农科院等部门开展交流。12 月，应省外办邀请，巴西五大财团之一的伊塔马拉蒂集团总裁奥拉塞尔·弗兰西斯·莫雷斯一行 3 人访问福州，商谈在巴西种植甘蔗、榨糖合作项目等。在闽期间，参观了福建农业大学、漳州糖厂等。

1997 年 5 月，以斯坦普为团长的世界银行检查团一行 4 人到福建检查小流域开发情况和农产品加工进度，进行中期评审和中调讨论。检查团中的一组由斯坦普等 3 位专家组成，检查南平市延平区、顺昌县、沙县和尤溪县等 6 个小流域的开展情况；另一组由克朗伯格负责，检查武夷山市和建瓯市的两个农业加工项目的基础设施筹建进度。8 月，应省农业厅厅长尤玠的邀请，越南农业及农村发展部推广局副局长郭玉恩博士一行 3 人到福建进行为期 7 天的访问，考察了杂交水稻、再生水稻、抛秧技术、茶叶生产与加工，与省农业厅和有关县（市）的农业技术人员座谈交流，并到厦门、莆田、安溪、龙海、同安区等地考察。8 月下旬，应农业部邀请，由日本东京大学名誉教授、农学博士、日本著名的农经学家今村奈良臣率领的日本农业经济学家代表团一行 3 人到福建考察，了解农业条件不同地区农村经济发展及扶贫情况，对漳州市的诏安县、厦门市郊农村进行实地考察，并参观厦门市农贸市场。

1998 年 12 月，西班牙蔬菜和水果协会考察组一行 6 人，应农业部国际合作司的邀请，对福建进行为期 7 天的访问。考察漳州芦荟、橘子和蘑菇的进出口情况、投资环境和优秀加工企业，与有关部门座谈，探讨合资合作的问题。

1999 年 9 月，德国农业部负责绿色食品官员及绿色食品企业代表组成的访华团一行 14 人，应农业部邀请访问武夷山市，探讨福建与德国在有机农业领域技术交流与贸易问题。访问团参观绿色食品茶叶基地，与省绿色食品办、企业交流洽谈，观看茶道表演。

2001年2月，根据第六届"冲绳—福建经济研讨会"上关于相互进行考察交流的决议，日本冲绳县农林水产部农政经济课课长知念政和一行6人到福建进行为期3天的考察，参观日资企业，调查农产品出口日本的情况，实地考察水土流失情况，进行技术交流。5月，巴布亚新几内亚总理莫劳塔爵士率政府代表团到福建农林大学访问。12月，世界银行竣工验收检查团对南平市延平、三明将乐、尤溪等地红壤二期项目区小流域和龙岩市上杭县杭梅饮料厂进行竣工验收。

2001年10月15—18日，由福建省食用菌学会和中国菌物学会、中国食用菌协会、中国农学会食用菌分会联合举办的全国第六届食用菌学术研讨会在福州召开，来自全国27个省（市、自治区）及中国台湾和美国、加拿大、日本、澳大利亚、韩国等15个国家的380名代表参加了研讨会。大会共收到研究论文156篇，入选142篇，作为《中国食用菌》杂志增刊出版。

2001年10月，以菲律宾商联总会理事兼农委会主任高武扬为团长的农业考察团一行20人，到福建省农科院进行农业项目考察活动。省农科院与菲华商总会在北京签订了关于创办现代农业示范农场的谅解备忘录，菲律宾阿罗约总统作为签约见证人出席合作文本交换仪式。是年，福建农林大学派员到菲律宾进行农业考察活动，与菲华商联总会签订《在菲律宾建设菜篮子基地的合作协议书》，菲律宾总统阿罗约出席签字仪式。

2002年9月，以美籍华人、美国棋与茶股份有限公司董事长张大仁为团长，美国棋与茶股份有限公司总裁、副团长彭大应率领的美国茶叶考察团一行10人访问福州，出席"2002年中国（福建）国际茶叶、茶文化博览会"，参观茶叶加工企业，与有关茶叶部门进行商务商谈。

2003年2月，应省长卢展工邀请，南非祖鲁王国古德维尔·孜维勒悌尼国王和王后一行9人到福州、福清、厦门、漳州进行为期7天的访问，了解社会经济发展和农业生产情况，探讨双方在经贸领域合作的问题。访问期间，到福建农林大学调研。4月，根据中韩稻飞虱测报合作项目2003年工作计划，应农业部邀请，韩国农村振兴厅金英秀一行3人访问福建，参加项目工作会议，考察稻飞虱发生情况和中韩测报项目执行情况，培训技术人员等问题进行交流。

2004年3月25日，省农科院与日本长崎县综合农林试验场就人员互派、技术交流等方面签署了第五轮科技交流备忘录。11月，由美籍华人邓隆隆牵线，以美国普纳斯集团总裁米卡勒为团长的美国商务旅游团一行19人到福州、泉州、厦门观光访问，与省农业厅的有关处室负责人、部分设区市农业局领导、外经处工作负责人、相关省级农业龙头企业业主举行经贸洽谈。

2004 年，应台湾中华真菌学会等邀请，福建省食用菌学会一行 10 人赴台访问，讨论了召开海峡两岸食用菌学术研讨会事宜。2005 年由中国菌物学会主办、福建省食用菌学会承办、中国农学会食用菌分会、中国食品土畜进出口商会食用菌分会、中国食用菌协会协办的"首届海峡两岸食药用菌学术研讨会"在福州市召开，来自海峡两岸 23 个省（市、自治区）以及美国等 11 个国家的 230 名代表、专家和福建省有关部门领导、特邀嘉宾参加了会议。大会共收到研究论文 136 篇，入选 110 篇，作为《菌物学报》增刊出版。

（2）培　训

1991 年 8 月，受联合国粮农组织委托，省农科院为 4 名越南、老挝专家培训"柑橘黄龙病综合防治技术"。10 月，福建省农科院为 3 名印度尼西亚学者和越南学者培训"红萍基础理论和应用研究技术"。

1995—2005 年，设在福州的联合国亚太地区食用菌培训中心先后举办了 10 期中国 TCDC（南南合作）食用菌技术国际培训班，培训内容主要有食用菌基础知识、食用菌高产栽培技术、食用菌产品深加工技术、珍稀食用菌栽培和深加工技术、食用菌栽培和加工设备等，培训期间，还围绕食用菌产业发展中的热点和难点问题开展专题讲座。累计有 242 个学员接受了食用菌技术培训。

1995 年 10 月，来自基里巴斯、巴布亚新几内亚、埃及、巴西、阿联酋、朝鲜、韩国、孟加拉国、缅甸、斯里兰卡、泰国 11 个国家的 15 位学员参加培训。1997 年 10 月，来自斐济、埃及、加纳、加蓬、津巴布韦、乌干达、巴基斯坦、蒙古、尼泊尔、沙特阿拉伯、斯里兰卡、土耳其、伊朗 13 个国家 21 位学员参加培训。11 月，来自古巴、墨西哥、加纳、津巴布韦、马拉维、坦桑尼亚、巴西、菲律宾、马来西亚、泰国、土耳其、印度、越南 13 个国家的 16 位学员参加培训。1998 年 10 月，来自萨摩亚、埃及、布隆迪、苏丹、乌干达、塞尔维亚、巴基斯坦、孟加拉国、斯里兰卡、泰国、土库曼斯坦、伊朗、越南 13 个国家的 22 位学员参加培训。2000 年 10 月，来自萨摩亚、斐济、埃及、布隆迪、加纳、津巴布韦、肯尼亚、尼日利亚、乌干达、巴西、匈牙利、巴基斯坦、菲律宾、孟加拉国、尼泊尔、斯里兰卡、泰国、土耳其、乌兹别克斯坦、伊朗、越南 21 个国家的 33 位学员参加培训。2001 年 10 月，来自埃及、加纳、巴西、厄瓜多尔、泰国、塞尔维亚、蒙古、斯里兰卡、土耳其、越南 10 个国家的 20 位学员参加培训。2002 年 10 月，来自汤加、埃及、塞尔维亚、阿曼、巴基斯坦、朝鲜、吉尔吉斯斯坦、黎巴嫩、蒙古、沙特阿拉伯、斯里兰卡、泰国、乌兹别克斯坦、伊朗、越南 15 个国家的 28 位学员参加培训。2003 年 10 月，来自汤加、喀麦隆、肯尼亚、纳米比亚、尼日利亚、坦桑尼亚、巴基斯坦、菲律宾、孟加拉国、缅甸、泰国、伊朗、印度、约旦、越南 15 个国家的 23 学员参加培训。2004 年 10 月，来自斐济、埃及、加纳、喀麦隆、肯尼亚、苏丹、乌干达、爱沙尼亚、马其顿、阿曼、朝鲜、菲律宾、柬埔寨、马来西亚、蒙古、孟加拉国、尼泊尔、斯里兰卡、伊朗、印度尼西亚、越南21个国家的47位学员参加培训。2005年10月，来自喀麦隆、肯尼亚、苏丹、卢旺达、塞拉利昂、菲律宾、蒙古、伊朗8个国家的17位学员参加培训。

2001年2月，福建农林大学援助巴布亚新几内亚的旱

图 8 – 14　2005年国际菌草班开班典礼

稻生产技术项目获得成功，为当地培训了一批种植水稻技术人才。

2. 出　访

1992—2005年，菌草技术国际通过交流自行组团、参加农业部、省政府以及兄弟单位的出访团组、执行农业外援公务等方式，先后共派遣371批873人次赴国（境）外访问、考察，其中省农业厅自行组团71批381人次，省农科院自行组团238批365人次，8批13人次的农业技术人员到塞拉利昂、加蓬、加纳、几内亚4个国家执行农业援助工作；其余是随团出访。出访了53个国家以及中国的香港、澳门和台湾地区，其中美国、加拿大、英国、瑞典、丹麦、澳大利亚、新西兰、巴西、荷兰、法国、以色列等农业发达国家是主要的出访地。访问、考察的主要任务是学术交流、洽谈业务、学习培训、考察学习出访国家和地区的农业发展现状，学习借鉴各国（地区）发展现代农业、农业宏观政策、农业资金管理等方面的成功经验，学习借鉴当地农产品质量认证管理先进经验，学习各国（地区）在发展有机农业方面采取的鼓励政策和措施等，参观考察有关国际农业展览会，了解国际市场行情，促进绿色和有机食品出口，拜访考察国（地区）的农业有关部门，探讨双方进行农业项目合作的可能性。

（1）学术交流

1991年，福建农村发展研究中心高级农艺师陈飞天赴日本东京参加国际第二十二届农业经济研讨会。1月25日，省农科院院长、研究员刘中柱出访印尼参加"国际土壤肥力和稻田持续增产耕作体系协作网实地考察及计划会议"；3月8日，出访菲律宾参加"国际水稻耕作体系生物固氮研究协作网会议"和"国际土壤肥力和稻田持续增产耕作体研究协作网协调员会议"。4月12日，省农科院副研究员林沧出访美国参加"第八届国际固氮学术讲论会"。8月1日，省农科院研究员柯

冲出访泰国参加柑橘黄龙病防治研究项目第四届学术讲论会及项目评估会。9月，福建农业学院叶尚青率团赴马来西亚参加"1991年马来西亚农业贸易博览会"，并到马来西亚农业大学商谈建立校际关系事宜。

1992年3月1日，省农科院刘中柱出访菲律宾参加国际水稻学术研讨会。4月21—25日，省农科院稻麦所副研究员杨聚宝出访菲律宾参加国际水稻学术讨论会。7月1日，省农科院研究员柯冲出访印度参加第十二届国际柑橘病毒学会。7月14—22日，省农科院副研究员陈山虎出访美国参加首届国际作物科学大会。10月6—11日，省农科院副研究员刘德盛出访朝鲜参加植物生长调节剂国际学术讨论会。10月11—17日，省农科院刘中柱出访越南参加国际水稻所主持的若干协作网顾问委员会联席会议。11月，福建农学院副院长潘廷国率团赴泰国甲色·沙特大学考察访问，并商谈建立校际关系。

1993年2月，省农业厅组织市、县农业部门共13人赴哥伦比亚执行为期2年农牧科学研究和技术开发服务项目。3月，省农业厅、福建农学院、省农科院等单位组成的6人代表团赴菲律宾学习、交流水稻生产技术；省农业厅派出农业管理人员和农业专家六人随农业部团赴美国执行为期一年的农业技术合作。4月11—21日，省农科院院长、研究员刘中柱出访澳大利亚访问新英格兰大学并参加ACIAR年会；6月1日，出访泰国参加国际科技合作项目研讨会。8月27日—9月4日，省农科院郑德英副研究员出访日本参加第十五届国际植物学会。

1994年3月23—25日，省农科院院长、研究员刘中柱出访比利时参加热带地区农牧渔体系综合发展研讨会。6月，省农科院副研究员黄世贞被国际水稻研究所聘为顾问，为期一年，开展《评价水稻固氮》合作研究。7月19—26日，省农科院研究员柯冲出访法国参加"第十次国际类菌原体学术会议"。8月25日，省农科院研究员翁伯琦出访斯里兰卡参加第四届生物有机肥亚洲协作网专家会议。

1995年6月，省农业厅梁全顺应澳中经济文化科技交流中心的邀请，赴澳大利亚参加"农牧业管理交流洽谈会"。8月21—23日，省农科院研究员李义珍等出访日本参加第二届亚洲作物学研讨会。

1996年2月14—18日，省农科院刘中柱出访菲律宾参加土壤流失管理协作组会议。11月11—17日，省农科院研究室林沧出访泰国参加水稻高产稳产国际学术会议。11月14—16日，省农科院院长、研究员谢华安出访印度参加"第三届国际杂交水稻研讨会"。

1998年7月5—10日，省农科院副研究员张艳璇出访澳大利亚参加第十届国际蜱螨学术讨论会。10月，省农业厅高级农经师严可仕赴阿根廷、美国参加IFOAM科技大会。

1999年5月15—22日，省农科院植保所副研究员张艳璇出访日本参加第四届国际植食性螨类种群动态学术研讨会。

2000年12月26日，省农科院研究员郑九如出访澳大利亚进行科技交流。

2001年10月5—10日，省农科院茶科所高级农艺师张方舟、研究员吴光远出访日本、韩国参加2001年国际茶文化与茶科学会议。

2002年8月8—16日，福建农林大学党委书记王豫生率团出访俄罗斯，代表学校与俄罗斯莫斯科国立林业大学、国立农业科技大学、圣彼堡国立林业技术大学签署了校际交流合作协议。

2003年3月6日，福建农林大学纪委书记郑才木率领代表团应邀出席巴布亚新几内亚东高地省鲁法区呼拉比举行的学校援巴菌草和旱稻技术培训班结业典礼。

2005年初，福建省农科院生物技术研究所鱼病研究中心与俄罗斯建立了学术往来，由副院长、研究员林天龙担任项目组组长。10月，项目组赴俄罗斯国立医学院参加第二届分子医学与生物安全国际会议，就中—俄间科技合作与俄罗斯国立医学院人类形态学研究所进行了深入协商讨论，签订了进一步合作意向书及合作计划，是年11月，该计划获得国家科技部批准。2005年10月1日，省农科院谢华安出访加拿大参加2005年加—中农业与农业食品高层科学管理论坛。

2005年10月20—28日，省农科院宋铁英副研究员赴俄罗斯参加第二届分子医学与生物安全国际会议。

（2）洽谈业务

1991年9月8日，省农科院院长、研究员刘中柱出访新西兰与新西兰科工部合作洽谈。10月，福建省农业厅副厅长、高级农艺师杨思知等3人和省农科院刘浩官等2人应邀赴牙买加考察洽谈蔬菜、食用菌等农业项目。回程途中，在香港停留4天，同香港雅快旅运公司洽谈合作开发该项目的具体事宜。11月，漳浦果汁厂利用世界银行第二期农村信贷项目，引进一条以生产西番莲、菠萝、橙汁为主的多功能浓缩果汁生产线，经国际招标，美国FMC远东有限公司中标；12月19日，漳浦县康天厚等4人应该公司邀请，赴美国加州福罗里达州进行为期14天的考察果汁加工及销售市场。

1992年5月，省农业厅副厅长姜安荣等5人，赴日本进行考察和洽谈合作项目。9月1日，省农科院副研究员李开本出访阿根廷洽谈和创办食用菌基地。

1993年5月10日，省农科院稻麦所研究员杨聚宝出访越南执行联合国粮农组织项目工作。9月，省农业厅厅长尤玷等4人赴日本洽谈业务。11月，省农业厅农产品加工推广总站站长洪鼎铭赴美国进行第二期红壤开发项目谈判。10月1日，省农科院刘中柱出访菲律宾、印度尼西亚指导土壤肥力协作网卫星点工作。12月，省农业厅高级农艺师林家禄、陈树芬与省中福公司有关人员赴赞比亚考察合资建设糖厂和甘蔗园项目。

1994年3月，福建利用世界银行贷款3000万美元红壤第二期开发项目在美国华盛顿世行总部签字（生效日期是1994年6月21日）。4月，省农业厅副厅长郑美腾等5人赴柬埔寨考察洽谈租赁农业项目。7月，省农业厅副厅长郑则梅等5人赴日本参加经济研讨会和招商活动副厅长姜安荣等4人赴泰国考察洽谈农业合作项目。9月14—29日，省农科院副院长冯玉兰、杨亚包等4人赴美执行中美政府科技交流项目。

1995年1月，受中国贸促会农业分会的委托，省农业厅厅长尤珩等4人赴意大利、德国参加国际农业博览会，代表农业部首次承办1995年意大利维罗纳第97届国际农业博览会中国馆任务。5月，省农办刘钦锐、省农业厅林敏和等5人赴马来西亚、新加坡参加花卉展并考察高科技农业。8月11日，省农科院院长、研究员刘中柱等5人赴马来西亚商洽在国外办企业。11月，省农村能源办公室高级农艺师黄金煌赴马来西亚参加可再生能源利用市场贸易洽谈和考察。

1996年2月，省农业厅副厅长姜安荣和农垦局高咸周赴德国参加商务洽谈。8月，省农业厅副厅长王钧泽出访巴西参观贝贝多罗柑橘研究所并进行科技合作洽谈。10月10日至12月10日，省农科院研究员杨聚宝出访越南执行联合国粮农组织援越技术合作项目。11月3—18日，省农科院研究员刘德胜出访德国参加科技交流与技贸洽谈。

1997年1月15—19日，省农科院院长、研究员谢华安，副院长张伟光出访日本考察了解农业情况洽谈有关业务。9月1日，省农科院研究员刘波出访德国洽谈中德生防合作研究项目。11月20日至12月10日，省农科院副院长、研究员冯玉兰出访德国、西班牙进行科技考察并洽谈合作意向。

1998年4月，省农业厅冯金水等5人赴美国参加1998年超级市场业博览会及洽谈贸易合作。6月，省农业厅高级农艺师林岳辉应韩国农友种苗株式会社的邀请，赴韩国洽谈引进蔬菜新品种。

1999年10月17—26日，省农科院研究员刘中柱、唐飞龙出访泰国、中国香港参加亚太地区第二次持续农业汇集及商谈中药合作事宜。

2000年9月18日至2001年1月18日，省农科院研究员刘波出访德国洽谈中德合作项目。

2002年5月25日至6月3日，省农科院院长、研究员谢华安等赴菲律宾落实农业科技合作项目。

2005年6月1日至8月1日，省农科院研究员郑伟文到瑞典斯德哥尔摩大学开合作课题的研究工作。

（3）考察访问

1991年，副省长苏昌培率农业经济和农业经贸小组共9人到马来西亚、新加坡、菲律宾考察农业、水产业，洽谈合作项目。10月，世界银行红壤项目派出4个团组，分赴泰国、澳大利亚、印度、美国4国考察。根据农业部的通知，福建省利用外资领导小组成员肖祖建、南平地区红壤项目领导小组成员汪涵松随团赴澳大利亚进行为期14天的考察；南平地区红壤项目领导小组成员张进杨和南平地区外资办副主任汪子松随团赴印度香根草及小流域考察组进行为期16天的考察；南平市农业外资办副主任罗志平和南平地区农业外资办技术干部黄建良随"赴美国果树营养诊断培训班"参加为期16天的培训。11月，应新西兰波马克药制品有限公司邀请，省农业厅厅长尤珩等5人赴新考察农、牧业项目。

1992年，省委书记袁启彤率团访问阿根廷、巴西，洽谈输出福建劳务，在阿根廷从事蔬菜生产、农产品加工、出口茶叶，以及输出福建劳务从事海虾养殖、海洋捕捞等合作项目。5月，省农业厅副厅长郑则梅等3人，应泰国辛氏种苗有限公司邀请，赴泰国进行农作物种苗生产及疫情动态考察。10月1日，省农科院党委副书记王新芳等4人赴巴林洽谈农业科技合作。10月，省农业厅厅长尤珩等6人赴乌克兰进行考察、洽谈经济技术和农业科技合作开发事宜。

1993年3月，省农业厅副厅长郑则梅等3人与省农科院等单位4人一起赴菲律宾学习、交流考察水稻生产技术。3月11日，省农科院研究员黄金松出访泰国参加农业综合开发考察。3月下旬，福建省副省长童万亨率农业代表团访问荷兰、比利时，考察了两国的15家农业企业，农产品市场和农业大学的农业设备制造、应用，花卉生产，农产品营销及农业科研、教学；举办农业经济技术交流合作和农业投资环境研讨会；同荷兰农业部签订了在福建建立花卉换站好市繁殖中心；荷兰政府赠款建设福建漳州东区污水处理厂等项目的协议书。省长陈明义率经贸代表团访问阿根廷、巴西，进行农业考察，同阿根廷黑河省签订经贸协定，包括在黑河省进行成片土地合作开发，同阿根廷东方贸易公司联合组建船队在领海捕鱼上岸加工，以及农产品进出口贸易问题等。9月1日，省农科院副研究员李开本等3人赴韩国考察原木灵芝栽培新技术等业务。9月1日，省农科院副研究员钱午巧出访新加坡考察园林绿化技术。

1994年，童万亨副省长率代表团赴菲律宾考察国际水稻研究所，引进50个水稻品种在福建试种。5月27日—6月8日，省农科院副院长、研究员冯玉兰出访日本长崎县综合农林试验场参观访问。6月1日，省农科院副研究员钱午巧出访泰国、新加坡、马来西亚考察花卉栽培技术。7月1日，省农科院党委书记蔡和睦出访菲律宾、香港开展经贸考察。7月10日，省农科院院长、研究员刘中柱等3人赴美考察水稻。

1995年4月10—26日，省农科院党委书记蔡和睦出访西欧考察农产品加工及购销体制。9月，省委副书记何少川率代表团赴澳大利亚、新西兰进行农业考察。

1996年2月，省农业厅厅长尤珩等5人赴印尼、马来西亚考察农业合作开发项目。3月，省农业厅副厅长郑美腾等4人赴巴西、美国进行甘蔗加工项目考察。5月，省委书记贾庆林率领福建经济代表团赴以色列访问。在以色列期间，与以色列伊莎集团洽谈引进以色列暖房设备技术事宜。8月3—22日，省农科院党委书记蔡和睦出访美国考察经济。

1997年7月1日，省农科院研究员刘德盛出访加拿大参加国际高科技博览会和考察活动。8月，省农业厅厅长尤珩等5人应法国尼科斯葡萄酒公司的邀请赴法国、南斯拉夫进行果园管理和水果加工技术考察。1997年11月28日至1998年1月28日，省农科院副研究员李开本出访德国进行合作研究课题总结及考察。

1998年4月14—27日，省农科院副院长冯玉兰研究员出访德国、瑞典进行科技考察及洽谈合作。8月1日，省农科院院长、研究员谢华安等4人出访日本考察农业优良品种培育及经营管理。9月20日至10月5日，省农科院研究员刘德盛出访澳大利亚、新西兰参加2000年科学展览会并赴新西兰考察。12月10—20日，省农科院院长、研究员谢华安等7人赴美考察生物技术与现代农业科技。

1999年8月31日，省农科院院长、研究员谢华安出访澳大利亚、新西兰考察农业科技。9月15日至10月15日，省农科院院长、研究员谢华安等10人赴韩国济州岛考察农业综合开发。11月，福建省副省长丘广钟率代表团赴加蓬、喀麦隆进行农业、林业考察。12月，省农业厅副厅长郑美腾等5人赴澳大利亚、新西兰进行农业考察、业务洽谈。

2000年2月，省农业厅厅长吴建华等4人赴澳大利亚、新西兰、香港考察主要任务是执行省农业厅与澳、中国际商务中心达成的协议；洽谈引进澳新良种繁育开发与鼓励模式，建立福建良种繁育执基地；洽谈派遣省农业厅赴澳大利亚农业研修生项目。6月，省农业厅副厅长肖诗达、厦门市种子公司总经理黄强等4人赴美国、加拿大考察农业，主要任务是与美国旧金山市洽谈农业合作问题，考察美、加两国的农业科技教育体系，洽谈派遣赴美国农业进修生项目。7月，农业厅副厅长姜安荣等5人赴英国、丹麦考察、学习发展现代农业、有机农业的政策和措施，农产品质量管理先进经验，包括质量管理体系、检验体系、市场准入和相关政策措施。12月，省农业厅厅长吴建华等4人赴韩国、泰国考察水稻种植技术，农业产业结构，品种改良，病虫害防治技术等。

2001年8月，省农业厅副厅长朱光荣、省种子总站张轼、能源总站唐航鹰等4人赴澳大利亚、新西兰考察牧场管理、畜产品加工及农产品质量管理体系。9月13—22日，福建农林大学党委书记王豫生率福建省代表团访问巴布亚新几内亚。10月15—27日，省农科院副院长张伟光等4人出访澳大利亚、新西兰进行农业科技考察及智力引进。12月13日，省农科院院长、研究员谢华安、副院长刘波研究员等6人出访法国、德国考察农业科技。

2002年4月，省农业厅厅长吴建华等5人考察团赴南非、埃及农业考察及良种子繁育、保存等技术。6月，省农业厅副厅长胡度南等4人赴澳大利亚、新西兰进行经贸考察。6月7日，省农科院院长、研究员谢华安，副院长刘波研究员等6人出访美国考察农业生物、技术洽谈农业合作事宜。7月，省农业厅肖诗达等5人赴英国、丹麦考察学习现代农业的发展状况、宏观管理、相应的政策及农业结构调整的经验。9月，省农业厅副厅长朱光荣等5人赴日本、韩国考察学习水稻栽培、育种、病虫害防治等技术经验与做法。

2003年1月，省农业厅厅长吴建华等5人赴丹麦、意大利考察农业，了解外向型农业发展及专业化、规模化、产业化经营情况，良种繁育与优质栽培、种子加工、农产品深加工、种子包装标准化技术，农业生产机械化、电气化发展等。2月，省农业厅副厅长叶恩发等6人赴澳大利亚、新西兰考察、学习畜牧业的发展与牧场管理经验，饲料加工与储存技术。3月，省农业厅副厅长王钧泽等5人赴美国、加拿大考察农业推广和社会化服务组织形式、运营机制；农机化安全生产管理的做法与成功经验，畜产品、果产品的加工及农产品市场营销体系。7月，省农业厅副厅长肖诗达等5人赴埃及、南非考察，实地了解两国农业发展现状、学习管理经验，良种交流与合作，农作物植保检验等，并探讨双方进行经贸和农业项目合作的问题。9月，省农业厅副厅长朱光荣等4人赴巴西、阿根廷考察外向型农业发展现状、良种繁育与农业种子加工技术，农产品深加工基地建设、产品营销与储运经验。探讨引进先进的种子加工设备和技术、动植物良种的可能性。9月9—22日，应荷兰荷中文化教育交流中心、南非祖鲁王国国王办公室邀请，福建农林大学党委书记王豫生率团到荷兰、南非进行考察访问。10月，省农业厅副厅长姜安荣等3人赴德国、挪威，考察、学习两国在农业产业结构调整方面的政策、法律法规及具体措施；农业专业化、规模化、产业化的发展趋势，农业流通体系建设、专业良种繁育及推广机构，农作物栽培制度的改进和高效益的创汇农业。

2004年3月，省农业厅副厅长姜安荣等6人赴澳大利亚、新西兰考察、学习农业发展的现状、产业结构调整政策、法律法规及措施；绿色食品发展现状及管理体制；进口农产品的安全要求和控制措施，农业机械在产业化发展中的应用及扶持政策和措施。3月29日，省农科院院长、研究员谢华安等4人赴菲律宾国际水稻所考察水稻科研情况。5月，省农业厅厅长吴建华等5人赴法国、奥地利实地考察与交流，了解两国对华出口农产品的质量和中国出口农产品的质量标准要求及发展外向型现代农业的经验。7月，省农业厅副厅长肖诗达等5人赴日本、韩国考察、学习，了解农产品深加工基地、高效农业、生态农业基地，农产品批发市场，以及农业发展现状和可持续发展经验，探讨引进名、优、稀、特蔬菜和韩国病虫害测报技术等问题。9月，省农业厅副厅长王钧泽等5人赴德国、瑞典考察农业职业技能培训、继续教育管理、职业认证及市场信息化管理、XXI4 饲料技术开发等方面成功经验。10月30日—11月7日，省农科院茶科所郭吉春副研究员出访日本考察茶叶科技。12月2日，省农科院院长、研究员谢华安出访埃及、南非，考察农业科研情况。

2005年1月，省农业厅厅长吴建华等7人赴美国、加拿大，考察外向型农业发展现状、农业专业化经营规模及产业发展趋势，良种繁育与种子加工技术、植物保护、检验与检测领域的先进技术，产品营销储运、农产品是加工基地建设等。4月20—27日，省农科院院长、研究员谢华安等赴菲律宾考察国际水稻所。5月，省农业厅副厅长叶恩发等6人赴巴西、阿根廷参观考察有关国际农业展览会，了解国际市场行情，促进本省绿色和有机食品出口。5月29日—6月9日，省农科院院长、研究员谢华安一行5人赴南非、埃及考察访问。7月，省农业厅副厅长肖诗达等5人赴希腊、俄罗斯，考察农业发展的扶持政策和调整措施；生态农业专用肥和生物农药生产开发的先进技术与经验，生物原料和食物能源的研究和"能源作物"的种植及新技术新工艺推广，食用菌培育和蚕桑研究先进经验。10月，省农业厅副厅姜安荣长等8人赴德国、法国，考察农业专业化、规模经营及产业化发展趋势，政策扶持和调整措施，生态果园管理模式，家庭农场经营者教育培训体系，绿色奶类制品的生产及农产品加工技术，人力资源建设、职业技能培训经验。11月，省农业厅副厅长檀云坤等3人赴泰国、文莱考察了解农业发展情况，探讨促进双方合作渠道，开展农业双向投资促进活动，了解农业投入政策，开发资金、项目资金管理及农业市场、农业科研、生产基地、农产品加工等工作，参观相关企业。

（4）学习培训

1992年7月，省农业厅农垦局局长肖诗达和陈少庚赴新加坡第二期农垦外资项目管理和对外贸易培训班。10月，省农业厅副厅长郑美腾等4人赴新加坡参加农业部农业外经项目培训。11月，省农业厅唐航鹰赴埃及参加为期80天的农业培训。12月，省农业厅黄国成、省热带作物研究所陆銮眉2人赴哥伦比亚参加为期2个月的花卉生产技术培训。

1993年4月，省农业厅孙山应美国德克萨斯 A&M 大学食品蛋白质研究发展中心的邀请，赴美国进行为期半年的培训。

1994年3月，福建省热带作物科研所所长何忠春、庄西卿赴美国进行为期2个月的容器化育苗生产系统及菌根方面技术研究。9月，省农业厅林静赴荷兰法国中国红壤二期项目培训。

1995年3月，省农业厅范超峰、林友照赴美国进行为期1年的农业培训。4月，省农业厅翁定河赴日本参加水稻旱育稀植技术培训。8月，省农业厅经济技术开发中心陈传明赴美国进行为期1年的农业技术培训。

1996 年 10 月，省农业厅会计师林长木赴美国参加世界银行农业项目管理培训。

1997 年 6 月，省农业厅饶美华赴美国参加世行项目监测评价培训。1998 年 5 月，饶美华赴美国参加农业项目监测评价培训。

1999 年 5 月，省农业厅唐航鹰赴美国进行为期 1 年的随团研修。7 月，农业厅倪可羡赴日本进行为期 221 天的研修。

2000 年 3 月，省农业厅红壤二期项目办公室游鸿琳赴新加坡、马来西亚参加世界银行红壤二期项目培训。

2001 年 5 月，福建山湖集团黄永恒、叶为端、姚俊伟三人赴日本山湖株式社工作 730 天。7 月，省农业厅种植业管理局高峰应日本长崎县综合农林试验场邀请，赴日本研修 270 天。

2004 年 10 月，农业厅饲料办的陈贵英赴加拿大进行饲料安全与 HACCP 管理培训，学习其先进的饲料生产技术和管理经验。

2005 年 8 月，省农产品质量安全检验检测中心副主任刘新和绿色食品发展中心农艺师熊文恺赴美国参加农产品质量安全认证培训。10 月，省农业厅植保植检站的王茂明、潘初沂赴韩国参加水稻迁飞性害虫测报技术培训。

（二）援外、国际经济合作

1990—2005 年，福建是承接中国农业援外任务较多的省份之一，先后在 25 个国家承担农业对外援助任务、对外合作项目为世界农民交流协会，非洲的塞拉利昂、几内亚、加蓬、加纳，南美洲的哥伦比亚，南太平洋的巴布亚新几内亚等国际组织和国家，派出研修生及农业专家承担农业技术合作及国家援外项目建设任务，完成了花卉、蔬菜、甘蔗、畜禽、热带水果、沼气、建筑、制糖、酒精等较大规模的种植、养殖及生产加工项目，派出的农业专家和技术人员 900 多人次。

1. 塞拉利昂农糖联合企业国家援外项目

由省农业厅承建的国家援外项目塞拉利昂农糖联合企业始建于 1972 年，总投资 4149.5 万人民币，是农业部门承担的最大援外项目。该企业常年种植甘蔗 1.5 万亩，日榨甘蔗 400 吨，日产酒精 6000 升，到 1996 年累计种蔗 22.05 万亩，产蔗 90 万吨，产糖

图 8-15 塞拉利昂总统莫莫（左四）视察农糖联合企业

7.65 万吨，产酒精 6804 吨。1996 年项目因塞国内战而终止，1991—1996 年，省农业厅分别从仙游糖厂、莆田糖厂、漳州糖厂、度峰糖厂及各地农业部门派出制糖专家和甘蔗种植专家共 110 余名。该项目实施期间，为该国每年减少白糖进口量 75%，节约大量外汇，也为当地企业增加 2000 多个就业机会。

2. 哥伦比亚农业综合开发示范农场项目

1993 年，在农业部国际合作司的支持和指导下，福建省农业厅与哥伦比亚阿劳卡省农业厅签订在农场农业综合开发示范项目，项目建设期 2 年，着重开展水稻、玉米、大豆、蔬菜、香蕉、柑橘种植、畜牧养殖及淡水养殖等方面的技术示范。省农业厅派出以叶道月为组长的 15 名相关专业的农业专家赴阿劳卡省执行项目。通过试种示范，使该地区水稻产量从每亩 200 公斤提高到 400 公斤，香蕉产量从每亩 667 公斤提高到 1667 公斤，牛出栏率从 48% 提高到 85%，还为当地培养了一批农业技术人才。

3. 巴布亚新几内亚菌草栽培项目

1997 年，福建农林大学林占熺教授应邀帮助巴布亚新几内亚东高地省发展菌草栽培食用菌项目。据统计，以林占熺为组长的福建省食用菌专家组，从 1997 年 5 月至 2003 年 3 月先后派出 7 批 29 人次赴巴布亚新几内亚，指导、传授当地人民栽培平菇、毛木耳、灵芝、蘑菇等 7 个食用和药用菌。

4. 加纳"南南合作"项目

2002—2004 年，福建农业部门派出由农作、水利、畜牧、水产和土肥等专业技术人员组成的 17 人专家组和技术员赴加纳，执行联合国粮农组织粮食安全特别计划框架下的"南南合作"项目，他们在加纳 4 个省 5 个项目点 11 个自然村开展了农业技术培训和农田水利等基础设施的维护工作，开展水稻、蔬菜田间试验示范，推广农业实用技术，筛选了一批高产、抗病强的优良品种，其中水稻穴播亩产达 525 公斤，散播亩产达 465 公斤，是加纳全国平均亩产的 3~4 倍，得到联合国粮农组织的好评。

5. 几内亚中几农业合作公司项目

2004 年 5 月，应中国农垦（集团）总公司邀请，省农业厅严挺文参加中国援助西非最大农业项目——几内亚科巴农场管理工作，担任中几农业合作公司副总经理兼科巴农场场长。在严挺文任职期间，科巴农场的水稻单产翻一番，蛋鸡的存栏数、产蛋率、种鸡授精率和出雏率都创建场以来新高。几内亚总统亲自接见严挺文，农场所在地政府博发市还为其颁发了特别贡献奖。

（三）引 进

1991—2005 年，省农业厅通过"9·8 中国投资贸易洽谈会"、"5·18 福州国际招商月"、"漳州漳台经贸恳谈会"以及海峡两岸（福建漳州）花卉博览会等活动，加强对外经贸往来，推动对外招商力度，累计新开办农业外资企业（含台、港、澳地区经贸合作项目）3347 家，其中，福州 411 家，厦门 146 家，泉州 230 家，莆田 228 家，漳州 1434 家，三明 167 家，南平 390 家，宁德 194 家，龙岩 147 家；合同总投资（外资）61.77 亿美元，其中福州 7.31 亿美元，厦门 1.70 亿美元，泉州 3.67 亿美元，莆田 7.32 亿美元，漳州 32.53 亿美元，三明 1.72 亿美元，南平 4.29 亿美元，宁德 1.54 亿美元，龙岩 1.69 亿美元；实际到资 23.49 亿美元，其中福州 4.78 亿美元，厦门 9.30 亿美元，泉州 2.81 亿美元，莆田 1.12 亿美元，漳州 8.73 亿美元，三明 0.70 亿美元，南平 2.51 亿美元，宁德 1.08 亿美元，龙岩 0.83 亿美元。

1. 农业利用外资

1990 年 8 月，农业部在北京召开福建、江西、湖南、浙江、广西 5 省（区）第一次项目准备工作会议。1991 年 3 月 13—16 日，农业部在北京召开了由 5 省（区）项目办主任参加的红壤二期项目第二次准备工作会议。4 月，世行项目官员德士潘德一行 7 人组成的检查团检查了福建、江西红壤一期项目实施情况后，在浙江杭州召开了 5 省（区）红壤二期项目准备工作座谈会。9 月，国家计委委托中国国际工程咨询公司对闽、赣、浙、湘 4 省进行考察论证，并完成了红壤二期项目立项的评估报告。1992 年 2 月 17 日，国家计委批复红壤二期项目建议书，同意在 5 省（区）进行红壤二期项目开发。2 月 20—22 日，农业部在漳州召开 5 省（区）第三次项目准备工作会议。3 月 10 日—4 月 8 日，世行派出了红壤二期项目最终准备团，对 5 省（区）的项目前期准备工作进行了考察，初步确定了项目总体设计方案。1993 年 7 月以斯坦普为团长的一行 8 人在福州对红壤二期项目获得通过。1993 年 12 月 13—17 日，财政部与世界银行就红壤二期开发项目与世行谈判。确定中国红壤二期项目贷款 15000 万美元，其中福建 3000 万美元。1994 年 6 月 21 日红壤二期项目信贷协议开始生效。信贷资金由财政部转贷给福建省政府，年利率 5.3%，承诺费 0.5%，转贷期 17 年（其中包括 6 年宽限期），建设期 6 年。项目执行期从 1994 年 6 月开始实施，计划于 2000 年 6 月完成。

1997 年下半年，根据世界银行中期评价和调整的要求，在按技术标准完成项目工程的前提下，利用出丁汇率变化剩余的信贷资金，扩大小流域开发规模，计划对项目进行中期评价和调整。1999 年 6 月世界银行批准了中期调整计划。调整后的项目总投资额为 52115.8 万元人民币，与评估计划比较，总投资额增加 12573.3 万元人民币，增长 31.8%。将中期调整剩余的 206.21 万元人民币世界银行信贷资金调到其他省。2000 年 9 月 1 日开始，本省调减 3639.35 万元人民币，实际利用世界银行信贷资金为 20763.55 万元人民币。主要调整内容是，新增开发小流域 30 条，将开发治理小流域的数量由 80 个增加到 110 个。扩大诏安尖山小流域开发治理规模，增加新开和改造梯田、改造低产田面积及相关的配套建设内容；

调整部分小流域建设内容和规模，扩大林、竹开发规模，增加了柑橘种植、养猪养禽和培训等规模；取消了小流域部分物资的采购，取消了将乐缫丝厂建设及相应的投资。项目实际完成总投资 54048.2 万元人民币，与中期调整后的总投资额比较，超支 1932.4 万元人民币。项目实施时间从 1994 年 6 月至 2001 年 6 月，该项目分布在南平、三明、龙岩、漳州、宁德等 5 市 25 个县。到 2001 年项目竣工验收，全省 25 个项目县按照世界银行"评估报告"确定的技术标准和小流域的规划设计方案，全面完成了各项建设任务，建设质量好，效益显著，基本达到了预期的目标。全省实际完成总投资 54048.3 万元人民币，其中世界银行贷款 20371.35 万元人民币，各类国内配套资金 32849 万元人民币。全省共完成土地开发 256861.35 亩，各项可灌溉面积 126524.85 亩；新建、改建村级公路 407.55 公里，桥梁、涵洞 45 个（座）；农舍、仓库、管理房等建筑物 17089.38 平方米；作物种植 314444.2 亩；在畜牧和水产业方面，饲养良种母猪 1787 头，育肥猪 143770 头，奶牛 10 头，养鸡、鸭、鹅 27 万只，新建鱼塘 1732.2 亩；沼气池 1090 座，节柴灶 7316 台；采购农业机械设备，投资 1866 万元人民币（303 台），采购各种车辆，投资 1471 万元人民币（142 辆）；采购建筑材料 8960 万元人民币；采购种苗、肥料、农药等 11980 万元人民币；科研投入 241.1 万元人民币；国内培训、考察和技术援助 124326 万元人民币，国外培训考察投资 134 万元人民币；农产品加工项目共投资 3145 万元人民币。

2. 设备、优良种苗

1991—2005 年间，福建农业利用外资引进法国黑梨，日本芦荟和袖珍菇、荷兰豆、向阳白菜、胡萝卜、花生以及中国台湾的番石榴、贡蕉等品种共 6013 个，累计金额 322.19 万美元。利用台资总额位居全国首位，累计引进台湾地区农业良种已达 2500 多个，成为中国最大的台湾良种引进繁育基地，已有 150 多个良种得到规模化推广和应用。

（四）农业期刊

1.《福建农业》

《福建农业》是省农业厅主管的宣传党和政府有关农村农业的方针政策、法律法规、指导全省农业生产的科技（科普）月刊。2000 年，《福建农业》编辑室由科教处移交到厅办公室。2003 年 6 月，《福建农业》实行管办分离，改由省农业厅主管，省信息中心主办。到 2005 年年底，《福建农业》每期发行量为 1.3 万册。主要内容是宣传党的农村工作、农业生产的方针、政策，推广普及农业新技术、新品种、新肥料、新农药及新信息等。

2.《福建农业学报》

《福建农业学报》为综合性农业学术期刊，原刊名为《福建省农科院学报》。

1986—1992 年，《福建省农科院学报》是半年刊，每期 96 页，国内外公开发行，发行方式为自办发行。1993 年由半年刊改为季刊，同时每期页码由 96 页改为 48 页，印刷由传统的铅印改为激光照排胶印，发行方式由自办发行改为邮局发行。1994 年每期页码由 48 页增加至 64 页，并被科技部中国科技信息所列为国家科技论文统计来源期刊（2004 年起改为中国科技核心期刊）。从 1997 年起，该刊全文入编《中国学术期刊（光盘版）》，其后陆续被中国期刊网、维普中文科技期刊全文数据库、万方数据、海峡信息网、英国《Zoological Record》（动物学记录）、中国台湾华艺电子期刊网、书生之家等电子书刊全文收录。1998 年，《福建省农科院学报》更名为《福建农业学报》。1999 年入选中国科技引文数据库来源期刊，2001 年，刊物开本由小 16 开改为大 16 开。2006 年又更改为国际标准的 21 厘米 × 29.7 厘米开本，每期页码由 64 页增至 120 页，并入选中国农业核心期刊（2006 年版）。该刊自创刊以来主管、主办单位均为省农科院，承办单位为省农科院农经与信息研究所。

3. 福建农林专业报刊

《福建农林大学学报》（自然科学版、哲学社会科学版）由福建农林大学主办，向国内外公开发行。此外，学校还编辑出版了《林业经济问题》、《亚热带农业研究》、《武夷科学》、《华东昆虫学报》、《高教理论与实践》等刊物。省内出版的农业期刊还有《台湾农业探索》、《福建果树》、《福建畜牧兽医》、《福建稻麦科技》、《福建茶叶科技》、《福建甘蔗》等刊物，均为专业性技术期刊，报道其特定专业、学科领域的技术、成果和进展。

4. 《福建农业科技》

《福建农业科技》为综合性农业科学技术期刊。从 1993 年起，该刊从传统的铅印改为激光照排胶印。从 1997 年起，该刊全文入编《中国学术期刊（光盘版）》，之后陆续被中国期刊网、维普中文科技期刊全文数据库、万方数据、海峡信息网、超星数字图书馆、书生之家等电子书刊数据库全文收录。2003 年成立首届理事会，共有常务理事单位 4 个、理事单位 13 个、会员单位 17 个。1999—2000 年，增加超大集团为协办单位。从 2002 年起，增加省农学会为刊物第二主办单位。从 2003 年起，刊物开本改为国际标准的大 16 开，每期页码增至 52 页，同时增加省农嘉种业股份有限公司、闽丰科技种业有限责任公司、省农业厅种植业局、省植保植检站、省土肥站、省农村能源总站、省种子协会、省绿色食品协会等 8 家单位为刊物协办单位。2004 年起，每期页码增至 64 页。2004 年 5 月 28 日，在福州隆重召开了"《福建农业科技》公开发行 25 周年纪念暨 2004 年出版与发行工作会议。该刊自创办以来主管、主办单位均为省农科院，承办单位是省农科院农经与信息所（原情报所）。

5. 其 他

《福建热作科技》1975 年创刊，由省农业厅主管，省热带作物科研所主办，每年发行量 6000 册，年发表论文 85 篇，1991—2005 年累计发行刊物 9 万册，发表论文 1275 篇。为加强对南亚热区信息指导，1986 年创办《福建南亚信息》，年发行量 9000 份，累计发刊 80 期，发行量达 8 万份。两种刊物多次受到农业部的表扬。

五、学会活动

（一）福建农学会

1. 组织机构

福建农学会成立于 1951 年 6 月，受中国农学会和福建省科协指导，由省农业厅、省农科院、福建农林大学（其前身为福建农学院）共建的学术团体，挂靠在福省农业厅。属下有全省 9 个设区市农学会，庭园经济、葡萄、农业期刊等 3 个分会和农业气象和西甜瓜 2 个专业委员会。省农学会会长由在职的省农业厅厅长兼任，副会长由省农业厅、农科院、农林大学领导担任。省农学会第五届理事会任期自 1987 年 9 月—1993 年 3 月，会长林桂镗，副会长吴中孚、贺树凯、杨思知，秘书长黄金芳。第六届理事会任期自 1993 年 3 月至 1997 年 12 月，会长尤珩，副会长杨思知、吕柳新、郑金贵，秘书长黄金芳。第七届理事会任期自 1997 年 12 月至 2003 年 11 月，会长尤珩，副会长吕柳新、谢华安、郑金贵、尤民生、肖诗达、黄金芳，秘书长林应雄。2003 年 11 月底成立的第八届理事会，会长吴建华，副会长郑金贵、谢华安、肖诗达、尤民生、刘波、林应雄，秘书长蔡元呈。至 2005 年年底，理事会下设组织、学术、科普、对外科技交流和青年 5 个工作委员会。1991 年以来，省农学会多次被中国农学会评为"先进学会"。1993 年后多次被省科协评为省级"学会之星"和"先进学会"，被省科协、省人事厅授予"1996—2000 年度福建省科协系统先进集体"和"2001—2005 年度福建省科协系统先进集体"。

2. 活 动

（1）学术交流

1991 年，省农学会牵头举办福建省科技兴农与合理开发资源学术研讨会，为合理开发全省山地资源及推广旱地轮作和中低产田改造提出建议。多次邀请国内一些著名的专家学者到福建讲学。是年，邀请中国农业气象研究会会长高亮之到福建作学术报告。1992 年举办 20 世纪 90 年代福建农业发展道路学术研讨会。1993 年联合省农经学会、农业信息学会举办减轻农民负担问题研讨会。1994 年举办高优农业发展有关战略和思路学术年会。1995 年 1 月，配合省科协、省经济研究中心召开福建省创汇农业发展战略和对策研讨会。1995 年邀请中国工程院院士、中国农学会副会长卢良恕到福建考察调研并作学术报告。1996 年举办加快福建农业"两个转变"

学术研讨会。1997 年举办农业综合开发与农业产业化学术年会。1999 年举办福建新世纪农业发展研讨会；是年邀请中国农学会会长洪绂曾一行 4 人来福州进行学术讲座。2000 年邀请全国人大农业委员会法规室副主任姚明扬和中国农科院农经所所长朱希刚到福建讲学。2001 年举办福建省粮食问题与结构调整研讨会；是年邀请中国农学会副会长孙翔、秘书长陈建华一行到高级研讨班讲演等。这些知名专家学者作的学术报告，使会员获益匪浅，既开阔了眼界、增长了见识，又提高了学术水平。2003 年举办全面建设农村小康社会学术年会。2004 年举办食品质量与安全学术年会。2005 年召开提高农业综合生产能力学术年会。这些学术会议上交流的论文资料，分别发表在刊物上；2004 年和 2005 年编辑出版了年会论文专集。农业专家提出的一些重要观点和建议，为省政府决策提供了科学依据。

省农学会重视与台湾同行之间的学术交流，两岸农业界专家学者互访不断。台湾财团法人农村发展基金会负责人王友钊等官员多次到福建访问，省农学会领导尤珩、杨思知、谢华安等也多次率团出访台湾，开展学术交流和现场考察。同时发挥省农学会各分会（专委会）作用，开展了各具特色的学术交流活动。葡萄分会每年开展"葡萄节"学术报告会，庭园经济分会与省乡村休闲发展协会联合召开的海西乡村休闲产业发展研讨会，立体农业分会与庭园经济分会承办的全国立体农业、庭园经济与乡村循环经济研讨会，农业气象专家委员会结合专业特点，开展了作物与气象灾害分析、农业气候区划、生态环境与农业气象服务等专题学术交流。

（2）开展专题调查研究

1995 年，省农学会协助省农业综合开发办组织一批专家，对闽北、闽中、闽南的 13 个县（市、区）农业综合开发和农村经济发展现状进行调研考察，向省政府作了专题汇报，受到省领导的重视。国务院农业综合开发办采纳了考察报告中提出的一些重要建议，为福建农业综合开发增加了千万元的项目经费。学会积极向省市各级农业主管部门争取相应调研课题或项目，组织有关专家开展专题调研，写出高质量的调研报告或科技工作者建议。2005 年，省农学会副会长肖诗达、常务理事洪来水等 5 人撰写的《关于福建省甘薯、马铃薯生产发展的建议》，获省政府颁发的"第五届福建省科技工作者优秀建议奖"。2005 年学会将学术年会《专家论坛》上领导及专家提出的有关提高海峡西岸经济区农业综合生产能力的建议，被省科协评为"优秀建议奖"，福建省副省长刘德章阅后批示省农业厅研究落实。

（3）开展农业科普服务

1997 年以来，省农学会分别在南平市延平区炉下镇洋洴村、建阳市莒口镇马伏村和厦门市同安区洪塘镇郭山村建立科教兴村试点，从智力和资金方面大力给予扶持。多次派出专家下村，从制定规划到因地制宜发展特色产业均给予指导。洋洴村和马伏村 2006 年被全国科协评为"全国科教兴村示范村"。学会根据省内农业和农村经济发展实际和广大基层农技人员的不同需求，多次举办各种不同类型的培训班和研修班。1995年和1999年省农学会分别举办了出国人员日语培训班，每期学习3个月，共培训30人，从中挑选12人到苏州进修，通过中国农学会派出赴日研修生4批9人，已有8人学成回国。1999年和2000年连续办了两期农业高新技术与科学管理研修班，培训学员230余名。

（4）参观考察

①省内参观考察活动

1991—2005年，省农学会多次组织专家及会员在省内进行各类参观考察活动。1995年，省农学会协助省农业综合开发办邀请省内外知名专家学者赴南平、福州、莆田、泉州和漳州的13个县（市），进行农业综合开发和农村经济情况的调查考察，并于考察结束后向省政府作了专题汇报，受到省政府领导的重视。2000年，省农学会邀请离退休的省级"三农"专家教授组成省农学会科技服务团，应邀到大田、南平、安溪、将乐、沙县等地进行调研考察，帮助当地政府探讨、制订农业结构调整方案，规划设计农业科技园区，开发推广名、特、优农产品，解决当地农业和农村经济发展中的热点和难点问题。是年8月，应南安市邀请，省农学会组织福建农业大学教授陈启锋、省农业厅研究员郑鸿钧、高级农艺师杨思知、沈亚军、林敏和、林应雄等到该市考察。考察期间，专家们提出以"全面建设侨乡特色农业"为方向，以大力发展食品加工业、生态旅游农业、绿色食品、外向型农业为新的经济增长点，着重抓好农业集约化、精品化、产业化，实现农业增效、农民增收的建议并写成《南安市农业结构调整指导意见》，被南安市政府采纳并逐步付诸实施。

②省外、国（境）外参观考察活动

自20世纪90年代起，华东地区六省一市农学会经协商决定，每年由各省（市）轮流承办华东地区农学会学术年会，同时开一次华东地区农学会秘书长联席会议，以加强兄弟省、市、同行之间的交流与协作，借此在会议承办地组织参观考察活动，考察重点是当地农业和农村经济发展的先进典型及风土人情。1996年6月底，省农学会组织5个地（市）及县农学会干部30余人赴海南考察农业和农村经济发展情况。1997年9月，由省农学会承办的华东地区"农业综合开发与农业产业化"学术研讨会在厦门召开，有24位厅级领导和数十名专家学者参会。21世纪初，此做法进一步形成制度。

组织赴国外考察活动，1992年7月，省农学会选派省农业干校副校长卢树棋参加中国农学会农业考察团赴日考察农业资源开发情况。1995年省农学会秘书长黄金芳参加中国农学会组团赴日考察农村社会化服务经验。1999年11月，尤珩会长参加中国农学会组团赴韩国考察农业与新村运动。

省农学会组织农学会干部和专业技术人员赴中国台湾对口参观考察、交流。

1998年4月，省农学会秘书长林应雄、常务理事洪来水应台湾"中国农村发展规划学会"的邀请赴台考察，并在中兴大学农业经济研究所举办的两岸农业学术研讨会上进行论文交流，参访人员撰写的8篇论文，被台湾方面汇编入《邀请大陆农学院校教授及官员来台参访计划研讨会资料》。2001年11月，由省农学会组团，省农科院果树研究所许秀淡研究员带队率10人赴台参观考察。

3. 福建省农学会历届理事会成员

福建省农学会第六届理事会

（1993年3月）

名誉会长：林桂镗

顾　　问：洪　海　柯　冲　吴中孚

会　　长：尤　珩

副 会 长：杨思知　吕柳新　郑金贵

福建省农学会第七届理事会

（1997年12月）

名誉会长：童万亨 张明俊 吴建华

顾　　问：杨思知　谢联辉　刘中柱　陈世泽　郑则梅　翁礼炎
　　　　　俞传尧　冯廷铨　沈亚军

会　　长：尤　珩

副 会 长：吕柳新　谢华安　郑金贵　尤民生　肖诗达　黄金芳

福建省农学会第八届理事会

（2003年11月）

名誉会长：童万亨　陈家骅　尤　珩

顾　　问：谢联辉　杨思知　刘中柱　陈启锋　郑则梅　沈亚军
　　　　　林伯达　郑鸿钧　张功宙

会　　长：吴建华

副 会 长：郑金贵　谢华安　肖诗达　尤民生　刘　波　林应雄

（二）福建省农产品市场协会

2003年7月，福建省农产品市场协会成立，会员以农业企业和农产品加工企业为主，挂靠在福建省农业市场与经济信息工作办公室，会员单位有79个，协会内部设秘书处及开发营销与信息产业两个部。协会主要职能是组织开展各项交流活动，承担培训任务，提供信息服务，进行项目评估论证，组织展销活动，推动品牌打造等。到 2005 年，省农产品市场协会设立枇杷分会，会员单位增加到 248 个。

2003 年，承担第一届中国国际农产品交易会福建展团和第二届福建优质农产品推介会组委会的组织筹备工作。

2004 年，承担第二届中国国际农产品交易会福建展团和第三届福建优质农产品推介会组委会的组织筹备工作。

2005 年，承担在厦门举办的全国荔枝龙眼暨特色农产品交易会福建展团的组织筹备工作，承担了 300 个展位的招商、招展工作和专家讲座、项目推介的组织工作。组织专家参加当年名牌农产品的评选工作，举办法律普及和名牌培育等两期培训活动。向广大会员宣传《中华人民共和国公司法》的有关知识，讲解名牌培育的重要性，介绍名牌培育、申报过程必须注意的若干问题。邀请台湾农会苏俊豪到福建访问。

第九章　闽台农业合作

1949 年前后，福建省立农学院（福建农林大学前身）300 多名师生赴台，1970年在台湾地区的福建农学院校友成立"福建省立农学院留台校友会"，1987 年改名为"在台闽农校友会"，开始组织校友到福建访问，疏通交往渠道。1975 年福建省颁发《接待台湾渔民工作的暂行规定》和《台湾与福建省物品来往的试行管理办法》。1981 年，台商张正光在诏安创办全省第一家台资农业企业——诏正水产联合有限公司。1987 年以后，台湾当局有条件放宽了大陆同胞赴台旅游观光和探亲访友的限制，闽台民间交流迅速发展。是年，福建农学院黄历时期（校址称谓）校友在厦门成立"福建农学院黄历同学会"，同台湾校友开展交往活动。闽台农业合作以单向民间交流为主要方式，以亲情、乡情、友情为纽带，通过探亲访友、旅游观光、参观访问等形式。

1990 年，台湾"亚洲农业技术服务中心"（半官方组织，后改称"财团法人农村发展基金会"）农业部成立的"中国农业交流协会"（后改称"海峡两岸农业交流协会"）建立较为密切的两岸农业合作交流关系，双方多次组织台湾农业专家赴闽考察，并开始在东山县实施"东山农业技术综合试验区"、"西屿岛农业引种隔离区"、"鲍鱼育苗及养殖试验"等两岸农业合作试点项目建设，推动东山乃至福建鲍鱼、芦笋等产业的发展。闽台农业合作逐步由暗转明，由单向到双向，由民间到半官方，高层次农业科技学术交流开展。启动有官方背景的闽台农业合作示范项目，台商投资农业出现成片开发投资的势头。

第一节　功能区建设

一、福州与漳州海峡两岸农业合作实验区

1991 年，海峡两岸农业合作以东山为起点，制定了"海峡两岸农业合作试验——东山农业综合试验区"实施方案。1994 年，国务院把漳州市列为国家外向型农业示范区，为加速海峡两岸农业合作创造了有利条件。1995 年漳州市政府制定"漳州海峡两岸农业合作试验基地"的方案。1997 年 4 月 23 日，省农业厅、外经贸委向国家外经贸部、农业部申报将福州市和漳州市列为海峡两岸农业合作示范区。1997 年 7 月 11 日，国务院台湾事务办公室、外经贸部、农业部批准福州、漳州市

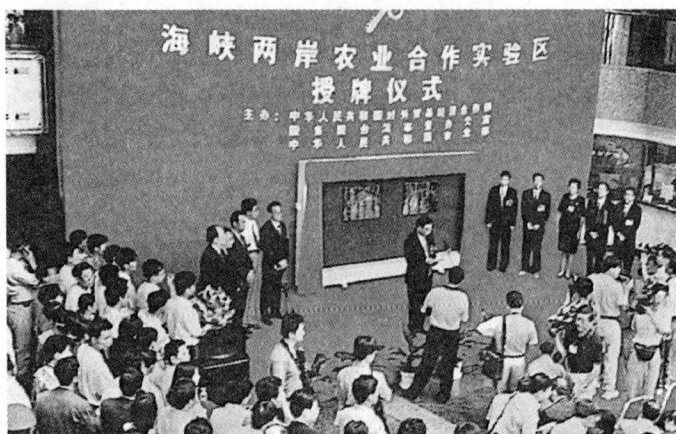

图 9 - 1　1997 年 9 月 8 日在厦门举行海峡两岸
农业合作实验区授牌仪式

为"海峡两岸农业合作实验区"。

1998 年漳州市制定《漳州海峡两岸农业合作实验区发展总体规划》。规划提出，重点发展水产、水果两大支柱产业和蔬菜、畜禽、食用菌、茶叶、花卉、林竹等主导产业建设，建设 2 个中心和 8 个合作区，即农业科技交流中心和海峡两岸农产品营销中心、台湾地区农业良种引进下蔡隔离区、长桥农业园艺科技合作园区、南溪流域耕地综合开发合作区、芗江流域山地综合开发合作区、角美及西浮公路沿线农产品加工合作区、东山湾水产养殖合作区、东山水产品加工贸易合作区、云洞岩—三平观光休闲农业合作区。4 月，出台《漳州市加快海峡两岸（漳州）农业合作实验区建设若干规定》，根据"同等优先、适当放宽"原则，在审批办证、通关验放、投资领域、投资形式、用地方式、产业扶持等方面给予台商方便和优惠。福州市确立以优高农业为重点，包括水产、蔬菜、水果、食用菌、畜禽、花卉、林竹 7 大产业建设，建立南亚热带"优高"农业合作区、山区综合农业合作区、城郊观光农业合作区、沿海渔业合作区、海岛综合开发合作区、绿色食品生产合作区、动植物种苗引进隔离检疫区和加工营销信息中心等，分两批重点建设福清、闽侯、琅岐、连江、罗源、晋安 6 个海峡两岸农业合作示范区。

1998 年 5 月 20 日，为加强海峡两岸农业合作实验区建设工作的领导，省政府成立了福建省海峡两岸农业合作实验区工作领导小组，由省直有关 21 个成员单位组成，由分管副省长任领导小组组长，下设办公室，挂靠在省农业厅，负责推动海峡两岸农业合作的日常管理协调工作。1999 年 4 月 29 日，省政府出台了《福建省海峡两岸农业合作实验区规划》和《关于加快海峡两岸农业合作实验区建设的若干规定》。"若干规定"从投资项目、税收、土地及其他等 7 个方面提出 25 条优惠政策。1999 年 9 月 8 日，《福建省人民政府关于加快福建省海峡两岸农业合作实验区建设的若干规定》在《福建日报》、《福建经济报》刊登，对外发布。2001 年 5 月 10 日全省海峡两岸农业合作实验区工作会议暨闽台合作经验交流会在福州召开，提出发展思路与措施。2004 年 1 月 14 日，国家台办在北京钓鱼台大酒店举行了 2004 年度首次新闻发布会，此次发布会的主题为两岸农业的交流与合作，省农业厅厅长吴建华、福建省台办副主任林卫国参加了新闻发布会，就闽台农业合作有关问题发表讲话并回答了记者的提问。2004年2月24日，全省闽台农业合作经验交流会在福州召开，强调加强机构建设，改善投资环境，拓宽合作渠道，推动闽台农业合作上新台阶。

2005年5月，福建省率先在福州零关税进口台湾部分农产品，福州成为两岸农产品贸易的重要中转站。

截至2005年年底，福州、漳州实验区累计批办农业台资项目1275项，占全省农业台资项目的71.5%，合同台资17.5亿美元，占全省的80.9%，实际利用台资10.64亿美元，占全省的83.8%。福州市累计引进台湾农业良种八大类600多种，大面积推广或种养的有100多种。漳州市累计引进台湾农业良种1600多种，其中大面积推广的有100多种，推广面积100多万亩；引进台湾地区各种先进农业加工设备4000多台（套）、农业种养加工技术600多项。漳州市成为福建省乃至大陆台商农业投资的密集区。

二、海峡两岸（福建）农业合作试验区

2005年3月，按照省委书记卢展工、省长黄小晶对实验区扩区工作的重要指示，常务副省长刘德章、副省长叶双瑜在参加中央对台经贸工作协调小组第三次会议时，向中央提出了将实验区扩区的建议。4月16—18日，农业部组织政策调研组到福建省调研，刘德章副省长代表省政府就扩区规划大纲和政策建议向政策调研组作了系统的汇报。4月25日，省长黄小晶签发了省政府向国务院上报《关于建立海峡两岸（福建）农业合作实验区的请示》。5月25日，副省长刘德章专程到北京向农业部尹成杰常务副部长汇报实验区扩区前期准备工作。2005年6月30日，省委、省政府成立省6个对台工作小组，其中省对台农业合作工作小组由常务副省长刘德章担任组长，工作小组办公室设在省农业厅。2005年7月9日，经中央同意，国务院台办、商务部、农业部正式批复，将福州、漳州海峡两岸农业合作实验区扩大到福建全省，设立海峡两岸（福建）农业合作试验区，作为大陆最大的海峡两岸农业合作试验区。2005年12月5日，省政府将福建省海峡两岸农业合作实验区工作领导小组更名为海峡两岸（福建）农业合作试验区工作领导小组，下设办公室（以下简称省试验区办），挂靠在省农业厅，并新增省科技厅、省气象局、厦门海关、厦门出入境检验检疫局等为成员单位。

2005年4月8日，按照省委、省政府的部署，省农业厅组织省发改委、台办、外经贸厅和省直农口部门的有关人员及台湾问题专家成立编写组，开始集中制定海峡两岸（福建）农业合作试验区发展规划大纲。7月26日，副省长刘德章主持召开省政府专题会议研究试验区建设工作，要求由省农业厅及省试验区办牵头对原有实验区政策进行整合梳理。在原省政府出台的《关于加快福建省海峡两岸农业合作

实验区建设的若干规定》（1999 年）的基础上，吸收全省近几年出台的有关政策措施，经过多次研究和修改，草拟了政策意见初稿，报省委、省政府。2006 年 4 月 5 日省政府第 51 次常务会议审议通过，4 月 28 日省委常委会研究通过，5 月 25 日省委、省政府出台《鼓励和支持海峡两岸（福建）农业合作试验区建设的暂行规定》。暂行规定分为 6 个部分 24 条，主要有：鼓励宽领域的交流与合作，实行优惠的税收政策，提供有利的土地与海域政策，加大财政金融的支持力度，创造便捷的通关环境，保护台商的合法权益等。

在闽台农业合作过程中，漳州市重点实施"2828"工程（建设 2 个中心、8 个合作示范区和 28 个重点合作项目），福州市重点建设 7 个产业、6 个区、1 个中心，并制定优惠政策，构建交流平台。省内各地也发挥独特优势形成一批合作集中区，如龙海的农产品加工产业群，漳浦和漳平的台湾农民创业园，东山、霞浦、连江的渔业合作密集区，海峡两岸（三明）现代林业合作实验区，厦门和南安的台湾农产品集散地，漳浦的花卉生产基地，仙游的甜柿种植基地，清流和德化的台湾早熟梨生产基地，安溪、武夷山、漳平、闽侯、华安等县（市）的茶叶基地等。基本形成了沿海县（市、区）以蔬菜、水果、水产品、食用菌、花卉为主，内陆县（市、区）以水果、茶叶、食用菌、木竹制品、药材和畜牧业为主的闽台农业合作格局。

三、台湾农民创业园

2005 年，开始提出创办台湾农民创业园，利用国有农场的土地资源相对集中、基础设施相对较好的条件，选择一批国有农场规划建设台湾农民创业园，鼓励和支持台湾地区农民和中小农业企业入园投资创业。创业园建设突出发展技术密集型、精致高优型、绿色环保型农业，重点发展设施园艺业、集约化畜禽和水产养殖业、以食品加工为主的农产品加工业和立体休闲观光农业等主导产业，把创业园建成生产、生态、生活和谐发展的现代农业示范区，先期在漳浦、漳平开展台湾农民创业园建设试点。

图 9-2　2005 年在漳浦举行台湾农民创业园揭牌仪式

2005 年初，漳浦县委、县政府开始筹建漳浦台湾农民创业园，首期规划面积 1500 亩，总投资 2500 万元，以发展台湾名优水果、蔬菜和花卉为主，重点建设农产品保鲜加工基地、科技服务中心、创业孵化中心、生活居住区、生产示范区和生态示范区等。11 月 26 日举行了台湾农民创业园开园仪式。2005 年引进台资农业企业 8 家，合同利用台资 1500 万美元，实际到资 600 万美元；首期规划区内共引进台资企业 22 家，主要发展蝴蝶兰生产、种植高优水果、蜜饯食品加工、花卉出口、农业优良品种繁育及种养业开发项目等，总投资 2100 万美元。

2005 年初，漳平永福台湾农民创业园开始筹建，规划建设高山茶生产加工示范区、蔬菜生产加工示范区、花卉生产示范区、避暑休闲和培训园区及台湾良种繁育中心等。是年，漳平永福共有台商投资企业 20 家，其中台资高山茶场 16 家，种植面积 8000 多亩，台资果树种植企业 2 家，种植面积 2000 亩，花卉企业 2 家；永福镇成为全省面积最大的台资高山茶基地，引进了台湾主要茶树良种，先进的永续农业、有机农业和农产品 GAP 管理模式以及先进的制茶设备与工艺，成为乌龙茶标准化生产加工的重要示范区。

第二节　品种技术管理合作

一、良种示范推广

1985 年以后，全省各地通过各种渠道，从台湾地区引进水果、蔬菜、粮食、花卉、食用菌、水产等良种 2500 多个，有 150 多个良种得到规模化的推广和应用，形成大陆最大的台湾良种引进繁育基地。其中果蔬类从台湾引进的主要品种有芒果、木瓜、西瓜、香瓜、金苹枣、火龙果、甜柿、芭乐、蜜雪梨、花椰菜、黄花菜、苦瓜、胡瓜、毛豆、甜豆、甜椒、芦笋、牛蒡等；水稻品种主要有台农 67、台农 70、台农 72、台粳 12、台粳 14、台农籼 19、台农籼 20 等，并利用台农 67 种子选育出粳籼 961；省内的花卉栽培品种从 20 世纪 90 年代初的 3500 多种，增加到 2005 年年底的 7600 多种，新增的 4100 多个品种

图 9－3　引进的芒果品种

大部分从台湾或通过台湾引进，尤其是台商带品种、带资金、带技术投资花卉业，促进了福建花卉产业的发展壮大。通过台资企业直接引进了美国红鱼、澳洲甘脂鱼、吴郭鱼、虱目鱼、九孔鲍、斑节对虾、南美对虾、青石斑、龙胆石斑、菊花江篱等40个优新品种，经过消化、吸收、创新，已在省内推广养殖，其中有20多个品种逐步成为福建水产养殖的当家品种。

二、技术合作

20世纪90年代，先后引进台湾农产品生产、加工设备5000多台套，栽培、养殖和加工先进实用技术800多项，包括种植业的植物组培、脱毒技术，工厂化（设施农业）生产技术，速冻保鲜、包装技术，果树草生矮化修剪整形技术，香蕉套袋、整疏技术；台湾草虾的育苗技术、鲍鱼工厂化养成技术等；畜禽的人工授精技术，饲料配方技术及畜产品综合深加工技术等，以及有机生物肥、植物生产调节剂、新型农药、生物防治、农产品安全监测技术等。

1991年，在台湾"亚农中心"和中国农业交流协会共同推动下，开始在东山开展技术合作，制定了"海峡两岸合作试验——东山农业综合试验区实施方案"，包括建立东山石檀村农业综合试验区，种植芦笋600亩，淡水养殖55亩，农户养猪250头，还有芦笋加工、改善自然村环境等5个项目；建设东山西屿岛农业引进隔离区；进行东山鲍鱼养成合作试验等。1993年，进行芦笋品种引进试种和提供鲍鱼苗增殖试验，由"亚农中心"分3批6人次植保专家进行芦笋病虫防治合作试验，后扩大到漳浦、福清进行合作试验。该项目的实施，推动了东山乃至福建鲍鱼、芦笋等产业的发展。

1995年，在海峡两岸亚热带水果产销研讨会基础上，台湾财团法人农村发展基金会先后派农业专家，在中国农业交流协会和闽台经济文化交往促进会农业分会配合下，到永春、长泰、南靖、漳浦等县进行考察，商定从1997年1月起在永春、漳州实施"海峡两岸（永春芦柑、漳州香蕉）综合技术改进项目"，合作期3年，制订实施方案，从技术合作做起，主要项目有：一是永春芦柑综合技术改进。永春县柑橘良种场、城关镇醒狮农场、湖洋镇农科所柑橘场分别提供幼、中、老龄树果园28亩，作为项目示范点。台湾派有关专家、科技人员，提供必要的技术设备，就芦柑生长栽培、水肥管理、病虫害防治、树型整修、农民培训等方面进行两岸合作。二是漳州香蕉综合技术改进。在漳州市南靖县靖城镇、漳浦县旧镇，由两地提供香蕉园各10亩，台湾派有关专家、科技人员，提供必要的技术设备，进行技术改进和产后处理的营销合作组织建设等方面的合作试验。永春芦柑项目共推行了台湾疏伐改造郁蔽果园、自然草生栽培、修剪培育自然开心树型、疏花疏果、综合防治病虫害、合理水肥管理和改进芦柑分级等7项技术，漳州香蕉项目推广使用了适时清园、合理留萌、单杆护蕉、疏花疏果、果实套袋、科学配方施肥、改进采运方法7项实用先进技术。在1997—1999年的3年项目实施中，邀请台湾专家分别在漳州和永春举办8期技术培训班，培训2000人次科技人员、果农；永春自行举办果农培训班60班次，培训果农1万人次以上；漳州举办果农培训班133期，受训人员近1.2万人次。结合当地实际，编印《芦柑生产综合改进技术实用推广手册》1.5万册、《香蕉综合栽培技术改进实用推广手册》和《香蕉综合栽培技术果农应用手册》1.1万册。通过培训和示范，转变传统生产观念，技术改进在当地产区迅速推广和普及。1999年该项目验收时，取得降低成本一成以上，增加产量三成以上，增加产值五成以上，果农获得增收三成以上的成效。永春芦柑草生栽培法等技术还辐射到四川、广西、湖南等省柑橘主产区。

1999年5月，省水土保持委员会办公室、福建农林大学、福州市水土保持委员会办公室与台湾中华水土保持学会、台湾财团法人农村发展基金会合作在福建农林大学校内建设"福建金山水土保持科教园"。旨在将两岸多年来的水土保持科研成果和实践经验浓缩、集成于其中，建成集科普教育、两岸交流和科学研究于一体的水土保持科教园地。为进一步加强两岸水土保持的交流与合作、普及水土保持知识和提高科学研究水平提供重要的平台。科教园建设内容包括了草皮护坡、香根草护坡、果园山边沟示范、编栅护坡、旧轮胎护坡、草沟、陡坡山边沟结合植草示范区、火烧山迹地自然恢复区、强度剥蚀地自然恢复区、人工模拟降雨区、径流小区、森林水文研究小区、植物园、根箱、土壤整段标本和水土保持与生态环境教育多媒体教室等。2002年5月建成以来，科教园开展了"不同水土保持措施的生态效益及其对果树生长的影响"、"果园生草的化感作用"和"不同水土保持措施控制面源污染的效果"等课题的研究，发挥了普及教育、交流与合作和科学研究的作用。

2000年3月，中国农业交流协会、闽台经济文化交往促进会农业分会与台湾财团法人农村发展基金会商定，拟在福建实施"海峡两岸农业合作福建省果树病害检测技术应用与建立综合防治技术体系项目"。是年，邀请台湾大学植物病理学系苏教授到福建考察，就生物技术（分子诊断试剂）在植物检疫技术上的开发与应用等课题举行专题讲座，并就检测技术合作项目具体事宜进行讨论。6月，闽台

图9-4　2004年全省闽台农业合作经验交流会

经济文化交往促进会农业分会邀请台湾农村发展基金会董事长王友钊等 4 人及农业部台办任爱荣副主任到福建考察，商谈进一步推动闽台农业技术合作事宜，并确定继续支持永春芦柑、漳州香蕉等两个技术合作示范项目扩大成果推广 3 年计划。2001 年 7 月 16—30 日，应台湾财团法人农村发展基金会邀请，闽台经济文化交往促进会农业分会选派省农业厅、省农科院、漳州市农业局 4 名检测技术人员赴台湾大学就"柑橘病害检疫技术与无病苗管理"进行短期培训。

三、经营管理合作

2002 年 5 月，在省试验区办、漳州市试验区办和长泰农业部门的支持推动下，在长泰投资的台商许兴宗，召集 23 家农户，按照台湾水果产销班的运作模式，成立农民经济合作组织——长泰县青果产销合作社。合作社制定出章程、宗旨和任务，选举产生理事会、监事会，并依生产运销过程设置技术部、包装部、运销部等相应机构；采用先进的管理技术，特别是制定出"六统一"方式（即统一生产技术标准、统一集货、统一包装、统一商标，统一运销、统一核算）；经营芭乐、青枣、金煌芒果、玉荷包荔枝等优质水果 2400 亩，水果总产量达 3500 吨；由社里统一向入社会员提供优质果树苗木、优质化肥，指导社员进行科学种植，产品全部由合作社统一回收、加工、包装和销售，通过引进优良的台湾果树品种及先进的管理技术，使入会社员掌握较为先进的果树栽培技术，提升果品的品质，提高商品的档次，增加市场的竞争能力。既优化当地的水果产业，又直接增加了农户的经济收入。在产销合作社带动下，长泰县当年发展珍珠芭乐 3500 亩、青枣 2300 亩、金煌芒果 1200 亩，软枝杨桃 1000 亩，脆桃 3000 亩，枇杷 420 亩。该社被农业部列入全国"百家农民专业合作经济组织"试点单位，是大陆第一家按照台湾产销组织模式，由台湾农民为班长的农民经济合作组织。此外，漳州长泰锦信青果合作社、万桂香蕉专业合作社、漳州龙文区育绿农业合作社和福安松罗乡茶业产销合作社、厦门同安蔬菜合作社等也开展项目试点。在开展项目试点的同时，邀请台湾农业界专家、学者前来考察指导、办班培训。

2004 年 7 月 18—25 日，福州市海峡两岸农业合作实验区办公室与福州市台盟联合举办"榕台农业产销组织研习班"，邀请了台湾大学农业推广系教授、台湾休闲农业学会理事长陈昭郎教授等产销组织专家一行 9 人到福州授课，讲解台湾农业合作社和产销班等农民合作经济组织的基本情况和运行机制，探讨可借鉴的做法和经验，推动两岸农民合作经济组织的交流与合作。

第三节　农产品贸易

闽台农业贸易历史悠久。往来密切。1949 年前就有大批台湾稻米进入福建市场。新中国成立后，在 30 多年的隔离状态中，两省渔民沿袭历史形成的海上渔场共同作业，相互交换渔货，自发地进行以货易货为主的贸易。1980 年，闽台农业贸易开始恢复。1981 年以后，全省先后在沿海口岸设立 17 家对台贸易公司，海上民间交易转到岸上，发展为直接对台小额贸易。同时通过香港地区的间接转口贸易，闽台直接、间接贸易额逐年增加。

1986 年，福建对台贸易分大额贸易与小额贸易两种，并纳入海关监管范围。1993 年 9 月 25 日，对外经济贸易部、海关总署颁布《对台湾地区小额贸易管理办法》。1997 年 4 月 19 日 "厦门—高雄"、"福州—高雄" 航线开通，两岸转口货物的 "试点直航" 开始营运，结束了海峡两岸 50 年没有任何商船直接往来的历史。

2000 年 12 月 29 日，对外经济贸易部颁布《对台湾地区贸易管理办法》。2001 年按照中央部署，积极开展与台湾金马澎地区直接经贸往来。2001 年 12 月 11 日和 2002 年 1 月 1 日，海峡两岸先后加入世界贸易组织（WTO），成为正式会员，开始在 WTO 框架下开展贸易往来。

2002 年 7 月，国务院批准增开泉州港为对台通航港口，与金门、澎湖地区直接往来；2002 年 10 月 28 日，经交通部批准，福州马尾与马祖之间的货物贸易海上直航正式启动。这都为闽台农业贸易发展提供了平台。

为推动对台农产品贸易，福建充分利用独特的区位优势、政策优势和对台贸易基础，布局建设台湾农产品输入的区域物流集散中心，重点建设厦门、泉州农产品物流枢纽中心，构建海峡两岸（福建）农产品批发交易市场体系。2002 年南安石井镇闽台农产品交易市场开始建设。2005 年 3 月，该交易市场部分设施投入使用，被省台办和省外经贸厅分别确定为 "福建省海峡农产品物流中心" 和 "闽台农产品交流批销定点市场"。该项目总体规划占地 800 亩，其中一期在建工程占地面积 120 亩，投资总额达 1.069 亿元；建设 1.8 万吨冷库、5000 平方米标准仓库、4000 平方米加工车间，建成 2.08 万平方米肉类、水产、水果、蔬菜、干果、粮食及深加工食品交易市场，1.5 万平方米复式店铺、2.6 万平方米商务综合楼，配套成集电子商务、仓储加工、物流配送、检验检测、综合服务等多功能为一体的超级市场。市场建成后，预计年交易量可达 50 多万吨、交易额可达 30 多亿元。

2004 年 9 月 13 日，国家质量监督检验检疫总局公告，允许台湾地区莲雾、杨桃、芒果、柚类和槟榔 5 种水果进入大陆销售；11 月 5 日，国家质检总局又公布允许台湾地区输往大陆的水果增加为菠萝、香蕉、番荔枝、木瓜、杨桃、番石榴、芒果、莲雾、槟榔、橘类、柚类、枣子 12 种。

2005 年 5 月初，中共中央台办、国务院台办主任陈云林受权宣布，大陆将台湾水果检验检疫准入品种由 12 种扩大到 18 种，并将对其中 15 种水果实施进口零关税措施。5 月 18 日，第七届海峡两岸经贸交易会在福州举办，会上首次设立台湾农产品展销区。超大现代农业集团受组委会委托，首次与台湾青果商业同业公会等联手，批量组织台湾水果等台湾农产品到大陆展览、销售，通过高雄至福州 3 个货柜、33 吨台湾水果和马祖直运马尾 9.8 吨台湾水果、2.1 吨数十种台湾深加工农产品，参加展销的台湾农产品享受免收税费的优惠。这是台湾水果首次以零关税输入大陆。5 月 23 日，国家质量监督检验检疫总局发布公告，允许产自台湾地区进入大陆销售的水果种类由原来的 12 种增加到 18 种。新增加的 6 种水果是椰子、枇杷、梅、李、柿子和桃。7 月 28 日，商务部新闻发言人宣布，从 8 月 1 日起，对原产台湾地区的菠萝、番荔枝、木瓜、杨桃、芒果、番石榴、莲雾、槟榔、柚、枣、椰子、枇杷、梅、桃、柿子 15 种水果实施进口零关税。此后，福建进口台湾水果迅速增长，2005 年福建共从台湾地区输入水果 402 吨。

2005 年起，厦门开始筹建台湾地区水果销售集散中心，在中埔水果批发市场专设台湾地区水果批发专属区，从原来 5000 平方米扩大至约 2 万平方米，700 多平方米的台湾水果展厅已投入使用，1000 立方米的冷库投入试运行。中埔台湾水果批发专属区集通关、检验检疫、保鲜、营销、集散、中转为一体，为台湾果商进入中埔市场提供软硬件设施支持。可吸引二三百家台商进驻，使中埔水果批发市场成为台湾水果集散中心。2005 年台湾水果通过厦门口岸进口水果 32 批次，计 207 吨，货值 18.2 万美元，厦门中埔水果批发市场成为大陆最大的台湾水果批发销售市场。

2001 年，福建对台湾地区的农产品出口为 500 万美元。2004 年闽台农产品贸易额达 4658 万美元，比 2003 年增长 20.05%，其中福建省对台出口 2844.2 万美元，增长 11.51%；从台湾进口 1813.8 万美元，增长 36.41%，福建省对台湾的农产品贸易顺差达 1030.4 万美元。2005 年闽台农产品贸易额达 6164.4 万美元，其中福建省对台出口 3876.1 万美元，自台湾进口 2288.3 万美元。闽台农产品贸易的进口品种主要以动物饲料、种子、果实、孢子、海产品及动植物油、脂等为主，福建出口品种主要以水海产品、蔬菜、水果为主。

1981—2005 年，福建省累计批办农业台资项目 1783 个，其中漳州 855 个，福州 420 个，厦门、泉州、南平等 7 个设区市共 508 个，合同利用台资 21.6 亿美元，实际到资 12.7 亿美元，其中漳州 7.4 亿元，福州 3.2 亿元，其他设区市 2.1 亿元。农业利用台资在大陆各省、市、自治区中位居第一，成为海峡两岸农业合作密集区。

第四节　考察交流

一、考察活动

从 20 世纪 80 年代至 2005 年年底，到福建考察、学术交流与洽谈商务的台湾地区农、林、牧、渔、水利、气象、水土保持等方面的农业专家、教授、企业家有500多个团组4000多人次，福建赴台考察和培训的专家学者、技术人员有100多批1000多人次。

（一）到福建考察

1989年10月，应中国农科院邀请，台湾地区"中华经济研究院"第一研究所副所长高长博士率农经代表团一行9人到福建省农科院参观访问，并交流座谈闽台两省农业发展问题。

1990年5月15—20日，台湾地区农业主管部门顾问、亚太粮食饲料技术中心主任黄正华等6人，到福建东山县考察农业，表示要开展两岸农业经济技术交流与合作，这是台湾地区半官方农业组织首次到福建考察。

1991年2月，福建省农业厅牵头，以福建省农业厅、省农科院、福建农学院（简称"三农"）为基础，同省科协等有关部门联合成立"闽台经济文化交往促进会农业分会"，开展闽台农业合作与交流，接待台湾地区专家到福建及组团赴台考察，举行专题讲座和学术研讨等活动。11月，省农科院情报所接待了台湾地区著名农业专家王启柱教授，双方就台湾地区有机农业的发展进行了学术交流与研讨。12月，台湾地区农委会秘书长黄正华一行6人到福建商谈海峡两岸农业交流项目。

1992年5月，应中国农业交流协会和闽台经济文化交往促进会农业分会邀请，台湾"亚农中心"派台湾大学芦笋专家洪立教授等人到福建东山、漳浦、云霄等县考察芦笋，并在东山举办芦笋栽培技术短期培训班。这是台湾地区农业专家首次到福建开展专业技术培训与指导。

1993年1月，台湾大学大气科学研究所教授、台湾气象学会理事长陈泰然应福建省气象学会的邀请到福建访问。这是台湾地区气象学者首次到福建进行气象科技考察，他们先后到厦门、漳州、同安、莆田、福州等地气象部门考察，就两岸气象资讯交流以及建立资料交换渠道等共同关心的问题交换了看法。5月，台湾香蕉研究所香蕉产销专家朱庆国教授，应闽台经济文化交往促进会农业分会邀请，到漳州专门考察天宝香蕉生产情况，并举办2天短期培训班。9月，应农业部中国农业交流协会的邀请，中国台湾前"行政院政务委员农业委员会"主任委员王以钊、台湾省政府顾问余增廷博士一行3人，在北京参加"海峡两岸农作物种源研究和利用研讨会"后到福建参观访问，参观福建农学院和福建农科院，并在东山进行实地考察，到厦门参加招商会。10月，台湾糖业联合总公司副总经理汤建广教授应邀赴莆田、泉州、漳州甘蔗产区、糖厂进行专业考察，并作了甘蔗产销和甘蔗综合利用、糖厂技术改进等专题报告。

1994年4月，台湾亚农中心派出农业综合考察组一行5人，由组长屈先泽博士率领到漳州地区考察，了解农业生产情况、畜禽资源、台湾投入农业领域的现状等，参观嘉生、亚细亚食品加工企业、漳浦盘陀天福茶庄开发项目及霞美牛蒡种植业。

1995年9月中旬，台湾"台闽经贸发展协会"魏萼等11人到福建考察，提出建立"福佬经济圈"设想（福建、台湾、港澳及东南亚福建籍侨胞称福佬）。并把建立"漳州闽台农业合作示范区"的设想作为农业交流合作的主要目标。应省水土保持学会邀请，台湾公路边坡治理专家陈振盛到福建开展水土保持科技交流，讲授公路边坡绿化治理技术，进行现场示范指导，为解决公路和高速公路路侧边坡带来的严重水土流失和环境的绿化美化问题提供技术借鉴。

1996年9月，应中国农业交流协会和闽台经济文化交往促进会农业分会的邀请，台湾财团法人农村发展基金会执行长王友钊及有关专家一行到漳州、永春等地考察芦柑、香蕉生产情况，并商谈在永春和漳州开展两岸技术合作项目。11月，台湾陈志宏、吕明雄两位水果专家在永春、漳浦、南靖举办第一次果农及项目技术指导人员的技术培训和现场操作示范。台湾气象学会理事长谢信良为团长的台湾气象访问团一行18人到福建考察访问。闽、台气象同人就今后两岸台风、暴雨预报研究、实时资料交换等问题进行座谈，特别是就两岸重要天气会商等问题进一步交换意见。这次访问是台湾气象界规格最高的一次。

1997年1月、6月、11月，台湾财团法人农村发展基金会派水果专家吕明雄、陈志宏3次到漳州、永春执行海峡两岸水果技术综合改进项目。

1998年7月，台湾嘉义技术学院吕明雄教授到漳州、永春执行两岸水果综合技术改进项目，在当地开展短期技术培训。8月，应省水利学会的邀请，以台湾大学施嘉昌教授为首的台湾水利考察团一行5人在福建进行了水利水电技术考察，并以闽台水资源综合开发利用、水工程新技术、节水技术为主题召开了学术交流研讨会，双方交流论文14篇。这是闽台水利学术团体首次交流活动。11月21—29日，应中国农业交流协会、闽台经济文化交往促进会农业分会的邀请，台湾农村发展基金会董事长王友钊、执行长涂勋、董事葛锦昭等8人，到福建考察海峡两岸漳州香蕉、永春芦柑技术合作项目、琅岐农业项目和武夷山自然保护区；并赴永春参加海峡两岸福建柑橘发展研讨会。

1999年7月12—15日，台湾大学林宗贤教授、嘉义技术学院林芳存副教授到漳州、永春指导两岸水果技术改进项目。8月，台湾大学陈昭郎教授、陈希煌教授一行8人，应闽台经济文化交往促进会农业分会和省台盟邀请，对福州、漳州、武夷山等地进行考察，并参加海峡两岸农产品营销座谈会。12月6—10日，应闽台经济文化交往促进会农业分会的邀请，以台湾嘉农校友总会蔡武璋理事长为团长的嘉农农业考察团一行29人，赴厦门、漳州、泉州、福州等地考察，并参加省农业厅主办海峡两岸农业生产技术及农产品运销座谈会。

2000 年 3 月 24—26 日，台湾大学植物病理学系苏鸿基教授到福建考察，就生物技术（分子诊断试剂）在植物检疫技术上的开发与应用等课题举行专题讲座。并与省农业厅就福建果树病害检测技术应用与建立综合防治技术体系合作项目进行讨论。6 月 1—3 日，台湾中华盆花发展协会一行 20 人，在理事长陈吉雄、秘书长李昆沛的带领下到漳州考察花卉产业的投资环境。8 月，省农科院和省台盟联合举办加入 WTO 与闽台农业发展学术研讨会，来自台湾大学和北京大学等近 50 名专家、学者参加会议。11 月 15—16 日，台湾财团法人农村发展基金会执行长涂勋博士、台湾大学许文富教授到漳州考察两岸农业合作项目。

2001 年 4 月，应闽台经济文化交往促进会农业分会的邀请，台湾财团法人农村发展基金会王友钊董事长、涂勋执行长一行 3 人到福建参观漳州海峡两岸农业合作实验区以及永春芦柑、漳州香蕉两岸农业技术合作项目。6 月 16 日，金门县农会农业考察团一行 138 人，在团长陈宗新带领下，从金门直航厦门，到漳州参观考察农业。这是金门县农业界首次组团到福建参观访问。6 月 21—23 日，应省政府邀请，台湾财团法人农村发展基金会王友钊董事长，参加了闽港澳台经济合作论坛。8 月 1—20 日，台湾专家吕明雄、李堂察教授到永春、漳州、三明考察果树种植情况。9 月 4—7 日，台湾嘉义大学校友总会理事长蔡武璋、执行长杨初雄、嘉义大学农学院院长沈再木等 15 位专家，应闽台经济文化交往促进会农业分会的邀请，参加闽台农业产业合作研讨会，并赴福州、漳州，参观考察福州晋安现代农业示范项目、建新花卉批发市场、漳州花卉博览园、台资企业天福茶庄等。

2002 年 1 月 18 日，省农机局、省农机学会邀请台湾农机界知名专家、台湾大学生物产业机电工程学系教授、财团法人农业机械化研究发展中心主任、台湾农机学会理事长卢福明在福州介绍台湾农机化的情况，台湾农机社会化服务的具体做法，加入 WTO 台湾农机界应对措施等。3 月 15—22 日，台湾中兴大学农经系李朝贤教授为团长，金门县农林渔牧等相关部门人员及台湾中兴大学、海洋大学专家、教授组成的参访团一行 17 人到福建考察，参观了福州、泉州、漳州、厦门四市农业企业与生产基地。金门县农业部门还提出在福建沿海建立 3750～4500 亩高粱酒原料基地的初步合作意向。4 月 8—17 日，应海峡两岸农业交流协会的邀请，台湾财团法人农村发展基金会王友钊董事长和涂勋执行长一行，考察福州、漳州市海峡两岸农业合作实验区和永春芦柑、漳州香蕉等两岸农业技术合作项目以及台资农业企业等。这是台湾半官方农业组织首次到福建考察福州、漳州海峡两岸农业合作实验区。7 月 8—15 日，应省文化经济交流中心游德馨理事长邀请，台湾省农会总干事黄锡星率台湾省农会参访团一行 8 人到福建参访，探讨农业开发与合作项目。10 月 23 日，台湾金门县农试所所长陈世保一行 6 人到福建洽谈水果、蔬菜、花卉、林木等经贸事宜。

2003 年 10 月 14—19 日，应海峡两岸农业交流协会邀请，台湾杰出农民协会理事长施钦雄、名誉理事长陈春明等一行 17 人到福建考察农业。这是台湾农民民间团体首次到福建参访活动。

2004 年 9 月 1—6 日，台湾柑橘策略联盟理事长李海浪为团长、嘉义大学吕明雄教授为副团长的台湾柑橘策略联盟考察团一行 21 人，到福建参观考察。9 月 14—15 日，金门县农会理事长蔡水游率金门县农会参访团一行 39 人，在厦门考察农业良种引进繁育基地、水果引种园区等。闽台经济文化交往促进会农业分会与金门县农会代表在厦门签署福建与金门农业交流合作意向书，达成交流合作共识。

2005 年 11 月 1—12 日，台湾财团法人农村发展基金会涂勋执行长率台湾兰花协会考察团一行 7 人到福建考察厦门、漳州市台资兰花企业。

（二）赴台湾考察

1994 年 3 月 22 日，省气象学会理事长叶榕生，应台湾气象学者周仲岛教授的邀请，参加中国气象学会访问团，赴台湾考察，从此实现两岸气象同仁的双向交流，并就共同关心而又密切相关的天气气候问题进行了广泛的研讨。

1995 年 2 月 27 日—3 月 12 日，应台湾"亚农中心"邀请，省农学会副会长、农业厅副厅长杨思知参加由中国农业交流协会相重扬会长率领中国农业专家考察组，赴台考察活动。

1996 年 4 月 16—25 日，福州动植物检验检疫局长王仲符、厦门动植物检验检疫局长李德平以中国动植物检疫研究会常务理事的名义，参加中国植物检疫专家考察团赴台考察。8 月中下旬，应台湾农场经营协会邀请，三明市农业综合考察团一行 10 人，赴台进行农业考察与交流。12 月 17—26 日，省农业厅经济作物处林敏和、漳州市农业局黄锡栋等 6 人等参加中国农业交流协会任爱荣副秘书长为团长的海峡两岸水果科技项目考察团，赴台考察水果产销情况。

1997 年 12 月，省农业厅副厅长郑则梅率福建省农业园艺作物考察团 10 人应"台湾农村发展基金会"邀请，赴台湾进行海峡两岸农业合作实验区的招商引资、水果技术合作项目、农业园艺作物考察。

1998 年 2 月 24 日—3 月 5 日，应台湾财团法人农村发展基金会王友钊执行长的邀请，省农学会顾问、省农业厅副厅长郑则梅率福建农业（园艺作物）考察团赴台考察，同台湾农业界专家进行座谈与交流，参观农业实验所、研究所、改良场、农场、产销班、农会以及蔬菜、花卉拍卖市场。4 月 13—21 日，应台湾农村发展规划学会的邀请，省农学会秘书长林应雄、常务理事洪来水赴台考察，并在台湾中兴大学农经研究所举办的两岸农业学术研讨会上进行论文交流。此次访台人员撰写的 8 篇论文均收入台方汇编的《邀请大陆农学院校教授及官员来台参访计划研讨会资料》。12 月 21—30 日，省农业厅副厅长姜安荣率福建农产品运销考察团一行 7 人赴台考察，并参加海峡两岸农产品批发市场发展策略学术研讨会。

1999年3—7月，省农科院情报所曾玉荣副研究员赴台湾大学农学院农经系进行为期3个月的学习和研究。4月16—28日，应台湾"中国种苗改进协会"邀请，省政府副秘书长黄琪玉率福建农业考察团一行10人，对台湾农作物品种检疫、培育、农业科研、农产品市场等进行考察。6月，省农业厅副厅长肖诗达率福建省农民运销组织考察团12人赴台湾进行农业考察。7月5—14日，应台湾财团法人农村发展基金会王友钊董事长的邀请，省农学会副会长、农业厅副厅长肖诗达率福建省农民运销组织考察团一行12人（其中农业部2人）赴台考察，探讨农民运销组织合作示范项目。

2000年12月6—15日，应台湾财团法人农村发展基金会邀请，省农业厅副厅长郑美腾率福建省高级农业代表团一行9人（农口单位、财政部、财政厅、漳州实验区的领导）赴台考察。主要了解台湾农业生产现状、市场运销制度、农民运销组织等，探讨与台湾农业协会、商会建立交流窗口与洽谈技术合作项目。

2001年9月6—15日，应台湾大学农业经济系邀请，省农业厅减负办公室肖祖建率福建农业经济考察团一行9人赴台考察，参观访问台大农经系、蔬菜发展研究中心、农业试验所、果蔬生产合作社、农会、产销班、拍卖市场及休闲农业等，并与台湾大学学者举行两岸农业心得座谈会。10月，由从事农业机械设计、农机化技术推广和管理人员组成的福建省农业机械学会考察团一行10人，在省农业机械研究所高级工程师张震率领下赴台湾访问，重点考察台湾的农业机械社会化服务体系建设和管理机制，参观台湾的谷物机械烘干中心和育苗中心、农机具生产企业，探讨两岸农机化合作方面的问题。

12月14—26日，应台湾农田水利会联合会及农业工程研究中心的邀请，省水利厅厅长汤金华率团13人赴台参观考察，并参加闽台两岸农田水利管理及节水技术研讨会，就农田水利建设与管理、节水灌溉及供水新技术应用及推广等方面进行交流探讨。

2002年5月8—12日，闽台经济文化交往促进会农业分会会长吴建华、秘书长黄旭华应邀考察金门县农业情况，金门酒厂以及农、林、水产试验所等。11月13—21日，省农业厅种植业管理局林景元率福建省农业经济作物考察团一行10人赴台考察。学习借鉴台湾生产高质量果品的技术以及果树科研，水果产业化、果品市场建设的经验。6月13—19日，省农科院院长、研究员谢华安、王子奇等10人赴台参加海峡两岸有机农业科技学术研讨会。10月，省农业厅研究员蔡元呈等9人赴台湾考察农业科技与农业发展模式、农业技术推广与科技培训经验和农村产业产销体系建设。

2005年1月5—15日，省农科院水稻研究所研究员杨聚宝等3人赴台湾考察农业科技。2月18—24日，应台湾大学大气科学系教授周仲岛的邀请，省气象局副局长范新强等一行6人随中国气象学会组团到台湾大学参加"海峡两岸气象防灾科技学术研讨会"。

二、学术研讨

20世纪80年代后，闽台农业科技学术交流日益频繁，层次日益提高，探讨领域和内容日益广泛、深入。海峡两岸高层次、大型的农业科技学术研讨会和专业性科技专题报告等在福建省多次举办。湖南省委书记毛致用、国务院农研中心副主任郑重，以及吉林省等领导来函、来人索要台湾农业研究材料或咨询。

1981年厦门大学60周年校庆期间，该校台湾研究所举办台湾问题学术讨论会，全国有关方面的专家、学者与会，分别就台湾的经济、政治、社会、历史等问题进行探讨。省农科院情报所吕从周、杨辉等出席会议，提交的"台湾的农业生产结构"论文，被选入论文集出版。

1989年5月18—20日，受国务院农村发展研究中心的委托，由省农村发展研究中心、福建省农科院和福建省台湾研究会共同主持的大陆首次台湾农业研究学术讨论会于在福州举行，出席会议的有来自北京、上海、广东、江西等省及省内各有关单位的专家学者和全省各地市的农委负责人60多人，大会收到论文57篇，宣读21篇。代表们就台湾农业的历史、现状与发展趋势，闽台农业发展比较等专题进行了探讨与交流。大会宣读了《致台湾农业科技界同仁书》，呼吁海峡两岸加强农业科技交流，探讨发展农业现代化的新途径。

1991年，省农业厅召开"三农"专家顾问组参加的台湾农业专题学术研讨会，省农科院情报所为会议提供大量台湾农业研究材料，并在会上作专题发表。1991年和1995年，省科委、省农工委、省教委组织全省科教宣讲团，省农科院情报所杨辉研究员参加宣讲团，先后在厦门、漳州、泉州及福州的福清、永泰、闽清等地作闽台农业合作与交流的专题宣讲。8月，由中国农业交流协会和台湾"亚农中心"联合召开，闽台经济文化交往促进会农业分会和省科协闽台科技交流中心联合主办，在福州举办"海峡两岸农作物改良研讨会"，参加研讨会的专家、教授有55位（其中台湾18位），交流论文52篇。会议就海峡两岸水稻、甘薯、玉米、高粱、大豆、甘蔗、柑橘、蔬菜、芦笋及杂草10个门类的农作物改良，进行交流研讨。省科协闽台科技交流中心、省昆虫学会、福建农学院在福州联合举办"海峡两岸昆虫学研讨会"。有台湾昆虫界专家9人和大陆专家70人到会参加研讨。10月，东山县在省有关部门的支持配合下，召开东山·闽台农业经济技术合作交流恳谈会。有来自台湾的农业专家、学者和工商界人士138人参会，对东山作为海峡两岸农业合作的新起点和发展前景、闽台农业综合试验区及台商投资区进行考察、论证。

1992年8月，台湾闽农校友会组织"闽农校友农业考察团"一行14人，到厦门、漳州、泉州、福州进行农业考察和学术交流。在福州期间，同"三农"专家就有关粮食生产、良种推广和农业经济管理方面进行交流，提交12篇论文，赠送各地一批水稻、水果、蔬菜良种、种苗，以及农业科技实用技术资料。考察团回台后，提出在福建建立农业综合试验区，开启两岸第三类接触，开展闽农校友间第三条交流合作渠道的建议方案。8月，由省野生动物保护协会、台湾东海大学环境科技研究中心主办，中国野生动物保护协会、省科学技术协会协办，在武夷山自然保护区召开首届海峡两岸保护野生动物学术研讨会。到会的两岸专家、学者43名，围绕两岸之野生动物保护、自然保护区与国家公园的设置、经营管理措施及未来发展趋势进行探讨，提交学术论文、交流报告共37篇。

1994年11月1—4日，海峡两岸农地水土保持学术研讨会在武夷山召开。参会专家共56人，其中来自台湾8人。主要研讨水土保持理论、技术问题，并交流防治经验，还参观了建阳市坡地果园水土保持示范区。

1995年7月，由省水利水电厅主办的海峡两岸防汛抗旱救灾技术交流研讨会在福州召开，同时举办台湾金门抗旱技术专题研讨，探讨实施福建向金门供水可行性问题。来自海峡两岸的专家、学者33人参加了会议。副省长张家坤接见了台湾地区、金门地区、香港地区8位专家。在漳州市举办95'漳州海峡两岸农业合作与发展研讨会，台湾农业界有关专家、教授、企业家57位以及大陆省内外有关专家共110多位应邀到会，两岸专家撰写30多篇论文，就漳州创办"海峡两岸农业合作试验基地"、"闽台农业营销中心"、"闽台农业大学"等农业合作初步设想，进行论证、探讨。与会人员还实地参观考察，探讨研究，取得共识。10月，中国农业交流协会、台湾"亚农中心"、省农业厅联合在福州召开"海峡两岸亚热带水果产销研讨会"。参加研讨会的有来自两岸的专家教授、农业管理人员、农产运销企业家和农业专业协会等方面代表46人（其中台湾14人），提交论文34篇。与会人员就亚热带水果生产发展、栽培技术、果园管理和果品运销方面的经验和问题进行交流和探讨。

1996年9月8日，在厦门举办海峡两岸农业交流与合作论坛会。中国农业交流协会副会长徐静、台湾财团法人农村发展基金会执行长王友钊、台湾生物开发中心董事长陆之琳、漳州市委书记曹德淦等发表讲话。

1998年11月20—22日，在武夷山召开海峡两岸（南平）农业开发研讨会。参加会议的台湾代表有49人、大陆的代表有70多人，就南平农业开发问题进行研讨，并进行项目推介与招商，签订有关农业合作协议。11月24—25日，闽台经济文化交往促进会农业分会在永春召开了海峡两岸福建柑橘发展研讨会，大陆农业界有关人士40多人参加，并邀请台湾财团法人农村发展基金会董事长王友钊等5人参会，就两岸柑橘发展问题进行研讨，台湾有 4 篇论文，大陆 7 篇论文。其间，台湾考察团还考察漳州香蕉、永春芦柑教授合作项目、琅岐农业项目和武夷山自然保护区。

1999 年 12 月 6—10 日，闽台经济文化交往促进会农业分会与台湾嘉农校友总会共同举办海峡两岸农业生产技术及农产品运销座谈会，两岸专家 40 多人与会，就加入 WTO 后，闽台农业生产技术及农产品运销等问题进行交流。

2000 年 11 月 12—13 日，福建省农科院、省农业厅、省科技厅共同举办新世纪海峡两岸农业科技发展战略研讨会，大陆方面有 30 位专家学者，台湾有 5 位农业专家在会上宣读论文。专家就两岸农业科技发展、运销体系建设、加入 WTO 后的对策等课题进行交流。

2001 年 9 月 4—5 日，闽台经济文化交往促进会农业分会与台湾嘉义大学校友总会在福州联合召开闽台农业产业合作研讨会。台湾嘉义大学校友总会理事长蔡武璋、执行长杨初雄、嘉义大学农学院院长沈再木等 15 位专家、教授和省农业厅厅长、闽台经济文化交往促进会农业分会会长吴建华，福建农林大学校长郑金贵、福建省农科院副院长冯玉兰等福建农业界 60 多位专家、学者及行政官员与会参加研讨，有 20 多篇论文在会上发表交流。会上成立了"闽台农业合作专家顾问团"，由福建和台湾各推荐 10 名农业专家组成。12 月 19—21 日，海峡两岸茶文化交流会在安溪召开。交流会由中国茶叶流通协会、台湾中华茶人联谊会、台湾省茶商公会联合会、泉州市政府、省茶文化研究会共同主办，安溪县政府承办。全国政协副主席张克辉、原全国人大常委会副委员长王汉斌、全国政协常委胡平、省政府常务副省长张家坤等领导应邀到会，数十家台湾茶商及 1000 多位两岸茶叶界人士到会。会议期间，举行海峡两岸茶王邀请赛、茶文化研讨、博览、旅游、茶产品订货会、经贸投资洽谈及商品展销等茶事活动。

2002 年 1 月 17—18 日，由福建省农科院、省农业厅、省科技厅联合在福州召开海峡两岸绿色食品产业发展战略及技术对策学术研讨会。两岸有关领导、专家 70 余人出席会议，提交学术论文 30 多篇，探讨两岸绿色食品产业发展现状、行业标准与质量控制、生产模式与栽培技术、发展前景与对策等。7 月 28—31 日，由中国生产力促进中心协会、中国食品科学技术学会、省农业厅、省科技厅、省科协、省乡镇企业局、福州大学、福建农林大学与台湾财团法人食品工业发展研究所、台湾食品科技学会等联合在福州召开海峡两岸食品科学研究、开发及农副产品加工区研讨会。台湾食品工业研究所刘廷英所长、食品科技学会颜国钦理事长、海洋大学陈幸臣副校长等食品科技界、企业界知名人士 65 人到福建参会。研讨两岸食品产业发展现状、加入 WTO 后的应对措施与发展战略、两岸食品产业界、教育界与科技界的合作与交流。10 月 23—24 日，由省科学技术协会、中国园艺学会、中国农学会庭院经济分会、台湾大学农学院园艺学系、省园艺学会、省农学会庭院经济分会共同主办，在厦门召开"海峡两岸园艺发展学术研讨会"。台湾 5 所大学 30 多位教授专家，大陆各省园艺界知名人士 50 余人与会参与研讨。两岸专家共提交大会论文 70 多篇。11 月 18 日，台湾农田水利会联合会与省水利学会在福州召开闽台农田水利技术研讨会，重点进行"WTO 与水利"为主题的学术交流。中国水利学会、台湾水利学会联合会及其分会、省水利学会、福建农林大学等单位的专家学者 50 多人参加会议。

2003 年 11 月 29 日，在漳州举行第七届新世纪中国农业发展高层专家论坛暨第二届漳州脑库论坛。会议由漳州市政府主办，漳州综合开发研究院、北京信则经济发展研究中心、漳州市委农办承办。此次论坛主题是加入 WTO 后海峡两岸农业（花卉）发展与合作。与会专家围绕加入 WTO 后海峡两岸农业（花卉）发展与合作的主题，对中国农业和农村经济形势、国家政策环境、农业产业化与国际化、中国花卉产业发展趋势、加入 WTO 以来中国农产品国际贸易形势、加强海峡两岸农业合作的策略和措施、花卉科研在产业化进程中的作用、转基因技术与花卉产业发展等方面问题进行研讨。

2004 年 11 月，在第六届海峡两岸（福建、漳州）花博会期间，组委会组织召开海峡两岸农业交流与合作暨花卉产业发展、联合国"南南合作"食用菌技术应用、海峡两岸现代生态园林雕塑艺术等系列论坛，邀请著名专家学者到会讲课，开展学术研讨、技术交流。12 月，在台北市举办第三届海峡两岸科技兴经济论坛。两岸专家学者 100 多人与会，通过专题演讲等形式，围绕生命科学与人类未来开展学术研究。

2005 年 11 月 28—29 日，在漳州花博园召开海峡两岸农业科技合作高峰论坛。两岸农业科技领域的专家学者 300 多人与会，通过主题报告、专题演讲等形式，就如何建立海峡两岸农业科技交流平台，推动海峡两岸农业科技合作等方面的问题展开讨论。同时举办全国花木盆景艺术论坛。来自省内、湖北和台湾等 20 个省市的 100 多名花木盆景专家及业界代表开展了广泛的交流研讨。11 月 29 日，在漳州花博园召开全国海水健康养殖与水产品质量安全学术研讨会，研讨会由中国水产学会、省海洋与渔业局主办，中国水产学会海水养殖分会、漳州市海洋与渔业局、漳州市台商贸易商会共同承办。来自大陆 11 个省 150 多名水产养殖专家与会。会议共收到论文 89 篇，内容涉及海水养殖的生物安全技术，海水综合养殖技术，养殖环境保护，生态养殖技术，养殖疾病的综合防治技术以及渔用药物的安全使用技术等各个方面。

第十章　农业产业化

第一节　产业化经营

一、产业发展

闽东南地区是全国最早探索"贸工农一体化"、"产供销一条龙"的地区之一，全省各地涌现出不少农业产业化经营的典型和"公司＋农户"的农业产业化经营的初级形式。20世纪80年代，福清市龙田镇东营村，利用"花蛤"等贝类资源搞产供销一条龙，使这个村的海产品销往福建省，直至江西鹰潭、上饶等地。80年代中期，漳浦县出现了以经济合同方式开展贸工农一体化经营的"花果中心"、"水产中心"。之后，全省各地不断涌现出以各种"龙头"带动农民发展具有地区特色的产业而形成"贸工农一体化"、"产加（供）销一条龙"的新的农业经营方式。

1995年在全省农村工作会议上，省委、省政府提出建设"林业强省"、"海洋经济大省"的发展思路，并把林产业和水产业列为福建的两大支柱产业。在调查研究的基础上，初步制定了《福建省农业与农村经济产业化发展规划》，各地把发展农业产业化摆上议事日程，涌现出一批产业化经营的典型，龙海速冻蔬菜、沙县板鸭、连城地瓜干、古田食用菌、福清烤鳗等，都已经发展成为年产值超亿元的主导产业。1996年全省各类产业化组织1068个，总产值246亿元，占农村社会总产值的7%，带动农户255万户，占农户总数的42%。1997年2月，省委、省政府发出了《关于加快发展农业产业化的意见》，确定粮食为基础产业，林产业和水产业为支柱产业，将水果、食用菌、茶叶、烟叶、花卉、蔬菜、甘蔗、畜禽、稀珍养殖等9个产业确定为主导产业，并根据市场需求的变化，发展优质高效农业，初步形成了特色化、区域化、规模化的生产格局，培育了漳州芦柑、花卉和出口蔬菜，安溪乌龙茶，武夷岩茶，古田食用菌，同安蔬菜，莆田常太枇杷、长汀河田鸡、连城地瓜干等一批名特优农产品。同年，按照"动态管理、择优评定"的原则确定重点扶持100家省级农业产业化龙头企业。截至1999年年底，全省已有上规模的龙头企业组织1078个，年产值233亿元，实现增加值42.06亿元，带动种养基地1100万亩、农户218万户，为农民增加收入19.10亿元。

2001年，《福建省农业产业化省级龙头企业认定和运行监测管理暂行办法》出台，规范农业产业化经营省级龙头企业认定和运行监测工作。省农办下达了 1000 万元龙头企业贷款贴息资金，带动金融部门贷款 5.5 亿元，支持龙头企业的发展，增强福建龙头企业实力和带动能力。2003 年省委、省政府下发《关于加快农业产业化经营的意见》的文件，提出农业"三、四、九"发展思路。即建设"临海蓝色产业带"、"闽东南高优农业产业带"和"闽西北绿色产业带"3 个特色农业产业带；突出发展畜牧、水产、林竹和园艺四大主导产业；大力发展畜禽、笋竹、水产品、蔬菜、水果、食用菌、茶叶、花卉、烤烟等 9 个重点特色农产品。从 2003 年起，省财政支农资金中每年安排不低于 4000 万元专项资金支持农业产业化经营。"十五"期间，各级有关部门进一步加大农业产业化工作力度，形成了"国家级—省级及部门级—市级"龙头企业群。2005 年全省拥有各类能够带动全省基地、农户的农业产业化组织 6000 多家，比 2000 年增加了 1 倍多。

福建省蔬菜产业一直以农户为基本经营单位，通过组建农民合作经济组织、产业协会或中介服务组织，将分散的农民组织起来，按照统一的生产技术规程，推行规模化、专业化生产，做到统一加工、包装与品牌销售。2002 年南平市松溪茶坪的 5000 亩洋包菜，由松溪龙和食品公司收购出口。2003 年，福建绿美农业生物有限公司在福州建立万余亩以大葱、荷兰豆、萝卜为主的出口蔬菜基地，其中平潭大葱基地 2000 亩，长乐萝卜基地 2000 亩，福清荷兰豆基地 3000 亩，闽侯荷兰豆基地 1500 亩，闽清荷兰豆基地 500 亩，仓山区荷兰豆基地 500 亩；福建大拇指实业集团公司在永泰建立荷兰豆、金豆基地 3000 亩，在琅岐建立荷兰豆基地 4000 亩。

三明、南平等市订单蔬菜生产有所发展。三明市建立管前冷冻厂、青松食品厂有限公司、消东亚公司等 8 家具有 1000 吨以上生产规模蔬菜加工厂。生产冷冻、罐藏、盐渍等蔬菜，产品畅销国内外市场。政和县订单蔬菜品种为毛豆、荷兰豆、洋包菜等，销售金额达 5000 万元。

二、经营模式与机制

（一）经营模式

全省农业产业化经营模式主要有龙头企业带动型、专业市场带动型、中介组织带动型及其他经营模式等几种经营模式。

1. 龙头企业带动型

主要是以农产品加工、储藏、运销企业为龙头，与生产基地和农户通过合同契约、专业合作或股份合作等多种利益联结机制，带动农户从事专业化和标准化生产，将生产、销售、加工有机结合，实行一体化经营。龙头企业带动型是全省农业产业化经营中最常见的组织模式，一般以"公司＋农户"为基本形式。随着龙头企业的成长和市场的扩大，"公司＋农户"这种形式不断创新，衍生出"公司＋基地＋

农户"、"公司＋中介组织＋农户"等多种组织形式。2005 年，龙头企业带动型的农业产业化组织 3329 个，占 43.98%。

2. 中介组织带动型

主要是由从事同一农业生产项目的若干农户，按照一定的章程联合起来组建多种形式的农民互助合作组织，如农民专业协会、农民技术经济研究会、合作社等，在这些合作组织的带动下，实行农产品生产、加工、销售一体化经营。全省中介组织带动型以"合作社＋农户"和"协会＋农户"为主要形式。2005 年，全省中介组织带动型 1847 个，占 24.40%。

3. 专业市场带动型

主要是福州、厦门、漳州、泉州、莆田等沿海 5 地（市），通过培育建设农产品市场，特别是农产品专业批发市场，带动区域专业化生产，实行农产品生产、加工、销售一体化经营，形成一种"专业市场＋农户"的经营模式。通过该模式扩大生产规模，形成产业优势，节约交易成本，提高运销效率和经济效益。2005 年，全省专业市场带动型 280 个，占 3.70%。

4. 主导产业带动型

主要是三明、龙岩、南平、宁德山区 4 地（市），利用资源禀赋，从发展特色产业和产品入手，发展"一乡一业、一村一品"，形成区域性主导产业和拳头产品，在此基础上，实现生产、加工、销售一体化经营。但是，这种经营模式仅解决了农户分散经营与产业化规模优势的矛盾，没有彻底解决农户经营与市场经济的接轨问题。

5. 科技带动型

主要是科研单位利用技术优势，通过推广先进科学技术，实现农产品的生产、加工、销售一体化经营的一种经营模式。

（二）合作方式

农业产业化经营的利益联结机制，按照利益联结的紧密程度，划分为合同方式、合作方式、股份合作方式和其他方式等几种类型。2005 年，在全省各类产业化组织与农户的联结方式中，合同方式占 34.81%，合作方式占 12.67%，股份合作方式占 24.43%，其他方式占 28.09%。

1. 合同方式

合同方式是农业产业化经营组织内部各利益主体按照合同条款行使其权利并承担相应义务的一种利益联结方式，其核心是价格形成机制。常见的价格机制有 3 类：一类是预设价格，即企业参照上年（季）市场价格，在年（季）初确定或与农户商定一个当季的收购价格；一类是准市场价格，即企业随行就市，或参照当时的市场价格确定一个略高于市场价的收购价格；还有一类是保护价，即企业结合农户的生产成本确定一个最低保护价，在市场价高于保护价时按市场价收购，在市场价低于保护价时按保护价收购。2005 年，在全省产业化经营在合同关系中，订单关系达到 1763 个，占总数的 66.91%；订单总额 156.34 亿元，订单合同履约率达 96.54%。

2. 合作方式

合作方式是指农户通过组建合作社、专业协会或其他合作组织，以团体的形式参与农业产业化经营，从而达到提高自身谈判地位和增强市场影响力的目的。合作社的内部联系一般比较紧密，章程的约束力也比较强；而专业协会的内部组织一般较为松散，章程的约束力也较弱。全省的合作经济组织整体上处于初创阶段，普遍存在规模小、组织化程度不高、运作不规范、影响力不大等问题。

3. 股份合作方式

股份合作方式是指将资本联合与劳动联合统一起来，农民既参加劳动，又集资入股，实行按劳分配和按股分红相结合的方式。这种利益联结方式，使农户与龙头企业之间形成"风险共担、利益共享"的关系。在这种利益联结方式中，龙头企业一般演化成为股份合作制法人实体，而入股农户则成为企业的股东和企业的"车间"。农民既以劳动者的身份获得工资报酬，又以股东身份分享加工、销售环节的利润，企业与农民由彼此独立的甚至是相互对立的利益主体变为统一的利益主体。

三、农产品基地建设

"八五"期间，继续实施"粮食工程"、"林果（茶）工程"、"菜篮子工程"，先后建立了一批粮食、水果、茶叶、蔬菜、食用菌、生猪、禽蛋和林竹基地，实行产业化经营，促进了特色优势农产品生产的发展。"九五"期间，进一步优化、调整基地生产布局，使特色农产品向优势产区集中，提高了集约化经营水平。"十五"期间，省委、省政府高度重视农业产业化基地建设，制定了农业结构调整规划和配套政策措施，推动了农产品的区域化、专业化、规模化生产，加快了优势产品形成优势产业、优势产业向优势产区集聚。

（一）蔬　菜

蔬菜产业布局以连江、闽侯、福清、城厢、涵江、仙游、惠安、晋江、南安、洛江、同安、龙海、漳浦、平和、芗城区等县（市）为闽东南沿海冬季蔬菜优势产区；以永定、上杭、武平、长汀、漳平、永安、尤溪、沙县、浦城、武夷山、建阳、建瓯、邵武、福鼎、霞浦、福安、蕉城等县（市）为闽东和闽西北反季节蔬菜优势产区；以德化、大田、建宁、泰宁、屏南、周宁、寿宁、柘荣等县（市）为高山反季节蔬菜优势产区。

（二）水　果

水果产业布局形成了以平和、南靖、长泰、华安、永春、南安、德化、仙游、霞浦、蕉城、福鼎等县（市）为主生产优质芦柑、柚类、晚熟柑橘优势产区；以新罗、漳平、上杭、永定、武平、长汀、连城等县（市）为主生产早熟柑橘优势产区；以尤溪、沙县、永安、将乐、三元、建瓯、顺昌、延平、闽清等县（市）为主生产优质甜橙优势产区；以漳浦、诏安、云霄、同安、南安、晋江、丰泽、洛江、泉港、惠安、仙游、涵江、荔城、城厢、福清、长乐、蕉城、福安等县（市）为主生产优质龙眼及晚熟龙眼优势产区；以漳浦、诏安、云霄、龙海、平和、南安、荔城、涵江、城厢、福清、蕉城、霞浦等县（市）为主生产优质荔枝及晚熟荔枝优势产区；以云霄、永春、城厢、涵江、荔城、仙游、福清、连江、霞浦等县（市）为主生产优质枇杷优势产区；以建宁、宁化、清流、将乐、明溪、泰宁、德化、光泽、长汀等县（市）为主生产优质早熟梨优势产区；以永安、清流、宁化、大田、尤溪、连城、武平、长汀、邵武、建瓯、古田等县（市）为主生产优质早熟桃优势产区。

图 10-1　古田县银耳标准化生产示范基地

（三）食用菌

食用菌产业布局以芗城、龙文、龙海、漳浦、平和、长泰、南靖、华安、同安、安溪、永春、德化、仙游、城厢、荔城、涵江、闽侯、连江、罗源、蕉城、福安、福鼎、柘荣等县（市）为闽东南粪草类食用菌优势产区；以延平、建瓯、建阳、武夷山、邵武、顺昌、浦城等县（市）为闽北粪草类食用菌优势产区；以龙海、芗城、龙文、南靖、长泰、平和、长汀、武平、上杭、新罗、永定、漳平、大田、三元、梅列、明溪、清流、建宁、将乐、沙县、尤溪、建瓯、政和、建阳、延平、顺昌、浦城、邵武、光泽、古田、屏南、周宁、寿宁、松溪、泰宁、闽清等县（市）为闽西—闽北木生类食用菌优势产区。

（四）茶　叶

茶叶产业布局形成以安溪、永春、南安、华安、平和、南靖、诏安、长泰、漳平等县（市）为闽南乌龙茶优势产区；以武夷山、建瓯、建阳、邵武等县（市）为闽北乌龙茶优势产区；以寿宁、福安、政和、周宁、柘荣、松溪、罗源、福鼎、蕉城、屏南、古田、霞浦等闽东绿（花）茶优势产区；大田、永安、尤溪、沙县、明溪等闽西北多茶区。

（五）花　卉

花卉产业布局已逐步形成以漳浦、龙海、芗城、龙文、南靖、长泰、泉港、洛江、德化、南安、晋江、同安、翔安、集美、海沧等县（市）为漳泉厦观赏花卉优势产区；以闽侯、福清、长乐、罗源、平潭等县（市）为福州观赏花卉优势产区；以漳平、新罗、连城、上杭、武平等县（市）为龙岩观赏花卉优势生产区；以政和、松溪、建阳、福鼎、蕉城、福安、建瓯、霞浦、延平、沙县等县（市）为闽东北工业用花（茉莉花）优势产区；以闽侯、仓山、晋安、琅岐、长乐、连江等县（市）为福州工业用花（茉莉花）优势产区。

（六）烤　烟

烤烟产业布局以长汀、永定、上杭、武平、连城、漳平、宁化、清流、明溪、永安、大田、尤溪、将乐、泰宁、建宁、沙县、邵武、松溪、武夷山、浦城、建阳、建瓯、光泽、政和、顺昌等县（市）为闽西—闽北烤烟优势产区。

（七）笋　竹

笋竹产业布局形成了三元、梅列、将乐、宁化、泰宁、建宁、清流、沙县、大田、尤溪、永安、明溪、武夷山、顺昌、建瓯、邵武、建阳、浦城、光泽、延平、政和、松溪、新罗、漳平、连城、长汀、上杭、德化、华安、寿宁、周宁、屏南等县（市）以毛竹为主的闽西—闽北笋竹优势产区；县（市）

图 10 - 2　建瓯笋竹产区

福鼎、柘荣、福安、霞浦、蕉城、古田、屏南、延平、尤溪、闽清、闽侯、永泰、德化、永春、安溪、长泰、华安、平和、南靖等县（市）以中小径竹为主的闽东—闽南笋竹优势产区。

四、龙头企业

"十五"期间，全省共培育了农业产业化经营组织6000多个，其中国家重点龙头企业23家，省级重点龙头企业150家，厅局级龙头企业201家，市级龙头企业733家，初步形成了多层次、广覆盖的龙头企业群体。全省农业产业化经营组织销售收入达 1405 亿元，出口创汇 25.80 亿美元，带动农户 546.50 万户，安排劳动力就业 168.30 万人，农户从中得到收入 180 亿元。其中，150 家省级重点龙头企业销售收入达 462.10 亿元，出口创汇 12.70 亿元，带动农户 198.40 万户，农户从中得到收入 85.70 亿元。

（一）国家级龙头企业（不包括畜牧、渔业）

1. 福建三华股份有限公司

1997 年 7 月 3 日经省政府批准设立，位于福清市宏路镇融侨经济技术开发区，注册资本为 1 亿元人民币，总资产 3.70 亿元。公司主要从事水产品加工。主要产品有鲜活鳗鱼、蒲烧烤鳗、水产饲料、食用花生油、变性淀粉、无公害蔬果以及房地产、教育、金融投资等。2005 年度公司总销售收入 6.60 亿元，出口交货值 4135 万美元，员工总数 1750 人。

2. 福建闽中有机食品有限公司

1971 年 8 月创立，位于莆田市荔城区，是专业加工蔬菜制品企业。公司的"公司+基地+农户"蔬菜产业化经营和 GAP 栽培模式，经营"闽中牌"保鲜净菜、速冻蔬菜、冻干蔬菜、烘干蔬菜、腌渍蔬菜、软包装蔬菜罐头、果脯、果蔬汁饮料以及水产品、肉类制品；产品主要出口美国、欧洲、日本及东南亚，同时开拓国内市场；年生产能力 3.80 万吨。2005 年销售收入 3.10 亿元。

3. 福建省安溪茶厂有限公司

1952 年 4 月成立，专业从事乌龙茶生产、加工、销售、科研及茶文化传播，在乌龙茶精制加工业中唯一拥有自营进出口权，产品荣获国家金质奖并被指定为钓鱼台国宾馆专用茶。集团以"凤山"为注册商标，产品畅销日本、东南亚、俄罗斯、美国等 30 多个国家和地区。2005 年销售收入 1.86 亿元。

4. 中绿（福建）农业综合开发有限公司

中绿集团总部设在厦门，位于惠安县城南工业区的集团实业主体中国绿色食品（控股）有限公司于 2004 年 1 月在香港主板上市。中绿集团集绿色农产品种植、保鲜、深加工及绿色食品研发、销售为一体，采用国际标准化的管理模式，先后通过了 ISO 9001、HACCP 质量体系认证和多项绿色有机食品及无公害果蔬认证。2005 年销售收入 3.12 亿元。

5. 福建省晋江福源食品有限公司

该公司创建于 1996 年 10 月。是以农产品深加工为主，主要加工的农产品有马铃薯、玉米、小麦、大米、花生、红薯、芋头、水果、紫菜、瓜子等。公司生产"盼盼"牌膨化休闲薯片类食品、蛋黄派、法式小面包、法式蓉香包、铜锣烧、果汁果冻、干果干菜、橡皮糖等系列食品。除晋江总部外，还在辽宁沈阳、四川成都、河南漯河、山东临沂、湖北汉川、广西南宁、甘肃白银、福建长汀等地设立 9

家分公司（其中沈阳、成都各拥有两个厂），拥有固定员工 8500 多人，在全国多地建立了产品生产基地。

6. 福建三和食品集团有限公司

该公司于 2001 年 7 月成立。专业生产水煮笋、速冻调味笋、速冻调味香菇、小包装番茄酱，2005 年销售收入 2.09 亿元。

7. 福州超大现代农业发展有限公司

该公司创办于 1999 年 12 月，经营种子、有机肥料、生物农药、农产品生产加工。通过 ISO9001 暨 ISO14000 双重国际认证。2000 年 12 月，集团股票在香港联合交易所挂牌交易。集团拥有现代农业科技研究所、现代农业战略研究所、超大现代农业专家智囊团、超大现代农业高科技实验示范农场。生产通过国际有机

图 10-3　福建超大现代农业发展有限公司生产基地

食品专用肥认证的超大生物有机系列肥、广谱高效的生物农药调节型植物生长剂；拥有国际一流的果蔬良种、亚洲最大的柑橘场——广西合浦优质夏橙基地、国际最负盛名的肉用山羊——超大波尔山羊。2005 年销售收入 30.63 亿元。

8. 厦门如意集团有限公司

该公司成立于 1995 年，专门从事优新特果蔬、食用菌等农副产品的引进、科研、培育、种植、加工、出口。公司全面推行 ISO9001 和 HACCP 双重国际质量体系并通过认证，毛豆、菠菜、山麻洋、黄瓜、萝卜 5 个品种被认定为绿色食品，叶菜类、果菜类、速冻毛豆等五类蔬菜产品被认定为无公害农产品，"如意情"牌果蔬制品被评为"福建名牌产品"称号。2005 年销售收入 4.76 亿元，产品外销率达到 90% 以上。

9. 厦门兴盛食品有限公司

该公司成立于 1985 年 5 月，专业生产面粉和面制品产品。公司先后通过了 ISO9001：HACCP、ISO14001、BRC 及 QS 等质量管理体系认证。2005 年销售收入 4.75 亿元。

10. 厦门涌泉集团有限公司

该公司成立于 1997 年 6 月。福建省首家通过 ISO14001 环境管理体系认证的民营企业，其"精衡日化检测中心"为首家通过实验室检测新标准认证，是全国承担

香精香料生产许可证检验工作的唯一民营企业。2005年销售收入6.54亿元。

11. 厦门黄金香食品有限公司

该公司成立于1954年，是厦门夏商集团所属企业，厦门市"菜篮子"工程主要生产单位，厦门市唯一一家全国食品安全信用体系建设试点单位，并在国内首家推行"黄金香肉品信用（质量）公示查询系统"。2005年销售收入9.15亿元。

12. 厦门银鹭集团

该公司于2000年12月成立，是福建省乃至全国最大的罐头、饮料生产基地之一。拥有当今国内外食品饮料行业先进水平的现代化生产线30多条（套），年可生产各类食品饮料罐头60万吨，居全国同行业前列。集团曾跻身中国民营企业500强，中国最具品牌价值500强。"银鹭"产品获"中国名牌产品"、"福建省名

图10-4　厦门银鹭集团公司无菌罐装线

牌产品"等荣誉。"银鹭"商标被授予"中国驰名商标"。2005年销售收入11.13亿元。

13. 厦门惠尔康集团有限公司

该公司于1992年12月创办，专业从事研发、生产、销售饮料及乳品。年生产能力超过100万吨，共有七大系列100多种产品，连续5年名列全国饮料企业前20强，已成为跨省市经营、集产销一体化、以加工带动农户发展为主的大型集团企业，曾名列全国民营企业第125名。2005年销售收入10.58亿元。

14. 福建锦溪集团

该公司于1998年3月创办。经营农产品的生产、加工、销售。锦溪牌琯溪蜜柚、香蕉、芦柑、茶叶均被国家绿色食品管理中心认证为绿色食品，并获农业部名优农产品和福建省名牌农产品的称号。锦溪牌琯溪蜜柚在2003年获得法国农产品市场准入认证。2005营销收入3.63亿元。

15. 福建紫山集团股份有限公司

该公司专业从事食品加工、制造，产品涵盖罐头、冷冻食品、酱菜产品、矿泉水、果蔬饮料（浓缩液）等几大类。产品主要出口欧美、日本、东南亚、中东、非洲、澳大利亚等世界40多个国家和地区。注册商标"紫山牌"被认定为中国驰名商标。2005年销售收入4.54亿元。

（二）省级龙头企业

1991—2005 年，福建省级 150 家重点龙头企业年平均销售收入为 3.08 亿元，平均固定资产为 1.15 亿元。2005 年销售收入超亿元的有 103 家，5 亿元以上的有 31 家，其中，5 亿～10 亿元的有 22 家，10 亿～15 亿元的有 3 家，15 亿～20 亿元的有 2 家，20 亿～25 亿元的有 2 家，30 亿元以上的有 2 家。这批省级重点龙头企业用于引进国外先进技术和设备的费用达 18 亿元，建立了研发机构 110 个，拥有专职研究人员 4501 人（其中高级职称 690 人，中级职称 1642 人，初级职称 2134 人），有 9 家龙头企业拥有博士后流动工作站，许多企业的科技创新成果或核心技术（产品）达到国内同行业领先水平，有 116 家省级重点龙头企业和科研部门开展合作，2005 年开发出新产品 479 个、申请国家专利 76 个。有 110 家省级重点龙头企业产品通过了 ISO 系列认证，有 75 家通过了 HACCP 等国际质量体系认证，有 24 家通过欧盟认证，有 27 家通过其他国际认证，有 65 家获得无公害农产品认证，有 52 家获得绿色食品认证，有 20 家获得有机食品认证。省级重点龙头企业产品有较高的知名度，并拥有自己的品牌。其中获得中国驰名商标称号的有 19 个、中国名牌产品称号的有 12 个、中国名牌农产品称号的有 8 个、福建名牌产品称号的有 85 个、福建著名商标称号的有 75 个。在省级重点龙头企业中，有 83 家产品出口，创汇 12.70 亿美元，占全省农产品出口量的 49%。出口产品涵盖了蔬菜、食用菌、水果、水产、茶叶等行业，畅销日本、中国香港、韩国、美国、俄罗斯、中东、拉美、欧盟、东盟等国家和地区。

五、农产品集贸市场培育

1995 年年底，全省农村农产品集贸市场达到 1464 个。随着政府不断加强对农产品集贸市场的管理和引导，农产品集贸市场的数量、规模、档次发生变化，总的趋势是数量有所减少，规模由小变大。到 2000 年年底，全省农村农产品集贸市场减少到 1141 个。到 2005 年年底，减少到 860 个。

分期分批被授予农业部定点批发市场称号。1996 年有福州亚峰蔬菜批发市场，1999 年有漳州花卉批发市场，2000 年有同安闽南果蔬批发市场、石狮农副产品批发市场，2001 年有安溪茶叶批发市场、古田食用菌批发市场，2002 年有平和香蕉批发市场、厦门农副产品批发市场，2003 年有闽南新城茶叶大市场、福鼎闽浙边界农贸中心市场，2004 年有南平天新农贸批发市场、龙岩农产品批发市场，2005 年有南靖县丰田镇兰花市场、南安官桥粮食批发市场、将乐果蔬批发市场、顺昌绿鑫农副产品批发市场。

分期分批给予财政资助，进行功能的建设与改造。1998 年有厦门农副产品批发市场（农残检测），1999 年有福州亚峰蔬菜批发市场（信息发布与电子结算）、漳

1991—2005年福建省省级重点龙头企业

表 10－1

序号	设区市	类别	县市区	企业名称	年销售总额（万元）	固定资产总值（万元）	年上缴税金（万元）	年出口创汇（万美元）	带动农户（户）	商标名称	通过质量体系认证
1	省直	综合	鼓楼区	福州超大现代农业发展有限公司	306327	419960	3760	6517	38974	超大	ISO9001,ISO14001,HACCP（无证书）有机食品,绿色食品
2	省直	其他	鼓楼区	福建浩伦农业科技集团有限公司	255973	13664	231	6499	17801	—	—
3	福州	果蔬	福州市	福建大拇指实业集团有限公司	24773	3014	608	2158	6100	大拇指	ISO9001,HACCP,无公害农产品、绿色食品、有机食品
4	福州	果蔬	福州市	福建省福州干鲜果总公司	121000	3576	237.2	—	32000	—	—
5	福州	综合	福州市	福州素天下食品有限公司	6679	2764	379	751	5600	素天下	HACCP,ISO9001
6	福州	果蔬	仓山区	福州大世界橄榄有限公司	7350	4457	550	175	—	大世界	ISO9001
7	福州	茶叶	晋安区	福州满堂香生态农业有限公司	9448	2503	23.87	62	3125	—	ISO9001
8	福州	粮油	福清市	福建天生农业股份有限公司	9267	3838	157	—	16000	天生	ISO9001
9	厦门	果蔬	湖里区	厦门夏商农产品集团有限公司	139951	29635	454	286	38000	—	无公害、绿色食品
10	厦门	粮油	同安区	厦门中盛粮油企业有限公司	80289	6038	512	0	5200	—	ISO9001
11	厦门	饮品	同安区	厦门惠尔康集团有限公司	105815	49666	2420	0	11000	—	ISO9001,绿色食品

续表 10 - 1

序号	设区市	县市区	类别	企业名称	年销售总额（万元）	固定资产总值（万元）	年上缴税金（万元）	年出口创汇（万美元）	带动农户（户）	商标名称	通过质量体系认证
12	厦门	翔安区	果蔬	厦门如意集团有限公司	34496	18659	258	3570	58500	—	—
13	厦门	翔安区	粮油	厦门兴盛食品有限公司	47526	13179	205	652	21050	—	HACCP、绿色食品
14	厦门	翔安区	饮品	厦门银鹭集团有限公司	111309	51746	3765	396	19541	—	ISO9001、绿色食品
15	宁德	福安市	茶叶	福建福安市坂湖茶叶有限公司	5103	407	50	127	27000	东湖	ISO9000
16	宁德	福安市	粮油	宁德市恒信粮油贸易有限公司	9824	1661	148	—	40000	青牛	—
17	宁德	福安市	综合	福建福安新味食品有限公司	7756	2308	75	—	4300	新味	ISO9001、QS、CQGC
18	宁德	福鼎市	茶叶	福建品品香茶业有限公司	6852	1509	86.6	11	4500	品品香	ISO9000、QS、有机茶、原产地标记
19	宁德	屏南县	食用菌	屏南县锦丰食品有限公司	5125	1283	80	609	2800	—	ISO9000
20	宁德	寿宁县	茶叶	寿宁县御茶园茶业有限公司	5243	1524	157	—	10000	御茶园	QS、ISO9001、有机茶
21	宁德	霞浦县	果蔬	霞浦县新世纪农业科技开发有限公司	5695	1258	126	260	4500	乐吉福世纪天地	—
22	宁德	周宁县	茶叶	福建仙洋洋食品科技有限公司	5670	1795	154	—	17000	—	ISO9000、HACCP、有机食品
23	莆田	涵江区	果蔬	莆田市涵江华林蔬菜基地	16014	2776	—	750	10500	闽强	无公害农产品、绿色食品

续表 10 - 1

序号	设区市	类别	县市区	企业名称	年销售总额（万元）	固定资产总值（万元）	年上缴税金（万元）	年出口创汇（万美元）	带动农户（户）	商标名称	通过质量体系认证
24	莆田	粮油	涵江区	莆田市东南香米业发展有限公司	68220	3136	311.41	—	123000	东南香	绿色食品
25	莆田	果蔬	荔城区	莆田市鑫峰食品工业有限公司	12863	2084	244.78	748	6000	鑫峰	ISO9001、无公害农产品
26	莆田	果蔬	荔城区	莆田市新美蔬菜综合开发有限公司	12624	2145	—	588	7620	新美	无公害农产品、
27	莆田	食用菌	荔城区	福建闽中有机食品有限公司	30985	6399	765.89	2547	3000	闽中	ISO9002,ISO14001,HACCP,有机食品
28	莆田	饮品	荔城区	莆田绿森庄园酒业有限公司	7500	4486	465	100	3410	—	ISO9001、绿色食品
29	莆田	果蔬	仙游县	仙游县东风优质水果基地开发有限公司	5978	2631	—	238	5000	东风	—
30	莆田	综合	仙游县	福建省康辉食品有限公司	9865	2614	592	263	8060	康辉	ISO9000
31	泉州	茶叶	安溪县	福建省安溪茶厂有限公司	18600	5669	935.1	0.17	200000	凤山	ISO9001、绿色食品
32	泉州	果蔬	惠安县	中绿（福建）农业综合开发有限公司	31252	10545	—	3611	22390	中绿	HACCP、无公害农产品、绿色食品、QS
33	泉州	果蔬	惠安县	森美（福建）食品有限公司	7400	2827	41	310	5600	—	ISO9000、HACCP
34	泉州	果蔬	晋江市	福建省源山生态开发有限公司	6853	6296	—	0	8950	—	无公害农产品

续表 10－1

序号	设区市	类别	县市区	企业名称	年销售总额（万元）	固定资产总值（万元）	年上缴税金（万元）	年出口创汇（万美元）	带动农户（户）	商标名称	通过质量体系认证
35	泉州	综合	晋江市	福建省晋江福源食品有限公司	58626	9044	2405	150	66000	盼盼	ISO9000、ISO14001、HACCP、绿色食品
36	泉州	综合	晋江市	福建省泉州喜多多食品有限公司	13949	5125	133	0	7000	喜多多	ISO9001、HACCP
37	泉州	综合	晋江市	福建亲亲股份有限公司	35330	19567	556	18	7500	亲亲、香格里	HACCP、ISO9002、ISO14000、绿色食品
38	泉州	综合	晋江市	福建金冠集团有限公司	34604	13956	537	433	4100	冠皇、玛丽莲	ISO9001
39	泉州	综合	晋江市	福建福马食品集团有限公司	39875	12178	961	447	8860	福马、咪咪	ISO9001:2000、ISO14000
40	泉州	综合	晋江市	福建乐天食品有限公司	9300	3987	117	76	3450	乐隆隆、喜客来	ISO9001、ISO14000
41	泉州	综合	洛江区	和昌（福建）食品有限公司	13931	13291	—	—	2003		HACCP、ISO9000、ISO14000
42	泉州	粮油	南安市	福建泉州市金穗米业有限公司	23089	2416	172	0	33000	金润、迪香	ISO9001
43	泉州	粮油	南安市	福建南安市官桥粮食投资开发有限公司	40984	8462	333	—	8300	—	
44	泉州	其他	泉港区	福建泉州市泉港化工厂	6892	2143	202	689	5000	乘风	HACCP、ISO9001
45	漳州	综合	华安县	漳州立兴罐头食品有限公司	11032	2920	166	1380	5000	立兴	IFS
46	漳州	综合	龙海市	福建紫山集团有限公司	45403	6249	1362	4500	25000	紫山	ISO9001、HACCP、IFS、BRC

续表 10 - 1

序号	设区市	县市区	类别	企业名称	年销售总额（万元）	固定资产总值（万元）	年上缴税金（万元）	年出口创汇（万美元）	带动农户（户）	商标名称	通过质量体系认证
47	漳州	龙海市	综合	福建格林食品产业集团有限公司	9606	9792	427	1000	6000	格林	ISO9001、HACCP、绿色食品
48	漳州	龙文区	果蔬	福建东方食品集团有限公司	30423	4865	204	8.5	10155	东方、含羞草	ISO9001、HACCP、QS、IFS、绿色食品
49	漳州	龙文区	综合	漳州市港昌贸易有限公司	22477	6078	607	2010	15000	港昌	ISO9001、HACCP、BRC、IFS
50	漳州	龙文区	综合	福建省厨师食品集团有限公司	20151	3333	290	386	15632	厨师	ISO、HACCP、QS
51	漳州	南靖县	食用菌	福建省南靖嘉田木耳开发公司	5498	—	50	502	7082	吉田	绿色食品、有机食品
52	漳州	南靖县	综合	南靖益龙食品有限公司	6203	2482	107	775	17650	益龙	HACCP、绿色食品
53	漳州	平和县	果蔬	福建锦溪集团有限公司	36251	10492	712	72	3516	锦溪	—
54	漳州	平和县	果蔬	福建平和宝峰罐头食品有限公司	10247	3053	330	1050	6220	宝石	HACCP、无公害农产品
55	漳州	平和县	果蔬	福建南海食品有限公司	10018	4355	248.4	576.8	10000	—	ISO9001、绿色食品
56	漳州	芗城区	综合	信华食品（漳州）有限公司	21183	11226	1226	2414	13310	信华	ISO9001、ISO14001、HACCP
57	漳州	云霄县	综合	云霄县丽西罐头厂有限公司	7576	2018	172	938	5690	丽西	—
58	漳州	漳浦县	茶叶	漳州天福茶业有限公司	57009	27874	302	96	7451	天福	ISO9001

续表 10-1

序号	设区市	类别	县市区	企业名称	年销售总额(万元)	固定资产总值(万元)	年上缴税金(万元)	年出口创汇(万美元)	带动农户(户)	商标名称	通过质量体系认证
59	漳州	综合	漳浦县	福建盈丰食品集团	37000	6067	2372	4590	10260	盈丰	HACCP,无公害农产品
60	漳州	果蔬	漳州市	大闽食品(漳州)有限公司	16266	11278	475	245	12000	大闽	ISO9001,HACCP,GMP,有机茶
61	龙岩	综合	连城县	连城红心地瓜干(集团)有限公司	25949	11405	2991	41	48500	冠豸	绿色食品,原产地标记,ISO9001,HACCP
62	龙岩	果蔬	上杭县	上杭县三高青梅开发有限公司	3151	1306	74	162	4000	三裕	—
63	龙岩	茶叶	武平县	武平县绿源茶叶开发有限公司	3510	1780	—	0	5230	—	—
64	龙岩	果蔬	新罗区	龙岩泰华实业有限公司	6603	1293	63.76	0	2500	梅花山	无公害农产品
65	龙岩	其他	新罗区	龙岩绿之源生物科技有限公司	3109	1070	2.8	0	2600	绿之源	—
66	龙岩	茶叶	永定县	福建好日子食品有限公司	5042	2022	160	16	10000	好日子	ISO9001,HACCP
67	龙岩	果蔬	永定县	永定县天鹏牧业发展有限公司	3316	1645	—	0	17600	万鹏	绿色食品
68	宁德	食用菌	古田县	福建省古田县大丰工贸有限公司	6000	1219	150	140	6000	八荒	ISO9001
69	三明	综合	建宁县	福建宁鑫达莲业有限公司	10980	5094	193.3	235	3860	莲芯雪	ISO9001,绿色食品
70	三明	综合	建宁县	福建文鑫莲业食品有限公司	5227	2927	142	98.7	4387	—	ISO9001,绿色食品
71	三明	果蔬	三明市	福建六三种业有限责任公司	5195	1208	66.5	—	15742	淘金	ISO9001

续表 10-1

序号	设区市	类别	县市区	企业名称	年销售总额（万元）	固定资产总值（万元）	年上缴税金（万元）	年出口创汇（万美元）	带动农户（户）	商标名称	通过质量体系认证
72	三明	食用菌	三明市	三明市三真生物科技有限公司	4003	1216	77	1	6500	—	HACCP
73	三明	综合	三明市	三明市食品集团有限责任公司	12134	1636	226	—	3370	依欣源	无公害农产品
74	三明	粮油	沙县	福建省麦丹生物集团有限公司	12186	4625	120.71	70	28986	麦丹	ISO9001
75	三明	粮油	尤溪县	福建省尤溪县沈郎食用油有限公司	7801	1164	225	—	12000	沈朗乡	ISO9001
76	南平	粮油	建阳市	福建省建阳武夷味精有限公司	21348	7131	739	—	38000	武夷	ISO9001
77	南平	综合	南平市	天新（福建）农业综合开发有限公司	65300	4192	262	—	26600	—	—
78	南平	粮油	浦城县	浦城县旭禾米业有限公司	6534	2044	20.5	—	57000	—	QS
79	南平	果蔬	邵武市	邵武市嘉德综合农业科技有限公司	6003	5039	56	—	4500	—	无公害农产品
80	南平	粮油	南平市	福建省南平市恒大实业有限公司	6008	2334	56	—	36000	—	QS
81	南平	茶叶	武夷山	福建武夷星茶业有限公司	4678	1290	78	31	3248	武夷星	ISO9001，HACCP，QS，有机食品
82	南平	果蔬	政和县	福建省富士岛（政和）食品企业有限公司	5798	2812	—	708	8300	富仙	ISO9001，绿色食品

注：表中不包括 22 家畜牧龙头企业、26 家水产品龙头企业和 20 家林特产品龙头企业。

州花卉批发市场（信息发布）、厦门农副产品批发市场（农残检测与信息发布），2000年有石狮农副产品批发市场（信息发布），2001年有同安闽南果蔬批发市场（基础设施）、安溪茶叶批发市场、古田食用菌批发市场（信息发布），2002年有平和香蕉批发市场、厦门农副产品批发市场（信息发布）、石狮农副产品

图 10 - 5 安溪县中国茶都茶叶批发市场

批发市场（基础设施），2003年有闽南新城茶叶大市场、福鼎闽浙边界农贸中心市场（信息发布）、厦门农副产品批发市场（基础设施），2004年有闽南新城茶叶大市场、福鼎闽浙边界农贸中心市场（电子结算），2005年有厦门农副产品批发市场（中转集散）、福鼎闽浙边界农贸中心市场（改造升级）。

六、农产品展览促销活动

（一）国际展

2005年10月14—19日，第三届中国国际农交会在北京举行，福建同期在北京举办了为期5天的"第四届福建（北京）优质农产品推介会"，福建参展团现场成交4335.23万元，签约成交金额3.32亿元和1625万美元，协议金额4.82亿元和4375万美元。在此次交易会上，福建展团获得最佳组织奖和展团总体设计银奖，并有6家企业的产品获产品畅销奖。

（二）海峡两岸展

1. 农业展

2003年5月18—22日，福州海峡科技成果交易暨经贸洽谈会在福州举行。期间，在福州市金山新展城主展厅举办福州海峡两岸农业合作实验区六年成果展。突出宣传建区六年来福州对台农业合作丰硕成果，展示五大产业六个示范区建设新貌和重点台资农业企业的风采。共签约各类农业内外资项目56项，协议内外资7800万美元。其中外资项目25项，协议外资3564万美元；台资项目10项，协议台资1102万美元。

2005年7月18—20日，在上海举办"海峡两岸农业合作展览暨台湾农产品展销会"。此次展会由国台办经济局、商务部港澳司、农业部台办、国家质检总局动植物监管司联合举办，福建省组织41家企业、30多个系列、320多个品种的农产品参加展示和展销，为规模最大的大陆地方展团，并在展会上举办"建设海峡两

岸（福建）农业合作试验区新闻发布会"，展示了闽台农业合作的成果。

2005年11月28日～12月4日，由国台办、农业部、国家林业局、省政府共同主办，国家商务部、科技部支持举办的第七届海峡两岸（福建漳州）花卉博览会暨农业合作洽谈会在漳州举行，前来参展参会的客商突破往届，总数达40万人次，参展企业包括台湾农业企业近千家。现场签约项目58个，总投资2.75亿美元，利用外资台资2.45亿美元；现货交易成交额1500多万元，签订供货合同、意向书2.7亿元，总额达2.85亿元。在此次花博会上，首次增设"闽台农业合作成果展"，福建省各设区市、台湾有关团体企业和超大现代农业集团组团参展，展位面积7500平方米。参展的40多个系列2000多种产品，分别来自省内的台资企业、农业龙头企业和台湾的农业企业。其中台湾农业企业有40多家参展，展示、展销直接从台湾进口的10多种水果和100多种农产品制成品。这是设立海峡两岸（福建）农业合作试验区后的首次大型闽台农业合作成果综合展示。

2. 林业展

2005年6月26—28日，第一届海峡两岸（三明）林业博览会在三明市举行，由省林业厅、台办、外经贸厅和三明市政府4家单位联合主办，到会嘉宾和客商共计940人，其中台商89人。签订合同项目91个、合同利用外资和区外资金15.2亿元，其中台资合同项目7个、合同利用台资1064万美元。林产品等商品交易额5.67亿元。

3. 渔业展

2003年1月18—20日，漳州市政府和省海洋与渔业局在漳州联合主办海峡两岸（福建·漳州）海洋与渔业产品展销会。展销会期间，洽谈成功22个海洋与渔业投资项目，总投资2600万美元，合同利用外资460万美元。同时，还举办海峡两岸（福建·漳州）海洋与渔业学术报告会，并组织商务考察等活动。

4. 花卉展

1999年1月18—2月6日，由省政府主办，漳州市政府承办的首届"海峡两岸（福建漳州）花卉博览会"在漳州举行。来自日本、加拿大、英国、新加坡以及中国台、港、澳等国家和地区近百家花卉企业1600多名外商和大陆4000多名花商、花卉业专家、教授到漳州参展。花博会期间，商品交易额达8860多万元，其中现货交易2680万元，期货交易6180万元。签约经贸项目74个，总投资2.6亿美元，合同外资2.17亿美元。

2000年1月8—12日，第二届海峡两岸（福建漳州）花卉博览会在漳州召开。中国台商园艺产业联谊会、新加坡花商公会等成为联办单位。参展花卉品种上千个，日本洋兰、新加坡胡姬花、荷兰郁金香、比利时沙生植物、台湾蝴蝶兰及国内牡丹、水仙、君子兰、仙客来等奇花异卉均参与展览。参展企业1855家，花卉及农产品等交易额1.42亿元。共签约经贸项目76个，总投资1.9亿美元，合同利用外资 1.78 亿美元。有 12 个国家和地区以及国内 20 个省（市、自治区）的花卉届人士出席，观光游客达 30 多万人次。

2001 年 1 月 8—12 日，第三届海峡两岸（福建漳州）花卉博览会在漳浦花卉大世界举行。共有 16 个国家和地区以及国内 22 个省（市、自治区）的来宾和企业参观、参展。花卉及相关农产品成交额达 1.495 亿元。签约外商投资项目 71 个，合同利用外资 1.92 亿美元。

2002 年 1 月 8—13 日，第四届海峡两岸（福建漳州）花卉博览会在漳浦花卉大世界举行。共有 22 个国家和地区以及国内 23 个省（市、自治区）的客商应邀参观、参展，展出花卉、园林器械、资材及相关农产品达 2000 多种。花卉及相关农产品成交金额达 1.62 亿元。共签约外商投资项目 73 个，总投资 2.73 亿美元，合同外资额 2.56 亿美元。12 月 31 日—2003 年 1 月 5 日，海峡两岸（福建漳州）兰花迎春展销会在花博园区召开。11 个国家和地区，以及大陆 15 个省（市）的客商 3000 多人前来参展、订货，花卉及相关农产品交易额 5700 万元，其中园区交易 600 万元，期货交易 5100 万元。参观的群众 5.2 万人次。获得金、银、铜奖的 12 盆国兰还在主展厅进行现场拍卖，成交金额近 110 万元。

2003 年 11 月 28 至 12 月 2 日，第五届海峡两岸（福建漳州）花卉博览会在漳州花博园举行。14 个国家和地区以及国内 23 个省（市、自治区），共 58 个团组 595 家企业参会，设 516 个室内国际展位和 300 个室外的盆景、奇石展位。化博会期间，花卉及相关产品、旅游商品成交金额 1.2 亿元，其中现场销售 950 万元，期货交易约 8300 万元；漳州市现场签约的外商投资项目达 23 个，总投资 1.62 亿美元。参观花博园的游客 26 万人次。

2004 年 11 月 28 至 12 月 2 日，第六届海峡两岸（福建漳州）花卉博览会在漳州花博园举行。此次花博会由国务院台湾事务办公室、国家林业局、省政府共同主办，出地方性专业化展首次升格为全国性的花事经贸盛会。来自 15 个国家和地区，61 个团组 600 多家企业，4000 多种名特优花卉和盆景参展。共签约项目外商投资经贸项目 40 项，总投资 18347 万美元。

（三）国内展

2002 年 11 月 2—6 日在福州国际会展中心举行中国绿色食品 2002 福州博览会暨海峡两岸农产品洽谈订货会。此次博览会由国家农业部绿色食品管理办公室、中国绿色食品发展中心、中国绿色食品协会、省农业厅、福州市政府共同主办。共有来自全国各地的 37 个展团、830 家企业到会参展。大会还特设了台湾展区，邀请台湾绿色食品业界人士到福建参展，此次绿博会订货额 42.6 亿元，产品零售额 2057 万元，前往参观、购物和洽谈的消费者和客商超过了 10 万人次。

2004 年 12 月 3—6 日，中国绿色食品 2004 上海博览会在上海举办，福建有 40

家企业 300 个产品参展，其中有 11 家企业产品被评为畅销产品奖。

2005 年 4 月 22 日，第三届全国荔枝龙眼暨特色农产品交易会在厦门举办，230 家企业 230 多个农产品参展，现场签约总协议金额 37.4 亿元。

第二节　农产品加工

全省农产品深加工大致经历从新中国成立初期到改革开放以前的传统粗加工阶段、从改革开放以来到 20 世纪 90 年代末期的快速发展阶段和从 20 世纪 90 年代中后期以后以高起点、高标准、生态安全为目标的集约化、专业化、现代化的发展阶段。特别是第三阶段，通过提高科技含量培育特色农牧品种，大力开展特色农产品的深加工技术攻关，加快开发引进推广新技术、新工艺、新设备，促进特色农产品由初级加工向高附加值精深加工转变，并根据市场多元化的需求，发展不同档次的特色农产品加工品，增加特色农产品的内在价值和附加值。

2005 年全省农产品加工业（国民经济行业分类 13～22 类）企业总数达 19001 家，从业人员 182.16 万人，实现产值 2851.92 亿元，比上年增长 26.50%；出口交货值 836.54 亿元，比上年增长 6.30%；实现利润 130.30 亿元，比上年增长 36.80%，高于全省工业平均水平 13.0 个百分点；全省规模以上农产品加工业产值为 2513.51 亿元，规模以上农产品加工业和食品加工业产值分别位居全国 31 个省（市、自治区）的第 5 位和第 9 位，农产品加工业占全省规模以上工业总产值的 30.90%。

表 10-2　**2005 年福建省特色农产品加工业产值、占有比重、加工率**

单位：亿元，%

特色农产品	加工业产值	占食品工业产值比重	占相应农业产值比重	加工率
水　果	24.99	4.4	26.5	26.5
蔬　菜	39.0	6.9	17.5	9.5
食用菌	17.54	3.1	28.1	17.1
精制茶叶	41.50	7.4	115.4	66.9
粮　油	169.65	30.0	91.7	82.2
畜　禽	37.50	6.6	13.6	29.7

一、加工产品

（一）粮　油

福建省加工制品主要是大米、面粉及其复制品，粉干、兴化粉、切面、白涝、线面、阳春面、春饼、光饼、变性淀粉、酱油、厦门的馅饼、连成红心地瓜干、宁化的地瓜粉丝等，还有各种植物油、糕点、糖果、啤酒。2005年全省粮油加工，产值169.65亿元。占食品工业产值比重30%，占相应农业产值比重91.7%，加工率82.2%。福建主要粮油加工企业有福建雪津啤酒有限公司、莆田市东南香米业发展有限公司、福建泉州金穗米业有限公司、元洪面粉食品（福建）有限公司、福建漳州永利盛面粉有限公司、金冠食品（福建）有限公司、泉州福海粮油工业有限公司、厦门中盛粮油企业有限公司等。

随着"玫瑰茄子油开发"、"真菌营养油脂的开发"、"绿色食品农业产业化生产技术开发应用研究"、"生态型淀粉接枝共聚物超吸水剂"、"高效节能技术研究"、"发芽糙米加工开发"等一批高新技术的应用，福建粮油加工业在大宗粮油加工技术研究与开发方面突破了催化剂、醇分离等关键技术，开发出保鲜米制品、多孔淀粉、变性淀粉等高附加值产品，解决了小麦淀粉制糖、发酵、谷氨酸高温连续等电提取、转晶、谷氨酸钠连续结晶等谷氨酸和味精生产关键技术。南安是"闽南金三角"重要的粮食集散基地和生产加工销售中心。南安总投资3.50亿元人民币，建设用地1200亩，建成一个大型集仓储、加工、现货市场交易、农产品及加工机械展示、订单、期货、物流、信息平台等为一体的现代化粮食市场。南安市官桥的粮食市场在全国八大粮油批发交易市场中居第4位。2005年中国粮油深加工技术展洽会在南安市官桥镇举行，来自全国各地粮油食品企业客商共1200多人参加。展洽会吸引了来自全国各地的50多家粮油食品加工企业和江南大学等20多所高校科研院所，集中展示省内外粮油食品深加工的机械新设备、新技术、名优产品以及各高校科研所粮油食品深精加工最新技术成果。

福建省粮油加工业在营养强化面粉的生产、小麦淀粉的制取、小麦谷朊粉的产品开发、超细淀粉的回收利用等方面取得突破。元洪面粉食品（福建）有限公司应用新技术生产多元化的高级面包粉、中筋特白小麦粉；低筋特白小麦粉；产品有饼干粉、低筋面粉、低筋特白糕点粉、粉心粉、高筋心粉、精制糕点粉、快食面专用粉、馒头专用粉、面包粉、上白粉、特白面包粉、特高筋粉、特制富强粉、西点粉、增白面包粉、中

图10-6 泉州福海粮油工业有限公司

筋精粉、中筋特白面粉、中筋增白面粉、重筋面粉以及各种专用粉。1998 年，惠安（中绿）农业综合开发有限公司以玉米深加工饮料，实现综合利用和大幅增值。2000 年，莆田市东南香米业发展有限公司引进大米加工的谷糠分离机、抛光机、分色机、厚度自动检测机，采用生物酶抗老化技术，解决了米粉的老化回生难题。泉州福海粮油工业有限公司植物油脂生产在浸出技术、特殊油料加工、副产物综合利用、油料高附加值的生物活性物质的研究开发等方面取得成效。2005 年，福州隆利信生物制品有限公司开展"高色价多色调红曲粉的研究及产品开发"，应用现代生物技术改造传统食品生产，开发并生产了红曲米、红曲色素提取等。

20 世纪 90 年代中期，闽西北青贮玉米主要是长富和大乘两大乳业集团的奶牛饲料，沿海周围县（市）鲜食玉米产品一部分通过福州亚峰蔬菜批发市场销往各地，另一部分通过加工企业进行深加工。福建省涉及鲜食玉米加工开发的企业近 10 家，加工销售量排在前 5 名的企业是中绿集团有限公司，在惠安县子公司配置玉米系列饮料流水生产线及玉米罐头生产线，在漳浦县子公司配置玉米罐头生产线，年生产"绿色庄园"牌系列玉米饮料 5 万吨，各类玉米罐头（含软盒、硬盒）0.40 万吨；福建亲亲食品集团有限公司年生产"亲亲牌"软包装即食型玉米 0.60 万吨；漳州裕得食品有限公司，每年生产保鲜、加工玉米穗 0.50 万吨专供出口；漳州振华食品有限公司每年生产保鲜、加工玉米穗 0.25 万吨，专供出口；福建龙泰安生物科技发展有限公司。以上企业的甜玉米加工量占玉米总加工量的 90%以上。

（二）果　蔬

2005 年全省水果加工产值为 24.99 亿元，占食品加工业产值比重的 4.40%，占农业产自比重的 26.50%，加工率为 26.50%；蔬菜加工产值为 39 亿元，占食品加工业产值比重的 6.90%，占农业产值比重的 17.50%，加工率为 9.50%。

1. 果蔬菜罐头

厦门罐头厂不断优化产品结构，研制开发出优质适销的水果、蔬菜等五大类近百种罐头产品。2001 年 8 月，率先向社会公开承诺：所有"古龙"牌罐头均不添加防腐剂、不添加人工合成色素。"古龙"牌罐头产品畅销全国各地及世界 80 多个国家（地区）。"古龙"品牌获"中国罐头行业著名品牌"称号，连年被评为福建省名牌产品。该厂主要经济指标连续多年位居全国同行业前茅，2002 年登上"中国罐头十强企业"榜首。

2. 果蔬蜜饯制品

20 世纪 90 年代，主要以橄榄、芙蓉李、杨梅、余甘、生姜等为主要原料，代表性加工制品有五香橄榄、大福果、丁香榄、加应子、蜜桃片、化梅、糖姜片等；果酱类主要包括果酱、果菜泥、果膏、果冻、果糕、果丹皮等产品。其中果酱、果冻是国内市场销路较好的产品，带果肉的果冻是 21 世纪新开发的果冻制品。

3. 果蔬汁、酒、醋加工

2000年以后全省果汁加工发展迅速，而且市场销量大。其中浓缩果汁、天然果肉原汁和果汁饮料是福建果蔬汁发展的趋势。加工果汁的原料主要是巴西进口的浓缩橙汁经过稀释灌装而成。柑橘虽是全省栽培量最大的水果，但以宽皮橘类为主，甜橙类约占20%。由于宽皮橘类不适合果汁加工，而适合加工果汁的甜橙类栽培量少，原料成本高，以省内生产的柑橘为原料加工的果汁很少。

福建果酒有荔枝、龙眼、芦柑、枇杷、杨梅制成的果酒。进入21世纪，由于果醋和果醋饮料是养生保健的时尚产品，成为水果加工的新热门研究开发产品。福建尤溪金门春生物制品有限公司以柑橘为原料，进行柑橘果酒、果醋、果汁、果脯深加工。该公司应用现代生物工程技术，用天然发酵醋及果汁为原材料复配成果醋饮料，保持了水果特有的果香，且酸度适中，口感好。2005年，莆田市设立了两家枇杷酒企业。福建南湖酒业公司引进先进生产线生产果酒。

4. 脱水果蔬制品

福建最主要的果蔬干制品有荔枝干、龙眼干、梅菜干、地瓜干、萝卜干、食用菌干等制品。莆田的龙眼干、荔枝干，在国内外享有盛誉。莆田闽中有机食品有限公司是福建省最早引进真空冻干技术进行果蔬脱水干制品加工企业。该公司主营"闽中牌"速冻蔬菜、冻干蔬菜、脱水蔬菜，腌渍蔬菜等蔬菜系列产品，主要出口美国、欧洲、日本及东南亚。南安市绿喜农业发展有限公司2005年与省内食品科研单位合作，研发应用新加工技术改造传统龙眼、荔枝的脱水工艺，开发新型龙眼、荔枝干产品，提高了产品的品质。

5. 果蔬速冻保鲜

福建省的果蔬速冻加工以蔬菜为主，速冻果蔬出口量名列全国前茅。"十五"期间，全省在加快研究应用快速冻结和快速解冻新技术，开发速冻果蔬新型产品，应用了生产能力高的连续螺旋式速冻机、超低温液氮和二氧化碳喷淋式速冻机以及配套的果蔬预冷机，并开展速冻包装材料的研发，建立并推广速冻果蔬加工全程质量控制体系等方面走在全国前列，扩大速冻豌豆、甜玉米、槟榔芋、草莓、荔枝、杨梅、速冻荔枝、速冻龙眼等产品生产规模。2003年福州大世界橄榄有限公司与江南大学合作开发新产品冰橄榄、冰余甘，获全国食品工业科技进步优秀项目奖，新产品已获国家专利。龙海市就有10多家企业在蔬菜加工中引进流态单体速冻和低温真空脱水加工技术，带动全市蔬菜种植面积21万亩，加工出口12万多吨。

6. 果蔬功效成分的提取和功能食品的开发

21世纪初，全省果蔬加工龙头企业，突破果蔬汁防褐变、棒曲霉素控制、定向吸附等关键技术，加快果蔬皮渣综合利用和果蔬流通技术研究，并着力开发果蔬功能产品。福州红火饮料有限公司引进意大利野味山楂生产线，其生产的4个产品获

图 10 - 7　福州红火饮料有限公司野味山楂生产线

中国名牌产品称号，10 个产品获福建省名牌产品称号。泉州休闲食品业规模以上企业近百家，拥有金冠、达利、雅士利、蜡笔小新、福马、亲亲、喜多多等一批著名品牌，主要生产焙烤食品、糖果、休闲水产品、膨化食品、方便食品等产品，产量位居全国休闲食品第 7 位。省科研部门开展了"余甘多糖提取工艺及应用技术研究"。先后开发银耳多糖、香菇多糖、灵芝多糖、姬松茸多糖、灰树花多糖、猴头菇多糖、姬松茸精粉、灵芝孢子粉、灵芝破壁孢子粉、虫草菌粉、淫羊霍提取物等新产品。

（三）茶　叶

在乌龙茶产区推广空调做青技术、微波杀菌和特种茶加工工艺，提高了乌龙茶的制优率。在绿茶产区推广应用名优茶制作机械，提高了品质。宁德市在加速茶树品种改造的同时，加大加工机械和加工技术的推广应用力度，每年推广名优茶机械在 200 台（套）以上，使品种结构调整和名优茶加工同步推进。

全省茶叶初精制加工产品主要有乌龙茶、绿（花）茶、红茶、白茶。

乌龙茶主抓安溪铁观音、武夷岩茶、平和白芽奇兰、永春佛手等名优品种的加工做青技术，提高制优率，推行茶叶标准化、清洁化生产，包括茶青采摘、茶叶初制、茶叶精制、茶叶包装各环节的标准化。绿（花）茶：主要抓调整优化品种结构，增加名优茶的比重，加强了绿（花）茶制作先进工艺和机械设备的引进推广，引进绿色茶叶生产线，进一步提高标准化加工水平，提高茶叶品质，创立名牌产品。白茶：突出白茶独特的保健功能，加强了宣传，不断提高福建白茶的社会知名度，逐步扩大白茶的生产规模。精深加工产品：主要包括茶饮料（茶浓缩液和速溶茶粉）和茶多酚、茶多糖等。全省已建立一批产值上亿元的茶浓缩液、速溶茶饮料、茶多糖等高附加值茶叶生物制品的龙头企业。截至 2005 年，全省茶叶企业获得中国驰名商标 3 个、中国名牌农产品 1 个、省名牌产品 14 个，39 家企业通过有机食品认证，获得绿色食品标志使用权的有 44 个产品，获得无公害认证的产品有 33 个。"安溪铁观音"和"武夷岩茶"先后通过原产地保护认证，35 个县（市、区）通过"福建乌龙茶"原产地保护。

（四）食用菌

20世纪90年代全省食用菌产业发展迅速，食用菌除鲜食外，主要加工成脱水制品、盐渍制品和罐头食品。1991年，福建省第十一届蘑菇罐藏制种工作会议在南靖召开，会议决定在全省推行蘑菇规范化栽培，包括强化培养料二次发酵、应用杂交新菌株（As2796）、推广标准化菇房，推行集约化栽培和适度规模经营。1992年，国家轻工业部在莆田召开全国第六届蘑菇罐藏品种科研协作会议。1997年福建省副省长张家坤主持召开蘑菇种植、加工、出口专题会议。"十五"期间，全省食用菌加工深加工开发利用有进一步的拓展，制成各种风味的蜜饯、油炸食用菌、调味品、糖果、酒类等，研究开发出香菇多糖胶囊、香菇口服液、银耳多糖、猴头菇多糖、灵芝孢子粉、灵芝孢子油等医药保健品。

福建仙芝楼生物科技有限公司，自行研制开发产品灵芝孢子油软胶囊、灵芝孢子粉、孢子油、灵芝茶、灵芝胶囊、灵芝片、灵芝礼盒等灵芝系列产品20余种，其中仙芝楼灵芝孢子油系列产品被评为"中国菌物学会推荐产品"。公司拥有进出口经营权，产品出口到日本、新加坡、东南亚及欧美等国家和地区。

南靖嘉田木耳开发公司拥有3个生产基地，年可种植白背木耳、秀珍菇、鲍鱼菇、大白口蘑、杯蕈等珍稀食用菌800万袋，年可种植各种食用菌一亿多袋，创产值上亿元。2005年生产的产品有鲜品、干品、盐渍品、清水软包装产品、食用菌油炸、膨化休闲系列食品，"古田牌"白背木耳获得"福建省名牌产品"的荣誉称号，6个产品获得中国绿色食品发展中心的"AA级绿色食品"和"有机食品"双认证。

福建省古田县华德美菇品有限公司食用菌产品主要有银耳、香菇、花菇、香菇柄、毛木耳、金针菇、茶树菇、竹荪、滑菇、姬松茸、杏鲍菇、猴头菇、鸡腿菇、黑木耳、灵芝、羊肚菌、牛肝菌、灰树花等18个品种。公司与省农业科学院合作深加工产品项目，经新西兰皇家科学院首席科学家高益槐教授指导，由食用菌产品经过生物活化提取技术提取而成银耳多糖、香菇多糖、灵芝多糖、姬松茸多糖、灰树花多糖、猴头菇多糖、姬松茸精粉、灵芝孢子粉、灵芝破壁孢子粉、虫草菌粉、淫羊藿提取物等产品。

闽联食品有限公司从福建农林大学食品系引进获国家发明专利的糟制即食品工艺，生产出食用菌糟制即食品，年产量500吨，产值近1000万元。该公司开发的"菇菌营养蛋白粉"项目已经投产，无公害新产品年产值达6000万元。

进入21世纪，福建食用菌的深加工在食用菌饮料、食用菌调味品、食用菌保健食品、食用菌风味小菜、食用菌蜜饯、食用菌制药等方面均有突破。食用菌饮料在饮料制作过程中加入菇体，参与发酵或浸渍，使菇体中对人体有益的成分溶于饮料中，增加饮料的营养与药用价值。全省已酿造成的食用菌酒有香菇酒、蘑菇酒、猴头酒、花粉灵芝蜜酒等。制作食用菌风味饮料，在风味饮料中加入菇体浸提液，以保持食用菌特有的风味。食用菌调味品大多以食用菌加工过程中的下脚料为原料，如杀青水、等外菇、碎菇、菇柄等。已开发品种有蘑菇酱油、香菇酱油、平菇酱油、蘑菇醋、香菇方便面汤料、草菇酱油、香菇肉酱等。食用菌保健食品开发有香菇挂面、猴头挂面、香菇松、香菇肉松、银耳果冻、灵芝速溶茶等。食用菌风味小菜有平菇豆酱、蘑菇豆酱、蘑菇酱、酱平菇、五香松菌酱、五香牛肉香菇、清香香菇丝等。食用菌蜜饯主要是做果脯类产品。食用菌制药多数采用液体菌丝和食用菌下脚料发酵、提取开发有食用菌为原料生产的有香菇多糖、猴菇宁等多种药剂等。

二、加工产业集群

从 20 世纪 90 年代起，福建省农产品加工业开发改变了传统的腌制、日晒、蒸煮等作坊式粗加工生产方法，针对存在品种少、质量差、档次低等问题，加快加工品结构调整，改造、新建和引进了一批具有一定规模的先进生产工艺、先进生产线，推进农产品加工业从作坊粗加工向集约化、系列化、精深加工方向迈进，初步形成以果蔬罐头、速冻脱水、果蔬饮料、蛋白饮料、调理休闲食品、保健茶深加工等新型的现代产业。

厦门、漳州果蔬食用菌加工业被确认为省级重点产业集群，泉州市休闲食品加工业为省级产业集群，此外还形成一批市级产业集群。农产品加工企业走向连片发展，大型加工企业通过自身膨胀形成了以加工为龙头，上联种养基地、下接物流销售的产业链条。中小型加工企业通过政府的支持引导向基础设施完善的园区聚集，逐步形成相互配套的产业布局，提高了产业综合竞争能力。全省建成一大批仓储、物流、保鲜、包装、彩印、包装原料马口铁、纸板、发泡塑料等配套企业，产业链的配套与完善确保了产业集群发展的需要。

20 世纪 90 年代初，福州着力发展以菜篮子工程为主的肉蛋乳加工业、粮油糖加工业，形成了以市场牵龙头、龙头带基地、基地带农户的新型农业产业集群，促进规模经营，推动了科技成果的推广应用和名牌农产品的开发，开拓了农产品市场。福州大世界橄榄有限公司长期致力于橄榄、青梅、余甘等南方水果的加工开发，形成了产品、加工、销售一条龙的产业集群，年销售额达到 5000 万元，出口创汇 300 多万美元。

20 世纪 90 年代中期，厦门市着力培植系列饮料、八宝粥、罐头、速冻蔬菜产业集群，呈现规模以上企业由加工生产向种苗生产、市场流通两头延伸的特点，产业链不断延伸。"十五"期间，银鹭集团投资 3 亿元的 PET 无菌冷灌装饮料生产线投产，年产值可达 10 亿元以上。中盛粮油企业有限公司新增大豆、菜子色拉油生产线，年新创产值 3 亿元以上。中禾实业有限公司投资 9000 万元引进毛油生产线，年创产值可达 5 亿元。

20 世纪 90 年代后期，泉州市拓展以蔬菜、食用菌、茶叶、水果、禽畜、粮食、木竹藤等为主导的八大龙头产业集群。以南安市官桥粮食城等为龙头的粮食制品生产加工，以安溪县茶厂为龙头的茶叶生产加工，以惠安县中绿公司等为龙头的蔬菜生产加工，以石狮市祥芝水产食品开发公司等为龙头的水产品加工，以永春县蓬源食品饮料公司等为龙头的水果生产加工，以德化县三利集团有限公司等为龙头的木藤生产加工，以晋江县永祥罐头食品有限公司为龙头的食用菌生产加工，以石狮县万里香食品有限公司等为龙头的肉类生产加工等农产品加工系列集群呈现雏形。

漳州市自 1997 年 7 月国家批准设立为"海峡西岸农业合作实验区"以来，着力发展闽台合作合资的果蔬食用菌等加工业。批办农业合资企业 200 个，总投资 5 亿美元，引进先进设备 1500 多台套，龙海、漳浦的民营企业与台湾合作，并以订单农业形成果蔬闽台加工示范区，在加工区内分布着近 50 家台资企业、闽台合资企业，年生产加工果蔬食用菌速冻、保鲜、脱水产品 40 余万吨，全部出口。漳州市还把发展农业加工企业作为农业产业化经营的重中之重，每个产业都有一个或几个龙头带动，有一群企业配套的要求，培育出了全国十强之一的罐头企业紫山集团，打造出了港昌、港鑫、泰山、绿宝、亚细亚、海魁、东方、东海、东宝、南海、联侨、宝丰、益龙、盈丰等食品加工龙头企业，构筑起产品加工、包装、储运、销售为一体的农产品加工体系，并通过"公司＋基地＋农户"的形式，使三者间形成关系紧密的利益共同体，形成了五大特色农产品加工基地。

2000 年后，莆田市利用果蔬、食用菌等资源，建立优质原料种植基地，重点建设一批农产品深加工项目，发展一批具有较强实力和知名度的农产品深加工龙头企业。如闽中蔬菜、涵兴食品、红太阳食品、绿森庄园、中茂罐头等，形成具有区域优势的食品加工产业集群。

宁德市根据茶叶、食用菌、果蔬、畜禽、粮油等主要农产品资源分布情况，以及口岸、交通条件，规划建设闽东工业园农产品加工集中区、星火工业园区农产品加工集中区等 15 个农产品加工区。茶叶加工业主要布局在福安市、寿宁县、周宁县和福鼎市、蕉城区乡镇；食用菌加工业主要布局在古田、屏南和寿宁 3 个县；果蔬加工业主要布局在福安市、古田县、屏南县和蕉城区；肉禽蛋奶加工业主要布局在蕉城区、福安市、福鼎市 3 地。

三明市着力培育、扶持一批名牌绿色食品。根据各县优势和区域特点，分片建设食品产业带、畜禽产业带、笋加工产业带、食用菌产业带等，并向周边辐射。"十五"期间，重点发展以沙县小吃为龙头的食品加工业；以三真生物科技有限公司等食用菌龙头企业为依托，开发特色产品；以高海拔反季节食用菌的资源开发为重点，建立专业化、规模化的生产基地；以三明市楼源畜牧场、宁化农星农牧公司、尤溪麻鸡种鸡场、沙县鸭业总公司为龙头，发展专业化规模养殖和饲料基地配套建设；依托建宁鑫达和文鑫莲业有限公司等企业，建设一批农产品加工项目，配套建设无公害农产品生产基地。

2005年，龙岩市把农产品加工业列入市委、市政府"10＋3"重点产业，并确立了地瓜干、花生、水果、茶叶、蔬菜、食用菌等农产品加工6大重点产业集群。全市7个县（市、区），均设置了农产品（食品）加工园区或加工专业园区。连城的地瓜干加工园区、武平县珍稀食用菌科技示范园区和梁野山生态茶叶加工贸易小区、新罗区小池茶叶加工贸易小区、上杭农副产品加工园区、长汀县远山食品加工园区、漳平富山工业园区罗安食品小区和永福台湾农民创业园区、永定的莲花工业园区食品小区。

"十五"期间，全省农产品加工组织实施了一批以食品加工为主的农产品深加工重大科技专项攻关和项目引进，重点对粮油、水果、蔬菜、肉制品、食用菌、茶叶等重大关键技术与加工设备进行研发，攻克了膜分离、物性修饰、无菌冷灌装、低温真空浓缩、冷加工、低温与超微粉碎、超临界萃取、高效杀菌等加工关键技术难题，开发了冷却肉、浓缩果汁、清洁蛋、真空冻干果蔬制品等市场潜力大的新产品，引进了一批包括48000瓶/小时的啤酒灌装生产线、36000瓶/小时的不含气饮料塑料灌装生产线、180000包/班的方便面生产线、4200袋/小时的牛奶无菌包装生产线、工业机器人、高速6色凹印机、双瓶吹瓶机、多层共挤设备、冷冻干燥设备及纸浆模塑机械等技术含量高的食品加工装备，缩短了全省食品加工技术和装备与国内外先进水平的差距，部分领域接近国内先进水平，个别领域达到国际领先水平。

15年来，福建省农产品加工业在高新技术引领下，呈现新的发展变化，凸现以下趋势。一是动物性食品加工增长迅速，肉制品、乳制品加工更趋于营养、方便、多样化，水产品畅销不衰；二是蔬菜和水果加工制品正成为人类的重要食品，各种果蔬菌笋罐头、保鲜果品、速冻蔬菜和脱水蔬菜等加工食品发展迅速，质量要求严格；三是饮料趋向多样化，果汁、蔬菜汁、袋泡茶、冰茶、果味饮料茶、保健茶、特种茶、保健型饮料急剧增加，发展前景广阔；四是啤酒、果酒等酒精含量低的酒类增长速度显著；五是乌龙茶中武夷岩茶和安溪铁观音成为高档天然健康饮品的时尚；六是方便、营养均衡性食品日益走俏，功能性食品发展迅猛，净菜、配菜及各种冷冻、休闲、旅游食品等越来越受到欢迎。

第三节　农业信息化

一、信息网络、网站

（一）福建农业信息网

福建农业信息网于1998年年初创建，是省农业厅主办的政府类农业专业网站和福建农业类门户网站，其域名为 http://www.fjagri.gov.cn。该网站最初建立在国内的 169 网上，同年利用网络 IP 映射技术，转到国际互联网上。第一版的福建农业信息网站采用静态的 html 格式网页组成，有福建农业、图片新闻、农业技术、台湾农业等栏目，除提供 Web 信息发布服务外，福建农业信息网还提供电子邮件和新闻组的服务。其硬件平台是 HPLHIII PC 服务器，操作系统 Windows NT 4.0，Web 服务是 IIS4.0。2000 年，网站改版，增加了一些栏目，操作系统也升级为 Windows 2000，采用基于 ASP 的动态网页技术。2003 年，硬件和软件平台做了升级，调整和增加网页的内容和栏目，其宗旨是应用现代化的互联网络技术和信息服务技术，把农业政策、农业信息发布、农产品价格信息、农业技术专家咨询、公众信息交流功能集中起来，解决农业生产、加工、销售中存在的技术、信息问题，并将农业信息服务与福建省农业电子政务等系统有机地形成一个整体，增强农业厅的领导、管理、信息服务等行政职能。信息网的主要功能有：搜索引擎，能够搜索全国范围的主要农业信息网站，并能同时检索 GB、BIG5 编码的内容，实现 GB、BIG5 术语交叉查询；同时支持 GB 以及 BIG5 字符集，能够将台湾及海外的其他繁体中文信息转化为简体中文信息，有些栏目可以通过自动采集技术自行更新。采用 J2EE 技术规范开发的，支持个人主页发布及提供二级域名能力，并提供强大的在线制作网站的功能，所有的虚拟主机均有自己的 WWW、FTP 及 Email 服务。主要栏目有：福建农业，介绍福建农业自然环境条件，农业资源情况；网上政务，让群众足不出户就可以了解并办理各类行政手续；招商引资，发布全省农业招商引资项目意向及其相关介绍；台湾农业，介绍台湾农业动态、农产品优良品种及其培育种植等方面的先进科学技术；市场行情，提供各大市场各种农产品实时行情。还有政策法规、名优特产、多媒体农业等栏目。

（二）福建农业科技信息网

福建农业科技信息网是"数字福建"、"数字农业"的组成部分，也是省农科院办实事项目。1998 年开始农业科技信息网络和网站建设，先后开展了多项信息网络建设。建成并投入使用的网络工程有省农科院局域网、省农科院农业科技信息网络中心、省农科院网站，局域网涵盖全院主要科研功能区（埔垱）、科研管理区（树兜），边远研究所（稻麦所、茶科所、甘蔗所等）；建成了"福建省农业科技推广互联网"（具有独立域名和 IP 地址）；建成了"福建农业科技信息网"（具独立域名和 IP 地址）；中国星火计划网福建站（福建农村科技信息网）等主要信息网络和网站，服务范围覆盖全省主要农业科研单位，设区市、部分县（市），龙头企业以及科技示范户。初步建成了以省农科院为中心，院所相连、省地贯通、国际互联、资源共享的省级农业科技信息网络系统和信息发布中心。2002 年 9 月 28 日，"福建省农业科技信息网"开通 10M 电信宽带国际互联通道，域名为 http://

www.faas.cn。信息中心设立在省农科院院部大楼，信息点1000多个，覆盖全院福州地区所属的全部单位（包括处、所、室、中心、公司、埔垱科研区各研究所、城门稻麦研究所等），通过中国电信宽带接入中国公用计算机互联网。2005年扩大为双线20M带宽。院内局域网1999年开始对全院科技人员免费使用，接点由初期的几十个，发展到2003年的400多个，2005年发展到1000多个。各个研究所也都相应建立了自己的网页与院网链接，并及时充实和更新相应的信息资源。福建农业科技信息网包括两部分：一是省农科院内部的局域网络；二是福建农业科技信息网的互联网网站。福建农业科技信息网建设内容包括网络建设目标、软硬件系统环境、网络系统结构、网络资源建设、网页及栏目设计、网络安全措施等。

（三）福建"三农"服务网

福建"三农"服务网由省农业厅、省数字办牵头，省农办、省科技厅、省财政厅、省水利厅、省林业厅、省海洋与渔业局、省气象局、省粮食局、省物价局、省供销社、省农调队、省农科院、福建农林大学、省经济信息中心、省空间信息工程研究中心17家单位参加并共同组建。总体工作由福建省数字福建领导小组办公室负责，省农业厅具体组织实施，省经济信息中心和省空间信息工程研究中心提供技术支持。网站于2005年12月15日开通。其域名为：http://www.fjsnw.gov.cn和http://www.fjsnw.cn。该网站整合了省级面对农业、农村、农民的各类信息服务网站，统一信息发布，为广大农民提供生产、生活信息服务，宣传报道本省"三农"工作的最新发展动向。网站开设科技服务、市场信息、环境气象、新闻报道、闽台农业、政务公开、政策法规、招商引资等信息服务栏目，提供网上行政审批和实用数据库查询等服务。

（四）福建省农业厅局域网

1994年省农业厅建立机关局域网，是基于Netware 3.11平台的10M以太网，网络采用总线加星形的拓扑结构，每个处室配备1~2个节点，厅领导每人一个节点，主机房设在2号办公楼，局域网分布在农业厅1号和2号两座办公楼所有处室。厅领导配备无盘工作站，通过服务器远程启动，各处室使用普通PC联网。以VB 1.0 for DOS为开发工具，依靠自身力量开发了"闽农微机网络"应用系统。应用系统主要功能有：农业部电子公告板信息、今日要迅、八闽快讯、厅内各处室工作动态交流和常用计算机工具等，通过局域网还可以远程启动Window 3.1操作系统。各设区市农业局可通过2400bps Modem远程接入局域网，调阅网络信息资源。当时的服务器是Compaq PL 1000，1G SCSI硬盘，8M内存，CPU是486/66，服务器还配有在线式不间断电源。

1998年，省农业厅机关网络进行了升级改造，向中国电信申请了64KDDN专线，通过DDN专线，机关局域网接入国内169网，申请了域名http://www.fjagri.gov.cn。

增加了 HP LH III 服务器，128M 内存，4.3GSCSI 硬盘，操作系统为 Windows NT 4.0 Server 版，并在这台服务器上建立了福建农业信息网网站、福建省农业厅电子邮件系统和新闻组系统。农业部的电子公告板信息和各处室工作动态交流除了可以在原有的 Novell 服务器上发布，还可以在新闻组系统上发布。使用 Cisco2509 路由器作为远程接入设备，地县农业局用户可以通过远程拨号接入厅机关局域网，并通过厅机关局域网访问国内 169 网络上众多的信息资源。2000 年服务器操作系统升级为 Windows 2000 Server。

2001 年，省农业厅委托省邮电设计院进行网络工程设计，投资 320 万元，对原有的厅网络进行全面改建扩建。2003 年年初，网络基本建设完成。至此，省农业厅机关局域网可分成三大网络，分别是福建省农业厅政务网、交换网和外网。其中政务网与交换网和外网物理隔离，专门用于与数字福建政务网连接，交换网是福建省农业厅局域网的重点，几乎厅机关所有的工作人员都接入交换网，通过 1000M 高速以太网技术把厅内各个处室的大部分计算机联成内部网，厅机关内部两座大楼之间采用光纤传输，还按处室建立 VLAN。内部网通过农业部指挥调度卫星的指挥调度系统和农业部机关及直属单位的内部网相连接，可实现农业系统内部的信息交换。交换网通过防火墙与互联网进行连接，用户可自由访问互联网网上资源。外网即为福建农业信息网网站和福建省农业厅电子邮件系统，对外发布各种农业信息和邮件服务。

（五）市县农业网站

1. 漳州农业信息网

2000 年成立，网址是 http://www.zzhk.com，2005 年更名 http://www.zzhk.gov.cn。主要栏目有政务信息、政务公开、969155 农业热线、农业新闻、专家论坛、农业技术、地方农业、供求信息、价格行情等。

2. 三明农业 155 网

2001 年成立，网址是 http://www.ny155.com。是三明市农业局的官方网站，内设农业动态、政府信息公开、市场行情、服务热线、农业科普、招商引资、新农村等 16 个大类，100 余个小类栏目。

3. 龙岩农业信息网

2001 年成立，网址是 http://www.lyagri.com。主要栏目有政府信息公开、农业动态、名优产品、病虫简报、农业企业、技术推广、市场行情、行风建设、招商引资等。

4. 福州农业信息网

2002 年创建，网址是 http://www.fzagri.gov.cn。主要栏目有农业新闻、供求信息、市场行情、政务公开、行政许可、招商引资等。

5. 莆田农业信息网

2003 年 5 月 1 日开始运行，网址是 http://www.ptagri.gov.cn。主要栏目有莆田农业、农业快讯、市场信息、政策法规、农业科技、农业招商、企业之窗、农家155、农业论坛等。

6. 闽东农业信息网

2003 年成立，网址是 http://www.969155.com。栏目有政策法规、市场供求、热线问答、农业招商、养殖技术、粮食作物、经济作物等。

7. 泉州农业信息网

2003 年成立，网址是 http://www.qznyw.gov.cn。主要栏目有新闻动态、视频点播、图片中心、在线咨询、工作简报、政务中心、农业技术、特色农业、法律法规等。

8. 厦门三农网

2004 年成立，网址是 http://www.sn.xm.gov.cn。由中共厦门市委农村工作领导小组办公室、厦门市农业局和厦门市林业局联办。主要栏目有市场信息、现代农业、三农要闻等。

9. 梅列农业 155 网

成立于 2001 年，网址是 http://www.ml155.com。主要栏目有农业动态、农业专家在线、政务公开、种养技术、病虫害防治、政策法规、服务三农、农业招商、特色产品、协会园地等。

10. 尤溪农业 155 网

2002 年 3 月成立，网址是 http://www.yxny155.net。主要栏目有尤溪概况、政策法规、招商项目、重点企业、特色产品、农业动态、供求信息、农事指南、农业技术、服务花絮、农业 155 简介、农产品价格、茶叶动态、公示公告、专家咨询、天气预报等。

11. 闽侯农网

2002 年成立，网址是 http://www.mhagri.gov.cn。主要栏目有闽侯概况、闽侯农业局、政策法规、特色农产品、龙头企业、行政执法、闽侯县橄榄协会等。

12. 建宁农业 155 网站

2002 年成立，其网址是 http://www.jnny155.com。主要栏目有农业 155、农业概况、农业动态、供求信息、信息发布、技术咨询、企业之窗、乡镇之窗、新农村等。

13. 大田县农业网站

2002 年 5 月成立，网址是 http://www.dtagri.com。主要栏目有农业动态、政务之窗、名优特产、服务花絮、招商引资、当前农事等。

14. 永安农业信息网

成立于 2002 年 5 月，网址是 http://www.yany155.cn。主要栏目有农业动态、涉农法规、远程视频服务、办事指南、优势农产品、市场资讯、现代农业、测土配方施肥查询、病虫情报、专业合作社之窗等。

15. 清流农业 155 网

2002 年 10 月成立，网址是 http://ql.fagri.gov.cn。主要栏目有农业新闻、政务公示公告、供求信息、农事指南、技术咨询、服务花絮、专家咨询、风光旅游等。

16. 将乐农业 155 网

2002 年 7 月成立，网址是 http://www.jlny155.com。主要栏目有农业新闻、热门文章、农业 155 专家、农业科技、病虫防治、网上招商、农业企业、供求信息、政策法规等。

17. 三元农业 155 网

2003 年成立，网址是 http://www.ny155.com/old/fwwl/sanyuan/index.htm。主要栏目有农业动态、农业特色、农业资源、服务花絮、农产品加工等。

18. 明溪农业 155 网

2003 年成立，网址是 http://ny155.com/mxnyxxw/indes.asp。主要栏目有农业动态、农业专家在线、种养技术、病虫害防治、政策法规、农业资源、服务花絮、农产品加工等。

19. 宁德市农村社会服务联动网

2003 年成立，网址是 http://ndld.com.cn/。主要栏目有机构人员服务网络、专家服务网络、实用信息服务网络、市场营销服务网络、示范服务网络、资金服务网络等。

20. 福鼎农网

2004 年成立，网址是 http://www.fd366.com。主要栏目有市场行情、政策法规、热点追踪、专家服务、农业招商、供求信息、三农论坛和农业科技等。

21. 高山农业在线

2004 年成立，http://www.znnw.com。主要栏目有综合信息、今日菜价等。

22. 三都澳在线

2004 年成立，http://www.sanduao.com。主要栏目有农业基地、农业企业、政策法规、农业技术等。

23. 沙县农业信息网

2005 年 2 月成立，网址是 http://sxny155.fjny.cn。主要栏目有农业概况、农业动态、政策法规、农业指南、服务花絮、供求信息、政府信息公开等。

24. 泰宁农业 155 网

2005 年 8 月成立，网站挂靠省厅信息中心服务器上，网址为 http://tnny155. fjagri. cn，主要为服务性质网站。栏目包括：农业动态、服务花絮、当前农事、供求信息等栏目。

25. 宁化农业信息网

2005 年 10 月 31 日正式开通，网址是 http://www.fjnhny155. com。主要栏目包括：农副产品价格行情、农产品供求信息、农业技术服务、农业政策法规、宁化特产、龙头企业等。

（六）其　他

至 2005 年，全省开通的规模较大的涉农网站还有："福建科技特派员网"，省供销社主办的"福建省农产品信息网"，厦门农村社会经济调查队主办的"厦门农村与农业"。此外，还有"福州水产品批发市场"、"集美农业之窗"、"泉州农村信息网"、"泉州蔬菜网"、"漳州农业信息网"、"福建农林大学校园网"、"福建农资信息网"、"超大现代农业"、"中国芦柑信息网"，以及地方供销社主办的"南平农副产品信息网"、"柘荣县农副产品信息网"、"长泰供销信息网"等。

二、农业数据库

（一）农业科技信息资源建设

福建农业科技信息资源依托省农科院科技情报研究所，以其数据资源为基础，采用引进、共建、自建相结合的方法进行信息资源建设。经过多年的发展，形成了较大规模数据库及农业信息资源的服务体系，数据容量达 2T 以上，记录数据总量超过 1000 万条。主要包括引进的国际农业及生物科学中心 CABI 文摘光盘数据库、中文科技期刊数据库、清华同方中国科技期刊网农业科研成果信息数据库、农业科技产品信息数据库和其他数据库；自建的台湾农业文献数据库、农业实用技术库、《福建年鉴》、《福建统计年鉴》、电子图书等，部分数据库提供网上全文检索服务。还有图书馆、期刊馆和台湾农业书库大量纸质文献。同时还获得万方数据库资源系统系列数据库和福建省海峡信息数据库网络检索系统的网络使用授权，可使用的数据库有：中国农业文献数据库、中国社科报刊篇名库、中国学术会议论文库、中国科技论文与引文分析数据库、中国科技成果库、全国科技成果交易数据库、福建科技成果数据库、中国生物学数据库、中国标准数据库、中国生物医学文献数据库、中国专利数据库等。此外，还开展了馆藏特色资源的数字化、网络化工作，建设馆藏图书、期刊目录库数据库等，使农业科技网络信息资源结构更趋合理，满足不同用户的多种需要。在电子信息资源方面有国际三大农业数据库 CABI（国际农业与生物科学中心）、AGRIS（联合国粮农组织）、AGRICOLA（美国农业图书馆）；在国内权威农业数据库方面有 VIP（中文科技期刊数据库）、CNKI（中国期刊全文数据库）、万方数据库等。自主开发的资源库有台湾农业数据库、农业实用技术数据库、农业科技成果库、专家数据库、科研仪器数据库、种质资源数据库等。电子图书有书生之家电子图书等。纸质文献资源有图书馆图书数 10 万册、期刊 200 多种、报纸数十份、资料若干；台农书库长年订阅台湾农业原版期刊数十种，通过各种渠道征集大量台农图书；出版福建农业学报、福建农业科技、台湾农业探索、福建稻麦科技、福建畜牧兽医、福建果树、福建茶叶科技、福建甘蔗等及系列农业实用技术手册、台湾农业、果树、农业经济、宏观农业等农业专业期刊及图书。各专业研究所图书室拥有专业性、针对性强的书刊及电子信息（网络共享）。链接共享资源。国内相关农业科研，教学机构及相应资源拥有单位。

（二）特色实用数据库

省农科院采用新一代资源库设计思想和先进技术，针对农业科技信息量大、管理烦琐、不方便查找等一系列问题，用信息化手段，自主开发一系列各具特色的农业实用数据库，为信息的有效管理和利用提供强有力的电子化、网络化支持，实现集中资源，科学管理，安全共享。农业科技专业数据库基于 MVC 模式的 struts 框架和开源的 Hibernate 后台存储技术，采用 JAVA 三层技术结构的 B/S 模式，严格遵循 J2EE 标准，技术先进，系统结构合理。农业专业系列数据库的建成，对增强福建农村科技信息服务体系的服务功能，延伸服务领域，提高农业科研单位的科技创新能力，以及增强涉农企业核心竞争力都将起到积极的推动作用。

省农业厅从 1990 年开始到 2005 年，主要建立有以下 6 个农业数据库。

1. 水稻苗情数据库

1990 年建立，详细记录全省 10 个苗情县苗情记录点的水稻苗情及气候情况，并在数据库的基础上，进行统计分析，得出许多水稻计算机预测预报模型，用于指导大田生产。

2. 农业资源综合数据库

2004 年建立，数据采集全省农业资源区划部门自 1990—1995 年和 2001—2003 年的农业资源区划数据资料，农业资源调查、区划的基础数据和成果资料。农业资源综合数据库由 8 个类型 25 张表 169 个字段 212987 行记录了 661.118 万个数据，组成了较为完整的农业资源综合数据库。根据福建农业资源综合数据的性质将数据划分为 8 个子库，分别是地理要素数据库、土地利用数据库、土壤资源数据库、土地退化与生态建设数据库、水资源数据库、气候资源数据库、粮食等作物生产数据库和人口与劳动力资源数据库。

3. 土壤资源数据库

2005 年建立，综合应用地理信息系统的 MAPGIS 技术，对龙海市和浦城县第二次土壤普查成果（即文字资料、数据资料、图件资料及相关资料进行数据化、标准化处理）建立龙海市土壤资源文字库、数据库和图库。同时，根据土壤资源数据库的特点，建立土壤类型子图库、土壤养分子图库和地貌子图库。文字资料库有67部县级《土壤志》、7部地（市）的《土壤志》、土壤专题调查报告汇编和闽浙赣3省边界土壤报告等。

4. 农业专家数据库

2005年建立，包括农业系统所有的具有高级职称的农业技术、农业经济、农业科学理论专家。含省级、市级、县级及县级以下4级专家。主要数据包括专家的姓名、性别、职称、工作单位、个人简介等，有1145个记录。

5. 农业实用技术库

2005年建立，分种植业、畜牧业、食品加工储藏和其他类，主要数据项有来源、时间、标题、主题词和正文等，有8015条数据量。

6. 农业政策法规库

2005年建立，按类别分法律、法规、文件等三大类，按地域分全国和地方两大类。按专业分综合、种植业、畜牧业、农经、执法管理和其他等6项，数据库包括中华人民共和国成立以来到2005年所有有效的农业法律法规。

三、电话服务热线

1999年，福州市、龙岩市、三明市农业部门借鉴"公安110"做法，相继建立了"农技110"、"农业188"、"农家155"等电话服务热线，受理农民各种服务请求。

2001年6月，省农业厅将各地的服务热线电话号码统一为"969155"，简称为"农业155"，谐音"要服务"，并发布广告——"农民要服务，请拨969155"。

2002年，"969155"农业服务热线被省委、省政府列入"为民办实事工程"，全省各级农业部门都开通了"969155"电话服务热线。省农业厅设立"969155"指挥协调中心，各设区市农业局设立"969155"指挥调度中心，各县（市、区）农业局设立"969155"服务中心。全省共建立700多个

图10-8　基层信息服务站科技人员演示远程信息服务

969155 服务站，有 60 个县（市、区）农业局建立了"969155"农业信息网站（页）。

2003 年，省农业厅"969155"指挥协调中心加强了各设区市"969155"指挥调度中心、各县（市、区）"969155"服务中心、各乡（镇）"969155"服务站之间的联系，形成了省、市、县、乡四级"969155"工作机构可以相互联动的服务网络。当年，具备条件的乡（镇）还将"969155"服务网络延伸至村，依托农民专业合作组织、村科技（专业）协会、种养大户、农村经纪人、农资经营站等，开展最直接的热线服务。

2004 年，"969155"热线服务系统在福建农业信息网上设立专栏，辟有工作动态、典型经验、问题解答、语音应答和专家咨询等 5 个二级栏目。同年，福建农业信息网充实了"农业技术问题数据库"及"农业科技专家库"，使得"969155"热线系统借助福建农业信息网，提升了自身的服务功能。

2005 年，省农业厅印发了《969155 服务热线工作制度（试行）》，就"969155"热线电话的服务宗旨、工作职责、值班制度、咨询反馈制度等作出了相应的规定。同年，按照农业部的要求，在服务热线系统的基础上，增加和完善了电脑网络系统、电视节目制作系统，即"三电合一"农业信息服务模式。提升"969155"热线服务水平。

第四节 外向型农业

一、农业企业与农产品

1991—2005 年，累计新开办农业外资企业（含台、港、澳地区经贸合作项目）3347 家，合同总投资（外资）61.77 亿美元，实际到资 23.49 亿美元。

种植业：累计开办 875 家（个、场），总投资约 14.97 亿美元，实际到资约 6.32 亿美元。

养殖业：累计开办 463 家（个、场），总投资约 6.07 亿美元，实际到资约 2.11 亿美元。

加工业：累计开办 1648 家，总投资约 28.83 亿美元，实际到资约 11.01 亿美元。

其他（如农业观光园等项目、企业）：累计开办 361 家（个、场），总投资约 11.89 亿美元，实际到资约 4.05 亿美元。

1991—2005 年福建省农产品出口主要以蔬菜、蘑菇罐头、烤鳗、水海产品、水果、茶叶、猪肉罐头等劳动密集型产品为主，2005 年出口超过 1000 万美元的品种有 38 个。2005 年农产品出口企业 1176 家，平均每家企业出口金额 165 万美元。本省进口的农产品以食用植物油、饲料用鱼粉、皮革、大豆、谷物、冻鱼为主。

表 10 – 3　　　　**1991—1997 年福建省出口千万美元以上农产品**

单位：万美元

年份	活鳗鱼	冻鱼	冻鱼片	冻对虾	活梭子蟹	水煮笋	香菇	蘑菇罐头
1991	886	1171	1079	4022	716	1159	1923	6457
1992	1204	1540	1429	4383	1483	2110	2343	6088
1993	2861	1453	433	1730	2076	2382	2480	5980
1994	8280	4168	1742	802	2395	2155	3811	8392
1995	5247	4403	2364	283	2574	2917	99	12159
1996	9858	1965	1282	—	1387	4073	4002	8914
1997	6559	3297	1123	—	1292	—	5450	6616

年份	芦笋罐头	砂糖	乌龙茶	卷烟	速冻蔬菜	脱水蔬菜	烤鳗	黑木耳
1991	3250	346	3617	2740	—	—	—	—
1992	2258	1986	3166	2257	—	—	—	—
1993	3008	3060	3030	1523	—	—	—	—
1994	3494	2174	3306	6218	—	—	—	—
1995	3561	916	3610	8909	—	—	—	—
1996	3728	—	4060	14076	6437	111	34093	1371
1997	3980	—	4421	8279	8301	1333	57083	1304

表 10 – 4　　　　**1998—2005 年福建省出口千万美元以上农产品**

单位：万美元

年份	制作或保藏的河鳗(烤鳗)	蔬菜	水海产品	蘑菇罐头	茶叶	鲜、干水果及坚果	猪肉罐头
1998	39497	4063	—	6513	5104	1408	—
1999	42228	4044	—	7424	5244	1774	—
2000	46591	25495	14471	9099	5309	3056	—
2001	36591	27297	15106	6992	5175	2778	—
2002	34748	27068	17067	9234	4382	2850	1059
2003	24683	20716	15255	10010	3496	2807	1176
2004	41610	33413	19092	13399	3551	2798	1219
2005	30577	38239	19280	15438	4444	5179	1129

表 10-5　　　　　1997—2005 年福建省进口千万美元以上农产品

单位：万美元

年份	大豆	食用植物油（包括棕榈油）	饲料用鱼粉	牛皮革及马皮革	谷物及谷物粉	冻鱼
1997	—	10747	—	20992	—	—
1998	—	5358	7804	17777	1826	—
1999	—	—	13605	15988	—	—
2000	—	1692	16645	18567	—	1102
2001	—	—	15834	20285	—	—
2002	4129	3031	19857	15710	204	430
2003	23884	5112	18019	11491	422	496
2004	48800	8816	25711	9307	—	1164
2005	53095	6556	31793	3781	3128	2458

二、对外贸易

1991—2005 年，全省农产品累计进出口总额 313.4 亿美元，其中出口总额累计 182.2 亿美元。农产品出口金额占全省出口总额的比重逐年下降，由 1991 年的 21.6% 下降到 2005 年的 5.6%。

1993 年 5 月，由省贸促分会主办，省农委、省工商联协办的福建农业暨贸易展览洽谈会在马来西亚马六甲举行，这是以福建省的名义在马来西亚举办的第一次展览洽谈会，参展单位 27 个，共设 28 个摊位，展出面积 600 多平方米，展团 68 人。经过展览洽谈，成交出口合同金额 590 万美元，进口合同金额 100 万美元。

1994 年，农产品出口首次突破 10 亿美元大关，达到 11.83 亿美元。

1995 年 3 月，意大利维罗纳第九届国际农业博览会召开。省农业厅组织福州市和漳州市有 8 个单位随中国展团参加会展。展销期间，有近 20 万人次前往参观、咨询、洽谈商务。

1995 年 9 月，省政府出台《关于扩大农业对外开放若干规定》。

1996 年，农产品进出口总额突破 20 亿美元，达到 26.6 亿美元。

1997 年 7 月，福建省农业行业贸促会、福建农业行业国际商会成立，发展会员 50 多个，会员中包括具有一定实力和出口创汇能力的农业企业与三资企业。

1999 年 5 月，省政府决定设立省级外贸发展专项资金。

1999 年 11 月，由厦门茶叶进出口公司整体改制而成的厦门茶叶进出口有限公司成立，这是全国茶叶系统首次改制的 3 家企业之一。改制后的厦门茶叶进出口有

表10-6

1991—2005年福建省农产品进出口情况

单位：万美元

年份	农产品进出口总额	农产品出口					农产品进口				
		出口总额	食品及活动物	饮料及烟类	非食用原料（燃料除外）	动植物油、脂及蜡	进口总额	食品及活动物	饮料及烟类	非食用原料（燃料除外）	动植物油、脂及蜡
1991	67985	67985	48156	3777	16052	—	—	—	—	—	—
1992	78960	78960	56588	3071	19301	—	—	—	—	—	—
1993	81508	81508	57778	3095	20119	516	—	—	—	—	—
1994	118316	118316	84879	6430	27007	—	—	—	—	—	—
1995	158161	158161	109922	9490	38749	—	—	—	—	—	—
1996	266124	160543	112699	29684	14169	3991	105581	19250	30705	48424	7202
1997	283099	155871	108428	14459	26033	6951	127228	28085	10214	76274	12655
1998	200570	123558	106897	2555	11756	2350	77012	20669	635	50037	5671
1999	193811	122864	114994	1100	6514	256	70947	27328	344	38876	4399
2000	212389	134349	126484	569	7245	51	78040	26114	144	49103	2679
2001	217790	129043	120429	1024	7549	41	88747	23077	271	63363	2036
2002	237867	135852	126047	1357	8435	13	102015	27334	184	70533	3964
2003	270292	128742	117466	1846	9380	50	141550	25161	209	109718	6462
2004	409809	179271	164553	1647	13037	34	230538	36011	178	183318	11031
2005	483843	194183	178515	1466	14121	81	289660	47618	345	233191	8506

注：1991—1995年的数据由《福建统计年鉴》出口商品分类构成换算而来。

表 10－7　　　　**1991—2005 年农产品出口贸易与全省出口情况比较**

单位：万美元，%

年度	全省出口总额	农产品出口总额	占比	年度	全省出口总额	农产品出口总额	占比
1991	314746	67985	21.6	1999	1037570	122864	11.8
1992	438666	78960	18.0	2000	1290875	134349	10.4
1993	515874	81508	15.8	2001	1392583	129043	9.3
1994	643020	118316	18.4	2002	1737250	135852	7.8
1995	790806	158161	20.0	2003	2114290	128742	6.1
1996	838239	160543	19.2	2004	2939634	179271	6.1
1997	1025560	155871	15.2	2005	3484598	194183	5.6
1998	996387	123558	12.4				

限公司按规范设立股本，其中职工持有 30% 的股份，国家持有 70% 的股份。

2001 年 5 月，省政府办公厅转发省外经贸厅等部门《关于鼓励扩大出口的若干政策意见》。

2002 年，省农业厅成立了由吴建华厅长任组长，相关处室主要负责人为成员的"福建省农业厅 WTO 事务领导小组"，领导小组下设办公室，挂靠外事外经处。

2003 年，莆田县华港饲料有限公司在越南设立北宁境外加工贸易小区，主要是立足于对外投资，以该公司为依托，带动其集团公司属下企业，以现有成熟技术、设备为主要投资手段，通过投资促进贸易。市场目标是以越南市场为中心，争取到 2006 年落户加工贸易小区的企业达 3 家，总投资 650 万美元，带动出口 2000 万美元。

2004 年 8 月 16 日，2 名以色列著名农产品贸易专家来到福州，为福建省农产品生产和贸易公司的代表 160 多人讲课，教授如何更好地把福建农产品卖到国际市场。

2004 年，全省农产品进出口总额突破 40 亿美元。

2005 年出口超过 1000 万美元的品种有 38 个，农产品出口企业 1176 家，平均每家企业出口金额 165 万美元。

第五节　现代农业试点建设

一、决策部署

1997 年 9 月，省政府制定《福建省现代农业发展规划纲要》（简称《纲要》），按照《纲要》要求，在沿海经济发达地区和城市郊区分别开展不同类型的现代农业示范片（点）建设，并确定13个现代农业示范片（点）。

2001年，《福建省国民经济和社会发展第十个五年计划》进一步把全省的10个县（市）和30个示范园区作为农业现代化试点县和现代农业示范园区，列入"十五"期间的重点建设项目。

2002年，省委农村工作领导小组发布《福建省农业现代化发展纲要（试行草案）》，对全省农业现代化建设进行全面规划和部署。

二、试点建设

"十五"期间，全省开展了不同层次、不同类型的农业现代化试验示范。

2001年，按照《纲要》的要求确定了福清市、长乐市、连江县、晋江市、石狮市、南安市、惠安县、龙海市、漳浦县、新罗区和厦门市为农业现代化试点地区。厦门市及10个试点县（市）经济社会发展综合指标在全省居于前列，已初步具备了建设农业现代化的物质基础。试点市县建设的重点是统筹城乡发展，加快现代农业进程，努力在农村工业化、城镇化、信息化上率先突破，大力发展县域经济，积极探索建立新型农业投入体制和农村社会保障机制，率先基本实现农业现代化。随后，又建设30个省级现代农业示范园区。分布在9个设区市，规划面积5000～10000亩，园区类型既有粮食、水果、水产、畜牧、麻竹等专业园区，也有蔬菜、水果、水产、畜牧兼营的综合园区，还有观光农业、休闲农业和生态农业等各种类型的园区。示范园区建设的重点是按照农田标准化、布局区域化、作业机械化、农艺规范化、生产专业化、管理科学化的要求，引进现代农业管理模式，探索开展体制机制和经营管理制度的试点示范和创新。设区市、县级农业现代化示范园区建设，主要内容是根据《纲要》，围绕当地经济社会发展规划，在一些经济较发达的县、乡、村，建设一批各具特色、具有示范带动作用的现代化园区，探索农业现代化发展路子。

三、成　效

1. 提高农业综合生产能力

"十五"期间，30个省级现代农业示范园区通过省级财政资金的引导，多渠道筹集资金9.5亿元，其中用于现代农业设施设备建设4.3亿元。累计引进龙头企业145家，吸引投资10多亿元。示范园区基础设施不断改善，新修机耕水泥路1271公里，开挖疏浚渠道816公里，田间排灌沟渠794公里，架设变电线路794公里，铺设喷灌、滴灌管道418公里。省、市两级园区基本实现"田成方、路相连、渠相通、树成行、涝能排、旱能灌"的建设目标。农业机械化水平不断提高，购置了拖拉机、耕作机、高压喷虫机、动力喷雾器、插秧机、联合收割机、烘干机等先进农机具 3000 多台（套），增强了园区农业综合生产能力。

2. 优化农业产业结构

各示范园区开展新品种新技术引进、推广，促进了农业结构调整和农产品的更新换代。通过示范区形成的辐射作用，全省逐渐形成闽东南高优农业、沿海蓝色农业、闽西北绿色农业等三大特色产业带，花卉、蔬菜、食用菌、水果、畜禽、水产、林产品等已成为福建省农业的支柱产业。据统计，福州市通过引进台湾秀珍菇、杏鲍菇等新品种，促进了该市食用菌从单一品种和小面积生产向多品种、高品质周年栽培生产转变，2005—2006 年全市珍稀菌类种植比例高达 32%，产品远销美国、加拿大、日本及东南亚国家。漳州市通过引进、吸收国内外先进的农业种养加工技术，促进了对虾、芦笋、鲍鱼、花卉、速冻蔬菜、笋竹、白背毛木耳等传统农产品的更新换代，成为漳州市农村经济发展的支柱产业。

3. 增强农产品的国际竞争力

示范园区引导企业以国际市场为导向，按照国际标准组织生产加工，着力提升农产品的国际竞争力。通过省级示范园区的示范带动，各地培育出如莆田常太枇杷、仙游度尾的文旦柚、南靖的麻笋、新罗的"供港"猪、明溪的红豆杉、漳浦的榕树盆景、云霄的雪蚶，以及福清、龙海、诏安的蔬菜等一批具有地方特色的品牌农产品，增强了农产品的国际竞争力。福州市农产品出口品种达五大类 20 多种，产品销往港、澳、台地区，出口日本、美国、欧盟各国等 100 多个国家和地区。仅福清烤鳗加工年产 2.3 万吨，占全国出口量的 25%，占日本烤鳗市场的 22%，创汇 2 亿美元，占全国出口创汇额的 24.5%，占全省的 42.7%。

4. 推动县域经济发展

厦门市和 10 个省级农业现代化试点县（市、区）作为整体推进率先发展的地区，在发展县域经济，特别是工业化、城镇化、产业化、信息化等方面取得长足进步。厦门市到 2004 年农业现代化进程综合得分 76.10 分（高于全省 14.99 分），比 2000 年增加 11.14 分，平均每年提高 2.79 分，总体上进入初步现代化阶段。10 个试点县（市、区）2004 年综合得分平均 67.34 分（高出全省平均值 6.23 分），最低为漳浦县 53.33 分（已进入起步阶段），晋江、石狮和新罗 3 个市（区）得分突破 70 分（最高晋江达到 79.20 分），总体进程迈入初步现代化阶段。晋江、石狮、福清、长乐、惠安 5 个县（市）进入全国百强县行列，其中晋江、石狮、福清进入全国前 40 位。

5. 推动工业化、城市化、现代化进程

经摸底登记造册确定的 37974 名重点转移对象，在"十五"期间全部实现了转移。晋江、石狮突出闽南侨乡特色构建城镇体系，乡镇企业向工业小区和小城镇集中，第三产业加速发展，小城镇基础设施和配套进一步完善，农村经济社会结构从分散村落为主体向小城镇、中心村为主体格局转变，率先基本实现宽裕型小康县（市）目标。南安市围绕"数字南安"目标，加强信息网络基础设施建设，发展信息服务业，推进"数字政务"工程、电子商务工程、公用信息平台建设，扩大了信息技术应用领域。在全省率先建成县（市）级农业信息网络——南安市农业信息中心，并实现市镇村全线联网。厦门市围绕"构筑海湾型城市"目标，统筹城乡经济社会发展，通过实施"同发展、共富裕"工程，农村劳动力培训转移就业、最低生活保障、合作医疗、社会保障、"双基"教育、卫生保障等多项改革走在全省前列。

6. 提高农业劳动者素质

各示范园区作为农业新知识传播和科普基地，普遍开展农民科技知识培训，经常组织技术人员到乡镇开展农业技术指导、技术咨询等服务，同时聘请省农科院、福建农林大学专家教授到园区及有关乡镇举办农业技术讲座及培训班，并组织农民到园区进行技术交流，受训人员累计达 10 多万人次。三明市的 12 个市级现代农业示范园区累计举办实用技术培训班 328 期，培训农民达 3 万人次。度尾园区每年在生产关键季节举办文旦柚疏花疏果、采摘后果园修剪、果园管理及施肥喷药、释放捕食螨等科技知识培训班 3～4 期，受训人员达 2000 多人次，培养园区科技骨干500 多名。每年印发和无偿发放栽培管理宣传材料 6000 多份、栽培技术小册子5000 多本。

7. 促进农民增收

漳浦县赤湖镇引进了"长生"、"德立信"等几家从事大葱等农产品加工的企业，与当地农民签订大葱产销协议，全镇共有 10 个村 3000 多户农民建立了大葱生产基地 1 万多亩，每年可带来 3000 万元的纯收入，人均增收 600 余元。惠安县中绿农业综合开发有限公司引进食用小菊花的产业化种植与开发项目，每年出口小菊花达 1 亿朵，产值 4000 万元，新增出口创汇 500 万美元，直接向社会提供 550 人的就业机会，带动 200 多户农户，每年可提供 7 万多个劳动工日，农民通过在基地及加工厂内务工获得增收 500 万元。东山县引进鲍鱼和芦笋种植技术，鲍鱼和芦笋 2 项为当地农民增加收入 4.6 亿元。

第十一章　生态农业建设

早在 20 世纪 80 年代，福建省开始生态农业建设试点。90 年代后，着手制定生态农业建设规划并实施，超过 12 个生态农业试点县建设通过验收，总结了 12 种类型生态农业建设模式。

第一节　农业生态环境保护

1993 年，经国务院批准，由国家计委、科委、财政部、农业部、水利部、林业部和国家环保总局等 7 部委联合组成全国生态农业试点县建设领导小组，并在全国组织 51 县进行生态农业试点县建设。福建东山县是省唯一的国家生态农业试点县，重点抓十大生态农业工程建设，示范推广 6 种生态农业技术模式，取得显著成效。一是农业产业结构渐趋合理。种植业产值占农业总产值比例由 1993 年的 28.04% 降到 1998 年的 14.27%，产投比逐年增加，农民人均纯收入年递增 20.24%。二是全民科技文化素质得到提高。农村生态环境面貌大改变，商品能源占农村用能的 99.5%。三是改善农业生态环境，森林覆盖率由 34.1% 上升到 39.3%，土壤有机质含量由 1.36% 提高到 1.51%，退化土地达标治理率提高 19 个百分点，稳产高产田提高 22 个百分点。

1995 年，福建省水土流失 22.6 万亩，占全省国土面积的 12.31%。2000 年，水土流失 19.7 万亩，占全省国土面积的 10.72%。

1996 年，全省开展了对农业环境污染和农业生态现状的调查工作，并对部分重点污染区农业环境质量进行了追踪监测，基本上掌握了全省农业污染源分布情况及其对农业环境质量状况的影响范围和程度，为各级政府和有关部门宏观决策和污染事故的处理、为加强农业环境管理和面源污染治理工作提供了依据。

1998 年，全省开始着手农业生态环境立法的调研工作，拟定了《福建省农业生态环境保护条例（初稿）》（简称《条例》），并于 2002 年 10 月 1 日发布实施。

省农业厅在开展《条例》宣传、贯彻落实工作过程中，重点开展畜禽粪便污染、农业面源污染、农业野生植物保护等专项整治行动，加大查处打击力度，强化农业生态环境的监督管理。依靠科技进步，保护农业环境。对基层技术人员和广大农民开展专题技术培训，研究和示范推广无公害和绿色食品种养模式，改进肥料施用技术，推广平衡配套施肥，恢复和扩大绿肥种植面积，提高有机肥的施用量。采取农业、生物和物理等综合防治措施，逐步改变单一使用化学农药和过量使用农药的状况。强化环境保护和治理工作，防治工业"三废"和农用化学物质的污染，力求使环境污染减少到最低程度，以保护无公害农产品和绿色食品开发的环境质量。

2003年，国家环保总局首次采用生物丰度指数、植被覆盖指数、水网密度指数、土地退化指数和污染负荷指数5项评价指标，对全国各地生态环境质量进行评价，福建省生态环境质量优的区域占85.37%、良的区域占14.63%，总体质量居全国第一。

2004年，第一批12个省级生态农业建设试点县通过福建省生态农业建设领导小组的验收。

2005年，水土流失15.5万亩，占全省国土面积的8.43%。虽然福建省是全国土壤侵蚀率较低的省份之一，"十五"期间水土流失面积也逐步减少，但矿业开采和工程建设等引起的水土流失、山体滑坡和地面下沉等生态环境问题较为突出。

1991—2005年间，各地加强农业环境保护，采取切实措施，提高生态农业技术，使作物生产于良好生态环境、生产环境，土壤、大气、水源质量达到国家规定的生态环境安全标准。在作物生长过程以及施肥、灌水、农（兽）药等投入上符合健康安全食品检测标准；有害金属含量及病毒、病菌等有害微生物的数量检测在健康安全食品检测标准范围。加工流通和销售防止污染，从原料到成品全程受到监控，符合国家或国际卫生标准和安全、优质、营养条件。

第二节　农业生态建设试点

1981年，省农科院研究员刘中柱通过对中国稻田养萍发展历史的总结和对传统的稻田养鱼现状的调查，以及对农业立体经营的分析，把"稻田养萍"和"稻田养鱼"有机结合起来，在常规的稻作体系中结合了红萍和鱼，提出"稻→萍→鱼立体农业模式"的科学构想并付诸实施。

20世纪80年代，福建省开展生态农业试点，在山区、丘陵、平原、城郊等不同的区域因地制宜建立了不同类型的生态农业试点，试点规模有乡、村、场、所等，根据地理位置划分主要有两类。一是山区生态农业，像建瓯县的芝麻镇、顺昌的麻溪村、南平西芹村观音坑的"芝、麻、观模式"。屏南县仙山牛场、南平市的西洋村、邵武市猫头山生态村和大阜岗乡李源村、永安市曹源乡樟林村和茅坪生态农场、建瓯县城郊马汶生态村、政和县上溪乡念山生态村、松溪县巫坑村、寿宁县清源生态户、连城县营溪乡、上杭县的丰朗生态村、长汀河田镇生态农业试点和漳平县桂林乡黄祠生态村等都是丘陵山区形式多样的生态农业典型。二是沿海平原生态农业，像仙游蔗区生态农业、福州市洪山乡湖心洋生态农场、北郊畜牧场生态农业工程和北郊泉头生态能源村、罗源县碧里乡施家坪果树生态村和西兰生态村、同安县莲花乡后埔生态村、云霄县大坪生态村等都是沿海平原的生态农业典型。三是滨海地区和经济特区生态农业，如霞浦县东吾洋采用"林戴帽、茶果撑腰，平原间套种，滩涂养殖"模式建设生态农业，实现40万亩陆地水域山、田、海的农、林、牧、渔、副立体布局的优化结构，山地以松、杉、竹、木麻黄和相思树为主，辅以阔叶林、乔、灌、草结合，林下放牧或林农间作，做到短、中、长结合；山腰低坡种植荔枝、龙眼间作花生、大豆、甘蔗、药材和蔬菜；高潮区滩涂是虾→蛤→果复合种养，瓜→果→林→鱼→沼气循环利用；浅海打桩搭架，上层种紫菜、海带，中层吊养贻贝和太平洋牡蛎，下层吊挂渔网，由于紫菜、海带都是藻类水生植物，鱼虾喜欢栖息而落网被捕；庭院立体种、养、加工。厦门市开元区何厝村利用特区市场信息灵通，交通方便，进行高经济效益的种、养、加各业的集约经营。

1998年3月，福建省农村环保能源总站召集26名从事农业生态环境研究与生态农业建设的专家在厦门研讨福建生态农业建设现状、发展对策，会上形成了"关于福建省生态农业建设的建议"，由到会26名专家签名送福建省委书记陈明义、省长贺国强阅示。书记、省长极为重视，分别作出批示，使福建省生态农业建设步入规模化、快速发展轨道。福建省生态农业建设成立领导机构，制定规划，投入资金，开展课题研究，示范推广建设模式。各试点（示范）县将生态农业建设规划通过县（市、区）人大常委会批准，列入当地经济社会发展规划目标，示范推广了各种适合当地生态环境的建设模式，取得了显著的经济、社会与生态效益，促进了农业可持续发展。

第三节　生态农业建设规划实施

1998年8月，根据省政府办公厅意见，成立了福建省生态农业建设领导小组和生态农业建设项目专家组。印发了《福建省生态农业建设规划纲要》（简称《纲要》），组织开展了12个省级生态农业试点县工作。《纲要》提出全省生态农业建设目标：近期目标（1998—2002年），以生态农业县建设为重点，建立不同区域不同类型的示范区，基本形成合理的生态农业布局，全面开展重点工程和项目建设，使农业环境污染和生态破坏得到有效控制，农业生态环境总体状况有所改善。中期目标（2003—2015年），地（市）级生态农业建设开始实施，生态农业建设布局得以完善，基本形成生态系统和经济系统的良性循环，自然资源利用率大大提高，再生资源得到合理利用，生态农业进入稳定、协调的发展阶段，社会效益、生态效益和经济效益显著提高，全省人民生活达到宽裕型小康水平。长期目标（2015—2030年），建成较高水平的生态农业省，实现生态系统和经济系统的良性循环，人民生

图 11-1 建宁县里心镇生态果园示范片果树套种绿肥

活更加富裕，成为青山绿水、环境优美的海峡西岸繁荣带。同年 10 月，省政府同意连江、长乐、莆田、建宁、安溪、长泰、龙海、顺昌、松溪、福安、福鼎、漳平 12 个县（市）为"九五"期间省级生态农业建设试点县。

1999 年，芗城区、同安区 2 个国家级生态农业建设示范县项目启动。经过两年建设，到 2001 年年底，各生态农业试点县共实现农业产值 98.2 亿元，比 1998 年增长 131%，森林覆盖达标率指数由建设前的 1.20 提高到 1.24，退化土地达标治理率由 1998 年的 40.98% 提高到 71.08%，无公害农产品产值占农业总产值的比率由 10.32% 提高到 16.98%，全省已建成各类特殊保护区域约占全省国土面积的 8%；国家级和省级生态示范区建设试点 21 个、生态农业试点县 14 个、县（市、区）级以上可持续发展试验区建设试点 4 个；建立绿色食品和有机食品试点基地 600 万亩，有 188 个产品获得绿色食品和有机食品的标志。

2002 年 1 月，省长习近平在省九届人大五次会议上提出"建设生态省，大力改善生态环境"。4 月，省农业厅组织各相关职能部门和专家，编写了"福建省建设生态省生态农业发展专题报告"，提出了"十五"期间和未来 15 年全省生态农业建设的目标。以保护和改善农业生态环境，农业增效、农民增收为中心，构建四大生态农业建设体系，即耕地综合保育体系、无公害农产品生产体系、农业监测与防治体系和科教兴农体系；组织实施十大工程，一是标准化农田建设工程，二是沃土工程，三是无公害食品生产工程，四是植物保护工程，五是动物保护工程，六是农业面源污染防治工程，七是山地生态工程，八是庭院生态工程，九是科技兴农工程，十是农业信息工程。同时，提出了保障建设生态省推进生态农业建设的政策措施。

2004 年 12 月 8 日，省水土保持委员会下发《关于印发福建省水库库区重要水源地水土保持生态建设实施纲要的通知》，提出重要水源地水土保持生态建设指导思想、建设目标和评价标准。此后，莆田市政府出台《关于切实做好水源保护工作的通知》，泉州市政府出台《加强全市大、中型水库一重山生态公益林保护的通知》，德化县政府出台《龙门滩水库重要水源地水土保持生态建设的通告》。宁德、平潭等地把水源地水土保持生态建设列入为民办实事项目。

2005 年 1 月，福建省农业生态环境与能源技术推广总站建立（1997 年 10 月将福建省沼气改灶省柴技术推广站更名为"福建省农村环保能源总站"）。全省（厦门除外）所有设区市全部成立了农村环保能源站，是年有 70 个县（市、区）成立了工作结构，配备了一定的工作人员。

生态农业建设试点（示范县）的项目资金，由福建省生态农业建设领导小组成员单位（即省发改委、省财政厅、省科技厅、省农业厅、省林业厅、省环保局、省水土办等 8 个委厅局办）根据各试点（示范）县的建设规划提出的申请，给予统筹安排，优先考虑。各成员单位对建设项目资金各负其责，资金用途不变，加强监管，发挥整体效益，推进各试点（示范）县总体建设规划的落实。据统计，1994—1998 年，农业部每年拨付国家生态农业建设试点工作经费 5 万元，合计投入 50 万元。1999—2003 年，12 个省级生态农业建设试点县和 2 个国家级生态农业建设示范县的建设资金（含国家各部委、省 8 个相关委厅局办、各建设县地方自筹与农民"投工投劳"）达 3.5 亿元。

第四节　建设模式

为确保以县域为单元的生态农业建设取得成效。省生态农业建设领导小组加强了生态农业建设技术的研究与推广力度，1998 年经省科技厅批准立项，由福建省农村环保能源总站与福建农林大学承担《福建省生态农业建设模式的探讨与推广》项目，研究建立了福建省生态农业建设评价指标体系和 12 种类型生态农业建设模式。生态农业建设领导小组在全省 2 个国家级、12 个省级生态农业建设试点（示范）县组织实施。

1. 丘陵山地农林复合型生态农业模式

1991 年开始试点，至 2005 年在尤溪、延平、建阳、松溪、龙海、芗城、长泰等县市丘陵山地示范推广。

该模式以农林结合为核心，达到能量多级利用，物质循环再生。在福建省中低山区及部分山地盆谷区示范推广，其基本做法和主要特点是，根据丘陵山区地形、地貌、气候的多样性、特殊性和自然区域特点，以整治水土流失为基础，深化农业综合开发为手段，在宏观上把山体、水体联系起来，进行山、水、田、林、路综合治理，粮、林、果、牧、鱼综合开发；在微观上科学安排不同高度、坡度、坡面的开发，山底垄养鱼、养畜禽、种稻、种菜，幼龄果园实行间套混种牧草、瓜菜，鱼塘实行立体混养，山垄田实行粮食与经济作物轮作。形成山顶戴"帽"，营造生态公益林，涵养水源；山腰种果套草放养畜禽；山脚种粮种菜，低洼地建池塘养鱼、鸭等。其代表类型有尤溪县小村山垅农林复合型生态农业模式，长泰县农林复合生态模式，松溪县山区小流域综合治理工程，龙海市丘陵山地生态果园模式，建阳市、南平延平区、南安市、龙海市等地的"红壤恢复与牧草综合利用模式"等。

2. 东南沿海"猪→沼→果"生态农业模式

1994年开始试点，至2001年在莆田、福安、长泰、漳平、诏安及长汀等县（市）示范，2002—2005年在全省推广。

该模式在吸收消化外省推广的"猪→沼→果"技术模式基础上，结合福建省实际，创新并示范推广的具有东南沿海特色的生态农业模式。其核心内容是把养殖业（猪）、农村能源建设（沼）、种植业（果）有机结合起来，以沼气为纽带，带动生猪和果业综合发展。项目实施地点，选择果树面积较大和养殖业相对发达的福安市、莆田县、长泰县、漳平市、诏安县以及长汀县作为示范县，之后在全省各地市全面推广。

该模式以沼气为纽带，将沼气池、猪舍、果园有机结合在一起，形成农业资源生态良性循环利用。围绕主导产业（果、猪），因地制宜开展"三沼"（沼气、沼渣、沼液）综合利用。将厕所、猪舍、沼气池"三结合"进行规划建设，人畜粪便直接入池发酵，使人畜粪便中大量的寄生虫卵、害虫卵和有害病菌被杀灭，改变了办沼气前"猪牛栏粪便（水）遍地流、臭气满村头"的现象，据项目区调查，常见传染病明显减少，村容村貌焕然一新，环境卫生得到明显改善。

3. 丘陵山地"果、草、牧、菌、沼"生态农业模式

1994年开始试点，1997—2002年在芗城、长泰、安溪示范，2003—2005年在全省适宜该模式条件的丘陵山地果园推广。

该模式是通过优化生产者（果树、牧草）、消费者（畜禽）和分解者（食用菌、沼气分解菌）的有机量化结合，促进生态系统中持续循环转化，并在闽南低丘台地上已被广泛接受的一个高效成功的模式，包括漳州市芗城区的"果→草→牧→菌→沼"、长泰县的"蔗→菜→牛→菌→沼"、安溪县的"竹→草→羊→鱼→菇→沼"等模式。在芗城、龙海、长泰、莆田、安溪、顺昌、漳平、福鼎等县（市、区）推广应用。

4. 东南沿海庭院经济生态农业模式

1997年开始设计试点，1999年在莆田、福安、连江、长乐、芗城、龙海、长泰、漳平、顺昌、松溪等县（市）推广，至2005年在9个设区市全面推广。

该模式是根据南方庭院特点而设计的，为房前屋后边边角角综合利用的开放式结构，充分开发有限的土地资源和独特的光、温、热资源，以家庭庭院为基础，外联承包田，利用生态学原理，合理配置沼气、喷滴灌、太阳能利用等技术，延长食物链，实现多级增值的生态循环。其主要类型有莆田县以沼气为纽带的庭院生态农业模式，松溪县庭院经济生态技术模式，漳州市芗城区蕉畜菌模式，福安市及顺昌县庭院生态家园建设模式，连江县"水稻→蘑菇"庭院生态系统等。

5. 无公害食品（绿色食品）产业化生态农业模式

1998 年开始在全省 12 个生态农业试点县推广。

该模式按无公害食品生产规程生产，无公害农产品生产模式注重农业生产方式与生态环境相协调。推广主要技术有绿肥套种园地覆盖技术、以生物防治和生态防治为主的病虫综防技术、平衡施肥技术等。无公害畜禽产品生产模式主要特点是以大规模畜禽动物养殖为主，推广饲料配合及其清洁生产技术与养殖及生态环境建设技术，如畜禽舍干清粪技术和疫病控制技术、粪尿的固液分离技术、污水处理与综合利用技术、粪便无害化高温堆肥与生产商品化有机肥技术等。该模式分布于全省各地，其主要类型有福鼎市无公害生态茶果园模式，连江县、福安市生态茶园模式，安溪县"茶→果→林→加"生态模式，福州连江玉华山绿色食品福建黄兔生态养殖模式等。

6. 赤红壤旱地生态农业模式

1994 年在莆田县试点研究，1999—2001 年在莆田县示范，2002—2005 年在莆田、长乐、福安、东山等县（市）及沿海赤红壤旱地推广。

该模式通过植草、营林、治水和保土，逐步优化农业生产结构，建立高效能的种植业，恢复和提高耕地持久生产力，开发果树生产，增强畜牧业，加工利用农副产品，解决农村生活能源，发展庭院生态经济。其主要类型有莆田县沿海旱地生态农业建设模式，长乐市滨海旱作高优模式，福安市旱地高产高优种植模式等。

7. 水田高优生态农业模式

1992—2005 年在长乐、连江、福安、莆田、建宁、松溪、长泰、龙海、福鼎等县（市）示范推广。

该模式主要在粮田区推广应用，以稻田为中心，以间套种为主的立体种植、立体种养方式，实行粮经作物多茬轮作的办法，采用"稻→稻→菜"、"烟→稻→菜"、"莲→烟→莲"、"稻→菌→菜"、"果蔗→四季豆"、"稻→萍→鱼"等生态综合利用技术，全面提高光、温、水土资源的转化率和生产力。主要类型有：福鼎市"七种"生态轮作模式，长泰县以间作套种为核心的精细农业模式，松溪县"烟→稻→菜"模式，龙海市粮经结合型生态经济模式，长乐市稻田多熟高优模式，芗城区水田生态利用模式、"豆→蔗→菌"生态模式，福安市低海拔双季稻间套种模式及山区、半山区单季稻田种植模式，建宁县"莲→烟→莲"种植模式，建宁县"稻→萍→鱼"立体农业模式。

8. 水域立体种养生态农业模式

1994 年试点研究，1999 年在长泰、芗城、东山和连江等县（市）示范，

图 11－2　建宁县里心镇推行生态莲田——莲套稻
农业种植模式

2003—2005 年在全省水域（淡水和围垦海水）适宜地方推广。

该模式是以水产养殖为中心，把种植业、养殖业等有机结合起来，在系统中进行各生态诸要素的合理配比和各种投入因素的人工调控，形成了物质良性循环的立体种养生产体系。其主要类型有长泰县"牧→鱼→果"生态模式，福安市稻田生态养殖模式，连江县"鸭→鱼"

生态模式，建宁县稻（莲）萍鱼立体种养模式，东山县捕养结合的耕海牧鱼工程中的"虾池混养模式"、"淡水鱼鸭混养模式"，漳州市芗城区的"蕉基鱼塘"模式等。

9. 滨海砂地生态农业模式

1995 年试点研究，1999 年在长乐、莆田、东山、龙海示范，2002—2005 年在全省滨海砂地区域平潭、长乐、莆田、惠安、晋江、龙海、漳浦、云霄、东山、诏安和马尾区琅岐等 11 个县（市、区）推广。

11 个县（市、区），根据滨海砂地生物资源及自然生态环境特点，对各种作物的时间与空间生态位，进行科学合理搭配，组装优化，总结推广了可增加作物覆盖，加强蓄水、保土能力，实现水土保持功能，改善生态环境条件，一年多熟制的高优种植模式。

10. 沿海湿地立体生态农业模式

1996—2005 年，在龙海、东山、莆田、长乐、平潭、福清、福鼎等县（市）推广应用。

该模式在种植水稻为主体的低湿区或出海口湿地及浅海滩涂等地推广。以保持生产区域的生态平衡、水体不受污染、各种水生生物种群的动态平衡和食物链的合理结构，确保水生生物、水资源的永续利用。具体推广模式有池塘混养模式与配套技术（淡水混养和海水混养），海湾鱼、贝、藻兼养与配套技术，建立湿地保护区，种植红树林，建立合理的低湿地种养农作制，提高低湿地单位面积产量和经济效益等。该模式以龙海市甘文生态农业建设工程和东山县"虾（蟹）→鱼→菜"混养模式为代表。

11. 农业废弃物资源化利用生态农业模式

1998—2005 年，在莆田、龙海、芗城、长乐、松溪、顺昌、同安、建宁、漳平等县（市）示范推广。

该模式运用物质循环再生的原理，通过多层次、多途径转化、综合利用农业废弃物，实现系统内植物、动物、微生物互生共养，良性循环，高效转化。其主要类型有莆田县大中型养殖、屠宰场沼气净化与综合利用技术模式，龙海市废弃物综合治理及利用模式，长乐市秸秆综合利用模式，松溪县以草代木发展食用菌生态农业模式，建宁生态果园暨梨枝屑栽培食用菌模式等。

12. 亚热带休闲观光生态农业建设模式

1998—2005 年，在福鼎、龙海、莆田、安溪、松溪、东山、漳平等县（市）示范推广。

该模式在福建省中亚热带、南亚热带区域推广应用，运用生态学、系统学和环境美学原理，将生态农业建设与旅游休闲有机结合起来，集商贸、观光、旅游、度假、文化、娱乐、健身诸功能于一体

图 11 - 3　龙海市龙佳生态观光园

的生态农业旅游区。其主要类型有福鼎市太姥山观光农业园区，莆田县大洋永兴岩休闲观光生态农业园区，龙海市龙佳生态观光园区，莆田县"快乐农庄"生态农业观光园区，松溪县湛卢现代生态农业园区，大田县高山乌龙茶生态园区，安溪县生态茶园旅游观光园区等。

12 种生态农业模式在福建省 14 个生态农业试点（示范）县（2 个国家级，12 个省级）进行了推广，1999—2002 年累计推广总面积达 5449.5 万亩，增收节支总额达 7.63 亿元，森林覆盖达标指数为 1.2，比全省平均水平提高 0.18。2001 年，项目实施的县（市）农民人均纯收入达 3495 元，比 1998 年的 3112 元增加 12.3%，比全省平均提高 114 元，提高了 3.4%。试点单位（示范区）粮食总产平均增产 12.23%；退化土地治理达标率由 40.98% 提高到 63.8%；获得绿色食品标志产品达 59 个，占全省 31.7%；无公害农产品产值占全省农业总产值比率由 1998 年的 10.32% 提高到 14.1%；光能利用率提高了 59.5%。

第十二章　农产品质量安全

福建省紧抓农业生态环境综合整治工作，2004 年，全省已有 7447 家企业办理了水污染排污申报登记，3538 家企业办理了大气污染排污申报登记，3305 家企业办理了固体废物污染排污申报登记，仅 2003 年就完成环境污染限期治理项目 415个，一些不能达到环保要求的企业被关停转迁。2005 年，全省共有 245 个产品获绿色食品标志使用权，203 个无公害农产品产地通过认定，234 个产品获福建省无公害农产品认证，其中 232 个产品通过全国无公害产品认证，首家无公害农产品生产资料生产企业的 10 个产品通过生产资料认证。

第一节　农产品污染

一、肥料污染

福建省肥料施用量由 20 世纪 80 年代的 37 万吨（纯量，下同）增加到 2005 年的 122.3 万吨，按耕地计算，单位面积施用量 68.50 公斤/亩，农作物播种面积平均亩施用量 28.43 公斤。全省绿肥种植面积从 1995 年的 1244.5 万亩，降至 2005 年的 653 万亩。化肥长期施用不当，造成环境污染和重金属的潜在污染。沉入河流中的氮素约 60% 来自化肥，水体氮素污染极易导致水质富营养化，过多的氮素就会有一部分以硝态氮的形式存在于植物体内，造成食物、饲料及饮用水的硝酸盐积累，危害人体健康。2000 年，省农科院土肥所、省农业厅土肥站、省蔬菜办、福州市蔬菜办对福州 35 个大路菜的硝酸盐和亚硝酸盐进行检测，其中 12 个蔬菜硝酸盐超标，检出率占 34.3%，其中叶菜类全部超标，污染严重，亚硝酸盐积累仍在容许量之内。重金属污染也较严重，铅在白菜、芥蓝和葱的检出超标率占 50%，镉在芹菜、菠菜、白菜和芥蓝的检出超标率占 66.7%，铬在白菜、芥蓝、葱的检出超标率占 60%。

二、农药污染

全省农药使用量从 1995 年的 4.8 万吨到增加到 2005 年的 5.6 万吨，年均每亩用药量从 26.6 公斤增加到 33 公斤。

农药污染最为严重的产品是蔬菜。省农业厅农药检定所采用农业部推荐的

"农药残留快速检测仪"对福州市区的几个农贸市场的蔬菜进行农药残毒监测，从2000年7月初至9月中旬对屏山市场、屏东市场、西营里市场、北大市场销售的蔬菜进行了随机抽查，共检测蔬菜样品506个，涉及37种蔬菜，结果为：抑制率在70%以上，农药残留量明显超标的蔬菜样品数为74个，占抽样数的14.6%；抑制率在50%～70%、农药残留量可能超标的蔬菜样品数为34个，占抽样数的6.7%；抑制率在50%以下、残留量未超标的蔬菜样品数为398个，占78.7%。在抽样过程中发现叶菜超标情况较为严重，随即加大抽查数量，抽取的叶菜类蔬菜样品数为347个，抑制率在70%以上的样品数为69个，占19.9%，检测出农药残毒超标的蔬菜品种有芥蓝、叶用莴苣、蕹菜（空心菜）、落葵、油菜、小白菜、芥菜、芹菜、天津白、韭菜。其中超标最严重的为落葵，超标率（抑制率在70%以上）达40.6%；其次为芥蓝，超标率为33.3%；小白菜、蕹菜、芹菜的超标率也分别达到25.6%、25%、23.5%，叶用莴苣、天津白、韭菜、油菜、芥菜的超标率分别为20.5%、20%、14.3%、11.8%、10.7%。瓜豆类情况相对较好，抽取的159个样品中，超标仅为2个，占1.3%，检出的瓜果品种为苦瓜、菜豆。

三、工业"三废"和城市生活垃圾污染

工业"三废"（废水、废气、固体废物，下同）和生活垃圾对农产品产地环境影响严重。2000年，全省完成环境污染限期治理项目1787个，投资5.67亿元，全年化学需氧量排放量、石油类排放量、工业废水中有毒污染物排放量、二氧化硫、烟尘、工业粉尘排放量和工业固体废物等7项主要污染物排放总量分别为33万吨、0.11万吨、60万吨、22万吨、11万吨、37万吨和24万吨。2003年在南平市废气废水排放量中，二氧化硫排放量16111吨，其中主要为工业二氧化硫排放，排放量为15397吨；烟尘排放量4927吨，其中主要为工业烟尘排放，排放量为4584吨；工业粉尘排放量3056吨；废水排放量12858万吨，其中工业废水排放量7179万吨，城市污水排放量5679万吨；废水中化学需氧量（COD）排放量42329万吨。离工厂、城市较近的产地的大气、土壤、灌溉水受到不同的污染。据福州市农业环境保护部门统计，每年耕地受工业"三废"污染面积在100万亩以上。

城市垃圾及其渗滤液的重金属污染，不同城市垃圾处理的防渗措施存在差异，产生污染程度不同。据福建农林大学林学院对福建省主要城市垃圾产量变化状况调查，不同城市的垃圾产量均呈迅速增长趋势，年平均增长速度在10%～20%。其中以福州市的垃圾产量最大，2004年达到65万吨；厦门市垃圾的增长速度最快，1997—2001年，垃圾产量年增长为147.5%、41.9%、8.5%和19.3%。

表 12 - 1 **1997—2004 年福建主要城市垃圾数量**

单位：万吨

地区＼年份	1997	1998	1999	2000	2001	2002	2003	2004
福州	40.3	43.9	48.6	51.0	54.0	57.3	60.2	65.0
厦门	8.0	19.8	28.1	30.5	36.4	—	—	—
漳州	—	—	—	4.8	5.4	6.7	7.2	7.9
泉州	—	—	—	—	20.0	—	22.0	22.5
龙岩	—	—	—	—	—	—	7.9	8.0

注："—"表示未填埋。

主要城市垃圾渗滤液的污染比较严重，福州、厦门、三明、南平等城市主要采取垂直防渗措施，防渗效果较差，易造成垃圾渗漏污染；泉州、龙岩、漳州采取水平防渗措施，防渗效果比较好，能达到较好的防渗效果。福州、厦门、漳州、泉州垃圾场均建有渗滤液污水处理场。龙岩、三明、南平则没有污水处理措施，或与城市污水混合处理，或直接排放，垃圾渗滤液污染严重。

表 12 - 2 **福建城市垃圾渗滤液中重金属污染特征**

单位：毫克/升

地点	水溶液酸碱度（pH）	水质悬浮物（SS）	氨氮含量（NH_3-N）	化学耗氧量（COD_{cr}）	5 日生化需氧量（BOD_5）	锰（ρMn）	锌（ρZn）	镍（ρNi）	铅（ρPb）	镉（ρCd）	铬（ρCr）
三明	7.51	16	223	1289	223	2.71 ± 0.02de	0.36 ± 0.32a	0.30 ± 0.04e	0.11 ± 0.03c	0.020 ± 0.010cd	—
漳州	7.90	149	1700	3500	1000	3.68 ± 0.06cd	0.18 ± 0.21a	0.14 ± 0.04f	0.09 ± 0.03c	0.004 ± 0.002d	0.04 ± 0.001e
泉州	8.31	245	1500	4800	2540	0.14 ± 0.04f	0.88 ± 0.04a	0.76 ± 0.01c	0.15 ± 0.03b	0.070 ± 0.020b	1.43 ± 0.040a
龙岩	8.35	—	1211	2108	870	7.47 ± 0.22b	0.72 ± 0.15a	0.6 ± 0.13f	0.17 ± 0.02b	0.040 ± 0.004bcd	0.06 ± 0.003e
福州	5.38	—	1300	900	4500	33.20 ± 0.37a	0.82 ± 0.16a	1.17 ± 0.02b	0.23 ± 0.01a	0.190 ± 0.010a	0.27 ± 0.010d
厦门	7.80	205	1700	7000	3600	4.86 ± 0.02c	1.63 ± 0.12a	1.65 ± 0.08a	0.17 ± 0.04b	0.070 ± 0.010b	0.38 ± 0.020c
南平	8.61	—	—	—	—	1.27 ± 0.02ef	0.87 ± 0.33a	0.50 ± 0.16d	0.11 ± 0.02c	0.050 ± 0.010bc	1.01 ± 0.030b

注："—"表示未检出或国标中未规定的项目；各列数据中相同字母表示差异不显著（P=0.05）。

四、农业废弃物污染

农业废弃物污染源主要来自大、中、小型养猪场粪便和农作物秸秆。2002年福州市有大、中、小型养猪场近千家，生猪存栏数150万头，其粪便日排放量3万吨，仅有32家猪场建污水处理设施，年处理粪便和污水208.4万吨，还有相当一部分未经处理的粪便污水直接排放入土壤、水体，造成土壤酸化、水质腐化。农作物秸秆还田率为30%，70%采用废弃和焚烧，不仅浪费了资源，而且造成严重的环境污染。

五、加工食品和农产品复制品污染

粮食复制品、肉蛋乳再制品、食用油、糕点、饮料、罐头、酒类、调味品等加工食品，省内食品加工企业在生产过程中使用了不合格的原料，滥用各种添加剂，同时，落后的作坊式生产也造成污染。

表 12 – 3　　　　　　　福建省主要种植业产品有害物质超标种类

农产品	主要超标种类	污染原因
蔬　菜	农药残留、重金属、有害化学物质	1. 未科学合理使用农药和激素 2. 过量施用化学肥料 3. 施用生活垃圾或工业废水
水　果	农药残留、重金属	1. 未科学合理使用农药和激素 2. 果园生态环境恶劣，"三废"污染
茶　叶	农药残留、重金属、病原菌	1. 未科学合理使用农药和激素 2. 加工场所、加工机具、包装物或燃料不符卫生标准 3. 茶园生态环境恶劣，"三废污染"
食用菌	农药残留、重金属	1. 未科学合理使用农药和激素 2. 使用受污染代料栽培物,如稻草、泥土等
稻　米	农药残留、重金属	1. 未科学合理使用农药和激素 2. 使用工业废水灌溉

第二节　产品质量安全措施

一、生态环保技术应用

（一）果园生草栽培技术

1996年中国农业交流协会与台湾财团法人农村发展基金会，经过多次磋商同意建立闽台农业交流与合作项目，确定于 1997—1999 年实施"海峡两岸永春芦柑生产技术改进合作项目"，具体工作由台湾委派的两位专家和永春县农业局承担，项目组根据永春芦柑生产的现状对永春芦柑生产提出 6 点综合改进意见。其中第 3 点意见是发展生草栽培技术，即在深耕改土的基础上，地表自然长草，只需除去恶性草，根据杂草长势，一年内人工或机器割草 3～4 次，并利用切割杂草覆盖于芦柑树盘周围。此项技术先在永春 3 个基础较好的果园开始生草栽培试点，而后发展至全县芦柑果园，1999 年项目通过验收。该项目的实施改变了过去认为杂草与果树争水争肥料的观念，改善了生态环境，保持了土壤中的水分，保持了较好的土壤结构，芦柑品质有明显改善。

1999 年 8 月至 2001 年福建省绿色食品发展中心在绿色食品企业中推广果园生草栽培技术，并提供三叶草草种和种草所需的肥料。先后在安溪县福前农场的 1500 亩芦柑基地、莆田县常太镇万亩枇杷和古田县湖滨农场的油柰基地推广生草栽培技术。

（二）复合生态茶园建设技术

2000—2005 年，省农科院进行了复合生态茶园建设模式研究与示范，主要技术应用模式有，一是针对茶场茶叶品种单一、老化，土壤瘠薄、渍水等不利因素，充分利用山地自然资源，应用生态经济学原理和系统论方法，建立以茶叶为主体，以牧草为纽带的林、牧、副、渔合理配套的生态经济系统，从宏观上合理规划复合生态茶园物质能量循环利用图，并设计复合生态茶园建设技术流程图。二是针对长期以来茶园梯壁的"三面光"管理方法造成了水土流失加剧、茶园小气候变劣、病虫害增加等不良后果，采用梯壁种植优良牧草和保护自然植被措施，并结合割草平整茶园园相，既控制了水土流失，改善茶园小气候，为茶园益虫营造良好的栖息地，因而减少病虫害，形成了茶园牧草套种技术模式。三是针对园区内生活、种植、养殖、生产加工等区域缺乏统一规划，造成园区内杂乱无章，物质能源未能得有效的循环利用状况，进行了"文化生态观光休闲园"整体规划，形成了林、牧、路、水（池、渠）、景综合治理模式。四是针对园区内人、畜（禽）等排泄物未加处理而四处排放，造成严重的环境污染问题，推广畜（禽）→沼（太阳能）→鱼→茶模式。五是塘边茶园套种牧草，并放养土鸡，推广草牧结合、立体种养模式。

（三）无公害食品安全生产技术

1994 年 1 月到 2000 年 1 月，省农科院进行福州蔬菜主要污染源调查及其在蔬菜土壤中积累的研究，对福州 35 种大路菜累积硝酸盐、亚硝酸盐、有毒重金属和农药残留现状作了系统检测，筛选出蔬菜低累积硝酸盐的化学氮肥品种有氯化铵、硫酸铵两种，显示氯化铵对蔬菜具有明显降硝作用。经研究每亩氮素用量以 20 公斤为临界值。推广等氮量的化学氮肥与厩肥、土杂肥配合施用，能有效降低蔬菜硝酸盐的累积量。蔬菜追施氮肥后 8 天收获上市为安全始期；蔬菜施氮肥攻头控尾，重基肥轻追肥。推广石灰等 3 种土壤降污剂，有效降低菜园土中有毒重金属的活性，并降低在蔬菜体中的迁移和累积量。根据防效虫口密度、产量和经济效益等 3 个指标，综合评价先后选用高效杀鳞精、威敌、绿保素和绿神、天力等 5 种高效低毒低残留的生物农药，降低蔬菜受化学农药污染。

2001—2003 年，省农科院开展降污改土新型蔬菜系列专用肥及其产业化应用研究。筛选出适合在叶菜类和根茎类蔬菜上应用的硝化抑制剂和重金属降污剂品种；并研制出具降污改土新型蔬菜专用肥。

（四）农业面源污染控制技术

2002—2003 年为了严格控制工业"三废"和城市生活垃圾对蔬菜、水果、茶叶生产环境的污染，南平市连续两年对延平、邵武、建阳、武夷山等地的蔬菜、水果（柑橘、奈果、黄花梨）、茶叶三大类作物主产区产地的大气环境（总悬浮物颗粒、二氧化硫、氮氧化物、氟化物）、灌溉用水（氯化物、氟化物、氰化物、汞、砷、铅、镉、铬、pH 值、粪大肠菌群、蛔虫卵数）、土壤（汞、砷、铅、镉、铬、pH 值、六六六、滴滴涕、农膜）三大检测项目进行普查，结果表明蔬菜、水果、茶叶产地的各项环境指标测查值均达到蔬菜、水果、茶叶产地无公害生产产地的要求。

2005 年，省农科院土肥所开展了"闽江中上游农业面源污染评估及其关键控制技术研究"。通过对 1995—2004 年全省农业面源污染问题相关统计资料分析，对全省 12 条主要水系、主要湖泊水库和近岸海域海水水质的变化情况，引起全省水环境质量恶化的农业面源污染因子，提出全省农业面源污染的防治对策措施；采用模拟土柱和田间径流小区试验方法，研究几种不同施肥模式对蔬菜生长、营养累积及氮磷流（淋）失的影响，提出 1~2 种施肥技术模式，控制菜地农业面源污染。针对闽江中上游流域内水葫芦泛滥成灾严重污染闽江水域环境，提出采用"微生物好氧发酵堆肥化技术"生产水葫芦有机肥料，化害为利、变废为宝；根据作物需肥规律，进行该流域内作物轮作模式的选择，提高养分利用效率，从源头上控制农业面源污染的产生。以水口库区小流域为应用对象，根据区域内动物生产废弃物和耕地面积以及播种面积养分消纳量之间的关系，确定单位耕地面积上适宜的载畜量（标准畜单位，猪），实现养分综合利用。

二、生物技术与工程技术

1990 省农科院茶叶研究所推广应用 871 菌防治茶丽纹象甲，1991 年在《茶叶科学简报》发表茶毛虫核型多角体病毒"福建一号"毒株杀虫剂示范推广报告，1992 年开始研究和推广韦伯虫座孢菌，承担了《白僵菌871 与韦伯虫座孢菌毒理毒力及其应用技术研究》项目。

1995年福建农学院有关部门从日本琉球大学引进比嘉照夫教授研制的新型复合微生物制剂，即有效微生物群（EM）。它是由5科10属80多种有效微生物合成，基本功能是造就良性生态，不久在全省的种植业、畜牧业、养殖业中得到部分的应用。新型复合微生物制剂的使用改善了动物产品的品质，对动物粪便等具备一定的降解作用。1995年，福建农学院开始研究并推广应用可降解农用塑料薄膜。一是选用作为防虫网，防虫网覆盖栽培，可以不用或少用化学农药，减少农药污染，该技术宜用于是蔬菜尤其是叶类菜绿色栽培。二是根据季节与种植对象正确选用有色农膜，增产、增收、防病的作用明显。选用黑色膜防止杂草生长；冬春茄果类和绿叶类蔬菜栽培，选用紫色膜；用黄色膜覆盖芹菜和莴苣；用红色膜，水稻秧苗生长旺盛，甜菜含糖量高，胡萝卜直根长得更大，韭菜叶宽而肉厚；蓝色膜，主要适用于水稻育秧，有利于培育矮壮秧苗，还可用于其他经济作物，可较好地起到防除杂草的作用；夏秋蔬菜、瓜类、棉花和烤烟栽培，用银灰色膜覆盖，有良好的防病、防蚜虫和白粉虱，及改良品质的作用；银色反光膜，改善温室内的光照条件；采用银黑双面膜，覆盖时银灰膜在上，黑色膜在下，具有避蚜防病和除草保水等多种功能，可用于夏秋蔬菜、瓜类等防病抗热栽培；夏秋蔬菜、瓜类的抗热栽培，可采用黑白双色膜，覆盖时，白色在上，黑色在下，具有良好的降地温作用，保水与除草效果也很好。

2005年12月29日，省科技厅批准在福建检验检疫局启动建设"福建省外来有害生物预警与控制工程技术研究中心"，这是全省首个外来有害生物技术研究机构。福建省的气候适宜许多有害生物繁衍危害，外来有害生物互花米草、水葫芦和空心莲子草造成的三大草害。

三、农药控制

20世纪90年代，部分水源、空气、土壤、农产品、水产品等被农药污染较为突出，全省各地加强农药污染控制。

各级政府及有关部门重视控制农药污染工作，制定、执行有关法律法规。贯彻《中华人民共和国农药管理条例》，2001年省政府颁发《福建省农药管理办法》。全省各级政府实施"治理餐桌污染"，建设"食品放心工程"。禁止生产销售甲胺磷等高剧毒农药。

按照国务院《中华人民共和国农药管理条例》和农业部有关规定，加强农药流通市场的检查监管，打击和查处国家明令禁止的剧毒农药，重点是禁止高毒、高残留的有机磷、氨基甲酸酯类农药在农产品上的使用，做到监管关口前移，有效减少和避免剧毒农药使用。2002年执行农业部第199号公告，福建禁止氧化乐果（omethoate）在甘蓝上使用，禁止特丁硫磷（terbufos）在甘蔗上使用，全面禁止使用六六六（BHC）、滴滴涕（DDT）、毒杀芬（strobane）、二溴氯丙烷

（dibromochloropropane）、杀虫脒（chlordimeform）、二溴乙烷（EDB）、除草醚（nitrofen）、艾氏剂（aldrin）、狄氏剂（dieldrin）、汞制剂（mercury compounds）、砷（arsenide）、铅（plumbum compounds）类、敌枯双、氟乙酰胺（fluoroacetamide）、甘氟（gliftor）、毒鼠强（tetramine）、氟乙酸钠（sodium fluoroacetate）、毒鼠硅（silatrane）等农药，禁止在蔬菜、果树、茶叶中草药材上使用甲拌磷（phorate）、甲基异柳磷（isofenphos-methyl）、特丁硫磷（terbufos）、甲基硫环磷（phosfolan-methyl）、治螟磷（sulfotep）、内吸磷（demeton）、克百威（carbofuran）、涕灭威（aldicarb）、灭线磷（ethoprophos）、硫环磷（phosfolan）、蝇毒磷（coumaphos）、地虫硫磷（fonofos）、氯唑磷（isazofos）、苯线磷（fenamiphos）。禁止在茶树上使用三氯杀螨醇（dicofol）、氰戊菊酯（fenvalerate）。2003年4月30日执行农业部第274号公告，省内禁止丁酰肼（daminozide）在花生上使用。

2005年开始，对5种高毒农药（甲胺磷、对硫磷、甲基对硫磷、久效磷和磷胺）逐步禁止生产、销售和使用。

各地配合工商局、经贸、城管等部门，逐步实行市场准入制度，入市前各生产基地要做好农产品质量自检工作。

加强对农产品质量安全的监管力度，建立福建省农产品质量检测中心，逐步完善农产品质量安全标准体系，建立健全农产品质量安全市场准入制度，研究农产品农药残留检测及控制技术等。避免使用含有重金属的农家肥，控制化肥、动植物生产调节剂用量，控制农药残留量。

调整农药生产品种结构，加强高效、低残、低毒新型农药的研制与推广，引导生产企业调整和优化产品结构，降低高毒农药所占比例。加强对农户的技术培训，引导他们正确用药。贯彻"预防为主，综合防治"植保方针，开展稻、蔬、果、茶等重大作物病虫综合防治示范推广，加强农业生态调控，推广应用生物农药、灯光诱杀、防虫网、黄色板及高效低毒新农药，应用高效先进施药器械、改进施药技术等，减少农药用量，减少农产品和环境受农药污染。加强对农药市场的监督，遏制高毒农药的销售。

四、农业转基因生物安全监管

1996年11月，福建省开始执行农业部颁布的《农业生物基因工程安全管理实施办法》。2001年6月按照国务院《农业转基因生物安全管理条例》（简称《条例》），对省内农业转基因生物的研究、试验、生产、经营等活动实行安全监管。

2002年1月28日，省农业厅派科技教育处、政策法规处有关人员参加全国农业转基因生物安全管理研讨会。3月26日，省农业厅在福州召开了全省农业转基因生物安全管理工作会议，传达全国农业转基因生物安全管理研讨会精神，学习国务院农业部颁布的调理和配套规章，部署全面开展农业转基因生物安全监督管理。省农业厅专门成立了农业转基因生物安全管理领导小组。10月制定了《福建省农业转基因生物安全监管工作方案》。全省从事农业转基因生物研究与试验的有关科研单位也成立了农业转基因生物安全小组，负责本单位农业转基因生物安全工作。

从2003年至2005年，根据农业部《关于开展农业转基因生物安全管理执法检查的通知》精神，以及《福建省农业转基因生物安全管理执法检查方案》，省农业厅组织科技教育处、政策法规处、市场信息办、执法总队有关人员和省农科院、福建农林大学专家，成立了福建省农业转基因生物安全管理执法检查组，分别于每年4月至5月间重点对福州、漳州、厦门市涉及农业转基因生物的科研、生产单位以及农业职能部门开展执法检查。针对科研和生产单位的法规意识淡薄、安全措施不够落实等问题，责成限期整改，由辖区农业部门进行督查。区别科研单位、经营企业的不同特点，对于《条例》可能所涉及的法律义务和责任逐句逐条地向他们进行宣传解释。共检查了5家科研单位（省农科院、福建农林大学、福建师范大学、厦门大学、厦门北大之路生物工程有限公司），8家生产经营企业（福州世顺贸易有限公司、福建省粮油食品进出口集团公司、福建新世纪经贸发展有限公司，福建印福油脂工业有限公司、福建康宏股份有限公司、福建金石制油有限公司、厦门建发股份有限公司、厦门中鹭植物油有限公司）。还对福州、厦门、漳州的主要超市所经营的大豆油、调和油的标识状况作了调查。通过检查和宣传，使经营加工农业转基因生物的企业、从事转基因生物研究的科研院校增强了法律意识，强化了转基因生物标识和安全管理。

为了使标识管理有所突破，对有异议的转基因产品进行检测。2003年4月29日，执法检查组在厦门中鹭植物油有限公司检查过程中，该公司反映他们并不能掌握所采购的原料是否属于转基因产品，因此所有产品均未按转基因产品标识要求进行标注。有鉴于此，检查组不能判断该公司是否有违反《条例》的违法行为。为了进一步确定该企业产品的成分，检查组随机抽取了该公司生产的宝鹭纯正大豆色拉油样品，于2003年5月中旬委托上海农科院对该样品是否含有转基因成分进行检测。根据上海市农科院生物技术中心转基因食品/动物成分检测实验室检测报告结论：来样含有转基因成分。为此省农业厅按照《农业转基因生物安全管理条例》和《农业转基因生物标识管理办法》，发文责成厦门中鹭植物油有限公司，限期在1个月内到当地农业行政主管部门申请转基因生物标识，并对该公司生产的宝鹭纯正大豆色拉油进行标识，同时，在相关企业进行了通报。通过加强监管，促成了国内单位或个人生产、销售转基因产品从自行标识到向所在地县级以上农业行政主管部门提出标识审查认可申请，从未标识向部分标识，从标识不规范到相对规范和全面标识，达到了保护消费者知情权和选择权的目的。

2003—2005 年对省内的农业转基因生物的 25 例生产性试验、13 例环境释放试验和 36 例中间试验进行跟踪，监督试验单位严格按照《条例》、《农业转基因生物安全评价管理办法》和农业部试验审批书批件的要求进行试验，落实相应的安全措施。

2003 年 7 月，配合福建电视台对农业转基因生物安全管理进行专题宣传。制定宣传方案与采访内容，确定采访对象与拍摄地点，与电视台记者一起深入科研单位、企业，转基因生物研究试验场、转基因产品生产加工车间现场采访农业行政领导、农业科研单位专家、企业老总及生产车间技术人员，从不同的层面进行了采访与录制，提高各级农业部门、科研教育单位、农业企业和广大科技人员对安全管理工作重要性的认识，增强从事农业转基因生物研究、试验、生产、分装、加工、销售等有关自觉遵守各项法律法规的意识。

2002—2005 年，全省有计划、有重点地分期分批组织农业管理、科研和生产人员参加培训，培训内容主要是农业生物技术与生物安全科学知识、《条例》及其配套规章。省农业厅专门编辑《农业转基因生物安全法规汇编》23 万册，广为散发。全省先后举办培训班 126 期，受训人员 9247 人次，印发各种资料 3678.3 万份，使管理人员及社会公众全面了解、熟悉《条例》及三个配套规章的宗旨和规定，掌握各项条款所规范的内容。福州市农业局把宣传贯彻《条例》，增强公众参与管理意识作为加强农业转基因生物安全监督管理基础性工来抓，在福州五一广场开展《条例》及配套规章的宣传咨询活动。省、市、县三级采取以会代训、专业培训和继续教育等多种形式举办培训班，培训技术骨干；发放执法证 3345 人次。全省各地各单位结合各类专业会议及继续教育，全面展开农业转基因生物安全管理法规培训工作。省农业厅畜牧局在举办全省动物防疫和动物产品安全管理培训班时，把农业转基因生物安全管理法规作为培训的内容之一，对全省县（市）以上的畜牧兽医站技术人员 90 多人进行了《条例》及配套规章的学习培训。省种子总站结合《种子法》培训，专题对全省种子系统的技术人员 120 多人进行转基因的《条例》及配套规章学习培训。

五、发展农业"三品"

（一）绿色食品

1990 年，全省绿色食品开始起步，由省农业厅农垦局项目办兼管全省绿色食品开发工作。1993 年成立了福建省绿色食品办公室，由省农业厅分管副厅长兼主任。1995 年由 16 个厅、局、委为成员单位共同组成的福建省绿色食品工作领导小组成立，由分管副省长兼任组长，领导小组下设办公室。1996 年 12 月，领导小组召开第一次成员大会。

1997 年，全省已有 31 个产品获得绿色食品标志使用权，占全国总量的 3%，形成生产基地 10 万亩，年产值达 7 亿元的生产规模，并在建瓯凤山茶场建立了 2000 亩绿色食品茶叶示范基地。是年组织参加"中国绿色食品 '97 广州宣传展销会"。省农业厅成立福建省绿色食品发展中心，配备食品加工、农学、植保、经济管理等专业人员 15 名。

1999 年，联合省技术监督局、省工商行政管理局及新闻部门，对市场中的假冒绿色食品给予曝光，并针对不同的假冒侵权行为，对生产企业进行了处理。中国绿色食品发展中心确定福建省作为进行绿色食品年检制的试点后，省农业厅制定了《福建省绿色食品年检实施办法》，绿色食品生产资料认证逐步展开，环球天然有机肥（漳州）有限公司的"三环"牌有机肥首家通过认证。是年，全省各地（市）均有一批项目进行绿色食品标志申报，共有 40 个产品获得绿色食品标志使用权，产品总量达到 117 个。

2000 年，福建长富集团、福建超大集团等行业的龙头企业都成功开发出绿色食品产品。2 月份在福州举办首届闽都绿色食品节，组织省内外 60 多家绿色食品生产企业近 200 个产品参展；11 月组织参加了中国绿色食品 2000 年昆明博览会。

2001 年，省人大、政协代表提出两个关于保护环境、减少污染、开发绿色食品的提案。福建省省长习近平在政府工作报告中指出：要根据市场需要，紧紧依靠科技，调整种养业结构，大力发展名特优新产品和绿色食品，提高农业的综合效益；农业生产要推广"绿色食品"标准，从源头上根治餐桌污染。全省农业工作会议提出发展生态农业和绿色食品，继续加大产品开发力度，加强绿色食品的市场管理，防止绿色食品质量滑坡。截至 2001 年年底，全省已有 98 个企业的 186 个产品获得了绿色食品标志使用权，产品总数居全国第四位，检测监控的产地面积达 80 万亩，年产值达 20 亿元，出口创汇额达 1100 万美元。福建雪津啤酒集团有限公司一举获得了 8 个啤酒产品绿色标志使用权。

2002 年，根据中国绿色食品发展中心下发的《绿色食品企业年度检查暂行管理办法》，在《福建省绿色食品年检实施办法》的基础上，制定了从土地到餐桌全程质量监控的《福建省绿色食品生产监督管理规定》，加强对绿色食品标志使用和监督管理。重新编制了《福建省绿色食品产业"十五"发展规划》。省农业厅与省工商行政管理局联合发出《关于规范使用、依法保护绿色食品证明商标的通知》，加强全省绿色食品商标的管理，规范绿色食品市场。福建省绿色食品发展中心和法国家乐福公司在上海签订了福建农产品供货质量监督协议，成为家乐福公司在福建地区质量体系生鲜食品供应商的质量监督机构。南靖芦柑和平和琯溪蜜柚通过该渠道走向全国市场。组织福建省绿色食品开发公司、福州超大现代农业发展有限公司、厦门如意食品有限公司参加日本福冈绿色食品贸易洽谈会。成立了厦门如意绿色食品配送中心，为绿色食品销路打开了新的渠道。11 月举办中国绿色食品 2002 福州博览会，共有 153 家企业、300 多个产品参展。福建省共组织了 145 个展位，开辟了福建省绿色食品和"治理餐桌污染、建设食品放心工程"两个中心展馆。

2003 年，实施绿色食品、无公害农产品、有机食品认证工作，将绿色食品、无公害农产品、有机食品工作一并纳入福建省农产品质量安全工作的全局。采取集中培训、以会代训、赴企业考察等形式组织和指导了 2 万多人次的培训工作。组织 80 多家企业参加了中国国际农产品交易会，全省共设立了 40 多家绿色食品专卖店（柜）。

2004 年 3 月，向社会公告福建省获得无公害农产品、绿色食品和有机食品标志的生产单位和产品名单。制作《绿色食品辉煌十年》光盘，发放了《绿色食品宣传手册》、《农产品质量安全知识手册》、《福建绿色食品简报》等宣传材料 10 万多份。举办"2004 年海峡两岸优质农产品贸洽会"，共有 15 个展团的近 300 家企业到会参展，展出了近 3000 种产品，1500 名客商莅临洽谈订货，订货金额达 8350 万元。组织参加了"中国绿色食品 2004 年上海博览会"，达成贸易意向销售总额 2.5 亿元，位居全国第四位。成功地在厦门举办"中日绿色食品产品交流会"，日本与中国的 26 家企业的 100 多种产品在会上交流。组织人员考察欧洲有机食品和绿色食品认证标准、认证程序和生产加工企业。截至 2004 年年底，全省绿色食品出口贸易额 10944.2 万美元，位居全国第 3 位。至 2005 年，累计培训认证企业生产人员、技术人员及各级管理机构人员达 1000 人次，培训从业人员 5000 多人次，全省已有绿色食品注册检查员 50 人，绿色食品注册监管员 63 人。依托无公害农产品、绿色食品和有机食品认证企业，开展农业标准化示范基地建设，促进了蔬菜、水果、畜禽、茶叶、食用菌等产品的产业化升级。共建立了国家级示范区 21 个，省级示范区 52 个，全省有效使用绿色食品标志的企业有 110 家，产品 262 个。

表 12 - 4 　　　　1997—2005 年福建省获得绿色食品标志使用权产品

单位：个

认证年份	累计认证产品数	其 中					
		蔬菜	水果	茶叶	食用菌	粮食	油料
1997	31	—	—	—	—	—	—
1998	77	2	1	6	—	3	—
1999	117	16	3	11	—	—	—
2000	156	7	4	13	—	—	1
2001	168	10	5	5	—	2	—
2002	162	9	2	5	—	3	—
2003	196	8	2	16	1	4	—
2004	226	6	4	9	—	4	—
2005	262	21	3	8	4	2	—

图 12-1　福安市无公害茶园

（二）无公害农产品

2001 年，福建省无公害农产品认证工作开始起步。根据省长习近平关于"餐桌污染"问题的批示精神，省政府成立了由 21 个成员单位组成的"治理餐桌污染，建设食品放心工程"联席会议，省农业厅承担工作方案规定中 40% 多的专项治理任务。省农业厅厅长办公会议确定由省绿色食品发展中心负责牵头协调各处室开展治理"餐桌污染"工作，并负责拟定《福建省"餐桌污染"现状及其工作措施》、《治理餐桌污染，发展无公害农产品和绿色食品产业工作方案》、《福建省无公害农产品管理办法》等相关材料。

2002 年，规范福建省无公害食品认证管理工作，加快无公害食品生产发展，有效治理餐桌污染、建设食品放心工程，无公害食品认证工作全面开展。按照国家农业部《无公害农产品管理办法》（农业部第 12 号部长令）的规定及省政府赋予省农业厅的职能，明确由省农业厅开展无公害食品基地认证工作。当年制定《福建省无公害食品管理暂行规定》、《无公害食品认证管理办法》、《福建省无公害食品产地环境检测实施细则》和《无公害食品认证申请表》，在全省开展无公害食品的技术推广、认证管理和基地建设等工作。举办两期无公害种植业产品和畜牧业产品培训班，受训人员达 700 多人。为推动"无公害食品行动计划"的实施，省农业厅对农药检定所、饲料兽药监察所、土壤肥料实验室进行整合，组建福建省农产品质量安全检验检测中心，完善仪器设备配备，统一使用和合理配置检测力量，全面开展农业环境质量的监测和农产品质量的定性定量检测，对肥料、农药、兽药、饲料等农业投入品的生产、流通、使用环节进行质量监督。开展福建省无公害食品认证工作，首批有 35 个农产品通过福建省无公害食品认证，其中厦门银祥食品公司成为福建省首家获得"无公害猪肉"认证的企业。

2003 年，根据《福建省绿色食品无公害食品产业"十五"发展规划》，省绿色食品发展中心全面开展无公害农产品认证工作。全省共通过无公害农产品产地认定 203 个，省级无公害农产品认证 234 个，其中 225 个产品通过全国无公害农产品认证转换，首家生产资料生产企业的 10 个产品通过无公害农产品生产资料认证。无公害农产品产地监测面积达 90 万亩，养殖业无公害生猪年出栏近 155 万头，总产值逾 50 亿元。同时，省绿色食品发展中心还牵头做好"餐桌污染"专项治理协调工作，并初步构建以治理"瘦肉精"违禁药物和农（兽）药残留超标为主的农产品质量安全市场准入制度；三明市及晋江、石狮、南安、上杭、永定等地率先出台资金及政策的扶持措施，有 12

图 12 - 2　屏南锦丰食品有限公司净菜生产线

个企业开设了 140 多家无公害农产品专卖店，推进产供销一体化，走上品牌经营之路。

2004—2005 年，全省 9 个设区市和 58 个县（市、区）成立了相应的工作机构，并有专人负责。省农业厅行业主管部门和省直有关部门成立了省级无公害产地认定委员会，建立了无公害农产品认证专家库，整合社会资源服务认证工作，引导和规范企业正确使用认证标志，全省共核发无公害农产品标志 2220.1 万枚，市场上贴标产品明显增多。为加强企业年检和标志管理工作，转发了《关于积极配合国家认监委开展农产品认证有效性专项监督检查的通知》，制定了《福建省无公害农产品监督检查若干规定》，并印发了《监督检查表》，对认证企业开展监督检查。采取以蔬菜、畜产品等食用农产品为重点，通过建立产销衔接机制，推行农产品标志管理，设立农业"三品"专销区（店、柜），实行连锁配送等多种形式，严把农产品产地准出和市场准入关，逐步推行农产品市场准入制度。福州市政府施行蔬菜上市准入制度，凡进入福州市批发市场、农贸市场、各大型超市上市的蔬菜必须出具产地农业部门的准入证明，否则工商部门予以禁售，发现上市蔬菜农药残留超标的，依法予以处罚，并追究市场开办者的责任。省农业厅编印《福建省农产品质量安全宣传手册》，抓好从业人员培训工作，举办各类农产品质量安全培训班，受训人员 1000 多人。截至 2005 年年底，全省累计通过认定的无公害农产品产地 481 个，认证企业 429 家，产品 596 个；种植业无公害农产品产地监测面积 203 万亩，产量 257 万吨，养殖业无公害生猪年出栏达到 323 万头；有 10 家企业的 208 个产品通过无公害生产资料认证。

表 12 - 5　　　　2002—2005 年福建省无公害农产品与生产基地认证

单位：个

认证年份	认证产品数	认定产地数	蔬菜		水果		茶叶		食用菌		粮食	
			产品	产地	产品	产地	产品	产地	产品	产地	产品	产地
2001	0	—	—	—	—	—	—	—	—	—	—	—
2002	35	35										
2003	225	203	81	24	32	28	17	12	2	2		
2004	374	353	55	42	17	19	13	12		2		
2005	596	481	43	29	21	14	7	5	1	1	1	—

（三）有机食品

2001 年，福建省绿色食品发展中心加入了国际有机农业运动联盟（IFOAM），并参与各项活动，包括在瑞士举办的有机农业科技大会和在杭州举办的亚洲有机农业研讨会。参与了与美国、日本、澳大利亚、欧盟等国家和地区的认证机构就质量标准、技术规范、认证管理、贸易准则等方面的谈判和交流。

2003 年，成立中绿华夏有机食品认证中心福建省分中心，全面启动有机食品认证工作。选派骨干力量多次参加全国有机食品认证检查员培训，系统学习有机食品相关业务知识，同时督促获证及正在申报的企业参加全国有机食品内部检查员培训，帮助各有机食品生产企业熟悉有机产品认证的特点、标准和要求，了解国际有机农业和有机市场的发展和动态，强化质量管理意识。根据有机食品"一年一认证"的特点，以国际市场为导向，以茶叶、笋制品、食用菌等优势产品为重点，选择生态环境优越的产地和管理规范的企业，开发品质优越、效益突出的有机食品；做好 AA 级绿色食品和有机食品认证衔接工作，推进有机食品认证。是年 7 月，福建省大坪绿色食品工程有限公司生产的坪山牌乌龙茶成为福建省第一个通过中绿华夏有机食品认证中心认证的有机食品。截至 2005 年年底，福建省累计通过有机食品认证的企业 7 家、产品 28 个。

六、检　测

（一）检测机构

20 世纪 90 年代初，从事农业相关产品检测的单位主要有省兽药饲料监察所、省农业厅土肥站化验室、省农科院中心实验室、省中心检验所、省测试技术研究所、省海洋环境与渔业资源监测中心等。1991 年，省农科院中心实验室成立了全国第一家专门从事水产饲料质量检验工作的法定检测机构：省水产饲料质量监督检验站。1999 年 8 月 12 日，福建出入境检验检疫局在福建商检局综合检测中心基础上，组建了福建省检验检疫技术中心，增加了植物检疫、动物检疫等专业，共有 7 个专业实验室，检测（疫）范围进一步扩大。省测试技术研究所，主要从事水质化验、毒物检测、农药残留检测、兽药残留检测、食品及饲料检验等，并于 2000 年开展无公害农产品产地认证检测工作。2001 年，组织实施了一批社会发展科技项目，突出治理"餐桌污染"、建设"食品放心工程"的研究工作。

2003 年 5 月，省农业厅成立福建省农产品质量安全检验检测中心，该中心整合了省农业厅畜牧局（处级）下属的福建省兽药饲料监察所（科级）、厅植保植检站合署办公的福建省农药检定所（副处级）和厅土肥站下属的福建省农业厅土壤化验室（科级）三个事业法人单位，为正处级事业单位，核定编制 35 人，经费由财政核拨。保留福建省农药检定所和福建省兽药饲料监察所的牌子。中心成立后通过了国家实验室认可、省级计量认证和农业部部级中心资格认证，是具有第三方公正地位的法定质检机构，对福建省农产品"从土地到餐桌"的全过程实行质量监控，检测业务涵盖：农畜产品质量检测，肥料、农药、兽药、饲料质量检测，农畜产品中农药、兽药、和饲料添加剂、重金属等有害物质残留检测。7 月，福建省疾病预防控制中心成立，协助有关部门负责农产品流通环节的质量安全检测。

2004 年 6 月，设在福建省中心检验所的国家水产品及肉类产品质量监督检验中心更名为国家加工食品质量监督检验中心（福州），直属国家质量监督检验检疫总局，是福建省国家级的食品检测中心，农产品和加工食品的专业检测，检测产品范围包括水产品、肉及肉制品、乳制品、饮料、果蔬及饲料所有种类，涉及的检验项目主要有微生物、兽药残留、农药残留、重金属残留及其他技术指标。是年，福建省有两家专业检测机构被确定为无公害农产品的定点检测机构，分别是：福建省分析测试中心和位于厦门的福建省水产品质量监督检验站。

到 2004 年年底，全省农业质检机构总数为 403 个，其中省级 3 个，地（市）级 19 个，县级 82 个，市场检测站、点 300 个。按检测机构资质，通过省质监局计量认证的 11 个，通过国家实验室认可的 1 个；上述检测机构共有专业技术人员 1369 人，其中高级及以上职称 98 人，中级 587 人。全省农业质检机构基本建设面积总计 22742.1 平方米，其中办公室面积 4283.13 平方米，化验室面积 15458.97 平方米。仪器设备合计 4893 台套，资产价值 15458.97 万元。其中大型仪器（价格高于 40 万元）31 台套，价值 1986.96 万元；中型仪器（10 万 ~ 40 万元）113 台套，价值 1322.57 万元；普通仪器（1 万 ~ 10 万元）693 台套，价值 1692.23 万元。到 2004 年年底，全省农业质检机构现有检测能力包括土壤、水质、空气等农业产地生态环境检测，农药、肥料、种子、饲料、兽药等农业投入品检测，蔬菜、水果、畜禽肉等初级农产品的检测，大肠杆菌、沙门氏菌等有害微生物检测。

2005 年，省农业厅编制申报《福建省农产品质量安全监督检验中心项目可行性研究报告》，并得到农业部的正式批复，成为全国首批获得此项投资的 3 个省级机构之一。同年 9 月，质检中心纳入了第五批农业部农产品质量安全监督检验测试中心筹建计划，获得部级中心资格。同时，福建省乡镇企业产品质量监督检验所并入福建省农产品质量安全检验检测中心。合并后，机构核定事业编制 46 人，经费由财政核拨。11 月质检中心承当的福建省农产品质量安全检测中心项目、农业部饲料质量监督检测试中心设备购置项目、福建省饲料质量监测项目、沃土工程（省级土壤农化监测中心）项目和疫病防疫体系（兽药质量监测检验室）项目通过项目竣工验收工作。12 月，质检中心申请的 165 类 1219 个项目及参数通过中国实验室国家认可委员会的现场考核评审，同时通过了 5 年一次的省级计量认证复查评审。

（二）检测技术

1991 年 10 月根据国务院办公厅发布了《关于加强农药、兽药管理的通知》，省相关部门制定了农药、兽药残留限量标准和检验方法标准，开展农药、兽药残留的检测工作。制定全国第一个"瘦肉精"残留检测标准《盐酸克伦特罗残留检测——酶联免疫吸附法》省级地方标准。同时，福州市人大发布了《福州市关于禁止生产销售和使用"瘦肉精"管理办法》。2004 年，福建省农产品质量安全检验检测中心组织制定福建省地方标准《水产饲料中磺胺嘧啶、磺胺二甲嘧啶、磺胺甲氧嗪、磺胺间甲氧嘧啶、磺胺甲恶唑的检测方法——高效液相色谱法》。并参与福建省地方标准《猪用饲料安全质量要求》和农业部行业标准《饲料添加剂——烟酸铬》制定工作。

福州市先后出台了《关于禁止使用高毒剧毒农药的通知》、《福州市食用农产品安全质量管理办法》。市农产品检测中心投资近 200 万元购买了农药残留检测仪器，建立农产品质量检测安全体系。福州市贸发局建立了蔬菜农残检测网络，加大对蔬菜农残监督管理力度。亚峰蔬菜批发市场在 1999 年 11 月试行了蔬菜农残速测，后又投资近 100 万元，购买了常规农残检测设备，蔬菜农残检测从原日检测 100 多种上升到 300 多种。

进入 21 世纪，检测技术向高技术化、速测化、便携化和信息共享方向迈进。各种分析技术联用。常见的联用技术有：气相色谱—质谱（GC－MS）联用技术、液相色谱—质谱/质谱（LC－MS/MS）联用技术、衍生化气相色谱双串联质谱法（GC－MS－MS）、薄层层析—免疫分析（TLC－IAS）技术、免疫分析—液相色谱（IAS－HPLC）技术、超临界萃取—免疫分析（SFE－MS）和微生物—色谱法等。

1. 气相色谱—质谱联用法（GC－MS）和衍生化气相色谱双串联质谱法（GC－MS/MS）

GC－MS 即是气相色谱与质谱的联用技术。快速、高效、具备了质谱准确鉴定化合物结构的特点，可以达到定性、定量的检测目的，特别适合于农药代谢物、降解物的检测、多组分农药残留检测和未知物质的定性和定量分析。2003 年 10 月，福建省农产品质量安全检验检测中心购买的 TRACE DSQ 气相质谱联用仪，用于分析农产品、土壤、水质、农药（杀虫剂、杀虱剂、杀鼠剂、杀菌剂、防霉剂、有机氯、有机磷）残留、兽药（激素类、抗生素类、驱虫剂）检测，并用于在短时间内可以测定大量样品和含上百种组分的复杂样品，从而达到检测农作物中农药残留的目的。

国家加工食品质量监督检验中心气质联用仪（带 DS2 型自动脱附仪），用于食品与农产品中兽药残留、农药残留、重金属残留等食品质量安全项目的检验，并用于食用菌等食品及食品添加剂饲料及饲料添加剂食品与农产品中兽药残留、农药残留、重金属残留等食品质量安全项目等农药，化肥等农业投入品的检验。

省测试技术研究所作利用 GC－MS 技术完成无公害农产品质量检测、畜禽无公害产品质量检测、水产品质量检测、绿色食品产品质量检测。为生产基地通过了绿色食品、无公害食品基地评审提供检测服务。

2003 年 9 月福建出入境检验检疫局检验检疫技术中心于利用 GC－MS 测定泼尼松龙、邻苯基苯酚、甲基泼尼龙、苯并咪唑、联苯、己烯雌酚、烷基雌酚、雌二醇等，其在农、兽药残留等的检测方面，曾多次参加 NATA（澳大利亚实验室认可机构）、AOCS（美国油品检验机构）、TPA（英国茶叶商协会）、CSL（英国农业渔业食品部中心科学实验室）等国际机构组织的国际实验室比对试验，均获得较好成绩。省疾病预防控制中心利用 GC－MS 测定动物性食品中有机磷农药多组分残留量、动物性食品中有机氯农药和拟除虫菊酯农药多组分残留、动物性食品中克伦特罗残留量。离子阱质谱技术（MS/MS）在省内广泛运用于鉴别青霉素类药物等。

2. 液相色谱—串联质谱联用法（LC－MS/MS）

对复杂基质中痕量成分的多残留组分分析和确证分析，传统的仪器检测方法难以解决。液相色谱—串联质谱联用技术（LC－MS－MS）结合了液相色谱、串联质谱两者的优点，分离能力强，选择性好，灵敏度高，可以对复杂基质样品中的痕量成分进行确证分析。2004 年 1 月省农产品质量安全检验检测中心新添置一台液相色谱—串联质谱仪，主要

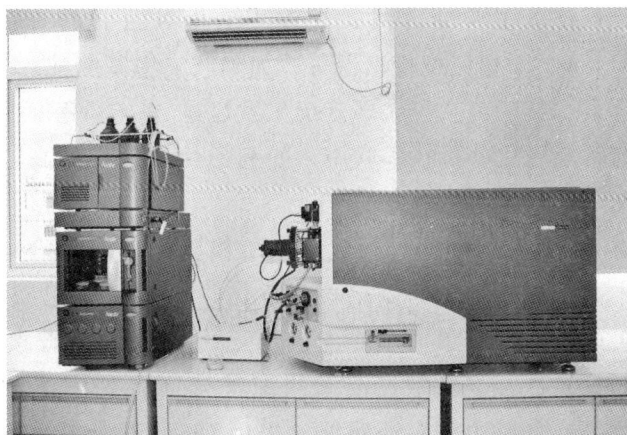

图 12－3 液相色谱—串联质谱联用仪

用于检测农兽药残留（如 β-激动剂、硝基呋喃代谢物等）、饲料中违禁药物（如三聚氰胺、氯霉素、孔雀石绿等）。

2005 年，福建出入境检验检疫局检疫检疫技术中心使用液相色谱串联质谱仪，用于检测农兽药中违禁药物（如盐酸克伦特罗、莱克多巴胺）、食品添加剂（如甜蜜素）、饲料中违禁药物等（如孔雀石绿、β-激动剂）等。同时，承担省科技厅重点资助项目、国家质检总局科技项目等，开展了《高效液相串联质谱法测定动物源食品中喹赛多、卡巴氧残留》、《超高效液相色谱—串联质谱联用法对水产品中亚甲基蓝及其代谢物残留的检测》等课题研究。省中心检验所利用超高效液相色谱-串联质谱法测定了食品中碱性橙、碱性嫩黄 O 和碱性桃红 T。

3. 酶抑制和免疫检测技术

快速检测技术常见的有免疫检测技术、酶抑制法等。酶抑制技术被蔬菜等农产品生产基地及市场监督部门广泛应用，成为福建省农药残留快速检测的发展技术。根据 GB/T 18626-2002 和 NY/T 448-2001 两个标准可以测大多数有机磷或氨基甲酸酯类农药。1996 年省分析测试中心开展"农药残留的快速检测方法"课题研究，在国内首创"绿 T"农药残留毒性快速检测方法及 FITT 系列农药残留毒性快速测试仪器，在全国得到推广，并获国家专利。同时开发出"绿 T"农药残留的快速检测试剂包产品，试剂适应性好，可测试葱、姜、胡萝卜、西红柿等辛辣或有色果蔬样品中的甲胺磷、氧乐果、毒死蜱、二嗪农等常用高毒农药残留，灵敏度达到≤0.3ug/ml。

20 世纪 80 年代开始尝试把免疫分析法应用于食品农药残留检测，检测的食品范围包括粮食、水果、蔬菜、肉、奶、水和土壤中农药残留等。药物残留免疫分析技术主要分为两大类，一是相对独立的分析方法，即免疫测定法如 RIA、ELISA、固相免疫传感器等，如磺胺二甲基嘧啶、氯霉素、沙拉沙星、链霉素、四环素、莫能菌素等大部分抗生素已经建立了免疫检测方法；二是将免疫分析技术与常规理化分析技术联用，如利用免疫分析的高选择性作为理化测定技术中的净化手段。

"十五"期间，福建出入境检验检疫局检验检疫技术中心利用 ELISA 法检测牛副结核抗体、羊副结核病抗体、莱可克多巴胺、猪口蹄疫免疫抗体、四环素类药物残留、氯霉素、金霉素、链霉素、土霉素等。ELISA 法测定农药残留以其特异性强、灵敏度高及快速准确而得到广泛的应用，尤其是现场控制水果、蔬菜、食品中的农药残留。采用 Charm II 分析系统，应用放射性免疫分析方法快速筛检烤鳗制品中的四环素族药物残留，检测全过程可在 80 分钟内完成。

4. 其他色谱新技术

（1）气象色谱—红外光谱联用技术

2004年，省检验检疫技术中心购买的气相色谱—红外光谱联用仪，被科技部的"全国大型科学仪器资源数据库"收录，开展对茶叶农药残留、食品添加剂等产品有毒有害物质的检测。

（2）离子色谱与电感耦合等离子体质谱联用技术（IC－ICP－MS）

2005年，省检验检疫技术中心检验所采用离子色谱与电感耦合等离子体质谱联用技术检测小麦粉及其制品中溴酸钾的含量，由该检所负责起草的国家标准《小麦粉中溴酸钾含量的测定离子色谱—电感耦合等离子体质谱联用法》在济南召开的全国粮油标准化技术委员会（SAC/TC270）第一届第十五次会议上通过审定。

（三）安全检测

从1998年起，在闽清、建瓯、建阳、泰宁、将乐、尤溪、上杭、连城、福安、永春、龙海11个县（市）设立16个点进行土壤长期定位监测，其中国家级点4个，省级点12个，主要定点监测土壤中有机质、全氮、速效氮、有效磷、速效钾和pH值。同年，省农科院土肥所和省农业厅联合开展了《福州市蔬菜主要污染源调查及蔬菜、土壤防污降污技术研究》的课题研究。2002年，在莆田市荔城区、龙岩市新罗区开展了全国耕地地力调查与质量评价的监测工作。2003年，省农业厅开展了23个城市蔬菜地土壤及作物硝酸盐、亚硝酸盐、重金属等污染现状调查与评价工作，共监测小白菜等蔬菜样品77份。从2003年起，开展了肥料市场质量监督抽检，同年开展了养殖场禽畜粪便重金属调查工作，监测牛粪、猪粪、鸡粪和饲料添加剂中的砷、汞、铅、铬、镉等5种重金属含量。

1998—2003年，共完成检测土壤3573个样19409项次；肥料3357个样10739项次；植物413个1239项次；农产品1211个样4569项次，其中水果341个样1705项次，蔬菜662个样2648项次，茶叶108个样216项次；水样206个样1146项次。

2004年，省农产品质量安全检验检测中心在共完成检测任务3055批次。

2005年，共完成检测任务4334批次。另外，以基地县为主开展产地定点监测，完成农药残毒快速检测样品3万多份。

七、农资市场监管

（一）生产过程监督

2001年，农业部在全国启动实施了"无公害食品行动计划"，全省各级农业部门以蔬菜中高毒农药残留和畜产品中"瘦肉精"污染控制为重点，着力解决人民群众最为关心的高毒农药、兽药违规使用和残留超标问题。从2004年起，农产品质量安全例行监测结果每半年在《农民日报》上发布一次。

"十五"期间，各地加强了行业监督管理，一大批果、茶、菜、菌和粮食产品获福建省无公害农产品认证和绿色食品标志使用权，并通过无公害农产品产地认定。建立了省级无公害畜禽饲养基地105个，其中获得绿色食品标志的产品数量在全国位居第四位。

（二）综合治理

从2001年起，省委、省政府连续4年把治理"餐桌污染"建设"食品放心工程"列入全省"为民办实事"项目和全省整顿规划工作的重点，实行行政首长负责制和部门负责制，设立"食品放心工程"联席会议，并制订出五年计划。治理的重点是与群众日常生活密不可分的，其食品污染产生危害最为直接和明显的"五类食品、一个行业"，即畜牧业产品、种植业产品、水产品、饮用水、加工食品和餐饮业。福建省人大常委会和省政府相继制定或修订了《福建省牲畜屠宰管理条例》、《福建省动物防疫和动物产品安全管理办法》、《福建省农药管理办法》等9个地方性法规、规章和规范性文件，发布了《蔬菜安全质量要求》等十多个地方标准。提出了"优先完善和新建涉及人身健康和安全的检测项目"方针，建立和完善省、市、县三级检验检测机构和企业自检机构。各设区市和部分县（市）城区建起了"瘦肉精"快速检测点；在规模蔬菜生产基地、蔬菜和农产品批发市场、主要农贸市场和大中型生鲜超市，设立了蔬菜农药残留和水产品甲醛快速检测点。

2001—2003年，省级专项治理资金9541万元，为治理餐桌污染提供了物质保障。2003年与治理前的2000年相比，生猪"瘦肉精"检出率从70%降到0.50%，蔬菜农药残留检出率从30%降到2.89%。

2004年，执行国务院关于进一步加强食品安全工作的决定，加大农业投入品专项整治力度，从源头上防止农产品污染。是年农业部组织对全国37个城市蔬菜中农药残留、16个城市畜产品中"瘦肉精"等污染和5个城市水产品中氯霉素污染进行例行检测工作。2005年全国城市畜产品中"瘦肉精"等污染治理扩大到20个城市，福州、厦门两城市被列入。2004—2005年，福州市畜产品质量合格率均列37个城市的第一位。

第三节　农业标准化

一、标准制定

1991年，制定省地方标准综合体（指由品种鉴别、幼苗培育、栽培管理、采收贮藏等各个环节技术标准组成的集合体）《墨绿秆魔芋》。

1992 年，制定国家标准《鲜枇杷果》，行业标准《出口蔬菜及蔬菜制品中六六六、滴滴涕残留量检验方法》、《出口水果中硫丹残留量检验方法》、《出口水果中六六六、滴滴涕残留量检验方法》、《出口食品嗜热菌芽孢（需氧芽孢、平酸芽孢和厌氧芽孢）计数方法》，省地方标准《杂交水稻栽培技术规范》、《杂交水稻再生稻栽培技术规范》、《冷烂型水稻土配方施肥技术规范》、《粘瘦型水稻土配方施肥技术规范》、《农业信息采集汇报规范》。

1993 年，制定行业标准《闽烘青绿茶》。

1994 年，制定省地方标准综合体《武夷岩茶（乌龙茶）》、《芙蓉李》，省地方标准《余柑丰产栽培技术规范》。

1995 年，制定行业标准《出口水果和蔬菜中 22 种有机磷农药多残留量检验方法》、《出口水果和蔬菜中克百威残留量检验方法》、《出口水果和蔬菜中百菌清残留量检验方法》、《出口米粉检验规程》，省地方标准《雪柑栽培技术规范》。

1996 年，制定省地方标准《香菇》、《水稻品种质量检验方法》、《水稻新品种区域试验方法》、《水稻品种抗主要病虫鉴定方法及评价标准》、《水稻品种抗稻瘟病鉴定方法及评价标准》、《水稻品种抗纹枯病鉴定方法及评价标准》、《水稻品种抗白叶枯病鉴定方法及评价标准》、《水稻品种抗三化螟鉴定方法及评价标准》、《水稻品种抗褐飞虱鉴定方法及评价标准》，《水稻品种抗白背飞虱鉴定方法及评价标准》。

1997 年，制定行业标准《出口水果中三唑酮残留量检验方法》、《出口粮谷中异噁草酮残留量检验方法》、《出口速冻蔬菜检验规程花椰菜类》、《出口速冻蔬菜检验规程豆类》、《出口乌龙茶品质感官审评评分方法》，省地方标准综合体《琯溪蜜柚》，省地方标准《水稻旱育稀植栽培技术规范》、《四季柚鲜果》、《四季柚栽培技术规范》、《四季柚嫁接苗培育技术规范》、《槟榔芋（福鼎）种芋》、《槟榔芋（福鼎）栽培技术规范》、《西瓜栽培技术规范》。

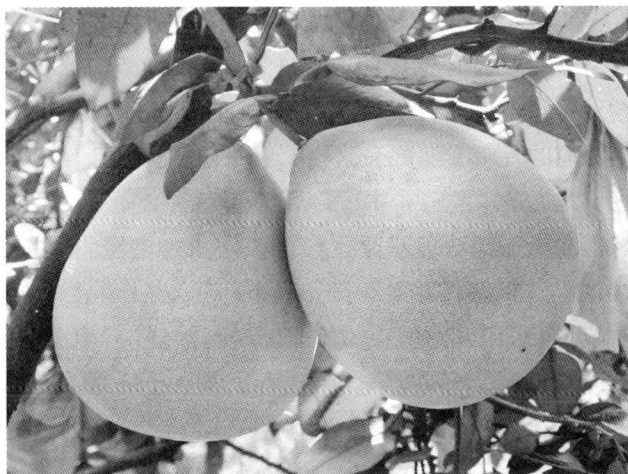

图 12 - 4 执行《琯溪蜜柚》地方标准综合体生产的蜜柚

1998 年，制定省地方标准《无公害蔬菜栽培技术规范》。

1999 年，制定行业标准《进出口西洋参检验规程》、《出口保健茶检验通则》、

《进出口粮食、饲料含盐量检验方法》，省地方标准《茉莉花茶》、《蔬菜中有机磷农药残留量测定方法》。

2000 年，制定行业标准《进出口茶叶感官审评室条件》、《进出口新鲜蔬菜检验规程》，省地方标准综合体《安溪乌龙茶》、《建宁黄花梨》、《永春芦柑》、《独本切花菊》，修订省地方标准《无公害蔬菜生产技术规范》。

2001 年，制定省地方标准综合体《龙眼》、《建莲》、《连城红心地瓜干》、《邵武烤烟》、《龙岩咸酥花生》、《莆田枇杷》、《古田银耳》、《古田油奈》、《天宝香蕉》、《寿宁花菇》、《福鼎白色双孢蘑菇》、《绿茶》、《白茶》、《白芽奇兰》、《闽北水仙》，省地方标准《小麦粉中过氧化苯甲酰使用量技术测定方法》、《香蕉脱毒组培苗生产技术规范》、《香蕉脱毒组培苗质量标准》、《甘薯脱毒种薯（苗）生产技术规范》、《甘薯脱毒种薯（苗）质量标准》、《德化新世纪梨》、《无公害蔬菜产地环境要求》、《无公害水果产地环境要求》、《屏南紫灵芝》、《尤溪金柑》、《仙游姬松茸》、《屏南夏香菇》、《霞浦晚熟荔枝》、《浦城特等米》。

2002 年 11 月 16 日，省政府发出《关于加强农业标准化工作的意见》。当年制定国家标准《武夷岩茶》，行业标准《橡胶南美叶疫病菌检疫鉴定方法》、《植物检疫　毒麦检疫鉴定方法》、《植物检疫　玉米霜霉病菌检疫鉴定方法》，省地方标准综合体《漳州水仙花》、《浦城原木赤灵芝》，省地方标准《基本农田建设设计规范》。

2003 年 3 月 3 日，省委、省政府发出《关于加快农业产业化经营的意见》，将农业标准化列为促进农业结构调整和加快农业产业化经营的技术支撑。3 月 31 日，省科技厅发布重大科技项目招标公告，将农业标准化列为农业产业化重大关键技术及其应用研究的 5 个专题之一，福安市和安溪县茶叶局，永春县农业局，古田县和仙游县食用菌办 5 个单位分别中标。当年制定国家标准《双孢蘑菇菌种》、《茶叶、水果、食用植物油中三氯杀螨醇残留量的测定》、《植物性食品中稀土的测定》，行业标准《甘蔗种苗》、《糖料甘蔗生产技术规程》，省地方标准综合体《橄榄》、《古田水蜜桃》、《茶树菇》、《金针菇》，省地方标准《杏鲍菇》、《鸡腿菇》、《白灵菇》、《茶口粉干》。

2004 年，制定国家标准《原产地域产品　安溪铁观音》，行业标准《小蔗螟检疫鉴定方法》、《剑麻象甲检疫鉴定方法》，制定省地方标准《无公害食用菌栽培技术规程》、《巨大口蘑栽培技术规范》、《真姬菇》、《真姬菇栽培技术规范》、《白芦笋育苗技术规范》、《白芦笋栽培技术规范》、《白灵菇栽培技术规范》、《大杯蕈栽培技术规范》，修订省地方标准《琯溪蜜柚苗木培育技术规范》、《琯溪蜜柚栽培技术规范》、《琯溪蜜柚》。

2005 年，制定行业标准《中国水仙种球生产技术规程和质量等级》、《出口茶叶中二硫代氨基甲酸酯总残留量检验方法》、《烟叶收购及工商交接质量控制规

程》、《烟用材料标准体系》、
《穿孔属线虫检疫鉴定方法》，
省地方标准综合体《坦洋功
夫红茶》、《岩溪晚芦》、《纽
荷尔脐橙》，省地方标准《番
茄栽培技术规范》、《冷冻干
燥蔬菜加工企业良好操作规
范》、《保鲜干燥蔬菜良好操
作规范》、《冷冻蔬菜良好操
作规范》、《冷冻食品贮藏运
输良好操作规范》、《绿茶茉
莉花茶加工企业良好操作规
范》、《乌龙茶加工企业良好

图 12 - 5　闽清县用《番茄栽培技术规范》行业标准
建立的番茄标准化生产基地

操作规范》、《茶叶贮藏加工企业良好操作规范》、《冷藏保鲜结球甘蓝加工技术规
程》、《冷冻干燥脱水小香葱加工技术规程》、《热风干燥脱水菠菜加工技术规程》、
《速冻毛豆加工技术规程》、《速冻四季豆加工技术规程》、《速冻甜豌豆加工技术规
程》、《谷秆两用稻东南 201 栽培与稻秆利用技术规范》、《秀珍菇》、《杏鲍菇栽培
技术规范》；修订省地方标准综合体《永春芦柑》，省地方标准《连城红心地瓜干》
以及《福安绿茶绿色食品标准》、《安溪乌龙茶绿色食品标准》、《永春芦柑绿色食
品标准》、《古田银耳绿色食品标准》和《仙游姬松茸绿色食品标准》等。

二、标准化生产示范基地建设

2002 年，农业部在政和县创办食用菌、蔬菜标准化生产示范基地。

2003 年，农业部在安溪县创办乌龙茶标准化生产示范基地。省农业厅在仙游
县、永春县、芗城区、云霄县创办柚、枇杷、芦柑等 5 个水果标准化生产示范基
地，在福安市、安溪县（绿色食品标准）、武夷山市创办 3 个茶叶标准化生产示范
基地，在仙游县、古田县创办姬松茸、银耳 2 个食用菌标准化生产示范基地，在厦
门市翔安区创办胡萝卜标准化生产示范基地。

2004 年，农业部在仙游县、武夷山市、周宁县创办姬松茸、岩茶、鲜茶浓缩汁
3 个标准化生产示范基地。省农业厅在闽侯县、宁德市蕉城区、莆田市涵江区、德
化县、平和县创办橄榄、龙眼、枇杷、梨、柚 5 个水果标准化生产示范基地，在仙
游县、建瓯市创办 2 个茶叶标准化生产示范基地，在将乐县创办食用菌标准化生产
基地，在厦门市翔安区创办洋葱标准化生产示范基地。

2005 年，省农业厅在闽侯县、仙游县、新罗区创办脐橙、枇杷、蜜柑 3 个水果

标准化生产示范基地，在蕉城区创办蔬菜标准化生产示范基地，在浦城县创办优质稻标准化生产示范基地。

三、农业认证

绿色食品认证始于 20 世纪 90 年代，其目标主要放在环境保护方面。即着眼于规范农业生产过程，严格限制农业化学品的投入使用，确保不对生态环境造成伤害，同时生产出无污染、安全、优质的农产品。绿色食品采用的质量安全标准，通常是国家农产品质量安全标准。其生产操作技术规范中对农业化学品的使用，严格限制在不对环境和产品造成不良后果的范围之内，且是作为强制实施的规定写进标准，因此，绿色食品的实际安全卫生状况，通常都显著优于无公害农产品标准。最初的绿色食品认证受理审查工作由省农业厅农垦局项目办负责，第一个获认证通过的是福建康乐乳品有限公司生产的原粒鲜橙汁，于 1990 年获得绿色食品标志使用权。其后是罗源县凤山镇的香菇，于 1993 年获认证通过。1995 年漳浦县的大南坂农场分别以西蕃莲、菠萝、橙等原料加工的 5 个饮料产品通过认证。至 1997 年，全省认证通过的绿色食品达到 31 个。1998 年，成立福建省绿色食品发展中心，负责受理审查绿色食品认证申报材料职能，当年全省通过认证的有蔬菜产品 2 个、水果产品 1 个、茶叶产品 6 个、粮食产品 3 个；1999 年全省通过认证的有蔬菜产品 16 个、水果产品 3 个、茶叶产品 11 个、其他产品 1 个；2000 年全省通过认证的有蔬菜产品 7 个、水果产品 4 个、茶叶产品 13 个、油料产品 1 个；2001 年全省通过认证的有蔬菜产品 10 个，水果产品 5 个、茶叶产品 5 个、粮食产品 2 个、其他产品 2 个；2002 年全省通过认证的有蔬菜产品 9 个、水果产品 2 个、茶叶产品 5 个、粮食产品 3 个、其他产品 1 个；2003 年全省通过认证的有蔬菜产品 8 个、水果产品 2 个、茶叶产品 16 个、粮食产品 4 个、食用菌产品 2 个；2004 年全省通过认证的有蔬菜产品 6 个、水果产品 4 个、茶叶产品 9 个、粮食产品 4 个、其他产品 1 个；2005 年全省通过认证的有蔬菜产品 21 个、水果产品 3 个、茶叶产品 8 个、粮食产品 2 个、食用菌产品 4 个、其他产品 1 个。

无公害农产品认证始于 21 世纪初，省人民政府把治理"餐桌污染"摆上重要议事日程。2001 年，省农业厅决定在主管的领域内大力发展无公害农产品，并着手制定《无公害农产品管理办法》。2002 年，又制定了无公害农产品认证管理暂行规定，并在全省开始推广无公害农产品生产技术，实施无公害农产品生产技术标准（无公害农产品质量安全标准由国家根据风险评估结果制定出来，属强制性农业标准无公害农产品；生产过程的技术操作规范由省级农业部门制定，属非强制性农业标准）。2003 年，无公害农产品认证工作在福建展开。当年全省通过认证的有蔬菜生产基地 24 个、产品 81 个；2004 年全省通过认证的有无公害蔬菜生产基地 42 个、产品 55 个；2005 年全省通过认证的有蔬菜生产基地 29 个、产品 43 个。

四、标准研究

1991—2001 年，在福建省只有个别热心农业标准化工作的科技人员，零星进行农业标准化学术研究。

1993 年，林震、张声扬、黄佳佳共同编写科普小册子《农业标准化》、《法定计量单位与数值修约规划手册》，内容包括农业标准的制定与实施、种子标准化、植物保护标准化、土壤肥料标准化、畜牧标准化、农产品标准化、农业综合标准化以及农业标准化经济效果评价、农业标准情报工作等。印发到本省农业标准化有关机构，还销往黑龙江、湖北等 5 个省区，作为农业标准化培训教材。

省农业厅陈石榕多次在《世界标准化与质量管理》、《中国标准化》等杂志上发表文章，向国内读者阐述了一些国际组织农业标准化发展情况，提出可供借鉴的意见和建议。1998 年，陈俊钦以《加强行业标准化、推动农业产业化》为题，提出了以农业标准化推动农业产业化的建议，并被民盟福建省委会整理成当年全国和福建省政协会议提案。2001 年，陈俊钦参加全国农技推广中心组织的 21 世纪中国农技推广发展研究的活动，提交《标准化——新阶段农技推广的必然选择》论文。2002 年，省农业厅科教处组织从事农业标准化工作的科技人员，开展《农业标准化与农产品国际贸易竞争》课题研究，指出标准化是农业结构调整的技术支撑，龙头企业之所以能够带动基地农户进行农业结构调整，借助的主要是自身健全完善的标准体系和质量管理体系，提出农业标准化适应农产品国际贸易竞争的有关建议，并提交研究成果《农产品国际贸易中的技术性壁垒及其应对办法》，2002 年 11 月 5 日被刊登于《农民日报》。

第十三章　法制建设

全省按照《福建省农业系统法制宣传教育第四个五年规划实施方案》、《福建省农业系统法制宣传教育第五个五年规划实施方案》开展普法活动，农业执法机构履行法律法规的各项法定职责，保障农业生产安全，保护农业生产者、经营者的合法权益，维护农业经济秩序。全省农业系统陆续开展了种子专项执法检查、种子质量抽检、兽用消毒剂专项执法检查、农药质量抽检、农药标签普查、肥料质量抽检和肥料登记检查等工作，打击农资经营中各种违法行为，重点查处制假、售假大要案。省农业厅先后制定办案程序、法制培训、过错责任追究、听证程序、执法统计、执法监督检查以及证件申领管理等规范性文件，各级农业行政部门逐步建立健全行政执法责任制，推进农业法制各项工作的规范化、制度化建设。

第一节　农业立法

1990—2005 年，省人大常委会、省政府通过了 25 件农业地方性法规、规章，分别是《福建省蘑菇菌种管理规定》（1990 年 3 月 5 日省第七届人大常务委员会第十三次会议通过，2002 年 3 月 28 日省九届人大常委会第三十一次会议修正）、《福建省土地管理实施办法》（1992 年 8 月 29 日省人大颁布）、《福建省农民承担费用和劳务管理规定》（1993 年 2 月 19 日省政府令第 1 号）、《福建省农业机械安全监理规定》（1993 年 9 月 16 日省政府令第 11 号发布施行）、《福建省农民负担监督管理条例》（1994 年 3 月 2 日省第八届人大常委会第八次会议审议通过）、《福建省农业集体经济承包合同条例》（1995 年 2 月 24 日省第八届人大常委会第十五次会议通过，同日公布施行）、《福建省土地登记条例》（1996 年 5 月 31 日省人大常委会第二十三次会议通过）、《福建省实施〈中华人民共和国农业技术推广法〉办法》（1997 年 1 月 23 日省第八届人大常委会第二十九次会议通过，同日公布施行）、《福建省农业投资条例》（1997 年 5 月 29 日省第八届人大常委会第三十二次会议通过，同日公布施行）、《福建省农业植物检疫实施办法》（1997 年 7 月 28 日省政府第八次常务会议通过）、《福建省农业机械管理条例》（1999 年 6 月 1 日省第九届人大常委会第十次会议通过）、《福建省实施〈中华人民共和国土地管理法〉办法》（1999 年 10 月 22 日省第九届人大常委会第十四次会议通过）、《福建省实施〈中华人民共和国村民委员会组织法〉办法》和《福建省村民委员会选举办法》（2000 年

7月28日省第九届人大常委第二十次会议通过）、《福建省村集体财务管理条例》
（2000年9月21日省九届人大常委会第二十一次会议通过）、《福建省土地整理暂
行办法》（2001年2月15日省政府颁布）、《福建省农药管理办法》（2001年4月
17日省政府第二十七次常务会议通过）、《福建省动物防疫和动物产品安全管理办
法》（2002年1月7日省政府第三十七次常务会议通过）、《福建省农业生态环境保
护条例》（2002年7月26日省第九届人大常委会第三十三次会议通过）、《福建省
农业投资条例》（2002年3月28日省第九届人大常委会第三十一次会议通过）、
《福建省开发耕地管理办法》（2002年5月23日省政府令第78号）、《全面开展农
村税费改革试点工作》（2003年10月7日福建省委、省政府颁布）、《加强征地补
偿管理切实保护被征地农民合法权益》（2004年1月14日省政府颁布）、《创新农
村工作机制的若干意见》（2004年7月27日福建省委、省政府颁布）、《福建省实
施〈中华人民共和国农村土地承包法〉若干问题的规定》（2005年9月29日省第
十届人大常委会第十九次会议通过）。此外，省农业厅先后出台一批有关农业的规
范性文件。

第二节　农业普法

1997—2005年，先后完成《农业政策法规》（该系列书籍共4集）1~3集的汇
编、印发工作。该系列书汇集了中央和省有关农业及其相关的法律、法规、规章、
规范性文件445件200多万字，下发到基层农业部门。印发了《中华人民共和国农
业法》、《中华人民共和国行政许可法》、《中华人民共和国种子法》、《中华人民共和
国农村土地承包法》、《福建省实施〈中华人民共和国农村土地承包法〉若干问
题的规定》、执行《中华人民共和国种子法》的配套规章、《福建省农药管理办法》
等法律法规宣传小册子，每年都结合国家和地方性法律法规实施日在全省组织开展
专项普法活动。1998年在全省组织开展农业法律知识竞赛活动。

1999年，省农业厅政策法规处创办"农业法制"简报，开设"上情下达"、
"理论探索"、"执法论坛"、"案情聚焦"等栏目，到2005年底发行184期。2001
年，制定《福建省农业系统法制宣传教育第四个五年规划实施方案》，成立福建省
农业厅"四五"农业法制宣传教育领导小组，厅长吴建华任组长，各相关单位负责
人为成员；领导小组办公室设在政策法规处，统一负责全省"四五"农业法制宣传
教育规划的指导和实施；办公室主任由政策法规处处长担任。确定将乐县农业局为
农业部农业系统"四五"普法试点，莆田市农业局、诏安县农业局、浦城县农业
局、福鼎市农业局、平潭县农业局、连城县农业局6个单位为省级农业普法试点，
以点带面，推进全省农业普法工作深入开展。重点就《中华人民共和国农业法》、

《中华人民共和国农村土地承包法》、《中华人民共和国农药管理条例》、《中华人民共和国种子法》、《中华人民共和国兽药管理条例》、置换毒鼠强工作等开展专项宣传，各县（市）农业部门每年春秋两季都开展大型送法下乡活动。2002 年组织编印《迈向新世纪——福建农业法制》画册一套。2003 年 3 月 1 日，新修订的《农业法》实施，省农业厅在《福建日报》上专版宣传《农业法》，副省长刘德章在报纸上发表了题为《认真贯彻实施〈农业法〉全面促进农村小康建设》的文章。同年 5 月上旬开通"福建农业法制网"，为农业法制工作者提供查询资料、交流信息、普法宣传、互通经验、公开政务的平台，设"行政通知"、"执法动态"、"普法动态"、"八面来风"、"案例一览"、"法律规定"、"法律顾问"、"法制论坛"、"咨询复议"等 10 个栏目。到 2005 年年底，网站访问量达 9 万多人次，后期月访问量超过 1 万人次。大田县、尤溪县农业局也开设了农业法制网，并与省网链接。从 2005 年起，收集 600 多件全国和省内涉农的法律法规规章政策，建成"福建省农业政策法律数据库"，并提供给"福建三农服务网"。

各级农业部门在普法工作中，特别是"四五"普法期间，开展了形式多样的法制宣传活动。一是举办宣传农业法律法规的座谈会，邀请人大、政府、司法、工商等相关部门及社会各界人士参加。二是采取广播、刊物、板报、宣传栏、组织宣传车、挂标语、开展宣传月和宣传周活动等形式，宣传农业法律法规。2005 年 3 月，在全省组织开展"放心农资下乡进村宣传周"活动，全省共抽调技术干部 3020 多人次，举办现场咨询活动 150 多场，咨询人数 6 万多人次，发放咨询资料 15 万多份。三是树立法制宣传广告牌和制作宣传栏。南平、安溪、永春县农业局分别在省道 307 线、308 线沿线等地树立农业法制宣传牌 24 座，面积达 1240 多平方米；同安区农业局制作宣传板 223 个和大型法制广告牌 2 个；泉州市农业局制作铝合金框农业法律宣传广告牌 170 个，分发至全市各乡镇和农业部门。四是结合科技下乡举办农业法律咨询服务，现场为群众释疑解难，并印发有关农业法律法规宣传材料到各乡镇、村农资经营单位和农户。五是举办针对管理相对人的培训班。六是发挥互联网优势，开展网络普法活动。

第三节　农业执法

一、体系建设

1997 年以前，农业执法工作由畜牧、种子、植保、土肥、农机等专业机构分别承担，并负责相应执法队伍建设的指导工作。1997 年省农业厅政策法规处成立后，把工作重心转到成立综合执法机构，组建综合执法队伍，推进综合执法上来。1997

年 10 月，省农业厅印发《农
业行政执法证件申领管理规
定》。1998 年初，开始在少数
地方探索开展农业行政综合
执法工作，莆田市农业局在
全国第一个成立市级农业行
政执法支队。同年根据农业
部发布施行的《农业行政执
法证件管理办法》、《关于做
好〈中华人民共和国农业行
政执法证〉申领和发放工作
的通知》和福建省人民政府
发布施行的《福建省行政执
法资格认证和执法证件管理

图 13 - 1　2000 年 7 月，福建省农业执行总队授牌仪式

办法》要求，实行执法资格制度，明确所有执法人员都必须参加全省行政执法资格
考试，取得资格证后方可办理执法证，并持证上岗。是年，全省共有农业执法人员
4500 多人，其中农业综合执法机构专职人员 483 人。1999 年，福建省被农业部确
定为全国 5 个开展农业行政综合执法试点省份，省农业厅在全省确定莆田、漳州、
三明 3 个地（市）和武夷山市、同安区、仙游县、云霄县、福安市、永安市、福清
市、将乐县、漳浦县 9 个县（市）作为省级试点，并制定了《福建省农业行政综合
执法试点工作实施方案》，提出"省组建农业执法总队、地（市）组建农业执法支
队、县（市）组建农业执法大队"的意见。1999 年至 2000 年上半年，农业综合执
法体系工作重点放在"成立机构，开展工作"，50% 的市县综合执法机构是在这一
时期挂牌成立的。2000 年 2 月 16 日，省编办批准成立福建省农业执法总队，7 月
25 日，在福州召开成立大会。

从 2000 年下半年开始，工作重点放在"规范行为，提高水平"。9 月，省农业
厅出台《福建省农业执法体系建设试行方案》，提出采取"职能分步划转，工作先
易后难"的办法确定执法队职能。原则上将对种子、食用菌、农药、肥料、兽药管
理等行政处罚划转由执法队负责，农机监理、农经、农民负担、种畜禽管理等由原
机构负责，法律、法规授权事业组织执法的动、植物检疫的执法主体不变。条件成
熟的地方，可以相对集中行政许可等其他执法职能。

2001 年，在全国率先提出并开始实施农业执法体系"五有"规范化建设目标，
一是要有相对独立的农业综合执法机构，并经当地机构编制部门批准；二是要有与
执法工作任务相适应的一定面积的办公场所，一般不少于 50 平方米；三是要有专

职执法人员，一般不少于 5 人；四是要有专门的执法手段，包括执法车辆、通讯设备、摄像（照相）器材、简易的检测工具等；五是要有规范的监督管理制度，包括公开执法依据、办案程序、岗位监督栏和执法人员管理制度，以及违法行为立案申报、重大案件报告备案、错案责任追究等各项制度。省内先后选择 32 个县（市）作为农业部和省级示范点，按照"五有"标准，开展定量考核、定性管理。当年，全省 39% 的综合执法机构达到"五有"标准。"五有"规范化建设得到农业部的肯定和省外同行的赞同，国内有十多个省在参照实施。

2001 年 12 月，省农业厅印发了《福建省农业执法人员培训规定》，进一步明确分级培训原则，严格培训标准，强化培训要求。明确每个执法人员每年专业培训不少于 40 学时。省农业厅每年举办全省农业行政执法骨干人员培训班一期，组织农业执法人员参加农业部执法培训 2～4 期，指导市、县加强农业执法培训。

2002 年 9 月，出台了《关于深化农业执法体制改革，加强执法体系建设的意见》，把工作重点转到"提升水平、规范管理、完善制度、提高素质"。2005 年底，全省 9 个设区市和 76 个县（市、区）全部成立了农业综合执法机构，其中 88% 的机构经当地编委批准，形成了"省总队—市支队—县大队"的机构框架，40% 的执法机构配备了专用执法车辆，61% 的执法机构配备了摄像机、照相机等现代化取证设备，基本建成了农业执法体系。

二、执法工作

省农业执法总队成立后，协调有关方面，从农业部和省财政厅争取到开办经费，购置执法车辆、摄像机、电脑、照相机等执法及办公必备设备。2000 年成立后的 3 个月内，总队共查处 4 起违法案件，案值 250 多万元，处罚金额近 20 万元，并帮助部分市、县、区办理十多起案件。11 月 17 日，召开了全省农资打假工作会议，会后印发了《会议纪要》，要求各级农业行政主管部门加强对农业执法的领导。同年，农业部副部长刘坚到福建检查农业执法工作，并看望农业执法人员。

2001 年 1 月中旬，省农业执法总队召开各设区市农业执法支队长会议，汇报交流上一年农业打假工作情况，研究制定了《春耕期间开展农资市场执法检查方案》。2 月份，省执法总队下发了《关于开展农资经营企业基本情况调查的通知》并统一印制农资生产经营企业基本情况登记表、汇总表，全省共完成农药 2134 种、肥料 702 种、饲料 324 种、饲料添加剂 559 种和 2754 个经营单位登记统计汇总上报工作。在普查的基础上，加大规范市场和执法力度。5 月 9—12 日，由省农业执法总队牵头，省农业厅有关部门和各设区市的农业执法支队组成 4 个督查组，分赴 8 个设区市（除厦门市自查外），开展农资打假工作督查活动，抽查了 8 个县（市）、22 个农资市场，根据群众举报、领导批示、有关方面反映及省总队执法人员巡回办案发现的案件，由省总队督办 27 个案件，各地办结 80% 的案件。对重大典型案件，邀请新闻单位参与跟踪报告。是年，为贯彻农业部、国家工商总局《农资市场"打假"整治联合执法行动工作方案》以及农业部《关于开展农业生产资料市场专项检查活动的通知》精神，省农业厅分行业（产业、产品）制定了种植业（农药、肥料、种子）、兽药、饲料和种畜禽等 4 个《农资市场专项检查实施方案》，印发各地实施。为了使专项检查落到实处，在全省统一组织了肥料、兽药、饲料、农机、农业等系统经营单位的专项检查活动。共检查 570 家经营单位，处罚 112 家，限期整改单位 97 家。为了使整顿和规范农资市场目标落到实处，制定了《福建省整顿和规范农资市场目标考核方案》，采取 100 分制的考核办法。

2002 年，围绕农资市场日常巡查监管中发现的问题，进行重点督办。省农业执法总队不定期派出执法人员分赴各地进行巡回检查，发现问题，立即督促基层查办。特别是加大对高毒农药及杀鼠剂的查处力度。按照《农业部〈关于加强高毒农药及杀鼠剂管理工作的紧急通知〉》和《福建省人民政府办公厅转发国务院办公厅关于加强危险化学品安全管理防范投毒事件的紧急通知》要求，省农业厅立即就加强高毒农药及杀鼠剂管理工作作出部署，各地集中一个月时间开展以打击违法生产和销售杀鼠剂为重点的专项整治行动。12 月 13 日，全国加强剧毒杀鼠剂和高毒农药监管工作电视电话会议召开后，省农业执法总队制定开展剧毒杀鼠剂和高毒农药监管工作计划。根据省政府领导指示，制定由省农业厅牵头的"剧毒杀鼠剂和高毒农药"专项治理联合行动工作方案。

2003 年，以农资专项整治和治理"餐桌污染"为重点，在案件查处中注重从源头抓起，抓大要案，抓典型案件，注重按程序执法，主要在以下几个方面开展执法活动。一是突出种子、农药、肥料、兽药等 4 类重点产品的违法案件的查处。二是做好剧毒杀鼠剂和高毒农药的专项治理工作。三是采用巡回检查和办案等方式，集中查处一批农资制假大案要案，销毁一批假冒伪劣农资。抓住生产季节农资制假售假活动比较活跃的特点，组织全省执法队开展"打假下乡"活动，打击种子、复合肥（复混肥）中掺杂掺假和以常规农药冒充高效、低毒农药的违法行为。四是参与治理"餐桌污染"工作。对永春、福安、安溪、华安、建瓯、松溪、武夷山、福鼎、台江、晋安、梅列等重点茶区、农药重点集散地进行重点检查、专项整治，严禁违禁农药的销售和使用。五是加强对农资产品质量监督检查，上半年开展种子质量抽查工作，下半年开展兽药质量和标签标识抽查工作，对抽查中质量较好的生产经销单位予以通报表扬，对假冒伪劣、质量不合格的经销、生产单位进行依法处理并予以通报曝光。六是规范农资市场管理，在有条件的地方推行农资市场管理"六项制度"，即"信誉卡制度"、"承诺制度"、"进销产品台账备案制度"、"三包制度"、"营销责任制度"、"营销情况记录在案制度"等。

图 13-2　执法人员检查农药

2004年2月，成立了由省农业厅厅长吴建华任组长的农资打假护农专项治理行动领导小组，具体协调工作由省农业执法总队承担。2月24日，召开全省农资打假护农专项治理行动动员会，制定下发了《全省农资打假护农专项治理行动实施方案》，要求各地农业行政主管部门按照属地化原则，加强对专项治理工作的领导。同时把对农业生产影响较大、问题比较突出的农资产品列为集中整治重点。一是种子专项治理。重点是强化种子质量抽检，扩大种子抽检范围，抽检密度调整为一季度抽检一次。加强了种子包装标签和生产经营档案的监管，突出对生产经营假冒伪劣种子、无生产经营许可证以及伪造、变造、买卖许可证、经营推广未经审定通过品种等违法行为的查处力度。5月份，结合全省种子市场情况，下发了《关于进一步加强当前种子市场管理的紧急通知》，就进一步加强种子市场管理工作，整顿和规范福建省种子市场秩序作出了部署。二是兽用生物制品专项治理。突出了禽流感疫苗市场的整治。3月12日，省农业厅联合省公安厅、省工商局下发了《关于加强禽流感疫苗监督管理的通知》，要求各地加大禽流感疫苗市场监管和整治，严厉打击制售假冒伪劣疫苗，杜绝非法疫苗的使用。同时，查出无批准文号或假冒批准文号兽用生物制品，2004年全省共查办兽药案件70件，罚没款15万元。三是毒鼠强专项整治。4月28日，省毒鼠强专项整治工作小组下发了《关于继续推进毒鼠强专项整治工作的紧急通知》，统一印制了6万份《福建省毒鼠强专项整治工作小组关于置换毒鼠强的通告》，全省95%的农户签收了置换毒鼠强的通知单，同时核准并公布了全省1151家定点杀鼠剂经营单位，健全合法的杀鼠剂营销网络，确定8月为"全省清缴毒鼠强统一行动月"。10月，省农业厅又下发了《福建省毒鼠强专项整治工作小组关于开展毒鼠强置换工作的通知》，当年，全省已置换毒鼠强210公斤，用于置换的杀鼠剂450公斤9.5万包。四是农药专项治理。5月，省农业厅组织开展了农药标签普查与整治工作，并下发了《福建省农业厅关于开展农药标签普查与整治工作的通知》，完成农药标签普查2374个，其中，合格1274个，不合格1018个（其中严重不合格619个），无登记证或假冒、伪造登记证82个。五是肥料专项治理。4月组织了肥料质量抽查工作，共抽取了67批次肥料，对其中不合格的 25 个产品，省农业执法总队立即组织开展案件查处工作，并于 6 月 28 日前全部办理完毕。

2005 年 2 月，先后制定下发了《福建省农业厅关于开展农资打假护农保春耕行动的通知》、《2005 年福建省农资打假护农专项行动实施方案》、《福建省农业厅转发农业部办公厅关于开展放心农资下乡进村宣传周活动的通知》、《福建省农业厅、福建省工商行政管理局转发农业部、工商行政管理总局关于开展种子市场专项整治的紧急通知》等文件，按种子、农药、兽药 3 个专项细化分配各地全年工作任务指标，部署全省农资打假工作。为确保《2005 年福建省农资打假护农专项行动实施方案》落实到位，省农业执法总队分别联合种子总站、农产品质量安全检验检测中心下发了《关于加强种子市场监管工作分工协作的通知》、《关于组织实施农药、兽药市场专项整治工作的通知》，具体部署全省农资打假护农工作。2 月 19 日，省农业执法总队牵头组织省及福州市农业、工商、质监、公安等部门，深入福州市农资市场开展农资打假护农执法检查工作。5 月，在全省范围集中开展农资打假护农保春耕专项行动。这项行动引起新闻媒体关注，福建电视台在晚间福建新闻联播头条播出，《人民日报》、《福建日报》、《福州晚报》、福州电视台也都作了专题报道。同时，按照农业部的部署，制定下发了《福建省农业厅开展放心农资下乡进村宣传周活动方案》，组织开展"放心农资下乡进村宣传周"活动。3 月中下旬，省农业执法总队两次组织福建省农资集团、福建农林大学、省农科院科技人员，深入福州闽清县、南平建瓯著名集贸市场开展"农资打假下乡进村"活动和"农资打假科技讲座"。其间，在福州召开了全省农资打假护农行动部署暨毒鼠强专项治理工作表彰会议，动员部署全年农资打假护农和毒鼠强专项整治工作；全省各地开展了"放心农资下乡进村宣传周"活动，据统计，本次活动全省共抽调技术干部 3020 多人次，举办现场咨询活动 150 多场，咨询人数 6 万多人次，发放咨询资料 15 万多份。为强化质量抽检监督，推动农资监管关口前移，于年初把农资质量抽检和标签抽查任务逐级分配至各县（市、区），各地抽取的样品集中由省农业执法总队统一送检，统一组织"检验报告"送达，对经抽检发现的假冒伪劣农资案件，由省农业执法总队统一组织案件查处并予以督办。为加大农资标签抽查整治力度，全省共抽查农药标签 4329 个，合格标签 2732 个，不合格标签 1597 个，其中，严重不合格标签 573 个。重点整治农药标签不标注有效成分中文通用名、随意甚至不科学地扩大农药使用范围、不标注毒性警示标志或降低等级标注、隐匿生产企业名称、生产日期或批号模糊不清、擅自使用夸张性商品名。2005 年全省各级农业部门共出动执法人员 2.03 万人次，检查农资市场 3871 个次、农资经营企业 1.58 万个次，受理举报（投诉）案件 302 起，立案查处案件 1309 件，捣毁非法制售窝点 5 个，查获假冒伪劣等违法农资产品 465.27 吨，处予罚没款 354.48 万元，为农民挽回经济损失 3000 多万元。

三、执法监督

2001 年陆续下发了行政执法责任制、行政执法人员守则、规范性文件备案等规定。2002 年下发了《福建省农业厅行政审批责任制暂行规定》。同年开展了全省农业行政执法监督大检查。执法监督机构除农业厅政策法规处履行日常监督外，省农业厅于 2000 年成立了行政复议办公室，挂靠在政策法规处，由政法处处长兼任行政复议办主任。全省 9 个设区市有的成立了行政复议办，有的即便没有单独设立机构，也有专人负责此项工作，行政复议体系在全省范围内已基本形成。

第十四章 农 垦

1991—2005 年，福建农垦系统逐步调整所有制结构、发展多种经济成分、改革企业产权制度、建立和完善农垦社会保障体系。2005 年，全省农垦独立核算企业数 129 个，比 2000 年减少 16 个。其中农场 115 个，比 2000 年减少 5 个。全省农垦系统总人口 21.41 万人，从业人员 10.21 万人；土地总面积 180.33 万亩，耕地面积 15.64 万亩，林地面积 89.76 万亩；人均土地面积 8.42 亩，耕地面积 0.73 亩。水果面积 27.87 万亩、产量 93521 吨；茶叶面积 6.64 万亩、产量 4808 吨；肉类总产量 31444 吨，水产品产量 26133 吨。2005 年增加值 18.46 亿元，年递增率达 9.64%；人均国民生产总值 9203 元，年递增率达 12.6%；工农业总产值 50 亿元，年递增率达 10.8%；人均收入 4923 元，年递增率达 5.47%。一、二、三产业的比例为 2000 年 40：47：13，2005 年为 31：56：13。2005 年，非国有经济继续发展，非国有经济成分占总数比例达 75%，比 2000 年增加 18 个百分点。"十五"期间累计实现税利 7.4 亿元，比"九五"期间增长 34.55%。

第一节 改 革

一、农垦农业经营体制

20 世纪 90 年代初，全省农垦农业经营体制在实行联产承包制，兴办职工家庭农场，建立大农场套小农场的统分结合的农业双层经营体制过程中，对家庭农场实行了"四到户、两费自理"即土地承包到户、核算到户、盈亏到户、风险到户，生产费和生活费自理的农业经营体制改革。

从 1994 年开始全省农垦系统全面推行职工自费经营的农业经营体制改革。1995 年"四到户、两费自理"推行面达 80% 左右。主要方法有，一是租赁经营，风险抵押；二是土地使用权有偿转让，经营者自由确定经营项目；三是实行退职租赁，土地分户长期经营。大部分的耕地已实行了"四到户、两费自理"。1997 年，全省农垦农业已基本实行"两费自理"。1998 年以后，推行农业经营的长期租赁转让。许多农场把土地长期租赁职工经营，开始实行"以地养人"置换职工身份，不再负担职工的工资、福利。

二、农垦管理体制

1991年以后，厦门市6个农场由厦门市农垦站直接管理。

1993年成立福建省绿色食品办公室，2000年从农垦局分出。

1996年8月，撤销漳州市农垦局，其职能由漳州市农业局承担。漳州市农业局先后成立漳州农场管理处和漳州市农场管理科。

1997年3月，福州市农垦局成建制转为经济实体并更名为福州市农工商（集团）有限公司，2001年取消。

1998年，厦门市组织有关部门加强对厦门农垦管理体制改革调研。2003年，厦门市原市属的6个农场按地域所辖，将"人、财、物"等管理权移交给所在区政府和管委会管理，市农业局保留农垦行业管理和业务指导。

2000年，省直机构改革时，保留省农业厅农垦局并增设省南亚热带作物开发利用管理办公室。2005年1月，省农业厅勘测队更名为福建省农垦与南亚热带作物经济技术中心，中心为副处级事业单位，核定事业编制21人，经费由财政核拨。

其他地市农垦管理体制没有变动，在地市农业局内设农垦站（科），为全额财政拨款的事业单位。

2003年5月8日《福建省农业厅关于福建省邵武综合农场体制改革的意见》上报省政府，6月26日副省长刘德章主持召开省政府专题会议研究决定，把省属邵武综合农场下放邵武市政府管理。

截至2005年，全省农垦系统"场乡合一"体制农场福州垦区有平潭县芦洋农场、长乐市文武砂农场、闽清佳头农场（后因县机构改革2005年撤乡）；漳州垦区有诏安县金星农场、诏安县建设农场、诏安县红星农场、云霄县和平农场；泉州垦区有晋江市紫帽山农场、安溪县福前农场、安溪县芦田茶场、晋江市西滨农场；三明垦区有将乐县综合农场（建乡前还成立办事处实行政企分开的管理体制）；龙岩垦区有永定县西溪农场；南平垦区有浦城县水南农场、邵武市吴家塘农场。在农垦管理体制方面，一些地（市）的农业局内设农垦站（科），为全额财政拨款的事业单位。

三、企业经营机制

1992年3月，为进一步完善企业经营机制，搞好第二轮经营承包，省农业厅、省财政厅联合下发了《关于坚持和完善农垦企业承包经营责任制的意见》，是年有福州市、龙岩地区等40多个企业推行了二轮承包。1992年7月，全省农垦系统根据国务院颁布的《全民所有制工业企业转换经营机制条例》（简称《条例》），理顺企业与政府的关系。并结合自身的实际，加快经营机制的转换。主管部门转变职能，逐步落实《条例》规定的企业应享有的各项权利。省农业厅把省属邵武综合农场作为综合改革试点，各垦区也都选择一些农场进行试点工作。推进企业内部经营机制转换。建立与社会主义市场经济相适应的劳动、人事、分配制度，使国有农场真正成为自主经营、自负盈亏、自我约束、自我发展的市场竞争主体。1993 年，重点推行了风险抵押承包，采取的具体形式有全员风险抵押承包，企业人员集体承包，优化组合联合抵押承包，个人抵押承包等。

从 1994 年开始，全省农垦系统有个别农场开始推行土地长期租赁经营，农场不再负担职工工资福利的改革办法。先后有漳浦县白竹湖农场、浦城县仙阳茶场、顺昌县新屯茶场、诏安县金星农场、永定县西溪农场、罗源县叠石茶场、光泽县综合农场等采取了类似的改革措施。

从 1997 年开始，许多农垦企业特别是漳州垦区的农垦企业通过对职工队伍的重新登记、重新确认以及除名、提前退休、下岗分流等办法，达到减员增效的目的。1997 年年末，全省农垦系统职工减少 1.23 万人，其中正式职工减少 11457 人，合同制职工减少 254 人，下岗的职工有 3699 人。1998 年精简分流干部管理人员 400多人，下岗职工 1632 人。

1998 年 7 月，省农业厅与省财政厅在福州联合召开了全省农垦企业改革座谈会，讨论修改了《关于加快福建省农垦改革与发展的若干意见》。是年全省农垦系统推行了以资产量化，资金补助为主要内容的置换职工身份的改革。1998—2002年，省财政厅共支持农垦系统改革专项补助金 2666 万元。参与改革企业 120 家，占全省农垦企业 77%；付现补偿置换身份的职工 2.34 万人，超过职工总数的一半，其中解除劳动关系 7900 人，场内置换保留档案 2.6 万人。这期间改革进展情况是1998 年 20 家，补助 592 万元；1999 年 45 家，补助 935 万元；2000 年 26 家，补助529 万元；2001 年 17 家补助 350 万元；2002 年 12 家，补助 260 万元。

1999 年 1 月 16 日，省政府办公厅转发省农业厅、省财政厅《关于加快福建省农垦改革和发展若干意见的通知》。提出加快农垦改革和发展，对改革工作要扶优放小，分类指导，并制订了促进农垦事业发展的政策。

"十五"期间，全省农垦系统开展土地确权工作。从 2001 年 2 月 2 日起，执行国务院办公厅下发的《国务院办公厅转发国土资源部、农业部关于依法保护国有土地合法权益意见》的通知，省国土资源厅、农业厅、省侨务办公室等单位于同年11 月 8 日下发《关于做好国有农场土地登记发证工作的通知》，为了更好地指导全省各地国有农场开展土地确权登记发证工作，2002 年 10 月，省农业厅联合省国土资源厅在福州召开了全省国有农场土地确权工作会议。2004 年 4 月，省农业厅、国土资源厅下发了《福建省国土资源厅、福建省农业厅关于加快国有农场土地登记发证工作的通知》，推动了对全省国有农场土地确权工作。截至 2005 年，有 41 个农场取得国有农场土地使用权证，占全省国有农场总数 1/3，发证面积 25 万亩，占应发证面积的 14%。漳州垦区 2005 年有 5 个农场领到土地证书，确权面积 15 万亩，约占全省已办证面积的 2/3。从 2005 年起，对国有农场带村部分实行农村税费改革试点，全省农垦系统有 26 个带村的国有农场列入试点单位，并得到 253 万元农场税费改革转移支付补助。

四、企业产权制度

（一）建立现代企业制度

1994 年农业部决定选择 100 家国有农场进行建立现代企业制度试点，并于 1995 年 3 月印发了《农垦系统百家国有农场现代企业制度试点意见》。8 月，省农垦系统龙岩市东宝山水泥厂，漳浦大南坂农场列入第一批全国试点企业。试点农场按照"产权清晰、权责明确、政企分开、管理科学"的要求，在产权界定，建立法人治理结构、实行政企职能分开，调整资产负债结构，深化内部改革和加强企业管理等进行探索。

（二）组建企业集团

全省农垦系统先后组建了各种类型的 6 家企业集团。1992 年，永定先锋烟场成立永定先锋集团；1993 年，福州农垦把与奶业有关的企事业单位联合组建福建金牛集团；1994 年，将乐综合农场成立福建南鹏集团；1995 年，龙岩市东宝山水泥厂成立福建东宝集团；1997 年，武夷山成立福建正岩茶叶集团，福安属 3 家茶场组建为福安农垦茶叶有限公司。

（三）推行股份制、股份合作制

从 1992 年开始，鼓励新办工商企业采用股份制或股份合作制形式，原有工商企业也创造条件改造成股份制或股份合作制企业。股份合作制已成为全省农垦工商企业产权改革，制度创新普遍采用的形式。

1994 年后，以股份制或股份合作制为重点的综合改革逐步深化，许多农场对亏损、微利的场办中小企业实行租赁、兼并、股份转让、拍卖、破产等涉及产权制度方面的一系列改革。1995 年浦城仙阳茶场改制成浦城县仙茶有限公司。1997 年，漳州垦区对场办微利和亏损企业，推行股份合作制 8 家，实行租赁经营 10 家。1997 年，全省农垦新办股份制、股份合作制企业 60 家，总投资 2500 万元。到 1998 年，农业股份合作制经营组织达 653 个，面积达 1.5 万亩。1999 年，又有南安康龙农场酒厂、福鼎翁江茶叶精制厂等采取股份合作制改造。2000 年，大田东风农场以原有茶园、茶厂等固定资产折价入股，与石狮新发公司共同组建了注册资金为 5000 万元，农场占 30% 股份的新发天然植物有限公司。是年，全省股份制和股份合作制企业已达 80 家。2001 年，股份制、股份合作制企业已达 100 家，场办企业改制面达 98%。2002 年，松溪郑墩茶场以茶叶加工厂参股与省茶叶进出口公司合作成立

"松溪瑞茗茶业有限公司";武夷山茶场将茶叶基地与加工厂分离进行租赁拍卖,茶山租赁给香港凯捷集团50年,加工厂进行整体拍卖;三明吉口农场将原有纸业有限公司实行股份制改造,与外资股份合作组建饮料加工企业。2004年,福州垦区福州农工商集团总公司所属的建筑公司、茶叶公司改制为股份制公司。漳州垦区的龙海市程溪农场对所属腾龙工业公司进行股份制改造,并将140名职工的养老、医疗、工伤等保险费由原来农场负担转由新公司承担。

（四）承包经营

1993年,莆田九华农场、福州优山茶果场将全场国有资产整体转让给外商。

（五）托管经营

1996年,南安眉峰茶场整体托管给南安市农业产业化投资经营有限公司经营。

（六）联合兼并

1998年,福州鳝溪鸡场、马鞍鸡场、禽蛋公司3家实行联合兼并,新组建种禽公司,成为全省最大的蛋鸡苗生产供应基地。大田东风农场对大田大石农场实行整体兼并。

（七）整体（分枝）嫁接

1997年,安溪芦田茶场把1050亩茶园长期租赁给台商经营,一次性收取租金120万元,一次性安置50岁以上的职工138人。1999年,小池茶场所有的生产和生活设施整体租赁澳大利亚外商经营。1999年,长泰农场将酒厂和纤维板厂卖给外商,实行"分枝嫁接"。1999年,龙岩黄邦山农场整建制拨给龙岩市经济技术开发区。2002年,南安康龙农场整体转向,由市财政承担全场职工的社保统筹及医疗统筹经费,土地移交给市土地储备中心,保留农场管理站,挂靠南安市农业局,负责场区域内社会职能。2003年,龙岩垦区的连城县柑橘场整建制转型为工业开发园区。

（八）整体转制

1999年,泉州清源农场成立清源街道办事处。2000年,连江八一茶场和建瓯凤山茶场先后整体转让给香港凯捷集团,分别组建凯捷农业高科技公司和凯捷生态农业发展有限公司,两个农场转让金额共700万元,转让期50年。2003年,福州市农工商集团公司所属福州农垦茶业公司等7家企业纳入福州市农业口15家企业改革范围,并对其中5家停产企业进行整合,成立工商企业留守管理处,实行一套班子5块牌子的管理体制。2004年,龙岩垦区的武平县农垦水泥厂和新罗区农垦农工商公司获破产批准,终止经营;德化县中心茶场也整体转制。2005年,福州垦区完成了对市农垦茶叶公司、市农工商贸易公司和农工商房地产开发公司的企业改制工作,并以公开挂牌招标的方式,对市农垦农工商建筑工程有限公司实施了转让。

（九）剥离分立

1998 年，松溪郑墩茶场对茶叶加工厂进行改制，吸收 22 位股东入股，筹集 50 万元，组建松溪九龙茶业有限公司，实行剥离分立，单体搞活。2000 年，浦城仙阳茶场和松溪郑墩茶场实现债务剥离，两个农场分别剥离 1400 万元和 1700 万元，债务转给农业银行长城公司。

（十）乡镇管理

1999 年，建宁综合农场、安溪福前农场划给所在乡镇管理。漳浦大南坂农场在 1997 年未建立任何行政组织的情况下，争取到乡镇一级政府的税收返还政策。

五、社会保障体系

（一）实施养老保险

1991 年，全省农垦系统开始执行《国务院关于企业职工养老保险制度改革的决定》和劳动部、农业部、财政部联合发出的《关于国营农垦企业贯彻〈国务院关于企业职工养老保险制度改革的决定〉的通知》，施行职工养老保险省级统筹。1991 年年底，龙岩、宁德 2 个地区共有 26 个农垦企业，已全部加入各自所在地区社会养老保险省级统筹；参与的在职职工共 2951 名、退休人员 1281 名，其中国有农场职工 2142 人，在职职工参保率为 73.81%。

图 14-1　全省农垦系统社会保障工作座谈会代表合影

1992 年 1 月，省农业厅与省劳动厅在龙岩市联合召开了全省国有农场企业职工养老保险基本情况调查汇总会议。会后由福建省社会保险局草拟了《关于国有农场企业职工退休费用纳入全省统筹的通知》（征求意见稿）。1992 年 12 月 23 日省政府下发《关于进一步办好农垦企业的通知》，该文第九条明确规定农垦企业应积极推行职工养老保险制度，实行职工退休费用社会统筹。

1996年10月，根据省劳动局关于加快国有农场职工养老保险改革步伐的精神，对已实行农场企业职工养老保险纳入当地统筹的龙岩、宁德及全省国有农场职工养老保险基本情况进行全省范围内的专题调查。

1997年11月12—13日，为推动农垦职工养老保险工作开展，省农业厅农垦局在漳浦县召开全省农垦系统社会保障工作座谈会，全省9个地（市）农场主管部门及2个省属国有农场有关领导出席会议。来自省和漳州市社会保险公司的人员与会议代表对福建省社会劳动保险局草拟的《国有农场企业职工纳入养老保险省级统筹的实施办法（讨论稿）》展开讨论和交换意见，在部分问题上达成了共识。

1999年5月5日，省政府副秘书长受分管领导的委托主持召开省政府专题会议，会议听取福建省体制改革委员会关于制定《福建省农垦企业职工养老保险过渡方案》（简称《过渡方案》）的情况汇报。根据福建省社会保险委员会的要求，农业厅代拟了《福建省农垦企业以地养老实施办法》，共9条内容。分别送有关部门征求意见。该办法自《过渡方案》公布之日起施行。1999年5月13日省农业厅农垦局召集全省各地（市）农垦主管部门及省属国有农场代表，在福州专题研究全省国有农场社会保障工作，布置再次核实属无经济能力参加养老保险的国有农场的基本情况。6月底完成全省农垦企业、职工、离退休人员的测算数据。12月16日，省政府召集福建省社会保险委员会全体成员单位，召开全省农垦系统国有农场养老保险加入省级统筹协调会。2000年3月20日，省政府召开办公会议，研究全省农垦企业职工参加养老保险有关问题。

2000年5月23日，《福建省政府关于福建省国有农垦企业实施〈福建省城镇企业职工基本养老保险条例〉方案的通知》（简称《方案》）下发。该《方案》共14条规定，《方案》自2000年1月1日起执行，适用期5年。截至2000年底，全省农垦系统共有139个农垦企业，38616人（其中离退休人员17392人），参加了《福建省城镇企业职工基本养老保险》省级统筹，分别占应参保农垦企业、职工的98%和64%。全省国有农垦企业参加养老保险省级统筹共出资人民币18247.11万元，其中市县财政配套资金1263.6万元，国有农垦企业自筹资金9212.8万元，职工个人包括离退休人员出资7440.9万元。加上政府省财政的五年累计出资部分，可以保证冲抵省级养老保险统筹基金缺口。

2002年1月31日，省劳动和社会保障厅、省财政厅下发《关于调整2001年企业退休人员基本养老金有关问题的通知》。该文第2条规定，2000年底以前按《过渡方案》纳入省级统筹的国营农场的退休人员和退职人员、集体企业、"四并三"中缴费年限满6年不满10年的人员施行相同待遇，按2002年7月4日，省农业厅发出《关于依法纠正省劳动和社会保障厅、省财政厅有关福建省国有农场退休人员减半增发基本养老金做法的函》执行。

2002 年 5 月 24 日，省劳动和社会保障厅、财政厅、地方税务局《关于新参保企业及其职工补缴基本养老保险费若干问题的处理意见》（简称《意见》），省农业厅农垦局再次发文提请各地市农垦主管部门、农垦系统各国有农场，注意新纳入统筹企业的在职职工应补缴的年限和 2000 年 1 月 1 日起退休的人员应补缴的年限。该《意见》下发后新纳入统筹的企业在职职工及退休人员应补缴的年限应在参保时办结补缴手续，参保后不再办理补缴手续。

2003 年 6 月 5 日，劳动和社会保障部、财政部、农业部、国务院侨务办公室《关于农垦企业参加企业职工基本养老保险有关问题的通知》下发，对农垦企业参加企业职工基本养老保险有关问题作了 9 条原则性的规定。

自 2005 年 1 月 1 日起，福建省国有农垦企业、职工、离退休人员参加福建省城镇企业职工基本养老保险，均施行《福建省城镇企业职工基本养老保险条例》。到 2005 年年底，全省农垦系统共有职工 61722 人，参加养老保险省级统筹职工 35285 人（其中农业职工 29968 人），离退休人员 26437 人（其中离休人员 61 人）。

（二）其他社会保障

1. 实施低保政策

2004 年 12 月，省农业厅农垦局根据民政部《关于按照国务院要求在春节前将农垦企业困难职工家庭主动纳入城市低保范围的紧急通知》，将文件精神转发至各地（市）农垦主管部门，要求将农垦系统国有农场困难职工家庭按当地城市低保标准纳入当地低保范围，享受低保政策和相应待遇。文件下达后有 1448 名农场职工按当地城市低保标准纳入低保范围，绝大部分农场困难职工则是按农村低保标准纳入当地的农村低保范围，享受农村低保待遇。2005 年纳入城镇居民最低生活保障的有 3293 人，当年领取城镇居民最低生活保障金的有 3324 人，当年领取城镇居民最低生活保障金总额 165.62 万元，月人均领取补助金数额 41.52 元。

2. 参加医疗、失业保险

2005 年，全省农垦系统共有职工 2881 人、离退休人员 3797 人参加基本医疗保险；当年企业应缴费 472 万元，实际缴费 388 万元，职工个人应缴费 229 万元，实际缴费 222 万元。是年，参加失业保险职工人数 3408 人。

3. 落实户口政策

2003 年 5 月 9 日，省政府办公厅要求省农业厅就农业部、公安部《关于落实农垦系统国有企事业单位职工及家属非农业户口政策的请示》提出意见。2003 年 12 月 30 日，省政府转发农业部、公安部《关于落实农垦系统国有企事业单位职工及家属非农业户口政策有关问题的通知》，要求各地（市）于 2004 年 4 月底前结束落实户口政策工作。据此精神，2004 年，省农业厅、公安厅下发《关于抓紧落实农垦系统国有企事业单位职工及家属户口变更登记的通知》，截至 2005 年，仅有厦门市、漳州市部分垦区大约 3 万多名职工及家属变更了户口簿。其余垦区仅有零星职工及家属进行户口变更登记。

第二节　产　业

一、农　业

（一）产业结构

1. 种植业

1991—1995 年，全省农垦种植业发展重点是抓山海综合开发。全省农垦建立 70 多个具有一定规模的粮、茶、果，肉、蛋、奶、鱼、菜等基地。

1996—2005 年，全省农垦种植业初步形成闽西北垦区山地、丘陵、盆地生产茶、果、粮、烟、菜、林基地，闽东北中低山地、丘陵垦区生产茶、粮、果、蔬菜基地、闽中垦区生产禽、畜、茶、花、蔬菜基地、闽南垦区的热带作物种植区。同时建成一批无公害农产品示范基地，一批农产品获绿色食品标志，有的农场还开展有机农产品认证工作。

（1）粮油作物

1991 年之前，水稻播种面积约占粮食播种面积的 80%，产量占粮食总产量的 90%。从 1991 年开始，农作物播种面积逐年减少，单位面积产量大幅提高。1995 年与 1990 年相比，粮食单产提高 42 公斤，增幅 13.1%，油料单产提高 21 公斤，增幅 16.3%。1995 年，仙游古洋农场种植优质水稻 1000 多亩，平均单产 750 公斤，比常规水稻每亩增收 140 多元。1999 年，福安湾坞养鸡场和莆田前沁农场大面积发展优质米品种佳禾早占，漳州后房农场推广杂交水稻取得较好的经济效益。2001 年，南平垦区调整种植优质水稻、烟叶、蔬菜；武夷山茶场改种优质水稻台粳 2 号 1200 亩，每亩增收 80～200 元；邵武吴家塘农场种植烟叶 1000 亩，亩纯收入 1000 元以上。2002 年，水稻种植面积继续减少。全省农垦系统水稻种植面积 156975 亩，产量 59300 吨。2003 年，邵武高峰农场扩种优质水稻 500 亩，中药材 300 亩，增加收入 35 万元以上。2004 年，贯彻中央 1 号文件和省政府扶持粮食生产、种子和购买农机具补贴政策，涌现一批水稻种植大户，种植面积在 50 亩以上有 530 户，实行产业化，规模化经营。

（2）茶　叶

1995 年，全省有 98 个国有农场种植茶叶，茶园面积 9.11 万亩，年产量 4500 吨，平均单产 49.5 公斤。每年出口量在 1300～2000 吨。生产乌龙茶、绿茶、红茶、白茶、花茶五大类。安溪芦田茶场的铁观音，武夷山茶场的肉桂，福鼎翁江茶场的银豪，福安坦洋茶场的功夫红茶，松溪郑墩茶场的蒸青绿茶，诏安建设农场的八仙茶和福州农垦的明前茶等久负盛名，产品畅销国内外。1991年，省农业厅农垦局在福州市优山茶果场召开全省农垦系统茶叶生产现场会，根据会议精神，全省农垦系统1991—1995年，改造低产劣质茶园近5万亩，约占茶园总面积的50%。

1996年，茶叶生产结构进一步调整，重点加大名优茶开发力度。闽东北垦区的龙井茶加工规模进一步扩大，如松溪县郑墩茶场，浦城仙阳茶场、政和稻香茶场、邵武吴家塘农场和霞浦大京茶场都开始生产龙井茶。1999年，专业生产闽北乌龙茶的建瓯凤山茶场和槠江八一茶场被转让，退出农垦系统。2000年，安溪芦田茶场引进台湾乌龙27号、金萱翠玉、四季春等优良茶叶新品种，种植面积达250多亩。2001年三明垦区进一步改造低产茶园，提高茶叶产量。2002年，全省农垦进一步加强茶叶无公害栽培和绿色食品茶叶生产基地建设，使生产基地的面积逐年扩大。2004—2005年，针对茶叶农药残留问题，在坦洋茶场、仙阳茶场等茶场实施省级丰收计划项目——"生物农药制剂的增效技术在茶叶上应用"。2005年，福安茶叶有限公司获全国农垦无公害茶叶农产品示范基地。

（3）水果

20世纪90年代前期，全省农垦系统加快山地开发步伐，到1995年，全省国有农场水果面积已达19.91万亩，实现了人均一亩水果的目标。5年中平均每年新增荔枝、龙眼、香蕉、芒果等名优水果1.4万亩，全省农垦系统水果总产量达到63441吨，位居全国农垦系统第6位。千亩以上的农垦国有农场的果场有26个，其中长泰古农农场、漳浦大南坂农场、漳浦长桥农场、诏安建设农场4个农场的水果面积均在1万亩以上。全省共有名特优水果基地36个，面积达到6万亩。

1996年，扩大水果种植面积，尤其是闽南垦区，龙眼的种植规模进一步扩大。漳浦长桥农场的德全高优农业公司种植台湾名优水果品种番荔枝、台湾芒果、芭乐、火龙果、洋香瓜、莲雾等40多种，种植面积968亩，效益大大超过本地水果，芭乐年亩产值达2万元，洋香瓜年亩产值达6万元。1998年，泉州加锥农场推广龙眼控冬梢、防冲梢保花保果技术，成效显著。

2000年，漳州垦区水果生产在上一年遭受台风和强霜冻的情况下，采取改种高效、优质水果新品种对劣质水果品种进行高接换种等措施，进行恢复性生产。长泰古农农场、诏安建设农场都引种台湾优良水果新品种，漳浦长桥农场引进台湾新品种花卉、水果、蔬菜等，效益明显。

2001年，厦门农垦针对龙眼品种结构不合理，引进龙眼早、晚熟品种，如友谊106、巨龙、储良等品种，进行高接换种。泉州垦区对龙眼早、中、晚熟品种进行合理搭配，并按2：7：1的比例调整。晋江紫帽山农场对近千亩效益低的杨梅高接广东的

"广梅"，当年嫁接了5000多株。云霄和平农场成规模扩种"早钟六号"枇杷，漳州大房、后房农场从广东引进龙眼"四季蜜"品种。漳浦大南坂农场、龙海苍坂农场、长泰古农农场与台商、福建农林大学、省农科院等单位开展科技成果试验，应用药物控制，促使龙眼一年两熟、四季挂果、花果同树。

图 14 - 2　龙海苍坂农场加工水果罐头

2002年，仙游综合农场引进民营企业租赁开发3000亩高标准的枇杷种植。同年福州鸿尾农场扩种"红江橙"，福州红星农场、平潭芦洋农场引进脐橙新品种"脐橙52"，三明吉口农场、徐碧奶牛场引种"天草杂柑"，福清海口农场引种"火龙果"。

2003年，福州鸿尾农场加大投入，扩种橄榄50亩，使橄榄面积达310亩，成为福州农垦最大优质橄榄种植场。福州红星农场引种印度蜜枣40亩，引种芭乐等60亩。江洋农场引种日本的姿郎甜柿，已开始投产。漳州垦区引种水果新品种"软技杨挑"、"番荔枝"，龙海苍坂农场、漳浦大南坂农场试种反季节龙眼，沙县综合农场引种无核芦柑，都获成功。龙海苍坂农场生产水果、芦笋、蘑菇罐头品质优良，产品畅销国内外。

2005年，全省农垦推出10个优质果茶示范农场。福鼎秦屿农场建成500亩高标准避雨栽培葡萄生产基地，比传统技术提早成熟20天左右，产量增加，效益明显。永春天马柑橘场研究芦柑品种的提纯复壮技术，提高产品品质，同时引种早熟芦柑新品种太田获得成功，为永春县调整芦柑产期起到示范作用。

表 14 - 1　　　　　1995—2005 年福建省农垦种植业播种面积与产量

单位：万亩，万吨

年份	粮油作物		其中				经济作物			
			水稻		油料		茶叶		水果	
	面积	产量	面积	产量	面积	产量	年末面积	产量	年末面积	产量
1995	29.55	9.76	20.38	8.11	2.56	0.38	9.11	0.45	19.91	6.34
1996	25.91	8.57	18.08	7.32	2.16	0.32	7.94	0.36	18.3	6.86
1997	26.25	13.76	18.17	7.39	2.27	0.34	7.52	0.33	19.93	8.35

续表 14－1

年份	粮油作物		其中				经济作物			
			水稻		油料		茶叶		水果	
	面积	产量	面积	产量	面积	产量	年末面积	产量	年末面积	产量
1998	26.25	8.76	18.17	7.39	2.27	0.34	7.52	0.33	19.93	8.35
1999	25.66	8.65	17.88	7.27	2.26	0.33	7.69	0.36	20.12	8.22
2000	25.54	8.37	16.7	6.71	2.47	0.36	6.94	0.37	23.25	6.96
2001	24.35	8.01	15.7	6.26	2.53	0.4	6.95	0.39	22.52	8.18
2002	23.41	7.68	15.69	5.93	2.48	0.42	6.58	0.34	23.39	9.1
2003	22.14	7.21	14.25	5.64	2.43	0.38	6.43	0.35	22.89	9.65
2004	21.66	7.05	13.87	5.51	2.32	0.4	6.65	0.4	22.16	10.72
2005	22.50	7.34	14.57	5.63	2.39	0.38	6.64	0.48	21.87	9.35

图 14－3　漳浦长桥农场花卉产业园

（4）其他作物

1997 年，漳浦长桥农场、莆田九华农场、福州农垦鳝溪农场、江洋农场等 30 个农场发展花卉生产。花卉面积达 1.8 万亩，投资额 3000 万元，产值 6000 多万元。主要花卉品种有水仙花、百合花、菊花、唐菖蒲、康乃馨、兰花以及观叶植物、盆景、绿化树等。其中温室 2.5 万平方米、大棚 3.5 万平方米，生产鲜切花 400 万枝、盆花 40 万盆、各种花木种苗 120 万株、建立花卉市场 2 个，销售网点 15 个，利用外资发展花卉 5 家，投入资金 2000 万元。2001 年花卉进一步发展，种植面积 1.8 万亩，主要花卉品种有茉莉花、水仙花、白玉兰、菊花、兰花、百合花、唐菖蒲、康乃馨等，总产值近 1 亿元。占农业总产值 10% 左右。

食用菌产业发展形成规模。2000 年，全省垦区食用菌总产量 348 吨，产值 1536 万元，占农业总产值 1.5%。主要栽培品种有香菇、银耳、草菇、鸡腿菇、蘑菇等。武平跃进烟场，引进先进设备，进行工厂化生产，用电脑自动控制食用菌生长温度，产品主要销往广东地区，经济效益较好，是福建农林大学教学实习基地。

蔬菜产业有新的发展。宁德垦区发展地方特色的蔬菜生产，屏南综合农场利用当地的气候优势，大面积发展反季节蔬菜生产，形成一定规模。2002 年，莆田前沁农场利用水稻田改种成千亩无公害蔬菜生产基地，生产的各种优质蔬菜投放市场。浦城水南农场是该县重要蔬菜生产基地，重视发展无公害蔬菜，取得较好经济效益。

2. 林 业

1995 年，全省农垦系统有林地面积 90 万多亩，分布在 90 多个国有农场。林地面积在万亩以上的有 18 个国有农场，其中用材林（杉木、马尾松）占 60.5%，经济林（油桐、油茶、黑荆）占 13.9%，防风林（木麻黄、桉树、绿竹）占 6.1%，其他林（薪炭林、竹林）占 19.5%。每年生产规格木材 2 万多立方米，采伐毛竹 30 多万根。平潭芦洋农场建成 8435 亩的木麻黄防风林带，有效地保护了万亩农田，提高了土地利用率和复种指数。从 1992 年开始，芦洋农场相继建起四个果场，种植柑橘、青枣、无花果等 1000 多亩。还在 6000 多亩的农地上套种花生、西瓜、蔬菜等农作物，农业效益明显提高。

2000 年，全省农垦林地面积达 853650 亩，森林覆盖率 46.73%，完成造林 62820 亩，木材采伐 16492 立方米，毛竹采伐 76.3 万根，农垦生态公益林取得较大发展，光泽坪溪垦殖农场、武夷山茶劳山垦殖场、大田东风农场和霞浦大京茶场等生态林建设都列入当地林业部门管理，配备专职护林员，确定生态林面积和每年保护补贴。其中大田东风农场还建立了林地红菇保护区，实现科学保护和合理采摘。邵武吴家塘农场连片种植杉木 5000 亩，取得较好经济效益。周宁五四茶场、武夷山综合农场等还种植了成片的雷竹，提高了林地的经济效益。

3. 畜牧业

畜牧业是福建省农垦国有农场的基础产业，产值约占农业总产值的 20%。畜牧业生产主要是依托全省 50 多个城郊型国有农场为基地，逐步建成一批具有一定规模的肉禽蛋奶的菜篮子生产基地。1995 年，全省农垦国有农场已经建立奶牛场 5 个，年饲养奶牛 1000 多头。福州、三明、永安、邵武等市县的居民饮用牛奶基本上由农垦国有农场供应。福州市康乐乳品厂是全省规模最大、设

图 14-4 漳州后房农场养鸡场

备最先进的乳品加工厂，日供应市场消毒牛奶25万袋。养殖规模在1000头以上的养猪场有11个，其中1万头养猪场1个，5000头养猪场3个，每年饲养生猪5万多头。福州市北郊畜牧场、长乐文武砂农场、漳浦大南坂农场是省内主要母猪繁殖基地，每年向社会提供猪苗1万只以上。

1991—1995年是全省农垦系统畜牧业生产发展较快时期。1995年，肉类总产达到14972吨，比1991年增长59.1%，牛奶产量2369吨，比1991年增长93.2%，禽蛋产量5229吨，比1991年增长64.3%。

2000年，全省农垦猪存栏数150460头，当年出栏数231122头；羊存栏数6319头；家禽数167.76万羽；牛总头数16137头，其中奶牛985头。禽蛋产量6939吨。后房农场发展家禽、蛋品，成为漳州菜篮子工程副食品基地之一。

2002年邵武吴家塘农场和浦城仙阳茶场分别引进长富和大乘两家乳品企业发展乳业生产，存栏乳牛达1000多头。是年，一些垦区为配合当地奶牛生产发展，利用沙洲和旱地发展青割玉米、紫花苜蓿、菊苣等牧草3000多亩。

2004年，福州种禽业公司向市场提供的鸡苗约占全省鸡苗总量的2/3，同时还供应到广东、江西等省，实现扭亏增盈。永安麻岭农场昌民禽业有限公司占地180亩建筑面积1万平方米，饲养规模年存栏的祖代鸡2万套、父母代鸡15万套，生产鸡苗600万羽。同时公司采用养殖新技术，重点生产兼有土鸡特点的优质闽中麻鸡。农垦奶牛饲养区域集中在福州、三明垦区。闽北垦区在长富和大乘两大龙头奶业企业带动下，奶牛饲养业在邵武、浦城国有农场迅速发展起来。奶牛基地从原来的4个增加到8个，全垦区实施了"良种奶牛扩繁和饲养技术"部级丰收计划，提高了牛奶单位产量，节约了饲养成本。是年，新建、扩建长汀官坊农场、龙海苍坂农场、晋江紫帽山农场3个生猪生产基地。

图14-5　诏安西山农场海水养殖场

4. 渔　业

1991年以后，水产养殖迅速发展，诏安西山农场海水养殖场已成为农场的支柱产业。1993年，南平垦区水产养殖面积达到1330亩，比上一年增长51%，同时成功地引进鳗鱼、甲鱼、鳜鱼、牛蛙、珍珠等特种水产养殖新品种共11个。其中邵武吴家塘农场的120亩鳗鱼养殖场和浦城水南农场的300亩珍珠养殖项目，均是南平地区规模大、标准高的特种养殖基地。

1995 年全省农垦水产养殖面积达到 2.7 万亩，比 1990 年的 1.9 万亩增加 42.1%；产量达到 16309 吨，增长 1.3 倍；渔业产值 7101 万元，增加了 6 倍多，渔业产值占农业总产值的比重从 3.8% 提高到 17.4%。其中鳗鱼、对虾、毛蟹、珍珠、甲鱼等名优鱼类发展更快，尤其是淡水鳗养殖是这一期间新开发的出口创汇项目。1995 年出口量达到 1134 吨，出口金额达到 1.4 亿元，大约占当年福建省农垦系统出口总额的 21%。其中福州垦区的长乐文武砂农场、福清海口农场、永泰北斗农场 3 个淡水鳗鱼基地，出口量达到 1050 吨，出口金额达 1.24 亿元。沙县综合农场从 1995 年开始实施包括建鲤在内的陆地高密度养殖和混合养殖的新技术，两年内总产量达到 29 吨，新增 18 吨，新增产值 14 万元。同时还进行了《池塘高产养殖技术试验研究》等试验项目，先前后共有 5 项技术获得奖励。1996 年，全省农垦系统水产品产量 18677 吨。

2002 年，明溪雪峰农场引进国内资金 500 多万元，建成特种淡水养殖场，放养 80 万尾欧洲鳗。2005 年，浦城水南农场建立全县最大的淡水养殖基地，面积达 300 亩，淡水养殖产品供应量占城关地区的 70% 以上，全省农垦系统水面面积 4.7 万亩。

（二）产业化经营

农垦产业化起步较早，1996 年，省农业厅农垦局就组织力量，开展课题调研、撰写文章，进行指导，于 1997 成立了产业化领导小组，随后福州、南平、莆田、宁德等市垦区也相继成立了相应机构。全省农垦制订了"九五"农业产业化发展计划，确定茶叶、水果、水产养殖、花卉、林业、优质米、奶业、畜牧等为 8 个主导产业，初步建立农业产业化主导产业的雏形。如福州金牛集团鲜奶、福州鳝溪鸡场鸡苗、福州茶叶批发市场、松溪郑墩茶场的蒸青绿茶、浦城水南农场蔬菜和批发综合市场、三明吉口农场柑橘等。1998 年加大对 6 个主导产业（茶、果、林、菜、水产、优质米）扶持力度。在抓好松溪郑墩茶场、福安茶叶有限公司、永春罐头厂 3 家省级农业产业化龙头企业的同时，省农业厅农垦局还确定把农垦系统 10 家龙头企业（3 家现代农业示范农场、3 家闽台农业交流合作农场、四家新技术推广示范农场）作为重点扶持对象。松溪郑墩茶场、福安农垦茶叶有限公司、永春罐头厂被省政府办公厅列入百家省级产业化龙头企业。2003 年，继续加强农垦农业产业化龙头企业培育工作，除松溪郑墩茶场继续列为省级产业化龙头企业外，又有 12 家农垦企业列为市级产业化龙头企业，福安农垦茶业有限公司和寿宁龙虎山茶场龙福食品有限公司入选 50 家省级农牧业企业。2005 年，经过评估调整，福建省农垦分别被保留和新列入省级农业产业化龙头企业的有福安茶叶有限公司、寿宁龙虎山茶场龙福食品有限公司、古田综合农场。同年福州农垦"福州茶叶专业批发市场"列入福州市农业产业化企业。

二、工　业

1991 年，全省农垦工业生产在开展"质量、品种、效益年"活动中，强化管理，调整产品结构，全省 10 个独立核算工业企业和 236 个场办工业单位实现赢利 1021 万元，比上年增长 97.8%，实现了效益增长超过速度增长的目标。龙岩东宝山水泥厂在创"优质、高产、低耗"的活动中，利税突破 700 万元，人均利税 1.6 万元，名列龙岩地区水泥行业的第 1 位和全省建材行业的第 4 位，连续 7 年保持水泥出厂合格率、富裕强度合格率双双达到 100%，425#普通硅酸盐水泥保持省优产品称号，连续两年被评为省级先进企业。

1992 年，全系统工业总产值达 4.65 亿元，比 1991 年增长 40%；实现工业利税 5756 万元，增长 34.8%。工业扩建技术改造资金投入明显增多，福州农垦系统投入技术改造资金为 1152 万元。

1993 年，工业持续增长，增长率达 25%，实现利润 3000 万元左右，在 14 个工业主要产品中有 10 个产品实现增产，增幅分别在 10%～50% 之间。农垦支柱工业的水泥生产规模不断扩大，全省农垦有 12 条水泥（含熟料）生产线，年总产量达 60 多万吨。东宝山水泥厂税利突破 2500 万元，创历史最好纪录。

1994 年，工业完成利润 2400 万元，比上一年减少 30%，工业利润下降的原因是主要产品水泥和精制茶叶市场滑坡，价格下跌，造成不少企业的产品积压。从 1995 年开始，农垦工业加快体制和机制的转换，独立核算工业企业和场办企业逐步退出市场，全系统不鼓励今后兴办公有企业。

1996 年年初，在龙岩市召开了全省农垦工业会议，对"九五"的工业工作作了部署和安排。全省技术改造规模最大的东宝企业集团的 30 万吨回转窑项目上马。投入巨资从国外引进先进生产线的杭梅饮料公司，也于当年投入生产。1997 年，工业增长速度减缓，支柱产品水泥产量下降。1998 年，农垦工业技术改造加快。把康乐乳品厂列为 1998 年底第一批技术改造专项贷款新开项目计划。福州市乳品厂在原有已投入 150 万元技术改造的基础上，当年又投入 100 万元对原有消毒奶生产线进行技术改造。1999 年漳浦大南坂农场的茶叶加工厂、霞浦县大京茶场、福安市坦洋茶场的技术改造工作都得到当地工业主管部门的指导和大力支持。

2000 年，福州市农工商集团所属的独立核算工业企业基本制定并通过了企业的改革方案。超额完成省经贸委布置的 5000 万元技术改造任务。

2001 年，工业发展通过技术改造和技术创新进行结构调整。通过加强技术改造，提高加工技术和工艺水平，大力发展农产品（果、蔬、茶、奶、禽、花卉）精深加工，提高附加值。在技术方面，大力推广新产品、新技术、新工艺、新材料、新设备"五新"工作，把技术创新与工业结构调整紧密结合，以技术创新推动结构优化和产业升级。

2002 年完成技改投资 6500 万元。松溪郑墩茶场、福安农垦茶叶有限公司、三明碧海乳业等几个龙头企业的技术装备、产品档次明显提高；全省农垦 6 个牛奶加工厂都已完成鲜奶加工生产线的技改，生产能力和产品品质大幅度提高，市场份额不断扩大。

2003 年，大力推进农垦工业园区建设。垦区继续重点发展、完善工业园区建设。全垦区具有一定规模的工业园区已有 6 个（其中省级 4 个）。是年，6 个工业园区创造工业产值 16 亿元，创汇 4000 万美元，分别占全垦区工业的 65% 和70%。

2004 年，垦区工业园区贡献的 GDP 已占整个垦区工业 GDP 的 90% 以上。省农业厅农垦局召开了农垦产业化发展会议，研究产业化发展对策。邵武综合农场与市政府合作建设的城郊工业园区开始启动，三明吉口农场实施"以工强场"战略，合理平整开发农场荒坡地发展工业园区，引进 3 家大型企业。厦门垦区的集美机电工业园区和莲花工业园区开始建设。福州农工商（集团）公司的"无公害高效优质茶叶产业化技改"项目、寿宁龙福食品有限公司的"年产8000 吨食用菌罐头生产线改造"项目和晋江西滨农场的晋江优兰发纸业有限公司的"新增特种纸生产线"改造项目被列为省经贸委 2004 年工业结构调整重点项目。

2005 年，在重点发展、完善工业园区建设同时，利用工业园区平台招商引资。漳州垦区的银塘工业园区和大南坂工业园区，全年新引进 17 个项目，引资 7000 多万元。南平垦区邵武综合农场与市政府合作建设的城郊工业园区，前期投资 6.2 亿元，上半年启动二期工程。厦门垦区西部机电工业园、莲花工业园、第一农场工业园区等建设和招商引资进展顺利。三明垦区的几个工业小区建设快速发展，共引进11 个项目，引资 7000 多万元。福州垦区神龙茶叶有限公司的技改项目，列入 2005年第一批福建省重点结构调整项目。

表 14 - 2　　　　　　**福建省农垦系统工业企业与加工业产值**

单位：个，万元

年份	工业企业数	其中		工业总产值	其中	
		国有	非国有		国有	非国有
1990	299	252	47	28133	26585	1548
1995	534	454	80	137585	121409	16176
2000	566	150	416	197118	33403	163715
2005	1145	79	1066	370928	20025	350903

图 14-6　龙岩市小池茶场云顶茶园度假村

三、第三产业

1993 年 7 月，省农业厅在安溪县召开全省农垦"第三产业"现场会。会后，全省农垦第三产业有了较快的发展，成为农垦经济发展的增长点。经营范围已由传统的商、饮、服、储、运向商贸、服务业、房地产、旅游等行业拓展。漳浦大南坂农场建起 3 公里长的商业走廊，从 1991 年的 165 家发展到"八五"末 600 多家，行业包括经营运输、日用杂品、食品、饮食服务等，从业人数达 1200 多人。福州市农垦局创办了茶叶批发市场和农贸市场。将乐综合农场和安溪同美农场也利用土地资源、地理位置优势，从事房地产开发。1993 年 10 月，龙岩市东宝山水泥厂投资 150 多万元兴办东宝招待所，后又装修、改造建成融会议、住宿、餐饮多功能为一体的东宝宾馆。1994 年 6 月，与市物资公司联合成立占股 51% 的东宝物资有限公司，销售"东宝"牌水泥及化工、五金等商品，当年营业额达 1000 万元。1995 年 4 月，联合东宝山农场、东宝宾馆、东宝山高岭土选矿厂、汽车运输公司、物资公司等二、三产业，组建了福建东宝企业集团。

1995 年全省农垦系统第三产业增加值 1.38 亿元，比 1990 年增长 9.50 倍；第三产业增加值占国民生产总值的份额由 1990 年的 4.04% 提高到 13.96%，初步形成了以商业、房地产为主，多业并举的发展格局。

"九五"期间，第三产业年递增率为 3.32% 。2000 年出现了负增长。2000 年第三产业增加值 1.44 亿元，比 1999 年减少 15.9%，同期休闲观光农业得到发展，如龙岩市小池茶场在云顶茶园建立集休闲、娱乐为一体的度假村。龙海市苍坂农场与农场私营龙头企业龙佳石料有限公司合股创办龙佳生态旅游度假公司，建设龙佳生态农业旅游山庄。

"十五"期间，农垦第三产业年均增长 8.9% 。特别是专业批发市场建设步伐加快。龙岩东宝饲料批发市场、福州"海峡茶都"茶叶批发交易市场、福州新建钢材批发市场、浦城水南蔬菜批发市场等销售额近 9 亿元，已成为当地重要的流通平台。

第三节 招商引资

一、扩大农场对外开放

1991 年 12 月 10 日，省政府下发《关于开辟东山等 29 个沿海岛屿、农场、林场、养殖场、试验场、生产基地和种猪场为鼓励外商投资农业综合开发区域的批复》，批准省属五峰、漳浦大南坂、万安，长泰古农，厦门凤南，晋江西滨，南安康龙，武夷山综合，长乐文武砂，福州江洋 10 个国营农场为鼓励外商投资农业综合开发的区域，并享受《福建省关于鼓励外商投资开发经营成片土地的暂行规定》和《福建省鼓励外商投资农业开发的暂行规定》的优惠政策。随后农委、省农业厅分别发文，组织农业专家对农业综合开发区域的项目进行论证工作。省农业厅农垦局编制了《福建省农垦系统部分农场投资环境简介》、《福建省农垦农业综合开发区简介》，漳州农垦局编印了《漳州农垦》宣传画册，加强对外宣传，提高招商引资的力度。

1992 年，除福州江洋农场外，有 9 个农场与外商签订投资项目 33 项，总投资额达 5174 万美元。其中长泰古农农场、漳浦大南坂农场和晋江西滨农场招商成果突出。根据省政府《关于进一步办好农垦企业的通知》精神，垦区不断发展三资企业，项目有建材、五金、轻纺工业、农业、旅游观光业、房地产业等。

1994 年 7 月 4 日，省计委联合省农业厅、林业厅、水产厅等单位，推出第二批 37 个对外开放农、林、水产养殖场，其中邵武综合农场、福清市海口农场、太城农场、福州红星农场、平潭芦洋农场、莆田前沁农场、泉州清源农场、安溪同美农场、厦门第一农场、第二农场、漳浦长桥农场、诏安建设农场、金星农场、宁德茶场、武夷山茶场、浦城水南综合农场、邵武吴家塘农场、将乐综合农场、永定先锋烟场、龙岩小洋农场为国有农场。

"八五"期间，有 30 个农场共引进"三资"项目 168 个，总投资 3.2 亿美元，其中利用外资 2.6 亿美元。1995 年出口商品总额达 6.6 亿元，是 1990 年的 12.6 倍，年递增率高达 66%。主要出口欧、美、日等国，种类有生猪、茶叶、鳗鱼、石板材、工艺制品等。

二、开放工程与世行贷款项目

（一）开放开发工程

1996 年，省农业厅提出"六大"工程建设，即粮食工程、果菜工程、菜篮子工程、种子工程、农场开放开发工程、中低产田改造工程。省农垦局实施开放开发工程，重点建设优质茶果开发项目；"菜篮子"项目；特种水产养殖项目；建立花卉基地；建立绿色食品基地；建立建材、食品、服装鞋帽三大支柱产业；工业技改项目；组建茶、果、花批发交易市场；建立福州农垦商贸中心和将乐农场水南商贸中心，形成集商贸、饮食、超市、文化娱乐、展销为一体的商业群体；大力开发旅游资源十大主体项目。

1996年，福州鳝溪鸡场从广东江门引进9只小鸵鸟建成全省首家鸵鸟养殖场。2002年将鸵鸟搬迁到平潭芦洋农场。

图14-7 福州鳝溪农场鸵鸟养殖场

1997年，漳浦长桥农场参与"闽南花卉走廊"建设，引进科技含量高、示范辐射强的8家外资和20家内联花卉企业，并带动46户家庭农场种植花卉，日产高档鲜切花火鹤花10万枝，盆景及绿化苗木3万株（盆），1997年，年产值达千万元。龙海苍坂农场生态农业园区于同年动工，至2002年投入2500多万元，建成了集农业旅游、观光、休闲度假、健身娱乐、加工贸易、生产科研于一体的生态旅游农业园。

1998年，沙县综合农场引进美国巨口牛脂鱼种苗繁殖成功，并引进多项国内外淡水养殖高产新技术。

1999年，福州农垦的红星农场、鸿尾农场、福安高坂茶场，引种台湾金枣，华安汰口农场建立500亩台湾农业良种示范农场，带动全省引进台湾水果新品种30多个，推广面积5000亩。

2000年，古田综合农场投资50多万元，建成银耳生产厂房120多间，实现了银耳生产规模化、产业化。

2001年，漳州垦区的古农农场、长桥农场和泉州清源山农场兴建商业一条街或商业走廊，开辟了水果、蔬菜、畜禽等专业市场。龙岩市小池茶场将农场租赁给澳大利亚客商创办了集茶叶生产加工经营、观光旅游、休闲度假于一体的云顶观光茶园。

2003全省农垦系统完成22个重点无公害农产品基地农场的茶叶等产地检测工作，有15种茶叶品种获无公害农产品认证。2004年安溪芦田茶场列为农业部全国农垦系统无公害农产品示范基地农场。

（二）引进资金与技术

1997 年 3 月至 1998 年 4 月，批准贷款项目有 3 个，分别是诏安金星农场高优荔枝开发，漳浦大南坂农场菠萝、改良橙种植以及福安农垦茶叶有限公司茶叶技术改造项目。3 个项目总投资 10623.91 万元人民币，其中利用世界银行贷款 557.23 万美元（折合人民币 4848.25 万元），国内银行配套人民币 2500 万元，企业自筹人民币 3275.66 万元。同时漳浦大南坂农场、诏安金星农场和建设农场种子商业化贷款共完成投资 140 万美元。1998 年，签订外商投资农业项目 10 项，利用外资达 1375 万美元，占全年引资的 29%。

"九五"期间，共签订外商投资项目合同 109 项，总投资额 1.9 亿美元，合同利用外资 1.6 亿美元，分别占项目总数、投资总额、合同外资总额的 44.5%、43.5%、50.6%。2000 年，出口商品总额达 5.42 亿元人民币，主要出口欧、美、日等国，种类有茶叶、石板材、工艺制品等。同期，外商直接投资农业项目 50 项，总投资 5824 万美元，占垦区合同利用外资的 30.7%。漳浦长桥农场德全高优农业发展公司，先后引进芭乐、洋香瓜、凯特芒果、莲雾等名特优水果 40 余种；长泰古农农场引进 200 亩印度金枣；永春猛虎柑橘场引进台湾芦柑改进技术。引资的农业项目科技含量提高。垦区通过多种渠道，引进水果、花卉等品种 200 余种，先后建立闽台农业技术交流中心实验区、"百果园"、高优农业示范区等，开发火鹤花、芭乐水果、洋香瓜等，取得了良好效益。采用新的技术和种植模式，推广尤土栽培、自动化育苗技术等，提高了农业项目的科技含量。永春猛虎农场引进台湾农业技术，推广《芦柑改进技术示范》，示范面积 300 亩，优质果率提高 28%，效益增加 30%，成本减少 30%。2000 年，外商投资农业项目 7 项，总投资 1210 万美元，占当年引资的 36%。

2001 年，漳浦万安农场引进漳浦通宝食品有限公司资金与技术，建立大葱生产基地 400 亩，带动周边生产基地 2000 亩，年生产加工产品 1 万吨出口日本。组织部分农垦企业参与 2004 年 10 月第一届中国东盟国际博览会、2005 年 10 月中国第二届东盟国际博览会等，农垦工业园区和工业小区成为招商引资的主要平台。2003 年建立的邵武综合农场城郊工业园区，引进项目 34 个，投资 5.6 亿元，到 2005 年完成工业产值 5.4 亿元。三明溪口农场汇华工业园区、厦门垦区的西部机电工业园、莲花工业区成为招商引资的平台。据统计，"十五"期间共签订外商及港澳台商投资项目 50 多项，总投资 1.3 亿美元，合同利用外资 1.1 亿美元。共引进台商农业投资项目 20 多项，引进良种苗木 200 多种。垦区在国内投资也十分活跃，全省共签订内资项目 200 多项，投资总额 20 多亿元。2005 年，出口商品总额达 4.92 亿元人民币，主要出口产品有茶叶、蔬菜、石板材、工艺制品等。

第四节　基础设施

一、投　入

"八五"期间，全省农垦系统在基础设施建设方面，共投入资金1.25亿元，是"七五"期间的4.2倍。新增水电站装机容量8000千瓦，修建各种道路298公里，安装程控电话1500门，新增和改善灌溉面积3.8万亩，解决和改善2.1万人的生活照明和生产用电问题。

1995年，根据文化部、农业部的统一部署，编制"福建省农垦系统边境文化长廊"建设规划（草案），开展创建活动。列入建设"福建省农垦系统边境文化长廊"的16个国营农场是莆田九华农场、莆田前沁农场、福鼎秦屿农场、平潭芦洋农场、长乐文武砂农场、晋江西滨农场、漳州农垦大厦工会、漳州大房农场、漳浦大南坂农场、漳浦石古农场、漳浦长桥农场、龙海苍坂农场、龙海程溪农场、诏安建设农场、诏安金星农场、长泰古农农场等，总计投资人民币6007.2万元，共建文化设施226205平方米。

"九五"期间，全省农垦系统基础建设共投入资金3.62亿元，新增发电量200万千瓦小时，修建各种公路386公里，安装程控电话1500门，新增和改善灌溉面积3.25万亩。漳州垦区诏安西山农场建设的排涝站，解决了近千亩农田灌溉。城镇化建设步伐加快，共有23个农场进行了小城镇规划建设，长泰古农农场、漳州大房农场被列入漳州市首批"十片百村"新村建设示范点。漳浦大南坂农场、长桥农场、龙海苍坂农场等5个农场小区建设列入第2批示范点建设。三明吉口农场、永安茅坪农场、武夷山综合农场等小城镇建设也初具规模。

"十五"期间，全省农垦在基础设施建设共投入资金2.6亿元，重点解决部分农场海堤、闸门、水库大坝等加固排险，灌溉渠道整修，改善生产、生活用水设施，修复和养护场区道路等，其中修建水渠150公里，道路200公里，新增和改善灌溉面积1.5万亩。同时发展节水灌溉和农业设施，建设了包括永春天马柑橘场在内若干个各具特色的现代农业示范农场。省农垦局通过争取，将农垦有关基础设施建设纳入中央和省里出台的一系列支农惠农政策中，与农村同步基本完成了电网改造工程，14个农场公路建设纳入全省"年万里农村路网工程"。加快农场新村建设和小城镇建设，以城郊、国道、省道沿线农场为重点，与旧村改造相结合，有25个农场新村或小城镇建设初现规模。

二、建设项目

（一）小型农田水利工程

1991年，福建省五峰农场300亩琯溪蜜柚基地灌溉工程建成，工程总投资35

万元。1995年投资135万元建设古田湖滨茶场蜜柚基地节水灌溉工程。

2002年度国家农业综合开发项目节水农业示范项目有永春的猛虎、天马柑橘场节水农业示范项目（面积5000亩），该节水项目总投资247.1万元，财政资金165.6万元，其中中央财政资金72万元，省级配套资金29.3万元，市配套资金27.3万元，县配套资金10万元，自筹资金81.5万元，投入劳动工日2.28万个，完成土石方5.83万立方米。

（二）电力工程

1991年，在省农垦局支持下，建设漳浦大南坂农场金岗山水电站，水库库容量125万立方米，装机容量400千瓦，年发电量122万度，灌溉面积2500亩，总投资270万元。1998年，省农垦局拨款25万支持罗源综合农场电站技改工程，电站技改工程完成后，装机容量达120千瓦，年发电量30万度。

（三）土地整理项目

2000年，武平跃进烟场土地整理开发项目获得国土资源部立项批准实施，项目开发规模为3490.03亩，项目总投资1539.31万元，通过土地整理开发，新增耕地面积2207.2亩，灌溉保证率为90%。

2005年4月15日，省五峰农场土地整理项目获得省国土资源厅、省财政厅的批复，该项目建设规模2069.9

图14-8 云霄和平农场修建标准梯田

亩，项目总投资为415万元，省级下达耕地开发补助资金414万元。五峰农场经过土地整理项目建设，使该场金鸡片土地达到"田成方、路成网、旱能灌、涝能排"的现代化农田标准。云霄和平农场通过土地整理开发，修建了高标准梯田，实现旱涝保收。

（四）农场小城镇与居民点建设

1993年，镇、场合一的晋江市西滨镇政府成立。晋江市西滨镇和西滨农场聘请上海同济大学对城镇化建设进行整体规划。聘请福建农业大学对农田区域进行现代高效农业综合规划，确保小城镇建设节约用地，使都市型花园式耕作区融于小城镇的建设过程中，1999年被省定为旧村改造新村建设现场参观点。

1994年，崇安撤县建市，武夷大道拓宽，武夷山茶场抓住契机，在市建委规划部门和测量队的支持下，进行武夷山茶场"正岩新区"规划建设。

1999 年经省民政厅批准成立漳浦大南坂镇。聘请福建建筑工程专科学校编制漳浦大南坂农场小城镇及上埔作业区职工新村建设工程规划。2002 年漳浦县大南坂小城镇规划通过了专家会审。定位为发展无污染、少污染的以轻工业为主的工业新城。该农场上埔新村示范点共投入资金 824 万元，拆迁旧房 66 户，10089 平方米；建新房 51 套，建筑面积 13060 平方米。新建办公大楼 1050 平方米，铺设长 1600 米，宽 10 米的水泥主干道，架设路灯 23 盏，新增绿地 200 多平方米，成为漳州市旧村改造的典型示范点。

（五）基础设施建设项目

1991 年，邵武吴家塘农场悬索桥工程竣工建成。悬索桥由福州大学设计，工程总投资 100 多万元，省农垦局补助 30 万元，解决了农场职工交通问题。

1992 年 12 月，长泰古农农场场部至县城水泥路建成并投入使用，全长 2.5 公里，总投资 100 多万元。另集资 80 多万元建设日供水 3000 立方的自来水厂。

1998 年 10 月，开工建设邵武吴家塘农场公路大桥，2000 年 10 月竣工通车。由于 1998 年 6 月 22 日特大洪灾，悬索桥被冲毁，中断了农场与国道的唯一通道，当年经邵武市计划委员会批准立项，建设新公路大桥，主桥长 240 米，宽 9 米，为预应力钢筋混凝土工字组合梁桥，北岸引线 832 米，南岸引线 552 米。大桥总造价 460 多万元（其中主桥 355 万元）。

2004 年 8 月 29 日，五峰农场道路动工兴建，2005 年 1 月底竣工，工程规模 3.4 公里，投入建设资金 274 万元。

第五节　科技、教育与卫生

一、科　技

（一）队　伍

"八五"期间，逐步健全农垦农业科技网。到 1995 年，全省农垦系统有各类专业科技人员 1200 多人，其中具有高级职称 21 人，中级职称 250 人，他们大部分在省农、牧、林、渔业的技术岗位上，从事农业科学技术的研究、试验和普及推广工作，形成省、地、场、作业区（生产队）四级科技推广网络，并成立各专业性学会组织总结推广各类科技专业技术。1993 年成立福建省农垦经济学会，通过举办学术研讨、办班、调研等活动，进行理论研究、交流、咨询服务等，提高会员的学术水平和实际工作能力。1989 年成立福建省农垦水果技术协会，"八五"期间召开了 2 次年会，举办过荔枝、龙眼、枇杷等专业技术提高班，收集论文 30 多篇，培训人数达 120 多人。

"十五"期间，农场基本上取消了农技站，农垦农技推广工作主要由农场的生产科承担。农业技术人员不断外调，逐年减少，到2005年底，只剩不到1000人。

（二）技术培训

采取请进来、派出去的形式，通过各种渠道组织培训。一是组织在职技术干部参加继续学习和专业培训，进行技术更新；二是以中国农函大和农业广播学校为阵地，实施"绿色证书工程"，学员通过自习和讲习班授课，可掌握一到二门技术知识；三是举办多层次、多种形式短期技术培训班、提高班，采取讲授和现场示范指导相结合，普及实用技术。1991—2005年共培训30万人次，省农垦局举办侨资企业培训班，通过技术培训，提高农场广大科技人员和职工的素质以及农业科技总体水平。

（三）课题攻关和推广

1991—2005年，全省农垦系统共有8项科技项目获得省部级奖，其中二等奖1项，三等奖7项。一些科技成果不仅在系统内部得到推广，而且还向农村辐射，一些农场已成为周围农村先进技术推广的信息传播、农副产品加工和技术培训的中心。

"八五"期间，福州北郊畜牧场参加了农业部国家重点农业新技术推广项目"工厂化养猪饲养新工艺改革及配套技术的研究"课题，1990—1992年，共有200头母猪参与该项目的试验，试验结果其产仔窝数、提供商品猪、肉猪26周龄活重、肉料比、养育成活率等项目均完成规定指标。

1991—1992年，由省农垦局组织牵头的"福建省垦区万亩甘蔗综合丰产栽培技术"在长泰古农、漳浦的万安、大南坂等3个农场实施，实施面积10180亩，1992年验收每亩单产达到5510.21公斤，比实施前的前三年每亩平均单产4206公斤，每亩平均单产增1304.21公斤，超出合同任务704公斤，累计新增总产2255.3万公斤。

1992—1994年，"福建省垦区万亩柑橘优质高产综合栽培技术"在福州、南平、三明3个垦区28个农场实施，推广面积10390亩，平均新增单产551.7公斤，新增总产573.2万公斤。一级、二级水果达到94.13%，超额完成4.13%。同期，省属五峰农场和省热带作物研究所承担"台农四号菠萝引种试种及栽培技术研究"。

1998年，福州红旗茶场开展"无公害低成本茶园植保技术"研究，项目通过专家鉴定，所发明的低容量喷雾器于1998年获得国家专利。"九五"期间，沙县综合农场引进巨口牛脂鱼、建鲤等优良淡水鱼品种，进行驯化繁育研究，摸索出一整套养殖方法，使该技术达到国内先进水平，成为省水产厅淡水养殖的试验基地。

2000 年，省农垦局承担农业部丰收计划"蛋鸡品种推广"项目，经过 2 年的实施，共推广海兰商品代蛋鸡 600 万只。

"十五"期间，省农垦局承担农业部丰收计划"良种奶牛扩繁及饲养管理技术"项目，实施 2 年，较好完成合同指标，除胚胎移植外，其余各项指标均达到合同规定要求。

2004—2005 年，在农垦主要茶场实施"生物农药制剂的增效技术在茶叶上推广应用"项目，茶园靶标害虫杀虫效果达 80% 以上，降低茶园虫害的防治成本 15%，年减少喷药次数 1~2 次，茶叶增产 5%，降低茶叶的农药残留量，示范点达到无公害指标要求。

2003 年，按照农业部和省农业厅实施农业科技活动年的工作部署，全省农垦系统开展农业科技年各项活动，普及农业科技知识，出版 3 期"福建农垦"科技活动年专刊，永春天马柑橘场和沙县综合农场作为科技年重点联系农场，通过科技年活动，共引进农业新品种 18 个，推广农业新技术 12 项，受训职工达 2.5 万人次。

二、教　育

（一）农垦中专

1994 年 8 月，福建农垦学校迁至福州市仓山区省农业干部学校院内，实行一套班子、两块牌子、一校多制。合并后，隶属关系不变，仍由省农业厅主管。1997 年 4 月，福建省农垦学校更名为福建省农业学校。2003 年 2 月，经省政府批准，福建省农业学校和福州市农业学校合并组建福建农业职业技术学院。

（二）农垦中小学

1991 年，全省农垦系统场办小学 183 所，教职工 1677 人，其中教师 1597 人，在校生 33699 人。普通中学 21 所，教职工 549 人，其中教师 4870 人，在校生 5875 人。职业中学 2 所，教职工 15 人，在校生 178 人。全省农垦系统基本普及小学六年制教育。

全省农垦企业每年总共需要支付教育经费 1000 多万元。为了减少农垦企业的负担，探索分离企业办学的办法和途径，通过向省教育厅争取民办教师转公办教师指标等办法，帮助省农垦系统内符合条件的农垦企业民办教师转正为国家公办教师。

1997 年 5 月，省政府召开了全省企业改革工作会议，提出了为减轻企业负担，要分离企业办学校职能。7 月，省政府出台《关于分离国有企业办学校、医院职能的通知》，各地（市）农垦主管部门按此通知精神，加强了此项工作的领导，积极争取纳入分离范畴。1998 年，省农垦系统内符合条件的民办教师共 67 人一次性全部转为公办老师。全省各农垦企业也想方设法争取把自办的学校划归地方教育部门管理，福州、厦门垦区的 28 所学校先行剥离，泉州、三明、宁德、龙岩和莆田垦区的大部分学校也基本纳入当地教育部门管理。

2000 年和 2004 年，省经贸委、教育厅、财政厅分别下发《关于下达第二批国有企业办学校分离名单的通知》和《关于下达第三批国有企业办学校分离名单的通知》，全省农垦计有武夷山市综合农场、茶场，漳州后房农场，邵武市高峰农场、综合农场，光泽县综合农场、坪溪农林垦殖场、王家际农场，平和县五寨农场、安厚农场，漳浦县玳瑁山农场、大南坂农场、石古农场、白竹湖农场、长桥农场、万安农场，华安县汰口农场，漳州市大房农场、省属五峰农场所办的学校列入福建省国有企业办学校分离名单。

各农场根据文件精神，与当地教育部门联系，将农场所办的学校转由当地教育部门统一管理，学校中具备条件的老师经当地教育部门审定合格后接收，学校资产也一并无偿划拨。到 2005 年分离工作全部完成。

（三）干部培训

从 1990 年起，农业部农垦局在深圳举办多期外向型经济培训班，全省分多批次组织农场领导干部 20 多名参加培训。除参加上级举办的各类培训班外，省农垦局还根据业务需要举办各种培训班。"八五"期间，省农垦局根据农业部农垦局干部岗位培训计划，先后选派 40 余名农场领导干部到北京和广东农垦培训中心参加学习。1994 年，省以单独和地（市）联合举办有水果栽培技术和水利管理两个培训班，受训人员达 300 多人。从 1999 年开始，省农垦局与农垦经济学会联合举办农垦企业领导干部管理研修班，参加学习的主要对象为各农场场长和书记，至 2005 年，已连续举办 6 期，共培训学员 300 多人。

三、卫 生

全省农场建立初期，许多农场及部分分场（作业区）相继建立了医疗卫生机构，成立了医疗室（站、所）或卫生院，并设有简单病床。

1991 年，全省农场医疗单位共有 185 个，其中场属医疗单位 92 个，分场（作业区）属医疗单位 93 个。医院 40 个，设有病床 212 张，医疗单位职工 496 人（医务人员 459，其中医生 110 人）。

2005 年，全省农垦共有医疗单位 131 个，其中场属医疗单位 50 个，分场（作业区）属医疗单位 81 个。在农垦系统中规模较大的医院有 8 个，设有病床 150 张，医疗单位职工 275 人（医务人员 252 人，其中医生 68 人）。农场医疗机构除日常治疗工作外，还开展爱国卫生、疾病预防、妇幼保健、计划生育等工作。服务对象除对场内职工就诊外，也对场外开展服务。

表 14 - 3 　　　　　　　**2005 年农垦系统卫生事业基本情况**

单　位	合计		场（厂）属		分场属	
	医疗单位（个）	病床（张）	医疗单位（个）	病床（张）	医疗单位（个）	病床（张）
福州市	7	25	1	7	6	18
厦门市	8	19	8	19	—	—
南平市	22	48	17	48	5	—
漳州市	74	39	12	35	62	4
龙岩市	4	3	4	3	—	—
三明市	16	16	8	9	8	7
总　计	131	150	50	121	81	29

第六节　移民安置

2002 年，全省农垦有 6 个地（市）16 个农场共接待安置三峡移民 370 户 1755 人，约占全省安置三峡移民的 25%；共划出生产、生活用地 1300 亩，基建用地 190 亩。

参与安置三峡移民的国有农场有厦门凤南农场、白沙仑农场、第二农场，福安机械化养鸡场，福鼎秦屿农场，莆田秀屿区前沁农场，仙游县古洋农场，晋江西滨农场，永春农场，龙海苍坂农场、程溪农场，长泰古农农场、漳浦长桥农场、大南坂农场，诏安金星农场，邵武综合农场。

第十五章　机　构

第一节　行　政

一、省　级

1990年12月，福建省农业厅设有办公室、人事处、机关党委、监察室、审计室、计划财务处、粮油生产处、经济作物处、科教处、农村经济经营管理处、农垦局和畜牧局12个行政处室，共有编制130名，实有人数125名。其下属37家事业单位，编制1169名，实有人数1052名。

1991年3月，将厅机关党委纪委和监察室合署办公，统一处理日常业务工作；同时为加强对台湾事务的交流，在厅对外经济联络办公室设立省农业厅台湾工作办公室，一个机构，两个牌子。10月，泉州动植物检疫所变更隶属关系，改为厦门动植物检疫所的分支机构。年底，省编办核定福建省畜牧防疫检疫站编制26名、省兽医生物药品厂编制180名、省天马种猪场编制220名、福州种子中转站编制8名。

1992年3月，省农业厅粮油处增挂福建省农业技术推广总站牌子，在福建省种子公司增挂福建省农业厅种子管理总站牌子，实行两块牌子，一个机构管理。福建省委、省政府于3月根据工作需要批准成立福建省农民负担监督管理领导小组，下设办公室，与厅农村经营管理处合署办公，同时撤销福建省农民负担清理整顿领导小组办公室。同月，在省农业厅内部成立农村合作基金会办公室（在厅农村经营管理处办公），指导、监督、协调和服务全省农村合作基金会工作，并接受农业部农村合作基金会办公室的指导、管理和监督。同月还设立福建省秸秆资源开发项目办公室（办公室设在畜牧局），与饲草饲料站合署办公，两块牌子一套人马。

1995年，福建省委、省政府确定省农业厅是省政府有关农业行政执法和综合管理种植业、畜牧业、农垦的职能部门。厅内设有办公室、人事处、政策法规处、农村合作经济指导处、计划财务处、科技教育与技术监督处、外经处、粮油处、经济作物处、畜牧局、农垦局、机关党委、派驻纪检组和监察室合署办公（挂审计室牌子）、省农民负担监督管理办公室（挂靠）等职能部门。其主要职能是贯彻落实党在农村的基本政策，负责贯彻执行国家关于农业的方针政策、法律法规，研究拟定或起草全省农业产业政策和法规；参与研究制定农村经济发展战略、重点经济政策、农民奔小康的规划、措施；指导农业社会化服务体系建设和农村集体经济组织、合作经济组织建设；负责农民负担监督管理工作；编制农业和现代农业的发展规划、设计并监督实施；组织实施农业现代化、产业化规划；组织农业区划、生态农业和农业可持续发展工作；组织贯彻主管产业的国家、行业和地方标准的实施；制定农垦经济发展规划；承担农机化管理工作；负责承办农业涉外涉台事务等。

1997年5月，省编委核定省农民负担监督管理办公室编制6名。福建省农业利用外资项目办公室（副处级）成立，核定事业编制8名。为进一步加强海峡两岸农业合作，省委、省政府在同月成立福建省海峡两岸农业合作实验区工作领导小组。根据政事分开的原则，福建省农业厅对外关系经济联络办公室于8月更名为福建省对外农业经济技术合作中心（副处级），确定编制12名，并把原行政职能划归厅外经处。

2000年8月，福建省委、省政府实行机构改革，省乡镇企业局并入省农业厅，省农业厅挂福建省乡镇企业局牌子，同时省委农村工作领导小组办公室与省农业厅合署办公。省政府明确省农业厅是主管农业（含种植业、畜牧业、农垦、乡镇企业、农业机械化）和有关农村工作的省政府组成部门。全厅设有办公室、人事处、政策法规处、农村经济体制与经营管理处（农村集体资产管理办公室）、计划财务处、科技教育处、外事外经处、乡镇企业发展规划处、乡镇企业管理处、乡镇企业市场与综合处、乡镇企业产业指导处、种植业管理局、畜牧兽医局、农垦局（亚热带作物开发利用管理办公室）、农业机械管理局（挂福建省农业机械管理局牌子）、离退休干部工作处、机关党委、纪检组和监察室合署办公18个行政处室，另外，还有省农民负担监督管理办公室、省饲料工作办公室（原为饲料工业办公室）、省农业资源区划委员会办公室、省食用菌工作办公室和省海峡两岸农业合作实验区工作领导小组办公室5个挂靠机构，共核定机关编制163名，实有166名。福建省委农村工作领导小组办公室是省委负责农村工作的议事协调办事机构，设有综合处、农村政策法规处、山海协作处、农村扶贫小康工作处（挂"省脱贫致富办公室"牌子）和农科教工作处5个职能处室，编制共51名（其中机关行政编制46名、事业编制5名）。

2002年3月，省委编办核定福建省海峡两岸农业合作实验区工作领导小组办公室为正处级单位。年底，省委编办核定农业厅机关编制152名。

2004年1月，福建省委农村工作领导小组办公室划出省农业厅。5月，省农业厅承担的指导乡企局管理职能划入省经济贸易委员会，不再挂省乡镇企业局牌子，撤销其乡镇企业管理处、乡镇企业市场与综合处、乡镇企业产业指导处和乡镇企业发展规划处。年底，省委编办核定省农业厅机关编制共有125名。

至2005年12月，厅机关共有编制142名，实际有140名，其中机关行政人员

113 名、工勤人员 13 名、老干部管理人员 15 名。其主要职责是贯彻落实党在农村的基本政策，负责贯彻执行国家关于农业的方针政策、法律法规，研究拟定或起草全省农业产业政策和法规；参与研究制定农村经济发展战略、重点经济政策、农民奔小康的规划、措施；指导农业社会化服务体系建设和农村集体经济组织、合作经济组织建设；负责农民负担监督管理工作；编制农业和现代农业的发展规划、计划并监督实施；组织实施农业现代化、产业化规划；组织农业资源区划、生态农业和农业可持续发展工作；贯彻、拟定农业科研、教育、技术推广及其队伍的有关政策和发展规划；组织贯彻主管产业的国家、行业和地方标准的实施；制定农垦经济发展规划；承担农机化管理工作；负责承办农业涉外涉台事务等。

表 15 - 1 　　　　**1991—2005 年福建省农业厅历任厅级人员名单**

职 务	姓 名	任职时间	备 注
厅 长	尤 珩	1988.1—1998.9	党组书记,期间 1994—1996 年任党组副书记
	吴建华	1998.9—2005.6	党组书记
	姜安荣	2005.6 年至今	党组书记
党组书记	刘钦锐	1994.11—1996.6	
副厅长	杨思知	1988.1—1993.3	
	郑则梅	1988.1—1997.12	
	姜安荣	1990.10—2005.6	
	郑美腾	1992.4—2000.4	
	肖诗达	1997.2 年至今	
	黄琪玉	1997.12—1998.10	
	叶恩发	1999.2 年至今	
	檀云坤	2004.5 年至今	
	黄华康	2005.8 年至今	
	姜绍丰	2005.12 年至今	
	朱光荣	2000.4—2004.2	
	—	2004.1—2004.2	正厅级
	胡渡南	2000.4—2005.8	兼乡镇企业局局长
纪检组长	王钧泽	1995.12—2004.6	副厅级
	朱淑芳	2005.6 年至今	副厅级
巡视员	尤 珩	1998.10—2000.10	正厅级
助理巡视员	陈天晴	1996.10—1998.7	副厅级
	陈开根	1997.2—1999.12	副厅级
	郑美腾	2000.4—2001.4	副厅级

二、市（地）县级

1990 年年底，各地（市）、县已基本成立农业局或农牧渔业局，有的地（市）、县还单独成立农垦局、农业机械管理局、畜牧水产局、经济作物局、茶叶局，负责各地区的农业生产经营管理。

1992 年 6 月，南平市（县级市）农业科学教育站成立，1995 年 1 月更名为延平区农业科学教育站。1992 年 9 月，南平市（县级市）减轻农民负担工作领导小组成立，下设农民负担监督管理办公室（1995 年 1 月更名为延平区减轻农民负担工作领导小组，2002 年挂靠区农业局）。10 月，寿宁县兽医卫生监督所成立。建瓯撤县建市，农业机构相应更名。同年，松溪县成立青梅研究所。

1993 年 4 月，福清市减轻农民负担领导小组及办公室成立。5 月，南安撤县建市，农业机构相应更名。同年，上杭县增设农民负担监督管理办公室。

1995 年，南平地区改制为南平市，南平地区农业局相应改为南平市农业局。原南平市农业局更名为南平市延平区农业局。9 月，莆田市农业机械监理所成立。

1996 年 5 月，泉州市农业局增加原农业委员会的部分职能。8 月，南安市经济作物局、南安市水产局并入南安市农业局。同期，莆田成立湄洲湾北岸农林局。9 月，漳州芗城区农牧渔业局与芗城区林业局合并成立芗城区农林局。同期，三明市农牧渔业局与三明市经济作物局合并，成立三明市农业局和三明市畜牧水产局。10 月，闽清县水产局从闽清县农业局分离单独成立（2002 年 7 月更名为闽清县畜牧渔业局）。11 月漳州市农垦局归并到漳州市农业局。12 月，宁化县畜牧水产局并入县农业局，但牌子保留。

1997 年 1 月，莆田城厢区和涵江区农业委员会分别更名为城厢区和涵江区农业局。2 月，沙县、清流县乡镇企业局分别与县农业局合署办公。两县的经济作物局、农业机械局职能分别并入各自县农业局。邵武、沙县和清流畜牧水产局分别并入各自农业局，沙县和清流保留县畜牧水产局牌子。将乐县畜牧水产局并入县农业局。3 月，尤溪县果树技术推广站、茶叶技术推广站、经济作物综合站并入尤溪县农业局。5 月，龙岩撤地设市，撤县级龙岩市，设立新罗区。龙岩地区农业局和畜牧水产局分别更名为龙岩市农业局和龙岩市畜牧水产局。8 月，宁化县设立县农业机械管理办公室。泉州原鲤城区进行行政区划调整，分为鲤城区、丰泽区、洛江区。原鲤城区农业局与鲤城区农办、林业局、水利水电局、水产局合并为鲤城区农林水局；丰泽区、洛江区分别成立农林水局（至 2001 年 6 月，洛江区农林水局又更名为洛江区农业水务局）。厦门行政区划调整，同安县改为同安区。各区农委（办）陆续并入农业局，实行两块牌子、一个机构办公；

同安县水产局和乡镇企业局并入区农业局。10月，沙县农民负担监督管理办公室成立。同月，武夷山市农业局加挂武夷山市畜牧水产局牌子。是年，建阳市畜牧水产局并入市农业局，加挂畜牧水产局牌子；政和县食用菌办改为食用菌研究开发中心。

1998年，将乐县农业机械管理局并入县农业局。4月，漳州市农民负担监督管理办公室成立。6月，福鼎市农民负担监督管理领导小组办公室挂靠市农业局。

2000年11月，宁德撤地建市，地区农业局更名为宁德市农业局，相关的农业机构名称相应变更。福州区划调整，成立仓山区农业局（2002年6月，仓山区农业局变更为仓山区农林水局）。

2001年南平市畜牧水产局成立。2001年4月至2003年12月，宁德市、屏南、寿宁、古田、周宁、福鼎、霞浦、柘荣陆续成立农村社会服务联动中心。

2002年5月，三明市乡镇企业局并入市农业局。三明市农民负担监督管理办公室成立。6月，光泽县农业局加挂光泽县畜牧水产局牌子。7月，安溪县农业与茶果局成立。8月，福州晋安农业局、林业局、水利电力局合并成立晋安区农林水局。10月，莆田市进行区域调整，莆田县农业局更名为荔城区农业局、湄洲湾北岸农林局更名为秀屿区农业局。11月，清流县乡镇企业局并入县农业局，对外挂乡镇企业局牌子。同年，全省进行机构改革，福州、宁德蕉城区、漳州地区、龙岩新罗区、长乐、漳平、平潭、永定、武平、连城等的乡镇企业局并入当地农业局，宁德蕉城区、漳州芗城区、龙岩新罗区、漳平、武平、连城、龙海、漳浦、云霄、东山、南靖、长泰、华安、顺昌、将乐的区划办转入农业局；南安组建南安市农业与海洋局；建阳市农村环保能源站并入市农业局。

2003年1月，连江县成立农民负担监督管理领导小组办公室。同年，厦门市进行行政区域调整和机构整合，集美区、杏林区、湖里区和新建的翔安区、海沧区分别整合（合并或合署办公）为农林水利局；厦门市委农办和市农业局分开设立，市农业局与市林业局合署办公；撤销龙岩市农垦管理站，在市场产业发展与市场信息科加挂农垦科牌子，并承担原农垦站行政职能。建阳市农业区划委员会办公室、市食用菌办公室并入市农业局。

2005年1月，三明市三元区农业机械管理站更名为三元区农机农垦管理站。厦门市农村经济经营管理站更名为市农村经济管理站。龙岩地区的乡镇企业局从农业局划转到各经济贸易局。同年，明溪县畜牧兽医站、水产站、渔政站、卫生监督所从县农业局划出，新成立县畜牧水产局；厦门湖里区农林水利局并入区园林局，保留农林水利局牌子；连城农业区划办划归县委农办管理。

第二节 事 业

一、省农业厅所属省级事业机构

1992年3月，省农业厅设立省兽医卫生监督检验所，核定事业编制6名，还核定了福建省畜牧防疫检疫站事业编制23名。8月，在福建省植保检疫站增挂福建省农药检定所牌子。11月，邵武铁路、福鼎贯岭、宁化禾口、浦城九牧、长汀古城和诏安汾水关6家家畜检疫站分别更名为邵武铁路动植物检疫站、福鼎贯岭动植物检疫站、宁化禾口动植物检疫站、浦城九牧动植物检疫站、长汀古城动植物检疫站和诏安汾水关动植物检疫站。12月，福州动植物检疫局下设宁德动植物检疫局（正处级）和武夷山动植物检疫局（副处级）两分支机构，编制各为15名。

1994年3月，省兽药饲料检验所更名为省兽药饲料监察所。8月，福建省农垦学校搬迁到福州市仓山福建农业干部学校内，并与其合并，隶属关系不变，两块牌子办公。

1995年5月，福建省委、省政府成立福建省绿色食品工作领导小组，下设办公室（在省农业厅内办公），其主要职责是接受农业部绿色食品办公室的指导和监督，接受农业部委托的绿色食品标志，负责全省绿色食品的申报、审批、监督以及绿色食品生产基地的立项、开发等工作。

1998年2月，省编办同意成立福建省绿色食品发展中心（副处级），事业编制15名；同时农业厅勘测队事业编制由50名调整为35名，核定福建省农村环保能源总站事业编制17名。3月，天马种猪场被确定为正处级规格。4月，福建省榕泉祖代种鸡场成立（正科级），编制7名。同年，福建省农药检定所（副处级）成立，事业编制5名，监督管理农药生产、经营和使用。

2000年2月，福建省农业执法总队成立，为正处级单位，事业编制8名，其主要职责是依据有关部门法律、法规，指导下级农业部门的农业执法工作，参与农业行政执法。同时核定省种子质量监督检验站编制8名、省植保植检站编制8名、省农业厅畜牧防检站编制22名、省兽药饲料监察所编制9名、省农业厅土壤肥料技术站编制19名和省农业厅经济作物技术队编制14名。同年，在福建省农业广播电视学校增挂福建省农民科技教育培训中心牌子。

2001年3月，原乡镇企业局所属的4家事业单位（即省乡镇企业生产力促进中心、省乡镇企业科技服务中心、省乡镇企业产品质量监督检验所和省乡镇企业干部学校）、原省机械厅所属的两家事业单位（即省农机监理所、省农业机械鉴定推广站）及原省委农村工作领导小组办公室所属的省农业区划研究所均改由省农业厅管理。8月，省畜牧防疫检疫站、省家畜育种站和省兽医卫生监督检验所3家单位合并，成立福建省畜牧兽医总站（正处级，编制42名）。

2002年6月省委、省政府设立福建省农业市场与经济信息工作办公室（正处级，编制6名），挂靠省农业厅。

2003年2月，福建省农业学校和福州农业学校合并，成立福建农业职业技术学院。5月，省农药检定所、省兽药饲料监察所和省农业厅土壤化验室合并，成立福建省农产品质量安全检验检测中心（正处级），并加挂福建省农药检定所、福建省兽药饲料监察所牌子，事业编制35名。同时省编办核定省蚕桑研究所事业编制67名。

2005年，福建省农业厅事业单位进行清理整顿，保留直属事业单位10个，更名6个，合并3个，合并更名4个，合并加挂牌子1个，合并更名加挂牌子1个，加挂牌子1个，新设立1个，转制为企业3个，撤销2个。其中福建省农业厅勘测队更名为福建省农垦与南亚热带作物经济技术中心；福建省农村环保能源总站更名为福建省农业生态环境与能源技术推广总站；福建省农业厅会计辅导站更名为福建省农村合作经济管理总站（副处级）；福建省土壤肥料技术站更名为福建省农田建设与土壤肥料技术总站（正处级）；福建省邵武农作物原种繁育场更名为福建省闽台农业良种繁育中心（正科级），实行企业化管理；福建省农业病虫测报检疫站并入福建省植保植检站；《福建农业》杂志社与省农业厅经济技术开发中心合并，更名为福建省农业经济技术中心（正处级）；福建省农业厅技术工作队（分为粮油技术队和经济作物技术队）和省农业热作技术站合并更名为福建省种植业技术推广总站；福建省邵武铁路动植物检疫站、福建省福鼎贯岭动植物检疫站、福建省宁化禾口动植物检疫站、福建省浦城动植物检疫站、福建省长汀古城动植物检疫站、福建省诏安汾水关动植物检疫站合并更名为福建省边际动物防疫监督总站；福建省种子质量监督检验站并入福建省种子总站，并加挂福建省种子质量监督检验站牌子；福建省畜牧兽医总站加挂福建省动物疫病预防与控制中心牌子；新设立福建省农业信息中心。福建省天马种猪场、福建省生物药品厂和福建省榕泉祖代种鸡场3家事业单位均改为企业；福建省农业厅托儿所和福建省农业科学仪器服务站予以撤销；福建省乡镇企业科技服务中心与福建省乡镇企业生产力促进中心合并，组建福建省农产品加工推广总站并加挂福建省农业生产力促进中心牌子；福建省乡镇企业产品质量监督检验所并入福建省农产品质量安全检验检测中心（原加挂的福建省农药检定所、福建省兽药饲料监察所牌子不变）；福建省乡镇企业干部学校并入福建省农业干部学校。

截至2005年12月，福建省农业厅事业单位共有26家，编制605名，实有770名。

表 15 - 2　　　　　　　**2005 年福建省农业厅下属事业单位一览表**

单　位	机构规格	经费形式	编制	实有人数	其中			
					行政	技术	生产工人	后勤工作
1. 福建省植保植检站	正处	财政核拨	21	21	3	16	—	2
2. 福建省农业对外经济合作中心	正处	财政核拨	16	16	1	13	—	2
3. 福建省农业生态环境与能源技术推广总站	正处	财政核拨	15	14	3	9	—	2
4. 福建省农业经济技术中心	正处	财政核拨	12	6	1	5	—	—
5. 福建省农业广播电视学校加挂"福建省农民科技教育培训中心"牌子	正处	财政核拨	12	12	2	9	—	1
6. 福建省农垦与南亚热带作物经济技术中心	副处	财政核拨	21	21	2	16	—	3
7. 福建省农田建设与土壤肥料技术总站	正处	财政核拨	18	17	—	15	—	2
8. 福建省农村合作经济管理总站	副处	财政核拨	12	12	—	12	—	—
9. 福建省农民体育协会办公室	正处	财政核拨	3	3	2	1	—	—
10. 福建省边际动物防疫监督总站	副处	财政核拨	18	18	—	18	—	—
11. 福建省农业干部学校	正处	财政核补	42	27	5	14	—	8
12. 福建省热带作物科学研究所	正处	财政核拨	65	57	5	44	—	8
13. 福建省蚕桑研究所加挂"福建省食用菌菌种站"	副处	财政核拨	64	61	1	25	30	5
14. 福建省种子总站加挂"福建省种子质量监督检验站"牌子	正处	财政核拨	27	27	—	25	—	2
15. 福建省绿色食品发展中心	正处	财政核拨	21	21	2	16	—	3
16. 福建省闽台农业良种繁育中心	正科	企业化管理	5	5	—	—	—	—
17. 福建省农业执法总队	正处	财政核拨	8	8	1	6	—	1
18. 福建省农业机械监理所	副处	财政核拨	12	12	12	—	—	—
19. 福建省农业机械鉴定推广总站	正处	财政核拨	26	26	3	19	—	4
20. 福建省农业区划研究所	正处	财政核拨	27	24	—	18	—	6
21. 福建省畜牧兽医总站加挂"福建省动物疫病预防与控制中心"牌子	正处	财政核拨	42	41	—	33	7	1
22. 福建农业职业技术学院	副厅	财政核拨	—	204	16	169	—	19
23. 福建省农产品质量安全检验检测中心加挂"福建省农药检定所"、"福建省兽药饲料监察所"牌子	正处	财政核拨	46	46	5	36	—	5

续表 15 - 2

单　位	机构规格	经费形式	编制	实有人数	其中			
					行政	技术	生产工人	后勤工作
24. 福建省农产品加工推广总站加挂"福建省农业生产力促进中心"牌子	正处	财政核拨	27	27	2	20	—	5
25. 福建省农业信息中心(正处级)	正处	财政核拨	8	8	—	7	—	1
26. 福建省种植业技术推广总站(副处级)	副处	财政核拨	36	36	—	32	—	4

营注：福建农业职业技术学院的编制尚未核定。

二、市县级事业机构

1991 年，各地、县已基本设立农业技术推广站、植保测报站、畜牧兽医站、土壤肥料技术站、农村合作经济经营管理站、经济作物管理站、果蔬蔗烟杂技术推广站、茶叶技术推广站、种子公司等；福州、莆田、宁德等地设有中心土壤化验室；闽侯设有蚕桑技术推广站。部分地、县还设有食用菌机构和能源办。周宁县食用菌领导小组办公室和食用菌技术推广站成立。8 月，寿宁县成立农业技术推广中心。同年，松溪县成立果苗站。

1991—1993 年间，福州、长乐、柘荣、霞浦、永定等地先后增设福建省农业广播电视学校分校。

1992 年 4 月，宁化县蚕桑站成立，2000 年 6 月撤销。

1993—1994 年，南平地区、龙岩地区、福清、泉州、莆田、福安、闽侯、平潭、永泰均成立兽医卫生监督检验所。

1993—1996 年，福州、三明、闽侯、莆田、龙岩、邵武、长汀、连城、漳平、惠安、南安、平潭、沙县、尤溪等地陆续成立种子管理站，与种子公司实行一个机构、两块牌子管理。古田县食用菌站从农业局分离，成立古田县食用菌办。惠安县畜牧兽医服务中心改为县畜牧兽医站，加挂县畜牧兽医卫生监督所牌子，实行两块牌子、一个机构管理。

1994 年 3 月，龙岩地区成立农村环保能源办公室。6—8 月，福清和莆田市减轻农民负担监督管理办公室成立。10—11 月，长乐、建阳撤县建市，其农业部门都相应更名。

1995 年 1 月，连江县兽医监督检验所成立。是年，宁德地区、永安、周宁和屏南兽医卫生监督所成立。福鼎撤县建市、福州原郊区更名为晋安区，其农业部门都相应更名。

1996 年 1 月，厦门市党政机构改革，市农业委员会和市农业技术服务公司（1983 年市农业局曾撤销，设立农业技术服务公司，但仍挂农业局牌子，行使农业局职能）撤销，重新组建市农业局；原市委农工部改为市委农办，与市农业局实行一个机构、两块牌子办公。同期，建宁县种子管理站成立。是年，将乐县成立经济作物管理站。1996—1998 年，福安市将茶叶管理局更名为福安市茶叶事业局，宁德、福鼎、寿宁、周宁、霞浦、柘荣、屏南和古田等县（市）的茶叶管理局更名为茶叶技术推广服务中心，对外仍加挂"茶叶管理局"牌子，其职能不变。

1997 年，沙县组建农业技术推广中心、经济作物技术推广中心、畜牧水产技术推广中心和农业机械技术推广中心。明溪县茶叶站、真菌站并入县经济作物站。三明市农业中心化验站增挂三明市农业环保监测站牌子（2004 年 11 月更名为三明市农产品质量安全检验检测中心）。上杭县增设能源办。顺昌县茶叶管理总站更名为顺昌县茶叶管理站。6 月，寿宁县成立县食用菌站。

1997 年 3 月至 1998 年 7 月，福州、闽侯、莆田的植保测报站和宁德地区植物保护站及顺昌植保站均分别更名为植保植检站。

1998 年 3 月，莆田市土壤肥料中心化验室更名为莆田市农业环保能源站。同月，南平市农村环保能源站成立。三明市三元区植保测报站变更为三元区植保植检站。5—8 月，龙岩市政府成立食用菌办公室和市绿色食品工作领导小组办公室，挂靠市农业局。9 月，莆田市农场勘测设计规划组更名为莆田市绿色食品发展中心。10 月，福州市果蔗烟麻杂技术站更名为福州市经济作物技术站。12 月，尤溪县农村能源站成立，挂靠县土肥站，实行一个机构，两块牌子（2004 年 3 月，更名为县农村环保能源站）。

1999 年 1—2 月，将乐、建宁县果树研究所成立。3 月，连城县成立红心地瓜研究所。建宁县农村环保能源站成立。9 月，泉州市肖厝管委会农业办公室成立。11 月，福州市中心土壤化验室增挂市农村环保能源站牌子。12 月，漳州市农业检验监测中心成立。同期，建瓯市省柴节能办公室更名为环保能源站（2003 年 8 月并入农业技术推广中心）。

2000 年 2 月，南平市食用菌站成立。7 月，武夷山市环保能源站成立。6—10 月，厦门、南平市绿色食品发展中心成立。12 月，建瓯市成立绿色食品办公室；政和县成立农业信息中心。是年，武平县成立县食用菌推广服务站和蔬菜技术推广服务站；惠安县设立福建省农业广播电视学校惠安分校；政和县成立农业信息中心和外经科教股。

2001 年 2 月，宁德市绿色食品发展中心成立；屏南县反季节蔬菜中心成立，挂靠县经济作物站。5 月，明溪县种子管理站成立。10 月，福建广播电视学校莆田市工作站更名为莆田市农业广播电视学校。11—12月,南平市畜牧站成立;南平市畜牧兽医站更名为动物防疫站;南平市兽医卫生监督所改设为动物防疫监督所,并撤销家畜育种站。12月,武夷山市农垦站加挂武夷山市绿色食品发展中心牌子。是年,南平市农业资源区划委员会办公室划归南平市农业局管辖。政和县设立种植业管理股;政和县能源办更名为县农村环保能源站。

2002年1月,明溪县农民负担监督管理办公室成立。2月,清流县成立畜牧水产服务中心。3月,莆田城厢区农业环保能源站成立。9月,将乐县农村环保能源站成立。莆田市茶叶技术推广站更名为莆田市农业检验监测中心,原市茶叶技术推广站职能并入市果蔗麻烟杂技术站。同期,泰宁县茶果技术推广站与经济作物综合站、食用菌技术推广站合并组建县经济作物技术推广站。泰宁县科教站并入县农业技术推广站,撤销县农业技术推广中心。

2003年2—3月,莆田荔城区农村能源办公室更名为荔城区农业环保能源站。莆田县果树研究所更名为莆田市蔬菜技术推广站。三明市农业市场与经济信息工作站成立。4月,福安市兽医卫生监督所成立。南平延平区农村能源办公室并入区农业局管理。5月,在国家农业部的支持下,组建厦门市农产品质量安全检验测试中心和农业部农产品质量安全监督检验测试中心(厦门):两块牌子、一个机构。同期,福鼎市城关动物检疫站成立。6月,长乐市农业机械化技术学校并入长乐市农业机械管理站。南平延平区农业区划委员会办公室和福鼎市农业资源区划委员会办公室、农村能源开发领导小组办公室划归当地农业局管理。8月,三明市三元区种子管理站成立,与三元区种子公司一个机构,两块牌子管理。

2004年11月,三明市农村能源领导小组办公室更名为市农村环保能源站;经济作物综合站更名为市食用菌技术推广站;三明市果树技术推广站和市茶叶技术推广站合并,成立市经济作物技术推广站;农业机械管理服务中心站、农业机械研究所、农业机械监理所、农业机械培训班和农业机械监理站合并,成立三明市农业机械化管理中心。连城县绿色食品办公室成立。莆田市绿色食品发展中心更名为莆田市农产品质量监督管理站,同时加挂莆田市农垦管理站、莆田市南亚热带作物开发利用管理办公室两块牌子。

2005年4月,南平延平区茶叶管理总站撤销、延平区茶叶技术推广站并入区农业局经作站。5月,厦门整合农业事业单位市农业科学研究所、市农业技术推广中心、市绿色食品发展中心、市农业机械监理所整合为厦门市农业科学研究与推广中心,原牌子均保留;市家畜检疫站、市畜牧兽医站整合为厦门市动物防疫监督所;县乡镇企业管理站撤销;县农民广播电视学校并入县农技站。6月,闽侯县蚕桑技术推广站、县茶叶技术推广站、县果蔗烟杂技术站合并成立闽侯县经济作物站。福清市畜牧兽医技术服务中心和市兽医卫生监督检验所合并,成立福清市畜牧兽医中

心，加挂福清市兽医卫生监督检验所牌子。宁德蕉城区绿色食品办公室成立。8月，建宁县农业市场和经济信息工作站、县农产品质量安全检验检测中心成立；建宁县农业经营管理站更名为县农村经济经营管理站，建宁县经济作物站更名为县经济作物技术推广站。9月，明溪县农村环保能源站成立。11月，仙游县农村能源办更名为仙游县农村环保能源站。清流县合并农业技术推广站、土壤肥料技术站、植保植检站和种子管理站，设立农业技术推广中心；是并县茶果技术推广站和经济作物综合站，设立经济作物技术推广站；合并县农业机械推广站、农业机械监理站和农机化学校，设立农业机械管理中心；设立县农业市场与经济信息工作站、兽医卫生监督所和农产品质量安全检验检测中心。是年，南平延平区设畜牧水产局，邵武、建瓯、顺昌、浦城、松溪、政和等县（市）在农业局加挂畜牧水产局牌子，武夷山、建阳、光泽3县（市）的职能在农业局。截至2005年年底，南平各县（市、区）均设有畜牧兽医站（动物防疫站）、水产技术推广站、渔政管理站（浦城与水技站合署），大部分设有兽医卫生监督所（动物检疫站）。

1997—2005年，根据事企分开原则，各地县单独设立企业性质的种子公司，或单独设立事业性质的种子管理站，或由种子公司更名为种子站，或二者并存。

1998—2005年，莆田、龙岩、厦门、南平等市陆续成立农业行政执法支队；漳州市及所属各地县福清、连城、闽清、连江、上杭、罗源、三明市、明溪、将乐、建宁、尤溪、清流、宁化、福安、古田、福鼎、周宁、寿宁、霞浦、柘荣、福鼎、宁德蕉城区、邵武、建瓯、政和、顺昌、松溪、建阳、武夷山等成立农业执法大队。

表 15-3　　　　福建省市（地）县、乡级农业技术推广机构一览表

单位：个

年份	级别	农业技术推广机构	其中						备注
			农业技术推广机构	农村经营管理机构	畜牧兽医机构	水产推广机构	农机推广机构	其他机构	
1991	市（地）级	57	9	9	12	—	—	27	市（地）级其他机构包括：植保测报站、土肥技术站和种子公司等单位。县级其他机构包括：果树、茶叶、蔗麻烟、热作、蚕桑和畜牧兽医等技术推广站
	县　级	715	76	71	102	—	—	466	
2000	设区市级	118	71	13	23	10	1	—	
	县　级	774	461	92	116	84	21	—	
	乡　级	4664	1129	962	1000	559	1014	—	
2005	设区市级	117	72	8	21	14	2	—	
	县　级	853	499	75	127	105	47	—	
	乡　级	3373	378	349	863	1422	299	62	

三、试验研究机构

（一）省级试验科研机构

1. 福建省农业科学院

机构设置　截至 2005 年年底，全院共设 19 个研究与服务机构，由水稻研究所、甘蔗研究所、茶叶研究所、植物保护研究所、果树研究所、作物研究所、农业生态研究所、土壤肥料研究所、畜牧兽医研究所、农业工程技术研究所、农业经济与科技信息研究所、中心实验室、生物技术研究所、良种研究中心、科技干部培训中心 15 个研究所（中心、室）和 4 个非编制开发实体组成。院部机关设有办公室、人事处、科研处、基财处、产业处、行管处、监察室等处室，以及院纪委、党委办公室、组织部、宣传部、工青妇组织等部门。全院在职职工 1073 人，其中科技人员 680 人；具有高级职称的 272 人（含正高级职称 66 人），中级职称 269 人，博士学位 31 人，硕士学位 96 人，博士生导师 1 人，硕士生导师 15 人；国家级有突出贡献的中青年专家 5 人，享受国务院特殊津贴专家 72 人；省优秀专家 14 人；国家百千万人才工程 2 人、省百千万人才工程 26 人。与中国农业科学院研究生院联合创办研究生教学实习基地，国家人社部在该院设立了博士后工作站，国家外专局在该院设立了生物技术引智基地。

试验场地　2005 年已建有（福州）国家水稻改良分中心、国家龙眼枇杷资源圃、国家红萍品种资源圃、2 个省级重点试验室、8 个省级工程技术研究中心、有 1950 亩实验场、圃。

事业经费　2005 年，省级科院在研项目 148 项，当年新增 89 项，到位科研经费 935 万元，其中国家 863 计划、星火计划及农业部项目计划 13 项，省重点项目 23 项，省自然基金、省青年基金项目 16 项，省跨越计划、省农科教结合项目以及省农业专项等 37 项。此外，横向协作项目 30 项（281.05 万元），获种苗工程经费资助 100 万元。

基本建设　全院共有试验用土地面积约 2403.51 亩，其中水田 420.21 亩、旱地 491.13 亩，其余 1492.17 亩为山地。院部机关以及院属的农业经济与信息、农业工程、生物技术、良种中心、培训中心等机构均位于福州市五四路 247 号，占地面积约 50 亩，房屋的总建筑面积 20946.21 平方米，其中农科院试验大楼（现院部机关）始建于 1982 年，1985 年竣工，该大楼建筑面积 9038.21 平方米，13 层；华林路的农业科技开发公司大楼 1986 年竣工，建筑面积 339.45 平方米；

2005 年 9 月，省农科院动土兴建福建省农业高新技术实验中心大楼（省政府重点项目），占地 2215 平方米，总建筑面积 31033 平方米，地上 22 层，地下室一层，建筑高度 92.1 米，该项目总投资 10761 万元；着手建立开放实验室仪器设备共享机制；启动省农作物品种抗性工程技术研究中心和省山地草业工程技术研究中心2个建设项目；福州国家水稻改良分中心建设、省农科院种猪场建设及国家"十五"第二批福建省农科院甘蔗良种繁育及产业化示范等建设项目通过验收；省兽医P3实验室是中国唯一通过国家认可和农业部评审的动物生物安全三级实验室；省生物农药工程研究中心实验室完成工艺研究安装和调试，进入正常运行。

仪器设备 至2005年年底，省农科院仪器设备总值3569.4万元（当年新增755万元），其中单台（套）10万元以上仪器设备有40台（套），总价值1874.6万元，当年新增8台（套）1269.2万元；单台（套）50万以上仪器设备有2台（套），总价值125.89万元，当年新增一套（台）64.04万元。可对外共享的仪器设备主要有扫描电子显微镜（JSM－6060LV型、进口，2005购置）、氨基酸自动分析仪（L－6800型，进口，2004购置）、粗纤维分析仪（2010型、进口、2004购置）、气相色谱仪（GC－2010型、进口、2003购置）、制备超速离心机（LE－80K型、进口，2003购置）、多功能冷冻离心机（21R型、进口，2002）、风冷热泵机（RF90N型，进口，2002购置）、液相色谱仪（HP110型、进口，2002购置）、原子吸收分光光度计（AA－6800型，进口，2001购置）、谷物分析仪（1255型、进口、2001购置）、生物发酵罐（GF－7型，国产，1999购置）、PCR测定仪（Gentcycler型、进口、1997购置）DNA快速测定仪（DunaGuqnt 200型、进口、1997购置）、凯式定氮蛋白仪（1030型、进口、1992购置）。

科研成果 截至2005年，共取得国家、部省级科技奖励成果300项，其中省、部级三等奖以上重大成果56项，内含国家特等奖1项，国家科技进步二等奖3项，国家科技进步三等奖4项，国家星火计划二等奖1项，国家星火计划三等奖2项，部级科技进步一等奖9项，省级科技进步一等奖5项，部、省科技进步二等奖31项。共有105个农作物良种通过国家、省农作物品种审定委员会审（认）定，获授权专利43件，其中发明专利11件，实用新型专利29件。

（1）水稻研究所

1975年12月成立，该所原名省农科院稻麦研究所，前身为1935年成立的福建省农林改良总场长乐分场（1939年扩建为省农事试验场作物组，1959年扩充为农艺系）。2005年，有职工116人，其中科技人员93人，博士后1名，博士4名，硕士16名，高级职称25人，中级职称19人，享受国务院特殊津贴10人。设有二系杂交稻遗传育种、三系杂交稻遗传育种、水稻种质、常规优质遗传育种、超级稻遗传育种、特种稻遗传育种、成果转化与技术服务、水稻种质创新与遗传改良、重点实验室、核技术农业应用、水稻栽培与生理生态、新品种中试示范、稻米品质、康普顿辐照技术有限公司等科室，有2个试验农场（面积195亩）、7座实验楼，拥有种子低温、除湿库200平方米，水稻种质资源库50平方米、化学分析实验室、植物形态解剖实验室和 2600 平方米温、网室，设计容量 50 万居里的钴 60 核技术农业应用辐照装置。

主要研究任务与方向是：二系、三系杂交水稻选育研究，超级杂交稻选育研究，稻米品质遗传及优质水稻新品种选育，专用型和功能型水稻的选育与研究，水稻抗逆基因聚合及分子标记辅助育种，种质资源研究，航天育种与常规育种相结合，水稻高产栽培技术与生理生化研究。同时，保持与国际水稻所、联合国粮农组织、日本东京大学等科研单位的合作研究关系。

主要科研成果有：曾先后育成 160 多个稻麦优良品种，开发栽培新技术 15 项，成果累计推广 2 亿多亩，增产粮食 150 亿公斤，先后获奖 110 项，其中全国科学大会奖 3 项、省科学大会奖 12 项，国家特等发明奖 1 项，省、部科技进步一等奖 6 项，部科技进步二等奖 5 项，获国家专利 18 项。

（2）甘蔗研究所

1958 年成立，该所前身为福建省甘蔗实验站，隶属省农业厅，1960 年更名福建省蔗麻试验站，隶属省农科院后几经易名，1985 年定为现名。2005 年有职工 49 人，其中科技人员 38 人，高级职称 12 人，中级职称 10 人；博士 2 人，硕士 5 人（含在读）。设有行政办公室、保卫科、中试基地、信息化研究室、成果转化与技术服务室、甘蔗育种与栽培研究室、麻类资源利用研究室、基础实验室、闽台园艺研究中心 9 个科室。拥有实验地 120 亩、配有 3000 平方米人棚设施、一座现代化诱导甘蔗开花的光周期室和杂交玻璃温室、植物组培室（年产组培苗 500 万株）、500 余份蔗麻种质资源。装备有 NSAAB 显微染色体图像分析系统、全自动旋光仪系统、多种型号生物显微镜、各种型号超净工作台等。

主要研究任务与方向是：蔗麻新品种选育和配套栽培技术研究，植物生理生化和生物技术研究，亚热带园艺作物开发研究及产业化示范推广等。

主要科研成果有：共选育 21 个蔗麻良种，累计推广近 1000 万亩，获省、部级科技进步奖等 39 项，其中省科技成果奖 9 项，省部级科技进步一等奖 3 项，省部级科技进步二等奖 4 项，省部级科技进步三等奖 12 项、省农科院科技成果奖 5 项，国家专利 1 项。获得省级鉴定科研成果 19 项。

（3）茶叶研究所

1935 年创建，该所前身为福建省建设厅福安茶叶改良场，历经 11 次更名后，1975 年后定为现名。2005 年有职工 94 人，其中科技人员 72 人，高级职称 11 人，中级职称 9 人。设有栽培与育种、机械与制茶、茶树保护、茶叶科研开发中心、茶叶实验场、生理生化、科管与情报、保卫科、办公室等部门。拥有茶园面积 960 亩，其中试验用地 100 余亩，年产干茶 100 吨能力的茶叶初制、精制加工厂及设备，红、绿、乌龙茶试验车间各一个；收集、保存省内外 1000 个茶树品种（系）

的茶树种质资源圃 20 亩（计 4000 多份种质资源成为全国收集、保存茶树品种最早、较多的品种资源库和乌龙茶品种资源保存中心）。

主要研究任务与方向是：茶树品种选育与栽培；茶园土壤肥料，茶树植保，制茶工艺，制茶机械设备，茶树品种资源的收集与保存等研究。

主要科研成果有：先后有 49 项成果获奖，其中全国科学大会奖 3 项，省科学大会奖 9 项，省科技进步二等奖 4 项，省、部科技进步三等奖 12 项；选育国优良种 7 个，省优良种 12 个，获得国际、国内各类名优茶奖 30 多项。先后编著出版《茶树栽培与茶叶初制》、《茶树品种志》等 34 种科技图书，编辑发行省级 CN 号刊物《茶叶科学技术》180 多期。

（4）植物保护研究所

1978 年创建，2005 年有职工 62 人，其中科技人员 58 人，高级职称 21 人，中级职称 15 人；博士 7 人，硕士 3 人，享受国务院津贴 1 名，国家百千万人才 1 名，省优秀专家 1 名，在读博士 2 人、硕士 4 人。设有植物病理、昆虫、农药和应用真菌、植保技术信息化等 5 个研究室以及办公室。建有农药学实验室、植物病害诊断与病原分子检测实验室、植保技术信息化实验室、昆虫生态与环境科学实验室 4 个开放式的公共实验室；建立福建省主要农作物品种抗性鉴定中心、捕食螨工厂化繁育基地、植物保护研究所中试基地（闽侯南通）、福州市科丰植保技术服务部、福建省国际科技合作示范基地、农业部新农药登记田间药效试验认证单位 6 个研发平台及基地。1996 年获得全国农业科研单位"百强研究所"称号。

主要研究任务与方向是：农林有害生物发生、监测和综合防治，主要作物品种抗性鉴定与抗源利用，植保技术信息化，昆虫、螨类及其天敌的分类与应用，生物源有害生物控制剂研究，化学防治及其负效应的监测与治理，绿色食品生产技术标准，应用真菌，生物多样性及生物安全，植保生物技术等研究与应用。

主要科研成果有："八五"至"九五"间，获得各类成果奖 26 项。"十五"以来共承担国家、省科技厅等各类项目 80 多项，获得 6 项省科技进步奖，其中省科技进步一等奖、二等奖各 1 项，三等奖 4 项。此外，与英、美、德、日有关大学及研究所保持合作研究与学术交流。

（5）果树研究所

1960 年建所，2005 年有科技人员 88 人，其中科技人员 73 人，高级职称 15 人，中级职称 27 人，博士 4 人、硕士 13 人（均含在读）。全所占地面积 405 亩，设有办公室、落叶果树研究室、柑橘研究室、热带亚热带果树研究室、果树植保研究室、果树生物技术研究室、果品储藏保鲜研究室、果树信息研究中心、果树试验场、福建省绿野果树技术开发中心等；建有国家果树种质福州龙眼枇杷圃、福州龙眼枇杷国家野外科学观测研究站、农业部田间农药药效试验认证单位、福建省果树

（龙眼、枇杷）育种工程技术研究中心、省农科院果品及苗木质量监督检验测试中心等科技平台。

主要研究任务与方向是：从事龙眼、枇杷、柑橘、荔枝、桃、李、梨、葡萄、橄榄、余甘、黄皮、杨梅、番木瓜等果树新品种选育及配套技术研究，开展果树生物技术、果树病毒脱除、植物生长调节剂应用、果品贮藏保鲜、综合利用以及采后生理技术研究。

主要科研成果有：曾获国家、省部级成果奖 27 项，其中省、部级科技进步一等奖 4 项，二等奖 4 项，部、省科技进步三等奖 19 项。出版果树论著 8 部，搜集龙眼枇杷资源 723 份。培育出第一个有性杂交龙眼新品种"冬宝 9 号"和中国栽培面积最大的枇杷新品种"早钟 6 号"。育成龙眼品种（系）20 多个，枇杷品种（系）50 多个，以及柑橘、橄榄、杨梅、桃、李、梨等新品种（系）15 个。

（6）作物研究所

1978 年建所，该所前身是省农科院耕作轮作研究室，后改称耕作轮作研究所。2005 年更名为省农科院作物研究所。2005 年有职工 44 人，其中科技人员 40 人，高级职称 18 人，中级职称 15 人，博士 1 人，硕士 4 人。设有甘薯、玉米、豆类、油料作物研究室和蔬菜研究中心及福建省绿业园艺科技有限公司等部门。拥有温室和大棚 6000 多平方米，一个实验农场，保存 2000 多份作物品种资源、400 多份野生资源。

主要研究任务与方向是：甘薯、玉米、豆类、花生、油菜等旱作物及蔬菜、食用菌的种质资源征集、保存鉴定、筛选及其新品种选育高产优质栽培技术研究。

主要科研成果有：曾获得 5 项科技成果奖。甘薯新品种福薯 26 的选育、油菜新品种福油 1 号的选育、春大豆高产配套技术研究、玉米种植制度及高产配套栽培技术研究、莆田沿海旱地生态农业示范综合研究先后获省科技进步三等奖。新育成并通过省作物品种审定委员会审定的甘薯新品种 2 个、玉米新组合 1 个，均旱地豆科绿肥新品种 1 个，油菜新品种 1 个，均已在生产上推广应用。

（7）农业生态研究所

1983 年成立，该所经农业部批准成为"国家红萍资源中心"，曾改名为省农科院红萍研究中心，2005 年更名为福建省农科院农业生态研究所。2005 年有职工 42 人，其中科技人员 36 人，国家级专家 1 人，高级职称 8 人，中级职称 20 人；享受国务院津贴专家 1 人，省优秀专家 6 人。设有红萍、草业、系统生态、资源生态、农业工程、技术开发等 7 个研究室，在福州晋安、建阳、龙海、惠安、南安、宁德、三明、龙岩等地建立了观光农业、生态果园、生态恢复与畜牧利用等生态农业和南方草业的研究与示范基地，建有世界上品种最多的红萍资源圃。

主要研究任务与方向是：主要从事牧草、红萍、绿肥的育种与开发，生态恢复与流域治理，农业环保与循环经济，生态栽培与健康养殖，生态工程与观光农业，生态规划和生态网络等农业生态领域的研究和技术推广工作。

主要科研成果有：曾获部、省级成果奖 19 项，其中部科技进步一等奖 3 项，省、部科技进步二等奖 7 项，省、部科技进步三等奖 8 项；获国家发明专利 2 项，国家实用专利 3 项。在稻田生态、山地红壤开发与利用、立体农业、生态果园等方面研究一直处于国内先进水平。

（8）省农科院土壤肥料研究所

1978 年建所，该所前身是省农科院土壤肥料系。2005 年有职工 44 人，其中科技人员 39 人，高级职称 13 人，中级职称 16 人。设有办公室、科管室、化验室、科技开发室、土壤与植物营养研究室、农业微生物研究室、省农科院食用菌开发应用研究中心、省农科院生物肥料检测中心，省农科院绿色食品环境监测中心，福州农普农化服务有限公司。拥有高倍显微镜、原子吸收光谱仪、光照培养箱、生物显微镜、电子天平、单目解剖镜、小型控温摇床、10 立升微生物发酵罐等。

主要研究任务与方向是：从事农业土地资源利用与管理，农业环境与生态保护，土壤改良与质量评价、规划整理，植物营养与精准养分管理，新型肥料研发，食（药）用菌育种、栽培及深加工研究，农业微生物应用等研究。

主要科研成果有：曾获省、部级成果奖 33 项，其中全国科学大会奖 2 项，省科学大会奖 4 项，部科技进步一等奖 2 项，省、部科技成果二等奖 7 项，省科技成果奖 19 项，与其他单位协作获得省、部级奖 18 项。

（9）畜牧兽医研究所

1961 年成立，2005 年有职工 142 人，其中科技人员 89 人，高级职称 26 人，中级职称 33 人，其中博士 2 人，硕士 24 人。设有办公室、信息化研究室、开发科，动物营养研究室、畜禽遗传育种研究室、动物病毒研究室、禽病研究室、畜病研究室、畜禽疫病防治工程技术研究中心、兽医生物安全三级实验室、畜禽水产疾病诊疗中心、畜牧兽医杂志编辑部和福建省康牧生物技术开发中心 13 个科室。与美国密歇根大学、佐治亚大学、康乃尔大学及美国家禽研究所等单位有密切的业务往来与技术合作关系。以"科企结合、项目带动、平台服务、科技扶持"等不同模式建立了 10 个科技示范基地。

主要研究任务与方向是：从事动物营养、动物遗传育种和畜禽疫病防治研究。

主要科研成果有：曾先后获国家、部省级成果近 60 项，其中国家科技进步二等奖 1 项，省科技进步一等奖 2 项，省、部级科技进步二等奖 7 项，1997 年在全国同行业评比中排名第六位。

（10）农业工程技术研究所

1980 年 5 月成立，该所前身为省农科院地热农业利用研究所，曾是全国唯一的省级地热农业利用研究所，主要利用地热资源、开展农业工程和地热在农艺、园艺、水产、食用菌等多门类多学科的综合开发研究。根据省农科院学科调整、资源整合精神，2005 年 7 月经福建省编委批准，更名为"省农科院农业工程技术研究所"。2005 年有职工 57 人，其中科技人员 54 人，高级职称 9 人，中级职称 16 人，博士 2 人，硕士 13 人。设有农业工程信息、农产品加工研究、农村能源与设施、农业环保、人居环境与景观设计、环保型植物 6 个研究室以及办公室、测试试验室、农业工程试验基地等科室。

主要研究任务是：开展设施农业、农业新质能应用与农业环境保护工程、沼气生态系统、新农村人居环境规划设计、台湾果树良种引进与开发、环保型植物应用等项目研究以及功能食品、果蔬保鲜、生物酿造、食品营养与安全等农产品加工技术。

主要科研成果有：曾获国家、省、部级科技成果奖 7 项，其中省、部级科技进步二等奖 3 项，省、部级科技进步三等奖 4 项；获国家专利 2 项。

（11）农业经济与科技信息研究所

1979 年建所，该所前身为省农科院科技情报处，后易名为省农科院科技情报研究所，2004 年 11 月增挂"福建省台湾农业研究中心"牌子，2005 年更改为现名，有职工 48 名，其中科技人员 46 人，高级科技人员 15 名，中级 9 名。设有办公室、科技期刊编辑室、台湾农业研究室、宏观农业研究室、图书馆、农业科技信息网络中心、农业部定点查新检索室、科技信息咨询中心等。收藏中外文书刊和资料 20 余万册，设有专门的台湾农业书库。

主要研究任务与方向是：农业发展战略、预测、规划等宏观农业和台湾农业研究；联机检索查新和信息咨询，编辑出版《福建农业学报》、《福建农业科技》、《台湾农业探索》3 种公开发行的省级刊物。

主要科研成果有：曾先后获得省科技进步奖 5 项，全国、华东区、科技期刊优秀奖 10 余项，福建省优秀情报成果一等奖 2 项。被确定为农业部首批定点查新检索单位。

（12）中心实验室

1984 年成立，2005 年有职工 24 人，均为科技人员，其中省级优秀专家 1 名，高级职称 9 人、中级职称 10 人、省百千万人才 2 人。设有技术科、质管科、综合业务科、科管科、检测室、分子生物研究室 6 个科室，拥有 JEM - 100CX II 透射电子显微镜、SM - 35CF 扫描电子显微镜、超速高速离心机、气相色谱仪、氨基酸全自动分析仪、AA - 6800 原子荧光光谱仪、原子吸收光谱仪、紫外分光光谱仪、1030 凯式蛋白分析仪、1020 纤维自动分析仪等。

主要研究任务与方向是：开展农畜产品、水产品、畜牧水产饲料等样品营养成分、有害物质的分析测试工作，参与有关重点课题的协作攻关。为生物研究、动物疫苗研究、水产畜牧饲料营养研究、食用菌品质研究、作物栽培育种研究、土壤肥料研究等院内外课题进行分析测试，提供各种分析数据。

主要科研成果有：曾先后获得 12 项科研成果奖，其中获农业部科技成果改进一等奖 1 项、省科技成果二等奖 1 项。参加协作研究的项目中，其中获省科技进步一等奖 1 项、部科技进步二、三等奖 2 项、省科技进步三等奖 5 项。

（13）生物技术研究所

1989 年 8 月成立，该所原名省农科院农牧业与红萍生物技术研究中心，1998 年 2 月更名为省农科院生物技术中心，根据省农科院学科调整、资源整合精神，2005 年 7 月，经福建省编制委员会批准，更名为省农科院生物技术研究所。2005 年有职工 85 人，其中科技人员 77 人，高级职称 23 人（其中研究员 5 人），中级职称 28 人；博士 11 人，在职博士研究生 13 人，硕士 22 人，在职硕士研究生 7 人。设有 8 个研究室、2 个行政科室、一个省级重点实验室（福建省农业遗传工程重点实验室）、一个省级工程技术研究中心（福建省水稻转基因育种工程技术研究中心）。同时，作为福建省生物农药工程技术研究中心及福建省水产动物疫病重点实验室的技术依托单位。该所拥有科研仪器及设施总值约 800 多万元，拥有凝胶成像系统、近红外线分析仪、高速冷冻离心机、液相色谱、气相色谱、细胞融合仪、基因扩增仪、DNA 分析仪、倒置显微镜、荧光显微镜、立体解剖镜、生物毒素耦合装置、微生物自动鉴定系统、真空冷冻干燥机等先进仪器。

主要研究任务与方向是：水稻分子育种技术、转基因水稻生物安全评价、水稻资源和功能基因、杂交稻育种、动物细胞工程、水产动物疾病、动物免疫学、海洋生物技术、植物病害生物防治、生物反应器与发酵工程、生物毒素耦合技术、农业环保技术、植物—微生物相互作用、植物资源与细胞工程等研究。同时，与德国、瑞典、美国、加拿大、白俄罗斯等国建立了合作研究关系。

主要科研成果有：曾先后获得国家发明二等奖 1 项，国家科技进步二等奖 1 项，省科技进步二等奖 3 项、省科技进步三等奖 1 项。

（14）农业遗传工程重点实验室

1996 年 10 月成立，该所是省级重点开放实验室。设有植物基因工程与植物品种设计 2 个研究室，总面积 1200 平方米，拥有进口仪器设备约 35 万美元，国产仪器设备约 160 万元人民币；试验基地 360 亩，玻璃温室 480 平方米，联栋网室 2376 平方米，25 亩规范化转基因水稻安全评价基地，258 平方米的基地工作用房。

主要研究任务和方向是：以"分子设计"为理念，以提高创新能力和竞争能力为核心，全面开展水稻基因资源挖掘、水稻重要农艺性状基因功能诠释、生物信息学、转基因技术、分子标记技术及杂交稻育种技术等多方面的研究，建立"水稻分子设计"的技术平台、材料平台、设施平台、信息平台，逐步达到以"分子设计改良水稻"的终极目标。同时，承担国家 863 项目、国家转基因专项计划、国家自然科学基金、福建省重大科技项目、福建省自然科学基金等研究项目 30 多项。

主要科研成果有：在转基因抗虫水稻培育方面的研究居世界先进水平，部分内容世界领先。建立了包括功能基因研究、转基因水稻培育、分子标记辅助选择、杂交稻选育、大田试验、生物安全评价等完整的水稻生物技术研究体系，储备了一批成熟的技术和材料。同时，已经成功选育出一批抗虫品系（组合），通过了中间试验、环境释放试验和生产性试验，转 BT/SCK 双价基因抗虫水稻科丰 6 号及其杂交稻组合两优科丰 6 号被农业部列为首批受检的转基因水稻。两优科丰 6 号被农业部指定首批参加国家水稻区域试验，区试结果位列小组第一。科丰 6 号、两优科丰 6 号、两优科丰 6 号已经申请品种保护。部分高抗虫、高产超级稻品种已经逐步完善，可满足大规模地在全国杂交稻生产区迅速推广。

2. 福建农林大学

2005 年福建农林大学设有 30 个部省级科技创新平台。学校还内设 71 个研究机构，每年承担国家和部省级科研项目 400 多项。全校教职员工总数达 2181 人，其中教师和专职科研人员 1400 多人，教师队伍中在职正高级职称人员 170 多人，副高级职称人员 450 多人。其中，有 1 位中国科学院院士，3 位国务院学位委员会学科评议组成员，3 位福建省杰出科技人员，1 位福建省杰出人民教师，8 位国家有突出贡献专家，6 位国家"百千万人才工程"第一、第二层次人选和新世纪百千万人才工程国家级人选，30 位省表彰的优秀专家，125 位享受政府特殊津贴专家。具有博士、硕士学位的达 409 人。

事业费　1996 年 12 月，福建省昆虫生态重点公共实验室和福建省植物病毒学重点公共实验室建设项目先后通过福建省科委成果鉴定。共承担科研项目 100 余项，科研经费 482.4 万元，其中国家和省科技攻关项目 13 项。2005 年新上科研项目 416 项，获资助经费 3493 万元。学校基础研究项目经费首次突破 1000 万元，"973"专题、国家自然科学基金、科技部重大基础研究前期专项、省自然科学基金项目合计达 57 项 1071 万元。"十五"以来，共承担科研项目 1247 项，获得科技经费 2.02 亿元。

设施设备　校图书馆藏书 68 万余册，仪器设备总值 1000 多万元，校园占地 2000 余亩，建立了测试中心、电教中心和 20 多个校内外教学、科研、推广基地。全校固定资产总值 4 亿元，教学科研仪器设备总值 1.8 亿元，校舍面积近 80 万平方米，图书馆纸质藏书 130 多万册、电子图书 10 多万册，是中国学术期刊首批文献检索咨询站和农业部首批查新单位，与国内外 1000 多个单位开展情报交流与协作；建立了计算机网络中心、测试中心、电教中心和 80 多个实验室，以及一批校内外教学科研实验基地。

科研成果 1979—2005 年，已取得 2000 多项科研成果，有 511 项获得国家和部、省级科技成果奖，其中国家自然科学奖、国家技术发明奖、国家科技进步奖 13 项。

（1）生物农药与化学生物学教育部重点实验室

2004 年经国家教育部批准正式筹建，主要从事生物农药与化学生物学的基础研究及其应用基础研究。国家生物学理科基地、植物病理学国家重点学科、农药学博士点和生物化学与分子生物学博士点以及福建省首批重点学科生物技术中心是其挂靠单位，依托单位是福建农林大学。实验室主要研究方向有微生物农药、天敌生物农药、天然源活性物质和植物化感作用，其宗旨是根据国家科技发展方针，面向国际科技前沿和中国现代化建设，围绕生物农药与化学生物学重大科技问题，开展创新性研究，培养创新性人才。目标是获取原始创新成果和自主知识产权，把实验室建成能代表国家学术水平、实验水平和管理水平的重点实验室。

实验室承担了一批的国家和省、部级科研课题，发表和出版了一批学术论文和专著。以开发高效、低毒、环境友好新农药为目标，采用生物合理设计，计算机辅助分子设计、不对称合成等技术，用化学生物学理论和技术开展新农药研究。重点研究微生物农药的结构生物学、化学基因组学，了解 DNA、RNA 作用机理、功能调控及生物大分子与小分子相互作用。建立天敌生物农药利用中心，研究天敌生长及行为调控作用化合物的分子设计、合成及构效关系。研究植物抗病诱导剂、植物源农药、环境安全性物质诱导植物抗病性及其作用机理，筛选天然药物用于防治植物病毒病。研究化感物质的信号传导及其化学调控，化学物质间的结构、功能及其为人工合成绿色生物除草剂等提供技术支撑，转育抗草防病品种。

至 2005 年，实验室有 49 人，其中教授（研究员）18 人，副教授（副研究员）18 人；具有博士学位 33 人，中科院院士 1 人，国家有突出贡献中青年专家 1 人，国家百千万人才工程第一、第二层次人选 2 人，首批新世纪百千万人才工程 1 人，省优秀专家 5 人。

（2）甘蔗综合研究所

甘蔗综合研究所始建于 1956 年。农业部甘蔗生理生态与遗传改良重点开放实验室、国家糖料作物改良中心福州甘蔗分中心、全国甘蔗引种检疫站、农业部甘蔗质量安全监督检验中心是其挂靠单位，也是全国甘蔗品种鉴定委员会、中国作物学会甘蔗专业委员会的挂靠单位。该所设有中国最早成立的国家甘蔗改良分中心、农业部甘蔗及制品质检中心（含转基因成分检测室）、农业部甘蔗遗传改良重点开放实验室，为国内最早以甘蔗为特色的作物学博士授权点和博士后流动站。2005 年，研究所总面积 5600 平方米，仪器设备总值 3760 万元，拥有一座 1200 平方米现代化数控温室，良种繁育塑料大棚 720 平方米和试验场圃 280 亩，在国家甘蔗优势产区粤西蔗区建有 1.1 万亩甘蔗良种繁育、机械化示范和产业化基地。

2005 年，研究所在编 25 人，高级职称 18 名，中级职称 7 名，其中博士学位 11 名，硕士学位 7 名；博士生导师 8 名，硕士生导师 13 名。另有国内客座教授 12 人，国外客座教授 8 人。"九五"以来，研究所主持了甘蔗行业几乎所有的全国性、跨地区、跨部门、产学研联合的重大项目。包括"948"甘蔗行业重大项目、公益性行业科研专项，国家"863"课题、国家科技支撑项目、国家攻关先导项目，高技术产业化示范工程等。主持引进的"ROC"系列良种年应用面积占全国甘蔗种植面积的 85% 以上。与龙头企业实施产学研联合的体制、机制创新实践被农业部命名为"大华发展"模式，并作为国家农业产业化经营的典型向全国推广。

《甘蔗品种的资源鉴定、利用及新品种选育》获新中国成立以来糖料界唯一的国家科技进步一等奖，同时在甘蔗种质创新、糖能甘蔗新品种选育、转基因等育种新技术研究领域获得科技部、农业部、轻工总会、教育部、福建省科技进步奖等成果 113 项，包括获奖成果 41 项，鉴定验收成果 28 项，审鉴定品种 34 个，申报或授权专利 10 项。出版 5 部专著，参编 12 部专著，主办 3 种科技期刊，发表论文 478 篇，其中 SCI 收录 9 篇次，引用 304 篇次，主持编写国家《甘蔗优势区域布局规划（2002—2007 年）》等 10 余项行业发展规划。培养博士 48 名、硕士 118 名，培训甘蔗实用技术人才 300 余人。

（3）植物病毒研究所

植物病毒研究所是福建省植物病毒学重点实验室、病毒工程与病原生物学福建省高校重点（开放）实验室、福建省植物病毒工程研究中心，是福建农林大学国家生物学理科基地的组成部分，拥有植保学一级学科博士点、植保学科博士后科研流动站，拥有较为先进和完善的仪器设备和配套研究设施，仪器设备总值约 1000 万元人民币。其所在的植物病理学科被列为国家重点学科、农业部重点学科、福建省重点学科、福建省"211"重点建设学科和闽江学者特聘教授设岗学科，是省、校优先发展学科。

2005 年，该所有教授 9 人，闽江学者特聘教授 1 人，副教授 4 人，讲师 13 人，其中，博士生导师 6 人，具有博士学位 9 人，国家有突出贡献中青年专家 2 人，国家百千万人才工程第一、第二层次人选 1 人。在读博士生 16 名，硕士生 30 名，博士后 2 名。已培养出 20 名博士、28 名硕士。

研究所的主要目标是为解决亚热带重要植物病毒的诊断、监测和病害控制的理论问题和关键技术开展科学研究，该研究所长期坚持理农结合，围绕一个中心（培养高层次、高素质、高水平人才）、两个推动（推动科技进步，推动经济发展）的宗旨，开展基础和应用基础研究，形成了植物病毒、动物病毒、天然药物和植物病害经济学四个紧密联系、互相依托和互相促进的研究方向。其中植物病毒研究方向以基础研究为主，着重探讨病毒—介体—寄主互作的分子机制；动物病毒研究以应用基础研究为主，重点在于弄清水产养殖动物重要流行性病毒病的病原和解决病毒的快速检测问题；天然药物研究方向以应用研究为主，目的在于挖掘天然活性物质用于防治动植物和人类重要病害问题；植物病害经济学旨在对植物病害的生态、监测和防治的经济学和经济评估开展全新的研究。上述四个方向均已取得阶段性成果，主要体现在在国内外学术书、刊或学术会议上发表的 240 多篇论文、专著（教材）和 12 项省部级获奖成果中。学科带头人中科院院士谢联辉教授，先后多次应邀出席国际学术会议并作特邀报告。实验室已先后和 20 多个国家（地区）及国内外的 30 多个院、所（室）开展合作交流。

（4）作物病虫生物防治研究所（福建省昆虫生态学重点公共实验室）

成立于 1981 年，原为 1962 年建立的寄生蜂标本室、1973 年更名为生物防治研究室，系中国著名昆虫学家赵修复教授创办。该所下设昆虫分类、天敌昆虫应用、昆虫行为及昆虫生态研究室，并建有福建省重点公共实验室——昆虫生态实验室。拥有实验大楼、人工气候室、高光照温室等，总建筑面积 1500 平方米，拥有主动式系列人工气候箱、被动式系列人工气候箱、高级显微镜和解剖镜、26 万号昆虫标本等科研设备和文献资料。

该所专门研究作物病虫生物防治基础理论和应用开发，在昆虫分类、生物防治、昆虫生态等研究方向形成了优势与特色。对蜻蜓、寄生蜂（姬蜂、茧蜂、赤眼蜂、小蜂）、柑橘蚧壳虫及螨类等类群的分类学、生物学、生态学进行了系统与深入的研究。该所主办出版的刊物有《武夷科学》年刊。还承担了多门博士生、硕士生及本科生课程，每年都培养出多名博士和硕士。

（5）作物遗传育种改良研究所（福建省水稻分子标记辅助育种重点实验室）

成立于 1982 年，原名作物遗传育种研究所，2003 年更为现名。下设 5 个研究室（水稻遗传育种研究室，作物杂种优势利用研究室，麻类遗传育种和综合利用研究室，作物种质创新研究室，作物分子育种研究室），有 20 名研究和后勤工作人员，其中正高级职称 5 人，副高级职称 6 人，中级职称 6 人；博士生导师 4 人，硕士生导师 6 人；具有博士学位 7 人，硕士学位 4 人。

主要研究方向是植物分子遗传与基因工程（QTL 定位理论方法研究、标记辅助选择理论方法研究、水稻重要性状的 QTL/基因定位研究、水稻分子标记辅助育种应用研究等方面），水稻杂种优势利用，水稻生理生态遗传育种。该所加强基因定位、基因克隆等基础研究，将分子标记辅助选择、转基因等现代育种技术与杂交、诱变等传统育种技术相结合，在水稻和红麻育种中取得成绩。

2001—2005 年，该所共承担国家级科研课题 32 个，省级课题 49 个，总科研经费达 1562.5 万元。有 28 个杂交稻组合通过审定，其中国家级审定 2 个，省级审定 26 个；15 个红麻品种通过认定，其中国家级认定 7 个，省级认定 8 个；20 个水稻不育系通过鉴定。申请品种权保护 17 个，已授权 14 个；申请专利 5 项。发表论文 192 篇，其中 SCI 收录 17 篇，在国内一级刊物发表 75 篇；出版专著 2 本。获教育部提名国家科学技术发明二等奖 1 项，福建省科学技术二等奖 1 项，福建省科学技术三等奖 1 项。

（6）园艺植物生物工程研究所

园艺植物生物工程研究所又名亚热带果树研究所（福建省闽台果树种质试管苗库），前身是 1973 年成立的福建农学院植物组织培养研究室。研究所创始人陈振光教授为国务院学位委员会第一届、第二届农学——园艺学科评议组成员和国家自然科学基金委员会第一届、第二届终审评委。

该研究所是园艺学博士后流动站、园艺一级学科博士点、花卉与景观园艺博士点、果树学二级博士点和重点学科的主要依托实验室，设有省级科研平台——福建省闽台果树种质资源试管苗库。研究所设有生物技术实验室和组织培养实验室。2005 年，有专兼职人员 10 人，其中教授（研究员）2 名、副教授（副研究员）6 名。在读博士生、硕士生 60 名。

主要研究方向是亚热带园艺植物细胞工程（含试管种质保存）、转基因、基因克隆、蛋白质组学研究、功能基因组学研究、DNA 分子标记等。

自 1995 年起，研究所陆续承担了国家自然科学基金（3 项）、948 计划、国家科技支撑计划、教育部批高校骨干教师计划（2 项）、教育部霍英东教育基金会高校青年教师基金、省重大科技专项专题、省重点科技项目、省自然科学基金等科研课题 50 多项，发表论文 200 多篇，其中 2004 年该所博士毕业生林同香在国际顶级杂志《自然结构和分子生物学》（自然细胞生物学）发表了有关 P53 在干细胞中的作用机制的研究报告。出版专著 10 部，培育博士、硕士生 130 多人。研究所先后获省部级科技进步一、二、三等奖 8 项。其研究团队先后被授予"园艺科技创新突击队"、"福建省新长征突击队"等称号。

（7）福建杉木研究中心

该中心前身是 1978 年在福建林学院林学系成立的杉木研究室，主任是俞新妥教授。1987 年组织成立了中国唯一的杉木研究所（编制 13 人），1997 年成立"福建杉木研究中心"，有专兼职人员 27 名。在种源试验、种子、苗木特性与培育技术、施肥和营养诊断、杉木的生理生态特性、物候、产区区划和立地分类、造林营林技术措施及其优化控制技术、地力衰退、丰产林的标准化、生物多样性、林农复合经营等领域进行研究，承担国家"七五"、"八五"、"九五"攻关课题、国家自然科学基金及省、部级科研项目共 70 余项，并参与中国—英国协作课题、中国—日本协作课题、中国—世界林业研究中心协作课题。先后获国家级和省、部级科技进步奖40多项。编写科技专著《杉木栽培学》、《混交林营造原理及技术》、《计量林学研究》、《林业试验设计技术与方法》、《杉木》、《试验设计与分析》等30部，先后在国内外学术刊物上发表科技论文300多篇。

研究所先后投入100万元，建立了5个不同用途（不同松根挖掘方式、不同清理方式、不同种植点配置、不同整地、不同绿肥套种和不同栽培措施的配套系列）定位观测站，共40个野外径流试验场，并配有自记水位计、自记雨量计等仪器。并分别在福建闽西北重点林业县（尤溪、明溪、沙县、漳平等）建立各种示范林6000余亩。

该中心以杉木可持续速生丰产、优质为研究主攻方向，从林木的遗传育种、生理生态、土壤管理、营养循环、栽培制度、地力衰退、生物多样性、配套栽培技术等基础入手，探讨杉木可持续经营的栽培原理及其经营技术体系。主要任务是办成代表中国南方尤其是代表福建省杉木科研—推广—生产三位一体的开放性试验研究基地，使其逐步成为中国杉木科研活动中心、成果转化中心、决策咨询服务中心、人才培养中心和对外交流中心。

（8）农产品品质研究所（福建省高校农业生物技术重点实验室、福建省特种稻创新平台）

成立于2003年3月。该所设有中央与地方共建海峡两岸农产品品质基础实验室、中央与地方共建两岸作物遗传育种实验室、福建省特种稻创新平台、福建省高校农业生物技术重点实验室，为国家重点（培育）学科、农业部重点学科、"作物遗传育种"学科博士点和省重点学科、"生物化学与分子生物学"学科博士点的依托单位之一。

该所2005年有教职员工21人，其中高级职称13人；博士生导师1人，硕士生导师3人；具有博士学位2人，硕士学位6人；博士后2人，在职博士生6人，博士生、硕士生共35人，技术员工4人。

主要从事作物品质遗传育种，农产品优质资源的发掘与优质良种的选育，品质成分、品质化学与遗传改良，品质成分的分离提取及其外源诱导调控，品质基因的克隆、遗传转化（转基因）等研究与开发。承担国家自然科学基金、国家科技部、国家发改委、财政部、农业部以及福建省等有关农产品品质的项目12项。出版了《农产品品质学》、《水稻秸秆品质化学与遗传改良》、《台湾现代农业科技》、《台湾高考教育》等6部著作。获国家技术发明奖二等奖、国家科技进步奖三等奖各1项。培育出的谷秆两用稻新品种，农业部等专家鉴定认为"开拓了水稻育种的新领域"，获2002年度福建省科学技术奖一等奖，2004年通过福建省品种审定委员会的审定，2005年获农业部植物新品种权。申报发明专利5项。省级鉴定成果5项。

（9）应用生态研究所（福建省高校生物多样性与农业生态安全重点实验室、福建省昆虫生态学重点实验室）

该所成立于 2002 年。该所围绕农业资源与环境的可持续发展、转基因生物与外来有害生物生态安全和食品安全等问题，运用理论生态学和实验生态学的方法，开展生物多样性与害虫生态控制、生物多样性与生态安全、昆虫化学生态学与分子生态学，转基因生物与外来有害生物的生态安全、农业污染的生物修复等研究。

该所设有综合办公室、科研管理部、国际合作部、学术交流部和科技成果转化中心。拥有一幢建筑面积 2700 平方米的科研楼和 600 平方米的试验温室及 2 个校外科研工作站和研究示范基地，设有生物多样性与害虫生态控制、生物化学与分子生物学、昆虫行为与进化生态学、农业污染生物修复、环境科学 5 个实验室和生物多样性与生态安全研究中心、武夷山科研工作站、生物多样性与生态安全武夷山研究基地；经有关部门批准，负责建设福建省昆虫学重点实验室、生物多样性与农业生态安全福建省高等学校重点实验室、福建省农产品安全技术平台。2005 年，有研究人员 66 人，其中教授 11 人、副教授（副研究员）10 人；在学研究生 43 人，其中博士后 1 人、博士生 11 人、硕士生 35 人。

该所主持国内外重要科研 20 多项，主要包括国家重点基础研究发展计划 973 项目、国家高技术产业发展项目、国家自然科学基金项目、国家级和省、部级以及国际合作项目等。研究所已与美国、加拿大、英国、德国、荷兰、日本、印度、菲律宾、越南等国家以及中国的香港、台湾地区建立了长期的国际科技合作和学术交流关系。编写出版了《昆虫群落生态学》、《小菜蛾种群系统控制》和《小菜蛾的研究》3 部专著，发表中外文论文 200 余篇。获得科研成果十多项。承办了中国昆虫学会 2005 年学术年会。

（10）福建省高校森林生态系统过程与经营重点实验室

该重点实验室是在中央财政与地方共建森林生态学实验室的基础上成立。主要观测站有福建农林大学莘口森林生态系统野外定位观测站。

2005 年，实验室有科研人员 18 人，其中教授 6 人、副教授 3 人、讲师 6 人、助教 3 人；研究生导师 8 人，其中博士生导师 6 人；博士 11 人、硕士 3 人。实验室有国家突出贡献中青年专家 1 人，福建省优秀专家 1 人，享受政府特殊津贴专家 3 人；新世纪百千万人才工程国家级人选 1 人，省"百千万人才工程"人选 6 人；多人获"运盛青年科技奖"、"中国林业青年科技奖"、"霍英东青年教师奖"、"省新长征突击手"、"省五四青年奖章"、"省优秀教师"、"省优秀教育工作者"、"省教学名师"等荣誉称号。

主要研究方向，一是森林可持续经营。研究中亚热带森林资源可持续经营技术、人工林数量经营及森林数量经营新技术与方法的研究、中亚热带森林可持续经营指标体系与标准研制与示范模式推广的研究等内容。二是森林生态安全。研究森林生态系统安全保障体系、森林生态安全评价方法及生态安全影响机理、森林生态安全维护与管理、酸雨的发展过程及其对森林危害机制以及武夷山自然遗产和文化遗产变化过程评价等内容。三是海岸带森林与环境。研究海岸带森林结构与功能，防护林体系建设、物种栽培特性、林带结构、林网配置、沿海防护林的营造与更新以及防风效益观测等内容。四是森林生态环境工程建设。研究森林恢复过程生态学，中亚热带退化生态系统植被恢复与重建技术等内容。五是森林生态系统演替过程监测与功能评价。研究森林生态系统的结构、功能及其动态变化规律，森林生态系统各组分之间及其与环境之间的相互作用和关系，森林生态系统的碳循环、生物地球化学循环及生物多样性形成与维持的机制，退化生态系统恢复与重建机理，全球环境变化下的森林生态系统演替动态及其对气候变化的响应机制等内容。

实验室为林学、森林生态学、自然资源、环境科学、经营管理等相关学科的发展提供实验基地与野外试验、研究平台，为中国森林生态系统优化管理提供示范模式和配套技术。"十五"以来，该实验室主持国家自然科学基金、教育部博士点学科专项基金、教育部重点项目、福建省科技重大专项、福建省重点自然科学基金、福建省重点项目等国家级和省部级项目56项。在国内外核心学术刊物上发表论文200余篇，出版专著3部，获省、部级科学技术二等奖5项、三等奖3项，获省社会科学二、三等奖4项，获省优秀教学成果一等奖1项。

（11）菌草研究所（福建省菌草科学实验室、福建省菌草生物工程中心）

成立于1983年，是菌草技术的发明单位，从事菌草科学研究和技术应用推广。

福建省菌草生物工程中心、福建省菌草科学实验室、国家科技部与福建省科技厅联合组建的"全国星火计划福建省食用菌培训基地"、中国扶贫基金会的"福建省菌草技术扶贫培训基地"、福建省国际科技合作示范推广基地及福建省工程协会均建在该所。

该所对菌草技术（利用野生或人工种植的草本植物来栽培食用菌和药用菌）共

图15-1　国际菌草培训班学员在福建农林大学
菌草种植实验室做菌草试验

进行了 60 多个项目的研究，获得 10 项专利。由所长林占熺等发明的"菌草栽培食用菌综合技术"，于 1996 年通过由中国国家科委和福建省科委组织的专家鉴定。"菌草栽培灵芝及有效成分的研究"于 2002 年通过专家鉴定。该项技术先后获中国专利优秀奖、日内瓦第 20 届国际发明展览会金奖和日内瓦州政府奖，第 85 届巴黎国际发明展法国内政部、国土整治规划部奖等 17 个奖项。

该所与卢旺达农业部、伊拉克农业部、近东农业改革与农村发展区域中心、埃及艾斯伊特大学等建立了长期合作关系，并引进来自澳大利亚、巴西、伊拉克和荷兰等国际著名的专家学者作为本所的客座教授和顾问。巴布亚新几内亚总督及政府代表团、南非祖鲁国国王及代表团、圭亚那总统及政府代表团、莱索托农业和食品安全部部长及代表团、伊拉克农业部代表团、联合国粮农组织驻华代表、联合国计划开发署顾问等。先后访问该所。2005 年菌草研究所有工作人员 37 人，其中高级职称 10 人，中级职称 8 人。

菌草技术被国家科技部列为"八五"、"九五"国家级星火项目，被联合国开发计划署列为中国和发展中国家优先合作项目，被中国商务部列为多边合作和经援项目，被中国扶贫基金会列为科技扶贫首选项目。该所承担国内外的主要项目有中国援卢旺达农业技术示范中心项目，中国援助莱索托菌草技术项目，福建省政府援助巴布亚新几内亚东高地省菌草和旱稻项目，福建省政府与南非夸祖鲁那他尔省菌草和旱稻技术合作项目，福建省政府对口帮扶宁夏的菌草技术扶贫项目，福建省政府智力支疆的菌草技术项目。

截至 2005 年，菌草技术已传播到国内 32 个省、市、自治区的 363 个县（市、区），举办 101 期菌草技术培训班，学员 6000 多人次。并为亚洲、欧洲、大洋洲、拉丁美洲、非洲 63 个国家培训 411 名专家学者。

（12）菌物研究中心（福建省食用菌种质资源科技共享平台）

该菌物研究中心是福建省食用菌种质资源保藏与管理的依托单位。中心在职研究人员中有教授 2 人，副教授 3 人，中初级职称 3 人。实验室面积 1500 平方米，固定资产总值 443.8 万元，设置了菌种保藏与管理中心、遗传育种实验室、生理生化实验室、发酵工程实验室、转基因实验室、DNA 指纹检测实验室、活性物质提取实验室、显微观察实验室、无菌操作实验室、培养室、病虫害防治实验室、种质资源评价实验室、标本室、深加工中试车间等，建有 6 间人工气候菇房。

该中心博士生导师 1 人，硕士生导师 4 人、招收食用菌方向的微生物学、生化与分子生物学、遗传学、蔬菜学及深加工专业的研究生，每年招收 20 名左右。在读研究生 60 多人。依托本中心的科技队伍与设备设施，菌物研究中心又作为学校的食用菌实训基地，为本科教育微生物（包括食用菌）的分子生物学，遗传与育种、生理生化、发酵、栽培、产品开发与加工等本科教育提供实践操作训练场所。

主要研究方向包括食用菌种质资源的收集与利用，食用菌品种的分子鉴别技术开发，银耳生物反应器的开发，草菇的遗传与分子改良，金针菇的分子标记辅助育种。

该中心承担了国家自然科学基金、国家发改委的高技术产业化示范工程、农业部948项目、卫生部科研基金等国家级食用菌项目；承担省科技厅、农业厅、教育厅等部门的科研项目多项，累计科研经费近1000万元。有5项食用菌方面科研成果获奖，其中获国家科技发明二等奖1项、农业部丰收奖二等奖1项，福建省科技进步二等奖1项、三等奖2项。

（13）福建省农副产品保鲜技术开发基地〔福建省农产品（果蔬）加工工程技术研究中心〕

基地于2003年由省经贸委、省财政厅、省教育厅批准建立，专门从事农副产品保鲜与加工技术研究开发，为全省农副产品加工企业提供全方位技术创新服务的一个产学研联合体，具有独立法人资格，属全民所有制事业单位。业务归口省经贸委指导。基地的宗旨是充分发挥基地的人才优势、技术优势、信息优势和仪器设备及设施优势，研究开发农副产品保鲜与加工的共性技术、关键技术和高新技术，为全省1500多家规模以上食品工业企业搭建一个技术服务平台，帮助企业解决技术难题，为企业提供全方位的技术、信息、咨询等服务，帮助企业开展技术培训，提高职工技术素质，承担国家和省有关部门以及企业委托的技术研发和技术推广任务。为企业技术改造、技术升级、气调保鲜库、冷藏保鲜库设计等提供技术服务。

福建省农副产品保鲜技术开发基地设有办公室、科技研发部、产品中试部、技术咨询服务部等部门，具有从事果蔬保鲜、水产品保鲜、畜禽肉保鲜、食品工程、生物工程、电子工程、机械工程、园艺科学、材料科学等多学科的专门人才。有专职和兼职科技人员28人，其中教授10人、副教授11人，具有博士学位的8人，硕士学位的18人。每年培养博士研究生2~3人，硕士研究生12~15人。

福建省农副产品保鲜技术开发基地拥有建筑面积近1000平方米的实验楼一座（同时正在筹建一座新科研大楼），具有可同时进行8个对比试验的气调冷藏保鲜试验库8间，气调冷藏中试库2间，低温速冻库1间和低温冻藏库1间。配有全套进口意大利意赛奥（ISOLCELL）公司的气调设备和进口制冷设备，可对库内气体成分和温、湿度进行实时自动检测、分析和控制，自动化程度较高。具有仪器设备配套较为齐全的分析化验室和仪器分析室，配有气调包装机、冷冻离心机、冷库和臭氧发生器等仪器设备。

（14）福建省生物质材料工程技术研究中心

该研究中心在木质新材料、木材功能性改良、生物质资源化学与利用3个特色方向的基础上大力开展新型生物质工程材料、生物质复合材料、生物质多孔吸附材料、生物质化学品 4 个领域的研究，形成研究特色。

2005 年，中心有研发人员 31 人，其中教授 12 人、博士生导师 5 人、副教授 11 人。具有博士学位研发人员 13 人，在职攻读博士学位的 8 人，具有硕士以上学位的占 68%。福建省"百千万人才工程"人选 3 人，留学回国人员 3 人，福建省优秀教师 1 人、福建青年科技奖 1 人、福建省新世纪优秀人才 2 人。在全国学会、省级学会担任学术职务的教师有 11 人。

（15）蜂疗研究所（福建省天然生物素工程实验室）

成立于 1996 年，是中国首家省级蜂疗所。主要利用蜂产品和传统中医学相结合进行医疗保健和美容开发研究。是中国唯一专业利用蜂产品及制品进行医疗保健研究开发的省级研究所，与神蜂公司联合承担国家和福建省多项重点科研攻关项目，取得十多项科研成功和发明专利，获得过国家发明奖和福建科技进步奖等奖项。

该所突破了利用活蜂蜇刺或蜂度注射治疗风湿、类风湿关节炎的局限，发现并利用蜜蜂生物素与多种中华医药相结合，制成外用新药"神蜂精"为代表的系列蜂疗产品。先后承担了国家和省十多项重点科研攻关项目，总科研经费达 1000 多万。其中蜂产品药用保健开发项目被认定为福建省科教兴省的"2188"重点工程之一。同时还攻克了高效采集高纯度蜂毒技术，发明了 QF-1 型蜜蜂电子自动取毒器并获科技进步二等奖和国家发明四等奖。

该所建筑面积 4000 多平方米，占地面积 20 多亩。设有办公室、资料室以及多个研究室等部门。

3. 福建省农业厅

（1）福建省兽医生物制药厂

1992 年年底，为了加强生物药品的研制、开发，在省兽医生物药品厂成立生物药品研究所，编制由厂内调整。1993 年 5 月更名为福建省生物药品厂，主要生产试验和家畜家禽防疫药品，不生产人用药品，实行企业化管理。

（2）福建省蚕桑研究所（福建省蚕种场）

1958 年，省蚕桑试验站改为福州蚕桑场，1960 年改名为福州蚕种繁殖场，1964—1966 年被指定为华东地区蓖麻蚕的良种繁育基地，1976 年福州蚕种场白沙孔原基地经省农业厅批准，正式成立"福建省蚕桑研究所"。随后科研单位归口管理，将蚕桑研究所划归福建省农业科学院领导，更名为"福建省农业科学院蚕桑研究所"。1979 年，蚕桑研究复归省农业厅管辖，恢复"福建省蚕桑研究所"名称。主要任务是研究选育优良蚕种和培育优良桑苗，搞好蚕桑试验示范推广工作，开展科研。1996 年，恢复福建省蚕种场，隶属于蚕桑研究所管理。

建所以来，与厦门大学生命科学学院合作，共同承担省自然科学基金项目"家蚕基因育种新技术研究"。开展福建省袋栽香菇主要菌株 5.8SrDNA、ITS 序列分析及 5.8SrDNA 探针研制。承担省重点农业科技项目家蚕夏秋蚕品种选育及桑树高产栽培和蚕桑副产物综合利用研究，福建省桑树害虫种类调查及桑螟等主要害虫的发生与防治，多效组合蚕药与蚕种配套技术的研究，草菇高产与工厂化栽培研究暨草菇杂交菌株选育与高产栽培技术研究、草菇保鲜技术的研究，利用桑技屑代木、蚕沙代粮栽培香菇配方研究，常用农药对家蚕残毒期试验等共 20 多项课题，一些课题已取得成果，先后获省科技进步三等奖 2 项。

（3）福建省热带作物研究所

该所于 1961 年 4 月成立，直属省农业厅，地处漳州市芗城区天宝五峰山麓，属自然科学应用、社会公益型研究所。下设生物技术研究室、品种资源研究室、花卉研究室、果蔬研究室、公共实验室、科研开发部、科技信息与管理科等业务科室及财务科、党政办公室等两个行政科室。主要从事热带、亚热带花卉、果树等作物的观察、引种、筛选、试种、繁殖、示范、推广及栽培·育种、加工、保鲜等研究、咨询、培训和跟踪服务工作。拥有福建省南亚园艺作物良种苗木繁育基地（农业部实验示范基地）、中国花卉协会的观叶基地和中国南方脱毒苗木中心。福建省南亚园艺作物良种繁育基地创建于 1997 年，主要从事热带、亚热带果树、花卉等经济作物的引种试种、繁育、栽培、示范推广等及咨询、技术培训等工作。该基地占地 100 亩，分为良种引进隔离试种基地，内有原始材料隔离检疫圃、引种试验圃等，占地 20 亩，其中温室 200 平方米、荫棚 500 平方米；种繁育实验室，内设组培实验室、移栽实验圃、良种脱毒试验室等，占地 1200 平方米；良种繁育中心，内有大棚 1800 平方米，玻璃温室 200 平方米，组培快繁中心 800 平方米等，共计占地 20 亩；良种繁育（含示范）基地，设在五峰农场，占地约 60 亩。

该所已引进热带、亚热带果树、树木、花卉、南药等植物 2000 多个种或品种，种质资源丰富。开展在研科技项目有"福建省野生园林花卉引种驯化栽培研究"、"棕榈科植物主要病虫害发生规律及防治研究"、"芦笋抗病超雄株培育技术的研究"、"香蕉种质资源库的建立"及"红棕象甲发生规律及防治研究"、"福建省野生乡土药用植物种质资源的调查、收集与保存"、"新型木切花植物的选育与示范推广"和"热带作物种质资源标准化整理、整合及共享试点"等课题（项目）。承担国家级和部省级科研项目 50 多项，获政府部门科技成果奖 32 项，其中国家发明奖一等奖 1 项，省科技进步奖二等奖 1 项，农业部、福建省等科技奖多项。

（4）福建省农业技术工作队

工作队由原农业厅农业技术队由粮油技术站和经济作物技术队组成，2005 年机构改革时与省农业热作技术队合并，更名为福建省种植业技术推广总站。

（5）福建省农业区划研究所

1980 年 8 月，福建省自然资源调查农业区划研究所成立，核定事业编制 30 名。

与省农业区划办公室合署办公，隶属于原福建省农业区划委员会，由福建省农业委员会代管。1987 年更名为福建省农业区划研究所，事业经费由原省科委核拨。2001年 3 月区划所划归省农业厅管理，2005 年核定事业编制 27 名，经费由财政全额核拨。共有在职人员 23 人，其中高级职称 7 人，中级职称 6 人，初级职称 4 人，工勤人员 6 人。所内设综合科、农业资源科、农业数字技术科、农业规划科 4 个科室，其主要职责是承担农业发展规划课题研究、咨询等工作。

该所以农业资源开发利用、农业发展区域规划为主要研究对象，面向全省开展农业资源调查、评价和动态监测，农业资源的持续高效利用，数字农业信息系统技术在农业上的综合应用，农业生产结构和农村产业结构调整，农业和农村经济发展战略等方面的研究，同时还承担农产品标准制定、农业科技咨询与推广、农业发展和特色农产品优势区域布局规划等方面的工作。1980 年起，先后承担农业部、商务部、中国农业科学院以及省政府、省发改委、省农办、国土资源厅、省农业厅等单位和部门委托与合作课题和农科教结合推广等重大项目 45 个，有 22 项分获全国农业区划委员会和农业部以及福建省科技进步与优秀科技成果一、二、三等奖。先后有 2 人被授予福建省优秀专家荣誉称号，分别享受国务院和省政府特殊津贴。

（6）福建省种子公司

1997 年 2 月，福建省种子公司按照事企分开的原则，分别成立事业性质的福建省种子总站（正处级，事业编制 28 名）和企业性质的福建省种子公司。同年，为加强种子质量监督检验工作，福建省种子质量监督检验站成立，挂靠在省种子总站，核定事业编制 10 名。

（7）福建省隆达审计师事务所

1996 年 10 月成立，隶属省农业厅，事业编制 8 名，经费自收自支。1999 年底，福建省隆达审计师事务所脱离省农业厅，改为企业。

第三节　企　业

一、省属企业

（一）福建省蔬菜种子冷藏库

1979 年 6 月，省蔬菜种子冷藏库不再经营，资产由省种子总站接收管理。

（二）福建省农科院良种研究中心

1984 年，省农科院成立福建省农业优良品种开发公司，1986 年经福建省对外经济贸易委员会批准直接经营对外业务，1989 年经国家对外经济贸易部核准为外贸工贸公司，1999 年更名为福建省农科院良种研究中心。2005 年有职工 20 余人，在省内设有新品种引进消化试验点十余个，主要经营范围：经营蔬菜种子、种苗等商品的进出口及代理进出口业务，自营和代理除国家组织统一联合经营的 16 种出口商品和国家核定公司经营的 14 种进口商品外的商品及技术进出口业务。

（三）省农科院科技开发总公司（非编制）

1993 年 12 月成立，为直属省农科院的国有企业，下设两个分支机构，一是与农科院中心实验室共同创办的福建省农科院科技开发总公司福州经营部，面向全省、主要从事动植物、饲料检测工作；另一个是与农科院农业工程所合作创办的股份制企业，主要从事园林绿化工程业务。在农科院吴凤综合试验场拥有 10 余亩试验基地，作为新品种试验开发场所。主要经营范围是：主营农业生产服务、农牧渔业技术服务、信息服务、园林绿化、园艺植物培植等。

（四）福建省华龙集团饲料有限公司（非编制）

1988 年 3 月成立，前身为"福建省华龙饲料技术开发集团公司"，系省农科院主管的科技型股份制经济实体。2005 年被列入农业部科技体制改革的试点单位，改制为"福建省华龙集团饲料有限公司"。拥有各类大专学历以上人员 70 人，其中高级职称 9 人，直接从事研究开发的科技人员 33 人，由全国知名专家、教授组成"华龙集团专家咨询委员会"。

主要研发任务：以研究、开发、生产、经营高科技、高品质、高效益的畜禽、水产品食用添加剂预混料、配合饲料、浓缩饲料，以及推广养殖技术、疫病防治技术。

（五）福建新闽科生物科技开发有限公司（非编制）

1993 年成立，该企业前身是福建闽科添加剂实验厂，由省农科院、院畜牧兽医研究所联合创办。有大学本科以上科研和管理人员 80 余人，具有硕士、博士学位及副教授职称的专业技术人员占 8%，主营高新技术开发应用，科研开发、生产经营、技术服务、咨询培训，国内贸易。拥有福建省闽科饲料技术开发实验厂、福州市闽科饲料有限公司，福州惠日科技有限公司、连江闽科淡水养殖有限公司、福建新闽科生物技术开发有限公司。企业总资产 1.6 亿元左右，实现年产值约 2 亿元。

（六）福建闽丰科技种业有限责任公司（非编制）

2000 年 9 月成立，由省农科院、中科丰乐生物技术有限责任公司、省农科院稻麦研究所共同投资。有员工 22 位，研究员及博士等育种专家 5 位。在福州南屿旗山工业区拥有标准化检验室、加工与仓储设施 8000 平方米，在省内外建立相对稳定的水稻繁育制种基地 1 万多亩。主要经营范围是杂交水稻种子、转基因水稻以及果树苗木的推广与开发。

（七）福建金山种子有限公司

2000 年 3 月创办，由福建农林大学和部分人士共同投资组建，是福建省种子行业首家以科教单位为依托，产、学、研相结合，育、繁、推、销一体化的种子企业。公司主要从事杂交水稻、蔬菜瓜果、玉米、黄红麻等作物优良品种的选育、引进、示范、推广、种子繁育及营销业务。

二、国营农场

邵武综合农场系省农业厅下属企业，1956 年 3 月成立。主营毛茶、粮食作物、油料作物、蔬菜、食用菌、精制茶、果类、砖瓦、饲料、农机修理、竹制半成品、育林、造纸货场（以上经营范围凡涉及国有专营规定的从其规定）。兼营畜牧饲养、淡水养殖。2003 年经省政府批准，下放给邵武市政府管理。

三、工厂企业

（一）福建省蜂产品加工厂

1982 年，福建省生物药品厂全资投资成立福建省蜂产品加工产，主要从事蜂产品加工，经省农业厅和相关职能部门批准。2003 年 6 月 30 日，福建省生物药品厂将省蜂产品加工厂全部资产和债务出让给北京大北农饲料科技有限责任公司。

（二）省热作所西番莲饮料厂

1988 年开始由省热作所和五峰农场共同投资兴建，主要经营范围是西番莲饮料和矿泉水生产，1998 年停产。

四、商业企业

（一）省种子公司（中闽厦种子联营公司）

1985 年成立，事企合一。1996 年 12 月，事企分开，企业部分归新成立的省种子公司，事业部分归省种子总站。公司主营农作物种子（水稻）的生产、批发、零售等。1999 年后停业，2006 年划归省种子总站管理。

（二）福建农牧工商公司

1990 年 2 月，该公司福建省农牧工商联合总公司分立出来，主营百华、针纺织品、畜禽良种、畜牧机械、畜用药、农副产品等，2003 年停业。

（三）福建省农垦工商公司

1990 年 2 月，该公司从福建省农牧工商联合总公司分立出来，主营畜牧机械、畜用药、农副产品等，2002 年停业。

（四）省农业发展总公司

1992 年成立，公司主要经营农副产品、农业生产资料、农业生产服务及技术咨询等，2005 年停业。

（五）省农业综合开发公司

1992 年成立，公司主要经营农牧渔业技术服务、农业生产资料、农副产品等的批发零售，2002 年停业。

（六）省农业厅劳动服务公司

1987 年 5 月成立，公司主要经营日用百货、服装加工、家用电器维修等，2005 年后公司未开展经营活动。

（七）省蚕桑所劳动服务公司

1991 年 10 月成立，公司经营项目有蚕桑副产品、蚕药、蚕具、干鲜果、海产品等。1999 年，公司拓展业务范围，开展食用菌贸易，经销各类名、优、珍稀食用菌干鲜产品。2005 年，公司实行自主经营，独立核算，自负盈亏。主要从事蚕桑、食用菌技术咨询、培训，蚕桑、食用菌产品研究开发、贸易。

第四节　其　他

一、地（市）农科所

（一）南平市农业科学研究所

1955 年创建，是闽北唯一以农作物新品种选育和配套丰产栽培技术研究为主的综合性农业科研机构。拥有 1000 多亩设施完善的科研试验基地和设备齐全的检测化验中心，馆藏专业图书数 10 万册，收集保存农作物种质资源数万份。全所有高中级职称研究人员 38 人，每年承担多项国家、省、地（市）科研项目，先后获得各级科技成果奖 70 余项和多项表彰。

该所育的特优 009、Ⅱ优辐 819、特优 175 等 30 多个品种通过国家、省级审定。2004 年在海南国家 863 基地全国 158 个新品种展示中，特优 716 等 4 个组合产量进入前 20 名，其中特优 716 以亩产 740 公斤居第二位。2005 年"高产优质杂交稻新组合Ⅱ优辐 819 的中试示范"列入国家科技成果转化资金项目，特优 009 连续两年国家区试产量居第一，通过国家品种审定。食用菌研究中心选育的香菇新品种 241－4 在南平市年推广达 1 亿袋，占香菇生产总量的一半以上；花菇新品种南花 103 已成为闽北主栽品种，并研究开发出系列珍稀食用菌品种。选育的南杂一号、宝兰、丰辉、秀晶、黑甜等优质、高产、特色西瓜品种正在省内外大面积示范推广种植。

该所与国内外多家科研院所交流并建立广泛的协作关系，多次选派科技人员到菲律宾的国际水稻所以及美国、日本等地培训、交流。同时，结合专业优势，依托科技特派员制度和下派村支书机制等平台及农学会、食用菌协会、葡萄协会等载体开展多种形式的服务三农活动。

（二）漳州市农业科学研究所

1958 年成立，占地面积 956 亩，其中农田面积 650 亩，水塘面积 130 亩。全所设有水稻室、花菜室、植保室、果树室、水产畜牧室、办公室、行政科、科管科8个科室，生物中心、食用菌中心2个中心及农优科技开发公司。在职职工67人，其中高级职称8人，中级职称21人，博士生1人，享受国务院特殊津贴专家1人，8人参与漳州市"789"人才工程攻关组。该所以应用研究和开发研究为主，从事水稻、香蕉、蔬菜等主要农作物的育种、示范和科技咨询服务指导工作，1978年后，获国家和部、省、地（市）级科技成果60多项。

水稻育种是该所的强项，其中"特优63"从1989年育成推广至2004年，该组合在全国累计推广面积9000多万亩，增产稻谷40多亿公斤。1997年获国家科技进步三等奖。新选育的"特优6355"组合在2004年通过省品种区域审定，优质稻"漳佳占"在2005年通过省品种审定。

研究所开展蔬菜新品种引进筛选、推广和常规育种、制种工作，建有珍稀特菜品种园、收集特色菜品种34个，选育推广21个，3个品种获国家绿色食品认证。20世纪80年代初香蕉试管苗研究成功，香蕉组培苗年生产能力250万株以上。植保研究获农业部授予"农药试验员"资质1人。

（三）三明市农业科学研究所

1961年8月成立，科研所本部占地面积230亩，其中水田100亩、旱地20亩、池塘20亩；属财政全额拨款公益性事业机构。以水稻育种为重点，同时开展大豆、蔬菜、果树、花卉、畜禽、牧草良种选育及配套丰产技术研究。该所设有水稻育种、蔬菜育种、园艺、生物技术4个研究中心，办公室、科管科、后勤服务中心3个行政科室。本部之外另有三明市国家水稻综合试验站，三明市蔬菜技术推广站及拥有控股权的福建六三种业有限公司和沙县农科种苗公司共有试验、示范基地200余亩，其中水稻试验基地100余亩，蔬菜、花卉、果树、组培苗木试验基地100余亩。有1000多平方米的生物技术试验室，2个2000平方米的标准温室，1万多平方米的普通钢架大棚。

建所以来，共取得各类科技成果88项，其中国家科技进步一等奖1项、二等奖1项（合作）、三等奖1项（协作）、省部级奖31项；共选育出68个良种，其中水稻良种54个、大豆良种3个、蔬菜良种4个、紫云英良种2个、果树良种3个、水禽良种2个。各项成果在生产上推广应用达10亿亩。曾多次被评为省服务农业先进单位，获福建省"五一"劳动奖状；先后被中共福建省委授予"先进基层党组织"称号，被中国农学会授予"全国农业科普先进集体"，被中国科协评为"全国科普惠农兴村先进单位"，获得农业部颁发的"植物新品种保护先进单位"。

（四）福州市农业科学研究所

1972年成立，科研所占地面积147亩，建筑面积近万平方米，是一个以应用技术研究为主的综合性农业科研机构：有在职职工 68 人，专业技术人员 40 人，其中高级职称 10 人，中级职称 13 人。设有果树研究室、花卉研究室、生物工程中心、作物研究室、畜牧研究室、食用菌研究室、办公室、科研管理科、生产开发科 9 个科室，建成花卉、畜牧、果树、食用菌 4 个中试基地。

先后承担省（部）、市科研项目 48 个，获省、市科技进步奖 14 项次，发表论文 150 多篇。选育了 20 多个适合本市农业生产的优质高产的水稻、甘薯、果树、花卉、畜禽、食用菌等品种，研究出了一批优质高效的种植、养殖新技术。开展技术咨询和技术培训，多次评为"科技兴市先进单位"。

（五）宁德市农业科学研究所

1958 年成立。全所人员编制 110 人，有各类专业技术人员 53 名，其中高级、中级职称 21 人。设有粮油作物、经济作物、杂交水稻、作物栽培、植物保护、畜牧兽医、农业引进、食用菌、花卉、科技情报、化验检测 11 个业务科室和 3 个职能科室以及农业试验场、果茶场、花卉试验场、农业引进场、育种猪场、配合饲料厂、农业科技服务站等试验基地和技术服务窗口。下属企业有闽东新科农业开发有限公司和宁德市农科所芳绿达花卉场。

1978—2005 年，共获得国家级和省部级及地区奖励的科研成果 46 项（次）。"九五"以来，该所对开发研究方向进行了调整，重点组织实施了粮食、畜牧饲料、农业引进和生物技术 4 个方面的开发研究。主要新品种、新产品有高产甘薯新品种宁丰 408、中晚稻新组合特优 420、早春生姜、室内观叶花卉绿巨人、雪柑少核二号、优质早籼新品种宁早 720、名贵花卉蝴蝶兰组培苗、SJ421 新型气雾消毒剂、脱毒马铃薯、优质红心甘薯新品种宁丰 312、福安大红李、食用菌病害特效菌剂 II 型克疣灵等。

（六）龙岩市农业科学研究所

1959 年成立，全所有在职职工 75 人，其中专业技术人员 45 人（高、中级专业技术人员 30 人）。已形成水稻、旱粮、果蔬、高新技术等优势学科，同时在龙台农业引进示范、科普教育、农业现代园区建设等方面逐渐形成新优势。获得科技成果 72 项，其中省部级以上 34 项。"九五"期间，取得省市科研成果 13 项，闽岩糯、岩薯五号选育与推广获省科技进步二等奖，反季节蔬菜高产栽培技术研究获省科技进步三等奖。甘薯脱毒技术研究与应用，累计推广面积 150 万亩。优质加工型甘薯新品种的选育、示范、推广和加工新工艺研究，已成为该所的优势项目。开展名贵洋兰的组培、繁育生产及无公害蔬菜的标准化栽培。

（七）莆田市农业科学研究所

1959 年建所，是以应用技术研究为主的综合性农业科研机构。占地面积近 240 亩，建筑面积近万平方米；全所编制 76 人，有专业技术干部 41 人，其中博士生 1

人，硕士生 5 人，拥有高级职称 16 人。设有办公室、科研管理科、科技开发科、中心实验室、果树研究所、食用菌研究室、蔬菜研究室、旱地作物研究室、粮食作物研究室、畜牧研究室 10 个科室。

至 2005 年，共承担国家、省（部）、市科技项目 200 多项，已获国家、省（部）、市（厅）级科技成果奖 97 项（次），其中获国家级科技奖 3 项，省（部）级科技奖 27 项，市（厅）级科技奖 60 项。先后选育成水稻、大麦、小麦、果树、甘薯、蔬菜、大豆等新品种 29 个，在全国、省内外大面积推广。在省内外农业刊物上发表论文数百篇。享受国务院特殊津贴专家 2 人，全国科技先进工作者 2 人。曾被省政府评为"服务农业先进单位"和莆田市"农业科技工作先进单位"、"科技工作先进集体"等称号。

（八）厦门市农业科学研究所

1965 年成立，占地面积 540 亩。隶属于厦门市农业局，下属一个试验农场，兼管"厦门农业技术引进开发中心"和"厦门闽台农业高新技术园区"。全所职工总数 223 人（含试验农场职工 133 人），其中科技人员 45 人，具有高中级职称 28 人。设有办公室、科管科、开发部、农场管理科 4 个行政科室和蔬菜、果树花卉、农业新技术 3 个专业研究室。拥有 1280 平方米的荷兰自控温室一座，总计 2000 多平方米玻璃温室 5 座 2000 多平方米，钢管塑料大棚 6000 多平方米，功能较齐全的植物组培设施 550 平方米，配备有专用灌溉水塔和备用发电机。新建一幢 7 层 3300 多平方米的生物技术大楼。馆藏图书期刊资料 8 万余册。

从 1990 年起，开展蔬菜、瓜果、花卉、食用菌等园艺作物的应用开发研究，承担科研项目 30 多项，获部、省级科技进步奖 9 项，市科技进步奖 12 项。培育出 10 几个优良的果蔬新品种，主要有花椰菜新品种厦花番茄新品种厦茄 2 号、夏杂等，杂交青花菜新品种绿宝、绿岛，无子西瓜 B01，抗热结球白菜等。蔬菜无土栽培技术研究在芹菜、网纹甜瓜、哈密瓜、樱桃番茄等十几种蔬菜、瓜果作物上获得成功，初步建立起马铃薯脱毒快繁体系，蔬菜工厂化育苗初具规模，名贵花卉周年供应市场，食用菌栽培技术研究推广应用，植物组培快繁技术在蔬菜、花卉等多种作物上应用成功，并向规模化发展。先后同荷兰、美国以及中国台湾等 20 几个国家、地区及国内多所大专院校、科研机构进行学术交流、项目合作及建立长期稳定的业务联系。

（九）泉州市农业科学研究所

1958 年 10 月成立，原称晋江专区（1971 年改为晋江地区）农科所，1986 年 2 月改称泉州市农科所。全所有职工 72 人，其中高级科技人才 13 人（研究员 3 人），省优秀专家 1 人，享受国务院特殊津贴 2 人。设有 4 个行政管理科室、6 个研究开发中心和 1 个绿洲农科经营部。建有 1 个生物技术重点实验室和 1 个科技成果推广园区。

科研所主要任务是：在农作物"两高一优"新品种选育与中试基地建设、优质加工型马铃薯脱毒繁育与产业化、龙眼产业化技术研究与示范基地建设以及农业高新技术的引进试验与示范推广等4个领域，建设泉州市农业高新技术示范园区。在水稻、花生、大豆、甘薯、马铃薯新品种选育以及早熟龙眼良种筛选等方面研究优势明显。在全市建立旱作生态农业、粮油作物良种繁育、脱毒马铃薯生产、龙眼管理新技术、盐碱地蔬菜等示范基地56个。基地的科技成果应用于生产后，新增粮食23亿多公斤；先后选育出78个农作物新品种，其中有2个品种获国家品种后补助奖励；获奖科技成果75项次，其中荣获国家科技进步二等奖1项，农业部技术改进一等奖2项，福建省科技成果奖12项，省科技进步二等奖3项、三等奖4项；先后24次被评为全国和福建省科学大会先进集体、泉州市科教兴市活动先进单位；被列入省级首批"科技特派员工作示范点"、泉州市第二批专利工作试点单位之一。

二、县（市、区）农科所、良种场、科技示范场

（一）农科所

20世纪90年代，各县加强农科所建设，建立科技示范场，推广农业新技术。从2001年开始，在乡镇一级建立一批农业科技示范场，成为推广当地农业新品种、新技术的试验示范基地和培训农技干部及农民的"田间学校"。惠安县农业科学研究所的郭金定选育出杂交水稻新品种"惠农早1号"，在省内推广面积160多万亩，1991年获省科技进步三等奖。1996年，郭海辉、黄永胜、张惠山、孙华英等人选育出花生新品种"惠花2号"，林福山等人选育出甘薯新品种"惠薯5号"通过省级审定。

（二）良种场

2005年，全省有66个国有良种场，土地总面积52852.61亩，其中水田11407.39亩、旱地3746.76亩；果园10375亩、茶园2534亩、林地16859.3亩、牧草地81亩、鱼塘1334.78亩、其他杂地6514.38亩。职工总数2285人，其中干部284人（包括管理人员149人），工人2001人（包括固定工人1413人，合同制工人424人，临时工人164人）。全省国有良种场全年工农业总产值13217.68万元，其中农业产值5125.28万元，工业产值5156.35万元，副业产值2936.05万元。净盈利的良种场32个，净盈利额54.44万元；净亏损的良种场34个，净亏损额246.17万元。

国有良种场担负种子、种苗生产和试验示范任务。2005年，建立水稻原良种繁殖面积4388亩，提供种子总产量188.6万公斤。其中杂交水稻原种生产面积72亩，种子产量3万公斤；杂交水稻不育系繁殖面积280亩，种子产量5.5万公斤；杂交

水稻制种面积 1012 亩，种子产量 19.64 万公斤；水稻常规良种生产面积 3024 亩，种子产量 160.4 万公斤。繁殖甘薯种苗 1134 万株，果茶种苗 1473.72 万株，林木种苗 138 万株。

（三）科技示范场

2001—2005 年，全省共有 80 个农业科技示范场，其中部级农业科技示范场 27 个（不含水产），省级农业科技示范场 53 个（内含配套扶持建设的部级农业科技示范场 19 个）。5 年间共投入农业科技示范场扶持资金 804 万元，其中农业部补助资金 405 万元，本省扶持资金 399 万元。补助资金用于配套部级农业科技示范场建设 148 万元，用于新品种新技术引进、仪器设备购买、培训及资料印刷费用、土地租赁及整治等共 656 万元，所有的补助资金如期划拨到所在县（市、区）农业科技示范场。5 年间共引进示范新品种 940 多个，引进示范新技术 130 多项，免费培训农民及干部 5 万人次以上，带动农户 9.5 万多户。

（四）四级农科网

20 世纪 90 年代初期，县级农业技术推广机构主要按行业设立。在全省范围内开始县级农技推广中心和乡镇"五有"农技站、农机站建设，基础设施初具规模。有 7 个设区市、69 个县（市、区）农业技术推广中心完成了基本建设任务，有 530 个乡镇农业技术推广站通过省级"五有"站验收，有 126 个乡镇农技站建成"五有"站。

在 2002 年《福建省乡镇工作纲要（试行）》（简称《纲要》）实施前，乡镇农业技术推广机构以综合设置为主，主要按行业或专业性质设立农技、畜牧、农机、经管、水利、水产等站、所。《纲要》实施后，各地对乡镇站所进行了整合，有的两三个站所合并成立"农业服务中心"，有的多个站所综合设置，有的按技术类合并为"农业服务中心"，将管理类（如经管站、企业办等）合并设立"农村经济管理中心"。全省设立综合性的"农业服务中心"的乡镇超过一半。全省乡镇农业技术推广机构 3373 个，以乡镇政府管理为主的有 2654 个，占总数的 78.7%，由县农业主管部门管理为主或以县管为主的双重管理体制的机构有 719 个，占总数的 21.3%。绝大多数县、乡两级农业技术推广机构是财政全额拨款，其人员的工资人多数由县财政统一发放，工资基本能够保证。按照 2002 年出台的《福建省乡镇工作纲要》要求，乡镇一级设置综合性的"农业服务中心"，合并原有的畜牧兽医、农技、经管、水产、水利等农业各站，由乡镇政府管理（业务上接受上级专业部门的指导），精简农业技术推广财政全额拨款事业编制 20%。随着乡镇机构改革的逐步推进，乡镇农业各站整合工作也在同步推进，全省乡镇农业技术推广机构和人员配备逐年精简，到 2005 年年底，成立综合性"农业服务中心"的乡镇占总数过半。

第五节　队　伍

一、专业技术推广人员

1991年以后，农业技术推广人员逐年增多，主要是全国各农业院校的大、中专毕业生补充到全省农业技术推广队伍，使农业技术推广专业水平和队伍整体素质得到了提高。

1991年，农业技术推广专业人员共有10586人，其中在农业科技推广部门7612人，种子部门727人，畜牧兽医部门2247人。

1992年，农业技术推广专业人员共10738人，其中农业科技推广部门7840人，种子部门698人，畜牧兽医部门2200人。

1995年，农业技术推广专业人员共12783人，其中县级农业技术推广专业人员3707人，乡镇级农业技术推广专业人员8331人，其他745人。

1999年，全省农业技术推广专业人员共14534人，其中县级农业技术推广专业人员3390人，乡镇级农业技术推广专业人员10394人，其他750人。

2000年，农业技术推广专业人员共20581人，其中农业技术部门9238人，经营管理部门3730人，畜牧兽医部门3781人，水产技术推广部门1277人，农机化推广部门2555人。

2002年，农业技术推广专业人员共17099人，其中农业技术部门8363人，经营管理部门3528人，畜牧兽医部门2268人，水产技术推广部门1019人，农机化推广部门1921人。

2004年农业技术推广专业人员11147人，其中省级农业技术推广专业人员265人，设区市级农业技术推广专业人员363人，县级农业技术推广专业人员2576人，乡镇级农业技术推广专业人员7943人。

2005年农业技术推广专业人员14783人，其中省级农业技术推广专业人员324人，设区市级农业技术推广专业人员626人，县级农业技术推广专业人员3668人，乡镇级农业技术推广专业人员10165人。农业推广机构具体又分为农业技术推广机构、经营管理机构、畜牧兽医机构、水产技术推广机构、农机化推广机构。

二、专业技术教学、研究、推广人员学历

1991—2005年，全省农业技术人员学历素质越来越高，乡镇农技干部专业结构中，传统学科农学偏多，保鲜、经贸、园艺、蔬菜等专业人员少。

1991年，全省农业技术人员中，研究生7人，占0.1%；本科生1911人，占

18.1%；专科生 1230 人，占 11.6%；中专生 6408 人，占 60.5%；其他 1030 人，占 9.7%。

2000 年，全省农业技术人员中，研究生 288 人，占 1.4%；本科生 3870 人，占 18.8%；专科生 3849 人，占 18.7%；中专生 10579 人，占 51.4%；其他 1995 人，占 9.7%。

2005 年，全省农业技术人员中，研究生 665 人，占 2.9%；本科生 5316 人，占 22.9%；专科生 6194 人，占 26.7%；中专生 9098 人，占 39.2%；其他 1925 人，占 8.3%。

表 15－4　　　　　2000 年、2005 年福建省农技人员学历结构统计表

年份	2000					2005				
	研究生	本科生	大专生	中专	其他	研究生	本科生	大专生	中专	其他
种植业专业技术人员	69	2299	2126	5476	480	108	2358	2924	4135	491
畜牧兽医专业技术人员	15	525	319	1610	206	32	481	535	1414	109
渔业专业技术人员	16	416	365	736	270	23	452	763	886	626
农经专业技术人员	—	255	365	1501	285	—	283	781	1646	202
农机专业技术人员	2	323	374	813	433	5	258	394	564	274
其他专业技术人员	186	52	300	443	321	497	1484	797	453	223
合　计	288	3870	3849	10579	1995	665	5316	6194	9098	1925

表 15－5　　　　2000 年、2005 年福建省乡镇农技人员学历结构统计表

年份	2000					2005				
合计	研究生	本科生	大专生	中专	其他	合计	研究生	本科生	大专生	中专	其他
12971	2	1192	1826	8667	1284	10610	0	1070	2663	6033	844

三、职　称

（一）高级职称

1. 正高级职称

1992 年，福建省在全国率先开展提高高级农业技术人员"享受教授、研究员待遇高级农艺（畜牧兽医、农经）师"（以下简称"高农高定"）评审工作，是年 10 月成立第一届福建省"高农高定"评审委员会，同时召开第一次评审会评审，通过并经省职改办批准确认 11 位高级农业技术人员提高工资和享受教授、研究员待遇。1993 年 11 月，召开第二次评审会，评审通过并经省职改办批准确认 9 位高级农业技术人员提高工资和享受教授、研究员待遇。1994 年 3 月，召开第三次评审会，评审通过并

经省职改办批准确认 13 位高级农业技术人员提高工资和享受教授、研究员待遇。

1994 年，农业部在全国开展"农业技术推广研究员"评审工作，"高农高定"评审工作暂告中止。是年，农业部在第一届"农业技术推广研究员"评审会上，福建省评审通过 11 人，1996 年第二届评审通过 17 人，1998 年第三届评审通过 16 人，2000 年第四届评审通过 15 人，2002 年第五届评审通过 19 人，2004 年第六届评审通过 20 人。

1998 年，福建省恢复"高农高定"评审工作，12 月成立第二届"高农高定"评审委员会并召开第一次评审会，评审通过并经省人事厅批准确认 8 位高级农业技术人员提高工资和享受教授、研究员待遇。1999 年 10 月，召开第二次评审会，评审通过并经省人事厅批准确认 10 位高级农业技术人员提高工资和享受教授、研究员待遇。2001 年 12 月，成立第三届"高农高定"评审委员会并召开评审会，评审通过并经省人事厅批准确认 15 位高级农业技术人员提高工资和享受教授、研究员待遇。2003 年 9 月，成立第四届"高农高定"评审委员会并召开评审会，评审通过并经省人事厅批准确认 20 位高级农业技术人员提高工资和享受教授、研究员待遇。2005 年 12 月，成立第五届"高农高定"评审委员会并召开评审会，评审通过并经省人事厅批准确认 31 位高级农业技术人民提高工资和享受教授、研究待遇。

1992—2005 年，福建省总共评审通过 117 位高级农业技术人员提高工资和享受教授、研究员待遇，经农业部评审通过"农业技术推广研究员"98 人。2005 年，在职农业推广研究员 36 名，享受教授、研究员待遇高级农艺师 39 人，共 75 人。

2. 副高级职称

1991 年 11 月，第二届福建省农业技术高级职务评审委员会成立。

1991—1992 年，全省共召开五次评审会。1991 年 11 月，第一次评审会评审通过并经省职改办批准确认 69 位高级农业技术人员（享受副高级职称待遇）任职资格。1992 年 4 月，第二次评审会评审通过并经省职改办批准确认 47 位高级农业技术人员任职资格。1992 年 5 月，第三次评审会评审通过并经省职改办批准确认 214 位高级农业技术人员任职资格。1992 年 7 月，第四次评审会评审通过并经省职改办批准确认 87 位高级农业技术人员任职资格。1992 年 8 月，第五次评审会评审通过并经省职改办批准确认 16 位高级农业技术人员任职资格。

1993 年根据省职称改革领导小组、省人事局《关于福建省企事业单位评聘专业技术职务经常化工作若干问题的暂行规定》和农牧渔业部《农业技术人员技术职务试行条例》等文件规定，福建省农业技术职称改革领导小组和福建省职称改革领导小组联合下发了《关于福建省农业技术职务经常化评聘工作的实施意见》，农业职称工作逐步转入正常化评聘阶段。是年 12 月，成立第三届农业技术高级职务评审委员会，并召开第一次评审会，评审通过并经省职改办批准确认 55 位高级农业技术人员任职资格。1994 年 7 月，召开第二次评审会，评审通过并经省职改办批准确认 62 位高级农业技术人员任职资格。1995 年 4 月，召开第三次评审会，评审通过并经省职改办批准确认 65 位高级农业技术人员任职资格。1995 年 12 月，召开第四次评审会，评审通过并经省职改办批准确认 87 位高级农业技术人员任职资格。

1997 年 3 月，成立第四届农业技术高级职务评审委员会并召开第一次评审会，评审通过并经省职改办批准确认 103 位高级农业技术人员任职资格。是年 12 月，召开第二次评审会评审通过并经省职改办批准确认 148 位高级农业技术人员任职资格。

1999 年 1 月，成立第五届农业技术高级职务评审委员会并召开第一次评审会，评审通过并经省人事厅批准确认 129 位高级农业技术人员任职资格。是年 12 月，召开第二次评审会，评审通过并经省人事厅批准确认 171 位高级农业技术人员任职资格。

2001 年 1 月，成立第六届农业技术高级职务评审委员会并召开第一次评审会，评审通过并经省人事厅批准确认 174 位高级农业技术人员任职资格。是年 12 月，召开第二次评审会，评审通过并经人事厅批准确认 169 位高级农业技术人员任职资格。

2002 年 12 月，成立第七届农业技术高级职务评审委员会并召开评审会，评审通过并经省人事厅批准确认 192 位高级农业技术人员任职资格。

2004 年 4 月，成立第八届农业技术高级职务评审委员会并召开评审会，评审通过并经省人事厅批准确认 172 位高级农业技术人员任职资格。

2005 年 4 月，成立第九届农业技术高级职务评审委员会并召开评审会，评审通过并经省人事厅批准确认 218 位高级农业技术人员任职资格。

1991—2005 年，福建总共评审通过高级农业技术人员 2178 人。在职高级农艺、农经、畜牧、兽医师 1017 人。

（二）中级职称

1991 年 10 月，第二届福建省农业厅农业技术人员中级职务评审委员会成立，至 2005 年 12 月的第十一届福建省农业技术人员中级职务评审委员会，评审确认省级农业系统中、初级专业技术职务人员。2005 年，在职的中级职称的农业技术人员有 5017 人。另有初级 7732 人。

四、专 业

1991—1993 年，曾进行过农业技术人员专业结构统计，1994 年以后不再进行专业指标的统计。

表 15－6　　　　　　　　**1993 年福建省农技人员专业结构统计**

| 类别 | 总人数 | 农业 | | | | | | | 种子公司 | 畜牧兽医 | | | 其他产业公司 |
	合计	农业技术推广站	经营管理站	植保测报站	土肥技术站	经济作物站	沼气推广站	其他		家畜检疫站	畜牧兽医站	其他	
农学	3652	2783	35	43	140	118	11	34	479	—	2	—	7
植保	928	526	4	313	12	16	3	14	40	—	—	—	—
土肥	312	143	2	2	151	4	3	4	3	—	—	—	—
园艺	1368	593	7	4	8	704	2	19	25	—	—	2	4
牧医	2224	7	10	—	—	—	2	2	3	53	2081	44	22
农经	1425	36	1349	—	2	1	1	6	24	1	—	—	5
其他	1164	277	482	6	25	133	17	37	100	2	64	2	19
总计	11073	4365	1889	368	338	976	39	116	674	56	2147	48	57

附　录

一、大事年表

1991 年

1 月　全省开发和建设吨粮田项目总结大会在漳州市召开，明确吨粮田建设目标、标准及阶段任务。

3 月　省农科院组织 51 名科技人员赴南平地区，开展科技兴农区域承包。

4 月　福建省在北京举办的全国菜篮子工程成果观摩及技术交易会上，共获 14 项大奖，居全国各省、市、自治区之首。

7 月　全省大部地区旱灾，全省农作物受旱面积近 500 万亩，其中水稻 306 万亩，甘薯、花生、甘蔗等其他作物 189 万亩。

8 月 17 日至 9 月 6 日　受联合国粮农组织委托，省农科院为 4 名越南、老挝专家培训柑橘黄龙病综合防治技术。

9 月 24 日　省政府调整省农业广播电视学校领导小组成员，苏昌培副省长任领导小组组长，兼农广校校长。

9 月　将乐县、明溪县被列入全国"八五"第一批商品粮基地建设计划，每县投资各 400 万元，在 1991—1992 年期间建成。

10 月 12 日　中央农广校为省校及龙岩、邵武分校安装配置卫星接收器，为农广电化教学服务。

10 月 16 日　全国第三届虫生真菌学术讨论会在福建农学院召开，全国各有关单位的 71 名代表参加会议。

10 月 17—24 日　省农科院为 3 名印度尼西亚、越南学者培训红萍基础理论和应用研究技术。

10 月　省政府制定出台《福建省鼓励外商投资农业综合开发区域的暂行规定》。

1992 年

1 月 4 日　福建农学院谢联辉教授当选为中国科学院（生物学部）学部委员。

1 月 农业部部长刘中一到福建省考察，对福建省农业生产发展提出建议。

1 月 全省菜篮子工程产品展销会在福州举办，签订利用外资合同项目 23 个，总投资 4.2 亿美元。

1 月 30 日 省委、省政府授予省农科院刘中柱、冯玉兰、林沧、张仲先、张绍南等福建省首批优秀专家称号。

2 月 17—24 日 以日本长崎县综合农林试验场场长田崎冈为团长的日本长崎农林科技考察团一行访问省农科院。双方对 1986 年以来该场与省农科院签订的科技协作取得的成绩表示满意，并签订 1992—1996 年第二轮科技交流备忘录。

2 月 省农科院研究员杨聚宝被联合国粮农组织聘为国际杂交水稻顾问、顾问组长。

3 月 福建省农业技术推广总站成立。

4 月 省委、省政府在平潭召开现场办公会议，决定赋予平潭县对外开放旅游经济开发和对台贸易综合改革试点 30 条优惠政策。

7 月 省政府印发《福建省利用世界银行贷款管理暂行办法》。11 月，红壤开发二期项目列入 1993—1995 年世界银行贷款备选项目。

9 月 22 日 省政府成立农科教统筹与协调指导小组。

10 月 第一届福建省农业技术人员教授级高级农艺师评审委员会成立。

11 月 7 日 省政府印发《国务院关于同意将宁德地区开放促开发扶贫综合改革试点区列为全国农村改革试验区批复的通知》，要求按国务院的批复精神，精心组织实施，促进全区经济进一步发展。

12 月 台湾农委会秘书长黄正华一行 6 人到福建省商谈海峡两岸农业交流项目。

是年 省政府提出扶持贫困村工作，对 17 个贫困县和省定 201 个贫困乡中的贫困村予以扶持。

1993 年

1 月 福建省绿色食品办公室成立。

2 月 省政府制定《福建省农民承担费用和劳务管理规定》。

3 月 13 日 省委、省政府发出《关于加快山区开放开发若干问题的决定》，制定优惠政策，鼓励山区走出一条适合当地开放开发的新路子。

3 月 福建省农民负担监督管理领导小组及福建省农民负担监督办公室成立。

4 月 省农业厅制定《关于调整农业结构、发展高产优质高效农业的意见》，提出农业结构调整的目标、原则、方案以及配套政策与措施。

5 月 农业部审定公布 50 个首批全国"绿色证书工程"试点县（市），福安市被列为试点县（市）之一。

5 月　省政府成立省水稻旱育稀植栽培技术推广协调指导组，加大水稻旱育稀植栽培技术推广力度。

5 月　省农业干部学校被列为全省农业专业技术人员继续教育基地。

6 月 14—20 日　省农科院与国际水稻研究所联合在福州召开国际土壤肥力和持久农业协作网计划会议，来自亚洲、欧洲、美洲等 19 个国家的 39 位专家和国内学者参加会议。

9 月 23 日　国家教委批准福建农学院自 1994 年起可单独组织入学考试，招收在职人员攻读硕士学位。

9 月　省政府制定《福建省农业机械安全监理规定》。

10 月　福建省省长贾庆林在漳州市视察农业工作，指示要"集中精力抓好粮食生产"。

是年　贯彻省委、省政府"依靠科技进步，促进老区发展"方针，省农科院派出各类专家 37 人次赴龙岩地区实施科技兴农项目。

1994 年

1 月 17 日　福建农学院更名为福建农业大学。

2 月 4—9 日　中共中央政治局候补委员、中央书记处书记温家宝考察宁德地区农业和农村工作。

3 月　省人大常务委员会发布施行《福建省农民负担监督管理条例》。

4 月 5—7 日　浦城、仙游、福鼎等 15 个县（市）先后遭受冰雹、龙卷风和暴雨袭击，造成严重损失。全省共有 5 万多户 26.50 万人受灾，蔬菜、马铃薯等大田作物受灾 66.70 万亩，果茶园被毁 23.50 万亩，农业直接经济损失 8.84 亿元。

5 月 14 日　国务院批准漳州市为国家外向型农业示范区。

5—6 月　全省两次发生特大暴雨洪涝灾害，农业生产损失严重，全省农作物受灾面积 463.90 万亩，成灾 364.60 万亩，绝收 74.10 万亩，全省农业牧渔业因灾直接经济损失 10 亿元以上。

6 月下旬　中共中央总书记江泽民到福建省考察，就加强农业问题发表重要意见。

6 月 29—30 日　省政府召开全省扶贫工作会议，研究部署全省扶贫工作。

8 月　省政府下发《关于进一步发展果业经济的通知》，决定加快全省果业生产发展，提出"九五"果业发展目标。

9 月 28 日　省委、省政府下发《关于印发〈福建省实施"国家八七扶贫攻坚计划"的意见〉的通知》，明确提出从 1994 年起到 1997 年的 4 年时间里，基本解决全省 80 万贫困人口的温饱问题，并在方针与途径、政策保障、部门任务等提出明确要求。

9 月 省委、省政府决定在全省大规模实施"造福工程"，计划用 7 年时间完成农村 10 万人口的搬迁任务。

9 月 《福建省基本农田保护条例》发布施行。

9 月 省政府提出《建设省级高产优质高效农业示范区意见》。

10 月 26 日 省委、省政府下发《关于加强省直单位定点扶贫工作的通知》和《关于调整省直单位定点扶贫挂钩乡镇的通知》，号召省直有关单位动员起来，积极参与贫困地区的经济建设。

1995 年

1 月 20 日 省政府办公厅转发《省农业厅关于福建省绿色证书工程实施意见》，在全省范围实施"绿色证书工程"。

2 月上旬 国务院总理李鹏到福建省视察工作，就进一步抓好农业问题作重要指示。

2 月 14 日 国家人事部、全国博士后科研流动站管委会批准福建农业大学设立农学学科博士后科研流动站。

2 月 24 日 省人大常委会第十五次会议通过《福建省农业集体经济承包合同条例》。

2 月 闽台经济文化交往促进会农业分会召开年会，提出加快推动闽台农业合作与交流的计划与措施。

4 月 10—15 日 南平、三明、龙岩等地（市）近 20 个县（市）发生冰雹、龙卷风灾害。全省共有 10 多万户、40 多万人受灾，直接经济损失近 4 亿元，其中农作物受灾面积达 28.60 万亩。

4 月 省政府下发《加强"菜篮子"工作的决定》，提出要落实市长负责制，把保障"菜篮子"供应和控价目标纳入各级政府全年工作目标。

5 月 福建省绿色食品工作领导小组成立，副省长童万亨任组长。

6 月 省农业厅提出《加快对台农业引进合作的意见》。

是月先后发生两次暴雨洪涝灾害，全省农作物受灾面积达 180.1 万亩，造成灾害 100 多万亩，绝收 8.8 万亩，农林牧副渔业直接经济损失 2 亿多元。

7—8 月 受第 4 号、第 5 号强热带风暴连续袭击。全省农作物受灾面积达 793 万亩，造成灾害 550 万亩，绝收 53.6 万亩，农业直接经济损失达 9.70 亿元。

9 月 省政府发布《扩大农业对外开放若干规定》。

12 月 13 日 省委、省政府发出《关于加快实施农村奔小康计划的意见》，对农村小康建设进行全面动员和部署，提出了省地县、乡村和农户三个层次的农村奔小康指标体系。

12 月　《福建省农业"丰收计划"实施管理办法（试行）》发布，对"丰收计划"项目内容、项目申报和审批程序以及组织实施管理等作出规定。

1996 年

2 月 14 日　省委、省政府出台《关于切实加强农业和农村工作的意见》，提出要大力发展贸工农一体化经营，加速农村产业化进程。

3 月　农业部刘江部长到福建省考察，对福建省"九五"农业、农村经济发展提出建议。

3 月　农业部决定落实乡镇推广机构"三定"工作有关问题。

国家土地管理局、农业部印发《划定基本农田保护区技术规程（试行）》，省政府要求各地进一步加强基本农田保护工作。

4 月　福建省提出贯彻《划定基本农田保护区技术规程（试行）》意见，并组织开展有关工作。

4 月　国家《农作物种子生产经营管理暂行办法》发布实施；6 月，本省提出贯彻意见。

5 月 9 日　省政府卜发《关于"九五"期间百万农民技术员培训计划的通知》。

5 月 31 日　省委组织部、省农业厅联合下发《关于组织省村干部参加农业广播电视学校中专学历教育的通知》。

5 月　福鼎市沙埕镇岙口村洋口自然村首次发现稻水象甲疫情，农业部门随即成立技术指导小组，制订工作方案，及时采取措施，有效控制了疫情扩大蔓延。

6 月 7 日　省委、省政府成立由省委副书记、副省长分别担任组长、副组长，省委办公厅等 28 个省直单位为领导小组成员的省委农村小康工作领导小组。

6 月　省农业厅制定"六大工程"规划，即粮食工程、菜篮子工程、果茶工程、种子工程、农垦开放开发工程和中低产田改造工程，拟在"九五"期间通过实施"六大工程"，促进农业经济全面发展。

7 月　福建省就国家财政部下发《村合作经济组织财务制度（试行）》、《村合作经济组织会计制度试行》提出贯彻意见。

7 月　省政府成立福建省粮食种子工程领导小组，副省长童万亨任组长。

7—8 月　全省连续遭受 7 号、8 号、10 号台风正面袭击和外围影响，灾害发生频度、影响范围及强度为历史罕见。农作物受灾面积达 810 万亩，造成灾害 409.50 万亩，绝收 55.10 万亩，因灾直接经济损失 75 亿元。

8 月　省海南农作物育种基地建设项目启动。

10 月 3 日 由省农科院承担的福建省农业遗传工程重点实验室通过专家可行性论证。

10 月 16—18 日 福建农业大学举行建校 60 周年庆典活动。

10 月 18 日 福建农学院尤民生教授列入国家"百千万人才工程" 1995 年、1996 年度第一、二层次人选。

10 月 在国家科技成果重点推广计划技术依托单位工作会议上，"早杂威优 77 新组合"、"TA 乳粉在海带、紫菜生产上的应用"两项科研成果，被国家科委列入"九五"国家级科技成果重点推广计划。

11 月 12 日 省农科院谢华安在"八五"国家科技攻关表彰会上受到表彰，同时还代表全国"八五"攻关获奖的先进个人在会上发言。

11 月 13 日 福建农业大学甘蔗综合研究所被农业部命名为农业部甘蔗遗传育种重点开放实验室。

11 月 25 日 省委、省政府下发《关于加快农村扶贫开发与小康建设步伐的若干政策措施》，强调进一步加快全省农村脱贫奔小康步伐，以确保全省农村在 1997 年基本实现小康，消除绝对贫困，完成"造福工程"的搬迁任务以及 2000 年全面实现小康的目标。

11 月 在全国农业系统 1220 个独立农业科研机构的科研开发能力综合实力评估中，省农科院植保所进入"八五"全国农业科研开发综合实力百强研究所行列，这是福建省首家进入百强的农业研究所。

12 月 9 日 省政府召开全省农科教结合工作会议和全省农科教结合示范区、县对口联系共建工作座谈会。

12 月 省经济体制改革委员会等 9 个厅、局、委联合制定印发《福建省农村股份合作制企业办法（试行）》。

1997 年

1 月 17 日 省政府下发《福建省人民政府关于开展科教兴农活动的通知》。

1 月 23 日 《福建省实施〈中华人民共和国农业技术推广法〉办法》发布施行。

2 月 20 日 省委、省政府出台《关于加快发展农业产业化的意见》，提出加快发展农业产业化的具体发展目标和扶持措施等。

2 月 20 日 省政府确认 100 家企业为农业产业化龙头企业，并给予扶持。

2 月 28 日 省政府召开专题会议，研究农广校、农函大和百万农民技术员培训工作。

2 月 福建省种子总站成立。

3 月 27 日 福建省首批赴宁夏扶贫挂职的 8 名县级干部抵达宁夏。同年 6 月 2

日，福建省与宁夏对口扶贫协作的首家企业宁夏香吉（集团）淀粉有限公司首期 2 万吨生产线在银川正式投产。此后，闽宁对口帮扶协作不定期召开联席会议，商讨对口协作的重大事项。

3 月　《福建省农作物新品种审定委员会章程》、《福建省农作物品种审定办法》发布施行。

3 月　"福建省'三农'协作领导小组"成立，省农业厅厅长尤珩任组长。

3 月　省农科院结合全国农技推广年和省科教兴农年活动，制定实施科技推广"十百千万"计划。编印了 10 本农业实用技术丛书，组织百名科技骨干下乡，建立百个科技示范点，提供千条科技与生产致富信息，发放万份科技资料。

3 月　国家教委批准福建农业大学建立国家理科科学研究和教学人才培养基地生物学专业点。

4 月 3 日　省政府出台《关于进一步办好农业广播电视学校的通知》，文件强调各地要提高认识，加强领导；充实人员，稳定队伍；增加投入，改善条件；联合办学，稳定规模。

4 月　省农业厅下发《关于全面开展农民技术员培训工作的通知》，要求各地加强部门协助，落实任务，加大投入，搞活形式，统一规范，保证质量。

4 月　省农业厅成立农业产业化工作领导小组，负责推进农业产业化各项工作。

5 月 29 日　《福建省农业投资条例》颁布施行。

5 月　省政府将减轻农民负担工作列入各级领导干部政绩考核内容。

5 月　福建省绿色证书工程工作领导小组成立。

5 月　省农科院茶叶所培育的黄观音、丹桂、春兰茶在杭州由中国茶叶学会主办的第二届"中茶杯"名优茶评比中，分别获乌龙茶组特等奖、一等奖、一等奖。

5 月　福建农业大学图书馆获准成为首批中国学术期刊文献检索一级咨询站。

6 月　"中国畜牧业及饲料工业交易会"在厦门市召开。共有 752 个参展单位，557 家参展厂商，来自 15 个国家和地区的 40 多家境外厂商参展，人数达 2 万余。

6—8 月　全省连续遭受暴雨和三次台风袭击，农作物受灾 398.90 万亩，造成灾害 230 万亩，绝收 45.30 万亩；因灾直接经济损失达 39.85 亿元，其中农业、农村经济损失 16.30 亿元。

7 月 11 日　国家外经贸部、国台办、农业部把福建省福州、漳州两市列为"海峡两岸农业合作实验区"。

7 月　《福建省农业植物检疫实施办法》发布施行。

7 月　福建省农业利用外资项目办公室成立。

8 月　省政府制定《福建省农科教结合"九五"规划纲要》，提出深化农村教育改革、实施百万农民技术员培训和"绿证"工程、大力组织农业科学技术研究推广等发展目标。

8月 受联合国粮农组织委托，省农科院举办了为期2个月的首期国际杂交水稻培训班，3位越南学员参加培训，20多位水稻专家参加了授课。

9月16日 全国人大常委、中科院院士郝诒纯率领全国人大《科技进步法》执法检查组到福建林学院检查指导工作。

9月 省政府制定《农村合作基金会财务管理制度（试行）》、《农村合作基金会会计核算制度（试行）》。

10月9日 省委办公厅、省政府办公厅发出《贯彻中共中央办公厅、国务院办公厅关于进一步稳定和完善农村土地承包关系的通知的意见》，在全省农村开展二轮土地延包工作。

10月14—16日 "中国超级稻研究"项目考察会在福州召开。农业部、中国农科院、中国水稻所和广东、四川等省农科院及南京、沈阳农业大学的有关领导和专家20多人参加会议。

10月 福建省沼气改灶省柴技术推广站更名为福建省农村环保能源总站。

11月18日 省府办公厅转发《福建省农科教结合"九五"规划纲要的通知》

1998年

1月 福建省绿色食品发展中心成立。

1月 福建农业大学菌草技术在巴布亚新几内亚的重演示范获得成功。

3月 省政府成立省农村集体资产清产核资工作领导小组。

3月 福建农业大学生物化学与分子生物学、农药学两个学科获准增列为新的硕士学位授权点。

4月 省委、省政府制定组织实施农村宽裕型小康建设意见，提出力争全省农村到2010年基本实现宽裕型小康目标。

4月 福建省农药检定所成立。

5月 省政府成立福建省海峡两岸农业合作实验区工作领导小组。

5月 省农业标准化工作领导小组成立。

6月 福建省北部、西部、中部遭受特大暴雨洪涝灾害，农作物受灾面积达987万亩，造成灾害319.50万亩，绝收54万亩，农业直接经济损失50.40亿元。

7月31日 省政府将连家船民上岸定居列入造福工程搬迁计划。

7月 省政府印发《福建省生态农业建设规划纲要》，提出全省生态农业建设近期、中期、长期目标。

8月 省委组织部印发《福建省村级集体经济组织财务公开民主管理暂行规定》。

8 月　省农业厅对外经济联络办公室更名为福建省对外农业经济技术合作中心。

9 月 7—9 日　省农科院与省农办、省科委联合主办福建省现代农业发展研讨会，出席会议的专家有 40 多人，省委副书记习近平到会讲话。

9 月　吴建华任省农业厅厅长、党组书记。

9 月　厦门、漳州、泉州等地严重发生大豆疫病，发生面积 8330 亩，平均发病率 10% 左右。

9 月　福建农林大学教授谢华安培育的杂交水稻良种"汕优 63"获"98 王丹萍科技一等奖"，刘波主持的"水稻两虫两病新技术预警系统和防治对策的研究"获"集友科技成就奖"。谢华安获中华农业科教基金科研杰出贡献奖。

9 月　《福建农业大学学报（社会科学版）》获国家新闻出版署批准，1999 年 1 月正式出版。

9 月　福建农业大学作物学与植物保护两个学科获准成为一级学科博士学位授权点，植物保护一级学科下的农药学二级学科自动成为博士点。

10 月　中共福建省委六届九次全会作出实施山海协作战略。对全省山海协作工作进行研究部署。此后分别出台了《关于进一步加快山区发展的决定》及其《实施意见》、《关于进一步加快山区发展推进山海协作的若干意见》、《关于拓宽山海协作通道加快欠发达地区发展的若干意见》等重要政策文件，召开若干次大规模联席会议，加大对山区发展的扶持力度。

12 月 28 日　省委、省政府发出《加强沿海县（市、区）对口帮扶和省直单位定点挂钩扶持山区经济欠发达县的通知》，从省直机关抽调 85 名干部到 10 个宽裕型小康试点县和 8 个经济欠发达县以及 15 个贫困乡镇帮助工作。

12 月　福建农业大学李维明研究员、王宗华副研究员列为 1997 年度国家"百千万人才工程"第一、二层次人选。

1999 年

2 月 10 日　省委办公厅、省政府办公厅发出通知，部署对第二轮土地延包工作进行总结验收工作。

3 月 23 日　省农科院和台湾桃园区农业改良场共同主办闽台农业产销合作及发展学术研讨会，参加会议的有台湾及福建的 37 位专家、实业家，其中台湾地区 10 位。

3 月 31 日　联合国发展署亚太地区食用菌培训中心药用菌开发研究中心（基地）在省农科院植保所成立。

3 月　经国家人事部、全国博士后管委会批准，福建农业大学博士后科研流动站被确认和审定为作物学博士后科研流动站，并增设植物保护、园艺学两个博士后科研流动站。

4 月 省政府制定《加快福建省海峡两岸农业合作实验区建设的若干规定》。

4 月 全省农业行政综合执法试点工作领导小组成立。

5 月 12 日 福建农业大学甘蔗及制品质量检测中心被确定为农业部质检中心。

5 月 省政府成立省整顿农村合作基金会办公室。

5 月 省政府印发《福建省海峡两岸农业合作实验区规划》，提出至 2000 年，实验区各有一批示范项目要达到现代农业示范区的标准，2010 年实验区基本实现现代化。

6 月 1 日 《福建省农业机械管理条例》发布施行。

7 月 12 日 福建农业大学郑金贵研究员获"国家有突出贡献的中青年专家"称号。

7 月 省委、省政府组织开展新一轮土地承包合同签订工作。

7 月 省政府成立福建省名牌农产品认定委员会，印发《福建省名牌农产品认定管理办法》。

8 月 省政府发出通知，组织开展乡村两级不良债务清理工作。

10 月 第 14 号强台风正面袭击本省，农业生产损失严重。全省农作物受灾面积达 358 万亩，造成灾害 234.60 万亩，绝收 70.10 万亩，农业直接经济损失 45.60 亿元。

11 月 30 日 福建农业大学植物病理学、作物遗传育种两个学科被遴选为农业部重点学科。

11 月 第一届海峡两岸（福建漳州）花卉博览会在漳州市召开。

12 月 29 日 中央农业广播电视学校授予邵武市分校为"全国育才兴农示范校"。

12 月 全省遭受特大冻害袭击，一半县区最低气温在 0℃以下，全省农作物受冻害 600 万亩以上，冻死或绝收超过 100 万亩，直接经济损失达 70 亿元以上。

是年起 每年都将完成 2 万人搬迁任务的"造福工程"，列为省委、省政府为民办实事项目。

是年 省农科院转基因水稻育种进展显著，被列入 1999 科技日报十大科技要闻候选条目。

2000 年

1 月 7 日 全国博士后管委会主任蒋冠庄到福建农业大学检查工作。

1 月 第二届海峡两岸（福建漳州）花卉博览会在漳州市召开。

2 月 15 日 农业部人事劳动司转发劳动和社会保障部《关于同意建立农业行业特有工种职业技能鉴定站的批复》，同意福建省农业广播电视学校建立农业行业特有工种职业技能鉴定站及鉴定范围为农艺工、动物检疫检验员等9个工种。

2月16日　福建省农业广播电视学校增挂福建省农民科技教育培训中心牌子。

2月　福州举办首届闽都绿色食品节，大会组织省内外60多家绿色食品生产企业近200个产品参展。

4月10日　"杂交水稻之父"袁隆平院士带领"国家863项目"专家80余人，实地考察与鉴评福建农业大学在海南三亚福建省育种基地上的高秆隐性杂交稻种子生产与杂交稻组合种植现场。

4月　福建农业大学关雄、李维明、吴为人、吴祖建、潘东明、林顺权、赖钟雄、林文雄8位中青年骨干教师分别获得教育部首批"高等学校骨干教师资助计划"项目资助，每位12万元。

4—6月　全省遭受严重旱灾、洪灾，200多万亩农田受旱龟裂。全省农作物受灾面积达324万亩，造成灾害203万亩，绝收94万亩，农业因灾直接经济损失16.40亿元。

6月2日　省委、省政府成立省农村税费改革领导小组，开展农村税费改革试点工作。

6月19日　为表彰福建农业大学林占熺教授在巴布亚新几内亚承担实施菌草技术援外任务，取得推广菌草栽培食用菌技术的重大成功，省政府授予林占熺一等功。

7月　福建省农业执法总队成立。

7月　省农业厅、省海洋与渔业局、省委编办、省人事厅、省财政厅联合制定《关于进一步稳定基层农业技术推广体系的意见》。8月，省政府办公厅转发该意见，要求各地贯彻执行。

8月8日　省农科院和省台盟联合举办加入世界贸易组织与闽台农业发展学术研讨会，来自北京大学、台湾大学等两岸近50名专家、学者参加会议。

8月　第10号强台风"碧利斯"正面袭击福建省。全省农作物受灾300万亩以上，造成灾害250万亩，绝收100万亩，毁坏耕地20万亩，农业因灾直接经济损失30亿元以上。

9月　《福建省村集体财务管理条例》发布，2001年3月1日起施行。

9月　省机械工业厅承担的农机行政管理职能划转给省农业厅，原机械厅的直属单位省农机局、省农机鉴定推广总站及省农机局所属的省农机监理所划归省农业厅管理。省农机局为省农业厅内设机构，对外挂"福建省农业机械管理局"牌子。

10月20日　福建农业大学、福建林学院合并，福建农林大学成立大会召开。

10月　经国务院学位委员会审核批准，福建农林大学新增林业经济管理和森林培育两个博士点。

11月10日　福建省台湾农业研究中心成立，挂靠省农科院情报所。

2001 年

1 月 10 日 省委组织部、省农业厅联合下发《关于进一步做好组织全省村干部参加福建省农业广播电视学校中专学历教育工作的通知》。

1 月 省农业厅制定施行《福建省农村审计证管理规定》、《福建省农村财会任用证管理规定》、《农村集体经济审计工作规程》和《福建省农村集体经济审计文书使用办法》。

1 月 第三届海峡两岸（福建漳州）花卉博览会在漳州市召开。

4 月 4 日 省委、省政府下发《关于在我省部分地区开展农村税费改革试点的通知》决定，在松溪、武平、福鼎 3 个县（市）先行试点。

4 月 《福建省农药管理办法》发布施行。

省政府制定《治理"餐桌污染"建设"食品放心工程"工作方案》，要求各地、各部门切实抓好该项工作。

4 月 省委、省政府确定福清、罗源、杏林、东山、平和、永春、涵江、武平、永安、沙县、松溪、建阳、福鼎、古田 14 个县（市、区）作为首批农村税费改革试点地区，从 2001 年开始进行农村税费改革工作。

4 月 省政府成立福建省清理乡村不良债务领导小组。

4 月 福建农林大学李维明、张木清、段永平 3 位博士分别被聘为作物遗传育种、作物栽培学与耕作学、植物病理学 3 个学科的"闽江学者计划"特聘教授。

5 月 15 日 全国人大常委、中国水土保持学会理事长杨振怀到福建农林大学参观"金山水土保持科教示范基地"。

6 月 省政府批转实施《九龙江流域水环境与生态保护规划》。

6 月 全省 5 个全国第一批无公害农产品基地示范县的创建工作启动。

6 月 福建省在全国率先开通了"969155"农业服务热线。

6 月 连续遭受 2 号台风"飞燕"和"6·13"洪灾等灾害。全省农作物受灾 272.40 万亩，造成灾害 126.40 万亩，绝收 34 万亩，农业直接经济损失 11.30 亿元。

7 月 《福建省主要农作物品种审定规定》发布实施。

8 月 15—16 日 省农业广播电视学校职业技能鉴定站在福清市分校鉴定点开展农业行业特有工种职业技能鉴定操作技能考核的试点工作，64 名应届毕业生通过考核取得"双证书"（毕业证书、职业技能资格证书，中级农艺工 27 人、中级兽医防治员 13 人、中级动物检疫检验员 24 人）。

8 月 省委、省政府印发《福建省乡镇工作纲要（试行）》，提出乡镇政府只设立提供公共产品和服务的事业单位，包括设置农业服务中心等综合事业机构。

8 月 省政府办公厅转发省水利厅、省财政厅、省改革开放办《关于小型水利设施产权制度改革的意见》，明确了小型水利设施的国有产权处置办法。2002 年，在 13 个县（市、区）开展改革试点，2003 年在全省全面推开。

10 月 19—20 日　省农科院与国际水稻所联合举办的第二届中国国际水稻遗传评价研讨会在福州召开。

10 月　省政府提出《加快农业结构调整的指导意见》，提出农业结构调整的重点是：优化农业区域布局，构筑三大特色农业产业带，调整粮食生产结构，优化果类品种结构与生产布局，增强茶业优势等。

11 月 1 日　福建农林大学与夏威夷（福建）会议中心有限公司签署联合举办福建农林大学东方学院协议。

11 月　省人大发布施行《关于修改〈福建省基本农田保护条例〉的决定》。

12 月 24 日　中共中央政治局常委、国务院副总理李岚清到福建农林大学视察病毒所、甘蔗所，参观菌草技术科技扶贫和科技援外成果展览，听取学校的工作汇报，并发表了重要讲话。随同视察的有教育部部长陈至立、国务院副秘书长高强、国家经贸委副主任张志刚和省领导宋德福、习近平、黄瑞霖、潘心城等。

12 月 29 日　中央农业广播电视学校授予福清市、上杭县分校为全国育才兴农示范校。

12 月　省政府开始组织实施基本农田保护区调整工作，要求各地本着符合规划、有利发展、等质等量、个案调整、法定程序、严格审批的原则，定于 2002 年 8 月底前完成调整任务。

2002 年

1 月 7 日　《福建省动物防疫与动物产品安全管理办法》发布施行。

1 月　第四届海峡两岸（福建漳州）花卉博览会在漳州市召开。

1 月　福建省绿色食品协会成立。经民主推荐选举，省农业厅厅长吴建华当选为第一届理事会会长。

1 月　福建农林大学植物病理学科被国家科委遴选为国家重点学科，这是福建省省属高校首次获准设立的国家级重点学科。

3 月 19 日　省委、省政府出台《关于实施中国农村扶贫开发纲要（2001—2010 年）的意见》，部署全省未来 10 年的扶贫开发工作。

4 月　省委办公厅、省政府办公厅印发《〈福建省乡镇工作纲要（试行）〉有关实施细则》，决定归并乡镇事业单位。其中乡镇农业技术推广站、经管站、畜牧兽医站、农业机械推广站、水产技术推广站、水利水电水土保持工作站等原则上归并为乡镇农业服务中心。

4 月　省委宣传部、省卫生厅、省委农办、省农业厅、省爱卫会、省广播电视局、省妇女联合会 7 部门联合制定《全省"九亿农民健康教育行动"规划》。

4 月 省农业厅成立福建省家畜遗传资源管理委员会、农业转基因生物安全管理领导小组。

5 月 22 日 省委办公厅、省政府办公厅下发《关于做好省级扶贫开发工作重点村挂钩帮扶工作的通知》，全省确定 207 个省级扶贫开发工作重点村作为"十五"期间扶贫开发整村推进工作的对象。

6 月 省政府制定《福建省治理"餐桌污染"建设"食品放心工程"五年计划》，并组织实施。

7 月 福建省农产品市场协会成立。

9 月 5 日 由南平市政府和省农科院联合创办的南平市科技特派员进修学院揭牌。

9 月 9 日 应南平市政府邀请，省农科院第一批科技兴农服务队进驻该市。服务队由 30 名专家和技术人员组成，驻期一年。

9 月 27 日 省委、省政府召开全省创新农村工作机制研讨会（2003 年 12 月 16 日召开第二次研讨会），邀请国家有关部门、理论研究单位、华东各省、广东省的相关领导及知名专家和本省内地方专家及相关部门领导，对福建省创新农村工作机制工作进行探讨。

9 月 由中国茶叶学会、福建省农业厅、省农科院等多家单位联合主办的 2002 年中国（福建）国际茶、茶具、茶文化博览会在福州召开。

9 月 泉州市首届海峡两岸农业合作交流展洽会召开。展洽会设有 221 个展销摊位，10 个专业馆，有 200 多位外商参会。

9 月 国家人事部批准省农科院设立博士后科研工作站。

10 月 1 日 《福建省农业生态环境保护条例》颁布施行。

10 月 省农业厅成立农业行业协会改革与发展工作领导小组。

10 月 省委办公厅、省政府办公厅印发《〈关于对涉及农民负担案（事）件实行责任追究的暂行办法〉实施细则》。

11 月 中国绿色食品 2002'福州博览会在福州市举办。国内外参展企业、消费者代表共计 3000 人参会，开设近 500 个国际标准展位，设有 10 个特色展区，参展产品数量达 300 余种。

11 月 省政府提出《关于加强农业标准化工作的意见》，明确用 3～5 年时间，建立一套既有福建特点、又能与基本实现农业现代化相适应的农业标准化工作体系的目标任务。

2003 年

3 月 3 日 省委、省政府出台《关于加快农业产业化经营的意见》，进一步提出加快发展农业产业化的具体发展目标和扶持措施等。

3 月　省农业厅首批扶持 50 家省级农牧业产业化龙头企业，其中有 2 家被评为国家级重点龙头企业，13 家被评为省级重点龙头企业。

3 月　省委、省政府下发《关于加强农业和农村工作的意见》，提出"突出发展优势产业、优化农业区域布局，培育壮大龙头企业，大力发展农业产业化经营，实施科教兴农战略、提高农业科技含量"等目标任务。

4 月 9 日　省长卢展工，副省长汪毅夫、刘德章、陈芸和省直机关有关部门负责人到省农科院调研，决定省财政厅下拨 4000 万元支持省农科院在树兜建设农业高新技术中心。

4 月 27 日　省政府办公厅转发《省农办等部门 2004—2010 年全省农民工培训规划的通知》，制定农民科技培训中长期规划。

5 月　省政府印发《福建省粮食安全预警应急方案（试行）》，要求各地按省定规模将本级配套粮食风险金纳入预算，按全省 500 万亩粮食播种面积的用种量建立粮食种子储备制度，省、市、县（市、区）分别按 15%、15% 和 70% 比例储备粮食种子。

6 月 12 日　福建农林大学出台支持和鼓励应届大学毕业生自愿服务西部 8 项优惠政策。《人民日报》、《光明日报》、《中国青年报》、《福建日报》、福建电视台等新闻媒体都予以报道。

6 月　福建农林大学谢联辉、林思祖、刘伟平 3 位教授被聘为国务院学位委员会第五届学科评议组成员。

6 月　首届中国·福建项目成果交易会在福州市召开，期间，农业项目完成对接 37 项、达成意向投资 1.5 亿元。

6—12 月　全省遭受严重旱灾，干旱高峰期耕地受旱面积达到 930 多万亩，占耕地总面积的 53%；农作物受旱面积 1400 多万亩，严重的近 1000 万亩，造成农业直接经济损失达 35 亿元。

7 月　福建省草地监理所成立。

7 月　全省组织开展农民专业合作经济组织（专业协会）示范工作。

8 月 21—22 日　由中国科学院院士、中国科协副主席张启发率国家 863 计划生物领域专家组就中国转基因农作物研究与产业化现状与发展策略到福建省农科院考察。

8 月　福建省农业职业技术学院成立。

9 月 5 日　中共中央政治局委员、国务院副总理回良玉到宁夏回族自治区彭阳县闽宁对口扶贫菌草技术示范基地视察，对福建农林大学菌草技术扶贫项目给予充分肯定。

9 月 福建农林大学新增二级学科博士点 6 个（生物化学与分子生物学、生态学、农产品加工及储藏工程、农业经济管理、森林经理学、茶学），硕士点 10 个（遗传学、细胞生物学、粮食油脂及植物蛋白工程、水产品加工及储藏工程、制浆造纸工程、交通运输规划与管理、林产化学加工工程、企业管理、特种经济动物饲养、基础兽医学）。

10 月 7 日 经国务院同意，省委、省政府决定从 2003 年起，在全省范围内全面开展农村税费改革试点工作。

10 月 首届中国国际农产品交易会在北京开幕，福建省 35 家企业的农产品参展。福建省展团获农交会最佳组织奖。

11 月 24 日 福建农林大学被省政府列为省重点建设高校。

11 月 第五届海峡两岸（福建漳州）花卉博览会在漳州市召开。

11 月 福建农林大学尤民生、洪伟、黄炎和、周新年、张春霞、陈绍军 6 名专家被教育部聘为高校农林科类教学指导委员会委员。

12 月 省农科院研究员谢华安获 2003 年度何梁何利基金科学与技术奖。同时获福建省首届科学技术重大贡献奖，获得 50 万元奖金。

12 月 福建农林大学生物农药与化学生物学实验室获省部共建教育部重点实验室立项建设。

2004 年

1 月 16 日 福建农林大学菌草研究所所长林占熺研究员被中国食用菌协会评选为"2003 年中国食用菌行业新闻人物"。

1 月 15 日 省政府出台《关于加快农产品行业协会发展的意见》，提出要围绕优势产业和特色产品组建相应行业协会，并对协会的发展原则、职能作业、运行机制、扶持与引导作出明确规定，进一步促进农业产业化的快速发展。

2 月 3 日 省政府下发《关于全面建立和实施农村居民最低生活保障制度的通知》，在全国率先建立和实施农村居民最低生活保障制度。

2 月 省农业厅制定《关于禽类及其产品检疫标志管理规定》。

3 月 全省组织在闽侯等 11 个县（市、区）开展测土配方施肥示范工作。

4 月 5 日 省委、省政府作出决定，从省、市、县（区）党政群机关、事业单位、高等院校、省属国有企业和中央驻闽单位选派党员干部到相对后进薄弱村驻村任职。

4 月 29 日 省政府办公厅转发《福建省水利工程管理体制改革实施方案》，提出要力争在 3～5 年内初步建立符合福建省情、水情和社会主义市场经济要求的水利工程管理体制和运行机制。

5月17日　省政府下发《关于开展种粮耕地减免农业税改革试点有关问题的通知》，出台对种粮耕地免征农业税，实行粮食直补、粮种补贴，执行粮食收购最低保护价等政策。

5月25日　经省委、省政府研究决定，省委组织部下发《关于做好选派党员干部驻村任职工作的通知》，从省直部门选派208位党员干部到省级扶贫开发工作重点村任职，选派8位正处级干部到8个设区市农办担任驻村干部领队。

6月11日　省政府办公厅转发《国务院办公厅关于妥善解决当前农村土地承包纠纷的紧急通知》，要求进一步落实土地承包政策，加强土地使用权证和承包合同的管理，切实维护农村妇女土地承包权益，解决土地承包纠纷，促进农村社会安定稳定。

6月15—16日　省委、省政府召开全省创新农村工作机制工作会议，对全省创新农村工作机制工作及选派党员干部驻村任职工作进行全面部署。

6月24日　由省农科院筹建的福建省兽医生物安全三级实验室开工建设。

6月29日　副省长刘德章主持召开专题会议，研究进一步加强村级农民技术员队伍建设工作。

6月　福建农林大学新增工程硕士培养单位，获准在林业工程、食品工程、生物工程等3个领域培养工程硕士。

6月　省农科院生物技术中心研制的高效生物农药"安地8098A"出口菲律宾，这是中国研制的生物农药首次出口东盟。

6月　省农科院植保所、牧医所、水稻所、农业生态所、生物所、农业工程所6个研究所（中心）获"全国农林科研机构科技竞争力"百强单位。

7月28日　省委、省政府下发《关于创新农村工作机制的若干意见》，要求各级各部门从基层组织建设、农业科技推广、土地流转、农业经营制度、社会化服务、劳动力转移、投入、精神文明及民主法制建设8个方面不断推进农村的改革创新，激发农村经济发展活力，推动农村"三个文明"（物质文明、政治文明、精神文明）建设。

9月6日　中央农业广播电视学校表彰全国农业广播电视学校十佳教师和教学能手，福建省莆田县分校林风斌、蕉城区分校马翠珍、漳浦县分校林秋德等3位兼职辅导教师被评为教学能手。

9月14日　福建农林大学郑金贵研究员、谢联辉院士、陈如凯教授被省政府授予"福建省杰出科技人员"荣誉称号，并每人获一部"菱帅"轿车奖励。

9月　由农业部农产品质量安全中心、中国茶叶学会、省农业厅等多家单位联合主办的2004年海峡两岸优质农产品贸洽会暨中国（福建）国际茶叶博览会在福州市召开。

10 月 24—26 日　省委农办在福鼎市召开全省乡镇"三农"服务中心试点工作会议，总结交流一年来试点工作的经验和做法，并对下阶段工作进行研究和部署。

10 月　省农业厅制定《省植保防疫体系建设五年规划（2005—2010 年）》，旨在通过实施，进一步提高对农业重大生物灾害的控制和应急反应能力。

10 月　省政府启动开展"三农"服务中心试点，确定 9 个乡镇作为省级"三农"服务中心试点单位。

11 月　省委印发《海峡两岸经济建设纲要（试行）》，提出加快优势农产品产业带发展。

11 月　第六届海峡两岸（福建漳州）花卉博览会在漳州市召开。

12 月 9 日　省政府下发《关于加强村级农民技术员队伍建设的意见》，明确村级农民技术员的选聘条件、选聘程序、主要职责以及队伍组织管理办法等。从省级财政中安排 1500 万元省级补助资金，选聘村级农民技术员 48636 名。

12 月 21 日　福建农林大学张建国教授被省委、省政府授予"福建省杰出人民教师"荣誉称号，并获一辆"菱帅"轿车奖励。

12 月　省农业厅成立外来入侵生物防治工作领导小组。

是年　省委、省政府根据国家部署，开始大力实施农村劳动力转移培训阳光工程，将其作为各级政府统筹城乡发展、增加农民收入的一个关键措施来抓。至 2005年，全省共确定 31 个全国阳光工程示范县（区、市）、81 个培训基地，共培训农村劳动力 9.43 万人，转移就业 8.96 万人，平均就业率达 95.08%。

2005 年

1 月　漳浦县组织开展农业科技入户示范工程试点工作。

2 月 2 日　省政府下发《关于全面免征农业税和取消除烟叶外的农业特产税的通知》，在全省范围内全面免征农业税及其附加，取消除烟叶以外的农业特产税。

3 月　省农业厅继续扶持 60 家省级农牧业产业化龙头企业。

3 月　省农业厅、农科院联合提出《积极促进福建省马铃薯产业发展的实施意见》，要求通过加大资金投入、技术示范等措施，全面提升该产业发展水平。

4 月 26 日　中央农业广播电视学校在 9 个设区市共 50 个村开展"致富早班"下乡进村试点，专门配发"致富早班车"专题录音带，利用乡村有线广播和"大喇叭"，宣传推广农业实用技术，农产品市场信息和农业政策法规。

4 月　在漳浦、尤溪、沙县、建阳、上杭、古田 6 个县（市）实施超级稻示范推广项目，并成立福建省超级稻示范推广专家组。

4 月　由福建、广东、广西、海南 4 省（区）农业厅和中国农产品市场协会等多家单位联合主办的第三届全国荔枝龙眼暨特色产品交易会在厦门市召开。

5 月 11 日　中国农科院研究生院福建省农科院研究生教学实习基地揭牌。

5 月 19 日　省农科院组织召开海峡两岸农业科技交流与经贸合作论坛会。会议邀请台湾及省内 5 位专家作专题学术报告，福建 100 多位科技人员参加了论坛。

5 月　省农业厅制定《福建省拖拉机驾驶培训管理规定》、《福建省拖拉机驾驶培训教学人员管理规定》和《福建省重特大农机事故应急处理预案》。

6 月　姜安荣任省农业厅厅长、党组书记。

省农业厅、林业厅、海洋与渔业局、烟草专卖局共同组织制定《福建省三条特色农业产业带、四大主导产业和九个重点特色农产品发展区域布局规划（2005—2010 年）》。

6 月　全省大部地区发生暴雨到特大暴雨，农作物受灾面积达 260.90 万亩，造成灾害 172.06 万亩，农业直接经济损失 13 亿元。

7 月 1 日　省编办批复，同意省农科院所属 6 个研究机构更名，稻麦研究所更名为福建省农业科学院水稻研究所、生物技术中心更名为生物技术研究所、科技情报研究所更名为农业经济与科技信息研究所、红萍研究中心更名为农业生态研究所、耕作轮作研究所更名为作物研究所。

7 月　国务院台办、商务部、农业部批准将福州、漳州海峡两岸农业合作实验区扩大到全省范围，设立海峡两岸（福建）农业合作试验区。

7 月　"海峡两岸农业合作展览暨台湾农产品展销会"在上海举办，福建展团共有 41 家企业参展，所设展位超过全部展位的 40%，参展规模为各省市中最大。

7—10 月　全省连续遭受第 5 号强台风"海棠"、第 10 号强热带风暴"珊瑚"、第 13 号强台风"泰利"、第 19 号强台风"龙王"袭击灾害，农作物累计受灾面积达 1000 万亩，造成灾害 439.53 万亩，农牧业直接经济损失 32.08 亿元。

8 月 15 日　中央农业广播电视学校为配合农业部"生态家园富民计划"实施，在全国 1607 个村开展"生态家园富民计划"技术进村科普培训活动。福建省农广校系统布点松溪、建宁、明溪、长汀、连城 5 个县 13 个村，组织实施开展此项活动。

9 月 5 日　福建省农作物品种抗性工程技术研究中心在省农科院植保所挂牌成立。

9 月　《福建省农业机械管理条例》经第十届省人大常委会第十九次会议修订通过，并于同年 12 月 1 日起施行。

10 月 8—12 日　省农科院承办全国航天育种高层论坛暨中高会现代农业与航天育种工作委员会理事会第一次会议。

10 月 18 日 在北京举行的第三届中国国际农产品交易会上，中央政治局委员、国务院副总理回良玉、吴仪，中央政治局委员、国务委员周永康先后参观福建农林大学"甘蔗新台糖系列品种引进"成果。

11 月 1 日 《福建省实施〈中华人民共和国农村土地承包法〉若干问题的规定》发布施行。

11 月 福建省首次在龙岩市上杭县、新罗区发现红火蚁疫情，农业部门立即制定防控工作方案，紧急部署防控工作，落实有效措施，使疫情得到控制。

12 月 省农业厅制定《福建省红火蚁疫情根除规划》（2006—2010 年）。

12 月 第七届海峡两岸（福建漳州）花卉博览会在漳州市召开。

12 月 福建农林大学 5 个水稻不育系和 3 个水稻品种获得农业部新品种授权。

12 月 福建农林大学校长郑金贵、生命科学学院副院长祁建民被国家科学技术奖励工作办公室聘为 2005 年度国家农业科技成果奖评审专家。

二、福建省农业系统专业技术职称名录
（1991—2005 年）

（一）福建农林大学

1. 教授（含推广研究员）名单（按晋升年限顺序排列，下同）

谢卿楣	吴德斌	周承圣	叶明志	吕柳新	刘星辉	陈如凯
叶友林	杨仁崔	章浩白	夏怡厚	洪植蕃	曾金星	李友恭
刘淑馨	吴文礼	刘德金	练先永	王建鼎	杨庆贤	王光瑛
张春霞	洪伟	黎文汕	傅坤仁	吴纯初	金茂霞	吴新华
詹梓金	潘廷国	叶文铠	周宝琨	林奇英	林更生	郑金贵
陈凤翔	吴志远	尤民生	薛其清	万宁康	谢仙环	张哲元
叶尚菁	何智英	柯贤港	陈文铨	高志强	王元贞	许洪林
林毓银	肖正福	陆则坚	陈存及	张性雄	赵士熙	黄建
刘培裕	林启模	方树民	赵景玮	李丹	廖镜思	叶陈亮
黄毅	黄祖泰	陈平留	陈绍军	吴锤红	张继祖	郑云雨
何聪惠	陈顺立	林思祖	关雄	林顺权	梁一池	林彦铨
吴珍泉	苏水金	赖明志	佘春仁	巫国兴	邵瑞宜	刘思衡
郑智龙	黄碧琦	孙依斌	何书森	陆继圣	胡方平	方文熙
周新年	郑庆昌	熊德忠	余建辉	林文雄	刘伟平	庄伟建
吴为人	黄敬党	杨玉盛	李维明	李汉荣	杨孔炽	汤玉清

王宗华	郑郁善	陈良珠	胡淑宜	林锦仪	缪宗华	林国先
张文棋	潘大仁	胡哲森	张绍升	黄键	黄一帆	徐金汉
林卿	王寿昆	潘东明	王果	陈辉	黄清麟	梁康迳
程瑞英	王豫生	杨江帆	金德凌	方玲	陈崇羔	陈铭年
曾任仁	宁正元	陈家豪	江希钿	黄炎和	许文兴	樊后保
吴承祯	林迎星	林占熺	蒋捷	唐乐尘	吴德峰	陈伟
段永平	张文昌	邢世和	王家福	马祥庆	郑容发	蒋元霖
林秀兰	蔡贤恩	林乃铨	陈同英	郑珠仙	陈锦权	杨元梁
邵良平	张翔	李清禄	梁勤	刘燕娜	郑逸芳	邱荣祖
吴声怡	杨建州	范青海	李延	陈立松	张思玉	吴宝成
林开敏	林国栋	江豪	李国平	甘纯玑	游水生	陈忠
唐南奇	丁艺	周冰峰	缪晓青	吴少华	梁学武	张正雄
郭建钢	刘健	郭文硕	陈秋华	何水林	侯有明	赖钟雄
刘银春	金心怡	景林	吴刚	谢拥群	朱朝枝	周元昌
宋漳	刘金福	鲁国东	何东进	邱栋梁	祁建民	刘长明
何宗明	郑宝东	柯玉琴	王则金	魏道智	徐学荣	孙威江
陈清西	汤新华	谢宝贵	庞杰	宋洪波	张木清	林河通
陈丽娇	许莉萍	张贤澳	林树根	苏金为	林巧佳	叶飞霞
李昂	施木田	陈礼辉	黄彪	翁善波	叶国通	陈军健

2. 副教授（含副研究员、中学高级教师、经济师、工程师）名单

张定一	吴书瑶	邹昌林	刘世德	李清茂	张和根	吴连生
杨晋安	陈端珍	刘述龙	林祥仪	周金荣	陈嫣云	黄鉴舜
周忭敦	孙本森	杨居钿	吴仲尧	戴凤庄	高君强	刘依华
盛慧云	谢邦彦	林映萍	潘玉英	林占禧	倪金沐	林水根
倪金沐	陈维默	郑德森	陈芳春	张可池	蔡秋锦	李平宇
林维英	杨贞伦	黄赤云	郑荣凤	郑明友	李学军	黄莹莹
程庆中	林幼光	黄旺生	土炳宣	朱鹏飞	李秀华	林国卿
杨丽丽	卓秀娇	赵玉莲	林元直	吴新德	林沧浪	高榕惠
陈碧珍	周良柱	林鸿荣	张朝阳	吉克温	周以飞	郑承庆
卢培洋	陈家祥	陈晓静	黄斌	张力	林延滨	陈蓓菲
张景新	陈季卫	胡又厘	留华锋	廖福霖	黄秀珠	许荣义
张其康	周仲驹	许荣义	赵炳灿	蔡雪楣	吴兆辉	许文耀
吴兆辉	陈汉清	黄依明	陈君月	黄金英	林大同	徐世耀
姚金水	庄宝华	林耀华	修金生	陈瑞英	陈济斌	黄鹂飞

黄长全	陈联熹	梁　蕴	傅虬声	叶宜春	黄荣根	林木兰
王瑞玲	王彦声	林承谋	杨文钦	王秀珍	陈泰丰	赵　捷
林雁怡	郭素枝	林庆良	王湘平	彭时尧	池庭飞	陈连守
方敬轩	李迟英	林　舒	丁　物	何可曾	石炳生	陈婉玉
陈　颖	庄哲峰	刘新华	林尤剑	秦志敏	谈荷娣	蔡秋红
潘蓉英	周碧青	肖承和	方文富	叶长兴	古梅英	李玉栋
林俊芳	李泽辉	吴火珠	陈玉珠	张红星	郑宜仙	陈秀玲
张育松	韩良辅	陈　鹰	游丽华	陈昌雄	何承坤	黄　怡
林和平	钟珍萍	李　玲	黄国龙	阙树福	陈超英	张宝川
陈　萍	王乃元	吴祖建	陈顺辉	王玉珴	郑　林	张金彪
马咏真	王苏潭	罗　勇	鲍振兴	王炎林	鲍颖娴	洪亚阔
李沁光	陈学榕	何平玉	罗　佳	许鸿川	陈　萍	李喜载
林义章	吴卢荣	叶　舟	郭雅玲	方志伟	赵建仓	林　双
王长康	周　洁	黄榕辉	吴能森	陈　强	侯伦灯	郑晓英
叶乃兴	许丽英	万永芳	李正红	铁晓明	李金铭	连依龙
林用松	林用松	连依龙	陈秀莺	汪冰梅	葛宏力	俞长河
陈　陵	陈德良	蔡小秋	陶萌春	陈祖英	朱亨银	苏继龙
黄志坚	林玉蕊	黄启堂	林德喜	郑诚乐	邓邵平	陈进卿
肖天放	郑金英	郑少红	冯丽贞	何海斌	林修凤	吕建林
陈神灿	聂少凡	黄益江	赵红梅	林洁荣	李　芳	刘爱琴
施祖美	黄建成	林继熙	冯建祥	翁仁弟	黄碧忠	郭东秀
张立卿	李澄君	林秀珍	林美惠	李美文	郑美玉	白　勤
张立卿	翁宜慧	徐　峻	赵景珍	黄芹冰	林品榕	胡颂厘
杨伦增	邹双全	刘春华	陈祖松	王传耀	杨少明	陈亚华
黄　斌	刘可人	郑可和	陈　林	陈兴煌	林仁荣	陈　钦
薛秋华	姜　永	柳建闽	祁保民	余向群	孙　云	严志业
郑建荣	吴小平	黄和亮	林高飞	周术诚	温永仙	蔡剑辉
林金国	唐丽娜	林同香	吴珍红	江树业	尤华明	江　敏
戴秀英	郑崇慧	戴黎明	李荣坤	林国利	傅修楠	杨瑞文
林和佳	林金菊	吴文苑	叶　青	吴丽琼	吴鹏程	郑红艳
王　晖	孙淑芹	罗志雄	罗桂生	郑黎文	林启训	马世春
王丽华	胡开辉	王长缨	张国防	杨文斌	郑德勇	郭慧文
陈曦红	陈　钦	董建文	邱仁辉	刘　新	张　帆	潘润森
邓则美	佘美英	邓则美	魏丽卿	庄益芬	赖苃宇	邹彭玲

陈建辉	温志强	朱　坚	罗才英	江玉姬	黄小红	李于雄
陈建辉	吕　峰	袁照年	杨建全	王兰兰	刘叶芳	华启清
安凤平	宁书菊	郭　鹰	周　戎	林庆藩	谢志鸣	林克显
陈洪德	林寿英	谭奇明	李　凌	郑瑞珍	徐凤兰	郑耀通
张素梅	伊　玲	王瑞灿	郑国华	叶翠仙	李文生	潘晓文
林金科	王松良	苏小青	陈爱玲	石德金	刘　泓	蔡丽平
翁红林	詹仕华	钟一文	王林萍	黄少康	谢成新	佘文琴
林　建	顾晓军	吴晓晖	刘建昌	黄志鹏	伍志山	邓祖湖
黄荣华	林含新	吴锦程	沈宝贵	陈开绍	金云美	嵇晋蕃
包小梅	曾丽萍	许海萍	陈　鸿	郑宜青	刘乾刚	陈玉凤
王秀丽	林　如	杨远才	俞燕金	程俊迈	林　红	孙琴月
冯德旺	林瑞余	王　平	黄玉梓	何华勤	邱尔发	郭玉春
何　忠	郑玮锋	陈晓婷	蒋绿荷	肖友智	蒋　疆	曾钦志
许林峰	毛艳玲	陈　彦	谢志忠	魏远竹	张书标	林豪森
陈为德	许　胜	林成辉	林永英	尹虹娟	郭朝晖	薛　华
黄常青	杨朝晖	孙思惟	郑妙钲	蔡荣英	徐建国	潘超然
许文耀	周国荣	王琳基	黄思先	郭公帅	刘雄恩	林碧英
陈　亮	何　静	郭秋秀	朱有源	吴小刚	任成红	成　峰
黄锦文	王联德	艾洪木	王柳云	吴梅香	黄晓玲	易金聪
徐国钧	王文烂	罗玲凤	刘庆华	庄佩芬	马玉芳	杨玉芬
陈建能	杨　广	潘润森	陈丽荣	季清娥	段远霖	张　华
童建福	王宜勤	伊凤玉	张发林	林仲湜	肖寿庄	叶济蓉
杨福云	林秋芸	詹黎锋	林玉英	程燕珠	陈　毅	严梦娜
李建生	陈执平	陈绩馨	林　铭	黄六莲	林晓岚	雷国铨
张　玲	江茂生	陈桂信	梅景良	尤添革	方平平	陈世品
吴小勇	蒋萌辉	谢冬梅	丁　铮	刘　斌	袁弟顺	黄文龙
陈学永	马翠兰	杨桂娣	黄碧光	邓传远	叶大鹏	周毕芬
马燕梅	张飞萍	胡玉浪	韩天腾	李房英	陈贵松	林光美
刘景宏	谢锦升	郑丽凤	刘　胜	李　毓	陈启建	陈发兴
陈平华	林荔辉	林丽明	曾黎辉	王育敏	余振辉	陈宜大
郑龙章	林　亮	吴金寿	景　芸	谢晓琼	严章文	冯志诚
林庆华	陈道纯	曾开泉	卢元添	林为民	杨振华	吴金如
江守鎏	陈裕芳	陈金谋	廖文衍	郭振庭	郑盛培	何修善
谢健夫	乌铁铮	郑元宪				

3. 主任编辑、主任医师名单

蒋崇乾　　何尔扬　　陈潮

（二）福建省农业科学院

1. 研究员（含教授级高级农艺师、工程师、推广研究员）名单

贺树凯	谢华安	陈景耀	程由铨	黄金松	雷捷成	李义珍
林沧	刘浩官	刘克辉	施纯伙	檀俊秩	魏文雄	杨聚宝
杨永青	郑九如	郑伟文	林辉	陈家驹	林兆松	林心炯
冯瑞集	冯玉兰	吴提良	曾东火	张绍南	林多胡	包望敏
黄至溥	李森惠	邱武凌	林永烈	陈心渊	盛楚贤	吴燮恩
葛颐昌	柯文涛	陈圣祥	杨辉	郑国璋	叶国添	李治
黄伟勋	陈福寿	彭嘉桂	孙椒德	许长藩	杨佩玉	张联顺
郑金贵	郑文钻	黄世贞	刘德盛	钱午巧	余永钰	郑元梅
蔡懋灿	陈炳焕	李开本	林天龙	刘波	卢川北	任祖淦
王青松	徐树传	周天理	郑德英	王泽生	彭文富	柯冠武
李桂芬	陈元洪	卢同	翁伯琦	许秀淡	杨人震	种藏文
何修金	唐龙飞	林新坚	宋瑞琳	王乌齐	陈晖	陈荣冰
黄瑜	游年顺	张艳璇	郑家团	郑少泉	黄大斌	黄新忠
陈君琛	陈奇榕	胡奇林	王锋	翁启勇	杨惠杰	张秋英
陈敏	胡如英	陈福如	陈山虎	陈少莺	范维培	黄勤楼
黄毅斌	林一心	吴光远	曾玉荣	章明清	庄向生	王景辉
蔡子坚	陈坚	陈菁瑛	丁洪	郭吉春	黄敏玲	林坚贞
鲁雪华	陆修闽	罗涛	沈恒胜	王金英	叶新福	余亚白
曾丽莉	王伟新	张方舟				

2. 副研究员（含高级农艺师、兽医师、经济师、实验师）名单

张兴年	林和官	蔡文振	陈震南	付永春	李振华	汤鸣绍
谢宁波	陈凤月	谢幼华	赵銮夫	郑克武	郑志强	郑仲登
叶培稳	祝卫华	庄柏桐	程振琇	黄书针	李怡英	林崇光
林天明	林文彬	邵小华	唐自法	翁文燊	郑良	傅莲芳
林文忠	张逸清	林信浩	杨亚包	陈梅玲	陈苏丽	黄波
贾芬	金桂英	李盛霖	王金勋	夏雨华	余华	曾宪森
张静娴	陈金模	陈文炽	陈月英	郭仰楚	黄森坤	宋银官
苏若秋	何锦星	郭葆鋘	蔡和睦	何修金	黄大斌	陈松恩
林禧龄	陆培基	万本诗	朱哲大	陈火清	黄庭俊	郑铭西
陈世濂	王锦旺	郭祖绳	陈世濂	林金铨	詹金鸿	陈熹

陈开明	何光泽	林增富	黄永溉	陈仰文	陈宇航	郭金森
姜秀勇	刘用敏	涂祖荣	官 凡	李建华	肖承和	黄建华
吴贻开	尤志明	陈金铨	吴宇芬	谢木水	叶定生	郑秀萍
朱云林	廖剑华	游美珍	刘 韬	姚信恩	陈诗林	陈婉如
陈文炳	何国亮	陈济琛	何志刚	黄建成	林朝重	林国宪
林汉章	苏 军	唐建阳	童川拉	叶润生	张玉灿	郑加协
朱雄涛	江 斌	杨 苏	洪月云	李玥仁	涂杰峰	占志雄
张 琳	陈涵贞	钱爱萍	陈玉妹	陈祖仁	唐兆秀	张海峰
陈人弼	蔡培良	陈 超	陈玉水	陈兆育	程惠香	董志岩
韩闽毅	黄贤贵	李光星	林代炎	林国华	林国强	潘世明
宋铁英	苏汉芳	杨道富	赵明富	郑建华	王淡华	张方舟
柯碧南	张伟光	林兰钦	陈金波	张志杰	吴南洋	刘荣章
王子齐	蔡南通	陈体强	丁中文	黄利兴	林 斌	王长方
温庆放	翁锦周	吴如健	徐国忠	杨 菁	张文锦	郑开斌
朱炳耀	刘利华	李 昱	翁志辉	俞伏松	胡启勇	林明贵
刘玉涛	陈岩锋	郑乃辉	陈莎莎	黄庭旭	张庭俊	黄福平
林 梅	林 文	林衍铨	卢和顶	汤 浩	王水琦	王子琳
谢新东	杨焜正	叶乃兴	应朝阳	张晓俊	谢素华	罗家密
黄 勤	董晓宁	金 光	李爱萍	郑百龙	庄忠钦	张锦宇
陈子聪	甘勇辉	何玉仙	洪建基	黄献光	李 韬	李大忠
冒乃和	翁国华	熊月明	郑回勇	陈建民	曾 辉	戴艺民
何花榕	江 川	柯瑞清	李忠荣	林 燕	林秀贞	刘华清
王庆森	谢喜平	薛珠政	叶少荫	曾明森	郑景生	郑永标
郭林榕	何明忠	胡润芳	卢学松	徐丽容	彭春香	郭 庆
朱培根	伍云卿	林学明	杨成龙	周 琼	蔡宣梅	陈镇泉
程龙飞	方金梅	方少忠	龚 晖	黄素芳	李华东	李清华
李瑞美	刘 建	刘 景	刘善义	陆 泙	魏 辉	杨如兴
杨秀娟	余德亿	臧春荣	林宏光	吴华聪	吴敬才	林长光
张爱华	潘葳	朱仕炘	蔡丹凤			

（三）福建省农业厅及地、市、县农业局

1. 福建省农业厅

（1）教授级高级农艺师、推广研究员名单

林桂镗	林伯达	施能浦	陈中骥	黄淑英	郑鸿钧	游大辉
程道祥	徐斯良	郑益智	郑 锦	张天福	张功宙	曾文献

李金和	林寿峰	刘丽珍	林孝水	林家禄	李 健	赖澄清
陈秋玲	林肇森	蔡元呈	张 轼	兰其总	陈维高	肖 锋
郑履端	林 娜	张宜绪	杨邦钊	谢知坚	陈 丹	羿 红
刘宜渠	高 峰	黄华康	林时迟	江福隆	陈 锋	庄绍东
罗凤来	肖淑霞	蔡衍山	郑 旋	施 清	陈 锋	唐航鹰
庄淑芳	张卫清	郑惠章	黄 河	姚宝全	宋秀高	姚文辉
周乐峰						

（2）高级农艺师、农经师、畜牧师、兽医师名单

郑则梅	王颂贤	林敏和	郑福树	张炳灿	高通光	张顺仁
黄增官	陈孝宽	薛贻远	李 健	尤 珩	郑锡恩	林溪东
林应雄	李炳铨	沈亚军	郑田瑞	陈清寿	魏振贤	陈志坚
林昌德	潘增铣	林金诸	黄金芳	林金森	陈本湘	林万墩
赖澄清	林承善	李天和	何友良	郑迟生	郑伯涛	李贞合
张声扬	林家禄	陈祖植	唐寿泉	王厚企	郑文章	黄若琴
戴明建	郑秀金	唐文炎	赵 萍	林有春	陈体铮	张理漠
严金富	赵之铭	肖铁生	林肇森	郑金狮	张 轼	苏礼祝
郑崇侠	蔡元呈	刘文虎	罗菊生	林宝泉	曾国钦	马传华
张非梅	陈 梅	肖 锋	王大兴	黄建华	李越云	陈维高
郑文章	许宗祺	杨邦钊	林 娜	陈石榕	谢逸安	张宜绪
刘士奇	陈 丹	谢知坚	黄 河	谢金凤	羿 红	王茂明
黄金煌	刘玉梅	郑履端	林时迟	胡德友	刘宜渠	高 峰
金颜辉	黄佳佳	游伟铭	陈霖普	张国奋	江明森	傅启凤
庄淑芳	谢特立	林岳旺	陈明忠	肖淑霞	林岳辉	林学和
唐航鹰	罗凤来	庄绍东	陈 锋	陈俊钦	林炳灏	张卫清
姚文辉	李木伙	王长春	陈银泉	阮孔中	林 永	黄 征
卓坤水	高建荣	朱国炳	王燕蔚	陈美光	陈祖新	郑美华
曾汉章	郑 旋	王志纯	蔡建生	陈传明	杨 芳	周志太
施 清	郑惠章	宋秀高	周乐峰	姚宝全	张如梅	陈晟生
陈玉明	林拱阳	阮国荣	王纪茂	沈仲魁	张邦光	江敬官
郑宴义	高海筹	陈东生	滕振勇	黄梅兰	何孝延	陆銮眉
徐 飙	许锡光	李建和	黄琼辉	周琼华	严可仕	关育芳
林红华	江宵兵	严乾临	陈树玉	朱 鸿	徐志平	陈振东
蔡衍山	刘长全	林 芬	张建丽	关瑞峰	张景生	叶品坤
梁全顺	王文顺	薛建民	杨晓菁	陈卫峰	王振惠	陈善杰

林　琼	翁定河	池晓雯	陈双龙	林秀香	黄国成	黄志龙
余文权	吴　杰	黄月英	洪时亮	王　标	陈先进	陈文忠
朱仁寿	江仰先	黄冬菊	严挺文	李晓霞	李文棋	王和阳
杨之燕	陈　志	朱明贞	林金水	叶　夏	刘　新	黄其辉
夏文顶	林海川	廖庆清	齐光华	柯美锋	陈文生	陈　光
林清山	邱小文	林　新	林诚智	张惠珍	李美桂	黄惠珠
任　洁	孔丽萍	林　锌	张国华	陈　宏	柯秋腾	林发玉
林加快	邹以强	黄　轮	方秀然	郑永幸	张理忠	黄尚彪
蔡俊谊	林建军	黄志东	杨　斌	李金福	陈东进	郑雪芳
蔡东峰	张如梅	邱乐镇	宁燕凌	袁亚芳	张　平	汪　真
林伯全	余志雄	范超峰	黄金龙	潘国英	范继新	赵勇军
陈晓波	陈家越	林立忠	池银花	陈小英	陈金雄	王　英
江明辉	马凤棋	宋华玲	吴清伙	郭源振	黄宣乐	丁元丰
吴昌标	黄晓梅	杨　慧	张圣华	王　勤	陈绍熙	薛由斌
王淑英	张学思	庞文铸	林元平	黄爱娇	林　基	林振梅

2. 地、市、县农业局

（1）教授级高级农艺师、推广研究员名单

许鼎钟	张承运	郭辉煌	杨忠聆	王元炎	郑步梯	黄人骧
周若寄	吴文雄	谢桂武	陈南周	程建炎	刘文炳	沈钦霖
张金雨	王鹤章	林宗椿	黄兆强	邹明泉	赵建培	李泽仕
陈炳隆	蔡树木	林绍光	许金铭	王菊生	陈永柳	余德生
林振祥	谢文堂	陈玉水	杨树华	梁美萍	赵汝证	林仲华
吴锦富	许瑞秋	庄国城	林培庆	胡少宜	庄水锻	郑元球
庄水锻	林桂林	叶贻勋	胡少宜	严叔平	张德润	郑闽泉
黄林生	林水兰	许长同	陈益忠	张知通	陈德章	李茂胜
李　青	庄国城	吴天明	李锦泉	赖学连	彭　宏	张知通
林森知	王建宝	黄新忠	翁志铿	陈雪金	孙传芝	丁学义
谢云妹	陈桂煌	陈跃飞	张运昌	陈景辉	叶伟建	刘　琪
彭建立	刘家富	蔡开地	陈亿顺	温斌生	孙兰葆	陈年镛
杨卓飞	尤长铃	张维瑞	余泽宁	苏　峰	戴树荣	盛锦寿
郭建辉	蔡志发	黄燕翔	饶鸣钿	陈由禹	杜起洪	张　诚
陈邦东	姚祖武	傅国平	钱友安			

（2）高级农艺师、农经师、畜牧师、兽医师名单

陈树铮	梁镇坤	李尚杰	陈存福	张步辉	林章铨	陈世勤

林则霖	张荫标	陈斯淮	郭振铣	陈在强	林兴载	杨清光
蔡金荣	朱国记	余泽涛	陈庆忠	葛宽	卢鸿祥	苏启贤
陈受荣	黄祖汉	刘金升	戴长坤	周文谟	黄振忠	林国政
王德华	陈荣美	郑伟伦	杨庆琅	黄升美	潘瑞展	陈长普
邱火生	王浴沂	李廷坚	沈仕桢	叶汉生	刘国龙	陈通胜
李水俊	陈建忠	叶碧辉	林培庆	吴茂盛	袁美钦	卢春增
吴炳昌	廖映彩	陈加秋	陈声	罗式训	王家兴	陈汉忠
林云松	黄兆强	陈永柳	杨湘如	刘振兴	林宗弼	廖凤姬
王茂钦	邓振欧	黄佩清	王德琛	温建彬	吴寿年	王勤
林振祥	吴实	余德生	王钦发	陈元桂	陈起谷	李春
黄国明	黄金荣	林永铎	陈崇杰	黄明行	廖巧英	江肖华
林耀魁	吴恩典	洪承继	白福海	颜皇恺	黄亚比	吴祝平
郑有乐	苏孝钦	林爱英	高与凤	叶锦凤	易国印	何云峰
林光楼	庄谋努	潘贤平	林善端	李金城	张祥进	陈昌良
吴道芳	黄景团	黄贤书	林今团	吴人颐	张在明	陈章喜
林恩铿	林长祥	黄勤清	郑锋杰	黄子贵	郑金水	杨锦钿
林振环	石传善	陈为农	陈传沐	翁福琳	肖浩统	李有干
方义祥	郭坤池	王绍铭	江东	陈文彦	卢保生	赖智秀
黄敬祥	汪长雄	陈如华	李惠玉	赵文松	曾荣煊	陈晶
林福森	黄光基	吴本雄	郭禧椒	纪尚顶	王贤忠	刘德詹
王志雄	张耀南	林智官	涂能权	林尧官	陈兰生	曾金榜
郭盛建	叶君哲	刘可慈	宋春木	陈茂林	盛德昌	阮炎发
余启光	郑贻霖	陈铭勋	范承铨	叶炳开	颜钦慈	卢时栋
黄衍基	章成武	陈明元	陈赛瑶	林培基	郑旭升	陈绵枝
谢文堂	陈振藩	陈克奎	黄来珍	林玉树	陈翼	张黎水
游毓森	蒋维坤	郑大鹤	郑桂水	洪连元	宋养成	郭金勇
姚开森	许自明	郑光濂	洪诗韵	林开聪	杨逢平	刘孔永
何融融	曾呈文	黄水杨	李昌从	黄笔玄	林映雪	李联生
陈金吉	林级生	李顺治	黄握筹	陈学道	龚万耀	陈双波
林国录	胡少宜	吴有德	林智祥	郑兆钦	郑华	陈光华
潘儒权	荆玲影	杨德俊	林绍贤	柳怀信	雷永明	梁渭州
施唯深	张景文	黄长城	吴添寿	施明谦	陈时明	方抚然
黄鼎恒	何三家	安震洁	王明华	张长江	张成裕	林冰眠
刘维吉	张锦秀	胡超崎	曾先慎	赖学连	蒋煜廷	张俊华

谢耀邦	杨国水	黄荣才	廖金财	左本瑞	陈秋舣	郑再康
廖锦泉	吴永铭	刘木林	陈增含	陈章顺	李福孙	施岳钦
郭传炎	林尚仁	张应铜	黄仲良	柳存丽	林元玉	沈　奇
张泽民	杨金秋	赵玉环	周雅清	林文康	谢钦书	徐俊人
吴承礼	林圣祥	王连捷	郑宗炎	叶文水	曾焕辉	林辉璋
徐文济	叶作榆	刘春华	黄　权	朱银汉	蒋清闹	胡玉瑞
姚忠兴	翁志腾	马步石	陈才锦	郑惠元	李玉儒	许书华
叶飞玉	应文科	陈国梁	汪予松	何泌基	林贻寿	林大康
江世民	周道泉	祁宗礼	傅锦江	沈鸣凤	陈裕才	高益槐
黄光兴	许瑞秋	林承周	李祖善	吴映教	陈景文	朱春雨
郑文怡	李添诵	陈朝玉	李国治	黄彤文	刘清标	林孙璋
赖富发	蔡治平	陈亚卢	王震霖	徐钦顺	李沟水	陈木珍
黄锡栋	胡木石	林尔惠	李茶水	郑修煋	杨昌明	陈成良
纪传柳	王诞秋	黄采盛	曾秀珍	薛　华	徐　芳	黄芳泰
黄棠明	陈惠锋	徐承孙	徐绍智	王　霖	谢炳坤	林慕邱
陈光庭	何东波	林　祺	邱天来	叶　才	庄跃坤	周秀叶
钟为锦	金能淦	王品尊	吴锦富	谢建城	吴存悌	林水蓬
陈金水	孙兰保	周玉番	陈金裕	林桂林	何长龙	郑朝辉
陈智君	陈炳坤	陈升平	苏醒霖	张运升	王惟奉	卓晋影
林晋浩	陈光海	王文祥	孙毓玲	高永新	詹明德	王珊如
黄新燊	吕蒲城	王慧明	陈天官	陈敏郎	林永和	姚祖武
江福隆	王金耀	张玉俊	马永桂	林学铨	余锡馨	张其明
吴移山	薛由斌	黄　峨	刘雪珍	陈遵银	洪立钦	卓先贻
林其淑	林水俊	陈丽华	邱鹤龄	庄水锻	蔡时光	纪大南
陈全美	李瑞生	何少锵	陈友金	张同兰	林廷书	刘成玉
张集玉	林元霖	刘尚白	郑金品	吴国英	黄国穗	苏庆焕
庄国城	姚天麟	郑宗燮	杨金清	张国森	郭鸿禧	戴桂珍
王福祥	杨长进	朱镇水	庄金舜	陈少溪	刘仕昌	詹家荣
钟有然	蔡尊福	陈玉水	林世勤	张德润	卢济超	余道善
许长同	陈佑光	徐淑玉	施光树	高子松	林凤毛	戴金星
姚金和	丁学义	蔡　煌	林文高	陈义范	陈桂煌	刘荫奎
陈仲达	李锦泉	林董森	洪志新	张运昌	卢六海	罗明焕
洪文思	周　行	黄政春	罗国富	吴寿菇	林仁国	邱星辉
刘朝太	林绍墀	李茂胜	姜绍丰	吴鸿潜	卓传营	方品瑞

陈德章	陈长溪	涂广远	郑朝东	郑建奇	童爱玉	陈廷桢
刘发荣	林孝启	郑寿星	陈泉钦	林兆京	江汉梁	张洪光
张祖声	林子珍	张武述	张兰瑞	程锦棠	陈元枝	陈桂西
陈育永	曾炳武	潘陈国	谢云妹	黄林生	李　青	林水兰
马忠周	陈明华	叶乃寿	翁绳旺	周小欣	陈乐生	郑贵荣
徐开亩	陈熇麟	沈正熙	林守涌	陈国信	郑金榜	方光杜
陈金辉	郑元福	陈佳保	叶德新	黄道扬	杨式贡	郑兴国
黄建国	沈多尼	黄清湖	郑海明	林亚生	陈济远	蔡继宗
陈益忠	刘连顺	蔡成敢	林万田	罗玉水	林森知	施教对
王　新	林东霖	黄新民	何剑生	冯先鸿	游通焰	杨火发
董诗莲	王建宝	张知通	叶伟建	陈邦东	罗榕城	欧阳光
江秋锦	陈金盛	孙志兴	曾继光	薛贻智	林　棋	黄华康
李厚生	陈其庚	薛华康	张　菁	林晓英	林　晴	翁志铿
孙传芝	赵永明	陈进德	何大京	林隐荫	许永谦	颜有来
刘火锐	黄声玉	张炳忠	余泽宁	林太礼	汤永景	洪鼎俊
丁湖广	杨炎官	林松苍	黄淦禾	陈传村	陈振宇	朱春荣
蔡庆舜	戴景春	黄登地	姚祖仪	蔡明坤	陈国朱	廖剑锹
蔡赐喜	刘贤团	林裕卿	陈跃飞	刘金恬	许长敏	何岱金
陈开金	许清白	沈文成	冯溪金	方　冠	杨明杰	黄阿贤
黄育宗	唐海龙	许才发	林柏生	邹　宇	李新春	林盛洪
吴梯欣	彭　宏	张运茂	黄新忠	蒋先东	张　诚	李文绍
倪炳卿	何新桃	林明添	阳永寿	郑重禄	陈玉奇	苏碧照
陈亿顺	叶根轩	卓月珍	黄国清	郑琼仙	陈德贵	蔡新民
李跃华	叶金森	蒋建贞	蔡辉煌	黄西辉	郑仁统	胡　蓉
曾任平	郑伯伟	陈凤梅	刘礼仕	刘　琪	林光甫	陈雪金
齐家骁	肖振林	陈依章	陈明宇	侯爱平	苏毅芳	傅共守
严淑兰	朱凤林	刘与明	张继红	温斌生	王网市	彭建立
余金凤	郑文章	许国城	林向阳	徐祖进	林秀萍	吴志丹
陈金美	郑则乐	郑长苏	陈振延	刘伟斌	郑孝荣	尤长玲
宋观建	张世旭	刘玉蓉	叶先金	张世平	林悌窗	沈玉婷
李斯成	许镇玉	苏和海	徐剑锋	周文翰	林绍锋	戴树荣
黄娅琳	李金灯	马灏飞	潘用定	杨水溪	李秋水	郭旺龙
张金秋	董须光	杨福林	郑山水	蔡志发	陈景辉	苏振昌
张日茂	陈国金	兰志斌	何启生	黄发辉	范孔斌	练炳阶

林振丰	廖庆和	黄燕翔	黄宗琏	章霜红	黄光环	张予平
吴悌霖	柳锡登	金　铖	王炳林	余绪娘	廖朝阳	林银旺
饶鸣细	张惠平	陈由禹	谢建能	吴敏荣	杨碧光	陈光铭
刘明福	朱玲玲	宁仲根	乐承伟	蒋际清	陈建星	赖月清
彭春孙	周绍财	徐倩华	李伯枝	何梅玉	陈兰香	傅国平
丁培根	徐赛禄	孙郑英	傅昌平	郑玉柱	陈　强	詹世河
潘有祥	张理坤	翁金钿	刘三宏	郭丽清	郑昌生	方　艺
林鸿栋	谢绍钦	魏远斌	张昌清	黄加渊	卓旭升	王丽辉
陈海水	陈景禧	陈武森	孙张文	杨　强	雷化莹	张淑娟
方文杰	林仙草	张春安	蔡伟强	吴道兴	张一言	张永佳
辛淑梅	郭祖寿	苏　峰	陈孟莘	郑康麟	李占伟	陈德禄
曾昭纬	潘庆昌	林明贵	蔡斯明	陈文棋	吴明华	吴金俞
李正灼	黄金萱	陈铁英	蔡建明	黄瑞芳	陈德利	李玉銮
黄嘉方	李咏铭	刘泉成	朱远瞄	朱景星	陈立榕	卢鸿德
郭建辉	黄茂进	赖德芳	郭义龙	黄仲贤	赖文博	林炳民
陈祝茗	吴捷荣	林炎照	王定禧	张祖德	蔡绍铭	陈炳忠
赖晓春	郑衍琪	张仰荣	姜兆华	池映日	杨长桃	罗　英
曾昭镇	张如梅	陈德宝	林柳姬	郑宗炯	张是美	乐金生
卓传武	詹学峰	姜水贞	王榕坡	胡启灿	陈金同	许振东
曾钦平	吴景央	王水生	楼尚麟	范春生	黄有恒	李辅文
马　春	陈文瑞	钱友安	张名福	刘金旺	晋焯忠	黄宝金
杨仕安	孙孔振	林炳文	罗美玉	陈玉书	钟立贤	李洁娜
林志红	林齐标	徐文生	刘义旺	张光华	郑其姜	郑雪生
陈明华	陈微雄	叶家彩	高小华	李久在	李玉燕	林子荣
庄聪鹏	施美婷	王良睦	王芬芬	陈朝阳	郭德辉	杨森山
张建荣	陈月香	方国柱	肖云廉	林月圆	郑建信	杨卓飞
陈年镛	郑宝钳	刘放平	张维瑞	卓邦坤	许阿和	工道平
胡芯强	王永杰	陈国奖	胡慈斌	林国梁	黄必雄	薛细康
陈益明	林金辉	李碧莲	朱国庆	吴柏青	蔡慧娟	王坤璞
吴开渊	张国霖	蔡开地	陆丽钦	饶天建	郑新汉	庄占杰
蔡玉和	龚以任	许秀忠	郑红英	黄基建	杜荣州	黄若展
张经贤	谢志群	王志平	颜沧波	盛锦寿	苏典南	翁培元
翁碧芬	林振胜	黄建康	吴武元	曾志鸿	吴龙井	郭龙川
胡振宗	康锦堂	吴枝兴	张金桃	林木坤	黄天瑞	黄达斌

钟连生	王素贞	严英俊	徐惠玲	林淑芬	冯国文	王海勤
赵文权	黄绿林	邱 峰	蔡良才	郭加丰	钟正元	朱绍平
黄光伟	罗胜奎	俞如海	张富春	林 潮	林 重	张能贵
刘富祥	黄海生	何侨麟	吴锦瑞	周祥铨	蔡亦荣	张上守
任周弟	蒋长春	杜起洪	廖燕俸	苏隆森	姜发灶	张天荣
王文美	谢高谨	杨桂芳	廖振续	张流才	刘任园	蒋垂旺
郑 莉	俞锦发	沈国珍	严振忠	叶树松	郑景齐	龚春明
陈道平	陈代顺	姚源琼	余明兴	沈华亮	叶土发	陈水兴
吕 建	沈仲魁	张邦光	江敬官	林国庆	曾洪挺	叶桂孝
敖诗存	林 光	何书锋	张 武	陈金官	吴 鼎	林昌喜
马碧英	李亮生	高美钿	张雪金	张奇萱	杨善锦	江月平
张立钦	林德芝	陈云平	徐元章	林仕容	陈宜修	赵功开
林 静	林 坚	孙传春	陈维平	张霖飞	高春开	黄建勇
陈鸣瑄	郭 莹	李乌金	杨国华	孙国坤	林永让	吴丽萍
潘祥华	张思云	陈石品	陈 玉	陈祖枝	林长征	孙飞汉
王兰芳	李招德	陈铃丛	叶裕香	王金宝	陈映霞	蔡秋英
朱秋霖	何金城	刘希蝶	郑福粦	吴国华	黄金华	伊建先
吴细明	林仁魁	林庆锁	庄淑莺	董素钦	陈洪业	关毅敏
陈向阳	李旭耀	陈慧聪	王再兴	黄白青	刘新国	陈丽玲
曾丽明	吕联合	肖文生	庄秋贵	杨彬元	高建设	苏连庆
沈吉生	纪旺盛	黄雪芬	林来金	丁 文	杨祖德	连湘义
吴天水	周宽哲	陈忠明	李兴志	蔡泽华	游学耕	丘荣祥
吴小玲	廖旭芳	江添茂	廖桂明	王燊基	钟新华	林仰河
傅龙顺	吴坤光	邬良贤	倪文炎	梁 斌	王德发	涂前程
肖步金	郑亨万	李青畴	杨宗澎	罗财荣	罗应贵	黄事暖
黄得裕	孙香兰	林积秀	刘见星	林仙集	朱明龙	翁俊基
陈 健	徐小明	张 燕	邱源松	陈茂林	赖德才	李艳华
李芳琴	卓宜恒	田新提	董为训	周 熹	练进旺	陈明华
杨 涛	廖海林	陆永寿	杨家建	周标炎	谢成玉	邱乐忠
王和妹	蔡国隆	龚建军	潘敏芳	詹承贤	游生嫩	王家移
徐帝沛	龚太棋	张冬松	林丽英	吴敏文	洪德文	陈孔长
唐永晖	吴伦焰	郑祖意	魏从梅	侯梦根	薛贤森	林学建
熊双伟	陈 静	黄 彦	王 燊	游雪芸	杜德盛	周恩生
魏植义	余国武	郭 瑛	苏裕基	孙锦霞	沈海燕	林怀金

陈美暖	吴水加	吴文新	陈琼	林城	郑珠兴	叶孙宇
陈学忠	施金全	张苇	郭宇	林昌慧	孙作钊	林伟勇
卓惠新	苏培忠	吴惠安	苏铭义	喻足衡	俞明光	魏香琳
黄聿善	陈文辉	陈瑛	林赛萱	陈田文	李以训	林允钦
林霞	何雅清	宋维星	陈嘉本	王银松	刘大榕	李志峰
姚国民	林志清	许晶明	魏树林	黄建青	林金春	徐金龙
卢金华	陈文桂	林金远	陈新环	王国藩	郭鸣	朱念湘
吴丽萱	黄美香	吴海彪	吴爱国	刘金成	王翠娥	姚建族
潘志忠	吴黎娜	赖诗潜	陈义诚	苏松灵	钱映雪	柯月华
游淑玲	林南平	杨忠耿	连白冬	林添发	陈军金	张民生
张再建	林瑞旗	张美发	徐锦江	吴学静	李广昌	杨立明
钟文雄	李建生	张功洪	蒋日盛	王光其	蒋振华	钟怀民
兰杨生	郭厚煌	连玉意	王晓康	周高山	苏迎平	蔡国章
苏荣理	黄功荣	张乙珍	陈少庭	林玉棋	肖衍良	肖胜刚
张寿南	黄其苗	余美春	黄弘	黄金星	王宗寿	吴敬才
魏学贵	周泉泉	郑林华	郑百龙	陈岩	林苏蕙	付丹红
陈基	黄恒威	杨翠娟	方仁成	范绪和	郑国龙	张东松
沈庆山	李建新	余小红	卢文坚	邹雪玉	陈亨鼎	余水金
杨林健	伍广启	黄超鸿	陈书新	黄飞鹏	郭德章	林新华
林明义	陈治栋	陈良锋	潘铭均	林建华	林斌	林敦利
林忠华	陈敏	刘道泉	朱德洪	蔡金镭	廖新英	谭忠奇
张春叶	陈清波	王洪铭	杨映红	胡美莉	陈加福	吴毅琳
蔡资家	张斌	林锦平	田宏武	钟功亮	林学茂	陈玉成
郑东	庄家祥	魏美玉	张顺清	陈光烈	余兆昌	兰明钟
张贵珍	李良光	郑辉	马翠珍	朱锦乐	陈秋香	黄志锋
王玉云	陈伟建	郑碧海	陈志坚	黄永雄	王城荣	黄珍发
黄梅卿	戴国章	林建兴	陈元文	庄文远	曾忠坚	曾丽泙
邱剑泰	吴朝阳	吴亚胜	肖庆龙	林建忠	郑文海	喻维雄
刘凤辉	蔡春扬	魏秀冰	郑燕英	杨瑞云	陈志忠	苏保
黄马金	庄卫东	黄青峰	郑昭沂	王美珍	郭美凤	王建辉
林永忠	周元超	陈少珍	陈红梅	薛卫东	曾金河	蔡晓东
吴若蕾	沈林洪	林永贤	吕新放	林岳生	杨玉桂	黄清虎
丁琰山	黄泉福	张明阳	郑向东	周宽哲	邹德根	梁桂华
张焕洪	赖永红	兰华雄	卢春生	兰兴庆	邱发春	刘德红

陈莹莹	钟德民	康　勇	涂宏章	张树镇	薛德乾	黄水珍
黄标敏	黄祖桢	张文天	蔡金玉	游生林	廖光升	魏英辉
刘叶高	李贵模	高超跃	杨裕秋	熊太兰	陈万福	黄林才
张支尧	吴　杰	邓孝祺	吴厚习	田新湖	陈茂顺	杨孟花
谢周勋	陈洪亮	郝方建	万华雄	林碧英	吴金桃	赵再兵
范渠森	邱宏东	陈新华	杨代章	池信书	谢福鑫	杨仁仙
严建辉	朱秀端	陈锡东	施　晞	黄建亮	邱承亮	陈谋匠
邹泽坤	石齐云	曾大旺	何兴山	陈营官	陈恩聪	詹玉琼
林光兴	王开春	叶枝禄	林银弟	林庆祥	郭有象	黄家安
方彦凯	黄招江	薛铭仁	郑亚生	林荔琼	廖启火斗	刘维刚
叶志伟	纪生疆	陈来德	陈上海	张舒平	林扬鹏	张　泓
黄涛生	李土堆	许含冰	郑春寿	郭惠民	袁　韬	曾丽平
王水金	池玉洲	刘绍安	王景先	周章印	尤云桂	王玉华
陈慕松	林如秋	周美珠	陈淑华	林上槐	刘细鼎	张敬华
吴培强	陈元宝	张文献	黄兰英	郭德云	张金焕	黄美德
刘建新	林国飞	郑美金	方　静	吴宗贵	方燕凤	林美爱
林为人	龚玉奇	祁丽红	施国钦	颜晓辉	洪泽根	周诗从
姚春华	林飞翔	吴文星	陈信石	王永来	黄丽萍	陈菊祥
李清乐	洪彬艺	王娜宣	林文海	周加顺	黄鸿年	黄开成
林炎文	郑永宁	戴春山	陈明发	吴燕珠	杨淑娟	郭建同
汤海平	叶五曲	袁跃辉	黄品仁	汤永波	张楚文	黄昌礼
王建丽	蔡一平	林赞煌	兰桂成	陈广先	邓志强	陈安贤
林如龙	陈托文	蔡为铭	胡万星	庞永兰	官贵德	叶承萼
林新暖	高珠清	刘　珠	冯发华	叶永发	曹桂福	钟东林
林善炳	陈永云	刘端华	朱英飒	陈象新	范秀珍	王先日
陈梅香	颜振兰	林少和	吕佳敏	苏祖友	毛一晖	周春发
陈瑞钦	黄玉翠	王元兴	林永清	朱步泉	陈德松	唐松青
黄建晖	王孟华	王有木	李有辉	林　珍	陈时洁	潘清玉
张　彬	黄全辉	林栩松	吴则文	李世猷	王夫钦	林秀琪
陈文银	侯传淦	郭源俊	王鸿增	薛　兴	郑其铣	林明光
杨元星	魏雪新	梁春宝	余　臻	陈群航	吴俊穗	黄秉正
赖颂辉	黄淑禧	王易尧	陈孝钊	姜定流	李光永	邵志群
叶琳堀	陈其煌	林　晞	陈恒彬	许瑞德	张添寿	陈清火
叶庆成	王成聪	张龙春	张志刚	朱锦斌	洪日意	刘庸庆

余会康	魏茂兴	陈仲斌	魏玉冰	张恒劭	包著勤	黄冬寿
周修赵	张　萍	陈锦春	刘正恒	陈廷平	阮美英	张瑞光
吴方达	丁李明	王晓升	黄功平	周志璜	郭祚峰	陈国坤
蔡维新	许伟东	张祖堂	杨文焕	林忠华	郑天和	严建新
占飞豹	黄亚通	翁文彬	陈燕艺	傅文泽	刘金宝	林景灿
苏玉润	丁子呈	叶霖露	李荣彩	杨家育	林志纯	张以宏
刘鸿涛	林思望	黄天玉	庄殿挺	蔡亚港	王景生	郑友明
陈天佑	姚必根	黄亚坤	苏亚北	李辉耀	庄文彬	朱秀眉
黄永福	林壹兵	陈国发	林雄毅	陈丽阶	陈田华	曹进国
李天寿	叶松清	杨敏军	罗兵贤	卢凤初	吴家林	卢炳茂
林建军	郭其茂	卢锦荣	马义荣	朱天文	吴文明	叶庆秋
吴朝晖	简玉旋	罗桂华	罗水鑫	廖福琴	黄萍萍	刘腾火
谢文芬	卢晓香	王国灵	练德进	简培才	张　力	刘长城
罗映文	张添秀	刘友洪	廖玉春	胡来华	余添发	马彬林
吴光明	张建新	林贵发	王绍清	陈宜构	詹永煌	许宗得
宁火根	章日华	纪翠红	张明华	陈首中	范新单	郑秀琴
张春良	廖盛水	曾明星	林居宁	陈传聪	蒋光轩	林致和
邱位木	日善化	氾功镇	魏焕文	张　臻	谢冬容	郑师伟
秦丽珍	余海明	张德顺	杨道廷	林观安	巫仁高	陈永霖
朱爱玲	吴少风	占小敏	李　明	黄小忠	沈德富	林　婷
叶章挺	郑远灿	潘恩霖	熊　焰	应德文	陈传培	李贤辉
李文迹	范　辉	王玄武	林善正	张保发	郑万钦	许　丹
欧启发	陈有财	李荣媚	黄小琼	徐俊杰	林金水	林金祥
温晓红						

（四）福建省农业委员会办公室

1. 教授级高级农艺师、推广研究员名单

陈飞天	郭德冰	张式俊	陈　仕	周伏建	陈敏才	黄跃东
潘弘图	陈明华	丁光敏	陈善沐	林开旺	王维明	

2. 高级农艺师、农经师、畜牧师、兽医师名单

刘钦锐	黄跃东	陈敏才	王清元	陈贤明	张茂希	林观梅
黄　曦	陈善沐	徐联芳	陈明华	林开旺	陈宏荣	阮伏水
林卫烈	王维明	连伟知	丁光敏	吴本杰	唐应秋	郑本暖
王丽玲	洪一平	陈莎莎	李夷荔	聂碧娟	龚　洁	陈绍栋
林文莲						

（五）其他系统

1. 教授级高级农艺师、推广研究员名单

赵文振　　陈玉村　　林天然

2. 高级农艺师、农经师、畜牧师、兽医师名单

陈易之	谢庆梓	钟良和	林瑞龙	徐敬贤	陈宗泉	吴华造
林受爵	袁发忠	叶建生	姜复华	洪金应	张春山	张天来
郑养祥	李国珍	郑文家	陈兴官	陈伟烈	王昌翼	黄金钟
李陵军	陈云平	陈裕	陈锦华	曾丽莉	张惠斌	陈国林
李志雄	范春梅	葛勤	陈锦铭	扈文会	郭金海	柯合作
陈友银	朱其芳	施金生	丁红萍	程志明	丁信良	陈爱华
潘瑞珍	林登峰	游向阳				

三、获省、部级以上表彰的农业科技成果名表

（一）1991—2005年福建省获全国农牧渔业丰收奖情况表

年度	项目名称	等级	第一完成单位
1991	福建省中低产田改良增产规范化技术	一等奖	省农业厅
	三明市水稻地力计量施肥技术的应用	二等奖	三明市土肥技术推广站
	福建省冬种紫云英鲜草综合丰产技术	二等奖	省农业厅土肥站肥料科
	福建省稀土农用技术试验、示范推广	三等奖	省稀土农用技术咨询服务中心
	对虾养殖大面积高产技术	三等奖	宁德市水产局
1992	福建省72万亩茶园丰产优质栽培技术与推广	二等奖	省农业厅经作处
	漳州市菜粮双丰收综合技术	二等奖	漳州市农业局
	福建省600万亩水稻综合增产技术	二等奖	省农业厅农技推广总站
	多效唑在水稻上应用技术的开发与推广	三等奖	省农业厅农技推广总站
	闽东北外海机围渔船桁杆拖船网捕虾技术	三等奖	闽东渔场指挥部
	单雄性罗非鱼养殖	三等奖	福州市水产局
1993	龙海县20万亩稻田吨谷优质高效规范化栽培	一等奖	龙海县农业局
	闽东南地区百万亩稻田亩产吨粮开发	二等奖	省农业厅农技推广总站
	漳州市旱粮综合配套增产技术	二等奖	漳州市农业局
	福建省垦区万亩甘蔗综合丰产栽培技术	三等奖	省农业厅农垦局
	泉州市机帆船灯光围网高产稳产技术	三等奖	泉州市水产局
	福建省稻萍鱼综合增产技术	三等奖	省农业厅土肥站
	土壤肥力预测预报及其应用	三等奖	省农业厅土肥站

续表

年度	项目名称	等级	第一完成单位
1994	机帆船灯光围网高产稳产技术	二等奖	漳州市水产局
	三明市山地幼龄果园套种绿肥配套技术与推广	二等奖	三明市果树站
	福建省水稻合理施用钾肥技术	二等奖	省农业厅土肥站
1995	牡蛎大面积养殖高产高效技术	一等奖	莆田市水产技术推广站
	晋江市甘薯良种及高产配套栽培技术	二等奖	晋江市农技站
	福州郊区蔬菜商品化综合增产技术	二等奖	福州市郊区蔬菜技术指导站
	山区大面积池塘养鱼综合高产高效技术	三等奖	省水产技术推广总站
	名优茶丰产栽培技术推广	三等奖	省农业厅经作处
	福建垦区万亩柑橘优质高产综合栽培技术	三等奖	省农业厅农垦局
1996	闽西山区水稻高产综合技术开发	二等奖	龙岩地区农业局
	琯溪蜜柚良种推广	二等奖	省农业厅经作处果树技术推广站
	龙海市20万亩水稻高产高效机械化生产技术	三等奖	龙海市农机管理站
	蟹笼捕捞技术	三等奖	闽中渔场指挥部
	早稻良种"601"推广及高产配套技术	三等奖	三明市种子公司
	莲田养鱼大面积高产高效技术	三等奖	泰宁县畜牧水产局
	益微(二代增产菌)在水稻上应用推广	三等奖	省植保植检站
1997	福建省水稻旱育稀植栽培技术	一等奖	省农业厅农技推广总站
	三明市春大豆优良品种及高产配套技术推广应用	二等奖	三明市农科所
	小体积高密度网箱养鱼	二等奖	省水产技术推广总站
	良种家禽及配套技术(高产优良蛋鸭技术推广)	三等奖	省农业厅畜牧局种畜禽站
	李树丰产主要栽培技术推广	三等奖	德化县经济作物站
1998	龙海市稻田冬季农业综合开发	二等奖	龙海市农业局
	中微肥在水稻、柑橘、烤烟上的应用推广	二等奖	三明市土肥站
	蔬菜"淡季"增产高效技术开发与应用	二等奖	厦门市同安区农业局
	香蕉"新植蕉"栽培模式推广	二等奖	省农业厅经作处果树站
	福建省"云大－120在水稻、水果、蔬菜的推广应用"技术	三等奖	省农业厅土肥站
	冬季农田沃土工程技术推广	三等奖	宁德地区土肥站

续表

年度	项目名称	等级	第一完成单位
1999	解放钟枇杷丰产高效栽培技术示范推广	二等奖	省南亚热带作物办公室
	再生稻高产栽培技术示范与推广	二等奖	尤溪县农业局
	科技蔬菜栽培模式开发及配套技术推广	二等奖	同安区农技站
	香蕉栽培和采后处理先进技术推广	三等奖	漳州市经作站
	"大功臣"防治稻飞虱推广应用	三等奖	省植保植检站
	"高乐"叶面肥在果树、蔬菜和水稻上的推广应用	三等奖	漳州市土肥站
	"牧—沼—果"技术模式的开发应用	三等奖	省农业厅农村能源办公室
2000	7.5%杀鼠迷农田灭鼠推广应用	一等奖	省植保植检站
	福建省无公害茶园建设	二等奖	省农业厅茶叶站
	莆田县粮油作物平衡施肥技术的推广应用	二等奖	莆田县土壤肥料技术站
	"豆稻豆"优质高效新农作制的推广	三等奖	龙海市农业局
	柑橘（芦柑）优质丰产综合配套栽培技术	三等奖	省农业厅果树站
2001	茶树菇高产优质栽培技术推广	二等奖	省食用菌办
	福建省水稻重要害虫稻瘿蚊综合治理技术	二等奖	省植保植检站
	柑橘营养诊断、配方施肥技术推广	二等奖	省农业厅果树站
	大黄鱼池塘健康养殖技术	三等奖	宁德市水产技术推广站
	油奈高产优质综合配套栽培技术	三等奖	宁德市经济作物技术推广站
	施硼矫治奈树粗皮病技术推广应用	三等奖	省农村环保能源总站
	黄花梨高接授粉花枝新技术推广	三等奖	三明市果树技术推广站
2002	南方优质早灿稻品种推广	一等奖	省种子总站
	晚熟龙眼良种推广	二等奖	省农业厅果树站
	南方"猪—沼—果"生态模式推广	二等奖	省农村环保能源总站
	蘑菇规范化栽培技术的推广应用	二等奖	莆田县食用菌技术推广站
	蔬菜无公害栽培技术	三等奖	省农业厅种植业管理局
	蛋鸡品种推广	三等奖	省农业厅农垦局
2003	丘陵山地生态果园模式与红壤综合保育技术示范推广	二等奖	省农科院生态农业研究中心
	姬松茸高效优质综合配套技术推广	二等奖	省食用菌办
	波纹巴非蛤海区增养殖技术	二等奖	云霄县海洋与渔业局
	优质再生稻高产栽培技术	三等奖	省农业厅农业技术推广总站
	花生、甘薯（轮作）平衡施肥配套技术的推广应用	三等奖	南安市土壤肥料技术站
	柑橘高接换种技术	三等奖	龙岩市经济作物技术推广站
	微生物催腐秸秆回田技术示范与推广	三等奖	省农业厅土壤肥料技术站

续表

年度	项目名称	等级	第一完成单位
2004	优质白羽半番鸭及配套技术的推广	二等奖	省畜牧兽医总站
	花厚香菇高产高效综合配套技术推广	二等奖	省农科院地热农业利用所
	水稻种子包衣综合技术	二等奖	省种子总站
	枇杷营养诊断技术的推广应用	三等奖	莆田县土壤肥料技术站
	龙眼高接换种技术推广	三等奖	泉州市经济作物站
	优质稻及保优高产低耗综合栽培技术研究与应用	三等奖	沙县农业技术推广站
2005	无公害茶叶病虫综防技术	二等奖	省植保植检站
	云霄县万亩泥蚶养殖技术	二等奖	省水产技术推广总站
	甘薯脱毒技术示范推广	二等奖	省农业厅农业技术推广总站
	建莲优质高效综合技术	三等奖	建宁县莲籽科学研究所
	福建省经济绿肥示范推广及综合利用	三等奖	省农业厅土肥技术站

（二）1991—2005 年农业系统获福建省科技进步奖情况表

年度	项目名称	等级	第一完成单位
1991	立体农业发展方向研究	二等奖	省农科院土肥所
	福建省水稻育种协作攻关项目的综合管理	三等奖	省农科院稻麦所
	小麦高产综合栽培技术模式研究	三等奖	省农科院稻麦所
	玉米种植制度及高产配套技术研究	三等奖	省农科院耕作所
	春大豆高产配套技术研究	三等奖	省农科院耕作所
	低芥酸甘蓝型油菜新品种"福油1号"选育	三等奖	省农科院耕作所
	兴农特大新红宝西瓜引进与开发研究	三等奖	省农科院良种公司
	"100"乳猪饲料的研究	三等奖	省农科院畜牧所
	伪狂犬病弱毒疫苗株选育的研究	三等奖	省农科院畜牧所
	亚热带果园土壤熟化及果树营养研究	三等奖	福建省业热带植物所
1992	水稻簇矮病毒的性质发生和控制	二等奖	福建农业大学
	水稻抗稻瘟病突变体筛选的研究	二等奖	福建农业大学
	水稻编织布育秧研究	三等奖	省农科院稻麦所
	水稻不育系遗传提纯的原理和方法	三等奖	省农科院稻麦所
	利用4号菌提高草菇产量的研究	三等奖	省农科院土肥所
	茶毛虫NPV杀虫剂的研制与应用	三等奖	省农科院茶叶所
	水稻细菌性条斑病致病性分析和水稻品种抗性鉴定的研究	三等奖	省农科院植保所

续表

年度	项目名称	等级	第一完成单位
1992	琯溪蜜柚丰产营养指标及矫治缺镁研究	三等奖	福建省亚热带植物所
	甘薯蔓割病的品种抗性及防治研究	三等奖	福建农业大学
	福建烟草病毒种群及其发生频率的研究	三等奖	福建农业大学
	"三冬"甘蔗地膜覆盖高产配套栽培技术研究	三等奖	福建农业大学
	蔗田生态农业模式研究	三等奖	福建农业大学
	池塘水库移植太湖新银鱼试验	三等奖	福建省农业区划办公室
1993	雏番鸭细小病毒病病原发现、鉴定、诊断和防治	二等奖	省农科院畜牧所
	紫云英新品种选育研究	二等奖	省农科院土肥所
	安泰促长素	三等奖	福建农业大学
	优质白番鸭杂交组合的筛选	三等奖	福建农业大学
	香蕉束顶病的诊断、检测及防治研究	三等奖	福建农业大学
	早熟耐热的"友谊1号"大白菜	三等奖	福建农业大学
	葡萄土壤营养与提高产量、品质和抗病力的研究	三等奖	福建农业大学
	福建昆虫生态重点公共实验室研建	三等奖	福建农业大学
	2000年福安科技经济社会总体发展规划	三等奖	福建农业大学
	水稻新品种——籼128	三等奖	省农科院稻麦所
	食饲兼用型甘薯新品种"福薯26"的选育	三等奖	省农科院耕作所
	"湘薯75－55"引进与利用研究	三等奖	省农科院植保所
	枇杷新品种"长红3号"	三等奖	省农科院果树所
	红麻新品种"闽红82/34"	三等奖	省农科院甘蔗所
	丁草胺防除蔬菜地杂草技术开发研究	三等奖	省农科院植保所
	柑橘木虱传播柑橘黄龙病的规律及防治研究	三等奖	省农科院果树所
	聚乙烯醇药剂防止春大豆烂种技术及其应用研究	三等奖	福建省亚热带植物所
	红麻新品种"闽红82/34"选育	三等奖	福建省农科院甘蔗所
	福建省森林防火区划与防范战略研究	三等奖	福建省农业区划办公室
	微型计算机在橡胶白粉病长、中、短期预测上的应用研究	三等奖	漳州市农业局

续表

年度	项目名称	等级	第一完成单位
1994	中国春蜓分类	一等奖	福建农业大学
	中菲两种水稻病毒病的比较研究	二等奖	福建农业大学
	甘薯新品种——金山57	二等奖	福建农业大学
	福建农区农牧结合综合研究	三等奖	省农科院稻麦所
	天然复合矿物饲料的开发与应用研究	三等奖	省农科院畜牧所
	吨粮田定位建档追踪研究	三等奖	省农科院稻麦所
	莆田县忠门旱地生态农业示范区综合研究	三等奖	省农科院
	稻麦田化学除草综合技术研究	三等奖	省农科院植保所
	空心菜白锈病模拟模型及其测报应用研究	三等奖	省农科院植保所
	甘蔗开花诱导与有性杂交技术研究	三等奖	省农科院甘蔗所
	菌药协调治理茶丽纹象甲研究	三等奖	省农科院茶叶所
	诱导稻类作物结瘤固氮研究	三等奖	省农科院土肥所
	香蕉丰产优质栽培及贮运保鲜技术研究	三等奖	福建省亚热带植物所
	福建猕猴桃病害的研究	三等奖	福建农业大学
	稻田节肢动物群落的研究	三等奖	福建农业大学
	福建省主要经济作物根结线虫病的病原研究	三等奖	福建农业大学
	菜蚜与荔枝蝽象的生物防治	三等奖	福建农业大学
1995	ILYQ-320型手扶驱动式圆盘犁	三等奖	福建农业大学
	枳砧椪柑早结高产与树体营养关系研究	三等奖	福建省亚热带植物所
	QF-1型蜜蜂电子自动取毒器	二等奖	福建农业大学
	利用太谷核不育小麦轮回选择提高小麦抗赤霉病性的研究	三等奖	省农科院稻麦所
	荔枝罐藏晚熟优良单株"东刘一号"选种研究	三等奖	省农科院果树所
	果梅品种资源及开发利用研究	三等奖	福建农业大学
	龙眼、荔枝耐寒性研究	三等奖	福建农业大学
	褐飞虱种群系统的研究	三等奖	福建农业大学
	农田害鼠种类调查和优势鼠种发生规律及防治	三等奖	省农科院植保所
	水稻品种多抗性鉴定及其利用研究	三等奖	省农科院植保所
	满江红人工培育新品种——"回萍3号"	三等奖	省农科院红萍研究中心
	鸡五种主要病毒性疾病单克隆抗体特性和快速诊断技术	三等奖	省农科院畜牧兽医所
	兽用透皮吸收新型制剂——克痢星搽剂研究	三等奖	福建农业大学
	1LYQ-320型手扶驱动式圆盘犁	三等奖	福建农业大学
	水稻苗情微机预报模型研究	三等奖	省农业厅农技推广总站

续表

年度	项目名称	等级	第一完成单位
1997	水稻满仓515	二等奖	省农科院稻麦所公司
	水稻两虫两病新技术预警系统和防治对策的研究	二等奖	省农科院植保所
	我国特有树种长叶榉树的生物学特性与繁育栽培技术研究	二等奖	福建省农业区划所
	甘蔗种质资源的搜集、研究和利用	三等奖	省农科院甘蔗所
	甘薯褐心生理病害的发生机理及其防治	三等奖	福建农业大学
	水稻潜根线虫病发生规律和综合防治技术研究	三等奖	福建农业大学
	我国甘蔗病毒及类菌原体病的诊断、鉴定及其地区分布	三等奖	福建农业大学
	福建草坪病虫杂草及其防治技术研究	三等奖	省农科院植物保护所
	茶叶农药残留量降解技术研究	三等奖	福建农业大学
1998	福建省水资源中长期开发利用研究	二等奖	福建省农业区划所
	香菇优良新菌株Cr—20、Cr62的单胞杂交选育及在生产上的应用	二等奖	福建省农业区划所
	甘蔗属五个种与栽培品种的组织细胞学及其演化规律的研究	三等奖	福建农业大学作物科学学院
	稻瘟病菌致病性及抗源的育种利用研究	三等奖	省农科院植物保护所
	茄子新品种——友谊一号（金山长茄）	三等奖	省农科院植物保护所
	茄子新品种"攻茄1号"的选育	三等奖	福建农业大学
	药用菌姬松茸引种栽培技术	三等奖	省农科院农业优良品种开发公司
	多效组合蚕药与蚕种配套技术的研究	三等奖	省蚕桑研究所
	腹管食螨瓢虫控制柑橘全爪螨的研究	三等奖	福建农业大学
	龙眼梢果四种害虫生物学及防治研究	三等奖	省农科院植物保护所
	《烤烟生产》	三等奖	福建农业大学作物科学学院
1999	红壤山地生态果园模式研究与应用	二等奖	建阳市农业利用外资办公室、省农科院红萍研究中心
	花生种子发育和发芽的细胞生理规律与活力调控技术的研究与应用	二等奖	省种子总站
	水稻危险性新害虫——稻粉虱的研究	二等奖	福建农业大学
	水稻新品种（组合）汕优多系1号的引进与推广	三等奖	省种子总站

续表

年度	项目名称	等级	第一完成单位
1999	矮败小麦在育种上的应用基础研究	三等奖	福建农业大学
	甘蔗新品种闽糖86－05选育和应用	三等奖	省农科院甘蔗所
	紫云英一次播种多年繁殖利用	三等奖	省农科院土壤肥料所
	橄榄保鲜贮运实用技术与采后生理生化研究	三等奖	福建农业大学
	试管苗的高效繁殖技术及其在名优花卉、果树上的应用	三等奖	福建农业大学
	水稻细条病与白叶枯病的相关及其控病研究	三等奖	省农科院植保所
2000	特早熟、大果型的枇杷新品种——早钟六号	一等奖	省农科院果树所
	高香型优质乌龙茶新品种——丹桂的选育与推广	二等奖	省农科院茶叶所
	果蔬脱水系统内空气循环降湿技术与新型脱水设备	二等奖	福建农业大学
	跗线螨、肉食螨资源调查与利用评价	三等奖	省农科院植物保护所
	红麻高产抗病新品种——福红2号	三等奖	福建农业大学
	土壤钾素肥力稳定性研究及其在花生平衡施肥中应用	三等奖	省农科院土肥所
	红麻新品种闽红298的选育与推广	三等奖	省农科院甘蔗所
	福州蔬菜主要污染源调查及蔬菜、土壤防污技术研究	三等奖	省农科院土肥所
	木奈果肉褐变机理及克服途径研究	三等奖	福建农业大学、古田县农业局
	茶树病虫害科学治理及其多媒体数据库的研制	三等奖	中国农工民主党福建省委员会、宁德地区农业学校、中国农工民主党福安市委员会、福安市溪柄镇人民政府
	猪全程饲养饲料添加剂配套利用技术的研究	三等奖	省农科院畜牧兽医所
2001	雏番鸭细小病毒病活疫苗和快速诊断试剂研究	一等奖	省农科院畜牧兽医所
	柑橘潜叶蛾种群系统的研究	二等奖	福建农业大学
	水稻旱育稀植增产机理研究与应用	二等奖	福建农林大学

续表

年度	项目名称	等级	第一完成单位
2001	细胞工程应用于水稻遗传育种的研究	二等奖	福建农林大学
	苏云金芽孢杆菌遗传改良工程菌 TS16 等杀虫剂的研究和应用	二等奖	福建农林大学
	水分胁迫下荔枝的生理生化变化	三等奖	福建农业大学
	蔬菜主要病虫害多元防治技术研究	三等奖	省农科院植保所
	龙眼主要蛀梢害虫及利用天敌、中华微刺盲蝽为主的防治对策研究	三等奖	福建农林大学生物防治所
	半番鸭白色羽毛遗传及其应用研究	三等奖	省农科院畜牧兽医所
	闽诱 3 号大麦新品种的选育和应用	三等奖	省农科院稻麦所
	美洲斑潜蝇综合控制技术研究与示范	三等奖	省植保植检站
	草菇高产与工厂化栽培研究——草菇杂交菌株选育与高产栽培技术研究	三等奖	省蚕桑研究所
	水稻抛秧苗、水、肥调控技术研究与应用	三等奖	省农业厅农业技术推广总站
	山区小康生态村模式研究与应用	三等奖	省农科院红萍研究中心
2002	谷秆两用稻的选育及其秸秆高效利用技术	一等奖	省农科院
	乌龙茶新品种黄观音、黄奇选育与推广	二等奖	省农科院茶叶所
	小菜蛾可持续控制的研究	二等奖	福建农林大学
	板鸭气调脱水设备和气调干制保鲜技术	二等奖	福建农林大学
	PET 瓶装茶饮料生产技术的研究与应用	二等奖	福建农林大学
	创奇兰名茶综合技术研究	三等奖	福建农林大学
	特晚熟龙眼新品种"立冬本"	三等奖	省农科院果树所
	红麻新品种闽红 31 的选育与推广	三等奖	省农科院甘蔗所
	ZWD 型沼气池研究与应用	三等奖	省农科院畜牧兽医所
	丰产高糖抗旱甘蔗新品种闽糖 88－103	三等奖	省农科院甘蔗所
	红壤区决明属牧草筛选及其综合利用研究	三等奖	省农科院红萍研究中心
	白僵菊 871 与韦伯虫坐孢菌的毒理毒力及其应用技术研究	三等奖	省农科院茶叶所
	全天候白色金针菇工厂化栽培技术与配套设施	三等奖	福建农林大学

续表

年度	项目名称	等级	第一完成单位
2003	柑橘果醋及果醋饮料的研制－壳聚糖吸附及膜分离新技术的开发与应用	三等奖	福建农林大学
	中国粉虱、介壳虫、蚜虫寄生蜂——恩蚜小蜂属的系统厘定	三等奖	福建农林大学
	速溶饮品真空冷冻干燥技术研究	三等奖	福建农林大学
	龙眼良种筛选、示范基地建设与配套技术研究	二等奖	省农科院果树所
	烟酸铬及其应用技术的研究	二等奖	福建农林大学
	无公害茶叶产业化综合技术研究	三等奖	福建农林大学
	甘薯小象虫发生与防治新技术研究	三等奖	省农科院植保所
	福建省稻种资源保存、鉴定、研究与利用	三等奖	省农科院稻麦所
	农田害鼠抗生育剂研制及应用研究	三等奖	省农科院植保所
	水稻种子包衣技术增产机理及应用研究	三等奖	省种子总站
	新台糖16号引种试验和繁育推广	三等奖	省农业厅热作技术队
	福建省主要生态农业建设模式的探索与推广	三等奖	省农村环保能源总站
	甘薯新品种福薯2号选育研究	三等奖	省农科院耕作轮作所
	低山丘陵草地奶牛业综合发展技术研究	三等奖	福建农林大学
	河田鸡(肉鸡)营养需要的研究及专用饲料的开发	三等奖	省农科院畜牧兽医所
	可持续发展高优茶业系统调控技术及良种示范基地建设研究	三等奖	省农科院茶叶所
2004	新型透皮吸收制剂——洛美沙星搽剂的研究与应用	二等奖	福建农林大学
	余甘多糖提取工艺及应用技术研究	二等奖	福建农林大学
	茶树新品种茗科1号、悦茗香的选育与应用	二等奖	省农科院茶叶所
	福建省主要出口蔬菜绿色生产关键技术研究及示范基地建设	二等奖	省农科院植保所
	福建烟区土壤及烤烟营养测定、调控的研究与应用	三等奖	福建农林大学
	火鹤花烂根病防除技术研究与应用	三等奖	福建农林大学
	锥栗果防霉、防虫贮藏及干制技术研究	三等奖	福建农林大学

续表

年度	项目名称	等级	第一完成单位
2004	戊二醛药物生产技术及其消毒产品的研究开发	三等奖	福建农林大学
	柑橘酒的开发	三等奖	福建农林大学
	荔枝胚胎发育的生理生化与分子机制研究	三等奖	福建农林大学
	优质早熟梨引种及配套栽培技术研究与推广	三等奖	省农业厅果树站
	茶薪菇优良菌株筛选及栽培技术研究	三等奖	省农科院耕作轮作所
	水稻根系特性及其调控研究	三等奖	省农科院稻麦所
	饲用复合酶添加剂的研究和开发应用	三等奖	省农科院畜牧兽医所
	早熟枇杷产业化配套技术研究与推广	三等奖	省农科院果树所
2005	水稻草矮病毒基因组 RNA1－6 的分子生物学	一等奖	福建农林大学
	短低温桃品种引进筛选与利用	二等奖	省农科院地热农业利用所
	优质两系杂交稻新组合的筛选及其配套技术研究与应用	二等奖	省种子总站
	小型白羽半番鸭母本选育	二等奖	省农科院畜牧兽医所
	茶园 Bt 增效剂及药肥技术开发研究	二等奖	福建农林大学
	福建多花水仙遗传资源与新品种选育的研究	二等奖	福建农林大学
	甘蔗新品种选育与高效育种技术研究	三等奖	福建农林大学
	作物线虫病害诊治技术研究与应用	三等奖	福建农林大学
	红麻高效育种技术及优质、高产、多抗新品种选育	三等奖	福建农林大学
	枇杷、龙眼气调冷藏保鲜技术的研究与应用	三等奖	福建农林大学
	新型高效消毒剂——复方溴氯海因的研制	三等奖	福建农林大学
	海洋贝类常温保存技术及产品研究	三等奖	福建农林大学
	玫瑰花等 13 种食用花卉品质的研究及加工技术的开发	三等奖	福建农林大学
	不同类型 CAM 植物和菠萝叶片不同组织生理生化研究	三等奖	福建农林大学
	模拟酸雨对龙眼的危害机理及钙调节研究	三等奖	福建农林大学
	超级稻再生高产特性与栽培技术研究	一等奖	省农科院稻麦所
	糯玉米新品种闽玉糯 1 号	三等奖	省农科院耕作轮作所

续表

年度	项目名称	等级	第一完成单位
2005	甘薯青枯菌（瘟）及其粗毒素的研究与利用	三等奖	省农科院植保所
	药（食）用菌工程发酵茶研究	三等奖	省农科院土肥所
	灵芝等几种药用菌深加工研究	三等奖	省农科院植保所
	蚕豆新品种"早生615"筛选与应用	三等奖	省农科院耕作轮作所
	复合生态茶园建设模式研究与示范	三等奖	省农科院土肥所
	珍稀食用菌反季节产业化高效栽培技术研究	三等奖	省农科院耕作轮作所
	龙眼鬼帚病生态防治技术研究	三等奖	省农科院果树所
	猪瘟、猪口蹄疫抗体金标试纸条研究和应用	三等奖	省农业厅畜牧兽医总站
	山区农村生态经济发展战略与关键技术研究及其推广	三等奖	省农科院

（三）1991—2005 年福建省农业系统获国家、农业部科技奖情况表

年度	项目名称	等级	第一完成单位
1991	莆田黑鸭高产系选育	国家科技三等奖	省农科院畜牧所
	禽霍乱荚膜抗原疫苗的研究	国家科技三等奖	省农科院畜牧所
	农友90型微型联合收割机	国家发明三等奖	福建省拖拉机厂
1992	中国麻类种质资源搜集、鉴定与利用研究	农业部科技二等奖	福建农林大学
	豆科树木共生固氮生态生理及资源开发利用研究	国家科技二等奖	福建省亚热带植物所
	台农4号菠萝引种、试种及栽培技术研究	农业部科技二等奖	福建省热带作物所
	上海经济区丘陵山区外向型经济发展战略	农业部科技三等奖	福建省农业区划所
	福建省桉树树种区划研究	农业部科技二等奖	福建省农业区划办
	福建省毛竹生态经济区划与发展战略研究	农业部科技二等奖	福建省农业区划办
	水稻垄畦栽培及其稻萍鱼体系技术开发	国家星火三等奖	省农科院
	中低产田改良增产规范化技术研究	国家星火三等奖	省农科院稻麦所
	垄畦栽培排渍调根研究	国家星火三等奖	省农科院稻麦所
	福建省集体森林经营方案编制技术与实施研究	农业部科技三等奖	福建省农业区划办

续表

年度	项目名称	等级	第一完成单位
1993	甘蔗新品种的引进鉴定和利用	农业部科技进步一等奖	福建农业大学
	八种粮食作物种质资源抗病虫特性鉴定与评价	农业部科技二等奖	省农科院稻麦所
	蔬菜种质资源的搜集、研究和利用	国家科技二等奖	福州市蔬菜所
	福建省森林立地分类标准	农业部科技三等奖	福建省农业区划办
	茉莉花茶窨制新工艺设备研究及中间试验	农业部科技三等奖	省农科院茶叶所
1994	荔枝胚胎发育机制与应用	农业部科技进步三等奖	福建农业大学
	植物生长调节剂 TA 乳粉在海带、紫菜上的应用研究	农业部科技一等奖	省农科院果树所
	"土壤识别与优化施肥"技术专用微机及其在特大范围中推广	航空航天部科技二等奖	省农科院
	工厂化养猪饲养工艺改革及配套技术研究	农业部科技进步二等奖	福建省农垦局
	红麻与金钱吊芙蓉种间杂交育种研究	农业部科技三等奖	省农科院甘蔗所
1995	甘蔗品种资源鉴定利用和新品种选育	国家科技进步一等奖	福建农业大学
	甘蔗亲本创新和育种新技术	轻工部科技二等奖	省农科院甘蔗所
	东吾洋中国对虾放流技术和增殖效果研究	农业部科技二等奖	福建省农业区划办
	福建省（1994 年）农业资源综合分析	农业部科技二等奖	福建省农业区划办
	中国春蜓分类	国家科技进步三等奖	福建农业大学
	福州农业科技园区规划	农业部科技优秀成果三等奖	福建省农业区划办
	福建省坡地自由调查和合理开发利用研究	农业部科技三等奖	福建省农业区划办
	福建省农业区域开发总体规划研究 福建省农业综合开发后备资源调查评价报告	农业部科技三等奖	福建省农业区划办
	福建林业土壤（1995）	农业部科技三等奖	福建省农业区划办

续表

年度	项目名称	等级	第一完成单位
1996	植物生长调节剂 TA 乳粉在海带、紫菜上的应用研究	国家科技二等奖	省农科院果树所
	华南(五省)热带、亚热带作物病虫害名录	农业部科技二等奖	福建省农业厅经济作物处
	福建省地方森林资源监测体系技术方法和实施的研究	农业部科技二等奖	福建省农业区划所
	QF1-1 型蜜蜂电子自动取毒器	国家发明奖四等奖	福建农业大学
1997	南亚热带丘陵山地草、果、牧和食用菌综合配套技术	农业部科技进步二等奖	福建农业大学
	中国稻种资源繁种、鉴定评价与利用	农业部科技二等奖	省农科院稻麦所
1998	南方冬季农业开发与推广	国家科技三等奖	省农科院
1999	柚类品种——琯溪蜜柚选育	农业部科技二等奖	平和县农业局
2002	雏番鸭细小病毒病病原发现、诊断和防治	国家科技二等奖	省农科院
2003	中国农作物种质资源收集保存评价与利用	国家科技一等奖	省农科院稻麦所

四、国家审定作物品种表

1991—2005 年福建省选育通过国家审定的品种

作物	品种名称	审定编号	审定时间	亲本组合	选育(引进)单位
水稻	119	GS01023-1990	1991	红 410/湘矮早 9 号	建阳地区农科所
	闽科早 22	GS01006-1994	1995	田丰/竹科 2 号//78130	省农科院稻麦所
	威优 77	GS01004-1994	1995	威 20A×明恢 77	三明市农科所
	特优 63	GS01005-1994	1995	龙特甫 A×明恢 63	漳州市农科所
	闽岩糯	GS01001 1997	1998	闽糯 580./717	龙岩地区农科所
	油优 77	国审稻 98005	1998	珍油 97A×明恢 77	三明市农科所
	特优 70	国审稻 2001011	2001	龙特甫 A×明恢 70	三明市农科所
	Ⅱ优明 86	国审稻 2001012	2001	Ⅱ-32A×明恢 86	三明市农科所
	特优多系 1 号	国审稻 2001013	2001	龙特甫 A×多系 1 号	漳州市农科所
	T优 5537	国审稻 2003035	2003	T55A×蜀恢 537	福建农业大学作物学院、福建省种子总站
	T优 8086	国审稻 2004003	2004	T80A×明恢 86	福建农林大学作物学院
	Ⅱ优航 1 号	国审稻 2005023	2005	Ⅱ-32A×航 1 号	省农科院稻麦所

续表

作物	品种名称	审定编号	审定时间	亲本组合	选育(引进)单位
水稻	D奇宝优527	国审稻2005020	2005	D奇宝A×蜀恢527	尤溪县良种生化所、福建省种子总站
	特优009	国审稻2005001	2005	龙特甫A×南恢009	南平市农科所
大豆	福豆310	国审豆2005019	2005	莆豆8008/88B1-58-3	省农科院耕作轮作所、省种子总站
茶树	黄观音	国审茶2002015	2002	黄金桂×铁观音	省农科院茶叶所
	悦茗香	国审茶2002016	2002	赤叶观音群体种中单株选育	省农科院茶叶所
	茗科1号	国审茶2002017	2002	铁观音×黄金桂	省农科院茶叶所
	黄奇	国审茶2002018	2002	黄金桂×白芽奇兰	省农科院茶叶所
甘蔗	福农91-4621	国审糖2002007	2002	CP72-1210×湛74-141	福建农林大学
	福农91-3623	国审糖2002008	2002	CP72-1210×桂73-167	福建农林大学
	新台糖22	国审糖2002010	2002	ROC5×69-463	福建农林大学、广西区甘蔗所
	闽糖88-103	国审糖990005	1999	CO1001×崖城82-96	省农科院甘蔗所
	福农81-745	国审糖990006	1999	粤糖59-65×CP36-105	福建农业大学
	福农83-36	国审糖990007	1999	CP49-50×福农57-18	福建农业大学
	新台糖10	GS10001-1993	1994	ROC5×F152	福建农学院甘蔗所、广东省农业厅经作处
	闽糖70-611	GS10004-1990	1991	（gp49×50）×F134	省农科院甘蔗所
	闽选703	GS10005-1990	1991	CO603×CO743	省农科院甘蔗所
甘薯	金山1255	国审薯2002003	2002	金山513/（C189+F280+南徽7号+湘薯75-55）	福建农林大学
	岩薯5号	国审薯2001001	2001	岩齿红/岩94-1	龙岩市农科所
柚子	琯溪蜜柚	GS14007-1994	1995	平和抛芽变选育	平和县经作站
柑橘	岩溪晚芦	GS14001-1995	1996	芦柑变异单株选育	长泰县农业局、长泰县岩溪镇青年果场
荔枝	黑叶荔枝	GS14003-1994	1995	地方品种	漳浦县农业局
龙眼	福眼	DS14004-1994	1995	农家品种	泉州市农业局经作站
	东壁	GS14005-1994	1995	地方品种	泉州市农业局经作站
枇杷	解放钟	GS14002-1994	1995	大钟实生苗中选育	莆田县农业局

编 后 记

《福建省志·农业志（1991—2005）》由省农业厅牵头，省委农办、省农科院、福建农林大学共同承编。从 2006 年 2 月开始，省农业厅着手筹备工作，成立修志班子，负责起草本志书编纂工作实施方案。同时拟订编纂提纲，经省方志委审定。2007 年 8 月召开各参编单位领导人会议，正式成立编纂委员会，下设编纂办公室和编辑室，挂靠省农业厅办公室。

各承编单位先后确定主要领导分管修志工作，确定人员。据统计，参加本志编纂的专家共有 170 多人，绝大多数都拥有高级职称。集中了全省农业科技教育界的智慧，体现了"三农"紧密协作的精神，这为今后志书编纂积累了有益的经验，并提供了有效的合作平台。

为规范志书编纂体例与行文要求，提高编纂人员业务水平，厅志办举办了修志培训班。在编纂工作中，多次召开编纂工作会议，印发编纂工作简报 21 期。对志稿质量严把三道关：一是志稿初审，不合要求的，先后发函 56 次（件），提出具体意见，退回修改补充；二是初稿基本通过的，有计划地组织 60 多位相关的领导和专家进行二次初审；三是邀请省方志委和有关部门的领导、专家进行评审；对评审基本通过的，根据所提意见，再进行修改补充，做到精益求精，力争出精品佳志。参加评审的主要有吕秋心、刘祖陞、陈维高、张功甫、蔡元呈、陈凤翔、郑履端、汤鸣绍、李健、刘星辉、陈锦权、李盛霖、王景辉、黄跃东、郑晓梅、张文棋、郑福树、曾玉荣、吴增嵩、张俊等。2009 年，完成全书初稿，约为 112 万字。年底，志办集中精力，对初稿进行总纂统稿，认真修改，总字数调为 65 万字左右。提供照片单位有：省委农办、扶贫办、省农科院及所属水稻研究所、耕作研究所、茶叶研究所、生物工程研究所，福建农林大学及所属作物学院遗传研究所、甘蔗研究所，省农业厅办公室、海峡两岸农业合作处、农垦处、农业机械管理局、农机鉴定推广总站、经营管理处、种植业管理处、农业区划研究所、科教处、农产品加工总站、农产品质量安全检测中心、种子总站、植保站、市场信息办、土肥总站、农业广播电视学校、福建农业职业技术学院、食用菌技术推广总站、《福建农业》编辑室、省科技厅《星火燎原》图集编辑室等。摄影者：方俊钦、杨辉、王景辉、罗毅、祁建民、高新榕、张毅、吴增嵩、黄国成、何孝延、陈凌霄、蔡元呈、陈洁、邹路、罗良标、陈福宝、张文清、张仁雨、陈锋、张宜绪、朱明贞、黄志龙、徐琳、陈光仔、吴卫东、黄瑞平、陈俊钦、简维政、谢文龙、林济生、李义珍、林威晟、杨亚平、吴菁、詹爱华、何友良、羿红等。

修志是一项系统工程，部门多，门类广。又是众手成书，若无全局观念，至诚协作精神，实难完成历史赋予的使命。值逢本志付梓之际，对于各承编单位的高度重视与支持，对于省方志委领导和专家的全程具体指导和帮助，对于参加撰稿的领导和专家付出的心血，对于参加志稿评审的专家的奉献，一并表示诚挚的敬意和谢忱。

《福建省志·农业志（1991—2005）》编辑室

2011 年 12 月